D 24

MEDARD KEHL

KIRCHE ALS INSTITUTION

FRANKFURTER THEOLOGISCHE STUDIEN

Im Auftrag
der Professoren der Philosophisch-Theologischen Hochschule Sankt Georgen
— Theologische Fakultät S. J. —, Frankfurt am Main
herausgegeben von
HEINRICH BACHT, FRITZLEO LENTZEN-DEIS, OTTO SEMMELROTH

22. Band

MEDARD KEHL

KIRCHE ALS INSTITUTION

Zur theologischen Begründung des institutionellen Charakters der Kirche
in der neueren deutschsprachigen katholischen Ekklesiologie

JOSEF KNECHT · FRANKFURT AM MAIN

MEDARD KEHL

KIRCHE ALS INSTITUTION

Zur theologischen Begründung des institutionellen Charakters der Kirche in der neueren deutschsprachigen katholischen Ekklesiologie

2. Auflage 1978

1976

JOSEF KNECHT · FRANKFURT AM MAIN

CIP-Kurztitelaufnahme der Deutschen Bibliothek

Kehl, Medard

Kirche als Institution: zur theol. Begründung d. institutionellen Charakters d. Kirche in d. neueren dt.-sprachigen kath. Ekklesiologie - 1. Aufl. - Frankfurt am Main: Knecht, 1976. - (Frankfurter Theologische Studien; Bd. 22)

ISBN 3-7820-0360-8

 Imprimi potest, Coloniae, 24. martii 1976, Joh. G. Gerhartz S. J. Praep. Prov. Germ. Inf. Die kirchliche Druckerlaubnis wird erteilt. Limburg/Lahn, den 4. 5. 1976 Az. 4842/76/1 Seidenather, Generalvikar.

Gesamtherstellung: Wiesbadener Graphische Betriebe GmbH, Wiesbaden

Meiner Mutter

INHALTSVERZEICHNIS

Abkürzungen XIII
Vorwort XV
Geleitwort von Prof. Walter Kasper, Tübingen 1
Einleitung 5
1. Philosophische Einführung in die Fragestellung 5
a) Sozialphilosophische Überlegungen: Institution im Raum der Intersubjektivität 6
b) Institution und »konkrete Freiheit« nach G. W. F. Hegels Grundlinien der Philosophie des Rechts 12
2. Aufbau der Untersuchung 19
1. Kapitel: Sozialwissenschaftliche Institutionstheorien 23
1. Institution und »Entlastung« der Subjektivität: A. Gehlen 23
2. Institutionalisierung der Reflexion: H. Schelsky 28
3. Institutionalisierung als »Reduktion von Komplexität«: N. Luhmann . . 31
4. Institution und »herrschaftsfreie Kommunikation«: J. Habermas 37
5. Rolle – Norm – Internalisierung: Institutionsverständnis einer empirischen allgemeinen Soziologie 41
6. Institution und die »gesellschaftliche Konstruktion der Wirklichkeit«: Institutionsverständnis einer Wissenssoziologie 45
7. Die Kirche als Institution: Institutionsverständnis einer Religionssoziologie 48
Exkurs: Zum Verhältnis von Soziologie und Theologie 52
1. Die Möglichkeit einer vernünftigen Kommunikation zwischen Theologie und Soziologie 53
2. Die Notwendigkeit der Vermittlung soziologischer Erkenntnisse in der Theologie 56
3. Zur Methode einer »vermittelten Rezeption« soziologischer Erkenntnisse in der Theologie 59
2. Kapitel: Der Institutionsbegriff in der katholischen Ekklesiologie. Übersicht über den theologischen Sprachgebrauch 67
1. Das Institutionelle als »Stiftung« und »Setzung« 68
a) Die Kirche als »institutio Christi«: Begriffsmomente und Denkkategorien des traditionellen Institutionsverständnisses 68
b) Die Kirche als gnadenhafte »Setzung« Gottes: Neufassung des Stiftungs-Gedankens 74

2. Das Institutionelle als das »Äußere« im Verhältnis zum »Inneren« der Kirche . . . 76
a) Die Leib-Seele-Vorstellung in der katholischen Ekklesiologie . . . 76
b) Die Übertragung der Leib-Seele-Analogie auf das Institutionelle in der Kirche . . . 80
aa) Das Institutionelle als »darstellende Erscheinung« des Inneren. Zum Repräsentationsgedanken . . . 81
bb) Das Institutionelle als »werkzeugliches Mittel« des Inneren. Zum philosophischen Hintergrund . . . 83
c) Das Zurücktreten dieses Vorstellungsmodells in der neueren Ekklesiologie . . . 85
3. Das Institutionelle im Verhältnis zum Charismatischen in der Kirche . . . 88
a) Unterscheidende Eigenschaften des Institutionellen . . . 88
aa) statisch – dynamisch . . . 88
bb) verfügbar – unverfügbar . . . 89
b) Kirche und Gemeinde . . . 89
c) Der Einfluß der protestantischen Theologie . . . 91
d) Philosophisches Vorverständnis . . . 94
4. Das Institutionelle als »objektives« Gegenüber zum einzelnen Subjekt in der Kirche . . . 97
a) Die »sachlich-unpersönliche« Eigenart des Institutionellen . . . 97
b) Das Institutionelle als »Einschränkung« der subjektiven Freiheit . . . 99
Exkurs: Zur Problematik einer theologischen »Legitimation« des institutionellen Charakters der Kirche . . . 106
1. Ekklesiologie unter Ideologieverdacht . . . 106
2. Der Sinn einer theologischen Legitimation des Institutionellen (wissenssoziologisch betrachtet) . . . 109
c) Das Institutionelle als objektive »Vorgegebenheit« der Freiheit . . . 114
d) Das Institutionelle als Ermöglichung »kritischer« Freiheit . . . 116
Zusammenfassung . . . 119

3. Kapitel: Drei theologische Entwürfe zur Begründung des institutionellen Charakters der Kirche . . . 123

A. Institution Gottes – Institution der Menschen (Hans Küng) . . . 123
I. Das hermeneutische Grundprinzip: Orientierung am »Ursprünglichen« . 124
1. Die Hl. Schrift als »ursprüngliches« Glaubenszeugnis . . . 124
2. »Ursprüngliche« und »abgeleitete« Glaubenszeugnisse innerhalb der Hl. Schrift . . . 126
3. Die Botschaft Jesu von der Gottesherrschaft als normativer Ursprung der Kirche . . . 127
4. Die Gestalt der Kirche nach den »ursprünglichen« Schriftzeugnissen . 128
5. Das theologische Unterscheidungsmerkmal des »Ursprünglichen« . . 130

II. Der theologische Schwerpunkt in Küngs Ekklesiologie: Die gnädige Rechtfertigung des Sünders . . . 133
1. Die Souveränität des gnädigen Gottes gegenüber der Kirche 135
2. Die Kirche als sündige und gehorsame Gemeinde gegenüber Gott . . 140
3. Kirche – mehr als die Summe der einzelnen Gerechtfertigten? Frage nach dem theologischen Gemeinschaftsbegriff . . . 143
III. Der institutionelle Charakter der Kirche . . . 151
1. Kirche als »Institution Gottes« . . . 151
2. Institution in der Geschichte . . . 153
3. Die »diakonische Struktur« der Kirche . . . 154
4. Das »formale« Moment im institutionellen Amt . . . 156
IV. Das Verhältnis von »spiritueller« und »institutioneller« Dimension der Kirche . . . 159
1. Die Tendenz einer zunehmenden Abwertung des Institutionellen . . 159
2. Frage nach der »Konkretheit« der Kirche . . . 166
3. Formale und materiale Elemente in der Kirche (Zusammenfassung) . 168

B. Kirchliche Institution im Geschehen der endgültigen Selbstmitteilung Gottes (Karl Rahner) . . . 171
I. Die hermeneutische Voraussetzung: Die »Kirchlichkeit« der Theologie K. Rahners . . . 172
1. Die Frage nach dem Menschen und die Frage nach der Kirche . . . 173
2. Theologie und kirchliche Institution . . . 174
II. Transzendentaltheologische Hinführung zur Kirche . . . 181
1. Zur Methode der Transzendentaltheologie . . . 181
2. Die Kirche im Raum der transzendentalen Offenbarung . . . 184
3. Der Sinn der »ausdrücklichen« Kirchlichkeit . . . 189
III. Der dogmatische Kirchenbegriff K. Rahners . . . 195
1. Der Begriff »Selbstmitteilung Gottes« . . . 196
2. Die Selbstmitteilung Gottes in Jesus Christus und ihre Präsenz in der institutionell verfaßten Kirche (»Ursakrament«) . . . 197
a) Zum Begriff der »*endgültigen*« Selbstmitteilung . . . 197
b) Das zugrundeliegende Denkschema von »transzendental« und »kategorial« . . . 199
c) Die Kirche im Geschehen der endgültigen Selbstmitteilung . . . 200
d) Der Unterschied zwischen Christus und Kirche . . . 201
e) Der Ort des Institutionellen innerhalb des Ursakramentes Kirche . 204
aa) Verschiedene »Intensitätsgrade« des kirchlichen Selbstvollzugs 204
bb) Das amtlich Institutionelle als höchste Aktualitätsstufe des kirchlichen Selbstvollzugs . . . 206
f) Heilsgewißheit der Kirche als Ganzer – Heilsunsicherheit des einzelnen . . . 214
g) Heilige und sündige Kirche . . . 216

3. Transzendentale Fragestellung und dogmatische Ekklesiologie . . . 219

IV. Institution und Charisma 223

1. Einheit und Verschiedenheit 223

2. Nähere Bestimmung des Verhältnisses zwischen Institution und Charisma 226

a) Der sakramentale Ansatz 227

b) Der anthropologische Ansatz (Manipulation und Freiheit) 227

3. Die mögliche Vereinbarkeit von dogmatischem und anthropologischem Ansatz im Begriff der »befreiten Freiheit«. 233

4. Institution und eschatologische Vollendung 234

Zusammenfassung 237

C. Christliche Gestalt und kirchliche Institution (H. U. v. Balthasar) 239

I. Die subjektive Form: Der Mensch gegenüber der christlichen Offenbarungsgestalt 240

1. Der Grundakt der glaubenden Kontemplation und seine verschiedenen Momente (»Rezeptivität«) 240

a) Wahrnehmen 242

b) Hören. 243

c) Anbetung 244

d) Gehorsam 245

e) Weiblich – männlich 246

2. Die kirchliche Form der glaubenden Kontemplation 248

a) Die »urbildliche« Form des marianischen Gehorsams 248

b) »Anima ecclesiastica« 249

c) Die konkreten Weisen der Kirchlichkeit 250

aa) Kirchliche Sendung (Mystik und Charismatik) 250

bb) Kirchliche Gesinnung (Identifizierung mit der Kirche) 253

cc) Kirchlicher Gehorsam (Amt und Charisma) 254

dd) Kirchliche »Hinnahme« der Hingabe Gottes (Sakramente) . . 259

ee) Kirchliche Liebe 260

II. Das Objekt der glaubenden Kontemplation: Die christliche Gestalt . . . 262

1. Zum Begriff der Gestalt 263

a) Anthropologisch – ästhetische Kategorien 263

b) Geschichtlich – gesellschaftliche Kategorien 266

2. Analogie von Welt- und Offenbarungsgestalt 266

3. Die christliche Gestalt: Jesus Christus 270

a) Verbum Caro 270

b) Anspruch – Kreuz – Auferstehung 271

c) Trinitarische Selbstoffenbarung im Gehorsam Jesu »bis zum Tod am Kreuz«. 272

d) Das Kreuz Christi als »Institution« 273

e) Die »institutionelle« Dimension des Hl. Geistes 275
f) Der Hl. Geist als Formprinzip des kirchlich Institutionellen . . . 279
g) Hl. Geist und »anima ecclesiastica« 281
h) Zusammenfassung 282
III. Das Mitgestaltetwerden der Menschen mit Christus 283
1. Das »Paradox der Nachfolge« 283
2. Kirche als Antwortgestalt 285
a) Maria, Urbild der Kirche 285
b) Nachfolge des einzelnen und kirchliche Gemeinschaft 286
c) Christus – Kirche: Unterschiedenheit und Einheit (»Braut« und »Leib«) 288
d) Eucharistie als höchste kirchliche Gestalt des Verhältnisses Christus – Kirche 289
IV. Institution und Heiligkeit 291
1. Maria – Johannes – Petrus: heilige und amtliche Kirche 291
2. Einheit von Amt und Existenz 294
3. Das Institutionelle als »Kristallisation der Liebe« 299
4. Die »Kreuzesgestalt« des institutionellen Amtes 301
a) Kreuz Christi und institutionelle Kirche 301
b) Das »gekreuzigte« Amt 303
c) Die »Exzentrizität« des Amtes 305
Zusammenfassung 307

Schluß: Rückblick und Folgerungen für Theologie und Praxis des Institutionellen in der Kirche 312
1. Kirchliche Institution und »konkrete Freiheit« 312
2. Folgerungen 315
a) Innere Differenziertheit des Institutionsbegriffs 315
b) Legitimität des formalen Charakters des Institutionellen 316
c) Theologische Qualität des Institutionellen 318
d) Notwendigkeit einer Institutionalisierung des Gegenüber von Amt und Charisma in der Kirche 319

Literaturverzeichnis 323

Register 335

DIE HÄUFIGSTEN ABKÜRZUNGEN

DiK:	K. Rahner, Das Dynamische in der Kirche, Quaest. disp. 5, Freiburg 1958
H I usw.:	H. U. v. Balthasar, Herrlichkeit. Eine theologische Ästhetik. Bd I bis III/2/2, Einsiedeln 1961–1969
HPTh I usw.:	Handbuch der Pastoraltheologie (Hrsg. F. X. Arnold, K. Rahner, V. Schurr, L. M. Weber), 5 Bände, Freiburg 1964ff.
KThW:	Kleines theologisches Wörterbuch (Hrsg. K. Rahner u. H. Vorgrimler), Freiburg 1961 (Herder TB 108/109)
KuS:	K. Rahner, Kirche und Sakramente, Quaest. disp. 10, Freiburg 1963 (2. Aufl.)
LThK:	Lexikon für Theologie und Kirche, 2. Aufl. (Hrsg. J. Höfer u. K. Rahner), 10 Bände und ein Registerband, Freiburg 1957–1967
My Sal 4/1:	Mysterium Salutis 4/1 (Hrsg. J. Feiner u. M. Löhrer): Das Heilsgeschehen in der Gemeinde, Einsiedeln 1972
PI:	H. U. v. Balthasar, Pneuma und Institution. Skizzen zur Theologie IV, Einsiedeln 1974
RSPhTh:	Revue des sciences philosophiques et théologiques (Paris)
SC:	H. U. v. Balthasar, Spiritus Creator. Skizzen zur Theologie III, Einsiedeln 1967
SM I usw.:	Sacramentum Mundi. Theologisches Lexikon für die Praxis. 4 Bände, Freiburg 1967–1969
SV:	H. U. v. Balthasar, Sponsa Verbi. Skizzen zur Theologie II, Einsiedeln 1961
VC:	H. U. v. Balthsaar, Verbum Caro. Skizzen zur Theologie I, Einsiedeln 1960

VORWORT

Die vorliegende Arbeit wurde als Dissertation bei Professor Dr. Walter Kasper in Tübingen verfaßt. Aus Gründen, die hier nicht genannt zu werden brauchen, reichte ich sie im Juni 1975 bei Professor Dr. Gisbert Greshake an der katholisch-theologischen Fakultät der Universität Wien ein. Ihm und dem damaligen Dekan der Fakultät, Professor Dr. Jacob Kremer, habe ich es besonders zu verdanken, daß das Promotionsverfahren in Wien zügig und ohne weitere Schwierigkeiten in Gang gesetzt und zu Ende gebracht wurde.

Meiner Ordensgemeinschaft und zumal meinen Oberen möchte ich dafür danken, daß sie mir viel Zeit für unvergeßliche Studien- und zugleich Kaplansjahre in Tübingen gegeben haben. Herr Professor Dr. W. Kasper hat in dieser Zeit mein theologisches Denken zweifellos entscheidend geprägt; von ihm stammt die Idee zu dem Thema, sein philosophisch-theologischer Ansatz hat mir das Verständnis für die hier behandelte Problematik erschlossen, seine vielen sachkundigen und weiterführenden Anregungen und Korrekturen haben den Gang der ganzen Arbeit bestimmt. Ihm danke ich ganz besonders herzlich. Nicht minder herzlich möchte ich Herrn Professor Dr. G. Greshake danken, dessen spekulative Kraft ich in vielen Doktorandencolloquien in Tübingen erfahren habe, der in einer schwierigen Situation außerordentlich hilfsbereit eingesprungen ist, und der auch die Promotion zu einem erfolgreichen Abschluß geführt hat. Auch ihm habe ich wertvolle Anregungen bei der Überarbeitung zu verdanken. Herrn Professor Dr. Raphael Schulte danke ich dafür, daß er in sehr verständnisvoller Weise das Korreferat übernommen und mir manchen guten Rat gegeben hat.

Bei der praktischen Ausarbeitung haben mir viele gute Menschen geholfen. An erster Stelle sind die Englischen Fräulein vom Klosterberg in Ebersbach/Spessart zu nennen, die mir in ihrem Haus die nötige Abgeschiedenheit und Ruhe bei der Abfassung der Arbeit gewährt haben. Einigen Frauen in Ebersbach möchte ich ein sehr herzliches Danke-schön sagen, da sie die mühsame Last des ersten Abtippens des Manuskripts selbstlos übernommen haben. Ebenso herzlich danke ich auch Frau Erna Hagemann in Tübingen, die in großzügiger und gekonnter Weise die Arbeit dann »formvollendet« getippt hat. Das Register hat mein Mitbruder Paul Imhof SJ zusammengestellt. Dem Knecht-Verlag und den Herausgebern der Frankfurter Theologischen Studien danke ich, daß sie die Arbeit in diese Reihe aufgenommen haben.

Zum Schluß möchte ich noch den vielen Jungen und Mädchen von St. Michael, Tübingen, und aus der Florentiusgruppe Bonn herzlich danken. Weniger dafür, daß sie sehr wirksam zur dauernden Verzögerung der Arbeit beigetragen haben, als vielmehr für die schöne Erfahrung, die ich in ihrem Kreis immer wieder machen durfte: daß nämlich die Kirche als Institution – trotz aller Unkenrufe – genügend Raum für charismatische Freiheit und Freude bietet.

Frankfurt, St. Georgen, im Februar 1976 — Medard Kehl SJ

GELEITWORT VON PROFESSOR W. KASPER

Lieber P. Medard Kehl,

Sie haben in Ihrer Doktordissertation »Kirche als Institution« mit viel Mut ein heikles Thema angepackt, das Ihnen viel Zustimmung, aber auch manche Kritik eintragen kann. Denn am Ja oder Nein zur institutionellen Kirche scheiden sich gegenwärtig viele Geister.

Es gibt seit kurzem ein starkes Erwachen restaurativer Tendenzen, die auch historisch längst überfällige kirchliche Strukturen theologisch mit allen möglichen und unmöglichen Mitteln zu legitimieren versuchen. Mit solchen, auf längere Sicht hoffnungslosen Unternehmungen hat Ihre Arbeit absolut nichts zu tun. Es gibt aber auch Richtungen, die in ihrer berechtigten Kritik an manchen institutionellen Formen übersehen, daß Bürokratismus, Formalismus, Juridismus in der Kirche nicht Zeichen der Ordnung, sondern der Unordnung sind; sie schütten das Kind mit dem Bade aus und vergessen, daß der Gegensatz zur Rechtskirche nicht die Liebeskirche, sondern die Unrechtskirche wäre. Daß solche abstrakten Utopien allemal gefährlich totalitär auszugehen pflegen, haben Sie deutlich aufgezeigt. Schließlich kann man, ähnlich wie schon die liberale Theologie, kirchenpolitisch sehr wohl für Recht und Ordnung eintreten, und doch theologisch herzlich wenig damit anzufangen wissen, man kann sozusagen in einem theologisch Charismatiker und praktisch Realpolitiker sein. Ein solcher gedankenloser Sowohl-als-auch-Standpunkt ist in der Auseinandersetzung schwer zu greifen, theologisch zu begreifen ist da gleich gar nichts mehr. Letztlich liefert man damit die Kirche, wie die schmerzlichen Erfahrungen der protestantischen Kirchen in unserem Jahrhundert zeigen, politischen Mächten aus, worunter in den westlichen Gesellschaften weniger der Staat als der Druck der öffentlichen bzw. veröffentlichten Meinung zu gelten hat. Eben um der Freiheit der Kirche willen ist also eine *theologische* Theorie kirchlicher Institutionalität ein dringendes Desiderat.

Aber kaum ein anderer Begriff der innerkirchlichen und innertheologischen Diskussion ist bei den Apologetikern wie bei den Kritikern so emotionsbeladen wie der Begriff Institution. Kaum ein anderer Begriff ist auch so wenig geklärt. Es herrscht eine fast babylonische Sprachverwirrung, in der manchmal fundamentale ekklesiale Strukturen wie Verkündigung, Sakramente, Ämter in einen Topf mit theologisch marginalen, wenngleich praktisch oft übermächtigen Größen wie Administration und Organisation geworfen werden. Bisher hat sich lediglich die gesellschaftskritisch engagierte Theologie dieser Fragen angenommen. Die dogmatische Klärung – von der kirchenrechtlichen ganz zu schweigen – steht weitgehend noch aus. Das bereits vor 15 Jahren erschienene Bändchen von Gottlieb Söhngen über »Grundfragen einer Rechtstheologie« ist innerhalb der katholischen Theologie noch immer einsame Spitze. Darum war der Diskussion auf protestantischer Seite (J. Heckel, E. Wolf, H. Dombois, W.-D. Marsch u.a.) bisher wenig an die Seite zu stellen. In Sachen Institution stand dem praktischen Defizit des Protestantismus ein Theoriedefizit der katholischen Theologie gegenüber.

Durch Ihre Untersuchung wird ein Anfang gemacht, um diese empfindliche Lücke zu schließen. Zum Glück haben Sie dabei die neuzeitliche Institutionenkritik nicht übersprungen, sondern sich die Mühe gemacht, sich mit viel Fleiß und Verstand in die schwierige Materie der gegenwärtigen soziologischen und philosophischen Diskussion einzuarbeiten. Dieser informative Überblick allein ist schon eine wichtige, weiterführende Hilfe. Die Theologie ist ja in allen diesen Fragen dringend auf das Gespräch mit den Profanwissenschaften angewiesen. Angesichts des gegenwärtigen innertheologischen Pluralismus blieb Ihnen nichts anderes übrig, als das Institutionsverständnis von drei im deutschen Sprachraum repräsentativen Ekklesiologien zu diskutieren. Dabei sind Ihnen vorzügliche Einzelinterpretationen gelungen, die die gegenwärtige theologische Landschaft erhellen können. Ihr Mut zur Kritik wird zweifellos Gegenkritik herausfordern. Solange dabei das Verlangen nach Fairneß selbst fair bleibt, kann dies nur der sachlichen Klärung dienen. Nach meinem Urteil zeugt Ihre Arbeit von bester Tübinger Tradition, denn einem J. S. Drey, J. A. Möhler, J. E. Kuhn, K. J. Hefele und wie sie alle heißen, ging es um nichts anderes, als den lebendigen Geist Jesu Christi im lebendigen Organismus der kirchlichen Gemeinschaft aufzuspüren und Theologie nicht in Abstraktionen, sei es in trockener neuscholastischer Begriffsdialektik, sei es in bloßer Grammatik und Philologie oder in aufklärerischer Pragmatik, verkommen zu lassen. Ohne konkrete Kirche gibt es für sie letztlich kein konkretes Christsein.

Entsprechend greifen Sie in Ihrem eigenen Ansatz auf Hegels Begriff der konkreten Freiheit zurück. Konkrete Freiheit setzt ja voraus, daß sie von allen anderen anerkannt wird. Menschliche Institution als auf Dauer gestelltes Zusammenspiel menschlicher Freiheiten ist also um der Freiheit willen notwendig. Als Institution der Freiheit muß sie sich aber auch dadurch ausweisen, daß sie der Freiheit dient, sie ermutigt und freisetzt. Das alles gilt in analoger Weise auch von der die menschliche Freiheit begründenden und freisetzenden Freiheit Gottes, wie sie uns durch Jesus Christus im Heiligen Geist geschenkt wird. Erlösung als Befreiung durch den Geist Christi als den Geist der Freiheit der Söhne Gottes und dessen institutionelle Vermittlung in der kirchlichen Gemeinschaft sind also – anders als der theologische Liberalismus meinte und meint – keine Gegensätze. Beide sind freilich auch nicht – wie die alten und die neuen Integralisten meinen – einfach identisch. Nach einem schönen Wort des Thomas von Aquin ist das eigentliche Gesetz des Neuen Bundes allein die Gratia Spiritus Sancti, die den an Jesus Christus Glaubenden geschenkt wird (S.th. I/II, 106, 1).

Die Kirche ist nur Sakrament, das heißt Zeichen und Werkzeug des Geistes. Das Zweite Vatikanische Konzil hat deshalb anerkannt, daß der Geist Jesu Christi auch in den anderen Kirchen und kirchlichen Gemeinschaften am Werk ist, ja daß er auch in der »Welt« durch die »Zeichen der Zeit« als »Fremdprophetie« zu uns spricht. Mit Hilfe des Begriffs des sakramentalen Zeichens ist es also möglich, Freiheit des Geistes und Institution der Kirche in einer differenzierten Weise miteinander zu verbinden. An Hand von ästhetischen Kategorien wie Gestalt und Symbol kann man diese traditionelle Sicht heute weiterentwickeln. Wir kommen so unter neuen Voraussetzungen wieder dem sakramentalen Rechtsverständnis nahe, das in den ersten Jahrhunderten der Kirche bestimmend war und entsprechend den Forschungen von Y. Congar erst im 2. Jahrtausend zunehmend verschüttet und durch eine positivistische Rechtsauffassung ersetzt wurde.

Mit alledem ist Ihnen ein guter Wurf gelungen, wenngleich selbstverständlich vieles weiterzudenken und das meiste erst noch zu konkretisieren sein wird. Man wird gespannt sein dürfen, ob und wie das Kirchenrecht Ihre Ansätze aufgreifen kann. Wenn ich richtig sehe, führt Ihre Konzeption zu einer Sicht der Institution Kirche als einem »offenen System«, das als Zeichen in sich eindeutig und bestimmt, nach außen aber dennoch transparent und fähig ist, sich auf neue Situationen einzulassen. Solche Offenheit nach außen setzt im Innern einen institutionalisierten Raum der Meinungsbildung, Entscheidungsfindung und Kritik voraus. Nur eine Kirche als Institution der Freiheit kann nach außen überzeugend wirken und sich glaubwürdig für die Freiheit in Staat und Gesellschaft einsetzen. Das kirchliche Amt als Dienst und Vergegenwärtigung der durch Jesus Christus gestifteten Versöhnung kann auf diese Weise sowohl tiefer begründet als auch in größere Zusammenhänge integriert und institutionell in mancher Hinsicht erneuert werden.

Für eine solche Erneuerung der Kirche im Dienst an der Welt genügt es freilich nicht, nur die kirchlichen Gelenke und Scharniere zu ölen und zu schmieren, einige Verschleißteile auszuwechseln, ein paar Zusatzapparate einzubauen und sonst einiges strukturell umzukrempeln. Das wäre neue Gesetzlichkeit, Buchstabendienst, der nicht lebendig macht, sondern tötet. Auch institutionelle Erneuerung muß Erneuerung aus dem Geist Christi sein. Könnte man dabei alles institutionalisieren, dann wäre es unser Geist und nicht mehr der Heilige Geist. Zur Kirche als Institution der Freiheit des Geistes Christi gehört es auch, daß wir immer wieder mit dem Unvorhersehbaren, Nicht-Machbaren und Nicht-Planbaren rechnen. Kirche als wanderndes Volk Gottes kann sich nie auf Dauer einrichten, sie kennt keine perfekten Lösungen, sondern muß immer im Provisorium leben. Vielleicht sind wir deshalb immer wieder in der Gefahr, an der Zukunft der Kirche zu verzweifeln, wenn es nicht geht, wie wir dachten, weil wir zu gut zu wissen meinten, wie es weiter gehen soll und was dafür getan werden muß, und weil wir die Improvisation des Geistes und seiner Freiheit dabei vielleicht zu wenig einkalkuliert haben. Die zeichenhafte Vergegenwärtigung des Geistes Christi geschieht nicht nur in den Ämtern und Strukturen, sondern auch durch die Heiligen als die Repräsentanten der charismatischen Dimension der Kirche.

Ich hoffe, daß gerade diese tieferen Zusammenhänge zwischen Geist und Institution der Kirche, wie sie Ihr Buch aufzeigt, theologisch und spirituell befruchtend wirken. Mit diesem Wunsch bin ich in alter Tübinger Verbundenheit

Ihr
Walter Kasper

EINLEITUNG

1. Philosophische Einführung in die Fragestellung

Wer es heute für sinnvoll hält, nach den theologischen Gründen für die Kirche als Institution zu fragen, kommt leicht in den Verdacht, dadurch den wieder stärker werdenden restaurativen Tendenzen in der Kirche entgegenzukommen. Denn bedeutet ein solches Fragen nicht doch, alte und längst überfällige Strukturen in der Kirche durch eine theologische Sinngebung legitimieren und damit einer notwendigen Veränderung oder einem radikalen Abbau entgegenwirken zu wollen? Wird damit nicht das allgemeine, tiefsitzende Mißbehagen an der Institution und das erst seit einiger Zeit im katholischen Raum aufgebrochene Pathos der Freiheit und Emanzipation wieder »kirchlich domestiziert«? Die Gefahr eines solchen Verdachts besteht natürlich immer dann, wenn man versucht, das Problem der Institution differenzierter, grundsätzlicher und unpolemischer zu behandeln, als es heute vielfach in der innerkirchlichen Diskussion geschieht. Denn gerade wer es vermeidet, eine undifferenzierte pro- oder antiinstitutionelle Position zu beziehen, muß wohl oder übel damit rechnen, von diesen »eindeutigen« Positionen aus in eines der beiden gängigen Beurteilungsklischees (»rechts« – »links«, konservativ – progressiv) gepreßt zu werden. An der grundsätzlichen Stellung zur institutionellen Kirche, am Ja oder Nein zu ihr, scheiden sich eben heute viele Geister.

Es ist jedoch ein bedeutsamer Unterschied in der jeweiligen Gewichtigkeit dieser Positionen innerhalb der Kirche zu beachten. Denn mag auch in der praktischen Kirchenpolitik eine grundsätzliche bejahende Einstellung zur Institution und zur Stützung überkommener Strukturen allmählich wieder stärker werden, so scheint von dieser Praxis doch wenig theoretische Überzeugungskraft auszugehen, da sie sich nur auf die traditionellen soziologischen und theologischen Argumente zur Begründung des institutionellen Charakters der Kirche verläßt (z.B. daß eben jedes größere soziale System institutionelle, d.h. dauerhafte, stabile, dem einzelnen verpflichtend vorgegebene Strukturen, Ämter, Normen, Rechtsordnungen zu seinem Bestand und zu seiner gesellschaftlichen Wirklichkeit braucht; und daß die Kirche als eine von Christus gestiftete und in dieser Zeit existierende Heilsgemeinschaft von ihrem Ursprung her ebenfalls einen solchen institutionellen Charakter angenommen hat, der sowohl für ihren diesseitigen Bestand als auch für ihre Heilstätigkeit dem einzelnen gegenüber notwendig sei). Demgegenüber übt nun eine radikale Institutionskritik, welche kirchenpolitisch vielleicht nicht so einflußreich ist, doch eine bedeutend stärkere Faszination innerhalb der kirchlichen Öffentlichkeit aus, und zwar vor allem auf Jugendliche und Intellektuelle, die ja gerade zu den beweglichsten und zukunftsträchtigsten

Schichten in der Kirche gehören dürften. Für sie ist die Idee einer »herrschaftsfreien Kommunikation« und damit einer grundsätzlichen Institutionskritik in der Kirche ungemein plausibel, denn nur so scheint der »jesuanische Impuls« innerhalb der sich auf ihn berufenden Glaubensgemeinschaft lebendig bleiben zu können [1].

Wir werden uns (im 2. Kap.) sowohl mit der traditionellen Begründung als auch mit der neueren Kritik der Kirche als Institution auseinandersetzen. Beide Positionen werden dem Phänomen der Institution nicht ganz gerecht. Die erstere beachtet im allgemeinen zu wenig die subjektive Freiheit des einzelnen, ihre schöpferische Spontaneität und ihre kritische Distanz im Verhältnis zur Institution. Sie arbeitet deswegen kaum die seit der Aufklärung und der Philosophie des deutschen Idealismus vorherrschende neuzeitliche Freiheitsproblematik auf [2]. Die zweite, kritische Position überspringt dagegen zu schnell das Problem der gesellschaftlichen Objektivität der Freiheit; sie geht kaum darauf ein, *wie* die subjektive Freiheit zugleich eine gesellschaftliche Wirklichkeit werden kann. Die Vernachlässigung einer der beiden Seiten führt in jedem Fall unweigerlich sowohl zu »geist-losen« gesellschaftlichen Verhältnissen als auch zu »form-loser« Individualität und Privatheit. Die Frage nach dem Sinn der Institution (gerade der Kirche) kann deswegen nur im Rahmen der Vermittlung von Subjekt und Objekt innerhalb der gesellschaftlichen Wirklichkeit des Menschen gestellt und beantwortet werden. Wir können diese philosophische Problematik in dieser Einleitung natürlich nicht eingehend darstellen; es genügt für unsere Untersuchung eine kurze Skizzierung des philosophischen Hintergrundes, vor dem sich heute die Frage nach der Institution, auch in der Theologie, stellen muß.

a) Sozialphilosophische Überlegungen: Institution im Raum der Intersubjektivität

Menschliche Freiheit erscheint immer in der Einheit von »Subjektivität« und »Objektivität«; d.h. sie ist einmal »Unfestgelegtheit und Unfestlegbarkeit durch anderes, Unfaßbarkeit, die absolute Distanz, das Sichlösen und Sichabheben von allem, von allem andern und von sich selbst. Das schlechthinnige Darüberhinaussein über alles; das Unverfangensein in irgend etwas, die ›absolute Reflexion‹; ...Freiheit als absolute Möglichkeit, als absolute, distanzierte bindungs- und gestaltlose reflexive Subjektivität.« [3] Damit ist im Grunde *ein* wichtiges Moment dessen umschrieben, was in der neueren Anthropologie unter »transzendentaler

[1] Vgl. zum Begriff einer »herrschaftsfreien« Kirche: *N. Greinacher,* Herrschaftsfreie Gemeinde, in: Concilium 7/1971, 181–190; *R. Bohne,* Das katholische System, Zürich 1972; *J. Blank,* Kirche – Gemeinde oder/und Institution? In: Diakonia 4/1973, 235–245; *R. Zerfaß,* Herrschaftsfreie Kommunikation – eine Forderung an die kirchliche Verkündigung? In: *W. Weber* (Hrsg.), Macht, Dienst, Herrschaft in Kirche und Gesellschaft, Freiburg 1974, 81–106; *H. Eising, K. Löning,* Herrschaft Gottes und Befreiung des Menschen, ebd. 47–60; *G. Hasenhüttl,* Kirche und Institution, in: Concilium 10/1974, 7–11; *ders.,* Herrschaftsfreie Kirche, Düsseldorf 1974.

[2] Siehe dazu *J. B. Metz,* Zur Theologie der Welt, Mainz–München 1968, bes. 107–116; 122–127; *ders.,* Kirchliche Autorität im Anspruch der Freiheitsgeschichte, in: *J. B. Metz, J. Moltmann, W. Oelmüller,* Kirche im Prozeß der Aufklärung, München–Mainz 1970, 53–90.

[3] *M. Müller,* Erfahrung und Geschichte, Freiburg 1971, 417f.

Freiheit« verstanden wird[4]. Dieses Freiheitsverständnis leitet sich her von Kants Begriff einer »Kausalität aus Freiheit«, wo Freiheit als »Spontaneität« und »Ursprünglichkeit«, als Erstursächlichkeit und »Neuanfang in der Zeit« gedacht wird[5]. Auch Fichtes Begriff der »Selbstsetzung« des Ich liegt diesem Freiheitsverständnis zugrunde[6]. Es ist die Fähigkeit des subjektiven Geistes, sich selbst in seiner Identität zu setzen, und zwar als Vermittlung der Differenz von setzendem und gesetztem Ich. Damit ist die Reflexivität dieser Einheit des Subjekts gedacht: das Ich kann zu sich selbst in Distanz stehen, es kann sich von sich selbst »distanzieren«, sich auf sich selbst zurückwenden und darin zur Einheit kommen. Diese reflexive Einheit des Ich begründet die Fähigkeit der subjektiven Freiheit, sich von allem »Gegenständigen«, allem objektiv Begegnenden überhaupt zu distanzieren, in eine kritische Reflexion über alles einzutreten und sich selbst auch von jeder selbst gesetzten »Objektivation« wieder zu lösen. In diesem Aspekt der Freiheit kommen also vor allem die Momente der ursprünglichen Selbstbestimmung, der Spontaneität, der kritischen, reflektierenden Subjektivität zur Sprache.

Aber so für sich genommen ist dies ein völlig abstrakter, ja sekundärer Freiheits- und Subjektbegriff. Denn die Reflexion der (subjektiven) Freiheit auf sich selbst impliziert immer schon »Objektivität«, d.h. die reflexive Selbstvermittlung des Subjekts vollzieht sich immer nur am anderen ihrer selbst, wenn sie nicht eine leere Tautologie sein soll. Das Ich oder Selbst als das »Woher« des Identitäts*vollzugs* gewinnt sein Bei-sich-Sein nur in der Ausrichtung auf das andere des objektiven »*Gehaltes*« als dem »Woraufhin« dieses Vollzuges[7]. Freier Selbstvollzug ist immer schon Subjekt–Objekt-Bezug, wobei das andere, der spezifische »Gehalt«, der die Freiheit des Selbst erst ganz erfüllt und zu sich selbst kommen läßt, die »Freiheit *des* Anderen« sein muß, die das Ich anspricht und sich selbst ihm mitteilt. Subjektivität als Selbstvollzug der Freiheit impliziert also ursprünglich »*Intersubjektivität*«, womit gerade die Einheit von Setzen und Empfangen, von Spontaneität und Rezeptivität in diesem »Sinnvollzug« der geistigen Selbstverwirklichung behauptet wird[8]. Die ursprüngliche Objektivität der subjektiven Freiheit, wo ihr also das andere als »Gegenständiges«, als »Begrenzendes« und »Bestimmendes« begegnet und wo sich in diesem rezeptiven Bestimmtwerden (»Bejahtwerden«) die spontane Selbstbestimmung (das »Bejahen«) ganz vollzieht, liegt in ihrem Bezug zur Freiheit des anderen Subjekts: »Das Du ermöglicht dem Selbst eine positive Selbstvergegenständlichung. *Diese* Selbstvergegenständlichung stellt keine Entfremdung im Sinne Hegels dar, die der Überwindung und Heimholung

[4] *H. Krings*, Art. Freiheit, in: *H. Krings, H. M. Baumgartner, Ch. Wild* (Hrsg.), Handbuch philosophischer Grundbegriffe, Studienausgabe, München 1973, Bd 2, 493–510; *M. Müller*, Erfahrung, ebd. u. 300.

[5] *M. Müller*, Erfahrung, 420.

[6] *H. Krings*, Freiheit, 501ff.

[7] *J. Heinrichs*, Sinn und Intersubjektivität, in: Theologie und Philosophie 45/1970, 161–191, bes. 165f; *H. Krings*, Freiheit, 501ff.

[8] *J. Heinrichs*, Sinn, 170; vgl. *H. Krings*, Freiheit: »Das Kommerzium der Freiheit ist transzendental früher als das Subjekt, und im Begriffe des Subjekts ist der Begriff der Intersubjektivität als der transzendentallogisch frühere Begriff schon enthalten. Eine empirische Intersubjektivität als Beziehung zwischen Subjekten ist dadurch möglich, daß das Subjekt in seiner transzendentalen Selbstbegründung aus einem Kommerzium der Freiheit und aus einer durch andere Freiheit vermittelten Selbstsetzung hervorgeht« (507).

in die reine Aktualität des Vollzugs bedürfte: ist dieses Gegenübersein des anderen doch reine Aktualität des Freiseins, es-loses Dusein!«[9]

Jedoch kann endliche, leiblich-materielle Freiheit niemals diese reine Aktualität auf Dauer sein; in der notwendigen Reflexion, in der das Subjekt sich gleichsam aus dem Vollzug der intersubjektiven Freiheit »zurücknimmt« und auf sich reflektiert, nimmt es selbst und auch das Du objekthafte (»es-hafte«) Gestalt an. Beide werden notwendig füreinander zu einem gegenständlichen, umgrenzten »Etwas«. Damit verbunden ist zugleich die Notwendigkeit der subjektiv-intersubjektiven Freiheit, sich in ein welthaft geschichtliches »Werk« zu objektivieren, sich in eine den aktuellen Vollzug überdauernde Gestalt hinein bleibend auszudrücken und darzustellen, damit sie sich nicht zu einem letztlich weltlosen und unwirklichen »Geist« verflüchtigt. So wird also alles Objektive als das von der intersubjektiven Freiheit Erwirkte in den ursprünglichen personalen Selbstvollzug hineingebunden und bleibt in ihm verwurzelt. Die Freiheit als endlich-geschichtliche gibt sich dadurch eine »Gestalt««, in der sie erst »Offenbarkeit, Dasein, Gegenwart, Wirklichkeit, Bestand« erhält[10].

Diese erwirkte Gestalt ist nicht primär ein gegenständliches »Werk«, das ganz außerhalb des Freiheitsvollzugs als eigenständige Wirklichkeit (als »Resultat«) zu stehen kommt (z.B. ein Arbeitsprodukt, ein Kunstwerk, ein gemeinsames Unternehmen o.ä.). Sie ist vielmehr zunächst einmal die innere Gemeinschafts*form* der intersubjektiven Freiheit selbst. Die ursprüngliche Beziehung von Ich und Du gestaltet sich, wenn sie Bestand haben soll, zu einer eigenen Form, zum »Wir«, was ja als solches ein objektives »Mehr« gegenüber den einzelnen Partnern und ihren aktuellen Beziehungen darstellt. Ob man dieses »Mehr als die Summe der Einzelnen«, das jeder Gemeinschaftsform eignet und das gerade die Eigenart des »sozialen Seins« ausmacht, nun als die übergreifende Einheit, als das »gemeinsame Band«, als »Gemeinbesitz«[11], als »objektiven Geist«[12], als das »Nicht-Kontraktuelle des Kontrakts«[13] bezeichnet, ist nicht so entscheidend. Wichtig ist nur, dieses schwer faßbare Phänomen des Sozialen als solchen überhaupt in den Blick zu bekommen: daß nämlich in jeder Gemeinschaft sich ein »objektives«, das Wollen und Handeln der einzelnen übersteigendes und ihnen auch in bestimmter Weise (z.B. als verbindender Geist der Gemeinschaft oder als bindende Verpflichtung) eigenständig gegenüberstehendes »Gefüge« ausformt.

Natürlich bleibt dieses objektive Gefüge einer Gemeinschaft in seiner Genese immer vom Wollen und Handeln der Subjekte abhängig, es läßt sich nicht zu einer substantiellen Wirklichkeit, in der die Personalität der einzelnen Glieder aufgehoben würde, hypostasieren. Denn es ist eben nichts anderes als eine von der intersubjektiven Freiheit erwirkte Objektivation ihrer selbst, in der sie sich eine geschichtlich beständige Gestalt gibt. Trotz dieser »genetischen Abhängigkeit« des objektiv-Sozialen von den es konstituierenden Subjekten bleibt seine »ideelle

[9] *J. Heinrichs*, Sinn, 178.

[10] *M. Müller*, Erfahrung, 418; er verweist an dieser Stelle auf *R. Guardinis* Werk »Der Gegensatz«, worin die Polarität alles Lebendigen zwischen Akt und Gestalt behandelt wird.

[11] *H. E. Hengstenberg*, Grundlegungen zu einer Metaphysik der Gesellschaft, Nürnberg 1949.

[12] *D. Bonhoeffer*, Sanctorum Communio, München 1954, bes. 64ff.

[13] *E. Durkheim*, Die Regeln der soziologischen Methode (herausgegeben und eingeleitet von *R. König*), Neuwied–Berlin 1965 (2. Aufl.), 33f.

Selbständigkeit« ihnen gegenüber gewahrt[14]. Ja, die intersubjektiven Beziehungen kommen erst da zu ihrer vollen Gestalt, wo sie sich der objektiven »Form« ihrer Gemeinsamkeit unterstellen, wo sie diese als eine überlegene Verpflichtung anerkennen und sich von ihr aus aller möglichen subjektiven Verengung und Verarmung befreien lassen. Analog zur intersubjektiven Beziehung, in der das Ich durch das Du zugleich objektiv begrenzt wie auch zur vollen Selbstentfaltung befreit wird, übt auch die sich aus solcher Beziehung ergebende, die einzelnen verpflichtende Form der Gemeinschaft eine das Subjekt zugleich bindende wie auch befreiende Wirkung aus.

Dieses Phänomen der sozialen Objektivität (»Mehr als die Summe der Einzelnen«) läßt sich in jeder Gemeinschaftsform erfahren, sei es in einer Zweierbeziehung oder in einer Gruppe von mehreren Personen oder auch in einem großen, unpersönlichen System. Natürlich wird bei zunehmender Komplexität (z.B. der Anzahl der Glieder, der räumlichen und zeitlichen Ausdehnung, der verschiedenen Interaktionen, der Zielsetzungen usw.) die Erfahrung der subjektiv-intersubjektiven »Eigenleistung« an der Konstitution dieses sozialen Gefüges immer schwächer. Der unmittelbar erlebte personale Charakter der Objektivität einer Gemeinschaft (etwa einer Freundschaft oder einer Familie oder einer Gruppe) nimmt dadurch ab. Im gleichen Maße wächst damit nun auch die Erfahrung der Fremdheit, des Äußerlichen, der Widerständigkeit, des Gesetzhaften der objektiven sozialen Wirklichkeit. Der einzelne erfährt sie immer mehr als ihn von außen beschränkende, normierende »Herrschaft«, der seine subjektive Freiheit unterworfen ist. Die ursprünglich als personale Objektivität bejahte Form des Sozialen wird nun als dinghaft vergegenständlichte Objektivität kritisiert. Weil die Freiheit sich in diesen Objektivationen kaum mehr wiederfindet, weil diese also gleichsam verselbständigt und losgelöst vom aktuellen Selbstvollzug der subjektiven Freiheit agieren, nimmt die »Form« des objektiv Sozialen in solchen gesellschaftlichen Systemen den Charakter des »rein Formalen« an: sie ist nicht mehr in allem gedeckt von der »materialen« Freiheitserfahrung des Subjekts, das doch gerade in der Objektivität des Sozialen sich selbst verwirklichen soll. Der Protest der sich so als »entfremdet« erfahrenden Freiheit richtet sich dann vor allem gegen die konkreten Gestalten dieser gesellschaftlichen Objektivität, d.h. gegen die *Institu-*

[14] Dazu *D. Bonhoeffer,* Sanctorum, 69. Bonhoeffer beschreibt dieses Phänomen der gesellschaftlichen Objektivität recht einleuchtend:

»Zwei sich begegnende Willen bilden ein Gefüge. Ein dritter Hinzutretender sieht nicht nur den einen und den anderen Menschen verknüpft, sondern als Drittes setzt das Gefüge seinem Willen Widerstand entgegen, der nicht identisch ist mit dem Willen der einzelnen, sondern gegebenenfalls viel härteren Widerstand leistet als jeder einzelne oder, wenn der Begriff überhaupt vollziehbar ist, als die Summe aller einzelnen. Eben dies Gefüge aber ist der objektive Geist. Er tritt nicht nur dem Dritten, der in einen Freundschaftsbund Einlaß begehrt, als selbständig, eigengesetzlich entgegen, sondern zwischen die beiden im primitivst gestalteten Gefüge Verbundenen schiebt er sich selbst als Drittes mitten hinein. Die Personen erleben also ihre Gemeinschaft als etwas Reales außer ihnen selbst, sich von ihnen ungewollt Loslösendes, sich über sie Erhebendes« (65).

Näheres zur Philosophie der sozialen Wirklichkeit siehe: *H. E. Hengstenberg,* Grundlegungen; *ders.,* Philosophische Anthropologie, Stuttgart 1960 (2. Aufl.), bes. 101–119; *D. v. Hildebrand,* Metaphysik der Gemeinschaft, Augsburg 1930; *M. Theunissen,* Der Andere. Studien zur Sozialontologie der Gegenwart, Berlin 1965.

tionen, in denen dem einzelnen eben jene sachhaft vergegenständlichte, »formalisierte« Form des Sozialen konkret gegenübertritt (also etwa in der Weise des Gesetzes, der amtlichen Autorität, der gesellschaftlich vorgeschriebenen Rolle usw.).

Im Bereich der Kirche erlebt der einzelne diesen formalen und objektiven Charakter des Gesellschaftlichen etwa bei den Sakramenten, deren Wirksamkeit nicht allein von der subjektiven Einstellung des Spenders und Empfängers abhängig ist; oder beim Amt, das seine Legitimation nicht allein aus dem Erweis charismatischer Befähigung zieht; oder beim Dogma, das seine Verbindlichkeit nicht allein aus der Überzeugungskraft seiner rationalen Argumente nimmt; oder beim Recht, das seinen Verpflichtungscharakter nicht allein von der jeweils einsichtigen Freiheit der Betroffenen abhängig macht. Die Frage nach dem theologischen Sinn dieser institutionellen Phänomene kann u. E. nur in dem oben dargelegten anthropologischen bzw. sozialphilosophischen Kontext angemessen gestellt werden.

Es sind im einzelnen drei ineinandergreifende Problemkreise, die wir hier nur skizzenhaft aufgezeigt haben, und in denen das Institutionsproblem den angemessenen Ort seiner Behandlung finden kann:

1. Das Problem der menschlich-endlichen *Freiheit,* die nur in der Einheit von Subjektivität und Objektivität sich verwirklicht.

2. Das Problem der *sozialen* Objektivität: jede intersubjektive Beziehung nimmt eine »objektive« Form an, die mehr ist als die Summe der Willensäußerungen und Handlungen der Subjekte; die also in aller Abhängigkeit von den einzelnen ihnen doch auch gegenübersteht und besonders als Verpflichtung erfahren wird.

3. Das Problem der vergegenständlichten, der *formalen* Objektivität in einem großen gesellschaftlichen System.

Unsere Untersuchung hat nicht diese sozialphilosophischen Fragen zum Thema. Wir können sie deswegen auch nicht weiter verfolgen und müssen sie – vor allem aus Mangel an Kompetenz – in der skizzierten Kürze und Ungenauigkeit so stehen lassen. Sie sollen in diesem Zusammenhang auch nur als *Problemhorizont* unserer Frage nach dem theologischen Sinn des kirchlich Institutionellen bewußt bleiben. Denn manche theologischen Stellungnahmen zu unserem Thema sind vor allem deswegen so unbefriedigend, weil sie einen oder sogar mehrere dieser Problemkreise außer acht lassen.

So wird einmal die Frage nach der Vermittlung von subjektiver Freiheit (»Spontaneität«, »kritische Reflexion«) und gesellschaftlicher Objektivität innerhalb der kirchlichen Institution vielfach gar nicht gestellt. Das führt in der Regel entweder zu einem extremen Subjektivismus, der alle objektiv vorgegebene Beschränkung der Freiheit ablehnt, oder zu einem extremen Objektivismus, der das Subjekt im Grunde nur als Objekt der institutionellen »Heilstätigkeit« betrachtet. Ebenso wird häufig die eigenartige Wirklichkeit des Sozialen als solchen im Hinblick auf die Gemeinschaft der Kirche nur ungenügend thematisiert; der Versuch, den Bonhoeffer einst mit seiner »dogmatischen Untersuchung zur Soziologie der Kirche« in »Sanctorum Communio« unternahm, nämlich einen spezifisch theologischen Gemeinschaftsbegriff für die Kirche auszuarbeiten, steht in seiner systematischen Präzision noch immer einzig da. Eine Vernachlässigung dieser Problematik führt bei der Beurteilung des Institutionellen meist zu einer recht positivistischen Einstellung, die das »Mehr« der kirchlichen Gemeinschaft gegenüber den einzelnen entweder nur in der historischen »Setzung« bestimmter Strukturen durch Christus (Kirche als »Stiftung«) oder nur in der übergeschichtlichen (sich innerkirchlich aber kaum konkret darstellenden) Gnadentat Gottes sieht (Kirche als »Voraus« der Gnade vor dem Tun des einzelnen). Schließlich wird auch das Problem der formalen Objektivität des Sozialen innerhalb eines gesellschaftlichen Großsystems oft zu schnell in der theologischen Diskussion beiseite geschoben. So geht man es entweder von einem normativen Modell der überschaubaren Kleingruppe und ihren Möglichkeiten der personalen Beziehung her an, bei denen also kein der subjektiven Freiheit fremder, »formaler« Überhang gegenüber ihrer inhaltlich vollaktualisierten Selbstverwirklichung in der intersubjektiven Beziehung erfahren wird. Das führt dann konsequenterweise zu einer sehr negativen Einstellung zum Phänomen der formalen Objektivität und damit zum Institutionellen überhaupt in der Kirche. Oder aber man nimmt das Formale unreflektiert als Selbstverständlichkeit hin, ohne das damit für ein neuzeitliches Freiheitsbewußtsein gegebene Problem weiter zu bedenken. In einer solchen Konzeption kann natürlich die kritische Subjektivität ihre Ansprüche nicht befriedigt sehen.

Wenn wir uns also für den angedeuteten philosophischen Ansatz entscheiden, um in diesem allgemeinen Problemhorizont die Frage nach der Begründung des Institutionellen in der katholischen Ekklesiologie zu stellen und um damit einen dem Phänomen der Institution (in seiner ganzen Ambivalenz) angemessenen Beurteilungsmaßstab zu gewinnen, ist dadurch eine Vorentscheidung für das gefallen, was Hegel die *»konkrete Freiheit«* nennt[15]. Dieser Begriff meint eben die Vermittlung von individuell Besonderem und gesellschaftlich Allgemeinem, von Subjektivität und gesellschaftlicher Objektivität. Näherhin bedeutet dies: die menschliche Freiheit kann sich als endliche Freiheit nicht in absoluter Spontaneität in einer von aller begrenzenden und einengenden Objektivität befreiten Selbstbestimmung verwirklichen. Sie bliebe völlig »abstrakt«, wenn sie nicht ihre ursprüngliche Angewiesenheit auf Objektivität anerkennen wollte. Diese Abstraktion würde auch dann noch nicht aufgehoben, wenn die Objektivität allein in der intersubjektiven Beziehung oder in der objektiven Form einer personalen Gemeinschaft gesucht wird. Denn jeder Vollzug der intersubjektiven Freiheit »geschieht nicht im geschichtslosen Raum einer totalen oder jenseitigen Welt, sondern im geschichtlichen Raum einer öffentlichen und allgemeinen Rechtsordnung, die die Freien ebenso schaffen wie sie ihrer bedürfen«[16]. Konkret wird Freiheit also gerade in ihrer Vermittlung mit der gesellschaftlich-formalen Objektivität, die sich besonders in den Institutionen darstellt.

Das gilt durchaus auch für die Freiheit in der Kirche, wenn man Kirche nicht nur als Ansammlung kleiner überschaubarer Gruppen ansieht, welche sich rein auf die aktuelle, personale Kommunikation der einzelnen untereinander gründen.

[15] Vgl. *G. W. F. Hegel,* Grundlinien der Philosophie des Rechts (Hrsg. *J. Hoffmeister*), Hamburg 1955 (4. Aufl. 1967), § 260, S. 214. Wir zitieren im folgenden die »Grundlinien« nach Paragraph und Seitenzahl dieser Ausgabe; *H. Krings,* Freiheit, 508f; *L. Oeing-Hanhoff,* Konkrete Freiheit, in: Stimmen der Zeit 187/1971, 372–390; *G. Greshake,* Gnade als konkrete Freiheit. Eine Untersuchung zur Gnadenlehre des Pelagius, Mainz 1972; bes. 275–310.

[16] *H. Krings,* Freiheit, 508.

(Aber auch diese entwickeln in sich mit zunehmender Komplexität in der Regel sog. »formale« Strukturen wie Recht, Autorität, feste Rollenverteilung usw.). Wenn Kirche als ein sehr komplexes soziales System theologisch nicht völlig »unbegriffen« bleiben soll, wenn anderseits aber gerade in ihr die subjektiv-intersubjektive Freiheit des Menschen sich innergeschichtlich voll verwirklichen soll (als »erlöste«, »befreite Freiheit«), dann wird man kaum durch eine einfache Negation oder Abwertung der einen oder anderen Seite das Problem des kirchlich Institutionellen lösen können. Man kommt deswegen nicht daran vorbei, sich auch in Kirche und Theologie der Mühe einer Vermittlung von Freiheit und Institution, von Subjektivität und gesellschaftlicher Objektivität zu unterziehen. Das gilt sowohl in der Theorie als auch in der Praxis. Dabei darf vor allem die Ambivalenz der »konkreten Freiheit« nicht übersehen werden, insofern sie als »Konkretion« der subjektiven Freiheit eben zugleich auch eine »Objektivation«, eine Beschränkung und Entfremdung meint. Über diese strebt die Freiheit natürlich immer wieder hinaus, sie sucht sie zu relativieren und gleichsam auf eine »eschatologische« Vollendung der Freiheit hin aufzuheben:

»Die wirkliche Freiheit des Menschen wird die Ambivalenz von unbedingtem Sich-Öffnen und endlich erfüllendem Gehalt nicht überspielen können. Jedwede wirkliche Freiheit enthält die Dimension, durch die sie über ihre eigene Konkretion hinaus offen ist und über sich hinaus weist; diese Defizienz charakterisiert sie als endliche Freiheit. Gleichwohl wohnt jedem Akt der Freiheit die Bejahung der eigenen Unbedingtheit inne. Darin liegt ein Anspruch und ein Vorgriff auf vollkommene Freiheit. Solcher Anspruch und Vorgriff bedeuten, jedwedes Sich-Öffnen der Freiheit auf Freiheit hin in seiner geschichtlichen Konkretion zugleich festzuhalten und loszulassen.« [17]

b) Institution und »konkrete Freiheit« nach G. W. F. Hegels Grundlinien der Philosophie des Rechts

Da wir den Begriff »konkrete Freiheit« im Laufe unserer Untersuchung sowohl bei den sozialwissenschaftlichen Theorien als auch bei den theologischen Begründungen als Kriterium einer sachgerechten Behandlung des Institutionsproblems heranziehen werden, wollen wir ihn hier in der Einleitung anhand der spekulativen Rechtsphilosophie Hegels noch genauer zu erklären versuchen.

Zunächst einmal: Wie kam es damals überhaupt zu dieser Problemstellung? Vor der Aufklärung galten die Institutionen, vor allem Staat und Kirche, als schlechthin vorgegeben, als von Gott oder der menschlichen Natur gesetzte Einrichtungen, die der Freiheit des Menschen gegenüberstehen und sie zur Ein- und Unterordnung notwendig verpflichteten. Im Zuge der Aufklärung wurden diese Antithesen aufgelöst, die Institutionen als Werk der menschlichen Freiheit durchschaut, kritisiert, verändert oder zerstört. Jedoch zeigte

[17] *H. Krings*, Freiheit, 509. Vgl. *M. Müller*, Erfahrung: »Geschichte bedeutet einerseits Entschluß zur Verendlichung unendlicher Freiheit als Darstellung in nichtnotwendiger Gestalt, als Repräsentation in der Selbstbeschränkung, ist also Entscheidung des Absoluten (der Freiheit) zur Endlichkeit. Andererseits darf sich die geschichtliche Darstellung, die Repräsentation nicht absolut setzen, sondern bedeutet Wissen um deren Nichtendgültigkeit trotz der Verbindlichkeit; sie weiß um die Geltung des Bildes, der Struktur und des Gesetzes der Freiheit, deren Verbindlichkeit und Normativität nicht darunter leiden, daß ihre Geltung zeitlich eingeschränkt ist; vielmehr verstärkt sich der Charakter der Gültigkeit in dieser Einschränkung selbst« (419f).

sich gerade in der Französischen Revolution, daß das Problem der »politischen Verwirklichung der Freiheit« [18] noch nicht dadurch allein gelöst war, daß die subjektive Freiheit zur Grundlage des Rechts und der Staaten gemacht wurde. Vielmehr erschien mit dem Aufkommen der industriellen bürgerlichen Gesellschaft die zunehmende Möglichkeit einer totalen Entzweiung von Subjekt und Objekt: die Freiheit, die sich in die subjektive Privatheit ihrer allseitigen Bedürfnisbefriedigung zurückzieht, gerät dadurch gerade in immer größere Abhängigkeit von einer sie beherrschenden übermächtigen Gesellschaftsordnung; sie wird allmählich gesellschaftlich wirkungslos und ohnmächtig, denn sie überläßt die objektiven Zustände ganz sich selbst, d. h. der jeweils herrschenden »Willkür« oder dem »Zufall«, so daß sie »gottverlassen« [19] und auch von der menschlichen Freiheit, die sie doch hervorgebracht hat, verlassen sind. Hier setzt dann *Hegels* Rechtsphilosophie mit dem Versuch einer Vermittlung von Subjekt und gesellschaftlicher Objektivität ein: nämlich die objektiven gesellschaftlichen Ordnungen als Gestalt gewordene, »objektivierte« Freiheit zu denken; d. h. die Institutionen sowohl in ihrer Bedingtheit durch den Geist und damit durch die Freiheit des Menschen wie auch zugleich in ihrer objektiven Eigenständigkeit zu begreifen, mit der sie der subjektiven Freiheit verpflichtend gegenüberstehen. Diese Frage ist nicht einfach identisch mit dem alten Problem der klassischen Sozialphilosophie, die das Verhältnis von Individuum und Gemeinschaft untersuchte. Es geht hier vielmehr um die dialektische Vermittlung von Subjekt und Objekt, die sich also nicht als zwei »substantielle« Wirklichkeiten gegenüberstehen und dann in bestimmte Beziehungen zueinander treten, sondern die beide in ihrer Selbstkonstitution immer schon als voneinander abhängig und doch zugleich als selbständig gedacht werden. Diesem Problem ist Hegel in den »Grundlinien der Philosophie des Rechts« nachgegangen.

Die Beurteilung dieser Schrift Hegels aus seiner Berliner Zeit bleibt strittig. Für die einen ist sie Zeugnis des politischen Konservatismus, nichts anderes als die philosophische Legitimierung der preußischen Restauration [20], ja sogar die geistige Vorbereitung des totalitären Nationalismus und Faschismus (Popper). Andere sehen darin vor allem ein Zeugnis für die gedankliche Auseinandersetzung Hegels mit der politischen Revolution in Frankreich und der industriellen in England, die beide von Hegel grundsätzlich positiv bewertet würden (so J. Ritter, E. Weil, H. Marcuse). Wir enthalten uns einer solchen generellen Interpretation und beschränken uns ganz auf die Darstellung des Gedankenganges, in dem Hegel sein Freiheits- und Institutionsverständnis entfaltet.

Die Rechtsphilosophie, in der Hegel seine (späteren) ethisch-politischen Auffassungen zur Rechts-, Gesellschafts- und Staatsphilosophie zusammenfaßt, hat

[18] *J. Ritter,* Hegel und die französische Revolution, Köln–Opladen 1957, 19 (zitiert: Hegel). Unsere Hegelinterpretation schließt sich weithin an *J. Ritter* an. Siehe zu Ritters Hegelrezeption die Besprechung seines Werkes »Metaphysik und Politik«, Frankfurt 1969, von *O. Pöggeler* in: Hegel-Studien Bd. 7, Bonn 1972, 282–293.

[19] *G. W. F. Hegel,* Grundlinien, Vorrede, 7.

[20] Diese Deutung ist vor allem bedingt durch *R. Hayms* Interpretation aus dem Jahre 1857: »Vorlesungen über Hegel und seine Zeit« (Berlin 1857). Eine übersichtliche Diskussion der verschiedenen Deutungen dieser Schrift Hegels findet sich in den Anmerkungen zu J. Ritter, Hegel (siehe Anm. 18).

ihren bestimmten Ort im Gesamtsystem seiner Geistphilosophie; und zwar steht sie im Rahmen der Darstellung des »objektiven Geistes«, der sich als solcher in der menschlichen Gemeinschaftssphäre »entäußert« und dadurch verwirklicht, nachdem er bereits als »subjektiver Geist« im individuellen Menschen zu Selbstbewußtsein und Freiheit gelangt ist. Erst auf der dritten Stufe, als »absoluter Geist«, ist dann in Kunst, Religion und Philosophie die volle Einheit des sich selbst ganz wissenden Geistes mit der im Ganzen erschlossenen Welt gegeben[21]. Die Rechtsphilosophie entwickelt ihre Gesellschafts- und Staatslehre also auf der Grundlage der im »subjektiven Geist« zu sich selbst gekommenen *Freiheit* des Willens, der sich »objektiviert« in der dem Ich äußerlichen Sphäre des Rechts (als Inbegriff der gesamten menschlich geformten Welt) und dadurch erst »wirklich« wird: «Der Boden des Rechts ist überhaupt das Geistige, und seine nähere Stelle und Ausgangspunkt der Wille, welcher frei ist, so daß die Freiheit seine Substanz und Bestimmung ausmacht, und das Rechtssystem das Reich der verwirklichten Freiheit, die Welt des Geistes aus ihm selbst hervorgebracht, als eine zweite Natur ist« (§ 4,28).

Der erste Schritt dieser objektiven Verwirklichung der Freiheit geschieht im Bereich des »abstrakten Rechts«, in dem der Mensch nur in der Vielheit gleicher Subjekte betrachtet wird, welche sich gegenseitig als formal rechtsfähige »Personen« anerkennen, d.h. als solche Individuen, die ihr Recht auf Eigentum geltend machen und die untereinander Verträge schließen können. Dabei wird in dieser Betrachtung des Menschen als Rechtsperson von jeder »Besonderheit« der Freiheit als etwas »Gleichgültigem« abgesehen; »diese Subjekte sind Subjekte nur des Rechts; ihre Freiheit ist leere Gleichheit; in dieser ersten Welt, die sich das Ich gebaut hat, ist es ohne allen Inhalt, ohne Seele«[22]. Dieser formalen Leere (nach Kant: »Legalität«) wird im 2. Teil eine »gefüllte« innere Welt des Subjekts, die Moralität, entgegengesetzt: der Vorsatz, die Absicht, das Wohl des Subjekts, das Gewissen, das Gute, das Böse, die Schuld. Jetzt geht es also dem Subjekt des Rechts um seine Individualität, seine »Besonderheit«, um die »innere Selbstbestimmung«, d.h. um Einstellung und Motivation, die das Handeln als moralisch gut oder böse qualifizieren. Es geht ihm um die »innere« Freiheit, seinem eigenen Gewissen folgen zu können, sich seine Ziele und Zwecke selbst entwerfen zu können, um sein Wohl und seine Glückseligkeit besorgt sein zu können usw. »Der als subjektiv bestimmte, für sich freie Wille, zunächst als Begriff, hat, um als Idee zu sein, selbst Dasein. Der moralische Standpunkt ist daher in seiner Gestalt das Recht des subjektiven Willens. Nach diesem Rechte anerkennt und ist der Wille nur etwas, insofern es das Seinige, er darin sich als Subjektives ist« (§ 107,102).

Dieses Recht der Besonderheit der »subjektiven Freiheit« (§ 124,112), sich in seinem moralischen Dasein selbst bestimmen zu können, darf für Hegel niemals verloren gehen, wenn nicht die ganze Rechtsordnung als Ordnung der Freiheit sich auflösen soll. Insofern bleibt bei ihm zweifellos das Erbe der Aufklärung und der kantischen Ethik bewahrt. Und doch kann sich der »objektive Geist« nicht mit der erreichten Stufe der Moralität zufrieden geben, denn noch fehlt ihm die

[21] Siehe den Beitrag von *W. Kern* über die »Grundlinien der Philosophie des Rechts« in: Kindlers Literatur Lexikon III, Zürich 1967, Sp. 1240–1242.

[22] *Fr. Rosenzweig*, Hegel und der Staat, 2. Bd, München–Berlin 1920, 102.

»Allgemeinheit«, die Übereinstimmung mit dem objektiv Guten und Gebotenen. Diese Synthese von Besonderheit und Allgemeinheit gewinnt das Subjekt erst auf der 3. Stufe, der *Sittlichkeit.*

Damit ist der für unsere Untersuchung entscheidende Begriff erreicht. In der Sittlichkeit gewinnt die subjektive Freiheit der Moralität erst ihre »Konkretheit«, ihre »Wirklichkeit«; denn hier übersetzt sie sich ins Handeln, hier verwirklicht sie sich in den objektiven menschlichen Gemeinschaften, in Familie, bürgerlicher Gesellschaft und Staat. Mittels dieser Gemeinschaftsformen begegnet die Freiheit nämlich den »an und für sich seienden Gesetzen und Einrichtungen« (§ 144, 142), den objektiven »sittlichen Mächten«, die ihr gegenüberstehen »im höchsten Sinne der Selbständigkeit« (§ 146, 143). Aber »andererseits sind sie dem Subjekte nicht ein Fremdes, sondern es gibt das Zeugnis des Geistes von ihnen als von seinem eigenen Wesen, in welchem es sein Selbstgefühl hat, und darin als seinem von sich ununterschiedenen Elemente lebt« (§ 147, 143). Diese Identität und Differenz des Subjektiven und Objektiven macht die »sittliche Substanz« aus (§ 146, 143), die durch ihre »substantiellen Bestimmungen« zu dem Subjekt als dem »in sich Unbestimmten« in ein »bestimmendes Verhältnis« tritt (§ 148, 144). Diese Bestimmung erfährt das Subjekt als Bindung seines Willens durch die Pflicht; dies jedoch nicht so sehr als Beschränkung, sondern als Befreiung von seiner »unbestimmten Subjektivität«, in der es ja nur in der Beliebigkeit der Reflexion, ohne bestimmtes Handeln, ohne Wirklichkeit bleiben würde. Insofern sich das Subjekt in seiner Freiheit so bestimmen läßt, ist es als sittliches Subjekt »rechtschaffen«, was die »normale« Verhaltensweise des Individuums sein soll, im Gegensatz zur »eigentlichen Tugend«, die nur bei »Kollisionen« der Verhältnisse (etwa wenn Gewissen und Gesetze kollidieren) auftreten soll. In diesem Sich-bestimmen-Lassen durch die objektiven, allgemeinen sittlichen Verhältnisse verliert die Subjektivität nicht ihr Recht auf Besonderheit, nicht ihre Freiheit der Selbstbestimmung, sondern findet gerade darin, daß sich die Subjektivität in der sittlichen Substanzialität konkretisiert, erst ihre Wahrheit und Wirklichkeit. Recht und Pflicht fallen damit »in Eins«, sie bedingen sich gegenseitig (§ 153, 148ff).

Damit sind die grundlegenden Begriffe für unsere Frage bereits gegeben. Denn diese allgemeinen Bestimmungen der »Sittlichkeit« werden im weiteren Verlauf der Rechtsphilosophie nur noch konkretisiert auf die menschlichen Gemeinschaftsformen der Familie, der bürgerlichen Gesellschaft und des Staates hin. Während in der Familie der einzelne sich als ihr Mitglied durch die natürliche Unmittelbarkeit der Empfindung und der Liebe noch in ihrer Einheit geborgen weiß, tritt er im Bereich der bürgerlichen Gesellschaft in die bewußt vollzogene »Entzweiung«. Denn in diesem »System der Bedürfnisse«, der »allseitigen Abhängigkeit« (§ 183, 165), tritt Besonderheit und Allgemeinheit der subjektiven Freiheit auseinander, und diese Momente entwickeln sich jeweils zu ihrer relativen Totalität. Die Besonderheit des Individuums »als sich nach allen Seiten auslassende Befriedigung ihrer Bedürfnisse« (§ 185, 166) verliert sich einerseits in der grenzenlosen Willkür der Subjektivität, gerät aber andererseits gerade bei ihrer Bedürfnisbefriedigung in immer größere Abhängigkeit von der »Macht der Allgemeinheit«, bis zur möglichen Verelendung: es erscheint das »System der in ihre Extreme verlorenen Sittlichkeit« (§ 184, 165). Der bürgerlichen Gesellschaft gelingt es zwar – im Gegensatz zur antiken Gesellschaft –, diese Entzweiung in sich auszuhalten; das geschieht besonders durch die von ihr selbst bereitgestellten Mittel der Rechtspflege, des Handels, der Verwaltung (Polizei) und der Korporationen (z.B. die gewerblichen Genossenschaften). Aber diese Mittel, die nur die Befriedigung der Bedürfnisse der einzelnen in der allgemeinen gegenseitigen Abhängigkeit zu sichern versuchen, bringen nicht die wahre Einheit, die »sittliche Identität« von Besonderheit und Allgemeinheit zustande. Sie sind nur äußere, interessengelenkte Mittel der »Notwendigkeit«, welche dieses System als »den äußeren Staat, – Not- und Verstandesstaat« (§ 183, 165) konstituieren. Solange noch das Interesse der einzelnen als letzter Zweck betrachtet wird (wie in der bürgerlichen Gesellschaft), kann die Sittlichkeit noch nicht ihre vollendete Gestalt gefunden haben.

Erst im wahren, vernunftgemäßen Staat gelingt die vollendete Einheit von Besonderheit der subjektiven Freiheit und von Allgmeinheit der objektiven Gesetze und Institutionen. Der Staat ist die »Wirklichkeit der sittlichen Idee« (§ 257, 207), weil hier beide Momente der sittlichen Substanz – Freiheit als Selbstbesitz des Subjekts und ihre verpflichtende Bindung durch objektive Bestimmungen – als solche »aufgehoben«, versöhnt und zu sich selbst gekommen sind. Erst im Staat, wo das Allgemeine zum endgültigen Selbstzweck geworden ist, erreicht auch das Individuum seine letztgültige Bestimmung, »ein allgemeines Leben zu führen«, welche Bestimmung es in Freiheit sich zu eigen macht; dadurch wird die Freiheit des Subjekts erst »konkret«, d.h. sie erhält ihre »Objektivität, Wahrheit und Sittlichkeit« (§ 258, 208), die sie im »abstrakten« Ausleben der privaten Bedürfnisbefriedigung nie erreichen kann. Im Staat und seinen Institutionen wird das Recht der besonderen Freiheit zugleich zur Pflicht gegenüber der Allgemeinheit und umgekehrt. In dieser gegenseitigen Vermittlung von Besonderheit und Allgemeinheit, von freier Subjektivität und gesellschaftlich verpflichtender Objektivität besteht das Eigentümliche des »vernünftigen Staates« und damit auch der in ihm verwirklichten »konkreten Freiheit«:

»Der Staat ist die Wirklichkeit der konkreten Freiheit; die konkrete Freiheit aber besteht darin, daß die persönliche Einzelheit und deren besondere Interessen sowohl ihre vollständige Entwickelung und die Anerkennung ihres Rechts für sich (im Systeme der Familie und der bürgerlichen Gesellschaft) haben, als sie durch sich selbst in das Interesse des Allgemeinen teils übergehen, teils mit Wissen und Willen dasselbe, und zwar als ihren eigenen substantiellen Geist anerkennen und für dasselbe als ihren Endzweck tätig sind, so daß weder das Allgemeine ohne das besondere Interesse, Wissen und Wollen gelte und vollbracht werde, noch daß die Individuen bloß für das letztere als Privatpersonen leben, und nicht zugleich in und für das Allgemeine wollen und eine dieses Zwecks bewußte Wirksamkeit haben. Das Prinzip der modernen Staaten hat diese ungeheure Stärke und Tiefe, das Prinzip der Subjektivität sich zum selbständigen Extreme der persönlichen Besonderheit vollenden zu lassen und zugleich es in die substantielle Einheit zurückzuführen und so in ihm selbst diese zu erhalten« (§ 260, 214f).

Durch den Übergang von der Moralität zur Sittlichkeit, von der abstrakten zur konkreten Freiheit, kann Hegel die Institutionen als Ort der eigentlichen sittlichen Wirklichkeit ansehen, da in ihnen allein sich die Freiheit durch ihre Entäußerung an das Allgemeine und Objektive verwirklicht. Verwirklichen heißt hier: sich die »Form der Vernünftigkeit, nämlich Allgemeinheit und Bestimmtheit« geben (Vorrede S. 10). Die subjektive Freiheit geht dabei nicht verloren, sondern findet darin erst die Möglichkeit ihrer wirklichen, geschichtsmächtigen Gestaltwerdung: »Sittlichkeit ist institutionelle Wirklichkeit menschlichen Selbstseins.«[23] Das setzt bei Hegel natürlich voraus, daß in den Institutionen des Staates immer schon »objektiver Geist« Wirklichkeit geworden ist, daß also die Subjektivität in ihm immer schon das ihr und ihrer Freiheit Gemäße, den Geist, entdecken kann. Nur der Staat, dessen Gesetze und Verfassung auf dem allgemeinen »Recht auf Freiheit« begründet sind, in dessen sittliche »Substanz« also Freiheit immer schon eingegangen ist, kann »Wirklichkeit der sittlichen Idee« genannt werden.

Wo hingegen mit einem objektiven Widerstreit von Freiheit und Institution zu rechnen ist, sei es daß die Freiheit der Subjektivität sich auf sich selbst versteift und nicht »wirklich« werden will[24], sei es daß die bestehende staatliche Wirklichkeit »unsittlich«, weil nicht auf Freiheit begründet ist, lösen sich beide Momente auf und zerstören sich gegenseitig. Denn sie bedürfen zu ihrer Wirklichkeit der wechselseitigen Begründung. Den zweiten Fall, nämlich den einer möglichen Unsittlichkeit der objektiven Verhältnisse, betrachtet Hegel mehr als eine Epoche der »Naturgeschichte des Geistes«, in der »die Sittlichkeit nicht zu diesem freien System einer selbständigen Entwickelung und Objektivität gediehen war« (§ 150, 146). In solchen Epochen erscheint »konkrete Freiheit« dann nicht so sehr in der Form der gewöhnlichen »Rechtschaffenheit« als der freien Angepaßtheit des Individuums an die gegebenen Verhältnisse, sondern eher als besondere »Tugend« einiger genialer Individuen (z.B. Herkules), die diese Kollision austragen (§ 150, 145f).

An dieser Stelle kommt das Grundmotiv der Rechtsphilosophie, die das menschliche Gemeinschaftsleben innerhalb der Geschichte des Geistes eben aus dem (vorausgesetzten!) freien Willen ableitet, besonders deutlich zum Ausdruck: »Was vernünftig ist, das ist wirklich; und was wirklich ist, das ist vernünftig« (Vorrede S. 14). Dieses Wort steht in der Auseinandersetzung mit Platons Idealstaat und behauptet keineswegs eine ewige Geltung dieses Prinzips. Vielmehr gilt es erst, »seit es durch das Christentum im Gedanken des Gottesreiches auf Erden zur sittlichen Forderung und zum Maßstab aller menschlichen Einrichtungen wurde. Seitdem aber gilt es wirklich, und weil für den Handelnden die Aufgabe feststeht, die Vernunft in der Welt auszuwirken, so steht – seitdem! – das Erkennen vor der Aufgabe, die – seitdem gewordene! – Wirklichkeit daraufhin zu untersuchen, wie die Vernunft sich in ihr ausgewirkt habe.«[25] Der zweite Teil dieses Prinzips – der »Grundsatz des Erkennens« – gilt also nur, seitdem und insofern der erste Teil – der »Grundsatz der Tat« – bereits in der Geschichte des objektiven Geistes (durch das Christentum) verwirklicht ist.

[23] *J. Ritter*, Moralität und Sittlichkeit, in: *J. Ritter* (Hrsg.), Kritik und Metaphysik, Berlin 1966, 348.

[24] Vgl. Vorrede, 9, wo Hegel sich mit den »institutionskritischen« Äußerungen von Fries auseinandersetzt, der den Staat auf das »Gefühl« gründen und jedes Gesetzlich-Rechtliche als »toten, kalten Buchstaben«, als »Fessel« ablehnt:

»Daß Recht und Sittlichkeit, und die wirkliche Welt des Rechts und des Sittlichen sich durch den Gedanken erfaßt, durch Gedanken sich die Form der Vernünftigkeit, nämlich Allgemeinheit und Bestimmtheit gibt, dies, das Gesetz, ist es, was jenes sich das Belieben vorbehaltende Gefühl, jenes das Rechte in die subjektive Überzeugung stellende Gewissen, mit Grund als das sich Feindseligste ansieht« (10).

[25] *Fr. Rosenzweig*, Hegel 2. Bd., 79.

Daß dies im staatlichen Bereich sich zunehmend verwirklicht, – zumal im Preußen der liberalen Reformen vor 1830, das man auf keinen Fall mit dem reaktionären Preußen nach 1830 verwechseln darf[26] – (Hegel kam 1818 gerade wegen der Liberalität Preußens nach Berlin; seine Rechtsphilosophie veröffentlichte er 1821) –, diese Tatsache stand für Hegel zweifellos fest. Deswegen sieht er die Aufgabe der Philosophie auch darin, »den Staat als ein in sich Vernünftiges zu begreifen und darzustellen«, nicht aber zu zeigen, wie er sein soll (Vorrede S. 15). Dennoch entsteht daraus keineswegs eine Ideologie des schlechthinnigen Einverständnisses mit der bestehenden institutionellen Wirklichkeit, sondern der Versuch, in allem Geschichtlichen, vielleicht auch noch so »Unvernünftigen«, die Vernunft am Werk zu sehen. »Die Vernunft als die Rose im Kreuze der Gegenwart zu erkennen und damit dieser sich zu erfreuen, diese vernünftige Einsicht ist die Versöhnung mit der Wirklichkeit, welche die Philosophie denen gewährt, an die einmal die innere Anforderung ergangen ist, zu begreifen, und in dem, was substantiell ist, ebenso die subjektive Freiheit zu erhalten, sowie mit der subjektiven Freiheit nicht in einem Besonderen und Zufälligen, sondern in dem, was an und für sich ist, zu stehen« (Vorrede S. 16)[27]. Im Leiden am Kreuz der Gegenwart, das vor allem in der Entzweiung von subjektiver Freiheit und objektiven Verhältnissen erfahren wird, will Hegel die verborgen waltende Vernunft als »göttliche Rose« entdecken, ihre vermittelnde, »versöhnende« Kraft begreifen und sich durch diese Erkenntnis selbst mit der Wirklichkeit versöhnen lassen. Die vermittelnde Kraft der Vernunft sieht Hegel nun besonders in den Institutionen des auf Freiheit und Recht aufgebauten Staates am Werk. In der freien Selbsthingabe an sie ist die besondere Freiheit des Subjekts zur Allgemeinheit der sittlichen Wirklichkeit erhoben und dadurch »konkret« geworden.

Der Gedanke, daß diese Freiheit des Subjekts auch durch Kritik und Veränderung von staatlichen Institutionen die Entzweiung überwinden und so konkret werden könnte, liegt für Hegel innerhalb der Rechtsphilosophie im Gegensatz zu manchen früheren Schriften fern[28]. Das mag viele Gründe haben, u.a. den in der Revolution erfahrenen »reinen Schrecken des Negativen«, den die emanzipierte, im Grunde ungeschichtliche Freiheit verbreitet hat, und zugleich ihre Unfähigkeit, zu stabilen politischen Verhältnissen zu gelangen[29]. Es mag auch an der Opposition gegenüber der damals modischen gefühlsbetonten Staatskritik der Burschenschaften und des »Heerführers dieser Seichtigkeit«, Fries, liegen, bei der »die Architektonik der Vernünftigkeit des Staates« in den »Brei des Herzens, der Freundschaft und Begeisterung« zerfließt (Vorrede S. 9). Der entscheidende Grund aber wird wohl im System der Geistphilosophie als solcher liegen, also im »Vollendungsanspruch des zyklischen Systems, das dem Seinsollenden, Zukünftigen, Neuen abgeneigt ist«[30]. Diesen Gesichtspunkt konnte wohl erst die »systemsprengende« Übertragung der konkreten Freiheit vom Staat weg in die

[26] *J. Ritter*, Hegel, 48ff, Anm. 3.

[27] Vgl. hierzu *W.-D. Marsch*, Gegenwart Christi in der Gesellschaft, München 1965, 271ff; *J. Moltmann*, Die »Rose im Kreuz der Gegenwart«, in: Perspektiven der Theologie, München 1968, 212ff.

[28] Vgl. *W.-D. Marsch*, Gegenwart, 130ff.

[29] Vgl. *J. Ritter*, Hegel, 16f.

[30] Kindlers Literatur Lexikon III, Sp. 1241.

Gesellschaft bewußt machen, welche Marx vollzogen hat. *In ihr,* also in dem realen Kampffeld der verschiedenen Klasseninteressen, muß für Marx die »Versöhnung« aus der Entzweiung erkämpft werden, nicht in einem »idealen« Staat über ihr. Erst die Utopie der zukünftigen, vollständig befreiten, da klassenlosen Gesellschaft konnte erneut die verändernden, revolutionären Kräfte der Gesellschaft entbinden, die bei Hegel in den freiheitlichen Institutionen des Rechtsstaates bereits »aufgehoben« waren. Diesen Gedankengang können wir jetzt nicht weiter verfolgen. Wir kommen aber bei der Darstellung des Institutionsverständnisses der »kritischen Theorie« von J. Habermas noch darauf zu sprechen.

2. *Aufbau der Untersuchung*

Wir haben von der Sozialphilosophie der »konkreten Freiheit« her einen möglichen und – wie es uns scheint – angemessenen Zugang zum Problem der Institution aufgezeigt. Dieser noch sehr abstrakte und verkürzte Aufweis bedarf jedoch der Konkretisierung. Deswegen sollen in einem *ersten Teil* einige weitere Institutionstheorien aus dem Bereich der Sozialphilosophie und der verschiedenen Zweige der Soziologie vorgestellt werden. Es geht *einmal* darum, eine möglichst breit gestreute Information über die oft gegensätzliche sozialwissenschaftliche Behandlung des Institutionsproblems zu geben. Dadurch soll der Hintergrund aufgezeigt werden, der – bewußt oder unbewußt – auf die innertheologische Diskussion um das kirchlich Institutionelle gegenwärtig einwirkt. Wir haben uns absichtlich nicht auf eine oder zwei solche Institutionstheorien beschränkt; denn je weiter die Information, um so leichter kann die Einsicht in die immanente sozialwissenschaftliche Kritik unter den verschiedenen Theorien selbst gelingen. Und dies bewahrt am ehesten den Theologen vor einer unvermittelten und eklektizistischen Übernahme soziologischer Aussagen. Zum *anderen* soll diese Information aufzeigen, wie in den Sozialwissenschaften konkret die Vermittlung von subjektiver Freiheit und gesellschaftlicher Objektivität in der Institution gedacht wird; ob das Problem überhaupt gesehen und welche Lösungen vorgeschlagen werden. Der Begriff »konkrete Freiheit« kann dadurch gefüllt werden. Wir wollen also keineswegs eine umfassende Darstellung einzelner Theorien geben, sondern uns jeweils auf die von uns oben aufgezeigte zentrale Problematik der Institution konzentrieren. Diese Information hat auch nicht zum Ziel, bestimmte soziologische Begriffe einfach auf die Kirche zu übertragen; sie soll vielmehr den gegenwärtigen Reflexionsstand zur allgemeinen Frage nach der Institution bewußt machen und die wichtigsten inhaltlichen Elemente dieses komplexen Begriffs (seien es empirische oder theoretische) entfalten.

Welchen Sinn eine solche Information für die Theologie haben kann, die ja den Institutionsbegriff auf die Kirche anwendet, wird in einem anschließenden *Exkurs* über das Verhältnis von Soziologie und Theologie erläutert. Dabei soll der Begriff einer »vermittelten Rezeption« eingeführt werden. Die Frage ist nämlich: Welche »Regeln« sollte die Theologie beachten, wenn sie auf verantwortliche Weise soziologische Erkenntnisse übernehmen will? Die Theologie muß gerade bei der Rezeption außertheologischer Erkenntnisse die Mühe der Vermittlung auf sich nehmen, wenn sie nicht die anderen Wissenschaften nur zu Lieferanten empirischen Materials zum Zweck der Selbstbestätigung degradieren oder – umgekehrt – sich selbst aufgeben und ganz in die andere Wissenschaft aufheben will. Wir können im Rahmen unserer Untersuchung das Programm einer »vermittelten Rezeption« inhaltlich nicht im einzelnen durchführen (etwa in der völlig durchreflektierten Übernahme bestimmter Momente der verschiedenen Institutionstheorien für ein theologisches Institutionsverständnis); denn wir haben keineswegs vor, hier eine eigene theologische Begründung des kirchlich Institutionellen zu leisten. Es genügt uns, daß wir durch eine reflexere Bewußtheit der Schwierigkeit – ähnlich wie beim Aufweis des anthropologischen Problemhorizontes – vorsichtig in der Übernahme und kritisch gegenüber einer unvermittelten Rezeption bezüglich unserer Frage nach dem theologischen Sinn des Institutionellen in der Kirche werden.

Nach diesen mehr vorbereitenden Untersuchungen wenden wir uns *im 2. Kapitel* dem theologischen Institutionsverständnis zu. Zunächst wollen wir in diesem Kapitel einen Überblick über den Sprachgebrauch innerhalb der katholischen Ekklesiologie bringen. Was versteht man in der Tradition (etwa seit R. Bellarmin) und in der gegenwärtigen Theologie eigentlich unter dem Institutionellen in der Kirche? Wie versucht man es theologisch zu begründen? Befragt wird hier eine möglichst große Zahl von Texten sowohl der traditionellen wie der gegenwärtigen katholischen Ekklesiologie (hauptsächlich des deutschsprachigen Raumes). Außerdem kommen auch mehr kirchenpolitisch ausgerichtete Schriften zur Sprache, so daß ein einigermaßen differenziertes und auch repräsentatives Bild des innertheologischen und innerkirchlichen Institutionsverständnisses geboten werden kann. Dabei soll zuerst der »Begriffsumfang« geklärt werden: d. h. es geht um all jene Elemente in der Kirche, die gewöhnlich als institutionell bezeichnet werden, und durch die die Kirche im ganzen als Institution qualifiziert wird. Sodann kommen die Eigenschaften und Funktionen zur Sprache, die dem Institutionellen gemeinhin zugeschrieben werden. Auch hier richtet sich unsere Aufmerksamkeit hauptsächlich auf die Frage, ob und wie in diesem Verständnis die Vermittlung von Subjektivität und gesellschaftlicher Objektivität gedacht wird, ob also die verschiedenen theologischen Institutionsbegriffe in einem dem neuzeitlichen Freiheitsverständnis angemessenen Problemhorizont stehen. Von diesem Vorverständnis her werden wir uns kritisch mit einigen traditionellen und gegenwärtigen Institutionsbegriffen auseinandersetzen. Dabei kommt – wenn auch nur kurz – schon die jeweilige theologische Begründung zur Sprache.

Im 3. Kapitel, dem Hauptteil der Untersuchung, geht es thematisch um die theologische Begründung des Institutionellen. Wir wollen an drei u. E. repräsentativen Autoren aufzeigen, wie in der gegenwärtigen katholischen Ekklesiologie der institutionelle Charakter der Kirche, also jenes gesellschaftlich-objektive, »formale« Moment theologisch begründet wird, das der Kirche als ganzer und einzelnen Strukturelementen in ihr (vor allem Amt und Sakramenten) eignet. Es geht uns dabei nicht einfach um das Amts- oder Sakramentsverständnis jener Theologen, auch wenn dies natürlich häufig zur Sprache kommen wird. Unsere Frage zielt vielmehr auf den spezifisch institutionellen Charakter der Kirche als ganzer und im einzelnen, was an der Behandlung von Amt und Sakramenten gleichsam exemplarisch aufgezeigt werden kann. Die institutionelle Eigenart anderer Einrichtungen in der Kirche, etwa von Recht, Dogma, Tradition usw., wird in der Regel ähnlich begründet wie die von Amt und Sakramenten, so daß wir diese Strukturelemente der Kirche nicht immer ausdrücklich zu nennen brauchen. Die Frage, ob das Institutionelle als solches primär der Kirche als Ganzer und dann sekundär einzelnen Einrichtungen in ihr zukommt oder genau umgekehrt, ist müßig. Es besteht hier die wechselseitige Kausalität zwischen dem Ganzen und den Teilen. Was die Genese der Kirche angeht, wird sie wohl über einzelne institutionalisierte Strukturelemente (z.B. der apostolischen Paradosis, der Schrift, der amtlichen Legitimation usw.) auch als Ganze zur Institution geworden sein; in ihrem faktischen Bestand jedoch bestimmt sowohl der institutionelle Charakter des Ganzen den der einzelnen Teile wie auch umgekehrt. Da die theologische Begründung des eigentlich Institutionellen sowohl *der* Kirche (als Ganzer) wie auch *in* der Kirche (in einzelnen Elementen) sich bei den genannten Theologen nicht wesentlich voneinander unterscheidet, brauchen wir diese Differenz auch in unserer Untersuchung nicht weiter zu berücksichtigen.

Wir haben uns für die Autoren Hans Küng, Karl Rahner und Hans Urs von Balthasar hauptsächlich aus zwei Gründen entschieden:

Erstens nimmt in ihrer Theologie die Ekklesiologie einen entscheidenden Raum ein; auch die institutionelle Eigenart der Kirche wird darin immer wieder auf eigenständige Weise behandelt.

Zweitens bieten sie einen je verschiedenen theologischen Ansatz für ihren Kirchen- und damit auch für ihren Institutionsbegriff.

Diese Ansätze können wohl repräsentativ für viele Strömungen des gegenwärtigen katholischen Kirchenverständnisses stehen, welches hier vielleicht seine prägnantesten Ausformungen findet. So denkt z.B. Küng die Kirche primär von der Versammlung der Gläubigen her, die durch Gott zusammengerufen sind: Kirche als »Ekklesia tou Theou«; Rahner geht von der bleibenden sakramentalen Vergegenwärtigung der Selbstmitteilung Gottes in der Geschichte aus: Kirche als »Ursakrament«; Balthasar setzt beim (marianischen und eucharistischen) Angestaltetwerden der Menschheit an die einzigartige christliche Gestalt der gekreuzigten Liebe Gottes an: Kirche als »Leib« und als »Braut« Christi. So verschieden ihre theologischen Ansätze sind, so unterschiedlich wird auch ihre Begründung und Bewertung des kirchlich Institutionellen sein. Wenn natürlich auch nicht alle katholischen ekklesiologischen Ansätze der Gegenwart sich in diesen drei Entwürfen vollständig wiederfinden, so sind u.E. doch die heute gebräuchlichen und am meisten überzeugenden theologischen Begründungen des Institutionellen weitgehend in ihnen integriert.

Zum Schluß sollen dann nur noch ein paar Folgerungen genannt werden, die eine theologische Begründung des Institutionellen heute beachten müßte.

Unsere Untersuchung hat also primär ein theoretisches Interesse: sie will aufzeigen, wie innerhalb der katholischen Ekklesiologie das institutionelle Element der Kirche theologisch legitimiert wird, und wieweit diese Legitimation dem neuzeitlichen Problemhorizont der Vermittlung von Subjektivität und gesellschaftlicher Objektivität gerecht wird[31]. Damit verbindet sich jedoch – sekundär – auch

[31] Der Unterschied zu *E.J. Nagel,* Institutionelle Wandlungen in der katholischen Kirche, in: Europäische Hochschulschriften, Reihe XXII (Soziologie), Bd. 7, Bern–Frankfurt 1973, ist deutlich. Nagel bietet hier eine soziologische Untersuchung der kath. Kirche der Bundesrepublik, und zwar mit der Fragestellung: »Inwieweit berührt der tatsächliche Wandel des kirchlichen

ein praktisches Interesse: daß nämlich die faktische Gestalt des kirchlich Institutionellen sowohl diesen theoretischen Begründungen entspricht, als auch der Verwirklichung von so etwas wie »konkreter Freiheit« im Bereich des Glaubens dient. Von unserem anthropologischen Ansatz her sind wir überzeugt, daß auch im Bereich der Kirche das Institutionelle durchaus einen theologischen Sinn für den personalen Glaubensvollzug des einzelnen innerhalb der Gemeinschaft der Glaubenden hat.

Selbstverständnisses die Kirche als Institution, und welche Auswirkungen sind aus diesem Wandel zu erwarten?« (2) Seine Untersuchung hat drei Schwerpunkte:

1. Was ist und leistet eine Institution? Dabei stützt er sich ganz auf A. Gehlens Theorie der Entlastungsfunktion der Institution.

2. Wie hat sich das kirchliche Selbstverständnis (in Lehrdokumenten, Theologie und kirchlicher Öffentlichkeit) in den letzten Jahren gewandelt?

3. Welche Auswirkungen hat dieses gewandelte Selbstverständnis auf die künftige Gestalt der Kirche als Institution? Dabei geht es vor allem um eine Trendbestimmung. Nagel eruiert einen globalen Trend zu einer Problematisierung aller konstitutiven Normen der Kirche, worin sich eine eindeutig desintegrative Entwicklungsrichtung zeigt (– was von seinem soziologischen Ansatz her nicht überrascht –).

1. KAPITEL

SOZIALWISSENSCHAFTLICHE INSTITUTIONSTHEORIEN

Wir haben in der Kapitelüberschrift mit Absicht den sehr allgemeinen Terminus »Sozialwissenschaften« eingesetzt, weil das Thema der Institution nicht nur von einer bestimmten Richtung der Soziologie, sondern in den verschiedensten Bereichen und von sehr unterschiedlichen methodischen Ansätzen her behandelt wird: von der rein empirisch-analytisch verfahrenden Soziologie (etwa im Sinne R. Königs), der kulturanthropologischen Philosophie (B. Malinowski, A. Gehlen, H. Schelsky), der wissenssoziologischen Theorie (P. L. Berger-Th. Luckmann), der geschichtsphilosophischen »kritischen Theorie« (J. Habermas) ebenso wie von der funktional-strukturellen Systemtheorie (N. Luhmann) der Gesellschaft usw. Wir können hier keine eingehende Darstellung aller dieser verschiedenen Theorien geben. Wir wollen vielmehr nur aufzeigen, wie die entscheidende neuzeitliche Problemstellung in der Frage nach der Institution innerhalb der verschiedenen Theorien zur Sprache kommt: wie kann die Freiheit der Subjektivität und die objektive Wirklichkeit gesellschaftlicher Institutionen so miteinander vermittelt gedacht werden, daß sowohl die wechselseitige Bedingtheit beider als auch ihre Eigenständigkeit gewahrt bleiben?

Diesen von Hegel vorformulierten Problemhorizont wird keine neuzeitliche Institutionentheorie mehr unterbieten können. Damit wird nicht behauptet, daß sich jede soziologische, anthropologische, sozialphilosophische oder systemtheoretische Theorie ausdrücklich in diesen Horizont hineinstellt und ihn in ihrer Fragestellung thematisiert. Im Gegenteil, einige empirische Theorien werden ihn als eine für ihren methodischen Ansatz irrelevante, da nicht verifizierbare Metaphysik zurückweisen, andere widersprechen ihm ausdrücklich und lösen die Dialektik zugunsten einer der beiden Seiten auf; wieder andere werden schließlich diese Polarität ganz »unterlaufen« auf eine zugrunde liegende, abstraktere Fragestellung. Wie dem auch sei, eines scheint uns sicher zu sein: Jede Institutionentheorie wird sich – auf dem Hintergrund dieses seit Hegel einmal erreichten Reflexionsstandes – fragen lassen müssen, wie sie denn auf ihre Weise der subjektiven Freiheit einerseits und der objektiven gesellschaftlichen Realität andererseits gerecht wird, ohne das eine um des anderen willen aufzulösen.

1. Institution und »Entlastung« der Subjektivität: A. Gehlen

Wir können hier selbstverständlich nicht die Institutionenlehre A. Gehlens im Detail darstellen [1]; wir werden sie nur im Hinblick auf unsere entscheidende Frage

[1] Als Beispiele einer eingehenden Darstellung seien nur genannt: *F. Jonas,* Die Institutionenlehre Arnold Gehlens, Tübingen 1966 (zustimmend); *J. Weiß,* Weltverlust und Subjektivität, Freiburg 1971 (kritisch); darüber hinaus weisen wir auf folgende kürzere, meist kritische Stel-

nach der Vermittlung von Subjektivität und gesellschaftlicher Objektivität untersuchen. Gehlen entwirft seine »Philosophie der Institutionen«[2] durchaus auf dem Hintergrund dieser Frage,die er jedoch »auf einem realistischeren Niveau, als dem, das Hegel ... mit dem Begriff des ›objektiven Geistes‹ betrat«[3], abhandeln will. Er geht dieses Vorhaben mit Hilfe einer empirischen, anthropo-biologischen Philosophie an, die die Institutionen aus einer Natur des Menschen ableitet, welche mit dieser empirisch-philosophischen Methode bestimmt werden soll. Dazu erarbeitet er durch Analyse und Interpretation *archaischer* Lebenswelten bestimmte »Kategorien«, die er als letzte, »nicht weiter zurückführbare Wesenseigenschaften des Menschen« einführt[4]. Gehlen entwickelt also gleichsam eine urgeschichtlich ausgewiesene »Naturlehre« der Institutionen. Damit ist aber bereits eine wichtige Vorentscheidung getroffen: Das typisch neuzeitliche Problem einer möglichen Vermittlung der subjektiven Freiheit mit den von ihr geschaffenen, sie aber objektiv bestimmenden und verpflichtenden Institutionen, wird ausgeblendet. Die Institutionenlehre Gehlens ist im Grunde nichts anderes als ein imponierender, wenn auch nicht überzeugender Nachweis, daß eine solche Vermittlung schlechterdings unmöglich ist. Denn Subjektivität entfaltet sich nach ihm nur im Prozeß des Abbaus von Institutionen und diese wiederum nur als Negation der Subjektivität. Der Grund für diese Theorie liegt darin, daß Gehlen zunächst den Begriff der Institution aus der Analyse urgeschichtlicher Kulturen entwickelt und dann den der Subjektivität fast ausschließlich als negativen »Gegenbegriff« konstruiert. Diese Behauptung läßt sich leicht beweisen durch eine genaue Analyse seines Institutionsbegriffs.

Institution wird bei Gehlen begründet aus der Natur des »Mängelwesens« Mensch, das durch Weltoffenheit, Instinktreduktion, Plastizität und Unstabilität seiner Antriebe gezwungen ist, sich seine Welt durch bestimmtes Handeln selbst zu schaffen. In dieser artifiziellen Umwelt finden seine Antriebe erst ihre Orientierung und Stabilisierung, was beim instinktiven Verhalten des Tieres automatisch durch die Außenwelt gegeben ist. Der Mensch ist also von Natur aus ein Kulturwesen, das sich zu seiner Selbsterhaltung erst eine sein Verhalten orientierende und stabilisierende Außenwelt durch ein praktisch-technisches Handeln aufbauen muß. Durch die Produkte seines zweckrationalen Handelns *»entlastet«* sich der Mensch von der Dauerriskiertheit seiner Weltoffenheit; seine Triebe und Energien werden – instinktanalog – »festgestellt«. Zum anderen wird er dadurch immer mehr von der direkten Ausrichtung auf primäre Bedürfniserfüllung frei für neue, höhere Möglichkeiten zur Orientierung der »überschüssigen« Antriebsenergie. Je

lungnahmen hin: *K. O. Apel,* Arnold Gehlens »Philosophie der Institutionen«, in: Phil. Rundschau 10/1962, 1–21; *J. Weiß,* Handlungslehre oder administrative Hilfswissenschaft? in: Kölner Zeitschrift für Soziologie und Sozialpsychologie 24/1972, 455–473; *G. Rohrmoser,* Emanzipation und Freiheit, München 1970, 328–337; *H. Ryffel,* Die Institutionen: Verhängnisse oder Aufgaben? In: Soziale Welt 18/1967, 253–260 (eine kritische Auseinandersetzung mit dem genannten Buch von F. Jonas); *L. Dullaart,* Kirche und Ekklesiologie, München–Mainz 1975, bes. 20–51.

[2] *A. Gehlen,* Urmensch und Spätkultur, Frankfurt–Bonn 1964 (2. Aufl.), 9; siehe auch: *A. Gehlen,* Der Mensch. Seine Natur und seine Stellung in der Welt, Frankfurt–Bonn 1962 (7. Aufl.).

[3] Urmensch, 8.

[4] Urmensch, 7.

mehr Bedürfnisse also in den Status einer dauerhaften »Hintergrundserfüllung« gerückt sind, um so mehr kann sich das Verhalten des Menschen von diesem bedürfnisorientierten Handeln weg zu einem Tun entwickeln, das primär auf die Sache um ihrer selbst willen gerichtet ist, wobei diesen Objekten dann also ein »Selbstwert im Dasein«[5] zukommt, von dem her das menschliche Verhalten bestimmt wird. Das menschliche Handeln wird demnach zu einem »sachlichen« Handeln, d.h. es wird durch die (menschliche) Außenwelt orientiert und stabilisiert. Solche grundlegende Entlastungsfunktionen können bereits durch Werkzeuge, Tierhege, Ackerbau etc. geleistet werden. Insofern bestimmte menschliche Handlungen und Handlungsergebnisse eine Eigenwertgeltung erhalten, die den Menschen zugleich entlastet und ihn zum Handeln um ihrer selbst willen bewegt, können sie »Institutionen« im *allgemeinsten Sinn* genannt werden. Damit ist also »jede Verfestigung und Verselbständigung unseres handelnden Verkehrs mit der Außenwelt und mit den anderen (gemeint), die geeignet ist, unserem Verhalten einen verpflichtenden Außenhalt zu geben«[6].

Mit diesem Aufweis der *Notwendigkeit* der Institutionen für das Dasein des Menschen in der Welt ist aber noch nicht der eigentliche Grund für die *wirkliche* Existenz von Institutionen genannt. Aus der Notwendigkeit allein folgt nicht die Wirklichkeit[7]; auch kann aus dem instrumentellen, zweckrationalen Handeln noch keineswegs erklärt werden, wie es zu solchen »eigenwertigen«, stabilen und verpflichtenden Gestaltungen kommt, zumal wenn es sich um die (in Gehlens elementarer Anthropologie »Der Mensch« so bezeichneten) »Obersten Führungssysteme« handelt, also um Institutionen im *eigentlichen Sinn*, welche das menschliche Dasein im ganzen beständig tragen und leitbildhaft orientieren. »Dem widersteht der experimentierende, das Gefundene tendenziell jedenfalls je und je übersteigende Charakter der instrumentellen Praxisform und letztlich der Umstand, daß hier der grundsätzlich grenzen- und daher haltlose Bemächtigungswille des Menschen bestimmend ist.«[8] Gehlen führt deswegen – im Unterschied zu seiner elementaren Anthropologie – für seine Institutionenlehre eine neue Verhaltensform ein: das *darstellende* Verhalten. Im Gegensatz zum instrumentellen Handeln geht es diesem nicht um Veränderung des Gegenstandes, sondern um dessen zweckfreie und doch verpflichtende Darstellung[9]. Diese darstellende Handlungsweise wird ursprünglich im Ritus vollzogen, der auf eine »unbestimmte Verpflichtung« antwortet[10], welche dem Menschen aus der »Natur erster Hand«, vor allem aus den ihm unerklärlichen, ihn überwältigenden Phänomenen der Natur entgegentritt, und der er sich in einer quasi-instinktiven, ungefragten, selbstverständlichen Weise des Handelns hingibt, eben in der rituellen Darstellung. In ihr wird ein »automatischer, instinktresidualer Reaktionsdruck«[11] befreit und in der Außenwelt (im nachahmenden und gestaltenden Ritus, im Wort des Mythos, im Kultbild oder -tier usw.) festgemacht. In diesem rituell-darstellenden Verhalten,

[5] Urmensch, 15.
[6] *K. O. Apel,* A. Gehlens..., 1.
[7] Vgl. *F. Jonas,* Institutionenlehre, 44.
[8] *J. Weiß,* Weltverlust, 132f.
[9] Vgl. Urmensch, bes. 18, 55, 93, 155.
[10] Urmensch, 136ff.
[11] Urmensch, 137.

das einer absoluten, jedoch »unbestimmt« erfahrenen Verpflichtung der Außenwelt antwortet und diese Antwort als zweckfreie (von den unmittelbaren Lebensbedürfnissen unabhängige) Handlung »darstellt«, sieht Gehlen den Ursprung der Institutionen. Diese mögen im Nachhinein durchaus auch als zweckmäßig für die Lebensbedürfnisse erkannt werden, aber das ist sekundär; primär haben Institutionen ihren Ort in dieser zweckfreien Sphäre der »Transzendenz ins Diesseits« [12], wo der Mensch also den absoluten Selbstwert eines Tuns oder Gegenstandes oder Wesens anerkennt. Deswegen kann auch die den Institutionen im ganzen angemessene, sie in ihrem Selbstwert bewahrende Verhaltensform immer nur die »darstellende« bleiben, in der der Mensch nicht reflektiert auf Zweck und Nutzen der Institution, sondern sich ihrem absoluten Verpflichtungscharakter hingibt und sich mit ihm schlechthin identifiziert.

Dieses naturbedingte, quasi-instinktive Verhalten äußert sich natürlich kollektiv, insofern in der Darstellung eben auch ein generelles »Primärbedürfnis nach Soziabilität« [13] gestillt wird (z.B. das Bedürfnis nach Gegenseitigkeit, nach Macht und Sichfügen, nach Schutz und Gehorsam). Über diese naturbedingten Instinktresiduen wird auch der unbedingte Verpflichtungscharakter gesellschaftlicher Institutionen vermittelt; also nicht über eine spezifisch soziale und rationale Bestimmung, die sich etwa von denen des Kunstwerks oder der Tierpflege wesentlich unterscheidet. Rationale Zweckmäßigkeitserwägungen, die sich mit der Zeit gegenüber dem Verpflichtungscharakter der Institutionen einstellen (»wozu dient das und das?«), schwächen die Institution so lange nicht, als solche Zweckfragen über »die Stabilisierung nach rückwärts« [14] noch »mitverpflichtet« werden können, d.h. so lange der absolute Verpflichtungscharakter noch vom Selbstwert der Institution und nicht primär von ihrer Zweckmäßigkeit her erfahren wird. Dennoch setzt mit diesem instrumentellen Denken unweigerlich ein Prozeß des Institutionsverfalls ein [15], der vor allem durch die »absolute Kulturschwelle«, den Monotheismus, provoziert wurde. Denn durch die Relativierung alles Weltlichen auf den einen Gott hin verloren die Institutionen ihre absolut selbstzweckliche, »theogonische, göttererzeugende Kraft« und befinden sich seitdem »in einem merkwürdigen Zustande der ›Halbtranszendenz‹, den Hegel mit dem Begriff des ›objektiven Geistes‹ fassen wollte...« [16]. Die »Transzendenz ins Diesseits«, die den Institutionen zukommt, wird abgewertet durch die »Transzendenz ins Jenseits«.

Weil Gehlen seine Kategorien »vorwiegend an archaischen Kulturen, die also ins Diesseits transzendieren« [17], gewinnen will, verzichtet er bewußt auf eine Auseinandersetzung mit jenem Geistbegriff, der durch die Eröffnung einer »Transzendenz ins Jenseits« erst ermöglicht wurde. Man darf daher mit K. O. Apel zu Recht fragen: »Kann man dem Menschen, nachdem er einmal ins Jenseits transzendiert hat, das ›unversehrbare Normative‹ in Gestalt archaisch verstandener

[12] Urmensch, 16.
[13] Urmensch, 47.
[14] *F. Jonas,* Institutionenlehre, 69.
[15] Diesen Gesichtspunkt betont besonders deutlich F. Jonas, der dabei noch über Gehlen hinausgeht.
[16] Urmensch, 18.
[17] Urmensch, 91.

Institutionen vor Augen führen?«[18] Wenn Gehlen in seiner Institutionenlehre auf den neuzeitlichen »Geist« doch zu sprechen kommt, der durch die beiden Kulturschwellen des Monotheismus und der Unterwerfung der Natur unter die wissenschaftliche Technik entstanden ist (»Gott und die Maschine haben die archaische Welt überlebt und begegnen sich nun allein«[19]), dann nur unter dem Gesichtspunkt seiner zerstörenden Wirkung auf die Institution. Denn dieser subjektive Geist ist »das Stigma des Menschen in einer Zeit des Institutionen-Abbaus«[20].

Ein tiefes Mißtrauen gegen die reflektierende »Subjektivität« prägt diese Institutionenlehre, in der Subjektivität immer gleichgesetzt wird mit haltloser, chaotischer »Erlebnisgier« (Urmensch, 24), mit unverbindlicher, »arbiträrer« Freiheit (28), mit »Improvisation« und verunsicherter, unentlasteter »Motivation« (43f), mit unstabilem »Engagement« (61), mit »getriebenem, beunruhigtem, endlosem Hin- und Hergehen des Bewußtseins« (93), mit wahrheitsbeliebiger, nur auf subjektive Überzeugung gestützter »Meinung« und »Vorstellung« (111), mit »Überfüllung des Vorstellungsraumes« und »Verarmung des Handlungsumkreises« (112), mit dauernder, selbstzergliedernder »Reflexionsbewußtheit« (114) usw. Es ist im Grunde nur die abstrakte Subjektivität der Aufklärung, die Gehlen im Auge hat und für die er keine Möglichkeit der Vermittlung, der Versöhnung mit der Wirklichkeit der Institutionen sieht. Vermittlungsfähig ist dagegen nur ein Verhalten, von dem er etwas pathetisch sagt: »Wer sich völlig in eine große, d.h. von den objektiven Realitäten her dominierende Aufgabe verwandelt hat, wird unwiderstehlich, weil das Stimmrecht der Sachen durch ihn hindurch wirkt«[21]. Freiheit besteht für ihn nicht in der Möglichkeit, etwa auch »unmenschliche« Institutionen zu beurteilen, sie distanzierend zu kritisieren und durch neue, der Freiheit gemäßere zu ersetzen, sondern nur in der Anerkennung der absoluten Notwendigkeit der Selbstaufgabe: »Freiheit und Notwendigkeit sind nicht etwas anderes, sondern fallen zusammen«[22]. Wer sich nicht mit »Haut und Haaren« von den »geltenden Institutionen konsumieren« läßt[23] und dabei »die Sinnfrage suspendiert«[24], findet seine Freiheit nicht. Der Titel seiner Frühschrift: »Über die Geburt der Freiheit aus der Entfremdung« ist irreführend: denn hier wird nicht das Zusichselbstkommen der Freiheit im Bewußtwerden ihrer Entfremdung und in der Tat der Überwindung beschrieben, sondern nur das freie Anerkennen der absolut notwendigen Selbstentfremdung im Institutionellen.

Was Hegel im Gedanken der »konkreten Freiheit« vermittelt hat, wird hier seiner Dialektik beraubt zugunsten einer völlig autonomen Objektivität der Institution, in der alle Subjektivität aufzugehen hat. Jonas faßt die Einseitigkeit dieser Institutionenlehre gleich am Anfang seiner Schrift, die den Gehlenschen Ansatz in kulturkritischer Absicht noch radikalisiert, zusammen: »Das, was ist, ist nicht der Weg des Geistes durch die Welt – Geschichte –, sondern das ›absolut Unproblematische und seiner selbst Gewisse‹. Vor diesem Absoluten ist der ›problema-

[18] *K. O. Apel,* A. Gehlens..., 13.
[19] Urmensch, 254.
[20] Urmensch, 9.
[21] Urmensch, 68.
[22] *F. Jonas,* Institutionenlehre, 37.
[23] Urmensch, 208.
[24] Urmensch, 61.

tische Mensch‹ vor die Wahl gestellt, entweder notwendiges Wesen oder nichts zu sein, sich entweder von den Verhängnissen, die auf ihn warten, konsumieren zu lassen oder aber in subjektiven Vorstellungen allein zu bleiben.«[25]

Der Grund dieses einseitigen Plädierens für das »unproblematisch« Objektive liegt *einmal* im Ansatz bei einer ungeschichtlich konzipierten und in Kategorien archaischer Kulturen gefaßten Natur des Menschen. Gehlen bietet eben keine *Sozial*lehre der Institutionen, sondern eine *Natur*lehre. Deswegen können auch weder die spezifisch gesellschaftlichen Phänomene (z.B. soziales Handeln, sozialbestimmte Verpflichtung) im Unterschied zur »natürlichen« Welt des Menschen in den Blick kommen, noch die neuzeitlich geprägte Form der Subjektivität, die z.B. gerade in der Sprache die Möglichkeit der Distanzierung, der Veränderung und der Erneuerung objektiver Vorgegebenheiten sieht[26]. Zum *anderen* liegt der Grund dieser auf das Objektive als Ziel der reinen Selbstaufgabe des Subjekts fixierten Perspektive wohl in der kulturpessimistischen Auffassung Gehlens, die das Ende der Geschichte gekommen sieht: in der total verwalteten, den Menschen völlig entlastenden, perfekt institutionalisierten Maschinenkultur ist der Mensch zugleich nur noch beliebiges, seiner reflektierenden Subjektivität verfallendes und gesellschaftlich völlig wirkungsloses Individuum. Die »kristallisierte Welt« der Maschinenkultur und das »Chaos aus Denkstoff« stehen sich unvermittelt gegenüber[27] und erhalten sich doch gegenseitig, da sie im Grunde nichts mehr miteinander zu tun haben. Sie vollführen nur noch Bewegungen, die in sich selbst kreisen, die dem Menschen keine Aufgabe mehr zu »Höherem« stellen, die den »Kampf des Menschen um seine Selbststeigerung«[28] aufgegeben haben und somit die Geschichte abschließend beenden.

Diese Kulturtheorie brauchen wir nicht weiter zu betrachten. Uns kam es nur darauf an, zu zeigen, wie Gehlen gerade auf dem bewußten Hintergrund einer neuzeitlichen Fragestellung seine »Naturlehre« der Institution entwickelt und damit gleichzeitig diese Fragestellung als unlösbar hinstellt. Die moderne »Entzweiung« von Subjekt und Objekt ist für ihn zu groß, als daß sie vermittelt werden könnte; es gibt – nach ihm – in der Neuzeit eben nicht mehr die Subjektivität, die fraglos-selbstverständlich sich von Institutionen »konsumieren« lassen will, und es gibt keine Institutionen mehr, die dieses Opfers wert sind.

2. *Institutionalisierung der Reflexion: H. Schelsky*

H. Schelsky teilt den anthropologischen Ansatz von A. Gehlen, aber er bestreitet die von diesem behauptete Unvermittelbarkeit[29]. Denn er baut stärker als Gehlen

[25] *F. Jonas,* Institutionenlehre, 1; vergl. dazu die kritische Besprechung von *H. Ryffel* (siehe Anm. 1). Ryffel weist auf die Notwendigkeit eines differenzierteren Institutionsbegriffs hin, in dem also die unterschiedliche Weise der Ermöglichung von Freiheit und Selbstverwirklichung in den jeweiligen Institutionen berücksichtigt wird.

[26] Bei der Bewertung der Sprache im Aufbau der Institution setzt vor allem die Kritik von J. Weiß und K. O. Apel an Gehlen an. Vgl. außerdem *W. Schulz,* Philosophie in der veränderten Welt, Pfullingen 1972, 442ff, 457ff.

[27] *F. Jonas,* Institutionenlehre, 91.

[28] Urmensch, 258.

[29] Wir stützen uns hier vor allem auf folgende Artikel *H. Schelskys:* Über die Stabilität von Institutionen, besonders Verfassungen, in: *H. Schelsky,* Auf der Suche nach Wirklichkeit, Düsseldorf 1965, 33–55 (zitiert: Suche); Ist die Dauerreflexion institutionalisierbar? Zum Thema einer

auf der »Bedürfnisstruktur« des Menschen auf und bestimmt – darin vor allem Br. Malinowski folgend[30] – die Institutionen als organisierte Gruppenstützung aller bedürfnisbedingten Funktionen oder Aktivitäten eines kulturellen Systems[31]. Mit Bedürfnissen sind nicht nur die primären biologischen gemeint, sondern vor allem auch die abgeleiteten kulturellen. Diese Bedürfnisse werden auch nicht in einer jeweils nur darauf bezogenen Institution (»Point-of-point-relation«) befriedigt, sondern Institutionen sind »Bedürfnissynthesen«, und umgekehrt findet jedes Bedürfnis auch in mehreren Institutionen seine Erfüllung. Solche in einer Institution befriedigten (»entlasteten«) Bedürfnisse, die mit zunehmender Institutionalisierung den Charakter des Selbstverständlichen, ja des Banalen und Trivialen annehmen, setzen neue sog. »Folgebedürfnisse« frei, die zu neuen Institutionen führen, wobei die alten durchaus für die Funktion der sie betreffenden Bedürfnisabsättigung erhalten bleiben. In diesem Zusammenspiel von Erhaltung und Erneuerung einer Institution sieht Schelsky eine gewisse Dialektik zwischen der »Trivialität« einer Institution und dem in ihr steckenden »Appell nach oben«; die Institutionen

»wollen und können gar nicht den inneren Aufschwung der Person, die Lebendigkeit des Geistes und der Seele in ihrer Selbstkommunikation, sicherstellen, aber sie garantieren deren dauernde Möglichkeit, indem sie einen Minimalbestand von Erfüllungen, eine in Außenweltdaten festgemachte und formalisierte Grundlage dieser Erlebnis- und Bewußtseinsform durch die Zeiten und für die Menge dauernd zur Verfügung halten, indem sie also den Appell, die chronische ›Herausforderung‹ zu ihrer inneren Bemächtigung und zu ihrem geistigen Ausleben, stabilisieren und weitertragen. Das ist der ›Appell nach oben‹, der jeder Institution als normative Leitidee in Spannung zu ihrer trivialen Stabilität innewohnt«[32].

Wegen dieser Spannung entstehen auch immer wieder neue Institutionen, die die neuen Bedürfnisse befriedigen sollen; und bei diesem Vorgang »der sich unaufhaltsam ausbreitenden Institutionen« (ebd.) bildet sich dann also eine »Hierarchie« von abgeleiteten Bedürfnissen und von Institutionen »Höheren Grades«. Für die Stabilität eines sozialen Systems – und darauf richtet sich das Erkenntnisinteresse Schelskys – ist es nun wichtig, daß die wechselseitige Abhängigkeit innerhalb dieses hierarchischen Institutionengefüges erhalten bleibt, daß also die Bedürfnisse in den betreffenden Institutionen wirklich erfüllt und nicht unbefriedigt, unstabilisiert umherschweifen, was sowohl durch gewaltsamen Abbau bestehender Institutionen als auch durch die erstarrte Unangepaßtheit der Institutionen an die jeweilige Bedürfnislage bedingt sein kann. Daraus ergibt sich die

modernen Religionssoziologie, in: Suche, 250–275; Zur soziologischen Theorie der Institution, in: *H. Schelsky* (Hrsg.), Zur Theorie der Institution, Düsseldorf 1970 (zitiert: Theorie); Systemfunktionaler, anthropologischer und personfunktionaler Ansatz der Rechtssoziologie, in: *R. Lautmann, W. Maihofer, H. Schelsky* (Hrsg.), Die Funktion des Rechts in der modernen Gesellschaft. Jahrbuch für Rechtssoziologie und Rechtstheorie, Bd 1, Bielefeld 1970, 37–89 (zitiert: Rechtssoziologie).

[30] *B. Malinowski*, Eine wissenschaftliche Theorie der Kultur, Zürich 1949.

[31] *H. Schelsky*, Theorie, 15.

[32] Suche, 267. Den Gedanken der »Leitidee« übernimmt Schelsky sowohl von der Institutionstheorie *B. Malinowskis* (– dieser spricht von der »Charter« einer Institution –) als auch von *M. Hauriou* (»Die Theorie der Institution und zwei weitere Aufsätze von *M. Hauriou*«, Hrsg. *R. Schnur*, Berlin 1965), wo der Gedanke der »idée directrice« einer Institution ausgeführt wird.

für Schelsky entscheidende Konsequenz, daß ein gesellschaftliches System gerade um seiner institutionellen Selbsterhaltung willen sich in die Richtung jeweils neuer, abgeleiteter, der jeweiligen Bedürfnislage angemessener Institutionen entwickeln muß.

Für unser gegenwärtiges kulturelles System bedeutet dies, daß die neuzeitliche Bedürfnisstruktur der Subjektivität, also das Bedürfnis der kritischen Reflexion, der zweckrationalen Analyse, des Anspruchs auf persönliche Freiheit des Individuums, des Verlangens nach kritischer Distanz zu sozialen Zwängen usw., in neuen institutionalisierten Formen aufgefangen und befriedigt werden muß. In dieser Forderung sieht Schelsky die eigentliche »Leitidee« der modernen Institutionen, insofern jetzt der Bewußtseinsanspruch der Subjektivität nicht in einem feindlichen Gegenüber zur Objektivität der Institution steht, sondern als »stabilisierte Spannung« mit ihr vermittelt wird. In dem Bedürfnis auf »Institutionalisierung der Dauerreflexion« und in ihrem Befriedigtwerden liegt das eigentliche Merkmal und die Hauptaufgabe der heutigen Kultur. Nach Schelsky wird diese Aufgabe jetzt bereits in vielen sozialen Systemen erfüllt, und zwar durch die verschiedensten institutionalisierten Formen des Gesprächs, der Diskussion, der kollektiven verbalen Reflexion und Demonstration usw. Wenn darin auch der dauernde kritische Protest gegen die Institution – im Bereich von Glaube und Kirche erfahrbar als Widerspruch zwischen sichtbarer und unsichtbarer Kirche – mitinstitutionalisiert ist, so geht es diesem Bedürfnis doch nicht primär um unmittelbar praktisch-politische Veränderung der Institutionen, sondern nur um sein Berücksichtigt-, sein Stabilisiertwerden in institutioneller Weise. Es ist nach Schelsky also mehr ein »Ausdrucksbedürfnis des Individuums« als ein praktisch-politisches Bedürfnis[33].

Schelsky steht damit in scheinbarer Nähe zur »zwanglosen Kommunikation« der kritischen Theorie, welche ja in der Vorwegnahme der »idealen Sprechsituation« im Diskurs auch jede unmittelbar handlungsbezogene Orientierung ausklammert[34] und deswegen den Diskurs auch gerade als »Gegeninstitution schlechthin« bezeichnet[35]. Die Veränderung eines Systems, die allein schon durch die Institutionalisierung solcher Kommunikationsvorgänge bewirkt wird, ist nach Schelsky sowohl für die Erhaltung des Systems als auch für die stabile Befriedigung der subjektiven Bedürfnislage ausreichend. Eine weitergehende Möglichkeit der »institutionellen Innovation« durch die reflektierende Subjektivität und ihre Freiheit lehnt Schelsky ab, da angesichts der hohen Komplexität sozialer Systeme die »kritische Rationalität« nur über den Weg einer immer stärkeren Objektivierung und Organisierung in den sog. »reflexiven Mechanismen« (N. Luhmann) eines Systems wirksam werden kann[36].

Die Frage der Vermittlung von gesellschaftlich-institutioneller Objektivität und Subjektivität wird also in dieser Theorie ausdrücklich gestellt und vom Interesse der Stabilität des institutionellen Systems her beantwortet. Zu fragen bliebe

[33] Vgl. *H. Schelsky,* Theorie, 25.

[34] Vgl. *J. Habermas–N. Luhmann,* Theorie der Gesellschaft oder Sozialtechnologie, Frankfurt 1972, 199f, 136f (zitiert: Gesellschaft). Habermas zu Schelsky, in: Zur Logik der Sozialwissenschaften, 93ff (siehe Anm. 71).

[35] A.a.O., 201.

[36] *H. Schelsky,* Theorie, 26.

natürlich, wieweit hier eine begrifflich-theoretische Lösung durch die Subsumption des einen Begriffs unter den anderen (Institutionalisierung der Reflexion) hinreicht; denn dabei kommt doch wohl das Subsumierte (die Subjektivität) zumindest in Gefahr, in eine undialektische Abhängigkeit vom subsumierenden Oberbegriff (Institution) zu geraten. Kann nicht Institutionalisierung der Subjektivität und ihres Ausdrucksbedürfnisses auch die Stillegung, die domestizierende Vereinnahmung der »gefährlichen« Reflexionskraft sein? Wie kann also die institutionelle Stabilisierung die Freiheit in ihrer Eigenständigkeit, d. h. in ihrer auch praktisch-real institutionsverändernden Kraft bewahren und somit gesellschaftlich wirklich und wirksam werden lassen? Diese Frage läßt sich rein theoretisch wohl kaum beantworten. In der Praxis wird es immer darum gehen, die institutions*bejahende* und zugleich *-kritisierende* Macht der Subjektivität mit der institutionellen Wirklichkeit so zu vermitteln, daß die Freiheit des Menschen sich in freiheitlich-humanen Verhältnissen realisieren kann.

3. Institutionalisierung als »Reduktion von Komplexität«: N. Luhmann

Die Systemtheorie N. Luhmanns wird von einigen ihrer Kritiker bisweilen der Nähe zur Gehlenschen Institutionenlehre verdächtigt[37]. Denn ihr zentraler Begriff, die »Reduktion von Komplexität«, sei im Grunde identisch mit Gehlens Kategorie der »Entlastung«. Dafür scheint einmal die gelegentliche Austauschbarkeit der Begriffe »Reduktion« und »Entlastung« zu sprechen[38]. Zum anderen enthält der Begriff der Reduktion die gleiche dialektische Funktion wie der der Entlastung: nämlich *Steigerung* von Komplexität (bei Gehlen: der Antriebsenergie) durch *Reduktion* (bei Gehlen: durch »Hintergrundserfüllung«) von Komplexität[39]. Jedoch gesteht Luhmann die Berechtigung einer solchen Parallelisierung nur bei völlig »kontextfreier« Verwendung der Kategorien Gehlens zu[40]. In der Tat, die Systemtheorie bewegt sich in einem völlig anderen, viel abstrakteren Kontext als die kultur-anthropologischen Untersuchungen Gehlens. Denn ihr geht es nicht um das Verhältnis von Subjekt und Institution, sondern ganz allgemein um bestimmte Mechanismen, die ein »System« (sei es Maschine, Organismus, Persönlichkeit oder Gesellschaft) in seinem (natürlich spezifischen, von anderen Systemen verschiedenen) Verhältnis zu seiner komplexen Umwelt entwickelt, um dadurch seinen Bestand zu erhalten und sich in einem evolutionären Wandel weiterzuentwickeln.

[37] So zum Beispiel von J. Habermas, in: *J. Habermas–N. Luhmann,* Gesellschaft, 156ff. Von N. Luhmann sind in diesem Band drei Beiträge enthalten: Moderne Systemtheorien als Form gesamtgesellschaftlicher Analyse, 7–24; Sinn als Grundbegriff der Soziologie, 25–100; Systemtheoretische Argumentationen. Eine Entgegnung auf J. Habermas, 291–405; vgl. dazu auch die kritische Auseinandersetzung mit Luhmanns Theorie bei C. Wagner, Funktionale Differenzierung und soziales System, in: Soziale Welt 21/22 (1970/71), 306–320, bes. 310.

[38] Z. B. *N. Luhmann,* Soziologische Aufklärung, in: *ders.,* Soziologische Aufklärung, Opladen 1971 (2. Aufl.), 84f (zitiert: Aufklärung).

[39] *J. Habermas–N. Luhmann,* Gesellschaft, 308: »Sinnsysteme können Selektionen so vollziehen, daß Komplexität für sie erhalten bleibt, ja gesteigert wird und als Horizont anschließender Selektionen und anders möglicher Selektionen Welt präsentiert«. Vgl. auch 324, 377.

[40] *J. Habermas–N. Luhmann,* Gesellschaft, 308 Anm. 29.

In der funktional-strukturellen Analyse wird die dafür entscheidende und allen Systemen gemeinsame Funktion darin gesehen, »Komplexität zu reduzieren«, und zwar dadurch, daß eine Innen/Außen-Differenz von System und Umwelt stabilisiert, also eine relativ invariante Einheit (»System«) durch eine klare Abgrenzung nach außen gesetzt wird. Das Eigentümliche der »psychischen« (= menschliche Subjekte) und der »sozialen« Systeme (= Gesellschaft und gesellschaftliche Gebilde) besteht nun darin, daß sie die Komplexität ihrer Umwelt durch »sinnhaftes« Handeln vermindern und sich dadurch als System abgrenzen, erhalten und entwickeln. Unter »Sinn« versteht Luhmann »eine bestimmte Strategie des selektiven Verhaltens unter der Bedingung hoher Komplexität«[41], und zwar eine solche Selektion, die bei der Auswahl aus der Fülle des an sich Möglichen die ausgeschlossenen Möglichkeiten des Erlebens und Handelns nicht definitiv ausmerzt, sondern als Möglichkeitshorizont offenhält, dabei ständig auf ihn verweist und so die Komplexität der Umwelt und die potentielle Steigerung der eigenen Komplexität erhält.

Von dieser Funktion her gewinnt Luhmann gleichermaßen den Begriff des »Subjekts« und der »Gesellschaft« als »sinnverwendende Systeme«. Auf der abstrakten »grundbegrifflichen« Ebene der Systemtheorie unterscheiden sich Subjekt und Gesellschaft nur dadurch, wie sich in ihnen jeweils die beiden verschiedenen Reduktionsweisen »Erleben« und »Handeln« zueinander verhalten und die Einheit des Systems konstituieren. Dabei gilt »Erleben« im System als das mehr passive Aufnehmen von bereits in der Umwelt vollzogener Reduktionsleistung, »Handeln« als mehr aktive systemeigene Leistung sinnhafter Reduktion[42]. Beides geschieht natürlich sowohl in psychischen wie in sozialen Systemen, nur in einem je verschiedenen Verhältnis zueinander. Dieses Verhältnis läßt sich aber nicht apriorisch oder »ontologisch« bestimmen. Zwar hat das psychische System durch die sichtbare Einheit des Organismus und durch die »Kontinuität des unmittelbar erlebten Bewußtseinslebens«[43] einige »Identifikationshilfen«, die das soziale System nicht hat. Dafür erbringt dieses dann aber Reduktionsleistungen, »die über die Fassungskraft des Einzelbewußtseins hinausgehen, also dessen Selektionspotential (zu) steigern«[44]. Im Grunde sind beide zunächst einmal gleicherweise »sinnhaft identifizierte Systeme«[45], die sekundär dann in einem je verschiedenen Bezugsrahmen (psychologischer und soziologischer Art) betrachtet werden können.

Von diesem Grundansatz her ist es verständlich, daß die Systemtheorie zunächst nicht mit so allgemeinen Begriffen wie Mensch oder Institution, Subjekt oder Objekt arbeitet, sondern vielmehr mit »abstraktionsfähigen Grundeinheiten«[46]. Sozialsysteme bestehen eben nicht (etwa in Analogie zu Organismen) »aus lebenden Teilen, etwa aus Menschen«, sondern »aus sinnhaft identifizierten Handlungen«[47]. Deswegen kann Luhmann von diesem Ansatz her auch die Einwände

[41] A.a.O., 12.
[42] A.a.O., 77ff, 215ff.
[43] A.a.O., 82.
[44] A.a.O., 83.
[45] A.a.O., 11.
[46] A.a.O., 94.
[47] A.a.O., 93f.

von J. Habermas zurückweisen, der – nach Luhmann – nur den abgeleiteten (inzwischen auch »überholten«) Aspekt am Begriff von Subjekt und Intersubjektivität betrachtet, nämlich den des »Potentials wahrheitsfähiger Begründung«[48]. Die Systemtheorie will voraussetzungsloser, abstrakter ansetzen, nämlich bei den Möglichkeiten zur Steigerung von Selektions- und Reduktionsleistungen des psychischen Systems im Unterschied und in Einheit mit sozialen Systemen (ebd.).

»Nicht schon die Befreiung der Vernunft zu zwangsloser Kommunikation klärt auf, sondern nur eine effektive Steigerung des menschlichen Potentials zur Erfassung und Reduktion von Komplexität. Es geht um die Fähigkeit, viele Möglichkeiten sinngemäß zu berücksichtigen und doch rasch zu handeln: um Verhältnisse zwischen sachlicher und sozialer Vielfältigkeit und Zeitknappheit, die optimiert werden müssen«[49].

Und das geschieht eben nur durch »Aufbau und Stabilisierung umfassenderer, komplexerer Systeme«[50].

In diesem Zusammenhang hat auch die Frage nach den Institutionen ihren Sinn. Dabei interessiert weniger, was sie sind, warum und wie sie Geltung beanspruchen, sondern was sie leisten, welche Funktion sie im Bezugsrahmen sozialer Systeme erfüllen. Deswegen spricht Luhmann auch mehr von »Institutionalisierung« als von Institution, um das »Prozeßhafte, Dynamische, Funktionelle« des Begriffs zu betonen[51]. Die eigentümliche Leistung einer Institutionalisierung besteht nun darin, daß sie angesichts der geringen Konsenschancen in immer komplexer werdenden sozialen Interaktionen, deren Verhaltens- und Erwartungserwartungen zunehmend unübersichtlicher, ungewisser werden, diese Konsenschancen ausweitet, die Verhaltenserwartungen und damit auch den möglichen Konsens generalisiert, d.h. ihn verallgemeinernd und vorwegnehmend einfach schon einmal unterstellt, um daraufhin handeln zu können. »Die Funktion von Institutionen liegt in der Ökonomie des Konsenses, und die Ersparnis wird hauptsächlich dadurch erreicht, daß der Konsens im Erwarten vorweggenommen wird, kraft Unterstellung fungiert und dann normalerweise gar nicht mehr konkret abgefragt werden muß.«[52] Oder einfacher ausgedrückt: »Institutionalisierung dient dazu, Konsens erfolgreich zu überschätzen«[53].

Je schwerer der wirkliche Konsens empirisch verifizierbar ist, je weniger mögliche und reale Alternativen zum angenommenen Konsens bekannt sind, um so stabiler sind die Institutionen (was heute bei dem starken Ausbau von Information und Kommunikation nicht mehr eo ipso gegeben ist). Eine Gesellschaft mit zunehmender Entwicklung und Komplexität muß vor allem ihre Sinngrundlagen (Wertmaßstäbe) weitgehend generalisieren und formalisieren und zugleich diesen Generalisierungsvorgang wiederum institutionalisieren; dies geschieht durch

[48] A.a.O., 326.

[49] *N. Luhmann*, Aufklärung, 77.

[50] A.a.O., 80.

[51] *N. Luhmann*, Institutionalisierung – Funktion und Mechanismus im sozialen System der Gesellschaft, in: *H. Schelsky*, Theorie, 27–41; Zitat 28.

[52] *N. Luhmann*, Normen in soziologischer Perspektive, in: Soziale Welt 20/1969, 28–48; Zitat 41; vgl. auch *N. Luhmann*, Soziologie als Theorie sozialer Systeme, in: *Ders.*, Aufklärung, 113–136, bes. 122.

[53] In: *H. Schelsky*, Theorie, 30.

Einrichtung von Ämtern und Verfahren mit bestimmten Privilegien und Kommunikationsmöglichkeiten (also z. B. die Institutionalisierung der Rechtsprechung zum Zweck der Erhaltung des generalisierten Konsens über gesellschaftliche Normen)[54]. Mit zunehmender Komplexität einer Gesellschaft, deren Möglichkeitshorizont für Selektionsleistungen (»Welt«) durch die innere Ausdifferenzierung in viele Teilsysteme fast unbegrenzt wächst, werden natürlich auch alle bestehenden Institutionen immer labiler, immer mehr als »kontingent« (eben als eine Möglichkeit unter vielen Alternativen) erkannt. Aufgabe heutiger Institutionalisierungsprozesse ist es deswegen vor allem, einen unbegrenzten Möglichkeitshorizont für jeden nur denkbar möglichen und generalisierten Konsens offen zu halten. Die heutige komplexe Gesellschaft braucht Mechanismen der Institutionalisierung, die »für Unabsehbares, nahezu Beliebiges Konsensunterstellungen erzeugen können«[55]. Nur so kann die strukturelle Labilität komplexer Systeme als solche stabilisiert und damit gleichzeitig zu evolutionärem Wandel befähigt werden. In der »vollen Positivierung des Rechts«, in der möglichen Falsifizierbarkeit aller wissenschaftlichen Aussagen, in der »Kapitalisierung von Vergangenheit« (d. h. Vergangenheit ist nur noch in Form von zukünftig verwertbarem Kapital an Geld, Wissen und Macht gegenwärtig), in der »Passionierung der Liebe« (d. h. eine komplexe Gesellschaft gründet die Ehe allein auf das Belieben der sich liebenden Individuen), in der »Trivialisierung und Psychiatrisierung der Moral« usw. sieht Luhmann solche Konsensunterstellungen für »Ich weiß nicht was« bereits in Gang gesetzt[56].

Darin allein wird neben der Stabilisierung auch zugleich die Chance eines evolutionären Wandels einer komplexen Gesellschaft gesehen, welcher also nicht im Gegensatz zu Institutionalisierung und Systembildung gesehen wird. Evolution beruht nach Luhmann auf Systemdifferenzierung, »das heißt darauf, daß sich innerhalb von Systemen wiederum System/Umwelt-Beziehungen bilden, daß also die Systembildungsleistung mehrfach zum Zuge kommt und dadurch den Aufbau immer unwahrscheinlicherer (das heißt: nur in einer ›inneren Umwelt‹ möglicher) Ordnungen erreicht«[57]. Für diesen Prozeß der Evolution gibt es eine Reihe von Mechanismen, die nur im Zusammenhang miteinander funktionieren (Mechanismen der Variation, der Selektion und der Stabilisierung), wobei die Institutionalisierung eben ein solcher Mechanismus der Stabilisierung ist[58]. In Habermas' Worten: »Die Evolution ist als eine Art kosmischer Lernprozeß vorgestellt, in dessen Verlauf die Welt an Komplexität zunimmt – gleichsam expandiert«[59].

[54] Vgl. *N. Luhmann,* Reflexive Mechanismen, in: Soziale Welt 17/1966, 1–23.

[55] In: *H. Schelsky,* Theorie, 38.

[56] A.a.O., 38ff.

[57] *J. Habermas–N. Luhmann,* Gesellschaft, 369.

[58] A.a.O., 363f.

[59] A.a.O., 272. Daran kritisiert Habermas, daß mit einem solchen Evolutionsbegriff nur »die Steigerung der Steuerungskapazität gesellschaftlicher Systeme, die auf Lernprozesse im Rahmen strategischen Handelns und soziotechnischen Planens zurückgeht« getroffen wird (ebd.); sowohl der wissenschaftlich-technische Fortschritt als Entfaltung der Produktivkräfte als auch die emanzipatorische Veränderung von Institutionen seien dadurch ausgeschlossen. Demgegenüber betont Luhmann, daß auf dem Abstraktionsniveau der Systemtheorie durchaus auch diese von Habermas vermißten Evolutionsmomente bedacht sind, nur grundsätzlicher und ideologiefreier (a.a.O., 374ff).

Es ist einsichtig, daß derartige Institutionalisierungen kaum mehr von den bisher tragenden Institutionen Staat, Kirche, Familie für die Gesamtgesellschaft geleistet werden können. Deswegen sieht Luhmann auch wenig Chance für eine Institutionentheorie der Kirche angesichts ihrer Probleme in einer komplexen Gesellschaft, weil eine solche Theorie »an relativ einfachen Leitideen, Wesensaussagen, Grundgedanken gebunden bleibt. Eine Organisationstheorie bietet den Vorteil höherer begrifflicher Komplexität«[60]. Natürlich will er Kirche nicht schlechthin mit ihrer Organisation gleichsetzen; sie ist – wie andere organisierte soziale Systeme auch – gerade in ihrem *gesamtgesellschaftlichen* Bezug nicht voll organisierbar. D.h. da, wo sie ihre Funktion als »Religion« wahrnimmt und die gesamtgesellschaftlichen kontingenten »Selektionsleistungen«, also die nicht-notwendigen »Weltentwürfe« und Sinngrundlagen einer Gesellschaft »motivfähig« interpretiert (z.B. in den Begriffen Gottes, der Schöpfung, des Gerichtes, des Lebens und des Todes usw.) läßt sie sich nicht einfachhin organisieren[61]. Die christliche Kirche hat sich jedoch aus diesem religiösen, gesamtgesellschaftlichen Systembezug zunehmend gelöst, da einmal durch die gesellschaftliche Selbstdifferenzierung in immer mehr Teilsysteme eine für die ganze Gesellschaft gültige Integration und Sinninterpretation sehr schwierig, wenn nicht unmöglich geworden ist. Vor allem aber hat diese gesamtgesellschaftliche Loslösung ihren Grund in der Dogmatik der Kirche: Durch ihre übergeneralisierte »Kontingenzformel« des allmächtigen Gottes[62], die im Grunde alle beliebigen, rational nur irgend möglichen Weltformen legitimiert, wird diese Theologie religiös, d.h. für die gesamte Gesellschaft unwirksam, da sie die Motivierung eines bestimmten gesellschaftlichen Weltentwurfs nicht mehr leisten kann. Sie wird im Grunde entbehrlich. Dazu kommt noch die Selbstbindung der Kirche an eine historische Offenbarung, die eine »höhere Kompatibilität« (das bedeutet »mehr Anpassung und mehr Erhaltung zugleich«) mit einer hochkomplexen Gesellschaft sehr erschwert[63].

Auf die Organisationstheorie, die Luhmann statt einer Institutionstheorie für das religiöse System »Kirche« im Kontext hochkomplexer anderer Systeme als »Umwelt« von Kirche vorschlägt, können wir in diesem Zusammenhang nicht eingehen, so bedenkenswert sie für eine Ekklesiologie auch ist. Es scheint uns aber dadurch eine Institutionstheorie für die Kirche nicht schlechthin ersetzt zu sein. Denn die zentrale Frage der Organisationstheorie Luhmanns geht nur ein auf das Problem der »nichtkontingente(n) Verknüpfung zweier kontingenter Sachverhalte: der Entscheidung über Mitgliedschaft (also über Eintritt und Austritt) und der Festlegung der Strukturmerkmale (zum Beispiel Zweck, hierarchische Anordnung der Weisungsbefugnisse, Arbeitsentgelt), die im Fall einer Mitgliedschaft akzeptiert werden.«[64] Dadurch wird aber, auch wenn vielleicht der Komplexität der

[60] *N. Luhmann,* Die Organisierbarkeit von Religionen und Kirchen, in: *J. Wössner* (Hrsg.), Religion im Umbruch, Stuttgart 1972, 245–285; Zitat 277.

[61] A.a.O., 251.

[62] *N. Luhmann,* Religiöse Dogmatik und gesellschaftliche Evolution, in: *K. W. Dahm–N. Luhmann–D. Stoodt,* Religion – System und Sozialisation, Neuwied 1972, 15–132; zur Frage der Kontingenzformel »Gott« bes. 57ff. Siehe dazu auch: *N. Luhmann,* Institutionalisierte Religion gemäß funktionaler Soziologie, in: Concilium 10/1974, 17–22.

[63] *K. W. Dahm–N. Luhmann–D. Stoodt,* Religion, 94.

[64] In: *J. Wössner* (Hrsg.), Religion, 247.

Systemumwelt nicht genügend Rechnung getragen wird, das Problem der Subjektivität, ihrer Freiheit und ihrer Sinnfrage im Raum einer historisch vorgegebenen, die Sinnantwort in bestimmtem Maß vermittelnden Institution nicht aus der Welt geschafft. Vermutlich wird sich die Kritik sowohl der anthropologisch orientierten Soziologen [65] als auch der Politiktheoretiker [66] und der »kritischen« Sozialphilosophen [67] mit der der Theologen darin treffen, daß durch die extreme Formalisierung und Abstraktion des Subjektbegriffs das Phänomen der Individualität und ihrer Freiheit, und damit auch das der Intersubjektivität nicht mehr angemessen zur Sprache kommt. Inwieweit dieser Abstraktionsgrad in einer heutigen soziologischen Theorie notwendig ist, können wir nicht beurteilen. Die Theologie kann jedenfalls nicht auf die Behandlung dieser Fragen verzichten, da sie u.a. auch das »anhaltende Interesse an unspezialisiertem Umgang mit der Wirklichkeit, wie es in der Alltagssprache und im Alltagsverhalten lebendig ist« artikuliert. Dieses Interesse »ist nicht durch Wissenschaft im strengen Sinne gerechtfertigt, wohl aber durch das Interesse an konkreter Individualität« [68]. In diesem Interesse liegt dann eben auch die Frage nach der Vermittlung der subjektiven Freiheit in und mit den institutionellen Gegebenheiten der gesellschaftlich verfaßten Kirche. Diese neuzeitliche Fragestellung, die die katholische Theologie ja vor noch nicht allzu langer Zeit erst aufgegriffen hat, wird auch nicht so schnell wieder um einer höheren Abstraktionsstufe willen aufgegeben werden können.

Zusammenfassend läßt sich sagen: die Systemtheorie N. Luhmanns »unterläuft« (was die Frage nach der Institution angeht) bewußt den Problemhorizont der Subjekt-Objekt-Vermittlung, indem sie beide Seiten dieser Dialektik als »psychische« oder »soziale« Systeme funktionalisiert auf die Möglichkeiten ihrer sinnhaften »Komplexitäts*steigerung* durch *Reduktion*« im Verhältnis zur jeweiligen komplexeren Umwelt. Die allgemeine, formale Dialektik der Systemtheorie (Steigerung der Komplexität durch Reduktion, d.h., daß »hohe Freiheitsgrade der Selektion nur bei in spezifischen Richtungen leistungsfähigen Reduktionsweisen entwickelt werden können« [69]) zeigt sich zwar auch im Verhältnis von psychischen und sozialen Systemen. Sie abstrahiert dabei aber einmal von allen inhaltlichen Momenten, die im Begriffspaar Subjekt-Objekt enthalten sind, und ist zum anderen keineswegs etwas Spezifisches gerade dieses Verhältnisses. Deswegen kann nach Luhmann auch erst in einem abgeleiteten, konkreteren Bezugsrahmen gesagt werden, daß »kulturelle Abhängigkeit und individuelle Autonomie ... als Bedingungen wechselseitiger Steigerung gesehen« werden, daß besonders der Sprache »für die Vermittlung dieser Beziehung, und zwar genau für das Zugleich von Abhängigkeit und Freiheit ... eine entscheidende Bedeutung zukommt« [70]. Daß auch Institutionalisierungen eine derartige Bedeutung der konkreten Vermittlung haben können, ist nach der Systemtheorie nicht auszuschließen, aber auch nicht

[65] *H. Schelsky,* Rechtssoziologie, 54ff (siehe Anm. 29).

[66] *B. Willms,* Funktion – Rolle – Institution, Düsseldorf 1971, bes. 24.

[67] *J. Habermas–N. Luhmann,* Gesellschaft, 186.

[68] *Tr. Rendtorff,* Was heißt »interdisziplinäre Arbeit« für die Theologie? In: *J. B. Metz, Tr. Rendtorff* (Hrsg.), Die Theologie in der interdisziplinären Forschung, Düsseldorf 1971, 45–56; Zitat 53.

[69] *J. Habermas–N. Luhmann,* Gesellschaft, 308 Anm. 29.

[70] A.a.O., 325.

einfachhin zu behaupten. Für sie ist vielmehr eine abstraktere, grundlegendere Bedeutung der Institutionalisierung wichtig: daß dieser »Mechanismus« in einem sozialen System dessen Komplexität reduziert und zugleich steigert durch die Generalisierung von Konsens. Insofern dient Institutionalisierung der Stabilisierung und dem evolutionären Wandel des sozialen Systems.

4. Institution und »herrschaftsfreie Kommunikation«: J. Habermas

Habermas hat keine systematisch ausgearbeitete Institutionentheorie vorgelegt, aber der Begriff und seine Interpretation spielen in vielen seiner Werke eine große Rolle [71]. Er wird in der kritischen Theorie von einer ganz anderen Tradition her begründet als die bisherigen Institutionsbegriffe, die wir kennengelernt haben, nämlich von der Ideologiekritik Marx' und Freuds her. Habermas verbindet die materialistische, aus der Hegelkritik erwachsene Erkenntnistheorie von K. Marx mit der Psychoanalyse S. Freuds zu einer Gesellschaftstheorie, die vom Vernunftinteresse der Emanzipation gelenkt ist und in der Utopie der herrschaftsfreien, unverzerrten Kommunikation ihre institutionskritische Spitze hat.

Im Rahmen seiner Marxinterpretation [72] führt Habermas – bei der Frage nach der Selbstkonstitution des Menschen – die Unterscheidung zwischen »instrumentalem Handeln«, das sich auf die Verfügungsgewalt des Menschen über die äußere Natur, also auf seine produktive Arbeit richtet, und dem »*kommunikativen* Handeln« ein, das sich auf die Verfügungsgewalt des Menschen über seine eigene Natur, also auf die gesellschaftliche Regelung der Produktionsverhältnisse bezieht. Arbeit und Interaktion bestimmen die Gattungsgeschichte der Menschwerdung des Menschen, und zwar im jeweiligen Rahmen der kulturellen Überlieferung, dem »sprachlichen Kommunikationszusammenhang«.

Die Institutionen haben ihren bestimmten Ort im Rahmen gesellschaftlicher Interaktion; sie werden ganz allgemein umschrieben als »Regeln kommunikativen Handelns oder symbolisch vermittelter Interaktion« [73]. Als solche intersubjektiv anerkannte Normen regulieren sie primär die Produktionsverhältnisse, also die »Verteilung der Lasten und Entschädigungen, ... die Verteilung der Produktionsmittel und der Privilegien der Aneignung des gesellschaftlich produzierten Reichtums« [74]. Da die Produktion von Gütern unter dem Gesetz der Knappheit steht, können nie alle Bedürfnisse in einer Gesellschaft befriedigt werden. Die un-

[71] Wir stützen uns vor allem auf: Erkenntnis und Interesse, Frankfurt 1971, bes. 69–87; 332–353 (zitiert: Erkenntnis); Analytische Wissenschaftstheorie und Dialektik, in: *Th. W. Adorno* u.a., Der Positivismusstreit in der deutschen Soziologie, Neuwied–Berlin 1970 (2. Aufl.), 155–191; Vorbereitende Bemerkungen zu einer Theorie der kommunikativen Kompetenz, in: *J. Habermas-N. Luhmann,* Gesellschaft, 101–141; Theorie der Gesellschaft oder Sozialtechnologie? Eine Auseinandersetzung mit *N. Luhmann*, a.a.O., 142–290; Zur Logik der Sozialwissenschaften, Sonderheft der Phil. Rundschau, Beiheft 5, Tübingen 1967, bes. 83–94, 190ff.

[72] Vgl. dazu Erkenntnis, 71ff; ebenso in der Auseinandersetzung mit *Hegel,* in: Technik und Wissenschaft als »Ideologie«, Frankfurt 1968, 9ff.

[73] *J. Habermas–N. Luhmann,* Gesellschaft, 278.

[74] Ebd.

erfüllten Bedürfnisse müssen statt dessen durch »Repressionen« verdrängt werden, was vom Institutionengefüge einer Gesellschaft geleistet wird.

Problematisch wird diese Repression da, wo sie mehr Bedürfnisse unterdrückt als durch den fortgeschrittenen Stand der Produktivkräfte erforderlich wäre, wo also eine asymetrische Machtverteilung in der Teilhabe an den Produktivkräften eintritt. Da werden die Institutionen nämlich dazu gebraucht, die Interessen der herrschenden Klasse durch bestimmte Weltbilder und Normen, die realitätswidrig stabilisiert werden, zu legitimieren. Die Legitimation vollzieht sich durch systematische Verzerrung und Einschränkung der öffentlichen, willensbildenden Kommunikation. Gegen diese Repression vollzieht sich der Kampf der unterdrückten Klasse um Emanzipation, und zwar durch eine »kritisch-revolutionäre Tätigkeit«, die vor allem eine »Bewegung der *Reflexion*« ist[75]. Das bedeutet: Die wachsende Entfaltung der Produktivkräfte und damit der Verfügung über die Natur macht die Disproportion zwischen institutionalisierter und notwendiger Repression bewußt, sie bringt die kritische Reflexion in Gang, die auf Abbau dieses Institutionenüberhangs aus ist. Solange die Produktivkräfte allerdings immer noch unter der Bedingung der Knappheit arbeiten, wird jeder Abbau institutioneller Repressionen einen neuen Aufbau ähnlicher herrschaftslegitimierender Institutionen provozieren. Die endgültige »Synthesis« als Versöhnung der entzweiten Klassen einer Gesellschaft (= Subjekt - Objekt!) wird sich erst nach diesem Auf und Ab der »Dialektik der Sittlichkeit« ergeben können, wenn also jede Herrschaft abgebaut ist und der »Übertritt in eine von der Dialektik der Sittlichkeit frei gelassene Geschichte, die sich auf der Basis einer von menschlicher Arbeit entlasteten Produktion im Medium des Dialogs fortbewegen könnte«, frei wird[76]. Weil diese Versöhnung der entzweiten, sich gegenseitig objektivierenden gesellschaftlichen Subjekte »ein Verhältnis der Logik und der Lebenspraxis in einem«[77] ist, kann Habermas den dialektischen Gang zu ihr hin eine »Bewegung der Reflexion« nennen; es ist ein »Reflexionsprozeß im großen«[78], da es sich hier um eine »Dialektik des erscheinenden Bewußtseins der Klassen« handelt. Natürlich wird dies nicht als Bewegung des absoluten Geistes verstanden, sondern auf der materialistischen Grundlage des Kampfes um die Aneignung der Produktionsmittel gedacht. Das Ziel dieser dialektischen Bewegung ist »die Organisation der Gesellschaft auf der ausschließlichen Grundlage herrschaftsfreier Diskussion«[79].

In der Theorie der institutionellen Repression nicht erfüllter Bedürfnisse sieht Habermas eine Konvergenz zur Kulturtheorie S. Freuds[80], der die Entstehung der Kultur auf den kollektiven Triebverzicht und seine Sublimierung gründet. Institutionen dienen demnach innerhalb einer Kultur dazu, die kulturellen Errungenschaften vor den kulturfeindlichen Trieben des Menschen zu schützen. Nicht alle Triebe und Bedürfnisse werden in einer Kultur befriedigt; die unbefriedigt blei-

[75] Erkenntnis, 77ff.
[76] A.a.O., 81.
[77] Ebd.
[78] A.a.O., 83.
[79] A.a.O., 76.
[80] Habermas stützt sich hier vor allem auf die beiden kulturtheoretischen Schriften *S. Freuds:* Die Zukunft einer Illusion, in: Gesammelte Werke XIV, Frankfurt 1963 (3. Aufl.), 323–380, und: Das Unbehagen in der Kultur, ebd., 419–506.

benden müssen gerade durch Institutionen, Normen und Sanktionen domestiziert, umgeformt oder ganz unterdrückt werden. Institutionen entwickeln sich also deswegen, um den »Konflikt zwischen Antriebsüberschuß und Realitätszwang dauerhaft (zu) lösen«[81]. Zugleich werden auch die innerhalb einer Kultur zugelassenen und befriedigten Bedürfnisse durch die Institutionen gesellschaftlich legitimiert. Vor allem der ersteren Funktion dienen die sog. »Illusionen« (religiöse Weltbilder, Riten, Ideale und Wertsysteme usw.), in denen sich die unbefriedigten Wünsche einer Gesellschaft als Wunschphantasien (= Ersatzbefriedigungen) artikulieren und als Weltinterpretation zur Legitimierung bestehender Herrschaftsverhältnisse benutzt werden. Auch hier läßt sich ein vom Stand der ökonomischen Verhältnisse nicht erforderlicher »Repressionsüberhang« von der reflektierenden Vernunft erkennen, und es ist für den Bestand einer Kultur entscheidend, »ob und inwieweit es gelingt, die Last der den Menschen auferlegten Triebopfer zu verringern, sie mit den notwendig verbleibenden zu versöhnen und dafür zu entschädigen«[82]. Es geht also nach Freud in diesem Prozeß vor allem darum, die Gewalt des institutionellen Rahmens zu mildern und die »affektiven Grundlagen seines Kulturgehorsams durch rationelle zu ersetzen«[83].

Habermas erkennt darin wieder die Forderung nach herrschaftsfreier Kommunikation, in der die »Illusionen« und Institutionen der Kultur auf ihre »affektiven Grundlagen der Repression« (d.h. auf ihre nicht notwendigen, sondern nur ideologischen, herrschaftslegitimierenden Repressionen) durchschaut und abgebaut werden. Das geschieht kraft der Reflexion, in der das Subjekt im anderen (d.h. in der Institution) sich selbst (entfremdet) erkennt und sich von der Gewalt der Objektivation emanzipieren will. In diesem Interesse an Emanzipation spricht sich die Vernunft aus, und hier, in diesem »Vernunftinteresse« gipfelt der Vergleich zwischen Psychoanalyse und kritischer Gesellschaftstheorie:

»Wie in der klinischen Situation, so ist in der Gesellschaft mit dem pathologischen Zwang selbst auch das Interesse an seiner Aufhebung gesetzt. Weil die Pathologie der gesellschaftlichen Institutionen ebenso wie die des individuellen Bewußtseins im Medium der Sprache und des kommunikativen Handelns festsitzt und die Form einer strukturellen Verzerrung der Kommunikation annimmt, ist jenes mit dem Leidensdruck gesetzte Interesse auch im gesellschaftlichen System unmittelbar ein Interesse an Aufklärung – und Reflexion ist die einzig mögliche Bewegung, in der es sich durchsetzt. Das Vernunftinteresse ist ein Zug zur fortschreitenden kritisch-revolutionären, aber *versuchsweisen* Verwirklichung der großen Menschheitsillusionen, in denen die unterdrückten Motive zu Hoffnungsphantasien ausgearbeitet worden sind«[84].

Daß Habermas sich hier viel stärker dem Optimismus der Aufklärung verschreibt als Freud selbst[85], ist für seine Theorie, die den absoluten Primat der

[81] Erkenntnis, 343.
[82] *S. Freud,* Zukunft, 328.
[83] A.a.O., 369.
[84] Erkenntnis, 349.
[85] *S. Freud,* Zukunft, 328: »Ebensowenig wie den Zwang zur Kulturarbeit, kann man die Beherrschung der Masse durch eine Minderheit entbehren, denn die Massen sind träge und einsichtslos, sie lieben den Triebverzicht nicht, sind durch Argumente nicht von dessen Unvermeidlichkeit zu überzeugen, und ihre Individuen bestärken einander im Gewährenlassen ihrer Zügellosigkeit«. Auf Grund solcher und ähnlicher Äußerungen Freuds in diesem Zusammenhang

Reflexion über alles Vorgegebene, Objektive verficht, bezeichnend. Wir haben hier zweifellos die extreme Gegenposition etwa zu Gehlens »Naturlehre« der Institution vor uns. Folgerichtig wird hier wie dort auf eine Vermittlung von Subjekt und Objekt, welche die Eigenständigkeit beider in der wechselseitigen Abhängigkeit erhält, verzichtet. Das emanzipatorische Erkenntnisinteresse des Subjekts als solchen (sei es der gesellschaftlichen Klassen oder der Menschheitsgattung im ganzen) geht mit fortschreitender Entfaltung der Produktivkräfte und damit auch der Reflexion auf den vollständigen Abbau alles Institutionellen aus, das eben primär nichts anderes als »Repression« besagt (sei sie ökonomisch notwendig oder nicht)[86]. Institution ist von vornherein als negativer Gegenbegriff gegen Reflexion und Subjektivität entworfen, so daß eine »repressionsfreie Herrschaft gerechter Normen schon terminologisch ausgeschlossen wird«[87]. Da die Entwicklung der Gesellschaft – im Marxschen Antagonismus der Klassen oder in der Freudschen Kulturgeschichte der Menschheitsgattung – als »Reflexionsgeschichte« entworfen wird, und da Reflexion ein gleichsam »transzendentales« Vernunftinteresse an Emanzipation besagt[88], ist das Movens dieser Geschichte nicht die Dialektik der Vermittlung von Subjektivität und gesellschaftlicher Objektivität, sondern die »Dialogik« freier Subjekte, in der alle undurchschaute Objektivität (im Sinne von Institution, Norm, Herrschaft) aufgelöst ist. Der antizipierende Vorgriff der Reflexion auf die »ideale Sprechsituation«, die »zwanglose Kommunikation« im Diskurs, der als »Gegeninstitution schlechthin« begriffen wird[89], begründet letztlich die Gleichsetzung von Institution = Herrschaft = Repression, und damit die notwendig institutionskritische Praxis der Reflexion. Wie für den Christen die eschatologische Hoffnung auf das Reich Gottes, in dem keiner mehr den anderen belehren muß, in dem die Gotteskenntnis jedem ins Herz geschrieben ist (Jer 31), immer auch eine institutionskritische Funktion ausübt und alles Institutionelle in seiner (allerdings grundsätzlich als »heilsnotwendig« bejahten) Vorläufigkeit aufzeigt, so fungiert in der kritischen Theorie der utopische Vorgriff auf die innergeschichtliche Abschaffung alles Institutionellen in der herrschaftsfreien Kommunikation als grundsätzlich negierender Einwand gegenüber den Institutionen. Eine Rezeption der kritischen Theorie innerhalb der Theologie, wie sie etwa in der »politischen Theologie« (s. u.) versucht wird, ringt deswegen stets mit dem Problem einer möglichen Vermittlung von Eschatologie und Geschichte, um das Spezifische der christlichen Hoffnung nicht aufzugeben.

Für die kritische Theorie selbst besteht analog durchaus das gleiche Problem der Vermittlung jener idealen Sprechsituation des Diskurses in der gegenwärtigen

scheint uns eine Interpretation der von Freud geforderten »rationellen Begründung der Kulturvorschriften« etwas gewaltsam, die darin die Forderung nach einem »in herrschaftsfreier Kommunikation erzielten Konsens« erblickt (vgl. Erkenntnis, 344).

[86] Von diesem Standpunkt der Emanzipation des Subjekts gegenüber der institutionellen Repression aus begründet auch J. Taubes seinen Institutionsbegriff. Siehe: Das Unbehagen an den Institutionen. Zur Kritik der soziologischen Institutionenlehre, in: *H. Schelsky,* Theorie, 67–76.

[87] *B. Badura,* Ein neuer Primat der Interpretation? In: Soziale Welt 21/22 (1970/71), 321–329, Zitat 327.

[88] Vgl. *D. Böhler,* Das Problem des »emanzipatorischen Interesses« und seiner gesellschaftlichen Wahrnehmung, in: Zeitschrift f. evang. Ethik 14/1970, 220–240.

[89] *J. Habermas–N. Luhmann,* Gesellschaft, 201.

geschichtlichen Situation, die ja durchgehend durch systematische Kommunikationsverzerrung bestimmt sein soll. Die vorweggenommene Realisierung dieser Idealität im Diskurs, den Habermas deswegen als »konstitutiven Schein« bezeichnet, der zugleich »Vorschein einer Lebensform ist«[90], bleibt letztlich in ihrer Möglichkeit ungeklärt. Denn sie setzt bereits eine geglückte Solidarität freier Subjekte voraus, die wohl kaum allein durch Reflexion oder Sprachtherapie herbeigeführt werden kann[91]. Ebenso problematisch ist ferner die Übertragung »von der psychoanalytischen Einzeltherapie auf eine Therapie der Gesellschaft im ganzen«[92]. Wer kann legitim das Recht für sich in Anspruch nehmen, als »Gesellschaftstherapeut« aufzutreten gegenüber einer Gesellschaft, deren (notwendig erforderliche!) Bereitschaft zur Heilung ihrer »verzerrten Kommunikation« ja keineswegs vorausgesetzt werden kann? Schafft die Verbindung von »Theorie und Therapie« in der kritischen Gesellschaftstheorie von Habermas[93] nicht notwendig neue, sublime Herrschaftsansprüche des aufgeklärten Bewußtseins gegenüber einer als »krank« deklarierten Gesellschaft[94]?

5. *Rolle – Norm – Internalisierung:* *Institutionsverständnis einer empirischen allgemeinen Soziologie*

Nicht nur diese mehr philosophisch-spekulativen Theorien greifen das Problem der Vermittlung von Subjekt und Objekt in der gesellschaftlichen Wirklichkeit auf, sondern auch einige mehr empirisch orientierte Theorien. Zunächst gehen wir auf ein bestimmtes Institutionsverständnis der empirischen allgemeinen Soziologie ein. Diese Soziologie will in ihrem Selbstverständnis »nichts als Soziologie« sein: »nämlich die wissenschaftlich-systematische Behandlung der allgemeinen Ordnungen des Gesellschaftslebens, ihrer Bewegungs- und Entwicklungsgesetze, ihrer Beziehungen zur natürlichen Umwelt, zur Kultur im allgemeinen und zu den Einzelgebieten des Lebens und schließlich zur sozialkulturellen Person des Menschen«. Deswegen werden auch »alle philosophisch ausgerichteten Betrachtungsweisen ausgemerzt, insbesondere die Geschichts- und Sozialphilosophie«[95]. Diese philosophiekritische Einstellung verhindert jedoch nicht, daß auch die empirischen Untersuchungen und Theorien über Institution sich auf ihre Weise mit dem Problem der Vermittlung von Subjekt und Objekt in ihrer Identität und Differenz auseinandersetzen. Das läßt sich an den drei entscheidenden Kategorien: Rolle, Normierung und Internalisierung zeigen, mit denen diese Theorien meist arbeiten.

Unter Institutionen werden in der empirischen Soziologie »die für die Aktivitäten sozialer Systeme bezeichnenden und feststehenden Formen oder Bedingungen des Verfahrens in verschiedenen Zusammenhängen«[96] verstanden. Das

[90] *J. Habermas–N. Luhmann,* Gesellschaft, 141.
[91] *W. Schulz,* Philosophie in der veränderten Welt, Pfullingen 1972, 172; vgl. dazu auch die Kritik Luhmanns an dieser Theorie.
[92] *W. Schulz,* Philosophie, 170.
[93] *J. Habermas,* Erkenntnis, 348.
[94] Vgl. *H. Schelsky,* Die Arbeit tun die anderen, Opladen 1975, 284f.
[95] So in der Definition von R. König in der Einleitung zum Fischer-Lexikon »Soziologie« (Hrsg. *R. König*), Frankfurt 1967, 8.
[96] *R. König,* Art. »Institution«, in: Fischer-Lexikon »Soziologie«, 142–148, Zitat 143.

Individuum agiert in diesen »feststehenden Formen« als »*Rolle*«, es interessiert nur als »Rollenträger« innerhalb bestimmter sozialer Interaktionen, in denen es sein Verhalten nach dem ihm eigenen (von der Gesellschaft zugewiesenen oder durch Leistung erworbenen) »Status« ausrichtet. »Status« ist die Stellung, die »Position«, die ein Individuum relativ zu einem bestimmten Bezugssystem hat; »Rolle« dagegen das entsprechende Verhalten gemäß der mit dem Status verbundenen Verhaltenserwartungen, Rechten und Pflichten, also ein »Ausdruck komplementärer Erwartungen, welche die Handlungen eines Akteurs und diejenigen der anderen, mit denen er interagiert,« betreffen [97]. Das Phänomen der gegenseitigen Verhaltenserwartung und ihrer jeweiligen Entsprechung im Übernehmen der Rolle durch das Sich-hinein-Versetzen in die Erwartungen des anderen hat besonders G. H. Mead herausgearbeitet [98]. Die Kategorie der Rolle bezeichnet im Grunde das »institutionalisierte« Individuum; der subjektive Aspekt innerhalb der Institution kommt nur insofern darin zum Ausdruck, als der einzelne sich den bestehenden Rollenerwartungen und Statusvorgaben anpassen muß und (in bestimmtem Rahmen) auch die Anpassung verweigern kann; er kann die Rolle durch sein Verhalten etwas verändern oder modifizieren; er kann schließlich auch durch seine eigenen (konformen oder abweichenden) Erwartungen das ganze Erwartungsgefüge mitprägen. Status und Rolle sind bei aller Fixierung zwar nicht so endgültig festgelegt, daß sie das Individuum von vornherein völlig »feststellen«; sie lassen ihm (allerdings nur im geringen Rahmen) doch einen Spielraum, mit seiner individuellen Ausprägung den »Komplex organisierter Rollenerwartungen« mitzugestalten [99].

Die individuelle »Freiheit« hat jedoch genau formulierte Grenzen, die durch spezifische *Normen* der jeweiligen Institution bestimmt sind. Die für ein soziales System relevanten Verhaltenserwartungen, Positionen und Rollen werden durch eine formelle, d. h. ausdrücklich formulierte, mit Organisation, Legitimation und Sanktion versehene Normierung institutionalisiert. Erst durch einen solchen »Komplex von institutionalisierten Rollenintegraten oder Statusbeziehungen« [100] erhält ein soziales System den Charakter einer Institution. Zugleich wird dadurch auch die Dauerhaftigkeit eines gesellschaftlichen Gefüges garantiert. Diese Normierung kennzeichnet vor allem den »objektiven« Aspekt der Institution, den E. Durkheim besonders herausgearbeitet hat. In seinen »Regeln der soziologischen Methode« hat er die Soziologie geradezu als die »Wissenschaft von den Institutionen« [101] bezeichnet, da sie das Soziale als solches als eine Wirklichkeit »sui generis« gerade nicht aus individuellen, psychischen Phänomenen herleiten und erklären könne. Im Begriff der Institution sieht E. Durkheim die dem Individuellen und Psychischen überlegene, von ihm her nicht erklärbare Objektivität des Sozialen, der »sozialen Tatbestände« am besten ausgeprägt. Denn diese üben gleichsam von außen einen »Zwang« auf das Individuum aus, und »diese zwin-

[97] *T. Parsons,* zitiert nach *G. Gundlach, C. Bauer, A. Bellebaum,* Art. »Institution«, in: Staatslexikon (Hrsg. Görresgesellschaft), Bd. 4, Freiburg 1959 (6. Aufl.), Sp. 324–334, Zitat 331.

[98] *G. H. Mead,* Geist, Identität und Gesellschaft, Frankfurt 1968.

[99] Staatslexikon, 332.

[100] Fischer-Lexikon »Soziologie«, 145.

[101] *E. Durkheim,* Die Regeln der soziologischen Methode (herausgegeben u. eingeleitet von R. König), Neuwied–Berlin 1965 (2. Aufl.), 100.

gende Macht bezeugt, daß die sozialen Phänomene eine von der unseren verschiedene Natur aufweisen, da sie nicht anders als gewaltsam in uns eindringen oder mehr oder minder schwer auf uns lasten. Wäre das soziale Leben nur eine Erweiterung des individuellen Daseins, so würde es nicht gegen seinen Ursprung zurückströmen und ihn so stark beeinflussen können«[102]. Damit will E. Durkheim dem Sozialen keineswegs eine eigene, völlig selbständige Substanz im Gegenüber zu den psychischen Substanzen zuschreiben; für ihn bleibt durchaus das einzige wirkliche »Substrat« der Gesellschaft die realen Individuen, aus denen die Gesellschaft besteht[103]. Aber er versucht, das Phänomen der relativen Eigenständigkeit, der Objektivität des Sozialen gerade durch die Wirksamkeit der Institution als »moralische Obligation« (– womit die Eigenart des sozial wirksamen »Zwanges« beschrieben ist –[104]) gegenüber dem Individuum zu erfassen. Ihm geht es im Grunde immer darum, innerhalb der sozialen Wirklichkeit das »nicht-kontraktuelle Element des Kontrakts« aufzuweisen, also jenes Element, das im Vertrag den vertragschließenden Individuen immer schon voraus ist, und das den Vertrag selbst mehr sein läßt als die Summe der Akte der im Vertrag sich zusammenschließenden Individuen[105].

Auf andere Weise beschreibt M. Weber, den man von seinem Ansatz her sicher nicht gleichsinnig wie Durkheim unter »empirische« Soziologie einordnen kann, dasselbe Phänomen, wobei er im Gegensatz zu Durkheim stärker den »subjektiv gemeinten Sinn«, die subjektive Motivation im Verhalten zu dieser objektiven Obligation berücksichtigt. Soziales Handeln orientiert sich nach ihm »an der Vorstellung vom Bestehen einer legitimen Ordnung«[106], die da, wo sich das Handeln danach ausrichtet, »Geltung« beansprucht. Ordnung wiederum gibt es nur da, wo bestimmte »Maximen« als für das Handeln verbindlich, als objektiv seinsollend vorgestellt werden, und wo sich das Handeln (zwar nicht nur, aber auch) aus diesem Grunde nach den Maximen richtet.

Jedoch kann diese objektive Normierung des sozialen Handelns nicht etwas dem Individuum schlechthin Äußerliches bleiben, wenn eine Institution überhaupt Bestand haben will. Deswegen geschieht die Vermittlung zwischen beiden durch die sog. »*Internalisierung*« (T. Parsons), in der das Individuum sich die Normen zu eigen macht, sich mit ihnen identifiziert und sich in ihrer Befolgung einen sozialen Standort sichert. Wo die Internalisierung gelingt, findet der einzelne in den gegebenen Normen die Entsprechung zu seinen grundlegenden Bedürfnissen (need-disposition), so daß er den Normen nicht aus Zwang, sondern aus innerem Antrieb folgt, um in dieser Entsprechung sein »Selbst« zu finden. »Die in den allgemeinen gesellschaftlichen Lebensprozeß eingeschalteten Individuen, deren orga-

[102] *E. Durkheim*, Regeln, 186.

[103] Vgl. dazu die Einleitung zu *E. Durkheim*, Regeln, von R. König, 59; bei Durkheim wird dies deutlich in seinem Vorwort zur 2. Aufl. der »Regeln«, 92f.

[104] *R. König*, Einleitung zu E. Durkheim, Regeln, 57ff.

[105] Vgl. die Einleitung R. Königs, 33f, wo er bei Durkheim vor allem die Frage nach der »Vermittlung« von objektiven »soziologischen Tatbeständen« und den Individuen als dem einzigen realen Substrat der Gesellschaft untersucht.

[106] *M. Weber*, Wirtschaft und Gesellschaft, Studienausgabe, Tübingen 1972 (5. revid, Auflage), 16.

nisierte Manifestation die gesellschaftlichen Institutionen sind, können nämlich nur insoweit eine wirklich ausgereifte Persönlichkeit entwickeln oder besitzen, als jedes von ihnen in seiner individuellen Erfahrung die organisierten gesellschaftlichen Haltungen oder Tätigkeiten spiegelt oder erfaßt, die die gesellschaftlichen Institutionen verkörpern oder repräsentieren.«[107] Ähnlich spricht auch Durkheim von der »Individualisierung« der Institutionen, welche sich in dem Maße vollzieht, in dem sie »assimiliert« werden[108]. In der Konzeption Max Webers geschieht die Internalisierung vor allem durch den »wertrationalen Glauben«, insofern die objektive Geltung einer Ordnung vor allem durch den »Glauben an ihre absolute Geltung als Ausdruck letzter verpflichtender Werte« garantiert wird[109].

Durch die »Verinnerlichung« institutioneller Normierung akzeptiert also der einzelne seinen Status und die diesbezüglichen Rollenerwartungen, so daß erst durch diesen Vorgang die Identität des Individuum mit seinen gesellschaftlichen Vorgaben erreicht wird. Natürlich braucht dies keineswegs eine totale Identifizierung zu sein; im Gegenteil: gerade durch den Prozeß der Verinnerlichung und Individualisierung gewinnt der einzelne in seinem Rollenverhalten auch die Möglichkeit der Modifizierung und Veränderung der Statusbeziehungen, der Rollenerwartungen und somit auch des ganzen institutionellen Komplexes der sozialen Rollenintegrate[110]. Damit ist der Bezug zur ersten Kategorie, der »Rolle«, hergestellt: denn diese ist weder eine vom einzelnen willkürlich entworfene noch eine vom sozialen System aufoktroyierte, dem einzelnen äußerlich bleibende Existenzweise innerhalb des Systems. Sie ist vielmehr gerade durch die Internalisierung des Normengefüges einer Institution die Vermittlung von Individuum und Gesellschaft (R. Dahrendorf).

In diesen Hauptkategorien einer empirischen Institutionstheorie läßt sich also durchaus auch der Problemhorizont einer Vermittlung von Subjektivität und Objektivität, von Besonderheit und Allgemeinheit erkennen: das Postulat der »konkreten Freiheit« wird empirisch erfahren als »soziale Rolle«, durch die sowohl die institutionellen Normen internalisiert werden, als auch die Individualität erst ihre gesellschaftliche Identität, ihre »Wirklichkeit« und damit auch die Möglichkeit gesellschaftlicher Wirksamkeit gewinnt. Allerdings überschreitet es die Möglichkeiten einer empirischen Soziologie, mit ihren Methoden das Eigentümliche gerade der »Freiheit« in ihrer gesellschaftlichen Rollen-»Konkretion« zu bestimmen. Zwar wird dieses Problem in den verschiedenen Ansätzen heutiger

[107] *G. H. Mead*, Geist, 309; *K. Raiser* zeigt in: Identität und Sozialität, München–Mainz 1971, wie bei Mead das »Selbst« des Menschen sich erst durch die Internalisierung des »generalisierten Anderen« konstituiert, d.h. indem es die möglichen Haltungen, Erwartungen und Reaktionen der anderen, die zu einem System von Regeln, Normen und Werten »generalisiert« sind, in sich hineinnimmt (131ff).

[108] *E. Durkheim*, Regeln, 100 Anm.

[109] *M. Weber*, Wirtschaft, 17.

[110] Vgl. dazu *E. Durkheim*, Regeln, 100 Anm; *G. H. Mead*, Geist, 307ff, 356; K. Raiser weist für Mead gerade diese Einheit beider Aspekte (Anpassung und Veränderung) im Prozeß der Internalisierung nach, die in der reflexiven Differenz zwischen »I« und »me« im »Selbst« begründet liegt: »Der von Mead beschriebene Vorgang der ›Internalisierung‹ organisierten sozialen Handelns schafft zugleich die Möglichkeit für die Habitualisierung des Verhaltens wie für die kritische Distanz und Kontrolle. Soziale Kontrolle und sozialer Wandel gründen letztlich im gleichen ›Mechanismus‹«. (*K. Raiser*, Identität, 136).

Rollensoziologie durchaus gesehen[111]; immer wieder taucht die Frage nach der Verschiedenheit bzw. Identität von Ich und gesellschaftlicher Rolle auf (vgl. die Distinktionen von »I«, »Me« und »Self« bei G. H. Mead, von »personaler Identität« und »sozialer Identität« bei E. Goffmann): Gibt es eine Individualität des Menschen gleichsam jenseits aller seiner sozialen Rollen? Die empirische Soziologie kann hier nicht mehr als die Möglichkeit einer »Rollendistanz« beim Vorgang der Internalisierung der gesellschaftlichen Normen und Rollen behaupten (ob sie nun – einschneidender – in primärer oder – geläufiger – in sekundärer Sozialisation geschieht); in dieser Rollendistanz erweist sich empirisch so etwas wie Individualität.

Das Ungenügen an dieser Lösung treibt einige Soziologen über die Grenzen ihrer Methoden hinaus in den Bereich der philosophischen Fragestellung: Was ist Person, was ist Freiheit? Wenn man sich bei der Beantwortung mehr an Kant orientiert (wie etwa R. Dahrendorf), wird man »Rolle« hauptsächlich als »Entfremdung«, als Verlust der personalen Einmaligkeit zugunsten des gesellschaftlich austauschbaren »Exemplars« ansehen und deswegen die ständige Rückbesinnung von dieser Empirie auf den »intelligiblen Charakter« der Freiheit des Ich fordern. Dagegen sehen die mehr von Hegel geprägten Soziologen (wie etwa H. Pleßner und F. H. Tenbruck) überhaupt erst in der »Entäußerung« des Menschen in seine gesellschaftliche Rolle hinein die Bedingung seiner Freiheit und seines Selbstseins als des Wesens der »exzentrischen Positionalität« (Pleßner). An die erste Richtung läßt sich die Frage nach der empirisch-gesellschaftlichen Vermittlung dieser intelligiblen Freiheit stellen, an die zweite dagegen die Frage nach einer »kritischen« Sicht der gesellschaftlichen Objektivität, die aus der Entäußerung des Subjekts seine Entfremdung werden läßt. Diese Hinweise auf einige kritische Punkte der Rollensoziologie mögen genügen; sie zeigen, wie das Problem der »konkreten Freiheit« hier virulent ist, auch wenn es keine allseitig befriedigende Lösung erfährt.

6. Institution und die »gesellschaftliche Konstruktion der Wirklichkeit«: Institutionsverständnis einer Wissenssoziologie

Ausdrücklich zur Sprache kommt dieses Problem der Vermittlung heute im Rahmen einer Wissenssoziologie, die nach der »gesellschaftlichen Konstruktion der Wirklichkeit« fragt[112]. Hier gewinnt das Problem der Institution eine zentrale Bedeutung. Und zwar wird es von P. L. Berger und Th. Luckmann, die sich für ihren anthropologischen Ansatz vor allem auf K. Marx, A. Schütz, E. Durkheim, M. Weber und G. H. Mead berufen, bewußt in dem philosophischen Problemhorizont von Externalisierung – Objektivierung – Internalisierung behandelt. Mit Hilfe dieser Kategorien wird versucht, das in den gesellschaftlichen Institutionen

[111] Einen guten Überblick über den gegenwärtigen Stand der Diskussion und die wichtigste Literatur dazu gibt *H. U. v. Balthasar,* Theodramatik I, Einsiedeln 1973, 499–511.

[112] *P. L. Berger–Th. Luckmann,* Die gesellschaftliche Konstruktion der Wirklichkeit. Eine Theorie der Wissenssoziologie, Frankfurt 1970; vgl. dazu die Besprechung von *H. Dahmer,* in: Soziale Welt 21/22 (1970/71), 121f.

erfahrene Phänomen zu erklären, daß »subjektive Intentionen zu objektiven Faktizitäten werden«[113].

Von ihrem Ursprung her wird alle Gesellschaftsordnung als ein Produkt der notwendigen menschlichen »Externalisierung« angesehen: der Mensch existiert nur, indem er sich äußert, sich seine Lebenswelt produziert. In diesem Produktionsvorgang geschieht immer schon die »Institutionalisierung« der menschlichen Welt. Sie nimmt bei der Habitualisierung bestimmter Verhaltensweisen und ihrer »reziproken Typisierung« ihren Ausgang[114], wodurch typische Verhaltensmuster im Laufe der Geschichte zum Allgemeingut einer Gesellschaft erhoben werden und durch sie zugleich das Verhalten einzelner normiert, d.h. unter soziale Kontrolle gestellt wird. Ihre »Objektivität«, also ihre spezifische Eigenständigkeit, durch die sie auf den Menschen »als äußeres, zwingendes Faktum«[115] wirkt, erhält diese institutionale Welt aber vor allem durch die historische Weitergabe innerhalb der Folge menschlicher Generationen; denn spätere Geschlechter erfahren diese soziale Welt eben nicht mehr als ihre eigene, subjektive »Externalisierung«, sondern als objektiv Vorgegebenes, als durch Tradition Überkommenes, als »unabweisbare Faktizität«[116]. So kann man also sagen: »Die institutionale Welt ist vergegenständlichte menschliche Tätigkeit, und jede einzelne Institution ist dies ebenso.«[117]

Wegen dieser »vergegenständlichenden« Funktion der Tradition bedarf das Tradierte aber ständig sowohl der ausdrücklichen Legitimation als auch der Entwicklung besonderer sozialer Kontrollmechanismen, durch die es dem Individuum als sinnhafte Autorität gegenübertreten kann. Es müssen also die legimitierenden Konstruktionen geschaffen werden: angefangen von vortheoretischem Primärwissen (Sprichwortweisheit, Glauben, Mythen usw.) über explizite Legitimationstheorien bis hin zu »symbolischen Sinnwelten«, die die eigene institutionelle Wirklichkeit durch Verweis auf eine höhere, universale (kosmologische oder theologische) Wirklichkeit begründen sollen. Dadurch wird das für eine Gesellschaft relevante »Wissen« geschaffen, das die »objektive« Wirklichkeit erklärt und sie zugleich sprachlich objektiviert, d.h. als einzig gültige, immer neu zu bewirkende und zu bewahrende Wirklichkeit programmiert[118]. Diese so institutionalisierte Gesellschaftsordnung repräsentiert sich in bestimmten Rollen, in denen sich die Individuen »mit den gesellschaftlich objektivierten Verhaltenstypisierungen« identifizieren[119]. Die Rolle hat also im Prozeß der Institutionalisierung die Funktion, die »objektivierte« gesellschaftliche Wirklichkeit auch für den einzelnen »subjektiv« wirklich zu machen, insofern nämlich diese Wirklichkeit vermittels der gesellschaftlich geformten und genormten Rolle »internalisiert« wird.

Die Internalisierung vollzieht sich in primärer und sekundärer Sozialisation[120]; die eine meint die von jedem Menschen vollzogene grundlegende Aneignung der

[113] *P. L. Berger–St. Pullberg*, Verdinglichung und die soziologische Kritik des Bewußtseins, in: Soziale Welt 16/1965, 97–112, Zitat 97.
[114] Konstruktion, 58.
[115] A.a.O., 62, im Anschluß an Durkheims Ausdrucksweise.
[116] A.a.O., 64.
[117] A.a.O., 65.
[118] A.a.O., 71.
[119] A.a.O., 78.
[120] A.a.O., 141.

gesellschaftlichen Wirklichkeit, in die er hineingeboren wird; die andere dagegen den Übergang einer bereits »sozialisierten« Person von einem bestimmten Ausschnitt dieser Wirklichkeit zu einem anderen. Solche sekundären Prozesse der Internalisierung gelingen nur, wenn bestimmte »Plausibilitätsstrukturen« innerhalb der Gesellschaft die solcherart subjektivierte Wirklichkeit »stützen«[121].

Natürlich gibt es Grenzen der Sozialisierbarkeit und damit auch der Internalisierung; einmal schon durch den Widerstand, den das »biologische Substrat« des menschlichen Organismus entgegensetzt[122]; dann aber auch durch bestimmte Ursachen einer »erfolglosen Sozialisation«, welche – positiv gewendet – zugleich Chancen der »Entverdinglichung« bereitstellen. Denn diese Objektivierung menschlicher Verhaltensweisen, somit also jede Institutionalisierung ist in Gefahr, über den Grad der notwendigen Objektivation hinaus die gesellschaftliche Wirklichkeit zu »verdinglichen«, indem ihr ein ontologischer Status verliehen wird, der ganz unabhängig von der sie hervorbringenden menschlichen Produktion ist[123]. Die Einheit von Produzent und Produkt, von Subjekt und Objekt wird dadurch zerrissen, die Objektivation wird zur »entfremdeten Vergegenständlichung«[124], was im Grunde die reale Situation des Menschen in der Welt heute ausmacht. Möglichkeiten der »Entverdinglichung« werden in einer durch Katastrophen bedingten »Desintegration« der Gesellschaftsstrukturen, in einem durch zwischenkulturellen Kontakt ausgelösten »kulturellen Schock« und schließlich im Einwirken gesellschaftlicher Randgruppen auf die selbstverständlich scheinende Wirklichkeitskonstruktion einer Gesellschaft gesehen[125]. In solchen Erfahrungen wird dem Menschen klar, daß die soziale Welt eine vom Menschen konstruierte, also verstehbare und machbare Welt ist, die seine Freiheit stets neu provoziert.

Es ist in dieser kurzen Darstellung wohl klar geworden, daß hier die Frage nach der Institution ausdrücklich im dialektischen Denkmodell einer gegenseitigen Vermittlung von Subjekt und Objekt gestellt wird. Diese Vermittlung vollzieht sich in den drei Phasen der Externalisierung menschlicher Sinngehalte und Verhaltensweisen, in ihrer Objektivation zur eigenständigen Wirklichkeit und schließlich ihrer Internalisierung, durch die das Subjekt erst seine gesellschaftliche Identität findet. An der ungeklärten Frage, inwieweit die Subjektivität gleichsam *nur* in Krisensituationen ihrer Möglichkeiten zur gesellschaftlichen Veränderung bewußt wird, und inwieweit dieses Bewußtsein dann ohne gesellschaftliche, institutionelle Basis wirklich zu einer wirksamen »Entverdinglichung« führen soll, wird sich die Kritik entzünden. Deswegen überschreitet Berger diesen Ansatz auch im 3. Teil seines Buches »Einladung zur Soziologie«[126] auf das philosophische Problem der Freiheit hin, das die Soziologie nicht einfach ausklammern kann. Denn erst die personale Freiheit kann dem einzelnen eine sinngebende Lebensmöglichkeit eröffnen (sei es im Prozeß der Rollenübernahme, der Rollendistanz, der Rollennegation, der Rollenumwandlung etc); erst diese Freiheit läßt die menschliche Gesellschaft zu einem »Drama« werden, das den strengen soziologischen Deter-

[121] A.a.O., 165.
[122] A.a.O., 191ff.
[123] A.a.O., 97.
[124] *P. L. Berger–St. Pullberg*, Verdinglichung, 102.
[125] A.a.O., 109ff.
[126] *P. L. Berger*, Einladung zur Soziologie, Olten–Freiburg 1969.

minismus sprengt und das soziale Zusammenleben in seiner ganzen Unberechenbarkeit und Ungesichertheit offenbart.

7. *Die Kirche als Institution: Institutionsverständnis einer Religionssoziologie*

In der Religionssoziologie richtet sich das Interesse nicht mehr nur auf Institution im allgemeinen, sondern auf das spezifische Phänomen »Kirche« oder ähnlicher sozialer religiöser Organisationsformen. Diese empirische Wissenschaft kann den institutionellen Charakter der Kirche viel unbefangener und realitätsnäher betrachten als die Theologie, da sie nicht die Frage nach dem Seinsollen oder Nichtseinsollen stellt, sondern einfach die Wirklichkeit der Kirche untersucht, wie sie sich im Kontext der Gesellschaft und anderer sozialer Systeme zeigt. Für diese Betrachtungsweise ist es selbstverständlich, daß die Kirche eine Institution, ein soziales System mit festen Rollen und hierarchischen Rollenstrukturen, mit stabilisierten Funktionen, mit Normierungs- und Internalisierungsmechanismen darstellt, wie andere gesellschaftliche Systeme auch[127]. Das Unterscheidende liegt darin, daß in der Kirche eben religiöses Handeln auf besondere Weise institutionalisiert wird[128], im Unterschied etwa zu wirtschaftlichem, wissenschaftlichem oder politischem Handeln.

Die uns interessierende Frage nach der Vermittlung von Subjektivität und gesellschaftlicher Objektivität in der Institution stellt sich für die Religionssoziologie innerhalb des problematischen Verhältnisses von Religion und Kirche, wobei die Hauptschwierigkeit in der genauen soziologischen Bestimmung von Religion liegt. Bei dieser Gegenüberstellung wirkt noch die Charakterisierung von E. Troeltsch nach:

> »An und für sich ist die Religion vielmehr der direkte Gegensatz gegen die feste Form der Kirche. Die Religion ist flüssig und lebendig, jederzeit durch unmittelbare Berührung aus Gott schöpfend, höchst innerlich, persönlich, individuell und abrupt. Die lebendigsten Zeiten der Religion sind die unkirchlichsten, die enthusiastischen, das Individuum und seinen Herzensdrang hervortreten lassenden ... Die Kirche dagegen ist etwas Festes, immer Gleiches, das den Besitz der Offenbarung den einzelnen entzieht und immer die Unmittelbarkeit der Religion aufhebt. Ihr Hauptanliegen ist, eine äußere, den Schwankungen subjektiver Begeisterung entrückte Autorität aufzurichten und auf irgendeine Weise die Zwangsmittel sich zu verschaffen, mit denen eine solche Autorität aufrechterhalten wird.«[129]

Bei der genauen Frage nach der faktisch in der Kirche geschehenen Vermittlung dieser Gegensätze, wie also Religion durch die Kirche institutionalisiert werden kann, greift man häufig noch auf Max Webers Gedanken der »Veralltäglichung

[127] Vgl. *J. Matthes,* Kirche und Gesellschaft. Einführung in die Religionssoziologie II, Hamburg 1969, bes. 92, 101; *N. Greinacher,* Soziologische Aspekte des Selbstvollzugs der Kirche, in: HPTh I, 413–448.

[128] *G. Kehrer,* Religionssoziologie, Berlin 1968, 53.

[129] *E. Troeltsch,* Gesammelte Schriften II, Zur religiösen Lage, Religionsphilosophie und Ethik, Tübingen 1913, 148f.

des Charismas« zurück[130]. Im Anschluß daran weist Th. F. O'Dea »fünf Dilemmas der Institutionalisierung der Religion« auf[131]:

1. Das Dilemma der gemischten Motivation (– das selbstlose Motiv der charismatischen Bewegung mischt sich in der religiösen Institution mit egoistischen, ehrgeizigen Motiven, und zwar – wegen der Stabilität – notwendigerweise –);
2. das symbolische Dilemma (– die notwendige symbolische Kommunikation in Liturgie und Kult führt zur veräußerlichten Ritualität –);
3. das Dilemma der Verwaltungsordnung (– die Notwendigkeit einer verwaltungsmäßigen Ordnung führt zur Überbetonung und undurchsichtigen Komplizierung der Bürokratie –);
4. das Dilemma der Begrenzung (– die Notwendigkeit, klare Glaubensformeln und Normen zum Zweck der Verbreitung der Religion zu schaffen, führt zum Legalismus –); und schließlich
5. das Dilemma der Macht (– die Notwendigkeit, mit anderen sozialen Institutionen in Kontakt zu treten und zusammenzuarbeiten, führt zur Ausnutzung der zur Verfügung gestellten Machtmittel zum Zweck der »Bekehrung« –).

Diese Dilemmas entstehen mit Notwendigkeit immer dann, wenn vorausgesetzt wird, daß Religion ohne Institutionalisierung nicht möglich sei, daß also die subjektive (= charismatische) religiöse Erfahrung zu ihrer dauerhaften gesellschaftlichen Wirklichkeit und Wirksamkeit der Objektivierung in einer Institution bedarf. Diese Voraussetzung wird in der neueren Religionssoziologie jedoch zuweilen auch bestritten. Nach Th. Luckmann z.B. ist Religion weder etwas rein Innerliches, Subjektives, Unaussprechliches noch ein in klaren inhaltlichen Glaubenssätzen objektiviertes Wissensgut. Religion gehört zur sozialen Natur des Menschen, sie entwickelt sich mit der Sozialisierung des Menschen als »das schlechthin Sinngebende des menschlich-gesellschaftlichen Daseins«[132]. »Als religiös bezeichne ich jene Schichten der gesellschaftlichen Wirklichkeitskonstruktionen, die Transzendenzerfahrungen entspringen und mehr oder minder nachdrücklich als auf eine nicht-alltägliche Wirklichkeit bezogen erfaßt werden«[133]. Während sich in den traditionellen Hochkulturen diese Transzendenzerfahrungen in bestimmten Institutionen artikuliert haben und von ihnen systematisiert und sozial verwaltet wurden, rückt in der modernen industriellen Gesellschaft – nach Luckmann – die kirchlich institutionalisierte Form der Religiösität an den Rand. Religion wird in diesem Sinn zunehmend ent-institutionalisiert und lebt heute als sinnintegrierende Lebensform in einer Vielfalt von Gemeinschaftsformen, die im privaten Lebensbereich eine neue, weniger formelle oder gesellschaftlich integrierte »Re-institutionalisierung« der Religion versuchen, jedoch abseits von den als entfremdet erfahrenen religiösen Großinstitutionen. Luckmann hält also die im eigentlichen Sinn institutionelle, objektivierende Vermittlung von Religion ausschließlich

[130] *M. Weber,* Wirtschaft, 142–148; 661–687.

[131] In: *Fr. Fürstenberg* (Hrsg), Religionssoziologie, Neuwied–Berlin 1970 (2. Aufl.), 231–237.

[132] *Th. Luckmann,* Das Problem der Religion in der modernen Gesellschaft, Freiburg 1963, 36.

[133] *Th. Luckmann,* Religion in der modernen Gesellschaft, in: *J. Wössner* (Hrsg.), Religion im Umbruch, Stuttgart 1972, 3–15, Zitat 7.

durch die Kirche für ein historisches Relikt, das gesamtgesellschaftlich in dieser Monopol-Funktion immer unbedeutender wird.

Gegenüber dieser Theorie wendet J. Matthes ein[134], daß der Religionsbegriff Luckmanns zu unbestimmt und deswegen auch das Verhältnis von Kirche und Religion zu allgemein und ungenau definiert sei. Zweifellos gibt es auch nach Matthes legitime religiöse Phänomene außerhalb der kirchlichen Institution, aber sie bleiben, um als solche auch identifiziert werden zu können, auf den Bestand ausdrücklicher, kirchlich geformter Religiösität angewiesen. Diese ist gleichsam das »gesellschaftliche Widerlager«, an dem sich die implizite gesellschaftliche Religiösität identifizieren lassen muß[135]. Denn die anonyme Religiösität ist – jedenfalls im Westen – nicht eine allgemeine, unbestimmte Transzendenzerfahrung, sondern ein im Laufe der Geschichte von der Kirchlichkeit legitim emanzipiertes Christentum. Religionssoziologie und Kirchensoziologie treffen sich in dem gemeinsamen Bezugsfeld »Christentum«[136], in dem die Kirche die Stelle des expliziten, für die Identifizierung des allgemein Christlichen notwendigen Religionssystems einnimmt. Nicht so sehr die Vermittlung subjektiver Religiösität in objektiver gesellschaftlicher Gestalt ist demnach heute die gesellschaftliche Funktion der Kirche als Institution, sondern vielmehr die Identifikation anonymer Religiösität als von der Kirche emanzipierter Christlichkeit, welche sich ihre »objektive« Gestalt heute in anderen, außerkirchlichen sozialen Bezügen gibt. Innerhalb des kirchlichen Systems natürlich bleibt die herkömmliche Vermittlungsaufgabe bestehen; sie läuft da nach bekannten Institutionalisierungsmechanismen und Organisationschemata ab[137] und muß mit den oben genannten Dilemmas rechnen.

Wir können hier nicht näher auf diese Form der Säkularisierungsthese und die »Christentumstheorie« eingehen, wie sie von J. Matthes und Tr. Rendtorff vertreten wird. Kritisch sei nur angemerkt, daß das Phänomen »Religiösität« auch im Westen wohl kaum einfach auf ein von der Kirche emanzipiertes Christentum eingeschränkt werden kann, zumal wenn dies – im Anschluß an R. Rothe, einem liberalen Theologen des 19. Jahrhunderts – als Ethik, als das ethische und damit »weltgeschichtliche Zeitalter« des Christentums verstanden wird[138]. Die gegenwärtige Religionssoziologie zeigt doch recht überzeugend[139], daß gerade im Westen Religion – über jede ethische Engführung hinaus – wieder verstärkt als umfassende Sinngebung und Sinnintegration des Daseins durch die Beziehung auf eine transzendente Wirklichkeit gesucht und gelebt wird; daß sich diese Religiösität auch ihre eigenen »Sinngestalten«, ihre Formen, Symbole, Feiern schafft, um sich darin auszudrücken und gemeinschaftsbildend zu wirken; daß sie jedoch in ihrer Labilität ohne eine stärkere gesellschaftliche Außenstützung zunehmend in

[134] *J. Matthes,* Kirche, 28f, 245f.

[135] A.a.O., 28.

[136] Vgl. dazu die von J. Matthes u. Tr. Rendtorff in Gang gebrachte Diskussion um die »Säkularisierungsthese«, in: *J. Matthes,* Religion und Gesellschaft. Einführung in die Religionssoziologie I, Hamburg 1967, bes. 74–118. Vgl. darin auch den Artikel von *Tr. Rendtorff,* Zur Säkularisierungsproblematik, 208–229.

[137] *J. Matthes,* Kirche, 92ff.

[138] Vgl. dazu *Tr. Rendtorff,* Theorie des Christentums, Gütersloh 1972; *ders.,* Christentum außerhalb der Kirche, Hamburg 1969.

[139] Vgl. die zitierten Werke von Th. Luckmann u. P. L. Berger.

Gefahr ist, einer subjektiven Formlosigkeit und Abstrusität zu verfallen. Gerade hier liegt heute eine entscheidende Aufgabe und Chance der kirchlich institutionalisierten Religion: nämlich diese mehr privaten Formen der Religiosität so zu »re-institutionalisieren«, daß sie im Rahmen der bestehenden religiösen Institutionen integriert werden, ohne dabei jedoch ihren lebensnahen, der persönlichen Erlebnissphäre des einzelnen und seiner Gemeinschaften anhaftenden Charakter (z. B. der Spontaneität, der geglückten Kommunikation, der existentiellen Sinnerfahrung) zu verlieren, sondern ihn im Gegenteil der Institution selbst »formend« mitzuteilen.

Mit diesen religionssoziologischen Fragen wollen wir unsere Übersicht über die Institutionsproblematik innerhalb der Sozialwissenschaften abschließen. Eine wichtige Frage bleibt jedoch noch zu beantworten: Was bringen diese Theorien für die Theologie ein? Kann sie einfach global oder auszugsweise bestimmte Konzeptionen übernehmen und auf die Kirche übertragen? Oder kann sie umgekehrt ihr theologisches Institutionsverständnis ganz und gar unabhängig von allen sozialwissenschaftlichen Erkenntnissen bilden? Wie kann eine sinnvolle Vermittlung zwischen diesen beiden Erkenntnisbereichen statthaben? Wir wollen auf diese Frage in einem längeren Exkurs eingehen, indem wir zunächst einmal ganz allgemein das Verhältnis von Soziologie und Theologie, vor allem das Problem einer Übernahme soziologischer Aussagen von seiten der Theologie behandeln. Speziell auf den Institutionsbegriff eingeschränkt kommt diese Frage dann im nächsten Kapitel zur Sprache, wenn wir eine Übersicht über die verschiedenen Formen des innertheologischen Sprachgebrauchs darlegen werden. Denn an bestimmten konkreten Beispielen einer solchen Übernahme soziologischer Theorien seitens der Theologie lassen sich am ehesten die Chancen und Grenzen einer sinnvollen Vermittlung aufzeigen.

EXKURS: ZUM VERHÄLTNIS VON SOZIOLOGIE UND THEOLOGIE

Eine heute recht geläufige Form der Berührung zwischen diesen beiden Erkenntnisbereichen besteht darin, daß die Theologie einige nützliche Anregungen oder Informationen »von außen« aufnimmt und in einem etwas willkürlichen Eklektizismus vereinnahmt, um sich dadurch ihre eigene Position bestätigen zu lassen [1]. Das hat jedoch mit einem Gespräch oder einer Auseinandersetzung mit einer anderen Wissenschaft sehr wenig zu tun. Gerade um gegen ein solches unproduktives Vereinnahmen von Informationen bezüglich des Institutionsproblems kritisch zu werden, stellen wir in diesem Exkurs eine kurze Untersuchung über das Verhältnis von Theologie und Soziologie an. Wir können dabei natürlich nicht ein bestimmtes wissenschaftstheoretisches »Kommunikationsmodell« auf Grund »fixer Verhältnisbestimmungen« [2] entwerfen, oder etwa einen allgemeinen Vergleich zwischen den verschiedenen wissenschaftlichen Denkweisen und Methoden anstellen. Es genügt, wenn wir uns auf das Problem der Möglichkeit einer *»vermittelten Rezeption«* soziologischer Erkenntnisse innerhalb der Theologie beschränken. Darunter verstehen wir jene Übernahme außertheologischer Begriffe und Theorien in den theologischen Erkenntnisvorgang, welche den wichtigsten hermeneutischen, erkenntniskritischen, wissenschaftstheoretischen und wissenssoziologischen Erfordernissen des Erkennens einigermaßen entspricht. Ehe die Theologie fähig ist, die wissenschaftstheoretische Forderung zu erfüllen, an gemeinsamen Problemlösungen mit ihren eigenen Theoriebildungen aktiv mitzuarbeiten und dabei ihren besonderen Beitrag einzubringen [3], muß sie erst die Bedingungen einer vernünftigen Kommunikation mit anderen Wissenschaften erfüllen. D.h. sie muß die in gemeinsamen Problembereichen bereits erreichten Problemlösungen unvoreingenommen zur Kenntnis nehmen, sie mit den eigenen vergleichen und durch eine reflektierte Vermittlung die eigenen Antworten innerhalb eines erweiterten Problemhorizontes korrigieren, erweitern oder vertiefen, um sie für das gemeinsame Suchen nach neuen Lösungen aufzubereiten. Das kann gerade beim theoretischen wie praktischen Problem der Institution der Fall sein, welches heute sowohl für die politischen als auch die Sozial- und Rechtswissenschaften und ebenso für die Theologie relevant ist [4].

[1] Vgl. dazu *G. Sauter,* Erwartung und Erfahrung, Theologische Bücherei Bd. 47, München 1972, Art. »Kommunikation und Wahrheitsfrage«, 147–178, bes. 171f.

[2] *G. Sauter,* Erwartung, 172.

[3] A.a.O., 170ff, 176ff; vgl. *G. Sauter:* Möglichkeiten der Theoriebildung in der Theologie, in *J. B. Metz, Tr. Rendtorff* (Hrsg.), Theologie, 58–64.

[4] Wenn wir uns in diesem Zusammenhang auf G. Sauter beziehen, so heißt das nicht, daß wir hier seine ganze wissenschaftstheoretische Grundlegung der Theologie diskutieren oder akzeptieren wollen, wohl aber, daß wir seinen gut begründeten Vorschlag zur erweiterten »Problemorientierung« der Theologie, die zur geläufigen »Selbstexplikation« der Theologie hinzutreten müßte, sehr erwägenswert finden. Er versteht unter »Problemorientierung« die »Erfassung des Gegenstandes einer Wissenschaft im Rahmen möglicher wissenschaftlicher Verfahrensweisen, d.h. als Problem. Speziell ist die Ausrichtung wissenschaftlichen Verhaltens auf ein Problemfeld gemeint, das nicht auf das vorhandene Wissen beschränkt bleibt, sondern neue Fragen und Aufgaben aufzunehmen erlaubt. Den Gegensatz zu wissenschaftlicher Problemorientierung nennen wir Selbstexplikation.« In: *G. Sauter,* Wissenschaftstheoretische Kritik der Theologie, München 1973, 360; vgl. ebd. auch bes. 233f, 256f.

1. Die Möglichkeit einer vernünftigen Kommunikation zwischen Theologie und Soziologie[5]

Sowohl der Begriff der Theologie als auch der der Soziologie sind vieldeutig und decken eine Menge untereinander sehr verschiedener Wissenschaftssysteme. Bei unserem Vorhaben der »vermittelten Rezeption« können wir natürlich weder mit einem Begriff von Theologie arbeiten, der eine solche Rezeption unmöglich macht[6] (weil eben Theologie und Soziologie etwas absolut anderes sein sollen), noch mit einem solchen, der letztlich die Selbstaufhebung der Theologie in die Soziologie hinein zur Folge hat (weil Theologie und Soziologie im Grunde identisch sein sollen). Diese beiden Extreme werden dann vermieden, wenn sich die Theologie in der Kommunikation mit anderen Wissenschaften als diejenige versteht, die *in* allem gegebenen Wirklichen nach »Gott« fragt und sucht, die also einen universalen Sinnzusammenhang, eine letzte, in sich gründende, alles andere begründende Einheit der einzelnen Sinnmomente in den Bereichen menschlicher Erfahrung zu entdecken und systematisch zu reflektieren versucht. Ob man dieses »Formalobjekt« der Theologie nun bezeichnet als das »Unbedingte in den bedingten Formen« (Tillich)[7], oder als die »alles bestimmende Wirklichkeit« (Pannenberg)[8], oder als das »heilige Geheimnis«, das als »Woraufhin« in jedem menschlichen, geistig-sittlichen Tun als gründendes und freigebendes anwesend ist (K. Rahner)[9], – es geht der Theologie immer um das, was in der Tradition abgekürzt »Transzendenz« genannt wird[10]. So verstanden kann die Theologie weder irgendeinen Bereich der Wirklichkeit von vornherein aus ihrem Fragen ausklammern, noch wird sie mit irgendeinem anderen Erkenntnissystem konkurrieren wollen. In dieser grundlegenden Hinsicht gibt es für die Theologie nicht die Alternative von »drinnen« und »draußen«, von »innertheologisch« und »außertheologisch«. Selbstverständlich unterscheidet sie sich in ihrem Formalobjekt sehr deutlich von nichttheologischen Erkenntnisweisen, aber sie kann diese ihre spezifische Erkenntnisweise nur in dem anderen ihrer selbst, in der Erfahrung des »Bedingten«, in der Erkenntnis partikulärer Sinnzusammenhänge vollziehen. »Die Theologie ist auch da noch bei sich selbst, wo sie außer sich bei den autonomen Wissenschaften verweilt ... Ihr Außerhalb ist mitkonstitutiv für ihr eigenes Innerhalb.«[11]

[5] Vgl. zu diesem Thema die Beiträge in: Concilium 10/1974 von *G. Wackenheim*, Ekklesiologie und Soziologie, 2–6; *G. Baum*, Soziologie und Theologie, 12–17. Siehe auch *P. Eyt*, Sociologies de l'institution religieuse et théologie de l'Eglise, in: Nouv. Revue theol. 95/1973, 527–538.

[6] Wie es etwa bei *M. Greiffenhagen* zu sein scheint, der von der dialektischen Theologie Barths her die radikale Verschiedenheit von Theologie und Soziologie, die »kontrapunktische Position« der Theologie gegenüber der Welt einseitig hervorhebt: *M. Greiffenhagen*, Die Verstehensproblematik im Dialog zwischen Soziologie und Theologie, untersucht am Beispiel der Institution, in: Zeitschrift f. evang. Ethik 4/1960, 159–176.

[7] Dazu *P. Tillich*, Das System der Wissenschaften nach Gegenständen und Methoden, in: Gesammelte Werke I, Stuttgart 1959 (2. Aufl.), 109–293 (bes. 271ff); *J. Heinrichs*, Der Ort der Metaphysik im System der Wissenschaften bei Paul Tillich, in: ZKTh 91/1970, 249–286.

[8] Dazu *W. Pannenberg*, Wissenschaftstheorie und Theologie, Frankfurt 1973, bes. 299ff.

[9] Dazu *K. Rahner*, Über den Begriff des Geheimnisses in der kath. Theologie, in: IV, 51–99.

[10] Vgl. *K. Lehmann*, Art. »Transzendenz« in: SM IV, 992–1005.

[11] *J. Heinrichs*, Das ideologiekritische Gewicht der Lehre vom anonymen Christen. In: *E. Klinger* (Hrsg.), Christentum innerhalb u. außerhalb der Kirche. Freiburg 1976, 42–64, Zitat

Diese Bestimmung der Theologie wird noch präzisiert durch ihre eigentlich christliche Beziehung zu einem ganz bestimmten »Partikulären« und »Bedingten«: nämlich durch den verbindlichen Bezug auf das eine entscheidende »Konkretum«, auf die geschichtliche Person Jesu Christi und ihre kirchliche Wirkungsgeschichte. Von der Überzeugung her, daß hier die universalfundierende Sinneinheit alles Wirklichen (»Gott«, »Transzendenz«) im Partikulären einer Person und ihrer Geschichte auf unüberbietbare Weise gegeben ist, besteht eine Hauptaufgabe der Theologie darin, das Verhältnis von antizipierend-erfahrener, universaler Sinngegebenheit (Transzendenz) und deren geschichtlich endgültiger Selbstmitteilung in der einen konkreten Gestalt Jesus Christus und ihrer bleibend-gültigen (»geisterfüllten«) kirchlichen Vermittlung innerhalb der Menschheitsgeschichte zu bedenken. Daß hier ein dialektisches Verhältnis und kein kontradiktorischer Gegensatz zwischen Transzendenz und Geschichte, zwischen Unbedingtem und Bedingtem, zwischen Universalem und Konkretem gegeben ist, liegt letztlich darin begründet, daß der vermittelnde Einheitspunkt eben in einer *Person* (Christus) und in den von ihr ausgehenden *personalen* Beziehungen (Kirche als Gemeinschaft der Glaubenden) liegt. Personale Wirklichkeit besagt aber eben von sich aus bereits »Selbstverwirklichung« (Identität) im unbegrenzten und unabschließlichen Vollzug der »Selbstentäußerung« (beim-anderen-Sein).

Eine Theologie, die sich als das systematische Bedenken dieser Vermittlung von Transzendenz und Immanenz, von »universal« und »konkret« bestimmt, kann deswegen auch ohne weiteres in ein wirkliches Gespräch mit anderen Wissenschaften treten, da sie einerseits offen bleibt für alle außer ihrem unmittelbar christlich-kirchlichen Horizont begegnende »wahre«, d.h. sich nicht selbst definitiv abschließende und damit (als partikuläre) absolut setzende Wirklichkeitserfahrung und Sinndeutung, und da sie zum anderen gerade in dieser Offenheit ihre Identität mit sich selbst bewahrt. Denn jene Identität sichert sich die Theologie nicht durch einen ängstlichen, sich vorsichtig beschränkenden Rückzug auf das immer Bleibende, das unveränderlich Vorgegebene ihrer eigenen Tradition [12]. Sie bedarf der ständigen »Selbstentäußerung« in das andere, Fremde ihrer selbst, sie findet nur in der Auseinandersetzung mit der jeweiligen geschichtlichen Situation und ihren Erkenntnismöglichkeiten sich selbst als je aktuelle Deutung des in der Geschichte zugleich einmalig erschienenen, endgültig bleibenden und doch je neu »ankommenden« Gottes. Deswegen muß sie auch ihre konkreten Identitätsbedingungen immer komplexer und variabler formulieren [13] und kann sich nicht auf dauernd gültige konkrete Selbstdefinitionen beschränken.

Natürlich darf man bei dieser Dialektik von »Selbstfindung durch Selbstpreisgabe« nicht vergessen, daß dieses »Selbst« der Theologie nicht ein jeweils ganz neues, von Grund auf erst zu konstituierendes Selbst ist, das stets schöpferisch neu gefunden werden muß, sondern ein in solchen seit 2000 Jahren sich abspielenden Erkenntnisprozessen »gewachsenes« und natürlich weiter »wachsendes«

43. Vgl. auch die Beiträge von *K. Rahner* u. *G. Ebeling* in: *J. B. Metz, Tr. Rendtorff* (Hrsg.), Theologie.

[12] Vgl. *J. Moltmann*, Der gekreuzigte Gott, München 1972, 12–33: Identität und Relevanz des Glaubens.

[13] Vgl. *F. X. Kaufmann*, Theologie in soziologischer Sicht, Freiburg 1973, 151.

Selbst. Was Theologie ist und sein soll, erfährt sie nicht erst heute im interdisziplinären Gespräch. Sie bringt vielmehr darin immer schon die ganze Tradition ihres Ringens um das Problem der Transzendenz und ihrer immanenten Vermittlung ein; vor allem auch ihre diesbezüglichen »Problemlösungsversuche«. So kann sie z. B. jetzt nicht mehr einfach hinter die Aussagen einer transzendentalen Theologie zurückfallen, auch wenn sie heute in mancher Richtung darüber hinausführen muß. Sie kann in der Kommunikation mit anderen Wissenschaften nicht um den Preis dieser ihrer gewordenen Identität (und damit auch ihrer Relevanz! Denn eine identitätslose Theologie ist in diesem Gespräch uninteressant) auf die bleibende Verbindlichkeit ihrer grundlegenden Aussagen verzichten, auch wenn sie diese Verbindlichkeit gerade in der wissenschaftlichen Kommunikation hermeneutisch, ideologiekritisch, wissenssoziologisch usw. immer neu reflektieren muß (vgl. das Problem der Entmythologisierung, der Dogmeninterpretation, der Auslegung kirchenamtlicher Lehraussagen usw.). Das personal-dialogische Grundgesetz der »Selbstfindung durch Selbstentäußerung«, das der Theologie als der christlichen Glaubenswissenschaft durchaus angemessen ist, kann nicht ungeschichtlich punktualisiert werden, sondern erfüllt sich konkret nur in der Kontinuität der Geschichte.

Von diesem Selbstverständnis der Theologie aus wird sich ihr Gespräch mit der Soziologie auch nicht von vornherein auf eine bestimmte Form dieser Wissenschaft beschränken; z.B. etwa nur auf die konkreten Ergebnisse der »Kirchensoziologie«, wie sie heute oft im Unterschied zur allgemeineren Religionssoziologie genannt wird [14], oder auf bestimmte Bereiche empirischer Sozialforschung (z.B. die Gruppendynamik) [15], oder auch auf umfassende Theorien der Gesellschaft, die unter sich ja – wie wir sahen – auch noch sehr verschieden sind [16]. Die Bezugsmöglichkeiten des Gesprächs zwischen Theologie und Soziologie sind also auch von daher vielfältig und werden z.T. auch bereits genutzt [17]. Wir können hier auf die

[14] *J. Matthes*, Kirche, 9ff, 243ff.

[15] Vgl. *A. Hollweg*, Theologie und Empirie, Stuttgart 1971.

[16] *J. Habermas–N. Luhmann*, Gesellschaft (siehe 1. Kap., 3 u. 4).

[17] Vgl. dazu die Übersicht bei *F. X. Kaufmann*, Theologie in soziologischer Sicht, 12–35. Er nennt hauptsächlich folgende Beziehungen:

a) zwischen der Soziologie als Wissenschaft ›moralischer Tatsachen‹ und der Moraltheologie;
b) zwischen religiöser Verhaltensforschung und Pastoraltheologie;
c) zwischen Religionssoziologie und Kirchentheologie;
d) zwischen Wissenssoziologie und dem Selbstverständnis der Theologie.

Kaufmann beschäftigt sich in diesem Zusammenhang besonders mit der Rezeption der empirischen Sozialforschung durch die Theologie und mit der Bedeutung dieser Erhebung für den Glauben. Er setzt sich dabei ausführlich mit dem Artikel von F. Haarsma auseinander: Die Lehre der Kirche und der Glaube ihrer Glieder, in: *F. Haarsma–W. Kasper–F. X. Kaufmann*, Kirchliche Lehre – Skepsis der Gläubigen, Freiburg 1970, 9–36. Darin wird vor allem die Spannung zwischen persönlicher Glaubensüberzeugung der einzelnen und dem offiziellen Kirchenglauben aufgezeigt.

Darüberhinaus könnte man ferner noch auf das Verhältnis der neueren amerikanischen »interpersonalen Theologie« zur Gruppendynamik hinweisen, das nach *A. Hollweg*, Theologie und Empirie, Stuttgart 1971, sich etwa so zusammenfassen läßt:

»Die interpersonale Theologie lernt von der Gruppendynamik die wissenschaftliche Analyse des sozialen Prozesses (z.B. die ganzheitliche Betrachtungsweise des Menschen im sozialen Feld) und *übernimmt* ihre Kategorien (Feld, Prozeß, Gestalt, Wechselbeziehung, Funktion, Ganzheit, Wirkzusammenhang usw.) und ihre Methoden (empirische Diagnostik, Erziehung, Leitung usw.). Sie bedient sich dieser Ergebnisse zu einem tieferen Verständnis des Gemeindeprozesses in seiner verschiedenen bereits vorliegenden Vermittlungsversuche nicht weiter eingehen. Uns interessieren jetzt, nachdem wir von seiten der Theologie die grundsätzliche Möglichkeit einer Kommunikation mit der Soziologie festgestellt haben, mehr die Fragen nach der Notwendigkeit und nach dem methodischen Vorgehen einer vermittelten Rezeption soziologischer Aussagen durch die Theologie.

2. Die Notwendigkeit der Vermittlung soziologischer Erkenntnisse in der Theologie

Auch wenn die Theologie stets kritisch ihre eigenen Rezeptionsversuche aus dem Gebiet der Sozialwissenschaften überprüfen muß, so besteht jedoch an der Notwendigkeit einer vermittelten Rezeption gerade dieser Wissenschaften kein Zweifel. Wir möchten hier drei Gründe dafür kurz anführen:

a) Einmal zwingt schon die bekannte »*Realitätsschwäche*« der Theologie (Tr. Rendtorff) sie dazu, Informationen aus den empirischen Wissenschaften aufzunehmen. Und zwar bedarf die in der Regel an der Hermeneutik historischer Texte und Überlieferungen ausgerichtete Methode der Theologie in zunehmendem Maß einer Hermeneutik der empirischen Erfahrungswelt [18]. Dies aller-

empirischen Realität. Sie stellt aber diese Ergebnisse in den Bezugsrahmen der christlichen Offenbarung und der Gemeindewirklichkeit ... Sie bezeugt im Vollzug des Gespräches in den Kategorien dieser Wissenschaften, daß der Mensch erst durch die Begegnung mit Gott seine eigentliche personale Wirklichkeit erfährt« (169).

Schließlich ist in diesem Zusammenhang noch das Verhältnis der kritischen Gesellschaftstheorie der Frankfurter Schule zur politischen Theologie zu nennen. Diese kritische Theorie erfüllt vieles, was Theologen heute von der Soziologie erwarten:

»Eine Theorie der gegenwärtigen Welt, die in der Lage ist, mit der Theologie in einen Dialog über das Verständnis vom Menschen einzutreten, über die Frage also, wie menschenwürdiges Leben zu denken und wie es zu verwirklichen ist angesichts der sich stark verändernden Lebensbedingungen in der modernen Gesellschaft und in überalterten Traditionen der Unfreiheit. Die an der Neubestimmung des Humanum interessierte Theologie erwartet von dem Dialog mit der Soziologie demnach nicht nur Auskunft über einzelne Bedingungen und Strukturen des gesellschaftlichen Lebens heute, sondern eine Reflexion auf das Ganze der bestehenden gesellschaftlichen Lebenswelt, aus der sich anthropologische Grundbegriffe und Normen für politisch-ethisches Handeln entwickeln lassen.« (*H. N. Janowski,* Theologie als kritisch orientierende Wissenschaft, in: *H. G. Geyer, H. N. Janowski, A. Schmidt,* Theologie und Soziologie, Stuttgart 1970, 58). J. B. Metz ist sich – wie J. Moltmann – durchaus des großen Unterschiedes zwischen Theologie und kritischer Theorie bewußt. So spricht er z. B. häufig (ohne allerdings genau zu analysieren, was er damit meint) von einer »kritisch-schöpferischen Assimilation« der neuzeitlichen Aufklärungs- und Freiheitsproblematik durch die Theologie, wodurch jede Identifizierung theologischer und soziologischer Begriffe vermieden wird. Ebenso warnen Begriffe wie z. B. »gefährliche Erinnerung« des Glaubens an unabgegoltene Verheißungen, oder wie »eschatologischer Vorbehalt« usw. vor jeder vorschnellen Identifizierung. Geyer und Janowski scheinen u. E. dagegen zu unkritisch die kritische Theorie für die Theologie rezipieren zu wollen bzw. sich zu wenig mit der Frage nach den Grenzen dieser Rezeption zu beschäftigen. Auf das Institutionsverständnis der politischen Theologie, zumal auf seine Herkunft aus bestimmten soziologischen Theorien, werden wir im nächsten Kapitel eingehen. Vgl. dazu die neueste Veröffentlichung von *L. Dullaart,* Kirche und Ekklesiologie, München–Mainz 1975.

[18] Vgl. dazu die Forderung von *H. N. Janowski,* Theologie als kritisch orientierende Wissenschaft, in *H. G. Geyer* u. a., Theologie, 59 und seine Kritik an einer einseitigen historisch-kritischen Methode. J. setzt sich hier mit W. Herrmann auseinander, der unter dem Stichwort einer »empirisch-kritischen Theologie« die Theologie von ihrer vergangenheitsorientierten Forschungsrichtung auf »ihre Funktion in bezug auf die gegenwärtige Lebensbewältigung und in bezug auf

dings nicht deswegen, weil sie etwa eine immer gleichbleibende, über Raum und Zeit stehende »Botschaft« in zeitgemäßer Anpassung an die jeweilige Situation zu verkünden hätte, sondern weil ihre Botschaft vom menschgewordenen Gott überhaupt nur im Kontext einer sich stets verändernden Erfahrungswelt thematisiert und verstanden werden kann, und deswegen auch in sich selbst der geschichtlichen Veränderung unterworfen ist. Die systematische Theologie hat zu jeder Zeit die empirischen Möglichkeitsbedingungen des Glaubens und damit auch seiner jeweils neuen Sinnhaftigkeit mitreflektiert (etwa in der Vermittlung durch die Philosophie oder die Geschichtswissenschaften). Wenn sie deswegen auch heute so etwas wie die Bedingungen der Möglichkeit von »Gotteserfahrung« und verantwortbarem Glauben aufzeigen will, kann sie sich nicht mehr nur auf die Phänomene der »personalen Erfahrung« und auf die Rezeption von Ergebnissen der Individualpsychologie allein stützen, sondern bedarf für eine (auch gesellschaftlich bedeutsame) »Mystagogie der Gotteserfahrung« (K. Rahner) der Kenntnis der Sozialwissenschaften. Das ist das berechtigte Anliegen vieler Vermittlungsmodelle, die die Soziologie in den heutigen Erkenntnisprozeß der Theologie mit hineinnehmen wollen. Dadurch werden diese empirischen Wissenschaften ja nicht einfach nur als »Zulieferer von Informationen zur Strukturierung von kirchlichem oder christlichem Handeln« [19] eingestuft (– was sie natürlich in gewissem Sinn auch sein können: denn warum sollte ein Forschungsbereich von einem anderen nicht auch Informationen aus sehr pragmatischem Interesse übernehmen können, ohne ihn dadurch schon schlechthin zur »ancilla« zu degradieren? –). Sie können vielmehr durchaus bei einer kritisch vermittelten Rezeption das Selbstverständnis der Theologie und das methodische Vorgehen ihrer »ratio theologica« beeinflussen, wie es etwa die Philosophie in der katholischen Theologie seit jeher tut.

Die genannte Realitätsschwäche der Theologie wird besonders prekär im Bereich der Ekklesiologie, weil hier für Soziologie und Theologie ein gemeinsamer Forschungsbereich vorliegt, und weil deswegen hier die Rezeption (oder deren Vernachlässigung) empirischer Forschungsergebnisse oder soziologischer Theorien sehr praktische Folgen für das Verhalten der Kirchen und der Gläubigen haben muß [20]. Die katholische Ekklesiologie gebraucht zwar in ihrem meist bibeltheologisch oder systematisch geprägten Kontext zunehmend soziologische Begriffe wie Funktion, Struktur, System, Institution, Reform, Basis, Herrschaft, Amt usw. Jedoch wird deren Übernahme aus bestimmten soziologischen Theorien und damit ihr genauer Begriffsinhalt selten differenziert genug bedacht. Natürlich wird die katholische Ekklesiologie auch in Zukunft primär biblisch oder an der Tradition ausgerichtet sein müssen, da es ihr ja um das »Wesen«, um die Identität

ihre Fähigkeit zur wissenschaftlichen Kommunikation hin« (55) umorientieren möchte. J. möchte allerdings nicht (wie W. Herrmann) eine Alternative zwischen historischer und empirischer Kritik aufstellen, sondern eine Verbindung zwischen beiden fordern, die zu einer »kritischen Theorie der Theologie« führt, »die weder den konstitutiven geschichtlichen Rückbezug auf Ursprung und Wirkungsgeschichte der christlichen Verkündigung noch den gegenwärtigen Wirklichkeitsbezug verliert« (59).

[19] *Tr. Rendtorff,* Was heißt »interdisziplinäre Arbeit« für die Theologie? In: *J. B. Metz, Tr. Rendtorff,* Theologie, 53.

[20] Vgl. etwa die meist unreflektierte Übernahme der sog. »Säkularisierungsthese« durch Theologie und Kirche, was besonders von J. Matthes und Tr. Rendtorff kritisiert wird.

der Kirche mit ihrem Ursprung und ihrer Tradition in allem geschichtlichen Wandel geht. Aber sie wird heute gerade den neuzeitlich bestimmten Wandel der Kirche mitbedenken und damit auch viele ihrer Begriffe diesem besonders durch die Sozialwissenschaften bestimmten Erfahrungsbereich entnehmen müssen.

b) Damit ist schon ein zweiter Grund für die Notwendigkeit der vermittelten Rezeption soziologischer Erkenntnisse in der Theologie angeklungen: nämlich die ständig erforderliche *Innovation* des theologischen Denkens durch die Sprache. Da die Theologie gerade um die Identität ihres Gegenstandes besorgt bleibt, muß sie sich auf so etwas wie Dogmen- und damit auch Sprachenentwicklung einlassen, was ja nicht voneinander zu trennen ist. Das Dogma gibt es eben nur in einer bestimmten Sprache, und mit der Sprache verändert es auch sich selbst, ohne dabei seine Identität zu verlieren, sondern gerade um sie dadurch zu behalten[21]. Nun gilt für eine philosophische Hermeneutik als die »eigentliche Leistung der Sprache« »die im Verstehen geschehende Verschmelzung der Horizonte«[22]. Dieses Geschehen der »Horizontverschmelzung«, das ja stets eine Bewegung des eigenen »Horizontes«[23], seine Veränderung und Erweiterung durch die Begegnung mit anderen Verstehenshorizonten einschließt, spielt sich für die Theologie zwar primär in der sprachlichen Begegnung mit der Tradition ab. Aber heute tritt zunehmend stärker auch die Auseinandersetzung mit der gegenwärtigen Welt der Wissenschaften in den Vordergrund, und auch hier ist durchaus eine »Horizontverschmelzung« auf Grund des »Verstehens in der Sache«, nämlich in der gemeinsamen sozialen Lebenswelt, möglich. Bei diesem Prozeß kann die »verstandene«, d.h. hermeneutisch reflektierte Übernahme der anderen, fremden Sprache zu einer Bereicherung und Erneuerung der eigenen Sprache und damit des eigenen Denkens, der eigenen Frage – und Verstehensmöglichkeiten beitragen. Das Problem, das bisher noch kaum angegangen ist, liegt gerade in dieser hermeneutischen Reflexion der Übernahme soziologischer Sprache in der Sprache der Theologie. Voraussetzung dazu ist eine gründliche, oft sehr mühsame »Verständigung in der Sache«, die erst langsam auf einzelnen Gebieten in Gang gekommen ist, und für die es noch keine ausgearbeitete »Kunstlehre des Verstehens« gibt.

Der Gedanke einer Innovation des Denkens durch die Sprache findet sich übrigens auch in der Systemtheorie N. Luhmanns, der in der Antwort auf J. Habermas bei der Frage nach der gesellschaftlichen Evolution primär in der Sprache den Variationsmechanismus eines Gesellschaftssystems sieht: »Sprache vermag Gesellschaft zu variieren durch ihre relativ höhere Komplexität«. Sprache hat im sozialen System die Funktionalität für die »Auslösung innovativer und ›emanzipatorischer‹ Prozesse, für eine Kritik des Vorhandenen, für eine Anmahnung von Begründungspflichten«[24]. Was allerdings die faktische Auswahl, die »Selektion« neuer Möglichkeiten für ein gesellschaftliches System angeht, so leistet das nicht

[21] Vgl. dazu die Beiträge von *K. Rahner*, Zur Frage der Dogmenentwicklung, I, 49–90; Überlegungen zur Dogmenentwicklung, IV, 11–50; Was ist eine dogmatische Aussage? V, 54–81; Grundsätzliche Bemerkungen zum Thema: Wandelbares und Unwandelbares in der Kirche, X, 241–261.

[22] *H. G. Gadamer*, Wahrheit und Methode, Tübingen 1972 (3. Aufl.), 359.

[23] »Horizont« hier verstanden im Sinn Gadamers mit all seinen hermeneutischen Implikationen (vgl. Wahrheit, 286ff).

[24] *J. Habermas–N. Luhmann*, Gesellschaft, 365.

mehr die Sprache, sondern das jeweilige »Kommunikationsmedium«, das die Übertragung, d. h. die allgemeine Verbreitung und Annahme der neuen Möglichkeiten innerhalb eines Systems übernimmt.

Im religiösen System ist nach Luhmann der »Glaube« ein solches Kommunikationsmedium, das die Auswahl reguliert. Das bedeutet also, daß die sprachliche Rezeption soziologischer Kategorien im System der Theologie ihre Grenzen u. a. an der Übertragbarkeit, am »intersubjektiven Erfolg der Sinnbildung« [25], eben am gemeinsamen Glauben findet. Wir werden weiter unten noch einmal auf diesen Gedanken zurückkommen.

c) Ein dritter Grund für die Notwendigkeit, soziologische Erkenntnisse in der Theologie zu vermitteln, ergibt sich aus dem *»aufklärerischen«* Charakter der Soziologie [26]. Die empirische Soziologie mit ihren detaillierten Forschungsergebnissen und generalisierten Theorien kann z. B. die wirkliche Bedeutung des Glaubens und der Theologie im Bewußtsein der Kirchenglieder und der »Außenstehenden« aufdecken, gerade auch im Unterschied zum eigenen theologischen Selbstverständnis [27]. Sie kann Identität und Differenz des allgemeinen Glaubensbewußtseins mit dem offiziell vorgetragenen aufzeigen und damit der Theologie das Problem ihrer Wirklichkeitsnähe deutlich bewußt machen. Eine Beschäftigung mit der Wissenssoziologie [28] kann die Theologie heilsam »aufklären« über ihre Rolle im Gesamt der gesellschaftlichen bzw. kirchlichen »Wirklichkeitskonstruktion« und damit zugleich ihre Abhängigkeit von und ihren Einfluß auf die jeweiligen gesellschaftlichen Verhältnisse aufdecken. In ähnlicher Weise kann der Theologie auch die Relativierung durch die »kritische Theorie« von Nutzen sein, die im Gefolge der aufklärerischen, ideologie-kritischen Religionssoziologie die Legitimationsfunktion der Theologie kritisch untersucht und durchaus so etwas wie einen wirklichkeitsverfälschenden, ideologischen Überhang in der theologischen Arbeit und ihrer Selbstdarstellung entdecken hilft [29]. Und schließlich wird etwa auch eine Auseinandersetzung mit der neueren soziologischen Systemtheorie eines T. Parsons oder eines N. Luhmann der Theologie Aufschluß geben können über ihre wirkliche Funktion innerhalb eines bestimmten sozialen Systems und seiner Umwelt [30]. In diesen genannten Beispielen geht es immer um die »kritische Funktion« der Soziologie gegenüber der Theologie, die sich in ihrem Selbstverständnis heute durch das Korrektiv eines ernstzunehmenden und begründeten »Fremdverständnisses« mitbestimmen lassen muß.

3. Zur Methode einer »vermittelten Rezeption« soziologischer Erkenntnisse in der Theologie

Es geht in diesem Abschnitt nicht darum, eine ausgearbeitete Hermeneutik oder eine Wissenschaftstheorie der interdisziplinären Vermittlung von Soziologie und

[25] A. a. O., 366.

[26] Vgl. *N. Luhmann*, Soziologische Aufklärung, 66–91.

[27] *F. X. Kaufmann*, Theologie, 36ff; *Fr. Haarsma*, Die Lehre der Kirche ..., 9.

[28] *P. L. Berger*, Auf den Spuren der Engel. Die moderne Gesellschaft und die Wiederentdekkung der Transzendenz, Frankfurt 1970.

[29] Vgl. *H. G. Geyer*, u. a., Theologie.

[30] *N. Luhmann*, Religiöse Dogmatik und gesellschaftliche Evolution, in: *K. W. Dahm, N. Luhmann, D. Stoodt*, Religion, 15–132.

Theologie darzulegen oder sie auch nur in ihren Grundzügen anzudeuten. Wir können in diesem Zusammenhang nur ein paar methodische Verhaltensregeln für die Theologie nennen, die für ein solches Unternehmen, wenn es gelingen soll, zu beachten sind. Diese Regeln sind keineswegs neu; aber es scheint uns dennoch nützlich, sie einmal ausdrücklich zu bedenken. Im vollen Maße gelten sie natürlich nur da, wo eine »systemprägende« Rezeption geschieht, wo also nicht nur einige – in bestimmtem Rahmen berechtigte – außertheoretische Anregungen von partieller Bedeutung aufgegriffen werden.

a) Vermittelte Rezeption ist »verstandene« Rezeption. Eine erste methodische Regel für eine vermittelte Rezeption ist *hermeneutisch* bestimmt. Sie fordert, daß bei der Übernahme soziologischer Erkenntnisse in der Theologie das Zu-Übernehmende erst einmal »verstanden« wird. Das bedeutet vor allem: jenes – beim Verstehen von überlieferten Texten geläufige – Phänomen des »hermeneutischen Zirkels« muß auch hier beachtet werden. Einzelaussagen lassen sich demnach nur vom Ganzen her verstehen, während das Verstehen dieses Ganzen wiederum »nur aus dem durchgeführten Verständnis des einzelnen erworben wird« [31]. Daraus ergeben sich einige Konsequenzen:

1. Informationen aus empirischen Untersuchungen können nur verstanden werden, wenn die der Untersuchung zugrunde liegende und durch die Untersuchung wiederum bestätigte Theorie (als »erklärungskräftige Anschauung« [32]) mitbedacht wird.
2. Begriffe, in denen diese Theorien formuliert sind, werden nur verstanden, wenn die grundlegenden Denkkategorien (z.B. Subjekt–Objekt, System–Umwelt, Substanz–Funktion usw.) geklärt sind.
3. Allgemeine und spezielle Theorien können nur im Zusammenhang bestimmter Fragestellungen und Problemhorizonte, diese wiederum nur im Ganzen des sie bestimmenden Wirklichkeitsverständnisses (ontologisch: »Seinsbegriff«; wissenssoziologisch: »gesellschaftliche Konstruktion der Wirklichkeit«) begriffen werden.
4. Dieses muß seinerseits auf seine grundlegenden »Vorurteile« (im neutralen hermeneutischen Sinn gebraucht), auf seine Tradition und seine erkenntnisleitenden Interessen befragt werden.

Eine einzelne Aussage, die verstanden werden will, wird also in immer weitere, das »Ganze« des Bezugsrahmens anvisierende Zusammenhänge gestellt, die ihrerseits wiederum nur durch das Verstehen einzelner, weniger umfassender Zusammenhänge und Aussagen verstanden werden können. Das Verständnis des Umfassenderen, des »Ganzen« vermittelt das Verstehen des einzelnen, weniger Umfassenden; und zugleich gilt: das vorläufige (»hypothetische«) Verständnis des einzelnen vermittelt das Verstehen des Umfassenderen, des »Ganzen«. Dieses zirkelhafte Verstehen vollzieht sich natürlich keineswegs immer ausdrücklich in einem geradlinigen Fortschreiten vom einzelnen zum jeweils Umfassenderen, aber in der methodischen Reflexion des Verstehensvorgangs läßt es sich wohl so am ehesten plausibel darstellen.

Dieses Verstehen einer »fremden« Aussage spielt sich nun in dem »eigenen«, ebenfalls durch bestimmte Begriffe, Theorien, Vorverständnisse, Traditionen geprägten »Verstehenshorizont« ab, in den hinein der fremde Horizont genommen

[31] *H. G. Gadamer,* Wahrheit, 164.

[32] *G. Sauter,* Möglichkeiten der Theoriebildung in der Theologie, in: *J. B. Metz, Tr. Rendtorff,* Theologie, 59.

wird. Eine dadurch bedingte Verfälschung des zu Verstehenden kann durch eine Reflexion auf diese eigenen »Vorurteile« und ein unnachgiebiges Sich-Orientieren an der gemeinten »Sache« annähernd vermieden werden[33]. Daß dieses Verstehen niemals erschöpfend sein kann, auch nicht für einen einzelnen Begriff oder eine spezielle Theorie, ist selbstverständlich. Aber das Bewußtsein der Komplexität des Verstehens sollte vor leichtfertigem Rezipieren warnen[34].

Wir wollen in diesem Zusammenhang ein Beispiel für eine u. E. hermeneutisch zu unvermittelte Rezeption sozialwissenschaftlicher Aussagen durch die Theologie anführen, nämlich das Buch von G. Hasenhüttl, »Herrschaftsfreie Kirche«, Düsseldorf 1974. Im dritten und sechsten Kapitel (»Institution zweiter Ordnung« bzw. »Entwurf einer ›Institution‹ ohne Herrschaft«) verbindet er Elemente der Institutionstheorien H. Schelskys, J. B. Metz', N. Luhmanns und der anarchistischen Tradition miteinander, ohne jedoch auf die Vereinbarkeit dieser jeweiligen Ansätze zu reflektieren. So läßt sich z. B. Schelskys Gedanke der »Institutionalisierung der Dauerreflexion« in den verschiedenen Formen der Gesprächsinstitutionalisierung gerade nicht für die anarchistische Idee einer herrschaftsfreien Gesellschaft vereinnahmen, da diese Form der Institutionalisierung bei Schelsky keineswegs eine gegenüber den bestehenden Institutionen völlig neue, qualitativ ganz andere oder nur noch analog zu verstehende Weise der Institution meint, in welcher etwa formale Herrschaftsstrukturen keinen Platz mehr hätten. Es geht ihm vielmehr nur um die der heutigen reflektierenden Bedürfnislage angemessene Form des »*stabilen Institutionswandels*« mit dem ausdrücklichen Ziel der Stabilisierung der bestehenden Institutionen[35]. So heißt es bei ihm einmal ausdrücklich: »Die kritischen Ansprüche dieser reflektierenden Subjektivität, die gegen die ›Zwänge‹ und d. h. funktionalen und sachlichen Dimensionen jeder Institution gerichtet sind, zielen jedoch gar nicht auf unmittelbare Sach- oder Weltveränderungen der Institution, sondern wollen diese kritische Reflexion und ihre Äußerung primär auf Dauer gestellt, d. h. mitinstitutionalisiert sehen«[36]. Was Schelsky mit »herrschaftsfreier Kommunikation« meint, hat wohl sehr wenig mit dem der anarchistischen Tradition entnommenen Begriff zu tun. Während er nämlich jener Position vorwirft, daß »jede direkte sachliche oder politische Veränderung der Institution, die aus seiner kritischen Subjektivität folgt, eben diese wiederum in Funktionalität und Herrschaft auflöst«, betont er für die eigene Position, daß nach ihr die Subjektivität »Funktion und Herrschaft in ihnen (sc. den Institutionen) nicht unmittelbar angreift« und gerade dadurch einen »dauerhafteren sozialen Strukturwandel der Institution« bewirkt als die »jeweils institutionell reprimitivisierende revolutionäre Handlung«. Schelskys Institutionsbegriff enthält durchaus alle formalen Merkmale des traditionellen Institutionsverständnisses. Er läßt sich also keineswegs für eine Institution »neuer Ordnung« (d. h. ohne formale Autorität und rechtliche Sanktion)[37] verwenden; er hat mit dem »analogen« Institutionsbegriff der anarchistischen Theorie nichts zu tun. So läßt sich fragen, worin überhaupt das »Analoge« dieses Institutionsbegriffs noch besteht, und ob nicht Hasenhüttls Begriff einer »institutionellen Herrschaftsfreiheit« doch im Grunde nur ein hölzernes Eisen meint.

[33] *H. G. Gadamer*, Wahrheit, 252ff.

[34] Denn ein opportunistischer Eklektizismus, der sich entweder einzelne Begriffe und Forschungsergebnisse ausleiht, ohne auf das Ganze des »Horizontes« zu reflektieren, oder der ganze Theorien und Denkkategorien ohne eingehende Begriffsdiskussion vereinnahmt, verfälscht nicht nur notwendig mit seinem Verfahren die fremde Aussage, sondern übernimmt auch unreflektiert deren ganzen implizierten Verstehenshorizont, ohne seine Vermittelbarkeit überhaupt zu bedenken.

[35] *H. Schelsky*, Suche, 33–55, bes. 44ff.

[36] *H. Schelsky*, Theorie, 25.

[37] *G. Hasenhüttl*, Kirche, 125.

Ähnlich läßt sich auch zeigen, daß die Elemente, die Hasenhüttl der Luhmannschen Institutionstheorie entleiht, kaum mit seiner aus der anarchistischen Tradition stammenden Grundidee einer herrschaftsfreien Gesellschaft zu vereinbaren sind. Der Hauptunterschied liegt darin, daß einerseits Luhmann mit einem völlig abstrakten und formalen Begriff von »Konsens« und »Generalisierung des Konsenses« (= Institutionalisierung) arbeitet, um die für ein hochkomplexes gesellschaftliches System so »unwahrscheinlichen« Mechanismen der Institutionalisierung zu beschreiben [38]. Hasenhüttl dagegen arbeitet stets mit Begriffen, die elementaren Kleinsystemen entnommen sind (Gespräch, Kollegialität, Freundschaft, Liebe) und auf eine Institution ohne jede formale Autorität abzielen. Begriffsinstrumentar und Erkenntnisinteresse sind also vollkommen verschieden: Luhmann geht es gerade darum, wie bei ständig steigender gesellschaftlicher Komplexität, in der ein aktuell vollzogener und erlebter Konsens kaum mehr möglich ist, trotzdem noch »stabilisierende Generalisierungen« (= Institutionalisierungen) möglich sind, welche Mechanismen der Institutionalisierung also »institutionalisiert« werden müssen, damit ein soziales System sich stabil erhalten und entwickeln kann. Er deutet einige sehr abstrakte Mechanismen an, die alle darauf abzielen, die strukturelle Labilität und unbegrenzte Änderungsfähigkeit eines komplexen sozialen Systems zu institutionalisieren. Aus *diesen* Mechanismen einer »Konsensunterstellung für Unabsehbares und nahezu Beliebiges« [39] nun auf die Möglichkeit von Institutionen zu schließen, in denen das kollegiale Gespräch ohne jede formale Autorität die vorherrschende Gesellschaftsform abgeben soll [40], scheint uns unbegründet zu sein. Denn zum einen stellt Luhmann ausdrücklich die personalen Interaktionen in »vereinfachten Sozialsystemen« als Modell für den Sozialisationsprozeß in der heutigen komplexen Gesellschaft in Frage [41]; und zum anderen fordert er ja gerade wegen der steigenden Komplexität auch eine ständig steigende Formalisierung aller Institutionalisierungsleistungen, d.h. also eine Loslösung von inhaltlich bestimmten und aktuell erlebbaren Vollzügen des Konsenses. Wenn auch nach seiner Konzeption grundsätzlich alles in einer Gesellschaft änderbar ist, so folgt daraus für ihn aber keineswegs die Negation einer bindenden Verpflichtung gerade durch formales Recht, durch formale Autorität, durch formale Verfahrensordnung usw. Mit der grundsätzlichen Änderbarkeit alles Strukturellen innerhalb eines komplexen sozialen Systems ist zwar gegeben, daß diese Strukturen nicht eine quasi-göttliche, ungeschichtlich-ewige Qualität beanspruchen können (– darin ist Hasenhüttl recht zu geben –); aber die Abschaffung aller rechtlichen Sanktionen und aller formalen Autorität zugunsten »lockerer Verfahrensregeln« für die Verständigung der Gesprächspartner untereinander [42] liegt keineswegs in der Linie der Luhmannschen Gedankenführung, sondern scheint ihr eher direkt zu widersprechen. »Legitimation durch Verfahren« gibt ja gerade dem vollständig positivierten, formalen Recht und der es ausübenden Instanz die bindende Vollmacht der Entscheidung und Sanktionierung [43].

[38] Vgl. *N. Luhmann,* Institutionalisierung – Funktion und Mechanismus im sozialen System der Gesellschaft, in: *H. Schelsky,* Theorie, 30: »Es vermittelt daher eine unzulängliche, ja irreführende Vorstellung, wenn man Institutionen durch Konsens über Werte, Verhaltensmuster usw. definiert. Eine solche Auskunft gibt nur scheinbar eine Antwort auf die Frage, was Institutionen *sind.* Wir aber fragen, was Institutionalisierung *leistet,* und jetzt genauer: wie es möglich ist, trotz jenes eng begrenzten und nicht wesentlich erweiterbaren Potentials für aktuellen Konsens in einer überaus komplexen, sinnhaft konstituierten Welt die notwendigen Abstimmungen des Erwartens und Verhaltens zu schaffen.«

[39] A.a.O., 38.

[40] *G. Hasenhüttl,* Kirche, 122f.

[41] *N. Luhmann,* Institutionalisierung, 41.

[42] *G. Hasenhüttl,* Kirche, 123.

[43] *N. Luhmann,* Legitimation durch Verfahren, Neuwied–Berlin 1969; Positives Recht und Ideologie, in: Soziologische Aufklärung, 178–203.

Man kann also mit Recht sagen, daß die Rezeption bestimmter Elemente der Institutionstheorien Schelskys und Luhmanns hermeneutisch zu unvermittelt mit der »anarchischen« Grundposition Hasenhüttls verbunden wird. Die Theologie der Kirche ist hierbei noch gar nicht ausdrücklich ins Spiel gekommen; aber auch sie wird mit der an-archischen Sozialtheorie u. E. nur sehr unvollkommen vermittelt.

b) Vermittelte Rezeption ist »begründete« Rezeption. Eine zweite methodische Regel fordert eine kontrollierbare Begründung der Übernahme soziologischer Beobachtungen, Begriffe, Aussagen, Fragestellungen, Theorien usw. innerhalb der Theologie. Denn diese Rezeption ist nach dem Verstehen ein neuer Vorgang: daß man sich das Verstandene aneignet, es so in seinem eigenen Verstehenshorizont integriert, daß es mitbestimmend für die eigenen Überzeugungen, Fragestellungen und Methoden wird. Das so Übernommene gilt also *einmal* für bedeutsam genug, um integriert zu werden; zum *anderen* gilt es der in ihm angesprochenen »Sache«, dem Gegenstand für angemessen und richtig. Worauf gründen sich diese Beurteilungen? Das zweite Urteil muß seine Begründung in einer *erkenntnistheoretischen* Reflexion finden, in der die Frage nach der »Wahrheit« der übernommenen Aussage gestellt wird. Nun ist es sehr schwierig, vom Standpunkt des Theologen aus zu beurteilen, ob etwa die Ergebnisse empirischer Untersuchungen oder bestimmte verallgemeinernde und erklärende Theorien in der Soziologie oder auch sozialphilosophische Entwürfe »wahr« sind oder nicht. Dazu wird im Grunde eine Philosophie als beiden zugrunde liegender und zwischen beiden vermittelnder Erkenntnisraum notwendig sein. Daß eine solche Wahrheitsvermittlung zwischen den Wissenschaften durch die Philosophie auch heute möglich ist, wird nicht zu bestreiten sein. Denn es gibt die Möglichkeit einer gemeinsamen Orientierung an der »Sache« und der Erarbeitung bestimmter gültiger Erkenntnis- und Kommunikationsregeln. Das verlangt aber eine eingehende erkenntnis-theoretische Begründung, die wir hier nicht leisten können. Es genügt in diesem Zusammenhang, sich bewußt zu bleiben, die eigenen erkenntnistheoretischen Prämissen für eine begründete Rezeption bedenken zu müssen.

Das andere Urteil, das auf die Bedeutsamkeit des Übernommenen für die Theologie abzielt, läßt sich durch eine quasi – »*wissenschaftstheoretische*« Überlegung begründen. Hierbei muß bedacht werden, warum diese oder jene Aussage, diese Theorie o. ä. übernommen wird, ob sie dem Gegenstand, dem Ziel und der Methode der Theologie »angemessen« und nützlich ist oder nicht. Das bedeutet: die Theologie muß sich in dieser Selbstreflexion bewußt werden, ob sie Aussagen anderer Wissenschaften etwa nur zur Illustration oder als eine Art »empirischer Verifikation« ihrer Aussagen übernimmt; ob sie dabei nur einer bestimmten aktuellen Interessen- und Problemlage nachgibt; oder ob sie sich dadurch zu einer Klärung, einem bewußteren Vollzug ihrer eigenen Aufgaben, ihrer eigenen »strukturellen Probleme« und »Aporien«, ihrer eigenen Methoden angesichts sehr konkreter Fragestellungen anregen läßt; ob sie nicht nur fertige Ergebnisse aufnimmt, sondern auch – mit ihren Methoden – in den vorausgehenden Erkenntnisprozeß einsteigt und auf ihre Weise Problemlösungen versucht, die eine befriedigende Antwort auf die ihr jeweils neu gestellten Fragen darstellen können[44]. So wird eine solche zwischenwissenschaftliche Rezeption für die Theologie z. B. in

[44] Vgl. *G. Sauter*, Wissenschaftstheoretische Kritik der Theologie, München 1973, 229f.

der Weise bedeutsam sein, daß sie ihren sehr globalen, auf Gott als letzten Sinngrund aller Wirklichkeit bezogenen Fragehorizont konkretisieren muß auf bestimmtere, »gegenständlicher« gefaßte Fragestellungen und *in* der Bearbeitung dieser konkreten Probleme ihr leitendes Interesse zur Sache bringen wird[45]. Sie entgeht dadurch sowohl der geläufigen theologischen Nivellierung alles Empirischen zum »kategorialen Material« der »transzendentalen« Sinnfrage als auch – umgekehrt – der Selbstauflösung der Theologie in bestimmte empirische Wissenschaften.

Wie die Theologie lange Zeit im Gespräch mit den Geschichtswissenschaften ihren eigenen Beitrag zur Lösung historisch-hermeneutischer Fragen geleistet hat und weiter leisten wird, muß sie es heute auch zunehmend im Gespräch mit den Sozialwissenschaften bezüglich der gesellschaftlichen Probleme tun. Nicht daß sie jetzt aus ihrer Sicht unvermittelt bestimmte gesellschaftlich relevante Handlungsanweisungen proklamieren soll; primär soll sie die in ihrer Tradition, in ihrem »Wissenssystem« vorhandenen Möglichkeiten zur theoretischen und praktischen Lösung solcher gemeinsamer Probleme durchdenken. Eine begründete Rezeption fremder wissenschaftlicher Erkenntnisse, die nicht schlichte Vereinnahmung oder Selbstauflösung sein will, muß also von einer Offenheit zu neuen (von außen kommenden) Problemen und von der Bereitschaft zur wissenschaftlichen »Produktivität« bei der Erarbeitung ihrer Lösungen getragen sein. So vertritt G. Sauter die These, daß »die Theologie als Wissenschaft bei der Gewinnung ihrer Forschungsprobleme auf die Kommunikation mit Kirche und Gesellschaft, also über ihre sozialen Grenzen als Wissenschaft hinaus, angewiesen ist. Diese Kommunikation läßt Probleme nicht nur *gewinnen*, sondern führt zugleich zu einer *Bewertung ihrer Dringlichkeit*. Indessen muß die Theologie, wenn sie Wissenschaft bleiben (und nicht zum bloßen Resonanzboden sog. Bedürfnisse werden) will, diese Bewertung noch einmal wissenschaftsintern überprüfen. Sie muß fragen, ob die Problemformulierung und evtl. Lösungsvorschläge in der wissenschaftlichen Tradition bereits vorliegen, und prüfen, unter welchen besonderen historischen Umständen sie sich bewährt haben.«[46]

c) Vermittelte Rezeption ist »kirchliche« Rezeption. Eine dritte methodische Regel schließlich fordert die Reflexion der Theologie auf ihre Stellung innerhalb des sie tragenden gesellschaftlichen Systems der Kirche. Hier muß also gleichsam so etwas wie ein *»wissenssoziologisches«* Bewußtsein geweckt werden, das die sehr differenzierten Beziehungen von Theologie und Kirche im Prozeß der Übernahme sozialwissenschaftlicher Erkenntnisse mitbedenkt. Zum *einen* ist die Theologie ja die wissenschaftliche Reflexion des bestehenden und von ihr geteilten Glaubensbewußtseins der Kirche. Sie steht selbst im Raum dieses Glaubensbewußtseins und ist gebunden an die verbindlichen Grundlagen dieses Bewußtseins und seiner gesellschaftlichen Gestalt (»Schrift«, »sensus fidelium«, »Tradition«, »Lehramt«). Selbstverständlich muß die Theologie dabei die innere Differenziertheit dieses schwer zu fassenden Phänomens »Glaubensbewußtsein« mitbedenken; z.B. die Diskrepanz zwischen »offizieller« Glaubenslehre und dem tatsächlich vollzogenen

[45] *G. Sauter* spricht von der »Vergegenständlichung der Theologie«, in: Wissenschaftstheoretische..., 236.

[46] Vgl. *G. Sauter,* Möglichkeiten der Theoriebildung in der Theologie, 62.

Glaubensbewußtsein, die Unterscheidung zwischen dem formulierten Glaubenswissen und dem unreflexen umfassenderen Glaubensvollzug, die verschiedenen Funktionen der entscheidenden »Instanzen« innerhalb dieses Glaubensbewußtseins, die sehr unterschiedliche Relevanz bestimmter Themen des Glaubens, die geschichtliche Variabilität des Glaubens usw. Hier ist die Theologie für die richtige Wahrnehmung und Problematisierung dieses Phänomens auch schon wieder an die empirische Soziologie verwiesen, wobei sich auch hier das Problem einer kritisch reflektierten, theologisch verarbeiteten Rezeption stellt[47].

Entscheidend für unsere Frage bleibt dies: immer dann, wenn die Theologie aus einem anderen Wissenssystem Aussagen übernimmt, muß sie sich vergewissern, ob die übernommenen Aussagen auch in ihrem eigenen sozialen Bezugssystem (Kirche) »übertragbar«, annehmbar, kommunikabel sind. Das kirchliche Kommunikationsmedium »Glaube« muß die Übernahme regulieren[48], will die Theologie nicht freischwebend über ihrer gesellschaftlichen Basis das Gespräch mit der Soziologie führen, in welchem sich dann die Frage einer verantwortbaren Rezeption bald erübrigt bzw. sich auf die größere oder kleinere Fähigkeit von Theologen zur Synthetisierbarkeit beschränkt. Die Theologie ist auch in diesem Fall auf den »Consensus fidei« der Kirche angewiesen. Durch ihn sind ja alle ihre Aussagen erst als »theologisch« wahr begründet, wobei allerdings auch dieser jeweilige Consensus normativ begründet bleibt im biblischen Ursprung und in seiner Entfaltung in Tradition und Lehramt. Erst da, wo das theologisch Rezipierte in diesen kirchlichen Konsens eingeht, erhält es seine »kommunikative Verbindlichkeit«[49].

Das heißt aber auf der *anderen* Seite nicht, daß die Theologie sich einfach die Grenzen ihrer Kommunikationsmöglichkeiten mit anderen, außerhalb dieses sozialen Bezugsrahmens liegenden Erkenntnissen fix und fertig von diesem ihrem Bezugsrahmen bestimmen lassen muß. Sonst wäre sie wohl unweigerlich zu einem starren Konservativismus verurteilt[50]. Ihre Aufgabe besteht vor allem auch darin, dieses (formulierte oder meist unreflex gelebte) Glaubensbewußtsein ihrer Kirche »mitzunehmen« auf den Weg der jeweils notwendigen Auseinandersetzung mit außerkirchlichen »Wissenssystemen« und es dadurch auch weiterzuführen, zu öffnen für neu auftauchende Möglichkeiten des Fragens und Antwortens. Sie hat eben nicht nur Legitimationsfunktionen innerhalb der institutionalisierten kirchlichen »Konstruktion der Wirklichkeit«, sondern auch die Aufgabe der schöpferischen Innovation dieser »Konstruktion«. Von dem Maße, in dem die Theologie um die Identität des Glaubens der Kirche in der Differenz des geschichtlich variablen Glaubensbewußtseins besorgt ist, hängt ihre Fähigkeit und ihre Möglichkeit zu einer kirchlich verantworteten Rezeption außertheologischer Erkenntnisse ab.

[47] *Fr. Haarsma, W. Kasper, F. X. Kaufmann,* Kirchliche Lehre – Skepsis der Gläubigen, Freiburg 1970; W. Kasper führt in seiner Stellungnahme: Zum Problem der Rechtgläubigkeit in der Kirche von morgen (37–96) sehr überzeugend eine derartige »vermittelte Rezeption« durch, indem er die soziologischen Aussagen in einer dieser Problemlage angemessenen neuen Bestimmung des kirchlichen Glaubens integriert.

[48] Vgl. *J. Habermas–N. Luhmann,* Gesellschaft, 366.

[49] Vgl. dazu *G. Sauter,* Wissenschaftstheoretische..., 320ff, 325f.

[50] Vgl. dazu die Bemerkungen von Tr. Rendtorff über das Verhältnis von Theologie und Frömmigkeit, in: Christentum außerhalb der Kirche, Hamburg 1969, 44–58.

2. KAPITEL

DER INSTITUTIONSBEGRIFF IN DER KATHOLISCHEN EKKLESIOLOGIE
ÜBERSICHT ÜBER DEN THEOLOGISCHEN SPRACHGEBRAUCH

Vorbemerkungen

1. Der von uns gewählte Untersuchungsbereich läßt sich nicht scharf eingrenzen. Es gehören dazu sowohl Vertreter einer mehr traditionellen Theologie, wie sie sich etwa in den scholastisch geprägten Lehrbüchern der letzten hundert Jahre darstellt, als auch neuere, eigenständige Entwürfe; sowohl sehr spekulative Gedankengänge als auch mehr praktisch-kirchenpolitisch orientierte, von der jeweiligen Aktualität bestimmte Erwägungen. Es gibt heute, auch nach »Lumen Gentium«, nicht einfach »die« katholische Ekklesiologie, und es wird sie wohl auch nie in dieser Einheitlichkeit eines einzigen theologischen Konzepts gegeben haben. Wohl aber gibt es heute eine Vielzahl von recht unterschiedlichen Aussagen über die Kirche, von verschiedenen Ansätzen und Denkmodellen, die das Phänomen »Kirche« begreifen wollen, und die in aller Verschiedenheit doch auf bestimmte Grundannahmen hin konvergieren. Wir versuchen deswegen, dieser Spannweite auch in unserer Untersuchung gerecht zu werden, nicht indem wir einfach alle verschiedenen Theorien, die heute über Kirche umlaufen, berücksichtigen, sondern vor allem solche, die für die Vielfalt ekklesiologischer Theorien in einer gewissen Weise repräsentativ sind und das gegenwärtige katholische »Kirchenbewußtsein» (in seiner ganzen Differenziertheit) mitprägen.

2. Ebensowenig wie eine einheitliche katholische Ekklesiologie gibt es einen einheitlichen, klar umrissenen Institutionsbegriff. Wir müssen deswegen in diesem Kapitel zunächst einmal verschiedene kirchliche Phänomene aufzählen, die als Institution bezeichnet werden, also gleichsam den Objektbereich des Institutionellen abstecken. Weiterhin lassen sich einzelne charakteristische Eigenschaften feststellen, die im theologischen Sprachgebrauch immer wieder genannt, miteinander ausgetauscht oder auch einfachhin aneinandergereiht werden. Sie ergeben eine Art additiv-deskriptiver Beschreibung des kirchlich Institutionellen. Damit verbinden sich in der Regel auch – ausdrücklich oder nicht – bestimmte Denkmodelle und Vorverständnisse, die in diesen beschreibenden »Definitionen« zum Ausdruck kommen und auf die wir auch eingehen müssen. Schließlich werden auch die verschiedenen Funktionen zu erwähnen sein, die man heute dem Institutionellen in der Kirche zuschreibt. Die wichtigsten dieser verschiedenen Momente, die den theologisch-kirchlichen Institutionsbegriff prägen, werden wir in diesem Kapitel zusammentragen, wobei auch die historische Entwicklung mitberücksichtigt wird.

1. Das Institutionelle als »Stiftung« und »Setzung«

a) Die Kirche als »institutio Christi«: Begriffsmomente und Denkkategorien des traditionellen Institutionsverständnisses

Für eine – meist apologetisch geprägte – Fundamentaltheologie bleibt ein grundlegendes Merkmal alles kirchlich Institutionellen die Einsetzung, die »Stiftung« durch Jesus Christus. Dabei besteht – bei allen Nuancen im Einzelnen – doch folgender Grundkonsens: der irdische Jesus hat bewußt und ausdrücklich durch bestimmte, historisch zu verifizierende Akte eine sichtbare Gesellschaft, seine Kirche, gegründet. Es kommt uns hier nicht darauf an, zu prüfen, ob diese These zu halten ist oder nicht, sondern zu fragen, welchen Inhalt der Begriff der »Kirche als Institution« durch diese Theorie erhält.

Ein erstes, darin enthaltenes Begriffsmoment ist das des »Verursachtseins der Kirche durch eine äußere Wirkursache«. Der Vorgang der Stiftung wird in lateinischen Schulbüchern generell als »instituere« (bzw. »fundare«, »aedificare«) bezeichnet, was definiert wird als »voluntate libera, auctoritativa et expressa aliquid determinate et stabiliter facere in ordine morali vel juridico« [1]. Damit ist die Tätigkeit der Person des Stifters als »causa efficiens« umschrieben [2]; das von ihm gestiftete Werk ist der von ihm ins »Sein« gesetzte, außerhalb seiner selbst stehende »Effekt« seiner Tätigkeit. Von dieser Tätigkeit wird meist noch das »constituere« unterschieden, das mehr auf die Ausformung der Gestalt des errichteten Werkes zielt [3]. Die wichtigsten »instituierenden« Akte Jesu richten sich auf bestimmte für die Kirche grundlegende Einrichtungen (»Instituta«) [4]:

1. auf die Wahl, Unterrichtung und Sendung der 12 Jünger [5];
2. auf die »institutio primatus Petri a Christo« und damit auf die »institutio regiminis monarchici« [6];
3. auf die Übertragung der dreifachen Vollmacht Christi (potestas docendi, sanctificandi et regendi) auf die Apostel, was die Einrichtung der Sakramente und die traditio des depositum fidei einschließt [7];
4. auf die Einsetzung des Abendmahls als der institutio des Neuen Bundes im Blute Christi und der »institutio« des neuen eucharistischen Kultes, wodurch eben ein neues Volk Gottes gesammelt wurde [8].

Natürlich werden in der Regel verschiedene Phasen dieser Kirchenstiftung unterschieden: z.B. bei Dieckmann ein »status initialis« in der Verkündigung Jesu,

[1] *J. Salaverri,* De Ecclesia Christi, in: Patres Societatis Jesu (Hrsg.), Sacrae Theologiae Summa I, Madrid 1958 (4. Aufl.), 532.

[2] Vgl. *T. Zapelena,* De Ecclesia Christi I, Rom 1955 (6. Aufl.), 140ff; *J. B. Franzelin,* Theses de Ecclesia Christi, Rom 1907 (2. Aufl.), 233.

[3] *F. A. Sullivan,* De Ecclesia I, Rom 1965 (2. Aufl.), 130.

[4] Vgl. umfassend dazu *M. Schmaus,* Katholische Dogmatik III/1: Die Lehre von der Kirche, München 1958 (5. Aufl.), 113–201: Die kirchenstiftenden Akte Jesu.

[5] Vgl. *F. A. Sullivan,* 17ff.

[6] *R. Bellarmin,* Opera Omnia (Hrsg. J. Fèvre), Bd. I, Paris 1870, Controv. III, lib. I, cap. 9ff; *J. B. Franzelin,* 121ff, 159ff.

[7] *J. Salaverri,* 543ff; *F. A. Sullivan,* 81ff.

[8] *F. A. Sullivan,* 28ff.

ein »status existentiae fundamentalis« seit dem Tod Jesu, und schließlich ein »status existentiae formalis« seit Pfingsten[9]. Aber wenn auch die Phasen der Kirchenstiftung, die mit Tod, Auferstehung und Geistsendung verbunden werden, stärker das »spirituelle« Moment der Verbindung Christus – Kirche betonen, so unterscheiden sie sich dennoch in dieser Konzeption nicht wesentlich von der ersten, dem öffentlichen Wirken Jesu zugeschriebenen Phase der Gründung. Denn auch den Worten und Taten des Auferstandenen wird meist ein ähnlich historisch verifizierbarer Charakter mit einer eindeutig positiv setzenden Wirkursächlichkeit in bezug auf die Kirche beigelegt wie denen des vorösterlichen Jesus. Darauf jedoch und auch auf einzelne Unterschiede innerhalb dieses Grundkonsenses der »Schultheologie« brauchen wir hier nicht einzugehen; wir halten den Hauptgedanken fest: die kirchenstiftenden, »instituierenden« Akte Jesu werden als Wirkursache (d.h. also als causa externa[10]) sowohl bestimmter grundlegender kirchlicher »instituta« als auch der Kirche als Ganzer verstanden.

Damit kommen wir zu einem zweiten Begriffsmoment der Kirche als Institution innerhalb des Stiftungsvorgangs: das Ergebnis dieser wirkursächlichen Akte im Ganzen ist die Kirche als »societas«. Im Sinn der scholastischen Soziallehre wird dieser Begriff definiert als »stabilis plurium conjunctio in finem communem suis actibus conspirantium«[11]. Diese Wesenseigenschaften der »Gesellschaft« werden mit Hilfe der aristotelischen Kategorien der Kausalität näher erläutert: die »Materie« der Gesellschaft ist die Vielheit geistiger Wesen, ihre »Form« findet sie durch die Vereinigung dieser Vielheit, welche sowohl durch das gemeinsame Ziel (»causa finalis«), als auch durch eine soziale Autorität (»causa efficiens«) herbeigeführt wird. Wesentlich für diese Vereinigung ist ferner ihre »Stabilität« und ihr »geistig-moralischer« Charakter, d.h. ihr Gegründetsein auf Verstand und freiem Willen der Glieder. Die Kirche, die aus den Stiftungsakten Jesu hervorgeht, wird also unter diesem sozialphilosophischen Begriff der societas subsumiert und damit als mit anderen menschlichen Gesellschaftsgebilden vergleichbar dargestellt (vgl. etwa Bellarmins Begriff der »respublica Christiana«). In der Auseinandersetzung mit »spiritualisierenden Häretikern« (also besonders seit Wyclif und Hus, verstärkt in der Reformationszeit) wird dann vor allem die »Sichtbarkeit« dieser kirchlichen Gesellschaft betont[12]. Und zwar geht es dabei um die »formelle Sichtbarkeit« der Kirche, die über die »materielle Sichtbarkeit« hinaus (d.h. also über das »Material« der »sichtbaren« Menschen, aus denen die Kirche besteht, hinaus) die Sichtbarkeit der Kirche als Gemeinschaft behauptet. Die formelle Sichtbarkeit, durch die sowohl die »wahre« Kirche Jesu Christi als solche als auch die Mitgliedschaft in ihr deutlich erkannt werden können, ergibt sich aus den sichtbaren »vincula et media«, durch die die Menge der Gläubigen zu einer Einheit verbunden werden. Als solche Bande und Mittel der Einheit gelten primär die von Christus bevollmächtigte, autoritative Leitung der Kirche durch die Hierarchie und die von

[9] *H. Dieckmann,* De Ecclesia I, Freiburg 1925, 196; vgl. *T. Zapelena,* 140ff; *J. B. Franzelin,* 89ff.

[10] *J. B. Lotz,* Ontologia, Barcelona 1963, 261.

[11] *T. Zapelena,* 120; *F. A. Sullivan,* 130.

[12] *R. Bellarmin,* Controv. IV, lib. III, cap. 2 und cap. 12; *J. B. Franzelin,* 4ff; 345ff; *T. Zapelena,* 196ff; *F. A. Sullivan,* 130ff; *H. Dieckmann,* 271ff; *J. Salaverri,* 908ff; *M. Schmaus,* III/1, 401ff, usw.

ihr verwalteten »Heilsmittel« der Lehre, der Sakramente und der Gebote. Dadurch wird die Kirche formell zu einer sichtbaren Gesellschaft, die mehr ist als die einfache, sichtbare Summierung ihrer Glieder. Alle diese sichtbaren »Einheitszeichen« der kirchlichen Gesellschaft werden auf historische Stiftungsakte Jesu zurückgeführt.

Diese »Zeichen« lassen sich nun zu einem dritten wesentlichen Begriffsmoment des traditionellen Institutionsbegriffs als einer historischen Stiftung zusammenfassen, nämlich dem der hierarchischen Struktur der kirchlichen Gesellschaft. Es ist ein bleibender Topos der katholischen »Schultheologie«, daß zur Stiftung der Kirche entscheidend die »traditio« der »potestas docendi, sanctificandi et regendi« durch Christus an die Apostel gehört[13], womit die Menschen verpflichtet werden, sich dieser von Gott gesetzten, »heiligen« Autorität zu unterwerfen. Die hierarchische Verfassung der Kirche präsentiert sich im Zusammenspiel der »institutio primatus Petri« (als höchstem Zeichen der Einheit der societas) und der »institutio collegii Apostolorum«, die beide unmittelbar auf Stiftungsakte Jesu zurückgeführt und in ihrer Einheit die sichtbare Leitung der Kirche innehaben. Beide »Institutionen« betätigen ihre Leitungsvollmacht durch die Ausübung des Lehr-, Priester- und Hirtenamtes, demgegenüber die anderen Mitglieder der Kirche als gehorsame, empfangende, untergebene Glieder sich auszeichnen. Diese Struktur behält die Kirche dank der »apostolischen Sukzession« der gesamten Vollmachten im Bischofskollegium und im Papsttum bis zur Gegenwart bei. Der Hierarchie des Amtes (mit seiner weiteren Ausgliederung in Priestertum und Diakonat) obliegt also seit Gründung der Kirche die allein bevollmächtigte Verkündigung des alle verpflichtenden »depositum fidei«, die Spendung der Sakramente und die rechtlich-normative Leitung des kirchlichen Gesellschaftskörpers[14]. Gerade dieser hierarchisch strukturierten Kirche wird auf Grund ihrer »göttlichen« Stiftung und des darin enthaltenen Stifterwillens zur »apostolischen Sukzession« eine Unzerstörbarkeit (indefectibilitas) im Ganzen und eine »substantielle« Unveränderlichkeit in allen wesentlichen Strukturelementen zugesprochen. Die hierarchischen Strukturen selbst sind der primäre Ausdruck und Träger dieser ewigen Beständigkeit der Kirche, die ihr vom Stifter verheißen und zugleich organisatorisch eingeprägt wurde.

Damit haben wir – zweifellos etwas vereinfachend und manche Nuancen und Divergenzen innerhalb dieser Theologie übergehend – doch die wesentlichsten Züge des traditionellen kirchlichen Institutionsbegriffs herausgearbeitet, soweit sich dieser auf die »institutio ecclesiae« durch Jesus Christus stützt. Der institutionelle Charakter der Kirche besteht demnach also – zusammenfassend – in ihrer wirkursächlichen Setzung durch Christus, durch welche sie zu einer sichtbaren, dauerhaften, hierarchisch geordneten Gesellschaft wird, deren gottgewollter, unzerstörbarer Bestand durch empirisch erkennbare (vom Stifter gesetzte) Einheitszeichen und -mittel (Lehre, Sakramente, Rechtsordnung) in der Verantwortung einer bevollmächtigten Autorität gewährleistet ist. All diese Einrichtungen und

[13] *J. Salaverri,* 543; *F. A. Sullivan,* 81, 103.

[14] Auf die Frage nach dem Verhältnis von Weihe- und Jurisdiktionshierarchie in dieser Konzeption brauchen wir hier nicht näher einzugehen. Vgl. dazu *M. Schmaus,* III/1, 708ff; *J. Salaverri,* 970ff.

Eigenschaften ermöglichen es, die Kirche als »wahre« Kirche von anderen zu unterscheiden; denn in diesen institutionellen Merkmalen gründen – nach der traditionellen Ekklesiologie – letztlich die »Notae Ecclesiae«, die die Kirche als »eine, heilige, katholische und apostolische« Kirche qualifizieren [15]. Und ebenso sind darin die seit Bellarmin wichtigen institutionellen Kennzeichen der Mitgliedschaft in der Kirche enthalten: das Ja zum gleichen katholischen Glaubensbekenntnis, zur Gemeinschaft der Sakramente, zur Unterordnung unter die legitime Autorität, besonders den Papst.

Um kein Mißverständnis aufkommen zu lassen: mit dieser Charakterisierung der Kirche erschöpft sich auch in der traditionellen Ekklesiologie keineswegs die Beschreibung der ganzen Wirklichkeit der Kirche. Sicher steht dieser Gesichtspunkt in einer apologetisch ausgerichteten Theologie, wie sie im katholischen Raum seit der Gregorianischen Reform und erst recht seit der Gegenreformation bis in die Mitte unseres Jahrhunderts hinein vorherrschend war, betont im Vordergrund [16]. Diese Tatsache hat ihr – großenteils zu Recht – den Vorwurf der »Hierarchologie« (Congar), des Juridismus, des Institutionalismus usw. eingetragen. Dennoch muß man beachten, daß innerhalb dieses traditionellen theologischen Rahmens doch auch große Unterschiede in der Beurteilung des Stellenwertes des Institutionellen walten. So läßt sich z.B. die Ekklesiologie eines Franzelin, in der die Theologie der Römischen Schule mit ihrer tiefen Verwurzelung in der biblischen und (unter Möhlers Einfluß) patristischen Tradition zum Höhepunkt gelangte, keineswegs auf die gleiche Stufe stellen wie etwa der typisch »neuscholastisch« durchkonstruierte Traktat Salaverris [17]. Mögen diese Theologen auch in den meisten Punkten der Apologetik der gleichen Meinung sein, entscheidender für ein Gesamturteil ist aber doch der Stellenwert, den sie dem Institutionellen in ihrer Gesamtdarstellung der Kirche einräumen, und die Bedeutung, die sie demgegenüber dem spirituellen Charakter der Kirche beilegen. So relativiert u.E. allein schon der weite, die Grenzen alles Institutionellen sprengende geistliche Begriff der Kirche als »communio sanctorum« im Einleitungskapitel von Franzelins Ekklesiologie seine folgenden Thesen über die institutionelle Stiftung der Kirche durch Christus ganz beträchtlich. Ebenso die sich daran anschließenden Thesen über die Beziehung der Kirche zu Christus (»Braut Christi«, »mystischer Leib

[15] Vgl. dazu etwa *J. Salaverri*, 908–969.

[16] *U. Valeske*, Votum Ecclesiae, München 1962, 9–21; *E. Ménard*, L'Ecclésiologie hier et aujourd'hui, Bruges–Paris 1966, 13–51 (deutsch: Kirche gestern und morgen, Frankfurt 1968); *Y. Congar*, Die Lehre von der Kirche. Vom Abendländischen Schisma bis zur Gegenwart, Freiburg 1971 (Handbuch der Dogmengeschichte Bd. III, Fasz. 3d, Hrsg. *M. Schmaus, A. Grillmeier, L. Scheffczyk*), 52–65.

[17] Vgl. *W. Kasper*, Die Lehre von der Tradition in der Römischen Schule, Freiburg 1962: »Weit verbreitet scheint das Urteil zu sein, das diese ganze Theologie (nämlich die der Römischen Schule) unter dem Begriff ›Neuscholastik‹ subsumieren zu können glaubt. Doch verbaut man sich gerade mit diesem sehr summarischen Urteil den Blick für die Eigenart der Römischen Schule ...« (10). Das Anliegen dieser Theologen muß zutreffend vielmehr so beschrieben werden: »Sie erstrebten eine Erneuerung der Theologie aus der lebendigen Tradition der Väter und aus der Heiligen Schrift und eine Vertiefung des kirchlichen Lebens aus der wieder neu entdeckten Schau der Kirche als Corpus Christi mysticum« (13). Vgl. die ähnliche Beurteilung der Römischen Schule durch *R. Aubert*, Die ekklesiologische Geographie im 19. Jahrhundert, in: *J. Daniélou, H. Vorgrimler* (Hrsg.), Sentire Ecclesiam (Festschrift für Hugo Rahner), Freiburg 1961, 430–473; ebenso *F. Malmberg*, Ein Leib – ein Geist, Freiburg 1960, 16–24.

Christi«), die doch erheblich über die einer effizienten Verursachung hinausgehen. Wir können im Zusammenhang dieses Kapitels, in dem es uns erst einmal auf die wesentlichen Züge des traditionellen katholischen Institutionsbegriffs ankommt, nicht auf diese Unterschiede im Charakter der einzelnen Ekklesiologien eingehen. Nur sei schon hier vor einer allzu großen Einseitigkeit in der Beurteilung dieser Ekklesiologie gewarnt. Wir werden weiter unten ausdrücklich die Frage stellen, wie in diesem traditionellen Denken die Einheit von »institutionellen« und »geistig-geistlichen« Momenten in der Kirche dargestellt wird.

Zunächst aber soll eine andere Frage behandelt werden, die für unsere Analyse wichtig ist: welches »Denkschema« liegt diesem Institutionsbegriff zugrunde? Es ist wohl eindeutig das des aristotelischen Kausalitätsdenkens, von dem in diesem Zusammenhang vornehmlich die Idee der äußeren, effizienten Ursächlichkeit ausgeliehen wird, um die Akte des »instituere«, die »instituta« als Ergebnis und schließlich das Wirken dieser instituta selbst zu begreifen. Die »Effektivität« dieser Institute besteht nun darin, die ihnen gegenüberstehenden und untergebenen Menschen in den Verband einzugliedern, und zwar vor allem durch doktrinale Belehrung, sakramentale Heiligung und juristische Leitung. Damit üben sie die amtliche, »institutierende« Tätigkeit Jesu in Auftrag und Stellvertretung des Stifters durch alle Zeiten weiter aus, indem durch ihr Tun immer wieder Kirche als societas visibilis konstituiert wird. Die Tätigkeit der Institutionen ist also selbst wiederum wirkursächlich, allerdings sekundär und instrumental: »causa efficiens secunda« bzw. »instrumentalis« [18]. Ihre Hauptaufgabe sieht die Institution darin, als Werkzeug des (nicht mehr sichtbaren) Stifters wirkursächlich den von ihm einmal gesetzten Effekt (societas visibilis) durch bestimmte instituierende (= kausale) Handlungen im Sein zu erhalten. Die von diesem Handeln betroffenen Menschen kommen vornehmlich als Objekte der Institution in den Blick, die dieses Handeln an sich geschehen lassen und dadurch in den Genuß der institutionalisierten Heilsgüter kommen. Ihre »Subjektivität« besteht also – in diesem Zusammenhang – zunächst einmal nur im gehorsamen »Objektsein« für das Handeln der Institution.

Wir haben diese Denkstruktur, die der traditionellen Konzeption der kirchlichen Institution als historischer Stiftung Jesu zugrunde liegt, deswegen so scharf herausgearbeitet, um den Unterschied zu dem von uns in der Einleitung und im ersten Kapitel dargestellten neuzeitlichen Problemhorizont deutlich sehen zu können. Zunächst lassen sich zweifellos einige Parallelen feststellen zwischen einzelnen typischen Merkmalen, die sowohl die traditionelle Ekklesiologie als auch die empirischen Sozialwissenschaften zu ihrem jeweiligen Institutionsbegriff zählen. So spiegelt sich das feste Status- und Rollengefüge einer Institution z.B.

[18] Auf den Unterschied zwischen causa secunda und causa instrumentalis brauchen wir hier nicht weiter einzugehen. In der ekklesiologischen Tradition spielen diese Begriffe vor allem bei der Unterscheidung von Jurisdiktions- und Weihevollmacht eine Rolle, um den jeweils verschiedenen Anteil des menschlichen Amtsträgers am Hirten- bzw. Priesteramt Christi hervorzuheben. Vgl. dazu *Y. Congar*, Heilige Kirche, Stuttgart 1966, 220ff; *H. Pottmeyer*, Theologie der synodalen Strukturen, in: *A. Exeler* (Hrsg.), Fragen der Kirche heute, Würzburg 1971, 164–182, bes. 171 Anm. 16; *Ch. Journet*, L'Eglise du Verbe incarné, Bd. I, Paris 1955 (2. Aufl.), 157ff, 634f.

in der geordneten Struktur der kirchlichen Hierarchie wider, in der gerade die für das gesellschaftliche System tragenden Rollen festgelegt und theologisch (als »göttliche Stiftung«) legitimiert werden. Die dogmatisch verbindliche Glaubenslehre läßt sich als eine »symbolische Sinnwelt« verstehen, die die institutionelle Wirklichkeit des Systems durch Verweis auf eine »höhere Wirklichkeit« begründen und zugleich Identifikationsformeln für die Mitglieder liefern soll. In der Leitungsvollmacht der Hierarchie mit der durch sie verwalteten Rechtsordnung spricht sich die Notwendigkeit aus, einen bestimmten Normenkomplex als objektiven Ordnungs- und Stabilisierungsfaktor der Institution aufzustellen. Die Sakramente wiederum dienen als institutionalisierte Identifikationszeichen, mit deren Hilfe der einzelne das ganze Status- und Normengefüge des Systems internalisieren kann usw.

Diese Einzelparallelen ließen sich (– wie die religionssoziologischen Untersuchungen beweisen –) noch vermehren; aber uns kommt es hier allein auf den grundsätzlichen Unterschied zwischen den jeweiligen Problemansätzen an. Da fällt sofort auf, daß die Frage etwa nach einer dialektischen Vermittlung von Subjekt und Objekt, die wir als grundlegend für ein neuzeitliches Institutionsverständnis angenommen haben, nicht in den Gesichtskreis dieser traditionellen Konzeption kommen kann. Denn mit den Kategorien der äußeren Wirkursächlichkeit, die einlinig von einem »Handlungszentrum« zum anderen agiert und dort jeweils bestimmte Wirkungen hervorruft, kann das dialektische Verhältnis von subjektiver Freiheit und gesellschaftlicher Objektivität in ihrer wechselseitigen Bedingtheit und Vermittlung kaum gedacht werden. Die Institution als das »Objektive« ist in dem traditionellen Denkrahmen noch nicht zum Problem geworden, da ihr das »Subjekt« als eigenständiges Gegenüber fehlt. Ja, man kann vielleicht überspitzt sagen: Das eigentliche Subjekt ist hier vielmehr (im Auftrag und in Vertretung des Stifters) die Institution selbst, während der einzelne zunächst einmal als Adressat, als Objekt ihres Wirkens angesehen wird. Natürlich wird niemals die Freiheit des einzelnen gegenüber diesem institutionellen Handeln geleugnet (z.B. ob er sich ihm gläubig öffnet oder nicht). Darum geht es aber hier nicht. Die Frage ist vielmehr, inwieweit die Institution Kirche selbst in ihrem Bestand sowohl von der Freiheit der Subjektivität abhängig ist (als »objektivierte Freiheit«) als auch zugleich als eigenständiges, objektives Gegenüber dieser Freiheit erst zur geschichtlichen Verwirklichung (als »konkreter Freiheit«) verhilft. Diese dialektische Vermittlung von Subjekt und Objekt in der Institution ist eben dort kaum zu denken, wo das Institutionelle als das einfachhin positiv und ungeschichtlich »Gesetzte« (und Voraus-Gesetzte) dem Subjekt unvermittelt gegenübertritt und es zum Objekt seines »effizienten« Handelns macht. Die Frage erhebt sich natürlich, wie sich der Gedanke einer »Stiftung«, einer Vor-gabe durch Christus überhaupt mit dieser Denkfigur einer dialektischen Vermittlung, die das freiheitliche menschliche Subjekt konstitutiv mit einbezieht, vereinbaren läßt. Muß der Begriff der kirchlichen Institution notwendig diesen »objektivistischen« Zug behalten, wenn er nicht den »gottgesetzten« Ursprung der Kirche verleugnen will?

b) Die Kirche als gnadenhafte »Setzung« Gottes: Neufassung des Stiftungs-Gedankens

In der neueren katholischen Ekklesiologie tritt sowohl der objektivistische Charakter der kirchlichen Institution und ihres wirkursächlichen Handelns am Menschen wie auch die historische und theologische Legitimation durch eine positive Stiftung Jesu sehr zurück. Das erste beruht sicher auf dem verstärkten Einfluß einer personalistischen und idealistischen Anthropologie. Das zweite mag einmal an der Verunsicherung durch die historisch-kritische Methode liegen, die es verbietet, einzelne Schriftstellen als klaren Beweis für bewußte, absichtliche und formelle »Stiftungsakte« Jesu anzusehen. Ein geschärfteres hermeneutisches Bewußtsein kann heute nicht übersehen, daß »die neutestamentlichen Schriften so etwas wie Kirche in ihrem Entstehungsbereich überall schon voraus-(setzen), und (daß) ihre eigene theologische Konzeption oft schon das Produkt theologischer Reflexion und redaktionellen Ausgleichs (ist)« [19]. Man kann also nicht einfach mehr mit einem abstrakten Kirchenbegriff an das Neue Testament herantreten und dann fragen, ob Jesus so etwas gestiftet habe.

Die Frage nach der Stiftung konzentriert sich deswegen heute mehr auf die Frage, »welche Kontinuität zwischen Jesus (seiner Predigt, seinem Jüngerkreis) und den beiden Gruppen der Urgemeinde, den Hebräern und den Hellenisten, besteht« [20]. So kann z. B. H. Küng, der sich vornehmlich auf A. Vögtle beruft [21], ausdrücklich behaupten: »Der vorösterliche Jesus hat zu seinen Lebzeiten keine Kirche gegründet,« [22] da es ihm nicht um die Aussonderung einer heiligen Restgemeinde aus Israel ging, sondern gerade um die Sammlung des ganzen Israel zur Heilsgemeinde. Wohl aber habe Jesus »durch seine Predigt und Wirksamkeit für das Erscheinen einer nachösterlichen Kirche die Grundlagen geschaffen« [23] (z. B. durch seinen Ruf zur Umkehr als Ruf zur »Scheidung« zwischen Glaube und Unglaube; durch seinen Ruf zur Nachfolge, der von den Jüngern befolgt wurde; durch seine Botschaft von der nahen Gottesherrschaft, die eben auch das »In-Erscheinung-Treten des eschatologischen Messiasvolkes« (ebd.) und für seine Jünger die Verheißung der Zugehörigkeit zu diesem Volk einschließt). Der Ursprung der Kirche wird von Küng und anderen Theologen weniger in einzelnen kirchenstiftenden Worten und Handlungen Jesu gesehen, als vielmehr im »ganzen Christusgeschehen«: »Nicht einfach Wort und Weisung des vorösterlichen Jesus, sondern Gottes Wille in der Auferweckung des Gekreuzigten und in der endzeitlichen Geistgabe bewirkte, daß aus der Gruppe der gemeinsam an den auferstandenen Jesus Glaubenden die Gemeinde derer wurde, die im Gegensatz zum nicht-

[19] *Kl. Berger,* Art. »Kirche« in: SM II, 1123–1129 (Zitat 1124); Vgl. dazu auch *K. Kertelge,* Gemeinde und Amt im Neuen Testament, München 1972, 40ff (weitere Literatur ebd., Anm. 20); *J. Ratzinger,* Art. »Kirche«, in: LThK VI, 172–183.

[20] *Kl. Berger,* Kirche, 1124.

[21] *A. Vögtle,* Ekklesiologische Auftragsworte des Auferstandenen, in: Sacra Pagina II, Paris–Gembloux 1959, 280–294; *ders.,* Jesus und die Kirche, in: *M. Roesle, O. Cullmann,* Begegnung der Christen, 54–81; *ders.,* Der einzelne und die Gemeinschaft in der Stufenfolge der Christusoffenbarung, in: *J. Daniélou, H. Vorgrimler,* Sentire Ecclesiam, 50–91.

[22] *H. Küng,* Die Kirche, Freiburg 1973 (4. Aufl.), 90.

[23] A.a.O., 93.

glaubenden alten Gottesvolk beanspruchte, das neue eschatologische Gottesvolk zu sein.«[24]

Diese Andeutungen genügen wohl, um zu zeigen, wie in manchen Auffassungen der gegenwärtigen katholischen Ekklesiologie die Frage der Kirchenstiftung nicht mehr mit dem Hinweis auf bestimmte Worte und Handlungen Jesu beantwortet wird. Man sieht das Geschehen der »Kirchengründung« vielmehr im Gesamtwirken Jesu, sowohl im Wirken des Irdischen als auch des Auferstandenen und im Geist Präsenten (vgl. auch Lumen Gentium nr. 3ff). Wir wollen diese Frage hier nicht weiter diskutieren[25], sondern uns auf das Problem beschränken: Was bringt diese Theorie ein für den Begriff von Kirche als Institution? Auf den ersten Blick scheint von den traditionellen Begriffsmomenten nicht mehr viel übrig zu bleiben. Weder läßt sich hiernach ein wirkursächliches Setzen durch Jesus Christus behaupten, noch kann von einer dauerhaften hierarchisch geordneten Gesellschaft mit bestimmten Einheitszeichen und einer autoritativen Leistung die Rede sein. Wird also in diesen neueren Auffassungen über den Ursprung der Kirche kein Zusammenhang mehr zwischen diesem Ursprung und dem institutionellen Charakter der Kirche gesehen? Es scheint so. Und doch: erstaunlicherweise verbinden sehr viele katholische Ekklesiologen auch heute noch den Begriff der Institution mit dem der »Stiftung« bzw. »Setzung«[26]. Manchmal scheint es nur gewohnheitsmäßig zu geschehen, indem der Begriff der Stiftung im traditionellen Sinn einfach übernommen und sein genauer Inhalt nicht weiter thematisiert wird. Oft jedoch wird dieser Zusammenhang ganz bewußt aufgezeigt, und zwar dadurch, daß man Stiftung mit »freier, gnadenhafter Setzung durch Gott« gleichsetzt und diese »Setzung« als »Institution« versteht. Man abstrahiert dabei meist von allen näheren geschichtlichen Umständen dieser »Setzung«, um allein die für den Ursprung der Kirche (damals und jederzeit) entscheidende Aktivität der Gnade Gottes und ihren Vorrang vor allem menschlichen »Sich-versammeln« zu betonen:

»Gott selbst sammelt sein Volk um sich, aus jedem Volk und Stand, aus jeder Stadt und jedem Dorf. Gott selbst hat die Initiative. Insofern kann man von der Kirche als von einer ›Stiftung‹ oder (das Wort ist institutionalistisch belastet!) ›Institution‹ reden. Es wird damit ausgedrückt, daß die Kirche nicht einfach auf dem gemeinsamen Willen oder dem ›Gemeingeist‹ der Kirchenglieder beruht. Über das Daß und das Was der Kirche ist vorausbestimmt durch den Willen *Gottes,* von dem sie zugleich – anders als bei einer menschlichen Stiftung, wo der Stifter mit der Zeit abtritt – ganz und gar abhängig bleibt. Deshalb ist die Kirche nie einfach ›eine Institution‹, sondern immer ›die Institution Gottes‹.«[27]

Im gleichen Sinn sagt W. Kasper: »Ähnlich ist auch die Kirche eine der Glaubensentscheidung des einzelnen vorgegebene Größe. Sie entsteht nicht durch den

[24] A.a.O., 95.

[25] Vgl. dazu die Gesamtdarstellung dieser Frage bei *G. Heinz,* Das Problem der Kirchenentstehung in der deutschen protestantischen Theologie des 20. Jahrhunderts, Mainz 1974.

[26] *K. Rahner,* II, 11; *ders.,* IV, 297f; *ders.,* V, 249; *ders.,* Über die Schriftinspiration, Quaest. disp. 1, Freiburg 1958, 47; *W. Kasper,* Elemente zu einer Theologie der Gemeinde, in: *J. Möller, H. Kohlenberger* (Hrsg.), Virtus Politica, (Festgabe A. Hufnagel), Stuttgart 1974, 33–50; *H. Küng,* Kirche, 107, 155; *Y. Congar,* Erneuerung des Geistes und Reform der Institution, in: Concilium 8/1972, 171–177, bes. 171,175; *H. U. v. Balthasar,* Sponsa Verbi, Einsiedeln 1961, 332–348, bes. 332, 336; *O. Semmelroth,* Die Kirche als Ursakrament, Frankfurt 1963 (3. Aufl.), 140, 172.

[27] *H. Küng,* Kirche, 155.

Zusammenschluß einzelner Gläubiger, sondern durch die Stiftung Gottes in Jesus Christus. Sie ist Stiftung, Institution, die nicht ›von unten‹, sondern ›von oben‹ entsteht.«[28] Im Zusammenhang seiner Inspirationstheorie spricht auch K. Rahner von einer Stiftung der Kirche durch Gott: »Gott will die Kirche und setzt sie ins Werk«[29], wobei es auch hier besonders auf die aller menschlichen Entscheidung vorausliegende, diese jedoch auch miteinschließende und mitsetzende heilsgeschichtliche »Urheberschaft Gottes« ankommt.

Natürlich wird in diesen Auffassungen nicht die Vermittlung der »transzendentalen« Setzung, dieser »Institution« Gottes durch Jesus Christus geleugnet; aber man insistiert nicht mehr auf einer historisch genau verifizierbaren Wirkursächlichkeit Jesu oder auf einer klar umrissenen kirchlichen Gesellschaft als »Ergebnis« seines Wirkens, um den institutionellen Charakter der Kirche von ihrer Stiftung her zu begründen. Man begnügt sich dazu vielmehr mit der Betonung des »Gesetztseins« der Kirche durch göttliche Freiheit, die der menschlichen Freiheit, sich zu einer Kirche rein von sich aus zu versammeln, vorausliegt. Damit behält das kirchlich Institutionelle von seinem Ursprung her zwar den Charakter der »Positivität«, des »Geschaffenseins« durch eine den Mitgliedern vorausliegende Autorität. Aber weil hier der Akzent mehr auf dem gnadenhaften »Voraus« und damit auf dem transzendenten Gabe-Charakter der Kirche beruht, verbindet sich mit dieser Vorstellung von »Institution durch Stiftung« weder der Begriff einer objektivistisch wirkenden causa efficiens noch all die konkreten Wesenseigenschaften einer societas visibilis hierarchica als »Effekte« der Stiftung.

2. *Das Institutionelle als das »Äußere« im Verhältnis zum »Inneren« der Kirche*

a) Die Leib–Seele-Vorstellung in der katholischen Ekklesiologie

Wir erwähnten oben schon, daß in der traditionellen katholischen Ekklesiologie die Kirche vornehmlich, jedoch keineswegs ausschließlich als eine sichtbare, hierarchisch organisierte und unzerstörbare menschliche Gesellschaft dargestellt wird. Schon R. Bellarmin, der mit seinem bekannten Satz aus der vierten allgemeinen Kontroverse gemeinhin als Initiator und Kronzeuge eines veräußerlichten und verrechtlichen katholischen Kirchenbegriffs genannt wird[30], weiß um die Begrenztheit eines solchen Kirchenbildes. In seiner etymologischen Erklärung des Namens »Ecclesia«, die der »Definition« vorausgeht, unterscheidet er sich kaum von neueren Auffassungen: »Itaque Ecclesia est evocatio, sive coetus vocatorum. Dicitur autem populus Dei coetus vocatorum, quia nemo ad hunc populum se adiungit per se, et suo proprio instinctu, sed omnes quotquot veniunt, a Dei vocatione praeveniuntur. Est enim vocatio primum benificium, quod sancti a Deo recipiunt« (mit Hinweis auf Rö 8,30)[31]. Deutlicher kann man den Gnadencharakter der

[28] *W. Kasper,* Elemente, 37.

[29] *K. Rahner,* Schriftinspiration, 47.

[30] »Nostra autem sententia est, Ecclesiam unam tantum esse, non duas, et illam unam et veram esse coetum hominum eiusdem Christianae fidei professione et eorumdem Sacramentorum communione colligatum, sub regimine legitimorum pastorum, ac praecipue unius Christi in terris Vicarii Romani Pontificis« (Controv. IV, lib, III, cap. 2).

[31] Controv. IV, lib. III, cap. 1.

Kirche und des Seins in der Kirche kaum ausdrücken. In seiner dann folgenden »Sacherklärung« grenzt Bellarmin seinen Kirchenbegriff ab gegenüber den häretischen Auffassungen J. Wyclifs u. J. Hus, der Pelagianer, Novatianer, Konfessionisten, Lutheraner und Calvinisten, die nach ihm alle an einem gewissen spiritualistischen, elitären und dualistischen Einschlag im Kirchenbegriff kranken. Sie postulieren eine bestimmte »virtus interna« als Voraussetzung der Kirchengliedschaft und machen damit die wahre Kirche zu einer »unsichtbaren Kirche«. Demgegenüber betont Bellarmin, ohne diese »inneren Tugenden« in der Kirche zu leugnen, es genügen die äußeren von ihm genannten Merkmale, um jemanden als wirklichen »Teil« der Kirche ansprechen zu können. »Ecclesia enim est coetus hominum ita visibilis, et palpabilis, ut est coetus populi Romani, vel Regnum Galliae, aut Respublica Venetorum.«[32]

Gegen diese überspitzte Formulierung bringt B. dann selbst – von Augustinus her – den Einwand, die Kirche sei doch ein »corpus vivum, in quo est anima et corpus, et quidem anima sunt interna dona Spiritus sancti, Fides, Spes, Charitas etc. Corpus sunt externa professio fidei, et communicatio Sacramentorum». Er antwortet darauf mit der üblich gewordenen Theorie der gestuften Mitgliedschaft: Die vollkommensten Glieder der Kirche gehören sowohl zum Leib wie zur Seele; auf der untersten Stufe stehen dann die, die nur dem Leib der Kirche zuzurechnen sind (– »sie sind wie das Haar oder die Nägel oder schlechte Säfte im menschlichen Körper« –). Und nur diese letzte Stufe (»ultimum modum existendi in Ecclesia«) will B. mit seinem – in diesem Zusammenhang genannten – Kirchenbegriff erfassen, gleichsam als das »Minimum« dessen, was zur Mitgliedschaft der sichtbaren Kirche gehört (»hoc requiritur ut minimum, ut quis possit dici esse pars visibilis Ecclesiae«)[33].

Diese Unterscheidung zwischen *corpus* und *anima* der Kirche als Kennzeichen ihrer »sichtbaren« und ihrer »unsichtbaren« Dimension wird von jetzt an die ganze katholische Ekklesiologie durchziehen. Congar macht auf die neuartige Verwendung dieses an sich traditionellen Begriffspaars bei B. aufmerksam:

»Dem inneren Wesen, den Gnadenmitteln meint er (Bellarmin) damit gerecht zu werden, daß er vom Leib und von der Seele der Kirche spricht (...): er will so die klassische Unterscheidung zwischen der Zugehörigkeit zur Kirche numero, corporaliter und merito, mentaliter, spiritualiter zum Ausdruck bringen. Diese Unterscheidung war jedoch danach getroffen worden, in welcher Weise die Menschen dem geistigen und zugleich sichtbaren Leib (der Kirche) angehören; die Weise dagegen, wie Bellarmin sich ausdrückt, bewirkte, daß man für lange Zeit *in der Kirche selbst* einen Leib, bestehend aus dem, was sichtbar an ihr ist, und eine Seele, bestehend aus den inneren Gnadenelementen, unterschied.«[34]

Welche Veränderung überhaupt der »corpus«-Begriff in seiner Anwendung auf die Kirche im Laufe der Geschichte von der Patristik bis zur Reformation durchlaufen hat, zeigt sehr schön die Untersuchung von H. de Lubac »Corpus Mysticum«[35]: von der ungeschiedenen sakramentalen Einheit des einen Leibes

[32] A.a.O., cap. 2.
[33] Ebd.
[34] *Y. Congar,* Die Lehre von der Kirche, 54f.
[35] *H. de Lubac,* Corpus Mysticum. L'Eucharistie et l'Eglise au Moyen Age, Paris 1949 (2. Aufl). Deutsch (übersetzt von *H. U. v. Balthasar*): Corpus Mysticum. Kirche und Eucharistie im Mittelalter, Einsiedeln 1969; vgl. dazu *J. Ratzinger,* Art. »Leib Christi« II, in: LThK VI, 910ff;

Christi (in der Weise des Auferstehungsleibes, des eucharistischen Leibes, des kirchlichen Leibes) über die allmähliche Unterscheidung und Trennung zwischen den beiden ersten und der dritten Weise des Leibes (proprium corpus – alterum corpus) im Gefolge der mittelalterlichen Eucharistiestreitigkeiten, wodurch die Kirche sich allmählich zu »verselbständigen« beginnt und zum »mystischen« Leib wird (– was vorher primär von der eucharistischen Weise des Leibes Christi ausgesagt wird, die jetzt dafür zum »corpus verum« wird –), bis hin schließlich zum »corpus Ecclesiae mysticum«, d. h. zur Kirche als der – einem Körper oder einem Organismus vergleichbaren – juristisch-sozialen Körperschaft, welcher der Hl. Geist »mystice« innewohnt. In den spätmittelalterlichen Streitigkeiten zwischen Papst und Kaiser wurde zur Stützung kirchlicher Machtansprüche eine übertriebene Gleichsetzung der schon getrennten Dimensionen (mystisches Geistleben – rechtliche Körperschaft) vollzogen, um die »Haupt«-stellung des Papstes über den ganzen »Leib der Christenheit« (auch im politischen Bereich) theoretisch und praktisch durchzusetzen[35a]. Die Reaktion der kaiserlichen Theologen und dann auch vieler geistlicher Reformbewegungen war deswegen sehr scharf; sie warfen ihren Gegnern vor, durch diese Machtansprüche dem Leib Christi alles »Mystische« zu entziehen. »Die Vorstellung einer sichtbaren Kirche wird fragwürdig. Was zu Beginn nur Ausdruck eines Machtstreites war, beginnt das soziale Gebäude der Christenheit zu spalten und wird schließlich seine Mitschuld an der Spaltung der Kirche selbst tragen.«[36] Theologisch reflektiert sich diese politische Auseinandersetzung in der zunehmenden Unterscheidung und schließlichen Trennung einer »sichtbaren« von einer »unsichtbaren« (verborgenen), einer »fleischlichen« von einer »geistlichen« Kirche, was dann zur Zeit der Reformation eine der entscheidenden kirchentrennenden Fragen wurde[37]. Auf katholischer Seite versucht man seitdem in einer gegenreformatorisch bestimmten Ekklesiologie die Einheit dieser beiden Seiten der Kirche mit dem anthropologischen Vorstellungsmodell von Leib und Seele zu beschreiben. Auf die Kirche übertragen ist »corpus« dann ein Bild für die äußerlich sichtbare, hierarchisch geordnete Gesellschaft, für die rechtliche »Körperschaft« oder »Verbandspersönlichkeit« Kirche, als deren (vom Stifter eingesenkte) »anima« der Hl. Geist oder seine Gnadengaben fungieren. Die Kirche gilt somit als eine gestiftete »Gnaden«- oder »Heilsanstalt«, die das ihr geschenkte und in ihr ruhende Heilsgut den Mitgliedern mitteilt. Dafür hat sie die notwendigen »Organe«, besonders das hierarchische Amt, vom Stifter mitbekommen, die diese Aufgabe erfüllen. Juristisch exakt definiert H. Dombois diesen Begriff der Anstalt:

»Anstalt ist ein handlungsfähiger, mit Organen ausgerüsteter Rechtskörper, in welchem diesen Organen eine Bestimmung oder Abwandlung des Korporationszwecks entzogen ist,

ders., Der Kirchenbegriff und die Frage nach der Gliedschaft in der Kirche, in: Das neue Volk Gottes, Düsseldorf 1970 (2. Aufl.), 90–104, bes. 98ff; *J. Auer*, Das »Leib–Modell« und der »Kirchenbegriff« der katholischen Kirche, in: Münchener theol. Zeitschrift 12/1961, 14–38.

[35a] Vgl. *K. Schatz*, Papsttum und partikularkirchliche Gewalt bei Innocenz III., in: Archivum Historiae Pontificiae 8 (1970), 61–111 (bes. 81ff.).

[36] *H. de Lubac*, Corpus Mysticum (deutsch), 143.

[37] *H. Bacht*, Die Sichtbarkeit der Kirche im kontroverstheologischen Gespräch der Gegenwart, in: *J. Ratzinger*, *H. Fries* (Hrsg.), Einsicht und Glaube (Festschrift für G. Söhngen), Freiburg 1963 (2. Aufl.), 447–463; *H. Fries*, Wandel des Kirchenbildes und dogmengeschichtliche Entfaltung, in My Sal 4/1, 223–285, bes. 247–261; *Y. Congar*, Die Lehre von der Kirche, 31–65.

so daß sie immer nur im Rahmen des stiftungsmäßigen Zwecks handeln können; sodann ist dieser Rechtskörper mit den Mitteln zur Erfüllung seiner Zwecke ausgestattet, so daß er nicht durch Anpassung auch seiner Zwecksetzung zugleich um den Erwerb neuer Mittel Sorge zu tragen hat.« [38]

In der Romantik hat vor allem die Tübinger Schule gegen diesen juristischen Kirchenbegriff entschieden Stellung bezogen. Jetzt verändert der Begriff »corpus« wiederum seinen Sinn: er dient als Symbol für die Kirche als einen lebendigen mystischen Organismus, insofern das Gnadenleben Christi sich in einer menschlichen Gemeinschaft verkörpert. Ratzinger spricht deswegen von einem »organologisch-mystischen Verständnis« des Corpus-Christi-Begriffs [39]. Hier vollzieht sich die Einheit von »Innen« und »Außen« der Kirche nicht durch die – von einer dritten, äußeren Kraft (nämlich dem Stifter) gewirkten – Zusammenfügung zweier selbständiger Prinzipien (corpus – anima), sondern der Geist erwirkt sich – gemäß der Idee eines lebendigen Organismus – den Körper selbst: »Das Innere ist das Erste, das Äußere folgt immer erst nach, weil es wesenhaft Äußerung eines Innern ist.« [40] Die gesamte Kirchenverfassung ist »verkörperte Liebe«, insofern die vom Hl. Geist gebildete Liebesgemeinschaft der Gläubigen aus sich heraus den Körper der Kirche, d. h. das Gesellschaftliche der kirchlichen Ämter und ihrer Verfassung bildet; der Geist ist in seinem Dasein und Wirken in der Welt ja immer an den Körper gebunden [41].

Diese Idee der »organischen Einheit« von Leib und Seele hat sich in der katholischen Ekklesiologie jedoch nicht durchsetzen können. Schon Möhler hat in seiner »Symbolik« diese schöpferische Priorität des »Inneren« vor dem »Äußeren« zugunsten einer eindeutigen Vorordnung des Äußeren vor dem Inneren aufgegeben: »Die Kirche ist nicht mehr die geistgeformte Liebeseinheit, sondern die von Christus gestiftete und vom menschgewordenen Gottessohn durchwaltete Erlösungsanstalt, der fortlebende und fortwirkende Erlöser-Christus, die andauernde Fleischwerdung des Gottessohnes.« [42] In der Folgezeit wurde die romantisch bestimmte Ekklesiologie der Tübinger Schule von der Neuscholastik abgelöst. Bis in die jüngste Vergangenheit hinein, also bis zur »Corpus-Mysticum«-Bewegung innerhalb der katholischen Ekklesiologie unseres Jahrhunderts, bleibt – bei aller Betonung des »Mystischen« als dem eigentlichen Wesen und Sinn der Kirche – so die von der Gegenreformation her geprägte Vorstellung tonangebend, daß die Kirche »grundlegend« (Feckes) eine »Körperschaft« bzw. eine gestiftete, rechtlich geordnete »Anstalt« sei, als deren Seele und formendes Einheitsprinzip der Hl.

[38] *H. Dombois,* Recht I, 938 Anm. 47; vgl. auch *M. Schmaus,* III/1, 41f.

[39] *J. Ratzinger,* Das neue Volk Gottes, 99.

[40] *J. R. Geiselmann* in der Einleitung zu *J. A. Möhler,* Die Einheit in der Kirche oder das Prinzip des Katholizismus (Herausgegeben, eingeleitet und kommentiert von *J. R. Geiselmann*), Köln 1956, [70].

[41] Zum Kirchenbild der Romantik und besonders des Möhlers der »Einheit« vgl. neben der ausgezeichneten Einleitung zum eben genannten Werk Möhlers die beiden Artikel von *J. R. Geiselmann,* Kirche und Frömmigkeit in den geistigen Bewegungen der ersten Hälfte des 19. Jahrhunderts (*J. M. Sailer*), und: Der Wandel des Kirchenbewußtseins und der Kirchlichkeit in der Theologie Johann Adam Möhlers. Beide in: *J. Daniélou, H. Vorgrimler,* Sentire Ecclesiam, 474–530 bzw. 531–675.

[42] *J. R. Geiselmann* in seinem Kommentar zu *J. A. Möhler,* Symbolik (Herausgegeben, eingeleitet und kommentiert von *J. R. Geiselmann*), Köln 1961, 2. Bd, 631.

Geist lebt, alle Glieder be-lebt und durch bestimmte kirchliche »Organe« besonders heilsvermittelnd wirkt[43]. In dieser Einheit von Seele und Leib wird die Organisation zum geistbeseelten Organismus, die Körperschaft zum »mystischen Leib Christi«.

b) Die Übertragung der Leib-Seele-Analogie auf das Institutionelle in der Kirche

Im Rahmen dieses Vorstellungsmodells wird in vielen Strömungen der katholischen Ekklesiologie bis heute der institutionelle Charakter der Kirche behandelt, und zwar in seiner Unterschiedenheit von und in seiner Beziehung zum »Inneren« bzw. zum »pneumatischen« oder »mystischen« Charakter der Kirche. Dieses Unsichtbare, »Mystische«, »Göttliche« der Kirche wird meist in austauschbaren Begriffen umschrieben: der Hl. Geist, der erhöhte Herr und sein Geist, die inneren Gaben des Hl. Geistes, die Lebensgemeinschaft mit dem dreifaltigen Gott, das Gnadenleben usw. Beides ist jedenfalls in diesen Begriffen eingeschlossen: die »göttliche« Wirklichkeit als solche und ihre gnadenhafte Mitteilung im Glauben, Hoffen und Lieben der Glieder der Kirche[44]. Die gebräuchlichsten Dualismen dieses Kirchenbegriffs hat U. Valeske in seinem Buch »Votum ecclesiae« zusammengestellt, das einen guten Überblick über diesen Fragenkomplex innerhalb der katholischen Ekklesiologie (bis 1961) bietet[45]. Ob da nun von sichtbarer und unsichtbarer Kirche, von »Menschlichem« und »Göttlichem« in der Kirche, von Rechtskirche und Liebeskirche, von Organisation und Organismus, von Gesellschaft und Gemeinschaft, von Heilsanstalt und Heilsgemeinde, von Struktur und Leben, von Institution und Ereignis, von Amt und Charisma die Rede ist, immer ist im Grunde das gleiche gemeint: Die Kirche ist ein »doppelschichtiges« Gebilde, das nur in der Polarität dieser beiden Momente begriffen werden kann[46].

Wir können hier nicht die verschiedenen Begriffspaare im einzelnen untersuchen, sondern nur das Ergebnis festhalten, das etwas zum Institutionsbegriff dieser heute immer noch sehr wirksamen Ekklesiologie beitragen kann. Es läßt sich so zusammenfassen: Das Institutionelle hat – analog zum menschlichen Leib – die Funktion einer äußeren Darstellung und Vermittlung des Inneren der Kirche. Angesichts der großen Bedeutung, die gemeinhin dem Institutionellen in der

[43] Vgl. zur »Corpus-Mysticum-Theologie«: *C. Feckes,* Das Mysterium der heiligen Kirche, Paderborn 1935 (2. Aufl.), 185ff, 201; *S. Tromp,* Corpus Christi quod est ecclesia, Bd 1, Rom 1937, 157; Die Enzyklika Pius XII: Mystici Corporis, in: *A. Rohrbasser* (Hrsg.), Heilslehre der Kirche. Dokumente von Pius IX. bis Pius XII., Freiburg (Schweiz) 1953, 466–526, bes. 497ff; *E. Mersch,* Le Corps mystique du Christ, 2 Bände, Brüssel–Paris 1951 (3. Aufl.); *ders.,* La Théologie du Corps mystique, 2 Bände, Brüssel–Paris 1949 (3. Aufl.). Für Mersch ist die katholische Kirche als die Gesellschaft der getauften Gläubigen unter Leitung der rechtmäßigen Hirten der *Körper* der Kirche, während der »mystische *Leib*« als die Einheit derer, die durch das Leben Christi leben, als die *Seele* dieses Körpers bezeichnet wird. Gegen diese mystische Spiritualisierung des »Leibes« sind schon damals mit Recht viele Einwände gemacht worden (z.B. von L. Bouyer). Siehe dazu die Übersicht bei *F. Malmberg,* Ein Leib, 26–38, 185–199. Zur frühen Kritik an dieser Leib-Christi-Ekklesiologie ist immer noch lesenswert: *M. D. Koster,* Ekklesiologie im Werden, Paderborn 1940.

[44] Vgl. dazu die kurze Skizzierung des Problems der »unerschaffenen Seele« der Kirche bei *F. Malmberg,* Ein Leib, 180ff.

[45] *U. Valeske,* Votum Ecclesiae, München 1962.

[46] A.a.O., 30ff.

Kirche beigemessen wird, erstaunt die Einhelligkeit und Selbstverständlichkeit, mit der man diese Eigentümlichkeit der Kirche ihrer »Außenseite« zuschreibt, welche aber keineswegs weniger bedeutsam eingeschätzt wird als ihre Innenseite[47]. Warum? Wir wollen hier nicht auf die einzelnen theologischen Argumente eingehen, mit denen die verschiedenen Autoren die Bedeutung des Äußeren in der Kirche begründen wollen. In der Regel wird neben dem anthropologischen Leib-Seele-Modell die theologische Vorstellung der Inkarnation herangezogen: Wie der Logos eine sichtbare menschliche Gestalt annahm, so nimmt in analoger Weise auch die von ihm gegründete Gemeinschaft eine äußere, sichtbare, rechtlich und hierarchisch strukturierte Gestalt an. Die »inkarnatorische«, d.h. gottmenschliche Struktur Christi gilt analog auch für die Kirche und gibt damit ihrer Außenseite, ihrer institutionellen Gestalt eine einzigartige theologische Würde[48]. Uns geht es in diesem Zusammenhang mehr um die einzelnen Momente des Institutionsbegriffs, vor allem um die zugrunde liegenden Kategorien, in denen man hier das Problem des Institutionellen zu denken versucht. Im Innen–Außen- bez. Seele–Leib-Schema übernimmt nun das Äußere (= Institutionelle) in der Regel folgende zwei Funktionen:

aa) Das Institutionelle als »darstellende Erscheinung« des Inneren. Zum Repräsentationsgedanken

Das »Äußere« ist die »*Erscheinung*« des Inneren, das Medium, durch das hindurch sich das Innere als »Entelechie« des Äußeren darstellt, repräsentiert[49]. Durch diese Darstellung im Äußeren wird das Innere mittelbar erkannt[50]; denn im Äußeren »verleiblicht« sich das Innere, drückt es sich aus, offenbart es sich. Diese äußere Darstellung des Inneren wird in der traditionellen Ekklesiologie nicht nur allgemein der Kirche als ganzer zugeschrieben, sondern vorzüglich ihrer im eigentlichen Sinn »institutionellen« Wirklichkeit, also ihrer hierarchischen Struktur, ihren Amtsvollmachten, ihren Sakramenten, ihrer Glaubenslehre, ihrem Recht. Das Institutionelle entspricht wegen seiner besonderen Bevollmächtigung durch Christus, den Stifter, und wegen seiner sich geradezu aufdrängenden Sichtbarkeit und unterscheidbaren Eindeutigkeit am stärksten der »inkarnatorischen« Verfaßtheit des Heils. Dadurch wird es vornehmlich zum »Zeichen«, zum »Sakrament«, zur »Repräsentation« des Inneren, eben der geistlichen Wirklichkeit der Kirche[51].

47 *M. Premm,* Katholische Glaubenskunde, Wien 1959, Bd 2, 477ff; *L. Ott,* Grundriß der katholischen Dogmatik, Freiburg 1965 (7. Aufl.), 328; *M. Schmaus,* III/1, 22, 388, 422, 456 u.a.

48 Vgl. u.a. *J. B. Franzelin,* 311, 314 usw.; *M. Schmaus,* III/1, 202, 400ff, 462ff, u.a.; *L. Ott,* 335; *F. Malmberg,* Ein Leib, 223–273. Auf den nur analogen Charakter dieses Inkarnationsmodells macht besonders *Y. Congar* aufmerksam, in: Dogme christologique et Ecclésiologie. Vérité et limites d'un parallèle. In: *A. Grillmeier, H. Bacht* (Hrsg.), Das Konzil von Chalkedon, Bd III, Würzburg 1973 (4. Aufl.), 239–268.

49 *M. Schmaus* III/1, 4, 22, 358 u.a.;

50 *M. Premm,* Glaubenskunde, 478ff; *T. Zapelena,* 196f.

51 Da wir im 3. Kapitel die sakramentale Theologie K. Rahners ausführlich darstellen, brauchen wir hier nicht weiter auf dieses ekklesiologische Sakramentsverständnis einzugehen. Vgl. dazu die gute Übersicht und reiche Literaturangabe bei *L. Boff,* Die Kirche als Sakrament im Horizont der Welterfahrung, Paderborn 1972, bes. 83–123; zum sakramentalen Kirchen- und

Innerhalb dieses Vorstellungsrahmens hat auch der traditionelle Gedanke der Repräsentation des erhöhten Christus durch das institutionelle Amt in der Kirche eine besondere Ausgestaltung erfahren[52]. Wir können hier nicht der langen Geschichte dieser katholischen Amtskonzeption nachgehen, wie sie sich etwa seit der Gregorianischen Reform von einem symbolisch-sakramentalen Verständnis in der Patristik zu einem juristisch-anstaltlichen entwickelt hat[53]. Der entscheidende Unterschied zwischen dem patristischen und dem spät- bzw. neuscholastischen Repräsentationsbegriff liegt in der zunehmend stärker werdenden Tendenz zur *Identifizierung* von repräsentierendem Amtsträger und repräsentiertem Christus. Die Patristik (und auch die neuere Ekklesiologie wieder) versteht unter Repräsentation mehr den Symbolzusammenhang zwischen der sichtbaren, irdischen Person des Amtsträgers und der unsichtbaren, erhöhten Person Christi, also die vergegenwärtigende Darstellung des hic et nunc selbst aktuell handelnden Christus. Durch die heilsvermittelnden Akte des Amtsträgers (vicarius Christi) verrichtet Christus selbst sein Werk[54]; die menschlichen Akte sind reines »sacramentum«, während die mitgeteilte »res« allein Christus und sein Heil bedeuten. Später wird eine stärkere Identifizierung zwischen sacramentum und res, zwischen kirchlich-amlichem Zeichen und der Heilswirklichkeit selbst vollzogen: Die Kirche, deren innere »Form« bzw. »Seele« der erhöhte Christus bzw. sein Hl. Geist selbst ist, versteht sich nicht mehr so sehr als Vergegenwärtigung des von ihr verschiedenen, wenn auch in ihr anwesenden Christus, sondern gleichsam als fortlebender, »gegenwärtiger Christus«[55]. Ihre rechtlich-amtliche Struktur ist in diesem Verständnis nichts anderes als das »Außen« der ihr zugeeigneten und damit zu eigenen inneren Form, eben des Heils selbst, das sich in der kirchlichen Institution und in ihren Amtsträgern leibhaft ausdrückt. Das führt fast notwendig zu einer Art mystischen Identifizierung von kirchlicher Institution und Christus, etwa in der Idee des Amtsträgers als »alter Christus«[56]. Damit verbindet sich zugleich die Tendenz zu einer juristisch geprägten Identifizierung: Die Vollmacht, mit der die Kirche wirkt, gilt nicht mehr so sehr als die wirksame, stellvertretende Vollmacht Christi, sondern als die ein für alle Mal der Kirche selbst übertragene und ihr zugeeignete Vollmacht. Die amtliche Christusrepräsentanz des vicarius besteht dann darin, daß er als bevollmächtigter Amtsträger in eigener, wenngleich von Christus delegierter Autorität handelt. Er handelt gleichsam als Nachfolger,

besonders Institutionsverständnis siehe auch *O. Semmelroth,* Die Kirche als »sichtbare Gestalt der unsichtbaren Gnade«, in: Scholastik 28/1953, 23–39; *ders.,* Ursakrament, 104–122; *B. Willems,* Der sakramentale Kirchenbegriff, in: Freiburger Zeitschrift für Phil. und Theol. 5/1958, 274–296; *M. Bernards,* Zur Lehre von der Kirche als Sakrament, in: Münchener theol. Zeitschrift 20/1969, 29–54.

[52] Vgl. zu diesem Komplex: *P. E. Persson,* Repraesentatio Christi. Der Amtsbegriff in der neueren römisch-katholischen Theologie, Göttingen 1966; *P. J. Cordes,* Sendung zum Dienst, Frankfurt 1972, 176–208; *R. Dreier,* Das kirchliche Amt. Eine kirchenrechtstheoretische Studie, München 1972, 169–221.

[53] Vgl. dazu *Y. Congar,* Geschichtliche Betrachtungen über Glaubensspaltung und Einheitsproblematik, in: *M. Roesle, O. Cullmann,* Begegnung der Christen, 405–429, bes. 410ff.

[54] Vgl. auch *Y. Congar,* Heilige Kirche, 141.

[55] Vgl. dazu *W. Kasper,* Amt und Gemeinde, in: Glaube und Geschichte, Mainz 1970, 388–414 (zur Stelle: 395).

[56] Vgl. dazu *P. J. Cordes,* Sendung, 186ff.

»dem Jesus Christus seine Autorität mitgeteilt hat, so daß die Entscheidung dieses Amtsträgers geradezu die Entscheidung Jesu Christi ist«[57]. Beide Male tritt im Vollzug der Repräsentation der Gesichtspunkt der Differenz zwischen Christus und Amtsträger in den Hintergrund.

Der Grund für diese zumindest tendenziell zunehmende Identifizierung liegt eben darin, daß die Repräsentation immer stärker als seinshafte Qualifikation des institutionellen Amtes und seines Trägers verstanden wird: Die Gegenwart Christi ist gleichsam permanent als dessen innere Form in ihm vorhanden, sie durchformt das ganze Sein des Amtsträgers und macht es zu einem stellvertretenden Christus-Sein[58]. In dieser Konzeption gilt die Repräsentation Christi durch das Amt dementsprechend als »Vorzug und Auszeichnung« des Amtsträgers persönlich und nicht ausschließlich seines stellvertretend heilshaften Christus-Handelns an der Gemeinde[59]. Konsequenterweise wird der Priester dann nicht nur im Vollzug bestimmter Funktionen in der Kirche, sondern grundsätzlich »in ein seinsmäßig höher gestuftes Gegenüber zur Gemeinde gestellt«[60]. Diese Amtsmystik liegt offensichtlich in der Tendenz des in diesem Abschnitt dargelegten Kirchen- und Institutionsverständnisses, welches zu undifferenziert nach dem Schema Innen–Außen, Seele–Leib das Verhältnis von institutioneller und pneumatischer Wirklichkeit der Kirche denkt.

bb) Das Institutionelle als »werkzeugliches Mittel« des Inneren. Zum philosophischen Hintergrund

Die zweite grundlegende Funktion des Institutionellen innerhalb dieses Denkschemas besteht darin, daß es als das »Äußere« das *»Mittel«*, das Instrument ist, durch welches das »Innere« nach außen den Menschen mitgeteilt wird. Es steht gegenüber dem Inneren in einer Dienstfunktion, die aber nicht primär der Gesamtkirche zukommt, sondern vor allem auf die Institutionen der Kirche konzentriert ist. Ihnen ist die Mitteilung des »Gnadenlebens« und damit der Aufbau der »Heilsgemeinschaft« als Ziel und Sinn der Heilsvermittlung vorbehalten, sie sind die aktive Potenz der Kirche, der die Gemeinde und die außerkirchliche Welt rezeptiv gegenüberstehen. Diese Funktion des Institutionellen drückt sich aus in Begriffen wie »Kirche als Heilsanstalt«, »Heilsmittel«, »Instrument des Heils«, »Sakrament des Heils«. Auch hier dient die Analogie zur Inkarnation als theologische Begründung dieser Funktion des Institutionellen: wie die Menschheit Christi als »instrumentum coniunctum« der Gottheit Christi zur Mitteilung des Heils an die Menschen diente, so übernimmt analog in der Zeit der Kirche vornehmlich

[57] *Y. Congar,* Heilige Kirche, 141.

[58] Vgl. *P. J. Cordes,* Sendung, 187.

[59] Auf diesen wichtigen Unterschied macht besonders *P. J. Cordes,* Sendung, aufmerksam. Er bevorzugt deswegen mehr den Ausdruck »in persona Christi agere«, um die jeweils im amtlich-sakramentalen Handeln aktualisierte Präsenz Christi im Gegensatz zu einer »statischen, substanzhaften Vorhandenheit« hervorzuheben.

[60] *H. Pottmeyer,* Das Bleibende an Amt und Sendung des Presbyters, in: Lebendige Seelsorge 21/1970, 39–48, Zitat 44; vgl. auch *H. Pottmeyer,* Theologie der synodalen Strukturen, in: *A. Exeler* (Hrsg.), Fragen der Kirche heute, Würzburg 1971, 164–182, bes. 170ff.

die institutionelle Gestalt der Kirche diese heilsvermittelnde Rolle[61]. »Eines der Geheimnisse der katholischen Ekklesiologie besteht darin, daß die Kirche zugleich Gemeinschaft mit Gott in Christus ist *und* Mittel, diese Gemeinschaft herzustellen«[62]; sie ist nicht nur »Heilsgemeinschaft«, sondern »auch Ordnung von Mitteln zur Schaffung und Gestaltung einer solchen Gemeinschaft (Heilsanstalt)«, als welche sie deswegen auch »ein Gefüge hierarchischer Mittlerschaft in dem dreifachen Bereich des Priesteramtes, des Lehramtes und des Hirtenamtes« darstellt[63].

Die diesem Modell zugrunde liegenden Kategorien sind wiederum, wie beim Begriff der Stiftung des Institutionellen, der aristotelischen Kausalitätslehre entnommen: Die Seele ist die causa formalis, der Leib die causa materialis des Menschen. Dieses Modell läßt sich natürlich nicht ungebrochen auf eine gesellschaftliche Organisation wie die Kirche übertragen. Denn vor allem besitzt die Kirche als »societas formaliter visibilis« ja schon eine »forma«, nämlich die ihr eingestiftete institutionelle Struktur, welche die »materia« der gläubigen Menschen erst zur Kirche »formt«. Die institutionelle Struktur gilt deswegen in der Tradition vielfach als »pars essentialis et quodammodo forma visibilis non tam contenta in toto quam potius continens et formans totum«[64]. Ähnlich heißt es bei Congar: »Unter Struktur verstehen wir die Prinzipien, die von Christus ausgehen und mit ihm und durch ihn die Kirche hervorbringen. Sie sind die *pars formalis* der Kirche, das also, was die Menschen in die Kirche Jesu Christi eingliedert. Wesentlich gehören dazu der Glaubensschatz, der Schatz der Sakramente und die apostolischen Vollmachten, die beides weitergeben«[65]. Dieses bereits »geformte« Gebilde empfängt als eigentliches »animicum vitae principium« den Hl. Geist[66], oder den erhöhten Herrn als Geist[67], der damit als die eigentliche Seele, die forma oder besser

[61] Vgl. dazu *L. Boff*, Kirche, 104ff: In Anm. 139 (ebd.) gibt Boff eine kurze Literaturübersicht über das Problem der Menschheit Christi als »instrumentum coniunctum«. Zur Frage der institutionellen Heilsvermittlung siehe u.a.: *J. B. Franzelin*, 315ff; *H. Dieckmann*, De Ecclesia II, 249; *C. Feckes*, Mysterium, 112–139; *J. Salaverri*, 822–843, 970ff; *F. Holböck*, Das Mysterium der Kirche in dogmatischer Sicht, in: *F. Holböck, Th. Sartory* (Hrsg.), Mysterium Kirche, Bd. 1, Salzburg 1962, 201–347, bes. 310ff; *M. Schmaus* III/1,369,469,688ff, 704; *Y. Congar*, Jalons pour une Théologie du Laicat, Paris 1953 (deutsch: Der Laie, Stuttgart 1957; in der deutschen Ausgabe: 57f, 172, 180, 258f, 349f, 419–423, 540ff); *ders.*, Sainte Eglise, Paris 1963 (deutsch: Heilige Kirche, Stuttgart 1966, darin besonders der Artikel: Stellung der Kirche, 42–64); *ders.* Esquisses du Mystère de L'Eglise, Paris 1953 (2. Aufl.), 56f, 84ff, 111f; *ders.*, Ministères et Communion ecclésiale, Paris 1971, 14ff, 34ff (Hier distanziert sich Congar deutlich von seiner früheren Position, welche eine instrumentale Kausalität der kirchlichen Institution behauptet. Er betont jetzt stärker das Eingefügtsein des institutionellen Amtes in die charismatische Struktur der Gemeinde). *H. U. v. Balthasar*, Sponsa Verbi, Einsiedeln 1961, 164ff, 332ff (Balthasar betont hier allerdings mehr das rein Mittelhafte [= Nicht-Selbstzweckliche] alles Institutionellen im Hinblick auf den eigentlichen Sinn der Kirche); *K. Rahner*, Kirche und Sakramente, Quaest. disp. 10, Freiburg 1963 (2. Aufl.), 13; *ders.*, VI, 349ff, 359ff; VII, 95; VIII, 352; IX, 415; *ders.* Ekklesiologische Grundlegung, in: HPTh I, 117–148.

[62] *Y. Congar*, Laie, 172.

[63] A.a.O., 423.

[64] *J. B. Franzelin*, 4.

[65] *Y. Congar*, Laie, 419.

[66] *T. Zapelena*, 140.

[67] *C. Feckes*, Mysterium, 164f; Feckes spricht hier von Christus als der »Formalursache« seines Leibes.

»Quasi-Forma« der Kirche wirksam wird (da er ja keine substantielle Einheit mit den Menschen in der Kirche, sondern nur eine »Einheit im Wirken« eingeht)[68]. Das Verhältnis der »unsichtbaren« zur »sichtbaren« (= institutionellen) »Form« wird nun mit Hilfe der Vorstellung von der causa secunda bzw. instrumentalis dargestellt[69]: das Institutionelle ist das Organ, das Werkzeug, dessen sich die innere göttliche Wesensform bedient, um sich im »Material« der menschlichen Wirklichkeit auszuprägen. Die Institution wird damit auch gleichsam zur »causa formalis instrumentalis bzw. secunda«, um das »geist-liche« Leben der Kirche auch innerlich den Gliedern mitzuteilen[70].

So ergibt sich auch hier kein wesentlich anderes Bild von der institutionellen Kirche als im vorigen Abschnitt: Sie tritt auf als die stellvertretend aktiv-handelnde und formende Kraft, der gegenüber die einzelnen menschlichen Subjekte zunächst einmal als formbares Material, als der zu prägende und bildende Gegenstand gesehen werden. Natürlich wird auch hier nie geleugnet, daß es sich um geistige, freie Subjekte handelt. Aber nicht die Vermittlung dieser subjektiven Freiheit zu sich selbst in und durch das objektiv-Institutionelle wird bedacht, sondern nur die aktive Vermittlung des »Objektiven« (nämlich des anvertrauten Heilsgutes) an das »Subjekt«. Dieses ist deswegen fast ausschließlich unter dem Aspekt seiner Rezeptivität von Bedeutung.

c) Das Zurücktreten dieses Vorstellungsmodells in der neueren Ekklesiologie

In der neueren Ekklesiologie ist dieses Schema von Innen–Außen, von Seele und Leib, von forma und materia als Gestaltsprinzipien der Kirche weitgehend aufgegeben worden, ohne daß man jedoch grundsätzlich die zeichenhafte und instrumentale Funktion des Institutionellen ablehnen würde. Ein *erster* Grund für das Verlassen dieses Denkschemas ist der, daß man heute viel stärker biblisch orientierte Bilder und Begriffe benutzt, um das Verhältnis von Sichtbarem und Unsichtbarem in der Kirche auszudrücken: Volk Gottes, Ekklesia, Leib Christi, Braut Christi, Geschöpf des Geistes u. a. Da in diesen Bildern die Einheit von Sichtbarem und Unsichtbarem ganz selbstverständlich und ursprünglich enthalten ist, übernimmt man sie heute einfach, ohne sie weiter in philosophischen Denkfiguren begrifflich zu entfalten.

Ein *zweiter* Grund liegt darin, daß die heute verbreitete »sakramentale« Theologie der Kirche ein anthropologisch weiterentwickeltes Modell der Leib–Seele-Einheit benutzt. Wenn Rahner z. B. von forma und materia, von Leib und Seele spricht, meint er damit nicht zwei sich gegenüberstehende Prinzipien, die sich dann im Konkreten (durch einen effizient verursachenden Akt) vereinen, sondern er

[68] *M. Premm,* Glaubenskunde, 464ff; *C. Feckes,* Mysterium, 164f.

[69] Vgl. dazu Anm. 18; die »causa secunda« betont mehr die »potestas propria« der Kirche, die »causa instrumentalis« dagegen mehr die »potestas vicaria« der Kirche; beide aber gelten – in abgestuftem Maß – als Zeichen und Mittel der causa prima, der göttlichen Wirkursache. Vgl. dazu *O. Semmelroth,* Ursakrament, 119f.

[70] *H. Dieckmann,* De ecclesia II, 249; *C. Feckes,* Mysterium, 201f; vgl. dazu auch die Diskussion der Frage: »Der Hl. Geist und die Hierarchie als Christi Stellvertreter«, bei *F. Malmberg,* Ein Leib, 185–199.

sieht diese Einigung als Selbstvollzug der Seele (forma) im anderen ihrer selbst (materia prima) an, weil sie eben nur im anderen ihre Wirklichkeit, ihr Selbst, ihre Aktualität findet. Das andere wird nicht als schon irgendwie bereitliegendes Mittel und Zeichen ergriffen und benutzt, sondern ist von seinem Entstehen an nichts anderes als der Ausdruck, das »Realsymbol« der Form. Die so verstandene »Symbolursächlichkeit« löst die traditionelle »Formalursächlichkeit« ab. Wir werden bei der Behandlung von Rahners theologischem Institutionsverständnis auf diese Theorie näher eingehen. Deutlich ist jedenfalls jetzt schon, daß bei diesem dialektischen Verhältnis von forma und materia die beiden Begriffe nicht einfach auf zwei sich gegenüberstehende Wirklichkeiten in der Kirche (Amt – Gemeinde) verteilt werden können. Eine objektivistische Deutung der Institution, die die Gläubigen nur als »Material« und Objekt institutioneller Formung betrachtet, wird bei einem solchen anthropologischen Ansatz nicht möglich sein[71].

Ein *dritter* Grund dafür, warum das traditionelle Leib–Seele-Schema in der neueren Ekklesiologie keine so große Rolle mehr spielt, liegt darin, daß das damit meist verbundene theologische Argument für die kirchliche Institution, nämlich die Analogie von Kirche und Inkarnation nicht mehr im Vordergrund steht. Gegenüber jeder Tendenz einer möglichen Identifizierung von Christus und Kirche ist man sehr zurückhaltend geworden. Man betont dagegen mehr die grundsätzliche Unterschiedenheit der Kirche von Christus und wendet deswegen solche Begriffe wie »gottmenschliche Wirklichkeit«, »fortlebender Christus«, »andauernde Menschwerdung« usw. nicht gerne auf die Kirche an[72]. Zudem sieht man Kirche – gerade als Leib Christi – heute eher im Zusammenhang mit der pneumatischen Leiblichkeit des auferstandenen Gekreuzigten als mit der »sarkischen« des Menschgewordenen[73]. Von daher auch wirkt der Vergleich der sichtbaren institutionellen Struktur der Kirche mit der irdischen, leiblichen Sichtbarkeit Christi nicht mehr allzu überzeugend, zumal da man mit einer derartigen Analogie schließlich alles Menschliche und Allzumenschliche in der Kirche rechtfertigen kann.

Ein *vierter* Grund dürfte schließlich in der starken Betonung der grundsätzlich gleichen Stellung aller Gläubigen gegenüber dem pneumatischen Element in der Kirche liegen. Die Kirche als *Ganze* ist Volk Gottes und nicht nur die »Laien«, denen die Amtsträger als »Hirten« gegenüberstehen[74]. Sie ist als Ganze erst einmal hörende und glaubende Heilsgemeinschaft, »Heilsfrucht«, ehe sie dann als solche (d.h. wiederum zunächst als Ganze und dann auch in verschiedenen Rollen) auch notwendig »Heilsmittel« gegenüber den einzelnen in ihr und außer ihr wird[75]. Sie ist als Ganze erst einmal »marianisch-empfangende Subjektivität«, in deren »liebenden und hoffenden Glauben« hinein dann das sogenannte »petrinische«, das instrumental-vermittelnde Prinzip von Amt und Sakrament als »objektiver

[71] Vgl. dazu auch *H. Mühlen,* Una Mystica Persona, Paderborn 1968 (3. Aufl.), 310ff.

[72] Vgl. *H. Küng,* Kirche, 283–288; *Y. Congar* in: Chalkedon Bd. III, 239–268 (siehe Anm. 48).

[73] Vgl. *J. Ratzinger,* Das neue Volk Gottes, 79f, 83, 238f, 245, 315ff; *L. Boff,* Die Kirche als Sakrament im Horizont der Welterfahrung, Paderborn 1972, 361ff.

[74] *H. Küng,* Kirche, 151.

[75] *K. Rahner,* in: HPTh I, 124.

Geist« eingestiftet werden kann[76]. Als Ganze ist sie »das Sakrament, das heißt Zeichen und Werkzeug für die innigste Vereinigung mit Gott wie für die Einheit der ganzen Menschheit«[77]. Alle Getauften, alle Charismatiker sind zur Christusrepräsentation berufen; im Handeln des ganzen Gottesvolkes wird Christus präsent und der Welt vermittelt[78]. Im gleichen Maße, in dem bei diesen Auffassungen die Gemeinde der Gläubigen ihren Charakter als »Material« und »Objekt« der Institution verliert, kann diese ebenfalls nicht mehr einfach als causa formalis instrumentalis begriffen werden[79]. Zwar behält das Institutionelle innerhalb einer sakramentalen Ekklesiologie auch ohne diesen Rahmen des Kausalitätsdenkens das Merkmal des zeichenhaft-Darstellenden wie des mittelhaft-Instrumentalen. Aber beides steht jetzt in *Funktion* jener Zeichenhaftigkeit und jener Vermittlung des Heils, welche der Gemeinde als ganzer zukommen[80]. Dabei bleibt jenes konstitutive »Gegenüber« von Institution und Gemeinde durchaus bestehen; aber es ist jetzt nicht mehr primär oder ausschließlich das Gegenüber von handelndem Subjekt und empfangendem Objekt, sondern von gleichgestellten Subjekten, die in jeweils verschiedener Funktion das von allen gemeinsam Empfangene darstellen und mitteilen.

Durch diese Eingliederung des institutionellen Amtes in die brüderlich-kollegiale Gemeinschaft der Kirche wird auch die Tendenz zu einer übersteigerten »Identitäts- und Repräsentationsmystik« vermieden[81]. Denn die repräsentierende Darstellung Christi durch das Amt soll ja gerade die Differenz zwischen der Gemeinde (und auch ihrer institutionellen Wirklichkeit) und Christus offen halten:

»In der Verkündigung der eschatologischen Tat Christi sollte der Träger des kirchlichen Amtes dem Gottesvolk seine Christuswirklichkeit als eine ihm gnadenhaft von Christus zukommende vor Augen stellen, die ihm, dem Gottesvolk, nie zur Identität mit Christus geraten kann. In einer wohl als dialektisch zu bezeichnenden Weise sollte gerade der Vorsteher Christus als Herrn der Kirche darstellen und vergegenwärtigen, indem er eben nicht selbst zum Herrn wurde. Vielmehr sollte er deutlich machen, daß er nicht einer eigenen Sache vorstehe, sondern in seinem Vorstehen den eigentlichen Herrn zur Geltung bringe.«[82]

Ähnlich formuliert es W. Kasper: »So erkennt die Gemeinde sich selbst erst recht im Gegenüber zum Amt, das nicht ein Produkt der Gemeinde ist, sondern gerade und allein im (relativen) Gegenüber zur Gemeinde Spiegel und Repräsentant der pneumatischen und charismatischen Wirklichkeit der Gemeinde ist.«[83]

[76] *H. U. v. Balthasar*, Sponsa Verbi, 166ff.

[77] Dogmatische Konstitution »Lumen Gentium« nr. 1, zitiert nach *K. Rahner, H. Vorgrimler* (Hrsg.), Kleines Konzilskompendium, Freiburg 1966, 123; vgl. auch *E. Schillebeeckx*, Christus, Sakrament der Gottbegegnung, Mainz 1960, 57f.

[78] *H. Pottmeyer*, Das Bleibende, 46f.

[79] Daher auch Congars Revision seiner früheren Theorie, vgl. Ministères, 34ff.

[80] *O. Semmelroth*, Die Kirche als Sakrament des Heils, in: My Sal 4/1, 309–356, bes. 346; *K. Rahner*, in: HPTh I, 152ff; *E. Schillebeeckx*, Christus, 57ff; *H. Mühlen*, Entsakralisierung, Paderborn 1970, 262f, 323–336; *W. Kasper*, Glaube und Geschichte, Mainz 1970, 355–370, 371–387, 388–414.

[81] *H. Pottmeyer*, Das Bleibende, 45.

[82] A. a. O., 45f; diese Differenz zwischen Christus und Amt auf Grund einer dienenden Repräsentation betont auch immer wieder *W. Kasper*, Glaube und Geschichte, 379ff, 395f, 405ff.

[83] *W. Kasper*, a. a. O., 408; vgl. auch *L. Scheffczyk*, Das kirchliche Amt im Verständnis der katholischen Theologie, in: *K. Schuh* (Hrsg.), Amt im Widerstreit, Berlin 1973, 17–25.

Wir kommen auf diese Frage bei den theologischen Begründungen noch ausführlich zu sprechen. In diesem Zusammenhang halten wir für den Institutionsbegriff der katholischen Ekklesiologie die beiden Momente der zeichenhaften Darstellung und der instrumentalen Vermittlung fest. Damit sind zwar keine neuen Strukturelemente genannt, die den Umfang des Gegenstandsbereichs der kirchlichen Institution erweitern, wohl aber zwei ihrer entscheidenden Funktionen.

3. *Das Institutionelle im Verhältnis zum Charismatischen in der Kirche*

In der gegenwärtigen katholischen Ekklesiologie wird der Begriff der Institution wohl am häufigsten im Rahmen dieser Verhältnisbestimmung gebraucht. Uns interessieren in diesem Kapitel vor allem die beiden Fragen: Welche charakteristischen Eigenschaften werden in dieser Gegenüberstellung dem Institutionellen in der Kirche zugeschrieben? Und welche theologischen und philosophischen Einflüsse machen sich hier geltend?

Wir wollen uns dabei auf diejenigen Eigenschaften und Einflüsse beschränken, die nur in diesem Zusammenhang betont werden; denn vieles kehrt hier wieder, was wir schon in den beiden vorigen Abschnitten kennengelernt haben, und vieles werden wir uns für den nächsten Abschnitt aufsparen.

a) Unterscheidende Eigenschaften des Institutionellen

aa) statisch – dynamisch

Das Institutionelle gilt als das Statische, dem das Charismatische als das Dynamische gegenübergestellt wird[84]. In vielfältiger Variation wird dieser Gegensatz durchgespielt: Auf der einen Seite steht die Institution als das Moment des dauernd Bleibenden, des seinshaft Ständigen, des rechtlich Geordneten und Strukturierten, des aus Überlieferung und Geschichte Überkommenen, des stets zu Bewahrenden, des in gleichbleibenden Lehren und Normen sich Kristallisierenden, des im Gefüge ständiger, öffentlicher Dienste sich Verfestigenden usw. Auf der anderen Seite steht das Charismatische als das je neue, freie, schöpferische, spontane, unmittelbare, pneumatische, unableitbare, in vielfältiger, überschwenglicher Weise sich äußernde und nicht voraussehbar hereinbrechende Ereignis[85]. Hier wird also be-

[84] *K. Rahner,* II, 345; *ders.,* Das Dynamische in der Kirche, Quaest. disp. 5, Freiburg 1958.

[85] Z.B. *K. Rahner,* V, 294f; VI, 480ff; VII, 79f; IX, 419; *ders.,* Art. »Das Charismatische in der Kirche«, in: LThK II, 1027–1030; *ders.,* Art. »Institutionalismus«, in: LThK V, 714f; *H. Küng,* Kirche, 105, 465; *ders.,* Strukturen der Kirche, Quaest. disp. 17, Freiburg 1962, 22; *ders.,* Die charismatische Struktur der Kirche, in: Concilium 1/1965, 282–290, bes. 286; *G. Hasenhüttl,* Charisma – Ordnungsprinzip der Kirche, Freiburg 1969, bes. 235ff, 260ff; *ders.,* Die Charismen im Leben der Kirche, in: Der Seelsorger 39/1969, 167–174; *H. Bacht,* Nomos und Pneuma, in: Stimmen der Zeit 184/1969, 98–112, bes. 110; *Y. Congar,* Erneuerung des Geistes und Reform der Institution, in: Concilium 8/1972, 171–177; *H. U. v. Balthasar,* Sponsa Verbi, 326ff, 388, 391; *O. Semmelroth,* Die Kirche..., in: My Sal 4/1, 345; *M. Schmaus,* III/1, 29, 409, 469, 704; *E. D. O'Connor,* Charisme et Institution, in: Nouv. Revue théol. 96/1974, 3–20; *W. Kasper,* Elemente, 42ff.

sonders die Stabilität und die in aller Veränderung sich durchhaltende Kontinuität des Institutionellen betont.

bb) verfügbar – unverfügbar

Eng damit verbunden ist ein zweites Merkmal, das in diesem Zusammenhang dem Institutionellen in der Kirche zugeschrieben wird: es ist das vom Menschen Verwaltbare, Berechenbare, Machbare. Es läßt sich mit menschlichen Mitteln organisieren und von oben her steuern; es ist der Verfügung der Kirche anheimgegeben, die es in Gesetzen und Normen faßt; es wird in festen Ämtern, Ständen und Berufen geordnet; es gerät ständig in Gefahr, totalitär zu werden, sich zu einem geschlossenen Herrschaftssystem zu etablieren, juristisch und ritualistisch zu erstarren, selbstgenügsam in sich selbst zu kreisen und in der Eigenmacht des Menschlichen den Geist zu unterdrücken. Demgegenüber ist das Charismatische unberechenbar und unverrechtlichbar, es ist unableitbar in seiner jeweiligen Einmaligkeit, es bleibt ganz der freien, unmittelbaren Verfügung und Initiative Gottes anheimgegeben; es läßt sich nicht veramtlichen und in eine systematische »Vereinerleiung« pressen; es sprengt jede Selbstverschließung und läßt die Kirche zu einem »offenen System« werden, das der ständigen Leitung und Veränderung durch den Geist Gottes offensteht, und »dessen bestimmter Zustand als gegebener und sein sollender nicht von einem systemimmanenten Punkt her adäquat bestimmt werden kann und darf, sondern nur von einem Punkt außerhalb des Systems, d.h. von Gott her«[86]. Der Akzent liegt diesmal auf der Verfügbarkeit des Institutionellen durch den Menschen. Es ist gleichsam Ausdruck für die mögliche Verfügungsmacht der Kirche über den ihr gegebenen Geist, demgegenüber das Charismatische die bleibende Unverfügbarkeit dieses Geistes manifestiert.

b) Kirche und Gemeinde

Oft tritt heute der Gegensatz zwischen Institution und Charisma in dieser Unterscheidung von Kirche und Gemeinde auf. Beim Wort »Gemeinde« »steht nicht der institutionelle Aspekt, sondern die ereignishafte, charismatische Seite der Kirche, das Ereignis des Sich-Versammelns im Vordergrund«[87]. Eine Gemeinde ist stärker personal und funktional strukturiert, sie ist in ihrem Aufbau viel mehr von der freien Entscheidung der einzelnen abhängig, sie ist schließlich wegen der engagierten Mitarbeit ihrer Mitglieder viel mobiler und auch wandlungsfähiger als die »Kirche«, die eine feste, territorial in bestimmte Ortspfarreien gegliederte und diese wiederum überörtlich zusammenfassende Institution darstellt, in die man mehr oder weniger hineingeboren wird (»Volkskirche«), und in der die Initiativen primär »von oben« ausgehen[88]. Bei all diesen Gegensatzpaaren spielt häufig

[86] *K. Rahner,* IX, 423; vgl. außer den in der vorigen Anmerkung genannten Stellen noch *K. Rahner,* Das Dynamische, 39, 41, 61f; *ders.,* II, 345ff; V, 286; HPTh I, 148; HPTh II/1, 76ff; *H. Schürmann,* Kirche als offenes System, in: Internationale katholische Zeitschrift »Communio« 1/1972, 306–323.

[87] *W. Kasper,* Elemente, 33 (in Anm. 2, 47f findet sich eine ausführliche Literaturangabe zum gegenwärtigen Stand dieser Frage).

[88] *W. Kasper,* Elemente, 33–39; ähnlich *H. Küng,* Kirche, 105.

auch ein Werturteil mit hinein. Im allgemeinen wird die Notwendigkeit und grundsätzliche Möglichkeit der Vermittlung beider Seiten durchaus betont; ein Gegeneinander-Ausspielen wird jedenfalls innerhalb der eigentlich theologischen Diskussion, d.h. da, wo man beiden Größen eine theologische Qualität zugesteht, ausdrücklich abgelehnt[89].

Dennoch hat sich gerade bei dieser Frage ein erheblicher Wandel in der Wertschätzung der beiden Momente vollzogen. Wir sahen im vorigen Abschnitt, daß die Institution in der traditionellen Ekklesiologie weithin als die eigentliche Form der Kirche, als ihr wesenskonstitutives Prinzip betrachtet wird. Heute dagegen wird zunehmend das Charismatische als die eigentlich konstitutive Struktur oder »Grundstruktur«[90], als »Wesenskern« und als das »Erste und Eigentümlichste unter den formalen Wesenszügen der Kirche überhaupt«[91] angesehen. Das Amtlich-Institutionelle gerät dagegen mehr in die Rolle eines notwendigen »Regulativs«[92], einer besonderen »diakonischen Struktur« innerhalb der umfassenden charismatischen Struktur[93], ja einer nützlichen, zeitweise wohl auch notwendigen »Hilfsstruktur«[94]. Allerdings bestehen unter den genannten Autoren beträchtliche Unterschiede hinsichtlich der theologischen Relevanz dieser, gleichsam an die zweite Stelle gerückten, institutionellen Struktur der Kirche. Allen gemeinsam ist jedoch die schon erwähnte Einordnung des Institutionellen in die dem Geist Gottes gegenüber grundsätzlich gleichrangige Gemeinschaft aller Gläubigen. Auf die theologische Begründung des Verhältnisses von Institution und Charisma bei den betreffenden Autoren werden wir im nächsten Kapitel eingehen.

Hier sei nur eine Bemerkung zu jenem theologischen »Vor-urteil« angefügt, das eine grundsätzliche Entgegensetzung von Institution und Charisma, die heute auch im katholischen Kirchenbewußtsein immer häufiger anzutreffen ist, zumindest tendenziell begünstigt. Hinter einer solchen sich gegenseitig fast ausschließenden Alternative steht oft eine bestimmte Geisttheologie, nach welcher der Geist Gottes in seinem Wirken nur dann frei und unverfügbar bleibt, wenn er sich in den von ihm je neu zum Aufbau der Gemeinde erweckten Charismen und im Gehorsam der Charismatiker offenbart. Eine Selbstmitteilung dieses Geistes an feste rechtliche und institutionelle Formen dagegen würde ihn in die Verfügungsmacht der Menschen bringen und wird deswegen von vornherein ausgeschlossen. Es läßt sich jedoch fragen, inwiefern zwischen diesen beiden Formen der Vermittlung des Geistes ein grundsätzlicher Unterschied anzusetzen ist. Denn jede Selbstmitteilung Gottes macht sich angewiesen auf menschliches Tun als geschichtlich manifeste und wirksame Vermittlung der gnädigen Gabe Gottes. Und

[89] *W. Kasper,* Glaube und Geschichte, 275–284; *K. Rahner,* V, 295; VII, 95f; VIII, 335f, 625f, 632f; IX, 254, 418ff; *H. Küng,* Kirche, 105ff, 155ff; 465ff; *H. Bacht,* Nomos, 110; *O. Semmelroth,* Die Kirche …, in My Sal 4/1, 344f; *ders.,* Amt und Charisma, in: SM I, 119–123; *H. Mühlen,* Mystica, 510ff; *J. Ratzinger,* Bemerkungen zur Frage der Charismen in der Kirche, in: *G. Bornkamm, K. Rahner* (Hrsg.), Die Zeit Jesu (Festschrift für H. Schlier), Freiburg 1970, 257–272.

[90] *H. Küng,* Die charismatische …, 288; *ders.,* Kirche 215–230; *G. Hasenhüttl,* Charisma, 127ff, 230–238.

[91] *K. Rahner,* IX, 419, 431.

[92] A.a.O., 419.

[93] *H. Küng,* Kirche, 465, 516 u.a.

[94] *G. Hasenhüttl,* Charisma, 238; vgl. auch 55, 229 u.a.

wo dann die Gefahr der gnostisch hybriden Selbstverfügung des Menschen über den Hl. Geist größer ist, ob in der Vielfalt der Charismatiker oder in der institutionellen Verfaßtheit der Gemeinde, das läßt sich nicht von vornherein ausmachen. Denn auch der Dienst des Charismatikers ist menschliches Tun, das zum eigenmächtigen »Werk« werden kann. Im Grunde spielt hier eine ganz verschiedene Auffassung der menschlichen »Mitwirkung« beim Heilsgeschehen hinein, also das Problem der Rechtfertigung. So werden die Kategorien »Gerechtigkeit aus Gnade« und »Gerechtigkeit aus Werken« etwas unvermittelt auf die ekklesiologischen Dimensionen Charisma und Institution übertragen[95].

Für eine katholische Pneumatologie sind Geist und Institution keine unvereinbaren Gegensätze. So kann H. Mühlen wohl einen allgemeinen Konsens über dieses Verhältnis zum Ausdruck bringen, wenn er schreibt:

»Indem sich der Hl. Geist in die traditio des Wortes, des Amtes und des Sakramentes hinein beschränkt, entschränkt er Wort, Amt und Sakrament zugleich auch in jene überzeitliche Dimension hinein, in welcher die Zeit gleichsam ›zusammengedrängt‹ ist (1 Ko 7, 29) und alle Heilstaten Jesu zugleich gegenwärtig sind. Der Hl. Geist bleibt der Herr der Zeit, er ist das ›ewige Pneuma‹ (Hebr 9, 14), und gerade deswegen kann er das Vergangene gegenwärtig machen. Zugleich ist aber seine Selbstbindung in die Zeit hinein Ausdruck göttlicher Freiheit, in ähnlicher Weise wie die Kenosis des Sohnes in das Fleisch hinein. Wenn also der Hl. Geist sich auch in die Institution und in das kirchliche Amt hinein erniedrigt, dann ist nicht der Amtsträger es, der über den Hl. Geist verfügt, sondern der Hl. Geist selbst hat schon immer in göttlicher Freiheit über sich selbst verfügt, wenn er in der Amtsfunktion des Amtsträgers über alle chronologische Differenz hinweg und durch sie hindurch die Heilstaten Jesu gegenwärtig macht«[96].

c) Der Einfluß der protestantischen Theologie

Die Berührung der katholischen Ekklesiologie mit der protestantischen Theologie wird gerade in dieser Frage schon hinsichtlich der Terminologie deutlich. Auf protestantischer Seite ist dieses Problem ja schon länger thematisiert worden: Wie verhält sich die »Institution« Kirche zum »Ereignis« Kirche[97]? Häufig wird in dieser Gegenüberstellung der Institutionsbegriff dann »im negativen Sinn einer objektivierenden Verhärtung, verselbständigter geistfeindlicher Gefüge gebraucht«[98]. Dombois spricht von einem geläufigen »antiinstitutionellen Vorurteil« innerhalb der evangelischen Theologie. Vielfach wirkt noch immer R. Sohms Entgegensetzung von wahrer Kirche Christi und Recht nach[99]. Die wahre Kirche ist für Sohm eine rein geistliche Größe, die nur dem Glaubenden erfahrbar ist; als empirisch nicht sichtbare Vereinigung aller wahren Christen zu einem geist-

[95] Vgl. *E. Käsemann,* Amt und Gemeinde im Neuen Testament, in: Exegetische Versuche und Besinnungen I, Göttingen 1960, 119: »Die Charismenlehre des Paulus ist nichts anderes als die Projektion der Rechtfertigungslehre in die Ekklesiologie hinein ...«; siehe dazu auch *H. Dombois,* Recht I, 899.

[96] *H. Mühlen,* Mystica, 271; vgl. auch 381, 512.

[97] Siehe *J. L. Leuba,* L'institution et l'événement, Neuchâtel 1950 (deutsch: Institution und Ereignis, Göttingen 1957); *M. Honecker,* Kirche als Gestalt und Ereignis, München 1963.

[98] *H. Dombois,* Recht I, 895.

[99] Vgl. *R. Sohm,* Kirchenrecht, 2. Bd., München–Leipzig 1928, 130–151.

lich-charismatischen Organismus unter dem Haupt Christus ist sie mit einer rechtlichen Ordnung grundsätzlich unvereinbar. Sohm betrachtet nämlich das Recht als »Zwangsregel«, als »*selbstherrliche* Ordnung einer sittlich-*notwendigen* überindividuellen äußeren Gemeinschaft«[100]. Die wahre Kirche dagegen gründet sich je neu auf der freien Antwort des Menschen gegenüber dem nicht fixierbaren, ereignishaft geschehenden, charismatischen Wirken des Geistes Gottes. Wo die Kirche sich jedoch eine rechtliche Ordnung gibt, hört sie eben auf, Kirche Christi zu sein, wird sie »Welt«, wie alles andere. Zwischen dieser empirisch sichtbaren »Christenheit« und der eigentlichen Kirche, die überall da ist, »wo zwei oder drei sich in meinem Namen versammeln«, gibt es keinen wesentlichen Zusammenhang. Wo jedoch ein solcher Zusammenhang behauptet wird, ist man auf dem Weg zum Katholizismus, der die Einheit beider in der einen römischen Kircheninstitution postuliert.

Nicht weniger entschieden ist die Position E. Brunners in dieser Frage[101]. Die historisch gewordenen, vom Menschen »gemachten« Kirchen, beruhen nach ihm auf einem Mißverständnis, denn die eigentliche Ekklesia ist Christusgemeinschaft und als solche eine reine Persongemeinschaft:

»Die Ekklesia des Neuen Testaments, die Gemeinde Jesu Christi, ist reine Persongemeinschaft und hat nichts vom Charakter einer Institution an sich. Es ist darum irreführend, irgendeine der historisch gewordenen Kirchen, die alle den Charakter von Institutionen haben, mit der Christusgemeinde zu identifizieren«[102].

Diese gründet sich ganz allein auf die freie, persönliche Antwort der Glaubenden gegenüber dem lebendigen Wort und dem Geist Christi, der das »Dynamische in der Ekklesia« ist[103]. Sie ist keineswegs völlig unsichtbar, sondern wird erfahren in der gelebten Bruderschaft der Gemeinde, die sich auf der personalen Begegnung der einzelnen aufbaut. In ihr ist der Geist spürbar wirksam »durch das Zeugnis der Liebe, des innersten Friedens der Versöhnten und ihrer Freudigkeit mitten im Leiden, durch die Kraft des Zusammenhaltens der Brüder, durch deren Aufgeschlossenheit für die Nöte und Bedürfnisse der anderen, durch die Bereitschaft zum persönlichen Opfer...«[104]. Dadurch wird eine »pneumatische Ordnung« in der Gemeinde, fern aller »Organisation und Institution«, aber auch fern jeder »Anarchie« geschaffen[105]. Der Geist bedarf eben nicht der Vermittlungen. Da jedoch, wo Recht und Ordnung und Organisation auftreten, wird aus der Christusgemeinde »Kirche«, denn sie ersetzt den Geist durch Sakramente, Ämter und Institutionen: »Das Kirchen-Recht ist Geistsubstitut«[106]. Und wo dieser Geistersatz entsteht, weicht das Pneumatische dem Sakramentalen: »Das Wort Gottes wird gesichert – und zugleich ersetzt – durch Theologie und Dogma; die Gemeinschaft wird gesichert – und zugleich ersetzt – durch die Institution; der Glaube, der in der Liebe wirksam sich erweist, wird gesichert – und zugleich

[100] A.a.O., 55.
[101] *E. Brunner,* Das Mißverständnis der Kirche, Stuttgart 1951; vgl. dazu *M. Honecker,* Kirche, 108–123: E. Brunners Verständnis der Kirche als Persongemeinschaft.
[102] *E. Brunner,* Mißverständnis, 19f.
[103] A.a.O., 47.
[104] A.a.O., 107.
[105] A.a.O., 50.
[106] A.a.O., 51.

ersetzt – durch das Glaubens- und Moralgesetz.«[107] Diese Institutionalisierung ist der große Sündenfall der Kirche.

Da wir in diesem Zusammenhang nur kurz auf den *terminologischen* Einfluß protestantischer Theologie auf den Sprachgebrauch in der neueren katholischen Ekklesiologie aufmerksam machen wollen, können wir hier nicht auf andere bedeutende evangelische Theologen eingehen, die dem Fragenkreis »Institution und Charisma« viel differenzierter und positiver gegenüberstehen. So vor allem Karl Barth und seine (von E. Wolf weitergeführte) Lehre von der »Ordnung« der Gemeinde als der »irdisch geschichtlichen Existenzform Jesu Christi«[108]; oder H. Dombois und seine Theologie des »Gnadenrechts«[109]; oder W. D. Marsch und sein Vermittlungsversuch von »transzendentalem« und »empirischem« Aspekt der Kirche[110]; oder M. Honecker und sein dialektisches Verständnis der Kirche als »sichtbarer Religionsgemeinschaft« (= »Gestalt«) und »freiem Ereignis der Gegenwart Gottes« (= »Ereignis«)[111]. Nur auf J. L. Leuba sei noch kurz eingegangen, da er mit seiner bibeltheologischen Studie »Institution und Ereignis« einen deutlichen Einfluß auf die heute auch im katholischen Raum gebräuchliche Terminologie ausgeübt hat[112].

Leuba zeigt in sehr ausgewogener Form auf, wie das biblische Verständnis von Jesus Christus und seinen Hoheitstiteln, vom Apostolat und von der Kirche überhaupt »institutionelle« und »spirituelle« Momente einschließt. Wir können hier nicht auf seine Darlegungen im einzelnen eingehen; wir wollen nur die von ihm aufgezeigten Kennzeichen des »Institutionellen« und »Spirituellen« nennen: Das »Institutionelle« ist das statische Moment des Wirkens Gottes im Neuen Bund, das mehr die partikularistisch-ausschließenden (z.B. auf Israel beschränkten) Aspekte der Botschaft hervorhebt; welches weiterhin die Kontinuität etwa Jesu zu Israel, der Apostel zu Jesus usw. betont; das sich an einer bestehenden Norm und Tradition orientiert (z.B. die Rolle der »Zwölf« als zentraler Bezugspunkt der apostolischen Kirche); das schließlich mehr auf der Gegenwärtigkeit des Heils und seiner menschlichen Vermittlung (z.B. in der sich ausbreitenden Kirche des lukanischen Geschichtswerks) gründet. Dagegen betont das »Spirituelle« mehr das dynamische Moment des Heilswirkens Gottes, also das universale Heilsangebot, das souveräne und unvermittelt sich je neu ereignende Eingreifen Gottes (z. B. Jesus als der transzendente Menschensohn und Kyrios, der charismatische Apostolat des Paulus, das Charismatische in der Kirche), die eschatologisch-zukünftige Dimension der frohen Botschaft[113].

[107] A.a.O., 53.

[108] Vgl. dazu die wichtigen Ausführungen *K. Barths* in: Kirchl. Dogmatik IV/2, Die Lehre von der Versöhnung, Zürich 1955, 765ff.

[109] *H. Dombois,* Das Recht der Gnade I, Witten 1961, bes 894–939; *ders.,* Das Recht der Gnade II, Bielefeld 1974; *ders.,* Recht und Institution I, Witten 1956; *ders.,* Recht und Institution II, Stuttgart 1969. Zur Rechtstheologie von *H. Dombois* siehe auch *W. Steinmüller,* Evangelische Rechtstheologie, Köln–Graz 1968, 2. Halbband.

[110] *W. D. Marsch,* Institution im Übergang, Göttingen 1970.

[111] *M. Honecker,* Kirche als Gestalt und Ereignis, München 1963.

[112] *J. L. Leuba,* L'institution et l'événement, Neuchâtel 1950 (deutsch: Institution und Ereignis, Göttingen 1957).

[113] *J. L. Leuba,* Institution (deutsch), 13, 18f, 21, 29f, 52, 65, 93ff.

d) Philosophisches Vorverständnis

Meist liegt derartigen Entgegensetzungen ein philosophisches Vorverständnis zugrunde, das nicht immer ausdrücklich reflektiert wird. Wir möchten hier nur auf drei solcher philosophischer Hintergrundvorstellungen hinweisen, die u.E. diese theologische Begrifflichkeit beeinflussen:

1. Einmal ist es der Gegensatz zwischen einer spät-scholastisch geprägten Ontologie und einem neuzeitlich orientierten »Aktualismus«[114]: »Sein« (als grundlegender Begriff für die institutionelle Wirklichkeit) wird hier verstanden als das zuständlich-gegenständliche, in-sich-ständige und beharrende, dem erkennenden Bewußtsein äußerliche und von ihm zunächst einmal unabhängige Seiende, gleichsam als eine dingliche Substanz, über die man jederzeit verfügen kann. »Akt« bzw. »Aktualität« (als grundlegende Bestimmung des Charismatischen) hingegen bezeichnet (etwa im Gefolge der »Tathandlung« Fichtes, des »Willens« bei Schopenhauer, des élan vital bei Bergson, der »Action« Blondels usw.) jene Wirklichkeit, die nur im lebendigen, schöpferischen Vollzug da ist, die nie vergegenständlicht und damit verfügbar gemacht werden kann, die als die Mitte geistigen Selbstvollzugs erfahren wird. Meist verbinden und vermischen sich mit dieser letzteren Vorstellung noch bestimmte Gedanken des Personalismus und der Existenzphilosophie, die besonders die existentielle Betroffenheit des Menschen, sein Aufgerufensein zum »eigentlichen« Existieren betonen. So laufen etwa in der Umschreibung, die D. Bonhoeffer den Begriffen »Akt und Sein« gibt, diese verschiedenen Einflüsse zusammen: »Wird im ersteren (= Akt) die Beziehung, das Unendlich-Extensive, das im Bewußtsein Gebundene, die Existentialität (der Begriff hier nicht im Sinne der Sphäre des ›es gibt‹, sondern des potentiellen zentralen Getroffenwerdens der Person), die Diskontinuität erfaßt, so im zweiten (= Sein) das In-sich-bleiben, das Unendlich-Intensive, das Bewußtseinstranszendente, die Kontinuität«[115].

[114] Vgl. *H. Mühlen*, Mystica, 510ff.

[115] *D. Bonhoeffer*, Akt und Sein, Gütersloh 1931, 9f; Bonhoeffer will hier eine Vermittlung zwischen einem aktualistischen und ontologischen Offenbarungsverständnis bieten. Während ein einseitig aktualistisches Verständnis der Offenbarung jede Kontinuität nimmt, setzt ein einseitig ontologisches Verständnis die Offenbarung mit einem gegenständlich-verfügbaren Seienden gleich; der Mensch weiß sich dann gesichert durch sein Stehen im Bereich des objektiv Seienden. Ein Musterbeispiel dafür ist der katholische Begriff der Kirche als Institution, die zum Garanten der bleibenden Gegenwart der Offenbarung wird: »Für den Katholizismus bedeutet das, daß, wer in dieser Institution ist, in Gott ist« (93f). Damit nun sowohl die Kontinuität, das »Sein« der Offenbarung als auch ihre Kontingenz, ihr jeweils neu den Menschen »von außen« Betreffenwollen (»Akt«) gewahrt bleibt, muß der Träger dieser Offenbarung, die Kirche, eine überindividuelle Persongemeinschaft sein, die dem Glauben des einzelnen vorgeordnet ist und ihn trägt. Als Persongemeinschaft, d.h. Christus als Gesamtperson der Gemeinde existierend (102), kann die Kirche jene personale Akt-Seins-Einheit sein, in die hinein Gottes Freiheit sich kontinuierlich gebunden hat und in der zugleich das Heil dem einzelnen stets unverfügbar von außen, ihn existentiell betreffend (in Predigt und Sakrament) zugesprochen wird. Die Kirche als eine personale Gemeinschaft überwindet also den Gegensatz von Akt und Sein, von gegenständlich und ungegenständlich, von existentiellem Glauben und kontinuierlicher Gemeinde:

»Glaube ist ›in bezug auf‹ Sein (Gemeinde), nur im Glauben erschließt sich, bzw. ›ist‹ Sein (Gemeinde), dies Sein aber erkennt der Glaube als unabhängig von sich, sich selbst als eine Seinsweise desselben ... So kommt Akt aus Sein her, wie er auf Sein hingeht. Sein wiederum ist in bezug auf Akt und doch frei. Offenbarungs-Sein als in der Schwebe zwischen Gegenständlichem

2. Ein anderes philosophisches Vorverständnis, das die theologische Diskussion um Institution und Charisma beeinflußt, dürfte in dem Gegensatz zwischen einer statischen »Wesens- und Ordnungsethik« und einer geschichtlichen »Existentialethik« ausgedrückt sein[116]. Diesem (keineswegs sich ausschließenden) Gegensatz liegt die Einsicht zugrunde, daß das Einzelne, Konkrete nicht einfach als »Fall« des Allgemeinen deduziert und hinreichend erklärt werden kann. Es gibt vielmehr das unableitbar Einzelne und Einmalige, das nur in einer geschichtlich-konkreten, »existentiellen« Erkenntnis und Entscheidung erfahren und getan werden kann. Ekklesiologisch gewendet bedeutet dies, daß es in der Kirche sowohl die Funktion der Bewahrung und Auslegung allgemeiner Normen geben muß (= das institutionelle Moment), wie auch die Funktion der Offenheit für das je Neue und Unableitbare der geschichtlichen Situation (= das charismatische Moment). So schreibt Rahner:

»Wenn aber die Kirche in ihrer Geschichte handelt und wenn jedes Handeln immer auch mehr ist als die bloße Anwendung der allgemeinen Normen auf den konkreten Fall und die vorliegende Situation, muß es dann nicht eine Funktion in der Kirche geben, die gerade diesen von Gott inspirierten Individualimpuls für das Handeln der Kirche aufnimmt und in der Kirche zur Geltung bringt, eine Funktion, die durch die Verwaltung und richtige Anwendung der allgemeinen Normen nicht ersetzt werden kann?«[117]

Dies kommt nach ihm eindeutig dem Charismatischen in der Kirche zu.

3. Schließlich spielt wohl auch noch M. Heideggers Terminologie aus seiner phänomenologischen »Fundamentalanalyse des Daseins«[118] und aus seiner späteren Metaphysik eine Rolle für die theologischen Begriffe Institution und Ereignis[119]. Heidegger unterscheidet bekanntlich zwischen dem »Dasein« des Menschen und dem »Sein des in der Umwelt begegnenden Seienden«, das den Charakter des Zuhandenen, des Verwendbarseins »zu« etwas, des im Besorgen

und Nichtgegenständlichem ist ›Person‹, Gottes offenbarte Person und Persongemeinschaft, die durch sie begründet ist« (113f; vgl. *M. Honecker,* Kirche, 145ff).

Bonhoeffer trennt die institutionelle Wirklichkeit der (katholischen) Kirche also scharf von ihrer personalen Dimension, weil Institution für ihn eben als etwas Gegenständlich-Seiendes, dem einzelnen stets zur Verfügung stehendes, ihn vor dem Anruf Gottes sicherndes und vor jeder existentiellen Betroffenheit bewahrendes »Objekt« bedeutet. Diese einseitige Trennung von »personal« und »institutionell« wird aber dem Phänomen Institution kaum gerecht. Das Problem liegt doch eher darin, wie die objektive, dem einzelnen unverfügbar vorgegebene Wirklichkeit der kirchlichen Institution zugleich mit der personalen Wirklichkeit des einzelnen und der Gemeinschaft vermittelt werden kann. Vielleicht ist es hier auch nur eine Frage der Terminologie, die Bonhoeffer von einem katholischen Kirchenverständnis trennt.

Siehe dazu auch *L. Scheffczyk,* Das »Katholische« in der Kirchenauffassung D. Bonhoeffers, in: *H. Fleckenstein, G. Gruber, G. Schwaiger, E. Tewes* (Hrsg.), Ortskirche – Weltkirche (Festschrift für Kardinal Döpfner), Würzburg 1973, 230–250.

[116] Vgl. *M. Müller,* Existenzphilosophie im Leben der Gegenwart, Heidelberg 1964 (3. Aufl.), bes. 25ff, 85ff; *K. Rahner,* Über die Frage einer formalen Existenzialethik, II, 227–246; *ders.,* Das Dynamische, 9ff (Einleitung) und 74–148: Die Logik der existentiellen Erkenntnis bei Ignatius von Loyola.

[117] *K. Rahner,* II, 245.

[118] *M. Heidegger,* Sein und Zeit, Tübingen 1957 (8. Aufl.), 41.

[119] Vgl. dazu auch *H. Franz,* Das Denken Heideggers und die Theologie, in: *O. Pöggeler* (Hrsg.), Heidegger – Perspektiven zur Deutung seines Werkes, Köln 1970 (2. Aufl.), 179–216, bes. 197ff.

begegnenden »Zeugs« hat; dies gibt es allerdings nur auf dem (ontologisch früheren) Grund des puren Vorhandenseins dieses Seienden [120]. Demgegenüber ist das »Dasein« des Menschen nie etwas »Vorhandenes« oder »Zuhandenes«, sondern: »das ›Wesen‹ des Daseins liegt in seiner Existenz« [121], d. h. es geht ihm jeweils um sein Sein, welches dem Dasein überantwortet ist. Sein Sein ist dem Dasein »erschlossen«, ja es »ist« seine »Erschlossenheit«, sein »Da« [122]. Heidegger interpretiert später diese Bestimmung des menschlichen Daseins als »das Sein desjenigen Seienden, das offensteht für die Offenheit des Seins, in der es steht, indem es sie aussteht« [123]. Die Existenz des Menschen besteht in seiner Ek-sistenz, d.h. in seinem ekstatischen Hinausstehen und in seiner »Inständigkeit« in der Unverborgenheit des Seins [124]. Dieses Sich-Entbergen des Seins in der Existenz des Menschen nennt Heidegger dann auch das »Ereignis«: es ist das Geschehen, in dem »der Mensch dem Sein vereignet, das Sein aber dem Menschenwesen zugeeignet ist« [125]. Das »Ereignis« meint also sowohl das Offenbarwerden des Seins in seiner Wahrheit, als auch das gegenseitige Zueignen und Enteignen von Sein und Mensch. Im Ereignis erfährt der Mensch die »Gunst des Seins«, und in ihm vollzieht sich zugleich das ursprüngliche »Danken« des Menschen, indem er sich vom Sein zur »Wahrung der Wahrheit des Seins für das Seiende« [126] in Anspruch, ja, in das »Opfer« nehmen läßt: »Das Opfer ist heimisch im Wesen des Ereignisses, als welches das Sein den Menschen für die Wahrheit des Seins in den Anspruch nimmt.« [127]

Vor allem die gegensätzlichen Begriffe »Zuhandensein« und »Dasein im Ereignis« werden von der Theologie heute gern benutzt (wenn auch oft reichlich unvermittelt und den ursprünglichen Sinn verfehlend), um den Gegensatz zwischen Institution und Charisma in der Kirche zu erklären. In dieser Übertragung entsprechen die Begriffe dann meist auch dem erstgenannten Denkschema von Sein und Akt: die Institution »steht« im Bereich des gegenständlich-zuhandenen Seienden, über das der Mensch jederzeit verfügen kann; das Charisma dagegen »geschieht« im Bereich des ungegenständlichen und unverfügbaren Ereignisses »von oben«.

Zweifellos treffen solche Unterscheidungsmerkmale teilweise auf die Phänomene des Institutionellen und des Charismatischen in der Kirche zu. Aber da, wo sie grundsätzlich zu einem unversöhnlichen und unvermittelbaren Gegensatz hochgespielt werden, gehen sie an der Wirklichkeit vorbei. Das Institutionelle als die gesellschaftlich objektivierte und formalisierte Gestalt der subjektiv-intersubjektiven Freiheit kann nicht grundsätzlich objektivistisch, d.h. als Gegenbegriff gegen personale Vollzüge gedeutet werden (wenn es auch faktisch oft so auftritt) [128]. Das Problem liegt u.E. gerade in der theoretischen und praktischen Ver-

120 *M. Heidegger,* Sein und Zeit, 66–72.
121 A.a.O., 42.
122 A.a.O., 132f.
123 *M. Heidegger,* Was ist Methaphysik? Frankfurt 1969 (10. Aufl.), 15.
124 Ebd. Vgl. auch *M. Heidegger,* Vom Wesen der Wahrheit, Frankfurt 1967 (5. Aufl.), 16f.
125 *M. Heidegger,* Identität und Differenz, Pfullingen 1957, 28.
126 *M. Heidegger,* Methaphysik, 49.
127 A.a.O., 50.
128 *H. Mühlen,* Mystica, 512f.

mittlung dieser beiden Seiten, wodurch sowohl eine gesellschaftliche Wirkungslosigkeit der Person oder einer personalen Gemeinschaft als auch eine personfeindliche gesellschaftliche Wirklichkeit in der Kirche vermieden werden können.

4. Das Institutionelle als »objektives« Gegenüber zum einzelnen Subjekt in der Kirche

Dieses Sprachfeld, in dem wir unseren Begriff jetzt untersuchen wollen, deckt sich nur teilweise mit dem vorigen. In beiden kommt zwar entscheidend die Subjektivität des einzelnen und die Objektivität der Institution zu Wort. Der Unterschied aber besteht vor allem darin, daß jetzt der einzelne und die Institution nicht mehr in ihrem je verschiedenen Verhältnis zum Geist Gottes betrachtet und von daher in ihren Eigenschaften bestimmt werden, sondern nun einander direkt gegenüber gestellt und von dieser Relation her definiert werden. Unter diesem Blickwinkel betrachtet, bekommt die Objektivität der Institution einen ganz anderen Inhalt. Außerdem wird in diesem Sprachgebrauch die neuere philosophische und soziologische Fragestellung z.T. ausdrücklich beachtet und berücksichtigt. Wir unterscheiden nun unter diesem Aspekt der Objektivität folgende verschiedene Eigenschaften des Institutionellen:

a) Die »sachlich-unpersönliche« Eigenart des Institutionellen

Hier wird vor allem auf das Bürokratische, Verwaltungsmäßige, Organisatorische der Institution hingewiesen, welches in der Kirche und im allgemeinen Bild von der Kirche zweifellos auch eine große Rolle spielt. Die Kirche als »bürokratische Organisation« [129] steht der Person des einzelnen fremd, undurchdringlich, abweisend gegenüber. Man fühlt sich einem übermächtigen, unpersönlichen Apparat ausgeliefert, der sich zuweilen sogar als »drohende, einschüchternde und Unheil verkündende, angstmachende Institution« gebärden kann [130]. Die kirchliche Institution erweckt oft den Anschein einer »unpersönlichen Funktion«, ja sogar des »Personlosen«, worin nicht mehr viel von der personalen Liebe ihres Herrn und Meisters aufleuchtet. Sie entgeht genausowenig wie andere Institutionen der Gefahr der Lähmung und Erstarrung, der Gewohnheit und Fixierung, der Degeneration zum bürokratisch-verwalteten Apparat, in dem jedes persönliche Leben zu ersticken droht [131]. Sie kann durchaus den Verdacht wachrufen, zum Selbstzweck zu werden, vornehmlich ihrer eigenen Selbsterhaltung, ihrem eigenen »Prestige« und ihrem politischen »Einfluß« zu dienen und dabei ihre eigentliche Sendung zum Dienst am Frieden Gottes für die Menschen zu vernachlässigen [132]. Dieser negative Aspekt des Institutionellen, da wo es zum »Institutionalismus«

[129] *Y. Spiegel,* Kirche als bürokratische Organisation, München 1969.
[130] *H. Küng,* Kirche, 123.
[131] *O. Semmelroth,* Ich glaube an die Kirche, Düsseldorf 1959, 82f.
[132] Vgl. *W. Kasper–K. Lehmann,* Die Heilssendung der Kirche in der Gegenwart. Handreichung für den pastoralen Dienst, Mainz 1970, 35.

zu werden droht[133], kann schließlich den Vorwurf provozieren, daß die Kirche fast nur noch als »System der römisch-katholischen Großkirche« mit einem zentralistischen Amtsapparat und einer traditionellen Einheitsideologie als vornehmlichen Herrschaftsmitteln auftrete[134].

Von allem prophetischen Pathos, das sich zuweilen in solchen Beschreibungen oder Warnungen ausspricht, einmal abgesehen, wird hier eine bestimmte Wirklichkeit oder Möglichkeit der kirchlichen Institution besonders betont: Nämlich das Moment einer sich verselbständigenden, rein sachhaft-funktionalen Organisation. In dieser Kritik an einer formalisierten kirchlichen Institution spricht sich eine Gegenreaktion gegen eine zu starke Betonung des formalen Charakters der Kirche und ihrer Autorität aus. Symptomatisch für diese im katholischen Raum lange übliche Akzentuierung dürfte die theologische Begründung des Kirchenrechts bei Kl. Mörsdorf sein[135]. So schreibt er in ausdrücklicher Frontstellung gegen R. Sohm: »Die sichtbare Kirche hat rechtliche Struktur, d.h. es gibt in der Kirche eine Ordnungsgewalt, die sich nicht mit dem Wecken innerer Einsicht und Überzeugung begnügt, sondern mit verbindlichem Geltungsanspruch auftritt, der sich von einem in der Vergangenheit liegenden, sichtbar gewordenen Vorgang herleitet.«[136] Der theologische Grund dafür liegt in der formalen Legitimation des Anspruchs, den Jesus als menschgewordener Sohn Gottes und als Gesandter des Vaters unabhängig von der inneren Einsicht der Hörer erhoben hat. Da die Kirche »als Gegenwärtigsetzung des Gottmenschen in Raum und Zeit das fortlebende Ursakrament« ist[137], lebt in ihr auch (vermittelt durch die Apostel als Stellvertreter des Herrn) »in gleicher Mächtigkeit« dieser formale Anspruch weiter, sowohl in der Verkündigung des Evangeliums als auch in der Spendung der Sakramente, wodurch beide Male eine Rechtsordnung in der Kirche grundgelegt wird. Dieser formale Charakter ist deswegen auch die entscheidende Eigenschaft der »konstitutionellen Ordnung« der Kirche, »in der die Kirche von Gott errichtetes, menschlichem Versagen entrücktes Zeichen des Heiles ist«[138]. Erst auf der sekundären Ebene der »tätigen Ordnung«, die aus der konstitutionellen Ordnung folgt, spielt die personale Entscheidung der einzelnen Glieder, also das subjektive Moment des Glaubens eine Rolle.

Diese bis zum Zweiten Vatikanischen Konzil verbreitete einseitige Vorordnung des Formalen vor dem material-Personalen in der Kirche, welche nicht die sehr komplexe, dialektische Einheit dieser beiden Momente bedenkt, ist mit ein Grund dafür, daß in der Praxis wie auch in der Theologie der katholischen Kirche das Institutionelle oft zum »Institutionalismus« und reinen »Formalismus« depraviert wurde. Wir werden auf das Verhältnis von »material« und »formal« hinsichtlich des Institutionsverständnisses im nächsten Abschnitt und bei der Behandlung der einzelnen Autoren im 3. Kapitel näher eingehen.

[133] Vgl. *K. Rahner,* Art. »Institutionalismus«, in: LThK V, 714f.

[134] Siehe *J. Blank,* Kirche – Gemeinde oder/und Institution? In: Diakonia 4/1973, 235–245. Blank stützt sich dabei u.a. auf *R. Bohne,* Das katholische System, Zürich 1972.

[135] Siehe dazu *Kl. Mörsdorf,* Lehrbuch des Kirchenrechts Bd 1 (11. Aufl.), Paderborn 1964, 8–26; *ders.,* Zur Grundlegung des Rechtes der Kirche, in: Münchener Theologische Zeitschrift 3/1952, 329–348.

[136] Grundlegung, 331.

[137] Grundlegung, 329.

[138] Lehrbuch Bd 1,17.

Für unsere Bestandsaufnahme des Sprachgebrauchs ergibt sich mit diesem Aspekt des »Formalen« nicht nur eine neue Eigenschaft, die dem Begriff des Institutionellen zuzurechnen ist, sondern vor allem auch eine Erweiterung des mit diesem Begriff angesprochenen Gegenstandsbereichs. Denn als Institution wird jetzt auch ausdrücklich (was sonst meist unter dem Stichwort Hierarchie bzw. Leitungsvollmacht mitgedacht war) die dem Amt in der Kirche dienende Organisation und Bürokratie benannt, weil sich hier das »Unpersönlich-Formale« am härtesten bemerkbar macht. Eine begriffliche Differenzierung innerhalb des gleichen Oberbegriffs Institution zwischen diesem Moment und etwa dem sakramentalen findet sich selten [139]. Zum Institutionellen zählt deswegen sowohl die von Gott gesetzte Ekklesia, das geistliche Amt (in all seinen Gliederungen), die sakramentale Feier der kirchlichen Eucharistie und der anderen Heilszeichen, als auch der ganze Verwaltungsapparat im Gefolge der kirchlichen Leitungsautorität. Die soziologischen Unterschiede zwischen Institution, Organisation und Verwaltung [140] werden innerhalb des theologischen Sprachgebrauchs nur selten beachtet. Diese undifferenzierte Verwendung des Wortes hat natürlich seine Konsequenz für eine theologische Begründung oder Bewertung des Institutionellen: man kann nicht alle diese in sich verschiedenen Bereiche gleichermaßen begründen (was eine theologische Aufblähung der Organisation zur Folge hätte); man kann ihnen aber auch nicht gleichermaßen eine theologische Legitimierung versagen (was eine theologische Auszehrung der institutionellen Kirche bewirkt).

b) Das Institutionelle als »Einschränkung« der subjektiven Freiheit

Die eben skizzierte sachlich-unpersönliche Eigenart wird nicht nur als verselbständigte, der Person des einzelnen gegenüber fremde und äußere Macht betrachtet, sondern immer häufiger auch als ein möglicher Feind der persönlichen Freiheit des einzelnen. Das Institutionelle steht hier gleichsam als Synonym für die »Manipulation der Freiheit«, insofern in ihm »die Bestimmtheit des Freiheitsraumes der Glieder einer Gesellschaft durch die Freiheit einzelner dieser oder der früheren Gesellschaft eine gewisse Dauer und Allgemeinheit gewinnt« [141]. Dieser Begriff »Manipulation« wird von Rahner zwar zunächst im sittlich neutralen Sinn verstanden, da der Vorgang der Bestimmung des Freiheitsraumes des einen – vorgängig zu seiner Zustimmung – durch die Freiheit des anderen ja durchaus auch unvermeidlich sein kann. Jedoch kann diese Manipulation infolge der konkupiszenten Verfaßtheit des Menschen auch sündig sein, insofern sie »aus der freien

[139] H. Pottmeyer macht auf diesen Unterschied – im Anschluß an P. Franzen (SM IV, 1282ff) und Y. Congar – aufmerksam. Er spricht von der Kirche als »sakramentaler Heilsgemeinschaft« und als »äußerer institutioneller Körperschaft«. Dabei ordnet er dem ersten die Weihevollmacht, dem anderen die Jurisdiktionsvollmacht des Amtsträgers zu. Er nimmt also das Sakramentale aus dem (engeren) Institutionsbegriff heraus (Synodale Strukturen, 171).

[140] Vgl. *H. Schelsky*, Suche, 262; Fischer-Lexikon »Soziologie« Art. »Institution«, 142ff; *N. Luhmann*, Die Organisierbarkeit, 247; *ders.*, Religiöse Dogmatik, 76ff.

[141] *K. Rahner*, Freiheit und Manipulation in Gesellschaft und Kirche, München 1970, 17; vgl. auch 39: »Daß alles Institutionelle eine Bestimmung und Begrenzung des kirchlichen Freiheitsraumes bedeutet, also mindestens eine unschuldige Manipulation ist, braucht nicht eigens erklärt zu werden«.

Schuld anderer entstammt, die Freiheitssituation des anderen agonal macht und selbst eine Dynamik zu neuer verkehrter Freiheitsentscheidung, zu Schuld beinhaltet«[142]. Als sündige und zugleich institutionelle Manipulation gibt es dieses Phänomen nach Rahner auch in der Kirche, denn die Kirche ist auch in ihren Amtsträgern sündige Kirche, deren Interkommunikation (von unten nach oben und von oben nach unten) deswegen auch immer das »Stigma der menschlichen Sündigkeit, der Lieblosigkeit, der Aggressivität, der Intoleranz, des Machtwillens usw. in sich trägt«[143]. Gerade auch das Institutionelle (z.B. im kirchlichen Gesetz iuris humani, in bestimmten Verwaltungspraxen und pastoralen Verfahrensweisen) zeigt oft diesen Zug zur sündigen Manipulation. Mit dieser Manipulation stehen nun andererseits die Freiheit des einzelnen und der ihm zustehende Freiheitsraum nicht einfach auf der gleichen Ebene, sondern sie sind das primär Seinsollende, das sich in einer Freiheitsgeschichte innerhalb der Kirche durchsetzen soll – in der »Tendenz zu einer, wenn auch nur asymptotisch erreichbaren, Aufhebung der konkupiszenten Manipuliertheit des Freiheitsraumes der Glieder der Kirche«[144]. Institution ist zumindest als von der Sünde geprägte demnach das allmählich zugunsten der Freiheit Abzuschaffende in der Kirche, und sei es wiederum auf dem Weg bestimmter institutionalisierter Verhaltensweisen, die also die Manipulation selbst zum »Instrument der Freiheit« werden lassen[145].

In dieser Theorie scheint sich der liberale Freiheitsbegriff mit einem Institutionsverständnis zu verbinden, das eine Beeinflussung durch die kritische Theorie J. Habermas' vermuten läßt. Dieser versteht das Institutionengefüge einer Gesellschaft ja vor allem als Herrschaft, als Repression unbefriedigter Bedürfnisse. Diese Repression nun soll zugunsten der Freiheit in einem kritisch-reflektierenden Emanzipationsprozeß abgebaut werden, wobei auch dieser Abbau ständig neue unvermeidliche institutionelle Formen der Repression hervorruft. Das Ziel dieser dialektischen Bewegung ist die nur asymptotisch zu erreichende »herrschaftsfreie Kommunikation« emanzipierter Subjekte. Man wird also an diese Rahnersche Theorie dieselbe Frage stellen können, wie an die kritische Theorie, ob nämlich hier nicht die Funktion des gesellschaftlich Objektiven als möglicher Ort der Vermittlung des Subjekts zu sich selbst vernachlässigt wird zugunsten einer sehr abstrakten Freiheit des Subjekts. Wir brauchen jedoch hier nicht näher auf Rahners Konzeption einzugehen, da wir uns im nächsten Kapitel ausführlich mit seinem theologischen Institutionsverständnis beschäftigen werden.

Sehr verbreitet ist gegenwärtig diese Auffassung von kirchlicher Institution als Beschränkung und Repression der Freiheit vor allem in kirchenpolitisch oder kirchenkritisch engagierten Schriften, denen es weniger um eine grundsätzliche theologische Reflexion des beiderseitigen Verhältnisses als vielmehr um eine konsequente Reform kirchlicher Strukturen zugunsten der Freiheit geht. Man fordert z.B. statt der bestehenden Kultkirche eine »freie Bruderkirche, in der es nicht

[142] A.a.O., 19.
[143] A.a.O., 38.
[144] A.a.O., 40f.
[145] A.a.O., 43; vgl. auch *K. Rahner,* Theologie der Macht, in: IV, 485–508. Rahner äußert hier ähnliche Gedanken, wobei er statt »Institution« den Begriff »Macht« gebraucht. Zur Kritik an diesem Institutionsverständnis siehe *J. Ratzinger, H. Maier,* Demokratie in der Kirche, Limburg 1970, bes. 12f, 58f.

hierarchisch, sondern anarchisch zugehen sollte: herrschaftsfrei«. Denn

»das Christentum intendiert zum erstenmal in der uns bekannten Menschheitsgeschichte die Befreiung und die Freiheit des Menschen von außer seiner selbst liegenden Zwängen der Religion und der durch sie bestimmten Gesellschaft. Zum erstenmal sollte und durfte sich der Mensch als bewußtes Subjekt verstehen, gebunden allein an die Gebote Gottes, an die ethischen Normen und Verhaltensweisen Jesu Christi. In dieser gehorsamen Gebundenheit sollte der Mensch frei sein«[146].

G. Hasenhüttl versucht, dieser Idee einer herrschaftsfreien, an-archischen Kirche eine sozio-theologische Begründung zu geben (siehe auch 1. Exkurs, 3a). Für sein Institutionsverständnis sind die Momente der formalen Herrschaft und des formalen Rechts entscheidend; durch beide wird eine Ungleichheit in der Kirche geschaffen (»Klassengesellschaft«)[147], die letztlich »unmenschliche« Verhältnisse fördert, da die »Freiheit begrenzt und der Mensch deformiert wird«[148]. Diese Entfremdung des Menschen kann nur aufgehoben werden »durch die verstehbare, produktive revolutionäre Tat, die den Geist in dauerndem Vollzug hält, denn außerhalb des Vollzugs gibt es nur Objektivation und Tod des Geistes«[149]. Die Kirche als eine auf Freiwilligkeit basierende Gemeinschaft kann und soll diese Befreiung von jeder objektivierten, formalen Herrschaft durchführen und sich als »Plattform des herrschaftsfreien Gesprächs« auf neue Weise institutionalisieren[150]. Die *theologischen* Gründe für diese These lauten:

1. Eine herrschaftsfreie Kirche entspricht mehr der freiheitlichen Vollmacht Jesu, mit der er gegen die etablierten Institutionen (Amtsträger, Gesetz, Tradition, Kult) angeht; durch Jesus werden alle Institutionen als menschliches Gemächte relativiert und entmythologisiert. Seine Botschaft von der Umkehr und von der Nähe des Reiches Gottes befreit die Menschen von allem Vorgegebenen und von den »verhärteten Zuständen der Institutionen« (S. 130); sie bringt das »Reich der Freiheit«, der Gleichheit, der Brüderlichkeit (ebd.) und gibt dem gesellschaftlichen Leben durch das Gebot der Nächsten- und Feindesliebe ein neues Ordnungsprinzip – ohne Herrschaft, Vergeltung, Eingrenzung.

2. Die Jünger und die Urgemeinde lebten in einer herrschaftsfreien, brüderlichen Gemeinschaft mit fundamentaler Gleichheit (»ihr alle seid Brüder«); be-

[146] *R. Bohne,* System, 9. Zur kritischen Beurteilung der bestehenden kirchlichen Institution als einer freiheitshemmenden Instanz siehe auch manche Äußerungen in: *L. Roy, F. Ingram* (Hrsg.), Ein Modell von Kirche? Düsseldorf 1969, bes. 168ff, 205ff; *M. Raske, K. Schäfer, N. Wetzel* (Hrsg.), Eine freie Kirche für eine freie Welt, Düsseldorf 1969, bes. 27f, 102, 112, 123f. In diesen beiden Schriften wird in der Regel keineswegs grundsätzlich die kirchliche Institution zugunsten der Freiheit negiert; vielmehr richtet sich die Kritik auf bestehende unfreie und freiheitsfeindliche institutionelle Verhaltensweisen in der Kirche. Eine grundsätzliche Negation der bestehenden kirchlichen Institution findet sich dagegen in: *B. v. Onna, M. Stankowski* (Hrsg.), Kritischer Katholizismus, Frankfurt 1969, bes. 12f, 26f, 38ff. Auch *H. R. Schlette,* Thesen zum christlichen Gemeindeverständnis, in: *M. Seckler, O. H. Pesch, J. Brosseder, W. Pannenberg* (Hrsg.), Begegnung (Festschrift für H. Fries), Graz 1972, 361–368, möchte den bestehenden »kirchlichen Verwaltungseinheiten« nicht mehr den Namen christliche Gemeinde zugestehen, da sie mit den Prinzipien des Gemeindemodells im Neuen Testament fast nichts mehr zu tun haben (363).

[147] *G. Hasenhüttl,* Herrschaftsfreie Kirche, Düsseldorf 1974, 32.

[148] A.a.O., 69, 58.

[149] A.a.O., 69.

[150] A.a.O., 149f.

stimmte institutionelle Formen wurden als zeitbedingte, ersetzbare Hilfsstrukturen eingeführt, denen darüber hinaus keinerlei theologische Legitimation zukommt.

3. Paulus zeichnet in seinen Briefen das Modell einer herrschaftsfreien Kirche, in der nur das Gesetz der Liebe herrscht, nach dem die einzelnen Charismen sich gegenseitig unter- und einordnen.

Da wir im nächsten Kapitel nicht mehr ausdrücklich auf diesen Entwurf eingehen, möchten wir jetzt schon darauf erwidern:

1. Daß sich von Jesus her nicht eine institutionelle Kirchenstruktur unmittelbar begründen läßt, ist klar; ebenso bleibt seine institutionskritische Einstellung den Institutionen des Alten Bundes gegenüber ein unbestreitbares Ferment der Unruhe und der ständigen Umkehrforderung innerhalb der kirchlichen Institution[151]. Aber läßt sich die Vollmacht Jesu, die er als solche den Jüngern überträgt (z.B. Lk 10,16), auf die Dauer ohne Institutionalisierung ausüben? Denn mit der Vollmacht, das Evangelium vom Reich Gottes zu verkünden und es auch in Taten und Zeichen anwesend werden zu lassen, ist bereits eo ipso die Rollenstruktur eines »Gegenübers« mitgesetzt: nämlich das zwischen den bevollmächtigten Zeugen und denen, denen gegenüber diese Vollmacht ausgeübt wird. Ohne ein solches Gegenüber hat die Rede von einer Vollmacht überhaupt keinen Sinn. Daß diese Vollmacht nur innerhalb einer fundamentalen Gleichheit des Hörens und Glaubens aller an die Botschaft Jesu, daß sie nur als selbstlos-gehorsamer Dienst (...) bis zum Kreuz (...) an der Botschaft und am Glauben der Menschen, daß sie nur in Relation und Funktion zur Vollmacht Jesu (als »funktional bestimmte Repräsentation«) ausgeübt werden kann, ist selbstverständlich; die Dialektik von Dienst und Vollmacht ist unaufhebbar[152]. Aber damit gerade die Vollmacht Jesu *als sie selbst* – und nicht als die selbstherrlich okkupierte irgend eines Charismatikers oder Amtsträgers, mag er noch so selbstlos dienend sein – vor den Menschen in ihrem verpflichtenden Charakter geltend gemacht werden kann, bedarf es einer objektivierten Gestalt dieser Vollmacht, die sie aller subjektiven Verfügungsmacht einzelner und der Gemeinde entzieht. Gerade die Sorge um die funktionale Identität der Vollmacht Jesu in der Geschichte der Verkündigung des Evangeliums bedingt eine objektive und in bestimmtem Maß »formalisierte« Gestalt der Vollmachtsausübung. Natürlich hat diese formale Legitimierung nur Sinn, wenn die grundlegende »materiale« Übereinstimmung mit der Botschaft und dem Dienst Jesu gegeben ist; weder ein rein formaler noch ein rein materialer Rückbezug auf Jesus läßt *seine* Vollmacht in der Geschichte gegenwärtig bleiben[153].

2. Diese Notwendigkeit einer formalen Legitimation der Vollmacht hat in der Urgemeinde die Entstehung institutionalisierter Ämter mitbedingt – was den »brüderlichen« Charakter dieser Gemeinschaft nach dem Zeugnis der Synoptiker und der Apostelgeschichte keineswegs aufgehoben hat –. Um die Identität der

[151] Vgl. *W. Kasper*, Glaube und Geschichte, 392f.

[152] Dazu: *K. Kertelge*, Gemeinde und Amt im Neuen Testament, München 1972, bes. 156ff; *W. Thüsing*, Dienstfunktion und Vollmacht kirchlicher Ämter nach dem Neuen Testament, in: *W. Weber* (Hrsg.), Macht, 61–74; *W. Kasper*, Glaube und Geschichte, 394f.

[153] Zum Zusammenhang von formaler und materialer Legitimation des kirchl. Amtes auf Grund des Neuen Testamentes siehe auch *W. Thüsing*, a.a.O., 71f.

immer neu zu verkündenden Botschaft mit ihrem Ursprung Jesus Christus zu bewahren, brauchte die Gemeinde so etwas wie ein formales Traditions- und Legitimationsprinzip[154]. Daß dies nicht erst eine Idee der Apostelgeschichte oder der Pastoralbriefe ist, beweist Paulus, der sich zur Legitimation seines bevollmächtigten Apostelamtes eben nicht nur auf den offensichtlichen Erweis des Geistes und der Kraft in der Ausübung seines Charismas, auch nicht nur auf die in seiner Existenz sichtbar werdende Kreuzesgestalt Christi beruft, sondern auch auf eine seiner Verkündigung vorgängige und an ihrem »richtigen« Vollzug nicht einfach ablesbare, der Beurteilung und Verfügung der Gemeinde also völlig entzogene Beauftragung durch den Auferstandenen.

Damit bringt Paulus ein formales Element der Legitimation ins Spiel, welches nicht einfach schon mit der inhaltlichen Identität seiner Verkündigung mit ihrem Ursprung in Jesus Christus gegeben ist[155]. Beides gilt für ihn: »Würden selbst wir oder ein Engel vom Himmel euch eine andere Heilsbotschaft verkünden, als wir sie euch verkündeten, – verflucht sei er« (Gal 1,8); und: »Bin ich nicht Apostel? Habe ich nicht Jesus, unseren Herrn, gesehen?« (1 Ko 9,1; vgl. Rö 1,1–5, Gal 1,11f). Daß Paulus sich bei dieser formalen Legitimation unmittelbar auf die Bevollmächtigung durch den Auferstandenen bezieht, während sich die »Amtsträger« der Apostelgeschichte und der Pastoralbriefe auf eine menschliche (apostolische) Vermittlung der Vollmacht Jesu berufen, macht zwar – ekklesiologisch gesehen – den entscheidenden Unterschied zwischen der kirche-begründenden Stellung des Apostels als Auferstehungszeugen (und damit der apostolischen Zeit als Ganzer) und der mehr kirche-erhaltenden Stellung des späteren Amtsträgers in der nachapostolischen Zeit aus, ändert aber nichts wesentlich an der strukturellen Gleichheit einer formalen Legitimation der Autorität. Natürlich ist die erstere noch stärker personal-individuell, die zweite bereits mehr institutionell-gesellschaftlich geprägt; aber diese Entwicklung ist bei zunehmender Entfernung vom Ursprung unausweichlich. Die Kirche bleibt eben nicht der soziologischen Gesetzlichkeit einer »Veralltäglichung des Charismas«, d.h. eines Übergangs von »charismatischer Herrschaft« zu einer »traditionalen« oder einer »rationalen« Herrschaft enthoben[156]. Ihre theologische Eigenart und Einzigartigkeit besteht nicht darin, daß sie außerhalb oder oberhalb solcher menschlich-sozialer Formen und Entwicklungen steht, sondern daß sie ihr Sein als Ekklesia Gottes und als Leib Christi *in* diesen Strukturen verwirklicht, daß sie also ganz in der Welt, aber überhaupt nicht von der Welt ist. Dabei wird natürlich eine spezifische Prägung und Umformung solcher Strukturen stattfinden, aber nicht eine grundsätzliche Negation.

3. Wo es in einer Gemeinschaft Autorität gibt, die sich sowohl material wie formal begründet, tritt eo ipso so etwas wie »Herrschaft« bzw. »Macht« (»Voll-

[154] *E. Käsemann,* Amt und Gemeinde, 129.

[155] *H. Dombois* weist darauf hin, daß »Paulus für seine eigene Person und Legitimation deutlich institutionelle Aussagen macht. Im Präskript des Römerbriefes erkennt der Jurist unschwer die prozeßförmige Struktur der personalen Institution (Röm 1,1–18), die Aussonderung für einen Dienst und die Bevollmächtigung, welche hier nebeneinander mit charis, d.h. also Gnadengabe, Geistgabe einerseits und Apostolat andererseits bezeichnet wird, offenbar ohne in dieser Doppeltheit einen sachlichen Gegensatz zu meinen« (Recht II, 53).

[156] *M. Weber,* Wirtschaft, 124, 142f.

Macht«) ein, also die Möglichkeit, Entscheidungen zu fällen und auch gegen den Willen und die Einsicht anderer durchzusetzen[157]. Diese Autorität hat Paulus für sich in Anspruch genommen, gerade wenn es um die Wahrheit der Botschaft und die Einheit der Gemeinde ging. Allerdings hat er dabei eine *rein* formale oder *rein* autoritative Ausübung höchstens als Möglichkeit für den Extremfall vorgesehen, wenn also die Gemeinde nicht von sich aus schon zu Einsicht und Gehorsam gefunden hat (vgl. 2 Ko 10,6). Diese Autorität Pauli betätigt sich nur »zur Förderung, nicht zur Zerstörung« der Gemeinschaft (2 Ko 10,8), sie verträgt sich durchaus mit einer charismatisch-brüderlichen Grundstruktur. »Herrschaft« innerhalb der Gemeinde ist eben nicht immer schon »unmenschliche« Unterdrükkung der Freiheit, auch wenn sie gegebenenfalls das brüderliche Gespräch durch eine Entscheidung beendet, der nicht alle zustimmen können. Im Gegenteil: »Herrschaftsfreiheit« kann ihrerseits zu einer die Gemeinde überfordernden und erdrückenden Last werden, wenn sie sich als eine endlose Dauerkommunikation etabliert, die jede Wahrheitsfindung von der Einsicht aller und jede Entscheidung zum Handeln von der freien Zustimmung aller abhängig macht. Dagegen kann eine sich inhaltlich und formal von Christus und seiner authentisch überlieferten Botschaft her legitimierende »Herrschaft« ein notwendiger Dienst an der Freiheit der Gemeinde sein, z. B. indem sie diese zur Wahrheit Christi oder zur missionarischen oder sozialen Tätigkeit befreit.

Daß Herrschaft nicht nur zur Unterdrückung, sondern durchaus auch zur Befreiung der Freiheit agieren kann, ergibt sich anthropologisch aus der »natürlichen« Verfaßtheit des Menschen, dessen freie Subjektivität sich nur in der Bindung an die objektive Vorgegebenheit des anderen seiner selbst vollzieht – wozu eben auch die gesellschaftlich-rechtlich geprägte »Situation« zählt. Theologisch gesprochen rechnet diese Auffassung von der Ambivalenz der Herrschaft mit der sündigen Verfaßtheit des Menschen; auch die subjektive Freiheit und nicht nur menschliche Herrschaft steht unter dem Hang zur sündigen Selbstbehauptung, welche nicht immer durch Kommunikation beseitigt werden kann.

4. Daß die Kirche von dieser anthropologischen und theologischen Verfaßtheit des Menschen ausgenommen und grundsätzlich »herrschaftsfrei« sein bzw. werden soll, läßt sich nicht begründen. Der Grund, den Hasenhüttl u. a. nennt, nämlich die freiwillige Mitgliedschaft der Glieder, trifft genauso auch auf einen Gewerkschaftsbund oder einen Sportverein zu, die aber dennoch offensichtlich nicht auf institutionalisierte Rechts- und Herrschaftsstrukturen verzichten können. Hinter der Forderung nach einer herrschaftsfreien Kirche scheint ein Kirchenbild zu stehen, das – analog zum Triumphalismus vergangener Ekklesiologien – der Kirche eine übermenschliche und übergesellschaftliche, quasi-göttliche Qualität zuschreiben möchte. Beide Male wird deswegen der Pilgerstatus der Kirche, ihr Unterwegssein zur eschatologischen Vollendung vorschnell übersprungen[158].

[157] *M. Weber,* Wirtschaft, 28f. Eine sehr differenzierte Untersuchung über den Sinn der allgemeinen, auch über die Kirche hinausreichenden Struktur »Hierarchie« bietet *H. Dombois,* Hierarchie. Grund und Grenze einer umstrittenen Struktur, Freiburg 1971. Diese Analyse hebt sich durch ihre Sachlichkeit und ihre überraschenden Ergebnisse wohltuend von den vielen polemischen oder defensiven Behandlungen des Themas ab.

[158] Vgl. *W. Kasper,* Elemente, 46f; *H. U. v. Balthasar,* In Gottes Einsatz leben, Einsiedeln 1971, 104.

Ebenfalls gibt es keinen stichhaltigen Grund dafür, daß die bereits in neutestamentlicher Zeit sich bildenden institutionellen Formen nur eine regulative »Hilfsstruktur« und ein »Notstandsgemächt« für bestimmte Zeiten und Schwierigkeiten und deshalb jederzeit ersetzbar seien [159]; man könne ihnen wohl eine gewisse historische Legitimität, aber keine theologische zusprechen. Diese Theorie gibt jedenfalls nicht das Selbstverständnis der neutestamentlichen und der ihr nachfolgenden Kirche wieder, die ihre amtlichen und sakramentalen Strukturen durchaus als »wesensgemäß« und als konstitutiv für ihr irdisches Dasein ansah. Gerade wegen der Aufgabe der Missionierung mußte die Kirche eine »geschichtsfähige« Gestalt annehmen, die auch über Generationen hinaus und auf ganz neue Verhältnisse übertragbar war. »Die Entscheidung zur Geschichte bedeutet also eine Absage an eine bestimmte Form von spiritualistischer Pneumatologie« [160]. Aus dem Schweigen des Paulus zu dieser Frage und aus der in seinen Briefen erkennbaren Struktur der Gemeinde läßt sich wohl folgern, daß die institutionellen Formen nicht die einzig entscheidenden Strukturelemente für eine nach neutestamentlichen Vorbildern sich ausrichtende Kirche sein können; eine Wertung aber ist daraus allein (ohne ein bestimmtes theologisches und philosophisches Vorverständnis) nicht zu entnehmen.

Darüber hinaus scheint die Unterscheidung zwischen wesentlichen, »konstitutiven« und bedingten, »regulativen« Strukturprinzipien auch noch aus einem anderen Grund fragwürdig. In dieser Gegenüberstellung wird das Institutionelle nach Art eines »Akzidenz« betrachtet, das – mit bedingter Notwendigkeit – von außen zur »Substanz« der Kirche hinzutritt und von dieser je nach Situation auch wieder fallengelassen werden kann. Es widerspricht nun allen soziologischen und historischen Erfahrungen, das Institutionelle einer größeren Gemeinschaft einfach als irgend ein beliebiges Randphänomen zu betrachten, das man sich aneignen oder auch ablegen kann, wie es die jeweilige Lage erfordert. Wenn dies bei der Kirche dennoch vielfach behauptet wird, dann meist aus einem bestimmten spiritualisierten Kirchen- und Geistverständnis heraus.

159 *G. Hasenhüttl,* Kirche, 148f; *ders.,* Charisma, 230ff; *E. Käsemann,* Amt und Gemeinde, 130ff.

160 *H. Dombois,* Recht II, 72.

EXKURS: ZUR PROBLEMATIK EINER THEOLOGISCHEN »LEGITIMATION« DES INSTITUTIONELLEN CHARAKTERS DER KIRCHE

1. Ekklesiologie unter Ideologieverdacht

Man vermutet heute hinter theologischen Legitimationsbemühungen oft das Interesse an Stabilisierung einer bestehenden Gesellschaftsordnung, die mit einer überhöhenden Legitimation versehen werden soll, um sie vor Angriffen, Veränderungen oder Zerstörungen zu schützen. Dieses »ideologiekritische« Bewußtsein wird nicht mehr nur von außen an die Theologie herangetragen, sondern nimmt inzwischen auch bereits einen Platz innerhalb der Theologie gegenüber ihren eigenen »Konstruktionen« ein [1]. Man ist mißtrauisch geworden gegenüber einer in der Vergangenheit oft überzogenen »Mythologisierung« oder »Pseudosakralisierung« geschichtlich bedingter institutioneller Strukturen in der Kirche, weil – oft mit Recht – dahinter auch ein politisches Interesse am Bestehenden oder die Angst vor einer epochal neuen Gestalt der Kirche vermutet wird [2]. Die Theologie möchte jedoch im allgemeinen weder zu einer Legitimationsideologie werden, die bestimmte, längst überfällige Strukturveränderungen durch theoretische Sanktionierung verhindern soll; noch will sie sich einfach vor jeden Karren institutionskritischer oder -destruierender Praxis spannen lassen.

Das selbstkritische Auftreten deutet darauf hin, daß auch innerhalb der Theologie ein typisch neuzeitliches, d.h. ein an der Emanzipation der kritischen Vernunft gegenüber ideologisch verbrämten Strukturen interessiertes Bewußtsein sich ausbreitet [3]. Es gilt für die Theologie nicht mehr einfach alles als »gottgegeben«, als unwandelbares »göttliches Recht«, was in langer Tradition gewachsen ist, da es inzwischen eben auch in seinem historisch-soziologischen Bedingtsein durchschaut ist. Dennoch verzichtet die katholische Theologie der Gegenwart nicht auf jegliche theologische Begründung des kirchlich Institutionellen im allgemeinen und auch in seinen ganz besonderen Ausformungen. Auf die Gründe, die ein solches Verfahren sinnvoll erscheinen lassen, werden wir gleich zu sprechen kommen. Vorher müssen wir erst noch klären, wie sie sich dabei vor einer Ideologisierung kirchlicher Institutionen bewahren kann. Hier hängt natürlich viel davon ab, was genau unter Ideologie verstanden wird. Wir können nicht auf die vielen heute umlaufenden Ideologiebegriffe eingehen [4]. Da jedenfalls, wo man aus einer grundsätzlichen Institutionskritik heraus jede theoretische Begründung von Institutionen als herrschaftsstabilisierende, den Menschen in seiner Unmündigkeit haltende Ideologie einstuft, wird die Theologie notwendig immer diesem Verdacht

[1] Z.B. *K. Rahner,* Ideologie und Christentum, in: VI, 59–76, bes. 62f; *J. B. Metz, J. Moltmann, W. Oelmüller,* Kirche im Prozeß der Aufklärung, München–Mainz 1970; *K. Lehmann,* Die Kirche und die Herrschaft der Ideologien, in: HPTh II/2, 109–180; *J. Moltmann,* Der gekreuzigte Gott, München, 1972; *H. R. Schlette,* Die Ideologieproblematik und der christliche Glaube, in: Concilium 1/1965, 505–516; *W. Post,* Art. »Ideologie« in: SM II, 795–801; *H. Peukert* (Hrsg.), Diskussion zur »politischen Theologie«, Mainz–München 1969.

[2] *H. Mühlen,* Entsakralisierung, Paderborn 1970, 439f.

[3] Vgl. *K. Lenk* (Hrsg.), Ideologie, Neuwied 1967 (3. Aufl.), 17.

[4] *K. Lenk,* Ideologie, 17–59; *K. Lehmann,* HPTh II/2, 137ff; *J. Habermas–N. Luhmann,* Gesellschaft, 245f, 259.

ausgesetzt bleiben (z. B. in einer von Marx und Freud inspirierten Ideologiekritik). Ebenso da, wo alles metaphysische oder theologische Denken von vornherein als ideologisch, als mythisch abqualifiziert wird (z. B. in der positivistischen Ideologiekritik). Auch nach dem wissenssoziologischen Sprachgebrauch, in dem Ideologie zunächst ganz wertneutral als Wesensmerkmal der menschlichen Denkstruktur schlechthin angesehen wird, bleibt die Theologie notwendig ideologisch. Wir wollen hier – im Zusammenhang einer ekklesiologischen Fragestellung – drei *Merkmale* nennen, die eine theologische Erklärung des Institutionellen zumindest ideologieverdächtig erscheinen lassen:

1. Wenn sie in einer inzwischen schon durchschaubaren »Ungleichzeitigkeit« zum gegenwärtigen Bewußtsein in der Kirche und ihrer gesellschaftlichen Umwelt an der Legitimation bestimmter geschichtlich gewordener, aber inzwischen überholter und überholbarer Strukturen festhält.

2. Wenn sie bestimmte geschichtliche Formen zu unvermittelt mit »göttlichem Willen« o. ä. identifiziert und deswegen als absolut, als exklusiv gültig usw. hinstellt.

3. Wenn sie zu ihrer Begründung bestimmte Teilaspekte der theologischen Tradition zu einseitig und ohne die nötige Selbstrelativierung durch das Ganze der Tradition berücksichtigt.

Diese drei Merkmale enthalten zugleich auch »Verhaltensregeln«, die die Theologie beachten sollte, wenn sie der Gefahr einer Ideologisierung kirchlicher Strukturen entgehen will. Wir wollen deswegen etwas ausführlicher auf sie eingehen.

1. Die Ekklesiologie muß versuchen, eine »Ungleichzeitigkeit« in ihrem Denken und in den von ihr legitimierten kirchlichen Strukturen zu vermeiden. Mit »Ungleichzeitigkeit« ist gemeint, daß Kirche und Theologie an einem Bewußtsein und an bestimmten Formen festhalten, die zur Zeit ihrer Entstehung durchaus angemessen waren, inzwischen aber, bei fortgeschrittenem Erkenntnisstand, in der gesellschaftlichen, politischen und kulturellen Umwelt der Kirche bereits überholt und auch für die Kirche grundsätzlich überholbar sind. Gerade wegen dieser Möglichkeit, sich neu zu formieren und zu formulieren, ohne sich selbst dabei aufzugeben, wirkt das Festhalten am Überkommenen ideologisch[5]. Nicht daß die Kirche eigene, allein für sie typische institutionelle Formen und dementsprechende Legitimationstheorien behalten soll, wird hier in Frage gestellt; es geht nur darum, daß sie das für sie Typische mit dem jeweiligen allgemeinen gesellschaftlichen Bewußtsein überzeugend vermitteln kann; ob sie also eine zu große Kluft zwischen ihren Strukturen und denen ihrer Umwelt verhindern kann. Denn sonst gerät sie eben in den Verdacht, nur »einen durchschaubaren früheren Status der gesellschaftlichen Entwicklung und des allgemeinen Bewußtseins« zu repräsentieren[6]. Und in der Tat haben sich ja auch in jeder Epoche das allgemeine geistesgeschichtliche Bewußtsein und die gesellschaftlichen Formen in der Kirche und ihrer Theologie widergespiegelt. Für die Ekklesiologie, die sich heute um eine

[5] Vgl. dazu *J. B. Metz,* Politische Theologie, 298ff; *ders.,* Kirchliche Autorität, 84ff; *K. Lehmann,* HPTh II/2, 151ff; *N. Lohfink,* Das Alte Testament und die Krise des kirchlichen Amtes, in: Stimmen der Zeit 186/1970, 269–276.

[6] *J. B. Metz,* Kirchliche Autorität, 84; *H. Mühlen,* Entsakralisierung, 427ff.

angemessene Begründung des kirchlich Institutionellen bemüht, bedeutet das: sie muß in Auseinandersetzung mit dem neuzeitlichen Problemhorizont treten, in dem heute – nach Aufklärung und Idealismus – die Frage nach der Institution behandelt wird. Sie wird deswegen in ihre eigene Fragestellung das Problem der Subjektivität und ihres dialektischen Verhältnisses zur Institution aufnehmen müssen.

2. Um einem gerechtfertigten Ideologieverdacht zu entgehen, wird die Ekklesiologie weiterhin versuchen, nicht allen im Laufe der Kirchengeschichte gewachsenen institutionellen Formen das theologische Prädikat eines »göttlichen«, d. h. absolut unveränderlichen und exklusiv geltenden Gesetzes zu geben. Weil sie die geschichtliche und soziologische Relativität bestimmter Strukturen und ihre mögliche und sinnvolle Veränderung anerkennt, kann sie nicht mehr zu schnell eine konkrete kirchliche Gestaltung mit dem »Willen Gottes« identifizieren oder zu unvermittelt als Repräsentation »göttlicher Wirklichkeit« hinstellen [7]. Eine solche theologische Überfrachtung historischer Formen macht die Theologie ideologieverdächtig. Daraus folgt jedoch nicht, daß sie überhaupt auf eine Begründung ihrer Strukturen, auch der als zeitbedingt und veränderungsfähig erkannten, verzichten soll. Sie muß sich nur vor einer zu undialektischen Identifizierung der geschichtlichen, »kategorialen« Objektivierung mit der »transzendenten«, nicht-objektivierbaren Wirklichkeit des Heils hüten [8]. Weil die Theologie aus geschichtlicher Erfahrung um die Zweideutigkeit und Sündigkeit aller menschlichen Vermittlung weiß, wird sie die Kirche auch in ihren institutionellen Strukturen als »ecclesia semper reformanda« begreifen, ohne daß damit bestimmte grundlegende Strukturen als einfachhin in der Geschichte überholbar behauptet würden. Die theologischen Begründungen müßten etwas von der Offenheit, der selbst-losen Bezogenheit aller menschlichen Vermittlungen auf das nicht greifbare, nicht fixierbare Geheimnis Gottes spüren lassen, sie dürften nicht den Anschein des Totalitären und Exklusiven erwecken. Insofern kann auch die Lehre vom allgemeinen Heilswillen Gottes durchaus eine ideologiekritische Funktion innerhalb der Theologie wahrnehmen, da hier eben die bleibende Differenz zwischen Heil und kirchlich-institutioneller Vermittlung betont wird. Diese Lehre sprengt jede Versuchung zur exklusiven und totalen Bindung des Heils an die Institution, sie bewahrt vor einer ideologischen Absolutsetzung partikulärer Wirklichkeiten [9].

3. Eine dritte Möglichkeit, den Ideologieverdacht abzuwehren, liegt darin, daß die theologische Begründung des Institutionellen sich immer am Ganzen der christlichen Tradition unter besonderer Berücksichtigung ihrer Ursprungsphase orientiert. Sie wird dabei immer wieder auf die Weite der der Kirche eigenen Wesensmöglichkeiten stoßen, die sie vor einer institutionellen Engführung bestimmter gewachsener Formen bewahrt. Von ihrem normativen Ursprung her [10], der im Neuen Testament bezeugt ist, weiß die Kirche um die Fülle ihrer wesentlichen Eigenschaften, von denen im Laufe der Geschichte immer wieder einige (z. B. das charismatische Moment) zugunsten anderer im Glaubensbewußtsein und in der Gestalt der Kirche fast ganz zurückgetreten sind. Eine Rückbesinnung auf

[7] *K. Lehmann*, HPTh II/2, 153.

[8] Vgl. *K. Rahner*, VI, 63ff. Er spricht hier von einer »Ideologisierung der Immanenz«.

[9] *K. Rahner*, VI, 73; *J. Heinrichs*, Das ideologiekritische Gewicht der Lehre vom anonymen Christen, siehe Exkurs: Zum Verhältnis von Soziologie u. Theologie, Anm. 11.

[10] Vgl. *W. Kasper*, Dogma unter dem Wort Gottes, Mainz 1965, 110ff.

das Ganze der Tradition hat bisher noch immer Einseitigkeiten, die nicht mehr unbedingt einer historischen Notwendigkeit entsprachen, aufgedeckt und kritisiert.

Damit wird keineswegs gefordert, daß die Theologie in einem ungeschichtlichen Denken einer Imitation bestimmter vergangener kirchlicher Situationen das Wort reden soll. Es gibt einfach irreversible Entscheidungen, die die Kirche am Anfang und im Laufe ihrer weiteren Geschichte zur Verwirklichung ihres eigenen Wesens getroffen hat und hinter die sie nicht mehr zurück kann [11]. Die Besinnung auf das Ganze der kirchlichen Tradition ordnet die Kirche vielmehr immer wieder in das Ganze des Heilsgeschehens ein, dem sie dienen soll, relativiert sie auf die jeweils größere Wirklichkeit dessen hin, den sie verkünden soll. Dabei wird die Theologie der Kirche feststellen, daß sie in ihrem Denken immer neu aus historisch bedingten Einseitigkeiten (nicht nur der Vergangenheit, sondern auch einer ideologisch fixierten Gegenwart!) aufbrechen muß, um dieser Relativierung gerecht zu werden. Sie wird ihre eigenen Legitimationen kirchlicher Strukturen von daher überprüfen, ob sie etwas stützen, was wirklich für die Kirche wesensnotwendig ist oder nicht; sie wird sich fragen müssen, ob ihre Argumente sich an so etwas wie einer »Hierarchie der Wahrheiten« orientieren, und wird deswegen stets den Zusammenhang mit den zentralen Glaubensgeheimnissen herzustellen suchen. Diese Selbstkritik wird die Ekklesiologie nicht nur im Gegenüber zum normativen Ursprung der Kirche, sondern auch zu den verschiedensten Epochen kirchlicher Tradition vollziehen müssen, die das Gesicht der Kirche bleibend geprägt haben.

2. *Der Sinn einer theologischen Legitimation des Institutionellen (wissenssoziologisch betrachtet)*

Bis jetzt haben wir vorwiegend defensiv-abgrenzend argumentiert. Es bleibt aber noch die grundsätzliche Frage, warum eine solche theologische Begründung überhaupt notwendig und sinnvoll ist. Genügt nicht einfach der historische oder soziologische Nachweis, daß bestimmte institutionelle Strukturen und Funktionen für die Existenz der kirchlichen Gemeinschaft notwendig waren bzw. noch sind? Warum darüber hinaus noch eine theologische Erklärung, der trotz aller Abgrenzungsversuche doch leicht der Geruch des Ideologischen anhaften wird?

Wir übernehmen die Begründung für solche theologische Erklärungen von der *Wissenssoziologie.* In ihr spielt das Problem der Legitimation von Institutionen eine große Rolle. Denn sie erforscht ja gerade die Beziehungen zwischen den gesellschaftlichen Verhältnissen und dem Denken, dem Wissen, den Vorstellungen der Menschen, die in diesen Verhältnissen leben. Sie deutet diese Beziehungen nicht wie ein ideologisch erstarrter Marxismus in einem undialektischen Basis-Überbau-Verhältnis, sondern als eine wechselseitige Abhängigkeit zwischen den objektiven Gegebenheiten und dem subjektiv gemeinten Sinn, der das soziale Handeln der Menschen bestimmt und zugleich auch von diesem bestimmt wird. Das, was in einer Gesellschaft als »wirklich« gilt, was sie erst zu einer Gesellschaft

[11] *K. Rahner,* Über den Begriff des »Ius divinum« im katholischen Verständnis, in: V, 249–277, bes. 268f, 274ff.

mit ganz bestimmten Strukturen, Rollen und Normen macht, wird eben immer schon »gesellschaftlich konstruiert« durch das »Wissen«, das in dieser Gesellschaft gepflegt und weitergegeben wird[12]. Zu diesem gesellschaftskonstituierenden Wissen gehören entscheidend die sog. »Legitimationen«, die die institutionale Ordnung erklären und rechtfertigen. Sie entstehen in der Regel erst nach der Ursprungsphase gesellschaftlicher Institutionen, wenn diese nämlich weitervermittelt werden an eine neue Generation oder eine andere Umwelt, für die diese Institutionen bereits eine »vorgegebene«, objektive Wirklichkeit sind, die nicht erst von ihnen und ihrem subjektiv gemeinten Sinn hervorgebracht wird. Bei der Übernahme dieser Institutionen wird dann zugleich auch ein ganzes Gefüge »kognitiver und normativer Interpretationen« angenommen, die diese Ordnung überhaupt erst als sinnvoll, als berechtigt und damit auch als »wirklich« erscheinen lassen[13].

Die Legitimationen bilden einen entscheidenden Faktor innerhalb der »Plausibilitätsstruktur« einer Gesellschaft. Denn sie haben die Aufgabe, die verschiedensten und ungleichartigsten Momente einer gesellschaftlichen Ordnung in ein sinnhaftes Ganzes zu *integrieren,* sie in einen Sinnzusammenhang zu bringen, der die gesamte Ordnung für die Mitglieder einsichtig macht. Erst dann können diese sich auch bewußt in ihrem ganzen individuellen Lebenslauf in diese institutionale Ordnung eingliedern[14]. Innerhalb der kognitiven und normativen Legitimationen gibt es normalerweise verschiedene Ebenen des Reflexionsniveaus: Es reicht von der vortheoretischen, jedoch auch schon informierenden und normierenden Kraft der Umgangssprache über gebräuchliche Lebensweisheiten, Sprichwörter, Erzählungen usw. bis zu sehr differenziert ausgearbeiteten Theorien, die ihren Höhepunkt in sog. »symbolischen Sinnwelten« finden, die die erfahrbare gesellschaftliche Welt legitimieren als Verweis auf eine andere, diese eigene Welt übersteigende, »höhere Wirklichkeit«, welche sich in der institutionalen Ordnung darstellt und auswirkt. Solche symbolische Sinnwelten erfüllen erst voll und ganz die Funktion, alle Ausschnitte einer gesellschaftlichen Wirklichkeit in ein umfassendes Sinn- und Bezugssystem zu integrieren[15].

Was bringt diese wissenssoziologische Theorie für unsere Frage? Sie macht zunächst einmal verständlich, daß Legitimationen für ein gesellschaftliches Gebilde wesentlich sind, auch wenn sie in der Ursprungszeit nicht in ausgeprägtem Maß vorhanden sind. Sie entstehen mit Notwendigkeit, sobald Tradition als Weitergabe gesellschaftlicher Formen einsetzt. Wenn also in der neutestamentlichen Frühphase kaum irgendwelche theologischen Legitimationen für bestimmte institutionelle Strukturen zu finden sind, bedeutet das keineswegs, daß diese Strukturen und ihre Begründung deswegen für die Kirche zweitrangig oder unwesentlich sind. Zweitens macht diese Theorie deutlich, daß solche Rechtfertigungen keineswegs erst da auftreten, wo sie bestimmte brüchig gewordene Institutionen vor ihrer endgültigen Zerstörung notdürftig retten sollen. Sie haben nicht primär die ideologi-

[12] Vgl. *P. L. Berger–Th. Luckmann,* Konstruktion, 1–20; *P. L. Berger,* Spuren, 56ff; *K. Lenk,* Ideologie, 52ff.

[13] *P. L. Berger–Th. Luckmann,* Konstruktion, 66.

[14] A.a.O., 98ff.

[15] A.a.O., 100ff.

sche Funktion, »ungleichzeitige« Herrschaftsverhältnisse zu stabilisieren, sondern sollen zunächst eine verständliche Traditions- und damit Gesellschaftsbildung überhaupt ermöglichen. Deswegen verkennt man ihren eigentlichen Sinn, wenn man als Musterbeispiele theologischer Legitimationen solche herbeizieht, die ziemlich eindeutig bestimmte Herrschaftsansprüche mittelalterlicher oder neuzeitlicher Päpste stützen sollten. Daß die Theologie immer wieder zu solchen ideologischen Zwecken mißbraucht wurde, ist bekannt. Die Kritik an diesem Mißbrauch kann sich allerdings nicht darin erschöpfen, nun jede theologische Legitimation kirchlicher Strukturen abzulehnen. Sie muß vielmehr von diesem Mißbrauch eine berechtigte, der jeweiligen geschichtlichen Weitervermittlung dienende und ihr angemessene Begründung des Institutionellen unterscheiden.

Ein dritter, entscheidender Beitrag der Wissenssoziologie für den Bereich der theologischen Legitimation besteht darin, daß sie die Hauptfunktion theoretischer Interpretationen als *Integration* der verschiedenen gesellschaftlichen Momente zu einem einheitlichen Sinnzusammenhang aufzeigt. Das heißt: Wenn die Kirche in dem Sinne Bestand haben soll, daß sie immer wieder ihre Botschaft neu vermitteln kann, wird sie nicht auf gewisse Plausibilitätsstrukturen für die Botschaft verzichten können. Zu diesen gehört auch die konkrete gesellschaftliche Gestalt der Kirche, in deren Rahmen die verkündete Botschaft erst einsichtig und auf Dauer übernommen werden kann. So tendiert die Verkündigung des Glaubens von sich aus immer schon zur Gemeindebildung. Andererseits bedarf aber diese Gestalt der Kirche selbst immer wieder der Legitimation, warum sie so und nicht anders ist. Dies kann nur dadurch geschehen, daß ihr Zusammenhang mit der Botschaft jeweils aufgewiesen wird. Durch diesen Aufweis wird sie erst selbst gerechtfertigt, einsichtig und akzeptierbar; und nur als solche kann sie dann selbst wiederum der Plausibilität der Botschaft dienen.

In dieser gegenseitigen »Stützstruktur« von Kirche und Botschaft spielen die theologischen Legitimationen also eine entscheidende Rolle: denn durch sie werden die verschiedenen theoretischen und gesellschaftlichen Momente zu einem einheitlichen Sinnzusammenhang integriert, der das Ganze erst glaubwürdig und vermittelbar macht. Daß diese Integration nur von einer theologischen und nicht einer rein soziologischen oder historischen Legitimation erbracht werden kann, ist klar; denn sonst bliebe die gesellschaftliche Dimension im Rahmen des ganzen theologischen Verstehenszusammenhangs eben »unbegriffen«. Sie wäre dann gerade nicht in dem diesem System eigentümlichen und d. h. theologischen Gesamtverständnis integriert.

Gegen diese Argumentation kann der Einwand geltend gemacht werden, sie sei nur für eine solche Ekklesiologie brauchbar, welche die Kirche als ein gesellschaftliches Gebilde mit einer institutionalen Ordnung und den dazugehörigen Legitimationen ansieht. Denn man kann ja bezweifeln, daß gerade die Institutionen der Kirche zu ihrer notwendigen »Plausibilitätsstruktur« zählen und deswegen theologisch begründet werden müssen. Sind sie nicht vielmehr oft der Grund, warum der christliche Glaube unplausibel wird? Muß man nicht gerade um der Plausibilität der Frohen Botschaft willen auf jede theologische Rechtfertigung institutioneller Strukturen verzichten?

Bei diesem Einwand vermischen sich häufig fast ununterscheidbar eine berechtigte Kritik an einzelnen »unevangelischen« Formen der Kirche mit einem grundsätzlichen Infragestellen des institutionellen Charakters der Kirche überhaupt. Mit der grundsätzlichen Kritik haben wir uns bereits im vorigen Abschnitt bei der Auseinandersetzung mit G. Hasenhüttls Entwurf einer herrschaftsfreien Kirche beschäftigt. Wir wollen deswegen jetzt nur noch auf eine Konsequenz hinweisen, die sich aus einer solchen grundsätzlichen Ablehnung ergibt: nämlich die Gefahr eines unvermittelten Nebeneinander zweier »Kirchen«. Auf der einen Seite steht dann die »eigentliche« Kirche, die der »ursprünglichen« Norm des Evangeliums entspricht, die sich ständig von der Welt und ihrer Ordnung absetzt und in eschatologischer Spannung auf das Reich Gottes hin lebt, die daher mit Recht den Namen »Kirche« tragen darf. Auf der anderen Seite existiert dann die in der vergangenen und gegenwärtigen Geschichte gewordene »Kirche«, die sich mit der Welt eingelassen und deren Strukturen übernommen hat, die somit zwar geschichtsmächtig, d.h. zu einer Realität, mit der andere gesellschaftliche Mächte rechnen müssen, geworden ist, aber ihre »eschatologische Spannung« dabei verloren hat und deswegen nur noch im »uneigentlichen« Sinn »Kirche« genannt werden darf[16]. Auf die »eigentliche« Kirche, die keineswegs unsichtbar oder rein geistlich sein soll, sondern eher nach dem Modell einer überschaubaren Gesprächsgruppe mit »brüderlicher Kommunikationsstruktur« (J. Blank) gedacht wird, konzentrieren sich dann die theologischen Bemühungen. Die »uneigentliche« Kirche überläßt man den soziologischen oder historischen Analysen, die dafür zwar zuständig sind, jedoch an das »eigentliche« Leben der Kirche nicht heranführen können. Von der »eigentlichen« Kirche spricht man dann oft auch lieber im Konjunktiv oder Optativ, da sie im Augenblick gar nicht oder nur vereinzelt verwirklicht ist[17]. Über die »uneigentliche« Kirche aber gießt man ungerührt das ganze Füllhorn von Kritik und Verachtung aus, da es die »eigentliche« Kirche ja nicht berührt und nur die Karikatur von Kirche destruieren soll.

Damit soll nichts gegen die kritische Funktion einer auf den Ursprung oder auf die Vollendung der Kirche gerichteten Utopie gesagt sein, solange sie die geschichtliche Gegenwart der Kirche als Ganzer ernst nimmt und ihr eine theologische Qualität zuspricht, die mit dem geforderten Ideal konkret vermittelbar ist. Mit Recht sagt deswegen W. Kasper:

> »In dieser Situation hat es wenig Sinn, nur Utopien der Gemeinde aufzustellen und sie hämisch der gegenwärtigen kirchlichen Wirklichkeit entgegenzusetzen: eine Gemeinde reinster Brüderlichkeit, eine herrschaftsfreie Gemeinde, eine Gemeinde, die auf alle Privilegien verzichtet und nur noch für die anderen da ist, eine offene Gemeinde, so offen, daß sie vor lauter Offenheit völlig substanzlos zerfließt, eine kleine Herde und eine kognitive Minderheit, die aber dennoch politische Gemeinde sein will usw. Selbstverständlich gibt es den antizipierenden Charakter und die kritisch-korrektive Funktion von Utopien. Aber Utopien, die man gar nicht mehr mit der konkreten Wirklichkeit vermitteln kann, ja Utopien, die gar nie Wirklichkeit werden können, weil es in der Kirche und in jedem ihrer Glieder ganz schlicht gesagt die Wirklichkeit des Bösen und der Sünde gibt, solche Utopien sind schlechte Utopien; sie bewirken nicht Hoffnung, sondern Resignation und Defaitismus.«[18]

[16] Vgl. zu dieser Charakterisierung *R. Bultmann,* Theologie des Neuen Testaments, Tübingen 1965 (5. Aufl.), 464ff. Bultmann trennt allerdings formal diese beiden Weisen von Kirche nicht in »eigentliche« und »uneigentliche« Kirche.

[17] Vgl. *H. R. Schlette,* Thesen, 364; *R. Bohne,* System, 7.

[18] *W. Kasper,* Elemente, 46.

In den institutionsnegierenden Theorien umgeht man im Grunde die entscheidende Aufgabe jeder Ekklesiologie, nämlich immer wieder den mühsamen Versuch zu unternehmen, die geschichtlich gewordene Gestalt der Kirche mit dem ihr von Christus und seinem Hl. Geist her gegebenen und aufgegebenen »Wesen« zu vermitteln. Wer die einfache Trennung in zwei Weisen der Kirche nicht mitmachen will, wer nicht an den totalen Sündenfall der empirisch erfahrbaren Kirche glaubt, wer schließlich die geschichtlich und sozial relevante Dimension der Kirche nicht einfach theologisch unbegriffen lassen will, der wird nicht umhin können, eine theologische Begründung gerade auch der institutionellen Gestalt der Kirche zu versuchen, ohne damit alles und jedes in ihr legitimieren zu wollen.

c) Das Institutionelle als objektive »Vorgegebenheit« der Freiheit

Ein ausgewogeneres Verhältnis zwischen Freiheit und Institution wird da behauptet, wo das eine nicht als feindlicher Gegenpol zum anderen gesehen wird, sondern wo das gesellschaftlich Objektive das Subjekt gleichsam vor seinen eigenen selbstzerstörerischen Möglichkeiten schützt. Das kirchlich Institutionelle übernimmt diese Funktion, indem es als das – zumindestens in seinen Grundstrukturen und Grundaussagen einfachhin – »Vorgegebene« den Menschen zur Annahme dieser »Gabe« verpflichtet und ihn damit von seiner subjektiven Beliebigkeit befreit. Gerade die Institutionen der Kirche hindern die Menschen daran, nach ihrer Willkür Kirche zu »machen«. Denn in ihrem Grundriß bleibt Kirche als »Setzung Gottes« für die Gemeinschaft und den einzelnen »unverfügbar«[161]. In der institutionell verfaßten Kirche erfährt der Mensch, daß Wahrheit »etwas mit Institution zu tun hat«, daß er »die Wahrheit an sich herantreten« lassen muß, »die ihm zunächst einmal ... fremd, schwer verständlich, überraschend, ihm aus seiner bisherigen endlichen Subjektivität herauszwingend begegnet« ... »Bei dieser Wahrheitssuche verlangen wir mit Recht nach einer Instanz, die nicht einfach von unserer eigenen Subjektivität manipuliert werden kann ... und nicht nur die Projektion unserer eigenen Meinung ist« ... »Eine solche Instanz muß es geben für das befreiende Heilwerden unserer eigenen Subjektivität«; denn die Wahrheit wird nicht dann erst die eigene, wenn sie sich von der Institution, die sie vertritt, »emanzipiert«[162]. Auch dieser Aspekt gehört zu Rahners Institutionsbegriff, der sich damit ausdrücklich von der »liberalistischen Mentalität« der »Spätindividualisten« absetzt; denn grundlegender als alle Kritik ist nach ihm doch das Vertrauen des Menschen in das »Vorgegebene«, daß dieses nämlich »bei aller Destruierbarkeit des einzelnen, seiner Kritik auch dann noch standhalten würde, wo er sie faktisch gar nicht mehr anwenden kann«[163].

Dieser Begriff der kirchlichen Institution, welche als objektive Vorgegebenheit der Freiheit und Glaubensentscheidung des einzelnen unverfügbar vorausliegt, ist in der neueren katholischen Ekklesiologie ziemlich verbreitet[164]. Eine gewisse Nähe zu den Theorien Gehlens oder Schelskys, die der Institution primär eine »Entlastungsfunktion« vom permanenten Entscheidungsdruck der Subjektivität zusprechen, läßt sich nicht leugnen. Der Einseitigkeit Gehlens mit seiner polemisch-überspitzten Vorordnung des Objektiven vor der stark abgewerteten Subjektivität entgeht man in der katholischen Theologie jedoch dadurch, daß man die freie Entscheidung des Glaubens als ebenso konstitutiv für den Bestand der Kirche ansieht wie ihre institutionelle Vorgegebenheit und damit jede institutionelle Hypostasierung der Kirche ablehnt[165]. Eine Vermittlung dieser beiden Momente wird z. T. versucht unter den theologischen Denkfiguren der »befreiten

[161] *H. Küng,* Wahrhaftigkeit, Freiburg 1968, 126; vgl. *ders.,* Kirche, 155.

[162] Alle Zitate aus *K. Rahner,* IX, 494f.

[163] *K. Rahner,* IX, 484f; vgl. auch VI, 233.

[164] Z.B. *O. Semmelroth,* Vom Sinn der Sakramente, Frankfurt 1960, 111; *W. Kasper,* Elemente, 37, 45; *H. Pottmeyer,* Synodale Strukturen, 165f; *J. Ratzinger, H. Maier,* Demokratie, 18f.

[165] *H. Küng,* Kirche, 156ff; *K. Rahner,* V, 383, 395; VI, 481f, u.a.

Freiheit«[166], der Einheit von Nachfolge und Amt[167], von personaler und sakramentaler Frömmigkeit[168], von Evangelium u. Gesetz[169]. Wir kommen darauf im einzelnen bei den jeweiligen theologischen Begründungsversuchen noch zu sprechen.

Dieses kurz aufgezeigte Institutionsverständnis bietet auch den Ansatz für ein in der heutigen katholischen Ekklesiologie verbreitetes theologisches Argument: der Charakter des objektiv Vorgegebenen läßt die Institution, besonders das Amt, zu einem Zeichen der »Vorgegebenheit der Gnade« und des »Gegenüber Christi zur Gemeinde« werden[170]. Immer geht es dabei um das Offenhalten der grundsätzlichen Differenz von menschlicher Freiheit und göttlicher Gnade, was sich ekklesiologisch darstellt in der Differenz von Kirche (als Gemeinschaft der Glaubenden) und Christus (als dem Haupt und Heil dieser Gemeinschaft). In dieser Differenz wird vor allem die absolute Priorität Christi vor der Kirche festgehalten, womit zugleich die grundsätzliche Unverfügbarkeit des Heils in Christus und die Abhängigkeit der Kirche von Christus ausgesagt ist. So kann der gläubige Mensch (als einzelner und in der Gemeinschaft) seine Freiheit nur im Empfangen der ihm unverfügbaren und ihn gerade so befreienden Gnade Christi verwirklichen. Für diese Differenz und Vorordnung ist nun das institutionelle Amt in der Kirche ein wesentliches Zeichen:

»In seinem Gegenüber zur Gemeinde bringt das Amt zeichenhaft eine Grundwirklichkeit der Kirche zum Ausdruck: es drückt aus, daß Kirche nie aus sich selbst ist, sondern sich nur von ihrem Gegenüber in Christus her verstehen kann und darf. Das Gegenüber Christi, das sich in Wort und Sakrament realisiert, ist für das Sein der Gemeinde schlechterdings konstitutiv; das Gegenüber des Amtes steht demgegenüber auf einer völlig anderen Ebene. Es ist nicht heilsbegründend; aber es ist doch ein wesentliches Zeichen für das Heil. *Insofern* ist es eine conditio sine qua non der Kirche.«[171]

Bemerkenswert scheint bei diesem Institutionsbegriff, daß die »Unverfügbarkeit« – im Gegensatz zum vorherigen Abschnitt – also gerade der Institution zugeschrieben wird, allerdings unter einem ganz anderen Gesichtspunkt: insofern sie

[166] *W. Kasper,* Elemente, 47; *ders.,* Glaube und Geschichte, 394ff, 413f; *G. Greshake,* Gnade als konkrete Freiheit, Mainz 1972, 283ff; *K. Rahner,* II, 102ff; *J. B. Metz,* Kirchliche Autorität im Anspruch der Freiheitsgeschichte, in: *J. B. Metz, J. Moltmann, W. Oelmüller,* Kirche im Prozeß der Aufklärung, München–Mainz 1970, 68ff.

[167] *H. U. v. Balthasar,* Sponsa Verbi, 80–147.

[168] *K. Rahner,* II, 115–141.

[169] *G. Söhngen,* Gesetz und Evangelium, Freiburg–München 1957; *ders.,* Grundlagen einer Rechtstheologie, München 1962; *ders.,* Art. »Gesetz und Evangelium«, in: LThK IV, 831–835. Diese Sicht ist zweifellos auch das Verdienst der Rechtstheologie G. Söhngens, der immer wieder die Priorität der Gnade, des »Evangeliums« als heilsvermittelnder Gabe vor allem »Gesetz« in der Ordnung des Neuen Bundes betont. Dem Gesetz (wir würden sagen: dem Institutionellen) kommt in der christl. Heilsordnung nur insofern eine heilsbedeutsame Funktion zu, als es gerade in seinem analogen Gabecharakter, d.h. in seiner reinen Relativität auf das Evangelium und in seiner dienenden, die Annahme des darin angebotenen Heils ermöglichenden Rolle erfahren wird (eben als »Bedingung«, nicht als »Ursache« des Heils).

[170] *W. Kasper,* Glaube und Geschichte, 407; vgl. *H. Pottmeyer,* Synodale Strukturen, 175f; *ders.,* Das Bleibende, 44ff; *O. Semmelroth,* Das geistliche Amt, Frankfurt 1965 (2. Aufl.), 36–57.

[171] *W. Kasper,* Glaube und Geschichte, 407; vgl. auch *O. Semmelroth,* Ursakrament, 174ff; *L. Scheffczyk,* Das kirchliche Amt im Verständnis der katholischen Theologie, in *K. Schuh,* Amt, 24f.

dem Belieben des Subjekts unübersteigbare Grenzen entgegensetzt, erweist sie sich als »unverfügbar«; insofern sie jedoch als kontinuierliche und strukturierte Weise der Wirksamkeit des Geistes Gottes im Gegensatz zu seinem charismatischen Wirken interpretiert wird, kann sie für den Menschen irgendwie »verfügbar« werden. Man muß also, wenn von Unverfügbarkeit bzw. Verfügbarkeit im Zusammenhang mit Institution die Rede ist, genau zusehen, unter welchem »Formalobjekt« jeweils die Funktion der Institution betrachtet wird.

d) Das Institutionelle als Ermöglichung »kritischer Freiheit«

Zum Abschluß sei noch ein letzter Gesichtspunkt genannt, der eng mit dem vorigen zusammenhängt, und der besonders von der neueren »politischen Theologie« vertreten wird. Hier wird Institution nicht nur als objektiver, maßgebender Gegenpol zur Subjektivität gesehen, sondern selbst als eine bestimmte »Objektivation« der Freiheit, als die Form, die die »kritische« Freiheit sich gibt, um überhaupt erst frei zu werden von naturhaft vorgegebenen Zwängen und damit als Freiheit gesellschaftlich wirksam werden zu können [172]. Institution ist hier »Bedingung der Möglichkeit der Freiheit« [173], und damit auch »Ermöglichung eines kritischen Bewußtseins« [174].

Diese Möglichkeit des Institutionellen weist Metz anfangs auch der Kirche zu, die gerade wegen des »eschatologischen Vorbehaltes«, unter dem ihre Existenz steht, ein solcher Träger »kritischer Freiheit« innerhalb der menschlichen Gesellschaft sein kann. Darin liegt die eigentlich theologische Begründung dieses Institutionsverständnisses: Weil die Kirche nicht um ihrer selbst willen da ist, sondern um der Ankündigung des eschatologischen Heils für alle, das im Reich Gottes erst voll verwirklicht ist, muß sie ständig ihre eigene Vorläufigkeit und Relativität proklamieren. In ihren institutionellen Strukturen muß sich das so darstellen, daß sie sich als »Institution kritischer Freiheit gegenüber dem gesellschaftlichen Prozeß mit seinen Verabsolutierungen und Verschließungen etabliert« [175]. Wegen dieser institutionalisierten Vorläufigkeit und Bezogenheit auf das eschatologische Heil hin kann sie eine »Institution zweiter Ordnung« sein, die also der Freiheit nicht repressiv gegenübersteht, sondern diese Freiheit, zumal in ihrer gesellschaftskritischen Funktion, selbst institutionalisiert. Kirche wird vorgestellt als mögliche »Institution der kritischen Freiheit des Glaubens« [176]. Ohne eine solche »freiheitssichernde bzw. freiheitsermöglichende« Institution, die eben nicht »aufklärungs- und reflexions-feindlich« ist [177], kann der Glaube innerhalb einer komplexen Gesellschaft keine überzeugende Relevanz mehr gewinnen.

[172] *K. Rahner*, VIII, 436f, 654f; X, 125f; *J. B. Metz*, Zur Theologie der Welt, Mainz–München 1968, 107f, 122ff (zitiert: Welt); *ders.*, Kirchliche Autorität (siehe Anm. 164), 53–90, bes. 66; *ders.*, »Politische Theologie in der Diskussion, in: *H. Peukert* (Hrsg.), Diskussion zur »politischen Theologie«, Mainz–München 1969, 267–301, bes. 296f (zitiert: Politische Th.).

[173] *K. Rahner*, X 117.

[174] *J. B. Metz*, Welt, 108.

[175] A.a.O., 108f.

[176] Ebd.

[177] A.a.O., 125.

Metz hat sich später insofern von dieser Meinung distanziert, als er der Kirche diese Rolle einer Institution kritischer Freiheit doch nicht so unvermittelt zuschreiben zu können glaubt. Denn einerseits werde die Privatisierung des Glaubens innerhalb der Kirche gerade durch institutionelle Verhaltensweisen gestützt und dieser somit einer möglichen öffentlichen, gesellschaftskritischen Funktion beraubt; und andererseits sei die Kirche gerade in ihrem institutionellen Selbstverständnis immer noch zu sehr in einer Anti-Stellung zur neuzeitlichen Freiheitsgeschichte befangen[178]. Die Rolle der gesellschaftskritischen Funktion müsse demnach erst einmal von der Theologie innerhalb der Kirche selbst übernommen werden.

Mit dieser Meinung gibt Metz nicht den Hauptgedanken seiner Konzeption auf: Daß nämlich heute die Problematik des Verhältnisses von Freiheit und Institution eine andere sei als die der Aufklärung, »daß es nämlich nicht mehr primär um die Frage nach der kritischen Freiheit in bzw. gegenüber den bestehenden Institutionen geht, sondern vor allem um die Krise der nicht institutionalisierten Freiheit selbst und damit um die Frage der möglichen Institutionalisierung kritischer Freiheit«[179]. Diese Problematik kann auch die institutionelle Kirche nicht vernachlässigen, will sie nicht ihre gegenwärtige Autoritätskrise verewigen. Denn diese hat nach Metz ihren Hauptgrund darin, daß die Kirche sich in ihrem Autoritätsverständnis gegenüber der seit der Aufklärung sich durchsetzenden neuzeitlichen »Freiheitsgeschichte« immer nur defensiv-abschirmend, nicht aber im Modus einer »kritisch-schöpferischen Assimilation« verhalten habe[180]. Sie habe sich dabei selbst in eine Isolation gegenüber den anderen gesellschaftlichen Formen menschlichen Zusammenlebens gebracht, da sie dem überall durchschlagenden Anspruch des Subjekts auf Freiheit gerade in der Gestalt religiöser, sozialer und politischer Institutionen in ihrem eigenen Bereich kein Wohnrecht zugestanden haben. Eine Lösung der Autoritäts- und damit auch der Institutionskrise in der Kirche sei nur auf dem Weg einer offenen Auseinandersetzung mit dieser Freiheitsgeschichte zu finden. Dabei müsse die Kirche allmählich zu einer »freiheitsermöglichenden, weil freiheitsbezeugenden Autorität« finden[181].

In diesem Institutionsverständnis wird sowohl der Freiheit des Subjekts und ihrem Anspruch als auch dem Recht und der Notwendigkeit des Institutionellen Rechnung getragen. Der dialektische Vorgang einer Ermöglichung von Freiheit durch freiheitlich gestaltete Institutionen (als »institutionalisierte Freiheit«) ist uns bereits von Hegel her bekannt und als heute angemessenes Problembewußtsein der Frage nach der Institution aufgegangen. Dennoch bleiben einige Fragen offen:

Der Begriff einer »gesellschaftskritischen Freiheit« scheint bei Metz sowohl von der Philosophie der Aufklärung als auch von der kritischen Theorie übernommen zu sein. Denn es kommt darin vor allem (nicht nur) die institutions- und herrschaftskritische Kraft der Freiheit zur Sprache. Die Vermittlung dieser Freiheit nun in bestimmten gesellschaftlichen Institutionalisierungen wird nach dem von

[178] *J. B. Metz*, Politische Theologie, 296ff; *ders.*, Kirchliche Autorität, 58ff.
[179] *J. B. Metz*, Kirchliche Autorität, 66.
[180] A.a.O., 70ff.
[181] A.a.O., 66.

Schelsky vorgeschlagenen Modell der »Institutionalisierung der Dauerreflexion« gedacht[182]. Wieweit diese beiden Konzeptionen grundsätzlich zu vereinbaren sind, ist jedoch fraglich[183]. Denn auf der einen Seite zielt der Subjekt- und Reflexionsbegriff der kritischen Theorie in einer utopischen Zielvorstellung auf einen prinzipiellen Abbau aller gesellschaftlichen Institutionen bis hin zum Endzustand der »Gegen-institution« schlechthin, nämlich dem allgemeinen herrschaftsfreien Diskurs. Institution ist danach immer schon in irgendeiner Weise (ob gerechtfertigt oder nicht) Repression der Freiheit, und deswegen ist der »Diskurs« als »die prinzipiell uneingeschränkte und zwanglose Kommunikation, die allein dem Zweck der Verständigung dient«, grundsätzlich nicht institutionalisierbar[184]. Auf der anderen Seite jedoch geht Schelskys Vorschlag eher in die Richtung einer institutionellen »Stillegung« oder »Entschärfung« der »Dauerreflexion«, insofern bestehende Institutionen ja gerade um ihrer Stabilisierung willen solche neuen Bedürfnisse der subjektiven Freiheit in neue institutionelle Formen gießen sollen, um sie darin »abzusättigen« und für die bestehende Institution dienstbar zu machen. Es fällt also schwer, sich die gesellschaftliche Vermittlung von Freiheit und Institution in einer Verbindung dieser beiden Konzeptionen vorzustellen. Entweder wird man die gesellschafts*kritische* Funktion der Freiheit ihren gesellschafts- und institutions*konstituierenden* Funktionen unterordnen (und damit die kritische Theorie doch eigentlich verlassen) oder aber auf eine wirkliche Institutionalisierung dieser kritischen Reflexion als solcher verzichten müssen.

Ein Ausweg wird auch kaum dadurch zu finden sein, daß man eine derartige Institutionalisierung außerhalb bestehender Institutionen wie etwa der Kirche vollzieht und gleichsam von außen die gesellschaftskritische Funktion wahrnimmt. Denn entweder verflüchtigt sich dann diese Freiheit in ihrer eigenen Wirkungslosigkeit, oder das als kritische Gegeninstitution konzipierte System unterliegt in sich wiederum den üblichen Mechanismen der Institutionalisierung (Entstehung von Rollen- und Normengefüge, von stabilen Verhaltensweisen, von Autoritätsstrukturen, von Tradition und Legitimation usw.), oder es bleibt schließlich gerade in der totalen Negation ganz in Abhängigkeit von der negierten Institution und ihren »Systemzwängen«. Freiheit wird wohl, wenn und insofern sie institutionalisiert werden soll, zuerst einmal »institutionsbejahend« sein müssen, um dann von der Grundlage dieser Bejahung aus die kritische Funktion gegenüber freiheitsfeindlichen Verhaltensweisen sowohl der Institutionen gegenüber dem freien Subjekt als auch des Subjekts gegenüber freiheitlich strukturierten Institutionen auszuüben[185].

[182] *J. B. Metz,* Welt, 125.

[183] Vgl. dazu oben unsere Auseinandersetzung mit G. Hasenhüttls Rezeption der Theorie Schelskys (Exkurs, 3).

[184] *J. Habermas–N. Luhmann,* Gesellschaft, 201.

[185] Wir müssen in diesem Zusammenhang auf eine von der politischen Theologie J. B. Metz' inspirierte Untersuchung hinweisen, nämlich auf *L. Dullart,* Kirche und Ekklesiologie. Die Institutionenlehre Arnold Gehlens als Frage an den Kirchenbegriff in der gegenwärtigen systematischen Theologie. München–Mainz 1975. Diese Untersuchung überschneidet sich, besonders was den Forschungsbereich angeht, in manchem mit unserer Arbeit: ausgehend von einer kritischen Auseinandersetzung mit der Institutionenlehre A. Gehlens, behandelt sie das Institutionsverständnis der klassischen katholischen Fundamentaltheologie, der transzendentalen Ekklesiologie K. Rahners und der neueren charismatischen Ekklesiologie (besonders bei Rahner und Küng). Jedoch

Zusammenfassung:

Wir haben in unserer »Bestandsaufnahme« die verschiedenen »Sprachfelder« abgeschritten, in denen gegenwärtig die katholische Ekklesiologie am häufigsten den

unterscheidet sich diese Arbeit hinsichtlich des »Formalobjekts« und des »Erkenntnisinteresses« erheblich von unserer Darstellung: ihr geht es nicht um eine inhaltliche Auseinandersetzung mit dem Institutionsbegriff der katholischen Ekklesiologie, sondern vor allem darum, »der formalen Kirchenbezogenheit oder der Ekklesiozentrik der gesamten Theologie auf die Spur zu kommen« (13); sie will das konkrete, politisch-praktische Verhältnis von Ekklesiologie und institutioneller Kirche als entscheidend für den jeweiligen Kirchenbegriff einer Theologie thematisieren. Nach D. krankt die katholische Ekklesiologie weithin an einer »idealistischen« bzw. »transzendentalen« Engführung, welche die Kirche vom Subjekt her versteht und dementsprechend die Ekklesiologie von einer (personalistisch reduzierten) Anthropologie her entwirft. Dadurch fällt aber eine eigentliche »Theorie der Institution Kirche« aus. Das bedeutet, daß sich die Ekklesiologie weithin ohne Reflexion auf ihre faktische Basis, auf ihren »empirischen Ausgangspunkt«, nämlich die institutionelle Kirche, vollzieht. Demgegenüber fordert D. für die Ekklesiologie eine konsequente Einbeziehung ihres (kritisch reflektierten) Verhältnisses zur kirchlichen Institution in ihren hermeneutischen und dogmatischen Erkenntnisprozeß. Von Gehlens Institutionstheorie akzeptiert er nur deren »materialistische«, d.h. an der empirischen (nicht »idealistischen«) Wirklichkeit des Menschen orientierte Grundeinstellung. Allerdings lehnt er dessen biologisch-urgeschichtliche Bedürfnistheorie, die die Institutionen quasi als »zweite Natur«, als anthropologisch-zeitlose Konstanten ansieht, scharf ab. Demgegenüber fordert er eine »materialistische Bedürfnis- und Organisationstheorie« (im Anschluß an J. Habermas, O. Negt und A. Kluge), nach der die »Subjekte ihre gesellschaftlichen Bedürfnisse bewußt organisieren« (19). Dadurch allein können »die Institutionen aus ihrer vermeintlichen Anonymität und blinden Naturnotwendigkeit befreit werden« (ebd.). Für die Ekklesiologie bedeutet dies, daß sie primär (»fundamentaltheologisch«) eine kritische Gesellschaftstheorie der Kirche sein muß (»kritische Ekklesiologie«, 101), die ihren gesellschaftlichen Standort innerhalb von Kirche und Gesellschaft reflektiert und damit die Theorie zu einer praktischen Veränderung kirchlicher und gesellschaftlicher Strukturen abgibt. Dazu müßte sie allerdings (etwa nach dem Beispiel Trutz Rendtorffs) viel stärker ihre eigene Theologiegeschichte (in der Einheit von Dogma und Historie, von Glaube und empirisch-gesellschaftlichen Zuständen) analysieren, um von daher, nämlich aus der historischen Erfahrung der gesellschaftlichen (inner- und außerkirchlichen) Widersprüche in der Kirchengeschichte (165) und dementsprechend auch der Konfrontierung von einander widersprechenden Ekklesiologien (183), Elemente für eine »politische Ekklesiologie« zu gewinnen, »welche die Begriffe und Standpunkte innerhalb der Ekklesiologie zuerst selbst politisch historisiert« (ebd.). Eine solche »Theorie der Kirche«, die sich auf die historische und empirische Substanz der Kirche gründet, kann dann auch die heute geläufigen ekklesiologischen Ausflüchte in utopische Vorstellungen (»die wahre, ursprüngliche, evangelische Kirche«) oder in moralische Postulate (»so sollte die Kirche eigentlich sein!«) vermeiden (189f). Sie kann demgegenüber vielmehr – als eine theologiegeschichtliche und politische Hermeneutik – die Kriterien der Kritik an den bestehenden Zuständen in Kirche und Gesellschaft und damit auch der praktischen Veränderung dieser Zustände liefern. Eine solche Theorie der Kirche läuft deswegen auf eine »politische Transformation der Theologie« (227) hinaus, wie sie etwa in Theorie und Praxis »der linken christlichen Gruppen« (235), zumal in Frankreich, versucht wird (»Christen für den Sozialismus«, 236).

Dem Grundanliegen des Buches, nämlich durch die Besinnung auf den Zusammenhang von institutioneller Kirche und Theologie der »Ekklesiologie theoretisch das ›Fundament‹ zurückzugewinnen, das objektiv der empirische Ausgangspunkt aller Ekklesiologie ist« (13), kann man voll und ganz zustimmen. Nur wird bei der Durchführung dieses Anliegens nicht recht deutlich, worin eigentlich der spezifisch theologische Charakter dieser Theorie und ihres Verständnisses der kirchlichen Institution liegen soll. Was bringt eine historisch und politisch kritische Hermeneutik der Theologiegeschichte für eine *Theologie* der institutionellen Kirche ein? Bei der sehr kritischen Einstellung D.'s allen bisherigen ekklesiologischen Theorien der Kirche gegenüber scheint (– wenn wir D. recht verstehen –) die geforderte »politische Transformation der Theologie« doch wohl auf eine Selbstauflösung der Theologie (im traditionellen Verständnis) zugunsten einer Theorie sozialistischer Praxis aus der geschichtlichen Erfahrung des Christentums heraus hinzuzielen.

Begriff der Institution, und zwar angewandt auf die Kirche, gebraucht. Was die verschiedenen Begriffsmomente anlangt, läßt sich das Ergebnis im Hinblick auf unsere leitende Fragestellung vereinfachend so zusammenfassen:

1. Die Kirche als Ganze wird Institution genannt, weil sie auf einer positiven »Setzung« Gottes bzw. Christi beruht, die der Entscheidung ihrer Glieder zur Kirche vorausliegt. Insbesonders gelten bestimmte Einrichtungen in der Kirche als Institutionen, sei es auf Grund ihres besonderen Zusammenhangs mit der Setzung bzw. der historischen Stiftung der Kirche, sei es auf Grund ihrer strukturprägenden Bedeutung, die als so groß angesehen wird, daß ihretwegen auch die Kirche als ganze Institution genannt werden kann. Solche Einrichtungen sind vor allem: das sich von den Aposteln herleitende geistliche Amt mit den drei Vollmachten der Lehre, der Heiligung und der Leitung, die hierarchische Ordnung dieses Amtes, die diesem Amt anvertrauten Güter, die verbindliche Glaubenslehre (gefaßt in Schrift, Tradition, Dogma), die Sakramente und die Rechtsordnung. Häufig wird im Zusammenhang mit dem Leitungsamt auch der organisatorische und administrative »Apparat« der Kirche als Institution bezeichnet, ohne daß man immer eine Differenzierung und Abstufung zwischen diesen und den grundlegenden Elementen im Begriff der Institution vornimmt.

Es fällt auf, daß sich der Gebrauch des Institutionsbegriffs in der Kirche fast ausschließlich auf das Amt und seine Funktionen beschränkt, während die Strukturen, die gleichsam mehr »von unten« entstehen, oft auch terminologisch davon unterschieden und als »charismatische Strukturen«, »Gemeindeordnungen«, »brüderliche Kommunikationsstrukturen«, »Basisgemeinden« usw. bezeichnet werden. Auch die nachkonziliaren Strukturen der Synoden und der verschiedenen Formen der Räte werden bisher selten zum Institutionellen in der Kirche gezählt oder in seine theologische Begründung einbezogen. Dies vermutlich deswegen, weil sie sich noch nicht als wirklich prägende Struktur in der kirchlichen Realität und im kirchlichen Bewußtsein durchgesetzt haben.

Allerdings werden zunehmend häufiger Ansätze zu einer solchen Ausweitung des theologischen Institutionsbegriffs auch auf die »nicht amtlichen« Strukturelemente (Synoden, Seelsorgeräte, Laienräte usw.) sichtbar[186]. In den meisten Beiträgen geht es dabei einmal um eine genauere und rechtlich verbindlichere Integration solcher neuer Strukturen in der Kirche; denn ohne eine solche Institutionalisierung bleibt jede noch so biblisch ausgerichtete »Theologie der Gemeinde« wirkungslos oder auf kurzatmige Einzelinitiativen angewiesen. Zum anderen versucht man gleichzeitig auch, diesem Postulat eine theologische Grundlegung zu geben. Im allgemeinen argumentiert man mit der grundlegenden kollegialen oder synodalen Struktur der Kirche, die sich zwar von allem Anfang an in bestimmten zeitgemäßen Formen ausgeprägt und auch rechtlich fixiert hat, jedoch in unserer Zeit erst durch das Zweite Vatikanische Konzil aus ihrer Verborgenheit unter dem übermächtigen monarchisch-hierarchischen Strukturprinzip

[186] *W. Kasper,* Kollegiale Strukturen in der Kirche, in: Glaube und Geschichte, 355–370, bes. 366ff: Stellung und Funktion der Räte; vgl. auch a.a.O., 378f, 401ff; *H. Pottmeyer,* Synodale Strukturen, 166f, 179ff; *J. Neumann,* Synodales Prinzip, Freiburg 1973, bes. 7ff, 53f, 88ff; *K. Rahner,* Zur Theologie einer »Pastoralsynode«, X, 358–373; *H. Dombois,* Hierarchie, 92ff. Dombois handelt hier von den »deliberativen Strukturen der Kirche« und ihrer Vereinbarkeit mit der hierarchischen Struktur.

wieder hervorgehoben wurde. Die kollegiale Struktur der Kirche, die die verschiedenen Charismen und auch das Amt in der Kirche nicht in Konkurrenz, sondern in einer Korrelation zueinander sieht, ist mit der Bestimmung der Kirche als Volk Gottes gegeben. Denn diese Wirklichkeit besagt eben »die Verantwortung aller und die fundamentale Gleichheit aller« in der Kirche – selbstverständlich bei bleibenden wesentlichen Funktionsunterschieden[187]. Das brüderliche Zusammenspiel aller Dienste und Charismen im gemeinsamen Gehorsam dem einen Hl. Geist gegenüber muß sich nun auch immer stärker im institutionellen Gefüge der Kirche ausdrücken.

2. Die von der nachreformatorischen Tradition bedingte einseitige Konzentrierung des Institutionellen auf die amtlich-hierarchischen Strukturen macht es verständlich, daß seine Funktionen und Eigenschaften vor allem in bestimmten Gegensatz-Verhältnissen zum »Nicht-Institutionellen« bestimmt werden. Im Verhältnis zum Unsichtbaren, Geistig-Geistlichen der Kirche wird ihm vor allem in der traditionellen »sakramentalen« Kirchentheologie die Funktion der zeichenhaften Darstellung (Repräsentation) und Vermittlung zugeschrieben. Es dient als Zweit- bzw. Instrumentalursache des eigentlichen inneren Formprinzips der Kirche und nimmt deswegen teil an dessen »in-formierender« Funktion. Diese vermittelnde Rolle übt es gegenüber den Gliedern der Kirche aus, die diesem aktiv-bestimmenden Tun gegenüber primär die Rolle eines rezeptiv-bestimmbaren »Materials« (im Sinn der scholastischen »materia« als Potentialität) einnehmen. In einem solchen Denkmodell kann von einem wirklichen Gegenüber von Amt und Kirchengliedern kaum die Rede sein, da zum »Gegenüber-stehen« im gesellschaftlichen Bereich der Subjekt-Charakter *beider* Pole theoretisch akzeptiert und praktisch in institutionellen Strukturen gestaltet werden muß[188]. Das Verhältnis des »Gegenüber« von Amt und Gemeinde wird aus theologischen Gründen durchaus konstitutiv für die Kirche als Institution bleiben, aber nicht mehr als Gegensatz von institutionalisiertem Subjekt und nichtinstitutionalisiertem Objekt, sondern als Korrelation zweier Strukturelemente, deren Subjektcharakter durch die relative Eigenständigkeit und wechselseitige Abhängigkeit beider institutionalisiert wird.

3. Die im theologischen Sprachgebrauch bisher übliche Konzentrierung des Institutionellen auf das Amt und seine Funktion wirkt sich auch auf die Bestimmung charakteristischer Eigenschaften und Merkmale aus. Als solche fanden wir auf der einen Seite vor allem die Stabilität und Kontinuität und die mögliche Verfügbarkeit des Hl. Geistes in den menschlich-machbaren Strukturen andererseits. Solche Eigenschaften werden verständlicherweise den gesellschaftsprägenden Strukturen zugeschrieben, die den Bestand und die Weiterentwicklung eines sozialen Systems sichern, was bei der Kirche meistens dem Amt und der Ausübung seiner Vollmachten zugeschrieben wurde. Im Gegensatz dazu steht häufig die nicht in ständigen öffentlichen Strukturen faßbare und den Hl. Geist nicht jederzeit »zur Verfügung habende« charismatische Struktur der Kirche, in der allen Gemeindegliedern auf Grund ihrer »geistlichen Gabe« eine eigenständige und unersetz-

[187] *W. Kasper,* Glaube und Geschichte, 358.

[188] Vgl. *H. Pottmeyer,* Synodale Strukturen, 173. Pottmeyer legt besonderen Wert auf die Wiederentdeckung des Subjektcharakters der Gemeinde im Gegenüber zum Amt, wodurch auch dem Amt wieder zu einer sinnvollen Funktion in der Gemeinde verholfen werden könnte.

bare Aufgabe beim Aufbau und Bestand der Gemeinde zukommt. Der Subjektcharakter der Gemeindeglieder gegenüber dem Amt wird damit zwar betont; aber solange er noch hauptsächlich im Gegensatz zum negativ beurteilten Institutionellen konzipiert wird, das als Objekt menschlichen Machens angesehen wird, bleibt eine wirkliche Vermittlung zwischen diesen Strukturelementen ausgeschlossen. Ohne eine solche Vermittlung aber wird die charismatische Struktur kaum aus einer geistlich-theologischen Unverbindlichkeit herauskommen und gesellschaftlich strukturbildend werden können. Deswegen wird heute auch in verstärktem Maße die Institutionalisierung verschiedener Charismen gefordert: sie sollen in das ganze Strukturgefüge der Kirche verbindlich integriert werden, ohne daß sie jedoch einfach in die bereits dominierenden Institutionen des Amtes eingeebnet werden [189].

4. Da, wo den Kirchengliedern als einzelnen und in ihrer Gesamtheit grundsätzlich der Subjektcharakter als aktiv handelndes und für das Ganze mitverantwortliches und mitbestimmendes Element zugestanden ist, treten ihnen gegenüber andere Funktionen des amtlich Institutionellen in den Vordergrund. Dieses nimmt nun besondere Züge des »Objektiven« an: mehr negativ gesehen als sachlich-unpersönliche, dem Subjekt gegenüber fremde und sogar für seine Freiheit bedrohliche, sie einschränkende und unterdrückende Macht; mehr positiv gesehen als eine bleibende und maßgebende Vorgegebenheit, die das Subjekt vor seiner eigenen möglichen Willkür schützen und es aus seiner endlichen, beschränkten, »subjektiven« Sicht zur größeren »Objektivität« der Gnade befreien kann. In dieser Relation kommt primär der einzelne Gläubige in seiner persönlichen Freiheit in den Blick. Ihm gegenüber steht dann die Institution des Amtes als das objektiv Vorgegebene, das seine Freiheit hemmen oder fördern kann.

Eine kirchlich-gesellschaftliche Gestalt nimmt diese Freiheit der Subjektivität da an, wo die Frage nach der Institutionalisierung dieser Freiheit selbst gestellt wird, ohne daß dabei diese Freiheit vom objektiven Amt aufgesaugt und dadurch depotenziert wird. Ob das bei der Konzeption einer grundsätzlich institutionskritischen Freiheit denkbar ist, haben wir in Frage gestellt. Uns schien für diese Vermittlung der Begriff einer prinzipiell institutionsbejahenden Subjektivität geeigneter. Denn nur dann scheint das Gegenüber von Amt und Gemeinde gesellschaftlich fruchtbar strukturiert zu sein, wenn zum einen beim Amt der Charakter des objektiv Vorgegebenen, nicht Destruierbaren (»Gesetzten«) und seine unersetzbare, ihm eigentümliche Funktion bei der sakramentalen Vermittlung des von Gott den Menschen geschenkten Heils anerkannt bleibt; und wenn zum anderen auf seiten der Gemeinde der Charakter des Subjektseins in der Kirche, der aktiven Mitverantwortung gerade auch in der Leitungsvollmacht institutionalisiert wird [190]. Das erfordert allerdings eine viel stärkere innere Differenzierung des Institutionsbegriffs und seiner theologischen Begründung.

[189] *K. Rahner,* IX, 421.

[190] *H. Pottmeyer,* der die sakramentale Heilswirklichkeit der Kirche von ihrer jurisdiktionellen Gesellschaftlichkeit unterscheidet (nicht trennt!), behält dem Amt die entscheidende Repräsentation der sakramentalen Dimension der Kirche vor, während die Repräsentation der jurisdiktionellen Seite (– die vor allem die Funktionen des Leitungsamtes enthält –) durchaus auch legitim von Synoden bzw. Räten als »gesamtkirchlicher Repräsentation aus Amtsträgern und Laien« getragen werden kann (Synodale Strukturen, 179).

3. KAPITEL

DREI THEOLOGISCHE ENTWÜRFE ZUR BEGRÜNDUNG DES INSTITUTIONELLEN CHARAKTERS DER KIRCHE

A. INSTITUTION GOTTES – INSTITUTION DER MENSCHEN (HANS KÜNG)

Hans Küng ist zweifellos einer der profiliertesten und anregendsten Ekklesiologen der Gegenwart. Seine Schriften provozieren die katholische Theologie immer wieder zu einem gründlichen Überdenken ihrer traditionellen Positionen; dies gilt besonders in Hinblick auf die kirchlichen Strukturen und ihre theologische Begründung. Aber Küng schreibt nicht nur für Fachtheologen, sondern für alle jene Christen, die heute nach einem annehmbaren Verständnis der Kirche suchen. Sein Anliegen ist es weniger, überkommene dogmatische Kirchenbilder nur zu aktualisieren, sondern vielmehr eine vom biblischen Ursprung her begründete Ekklesiologie zu entwerfen. Wir wollen deshalb Küngs Ekklesiologie von ihrem hermeneutischen und ihrem biblisch-systematischen Ansatz her darstellen, und zwar im Hinblick auf die Stellung des Institutionellen innerhalb seines Kirchenverständnisses. Wir haben diese Ekklesiologie ausgewählt, weil sie uns repräsentativ für eine breite Strömung im gegenwärtigen katholischen Kirchenbewußtsein zu sein scheint. Es ist klar, daß wir bei dieser Theologie, die noch mitten im Prozeß der Entfaltung steht, nicht mit einer allseits abgerundeten Institutionstheorie rechnen können. Im Gegenteil, es werden sich im einzelnen durchaus Differenzen etwa zwischen den frühen und den neueren Veröffentlichungen, die fast alle auf dieses Thema Bezug nehmen, feststellen lassen[1]. Aber diese Unterschiede sind wiederum nicht so groß, daß man nicht doch von einer ekklesiologischen Grundkonzeption und von durchgehenden Tendenzen sprechen könnte, die bei der

[1] Die Werke H. Küngs, auf die wir unsere Untersuchung stützen, sind in der Bibliographie aufgeführt. Wir zitieren im folgenden nur mit Kurztiteln. Zusammenfassende Überblicke über die wichtigsten Auseinandersetzungen mit H. Küngs Ekklesiologie finden sich an folgenden Stellen:

a) Zur Ekklesiologie im allgemeinen: Die gesammelten Besprechungen in: *H. Häring, J. Nolte* (Hrsg.), Diskussion um Hans Küng, Die Kirche, Freiburg 1971 (zitiert: Diskussion); *Y. Congar*, Ecclésiologie II. Thèmes théologiques d'ecclésiologie, Bulletin in: Revue des sciences philosophiques et théologiques (= RSPhTh) 57/1973, 481–506, bes. 500f. Die Bulletins zur Ekklesiologie, die Congar ab Band 53/1969 in RSPhTh veröffentlicht, bieten eine ausgezeichnete kritische Übersicht über die wichtigsten Neuerscheinungen in diesem Bereich der Theologie.

b) Zur Amtsfrage: Concilium 8/1972, 233–314, 708–781; Revue de Droit canonique 23/1973: Die Beiträge dieses Jahrgangs beschäftigen sich alle mit der Frage des Leitungsamtes in der Kirche. Ebenfalls die Artikel in Catholica 27/1973; *K. Schuh* (Hrsg.), Amt im Widerstreit, Berlin 1973; *O. de la Brosse*, Théologie. Situation du prêtre et théologie des ministères, Bulletin in: RSPhTh 57/1973, 113–142, bes. 131ff.

c) Zur Unfehlbarkeitsfrage: *K. Rahner* (Hrsg.), Zum Problem Unfehlbarkeit. Antworten auf die Anfrage von H. Küng, Freiburg 1971; *Y. Congar*, Théologie. Les normes de la foi et de la

Behandlung unserer Frage in allen Werken zum Ausdruck kommen. Was Küng im Zusammenhang der Unfehlbarkeitsdebatte in dieser Frage ausführt, gilt wohl für seine gesamte Ekklesiologie: daß alle Unterschiede (und manchmal auch Gegensätze), die man in der langen Reihe der Veröffentlichungen von »Rechtfertigung« bis zu »Christsein« deutlich aufzeigen kann, doch keinen »Bruch« bedeuten, sondern ein »Ausdruck der Kontinuität (sind), die ein Weiterschreiten verlangte« [2]. Um Küngs Verständnis der kirchlichen Institution verstehen und gerecht beurteilen zu können, müssen wir erst die tragenden hermeneutischen und theologisch-systematischen Prinzipien seiner Ekklesiologie erörtern, von denen her er die unser Problem betreffenden Einzelfragen angeht und beantwortet.

I. DAS HERMENEUTISCHE GRUNDPRINZIP: ORIENTIERUNG AM »URSPRÜNGLICHEN«

In der »Diskussion« um Küngs Werk »Die Kirche« ist sein hermeneutischer Ansatz, das Wesen der Kirche primär von der »ursprünglichen« Botschaft des Neuen Testamentes her zu verstehen, wohl der umstrittenste Fragepunkt geblieben [3]. Auch in der weitverzweigten Unfehlbarkeitsdebatte wird von Küng selbst immer wieder auf diesem Punkt insistiert [4].

1. Die Hl. Schrift als »ursprüngliches« Glaubenszeugnis

Küngs Lehre von der Kirche wird grundlegend bestimmt von den Unterscheidungen, die er zu Beginn seines Kirchenbuches trifft. Da ist zunächst die Rede von »Wesen« und »Gestalt« der Kirche. Zum Wesen der Kirche zählen bestimmte »Grundkomponenten und Grundperspektiven, die nicht von ihr selbst stammen«, die vielmehr »von ihrem stets bestimmend bleibenden Ursprung her gesetzt« sind [5]. Dieses »Wesen« ist etwas Beharrendes, etwas Identisches, ein Kontinuum – jedoch nicht in »metaphysischer Unbeweglichkeit«, sondern immer nur »in einer stets wandelbaren geschichtlichen Gestalt« (ebd.). »Der wirklichen Kirche wirkliches Wesen ereignet sich in der geschichtlichen Gestalt« (ebd.). Wesen und Gestalt gehören notwendig zusammen, sind nur begrifflich zu unterscheiden. Dennoch dürfen sie nicht einfach identifiziert werden, denn das Wesen bleibt das normierende Kriterium für die jeweilige Legitimität einer geschichtlichen Gestalt. Identität und Differenz von Wesen und Gestalt kennzeichnen die »wirkliche« Kirche (16).

théologie, Bulletin in: RSPhTh 56/1972, 640–660, bes. 650–655; Concilium 9/1973, 156–230 (dort auch weitere Literaturangaben zu diesem Thema, bes. 224–226); *H. Küng* (Hrsg.), Fehlbar? Eine Bilanz, Zürich 1973; *P. J. Fitzpatrick,* Infallibility – a Secular Assessment, in: Irish Theol. Quart. 41/1974, 3–21; *Y. Congar,* Après Infaillible? de Hans Küng: bilans et discussions, in: RSPhTh 58/1974, 243–252.

[2] Fehlbar, 325.

[3] Siehe die Beiträge in *H. Häring, J. Nolte* (Hrsg.), Diskussion, von: *F. Fahlbusch,* 68–73; *G. H. Tavard,* 84–91; *Y. Congar,* 155–175, bes. 160ff; die Antwort *H. Küngs* auf *Y. Congar,* 175–221; *H. U. v. Balthasar,* 257–267.

[4] Unfehlbar, 65ff, 155, 169, 179; Fehlbar, 55, 59, 65ff, 339, 431ff, 442, 448, 450ff, 461.

[5] Kirche, 15; folgende Zitate im Text alle aus »Kirche«.

Das bleibende Wesen der Kirche kommt von ihrem Ursprung her, der aber nicht einfach am Anfang einer Reihe beliebiger geschichtlicher Situationen liegt, sondern der als maßgeblich bestimmende Norm für die ganze Geschichte der Kirche von Gottes Heilshandeln in Christus »gesetzt«, »gegeben«, »gestiftet« wurde (25). Dieses vom Ursprung her bleibend gesetzte Wesen läßt sich erkennen durch eine Besinnung auf das »ursprüngliche Glaubenszeugnis« der Kirche (26), auf die heiligen Schriften, besonders des Neuen Testamentes, in denen sich Gottes Wort im Menschenwort ausspricht. Die Hl. Schrift als Zeugnis des gottgesetzten Ursprungs bleibt norma normans für die ganze weitere kirchliche Tradition. Ihr kommt eine »originale, primäre Autorität« zu, während die kirchliche Tradition, auch die definierenden Konzilentscheidungen, nur eine »abgeleitete, sekundäre Autorität« beanspruchen können; denn sie müssen sich in ihrem Wahrheitsanspruch immer wieder auf das ursprüngliche Evangelium beziehen[6].

Mit dieser Konzentrierung auf die Hl. Schrift soll keineswegs der »hermeneutische Zirkel« von Schrift, Tradition, Lehramt und aktuellem Glaubensbewußtsein im Prozeß des theologischen Verstehens gesprengt werden. Sowenig wie das Lehramt und das aktuelle Glaubensbewußtsein kann auch die Hl. Schrift allein »ein Superkriterium« für das Verständnis der Offenbarung abgeben[7]. Dennoch legt Küng innerhalb dieses Zirkels den Schwerpunkt ganz entschieden auf die Hl. Schrift und ihre historisch-kritische Auslegung durch die Theologie, die wiederum nur im Horizont der gesamten Kirche (»Katholizität in Raum und Zeit«) vollzogen werden kann. Er vertraut darauf, daß das Evangelium der neutestamentlichen Schriften genügend »Wahrheitsmacht« besitzt, um sich selbst durch alle theologischen Interpretationen hindurch »durchzusetzen«[8]. Eine verbindliche, klar umschriebene, der historisch-kritischen Auslegung vorgegebene Bindung an ein »unfehlbares« Lehramt oder an das aktuelle Glaubensbewußtsein lehnt er als »systemimmanent« ab; im Gegenteil, diese beiden Kriterien müssen sich selbst immer wieder von dem – durch die Theologie erhobenen – normativen Kriterium der Hl. Schrift kritisieren lassen. Tradition, Lehramt und Glaubensbewußtsein sind also nicht so sehr das Maß der theologischen Schriftauslegung, sondern mehr ihr korrigierender Horizont, der sich selbst aber auch immer wieder vor der theologischen Auslegung durch Sachargumente als schriftgemäß legitimieren muß[9]. An einer grundsätzlichen Vorrangigkeit eines Lehramtes, das zugleich in den Händen des Leitungsamtes liegt, vor der theologisch-kritischen Schriftauslegung ist damit nicht mehr festzuhalten[10]. Im Konfliktfall zwischen den verschiedenen

[6] Fehlbar, 445.
[7] A.a.O., 444; 460f.
[8] A.a.O., 445.
[9] A.a.O., 445f.
[10] Vgl. a.a.O., 445: »Subjektive Willkür bei der Interpretation des Neuen Testamentes läßt sich bei den Theologen ebensowenig völlig ausschalten wie bei Papst und Bischöfen.«

Gerade die Subjektivierung der Botschaft (auch durch Papst und Bischöfe!) soll ja durch die Dialektik von material-inhaltlichen und formal-institutionellen Kriterien verhindert werden. Erst diese Dialektik, auf die wir unten näher eingehen (siehe IV, 3), macht das Eigentümliche des kirchlichen Lehramtes aus, das als solches ja auch über dem Papst und den Bischöfen als Privatpersonen steht, die in der Hl. Schrift forschen und sie interpretieren. Daß heute eine stärkere Integration der Theologen in der Institution des Lehramtes erforderlich ist, brauchen wir hier nicht weiter zu diskutieren.

Diensten in der Kirche kann eine Lösung nur auf der »möglichst klaren Unterscheidung der Kompetenzen« aufbauen: »Vorsteher und Theologen haben ihr eigenes Charisma, ihre je eigene Berufung, ihre je eigene Funktion ... Sowohl der Leitungsdienst der Bischöfe und Pfarrer (Leadership) wie der Lehrdienst der Theologen (Scholarship) haben ihre besondere Bedeutung und auch ihre besonderen Voraussetzungen. Sie sind von vornherein auf Zusammenarbeit verwiesen, da sie beide im selben Evangelium Jesu Christi ihren Ursprung haben und beide für die gleichen Menschen da sind.«[11]

2. *»Ursprüngliche« und »abgeleitete« Glaubenszeugnisse innerhalb der Hl. Schrift*

In einem zweiten Schritt vollzieht Küng dann auch innerhalb der Hl. Schrift eine Differenzierung: auch die biblischen Schriften sind geschichtliche Schriften, die die verschiedenen geschichtlichen Situationen ihrer Entstehung widerspiegeln. Deswegen gibt es in ihnen bereits eine große Mannigfaltigkeit von Kirchenbildern. Diese dürfen weder zu sich ausschließenden Gegensätzen dissoziiert noch zu einer uniformen Einheitlichkeit nivelliert und harmonisiert werden: Das *ganze* Neue Testament muß als »positives Zeugnis vom Evangelium Jesu Christi« ernst genommen werden; dabei muß jedoch differenziert werden zwischen ursprünglichen und abgeleiteten Zeugnissen[12]. Küng nennt drei Momente der Ursprünglichkeit einer neutestamentlichen Schrift: »die der Chronologie (1 Kor ist *früher* als Eph!), die der Authentizität (1 Kor ist *echt* paulinisch, Tit vermutlich nicht!), die der Sachnähe (1 Kor ist sachlich näher beim Evangelium Jesu selbst als Jak!).«[13]

Die Schwierigkeit, die Küng durchaus sieht, liegt darin, nun positiv (nicht nur negativ: das und das ist peripher usw.) festzustellen, was »Evangelium« Jesu Christi, was die »Mitte« der Schrift sein soll. Doch lassen sich entscheidende Verbindungslinien und innere Zusammenhänge zwischen verschiedenen Aussagen der Schrift zeigen, »etwa zwischen dem ›Anbruch der eschatologischen Gottesherrschaft in Jesus Christus‹, wie sie in der synoptischen Verkündigung im Mittelpunkt

[11] A. a. O., 457. Diese Auffassung der hermeneutischen Prinzipien unterscheidet sich deutlich von der in »Rechtfertigung« vertretenen, bei welcher die Interpretation der Hl. Schrift durch den Theologen noch »absolut verpflichtend« an das Lehramt gebunden bleibt: »Der katholische Theologe fühlt sich hier nicht nur relativ, sondern absolut verpflichtet. Er forscht also nicht zuerst als unabhängiger Christenmensch in der Schrift, um sich dann schließlich auch noch um die kirchliche Lehrverkündigung (als norma negativa) zu richten. Sondern er forscht in der Heiligen Schrift, indem er sich dauernd seiner absoluten Bindung an die kirchliche Lehre positiv bewußt ist. Und doch – dies bleibt unverrückbar bestehen – forscht er in der Heiligen Schrift: um sie, als dem unmittelbar greifbaren Worte Gottes, muß alles andere kreisen. Hier und nirgendwo anders liegt das Zentrum seiner Theologie« (Rechtfertigung, 123).

Die Tendenz der Hermeneutik von »Rechtfertigung« bis »Fehlbar« scheint dahin zu gehen, daß aus dem Primat der Schrift *in* der Kirche und ihrer – in Tradition und Lehramt – verbindlich vorgetragenen Verkündigung des Evangeliums ein Primat der Schrift *vor* der Kirche und ihren Diensten der Leitung und der Lehre wird. Wir können auf diese hermeneutische Problematik hier nicht weiter eingehen. Es sei nur auf die Darstellung dieser Verhältnisbestimmung von Evangelium, Hl. Schrift, Dogma, Tradition und Exegese bei *W. Kasper,* Dogma unter dem Wort Gottes, Mainz 1965, hingewiesen.

[12] Kirche, 31; Strukturen, 155f.

[13] Kirche, 31.

steht, und der paulinischen ›Rechtfertigung des Sünders aus Gnade durch den Glauben allein‹«[14]. Die geforderten Zusammenhänge des jeweiligen neutestamentlichen Kirchenbildes mit dem eigentlichen Evangelium Christi können mit Hilfe der historisch-kritischen Methode und durch die existentielle Besinnung des Glaubens auf das »Kerygma als Botschaft mit bestimmender Gegenwartsmacht, als einen an den heutigen Menschen ergehenden Ruf Gottes« erkannt werden[15].

3. *Die Botschaft Jesu von der Gottesherrschaft als normativer Ursprung der Kirche*

In der Erkenntnis der sachlichen Nähe einer neutestamentlichen Schrift zur Mitte des Evangeliums spielen natürlich auch theologische Vorentscheidungen mit hinein. Für Küng kommt das Heilsereignis Christi vor allem in der synoptischen Darstellung der Verkündigung, des Verhaltens und des Geschicks Jesu zur Sprache; hier liegen die »ekklesiologischen Imperative«[16] und die Grundlagen jeder legitimen Gestalt der Kirche. Wenn Küng auch Kreuz und Auferstehung Jesu für die geschichtliche Ursprungssituation der Kirche keineswegs vernachlässigt[17], so ist doch die vorösterliche Verkündigung Jesu von der Gottesherrschaft für Küngs Kirchenbild grundlegend[18]. Was Küng in seinem Hegelbuch als Postulat einer zukünftigen, »metadogmatischen« Christologie aufstellt, nämlich vom geschichtlichen Jesus Christus, von seiner Verkündigung, seinem Verhalten, seinem Geschick und seiner Bedeutsamkeit auszugehen, hat er in seiner Ekklesiologie bereits zuvor praktiziert. Auch ihr kommt deswegen eine »metadogmatische Denkstruktur« zu, die das »vom Ursprung her Entscheidende des Christusglaubens« deutlicher als eine dogmatische Ekklesiologie im üblichen Sinn zum Sprechen bringen kann[19].

Da es der Kirche um die »Sache Jesu« gehen[20] und sie deswegen »die Botschaft von Jesus als dem Maßgebenden, dem Herrn« verkündigen soll[21], »nimmt sie Jesu Botschaft von der Herrschaft Gottes in konzentrierter Form auf«[22]. Sie muß deswegen in ihrer geschichtlichen Gestalt, in ihrem Tun und Sprechen Zeugnis geben von dieser »endzeitlich-endgültigen Herrschaft Gottes, die als Ereignis ›nahe gekommen‹ (Mk 1,15) ist«[23], die als die »mächtige souveräne Tat Gottes selbst«, als Gotteswerk allein, nicht als Menschenwerk erscheint[24], die eine »rein religiöse Herrschaft« bedeutet[25], die sich als »Heilsereignis für die Sünder« offenbart[26],

[14] A.a.O., 32.
[15] A.a.O., 34f.
[16] A.a.O., 119.
[17] A.a.O., 94ff, 100.
[18] Diskussion, 187ff; vgl. dazu die Stellungnahme *H. U. v. Balthasars* a.a.O., 260ff.
[19] Menschwerdung Gottes, 599; vgl. dazu *J. Nolte,* Dogma in Geschichte, Freiburg 1971.
[20] Diskussion, 188; Christsein, 468, 494ff.
[21] Christsein, 494.
[22] Ebd.; vgl. Kirche, 119.
[23] Kirche, 62.
[24] A.a.O., 63f.
[25] A.a.O., 64f.
[26] A.a.O., 66f.

und die »vom Menschen eine radikale Entscheidung für Gott« fordert[27]. Grundlage und Aufgabe der Kirche ist die Bezeugung dieser Gottesherrschaft in dieser Welt:

»So liegt der Kirche ganzer Sinn nicht in sich selbst, nicht in dem, was sie ist, sondern in dem, worauf sie zugeht. Die Gottesherrschaft ist es, die die Kirche erhofft, bezeugt, verkündet. Nicht Bringerin und Trägerin, wohl aber Ausruferin, Ansagerin, *Herold* der kommenden und zugleich schon gegenwärtigen Gottesherrschaft ist die Kirche. Gott selbst führt sie herbei. Die Kirche aber steht ganz in ihrem Dienst.«[28]

Sie soll sich deswegen immer bekennen als eine provisorische, dienende, schuldige, entschiedene Kirche[29].

4. Die Gestalt der Kirche nach den »ursprünglichen« Schriftzeugnissen

In welchem neutestamentlichen Kirchenbild kommt nun die sachliche Nähe zur synoptischen Verkündigung Jesu und damit zum maßgeblichen Ursprung der Kirche am deutlichsten zum Ausdruck? Die Antwort ist für Küng klar: Rein historisch stellt er zwar fest, daß am Anfang ein judenchristliches und ein heidenchristlich-paulinisches Gemeindemodell stehen. Aber wenn die authentischen Paulusbriefe (neben dem viel späteren Johannes) die »tiefste und umfassendste Interpretation des Heilsereignisses in Jesus Christus« bieten und zugleich einen so »*unmittelbaren* Einblick in die *ursprünglichen* Verhältnisse der christlichen Gemeinde« gewähren wie sonst keiner[30], dann liegt es nahe, die von Paulus – vornehmlich in den Korintherbriefen – entworfene Gestalt der charismatischen Gemeinde mit ihrer unmittelbaren Herrschaft durch den Geist Gottes als die primär normative Ordnung der Kirche anzusehen. Demgegenüber gilt die Apostelgeschichte nur als eine »stark *idealisierte, theologische* Interpretation der *vorausgegangenen* apostolischen bzw. paulinischen Epoche«[31]. Deswegen kann ihr Kirchenbild, zusammen mit dem der Pastoralbriefe, nur als »abgeleitetes« Zeugnis innerhalb der neutestamentlichen Schriften eingestuft werden[32]. Im Gegensatz zu Käsemann bedeutet für Küng jedoch »abgeleitet« nicht dasselbe wie »abgefallen«; er betont ausdrücklich die alle Unterschiede und Gegensätze übergreifende Einheit der neutestamentlichen Kirche, die sich – wie die Kanonbildung zeigt – in allen Schriften des Neuen Testaments als die eine Ekklesia Gottes erkannt hat[33]. Auch diese »abgeleiteten« Schriften des Neuen Testaments haben

[27] A.a.O., 67ff.
[28] A.a.O., 118.
[29] Christsein, 495–500.
[30] Diskussion, 184.
[31] A.a.O., 183f.
[32] A.a.O., 180ff; Kirche, 31,217.
[33] Strukturen, 143–159; siehe dazu die Artikel von *E. Käsemann,* Amt und Gemeinde im Neuen Testament, in: Exegetische Versuche und Besinnungen I, Göttingen 1960, 109–134; Begründet der neutestamentliche Kanon die Einheit der Kirche? A.a.O., 214–223; *H. Küng,* Der Frühkatholizismus im Neuen Testament als kontroverstheologisches Problem, in: Theol. Quartalschrift 142/1962, 385–424; Kirche, 31, 487–492; Diskussion, 183.

als kanonische Schriften normativen Wert, jedoch nur »entsprechend ihrem spezifischen Stellenwert innerhalb des Ganzen des neutestamentlichen Kanons«[34].

Der »Stellenwert« einer Schrift wird also vor allem durch seine sachlich-theologische Nähe zum ursprünglichen Evangelium bestimmt; er entscheidet auch über den verschiedenen Grad der Normativität eines neutestamentlichen Kirchenbildes. Dies gilt, zumal wenn historisch gesehen keine Prävalenz des einen vor dem anderen festzustellen ist. So kann z.B. keine der beiden »Grundformen urchristlicher Verfassung«, weder die paulinisch-heidenchristliche (ohne monarchischen Episkopat, ohne Presbyterat, ohne institutionalisierte Ordination) noch die palästinensische Ordnung (mit Presbyterat und Ordination) wegen ihres gleichen Alters einfachhin »als *die* ursprüngliche erklärt werden«[35]. Hier geht es also mehr um eine historische Ursprünglichkeit, die von keiner Kirchenordnung behauptet werden kann. Bei der Erklärung jedoch, wie sich die beiden grundlegenden Ordnungen im Lauf der Zeit miteinander vermischt haben und dabei die palästinensische gerade mit ihrem institutionalisierten Amt allmählich die Oberhand gewonnen hat, nimmt der Begriff »ursprünglich« mehr einen theologischen Sinn an (= sachliche Nähe zum Evangelium) und wird deswegen der paulinisch-charismatischen Ordnung zugesprochen. Denn die mit dieser Vermischung gegebene Notwendigkeit der »Neuordnung« auf eine Gemeinde mit institutionalisiertem Amt hin wird mit dem Unterschied von »Ursprungsphase« und »Folgezeit«[36] begründet. Diese Erklärung impliziert, daß die »gleich alte« presbyteriale Ordnung mit ihren (historisch »ursprünglichen«) Amtsstrukturen theologisch doch schon mehr zur »Folgezeit«, zur »nachapostolischen« Zeit gerechnet wird[37]. Denn wenn jede der beiden Ordnungen auch im theologischen Sinn gleich »ursprünglich« wäre, könnte das allmähliche Vordringen der einen gegenüber der anderen nicht mit dem Unterschied von Ursprungs- und Folgezeit erklärt werden[38]. Küng scheint diesen doppelten Gebrauch des Begriffs »ursprünglich« offen zu halten: »Wer aber die *ursprüngliche* Geschichte der Kirche als eine bestehen läßt, der wird deswegen nicht zu allem ja und amen sagen, er wird durchaus das Wesentliche vom Unwesentlichen, das *Ursprüngliche* vom Abgeleiteten, das Verdeutlichende

[34] Diskussion, 183.
[35] Kirche, 477.
[36] Kirche, 500, 508f.
[37] Ebd.; Diskussion, 183f.
[38] Küng spricht zwar nicht explizit (– gerade wegen der historischen Gleichzeitigkeit der presbyterialen Ordnung und wegen der Unableitbarkeit der einen Ordnung aus der anderen –) von der paulinisch-charismatischen Ordnung als der »ursprünglichen«; aber sie nimmt bei ihm als Kirchenbild der »ursprünglichen« neutestamentlichen Zeugnisse eindeutig den Platz des theologisch Ursprünglichen ein – gegenüber dem Kirchenbild und der Kirchenordnung der »abgeleiteten« Schriften (Apostelgeschichte, Pastoralbriefe). Das zeigt sich auch daran, daß die Gemeindeordnung der Apostelgeschichte und der Pastoralen mit ihrer Betonung der Presbyter und des Episkopus als der führenden und schließlich alleinigen Gemeindeleiter von Küng immer wieder deutlich an den Anfang einer »langen und komplexen historischen Entwicklung« gestellt wird, die (exegetisch-historisch) nicht auf »göttliche Einsetzung« zurückgeführt werden kann (Unfehlbar, 65; Priester, 36f; Kirche, 481–504). Von dieser »geschichtlichen Entwicklung« und ihrem Ursprung wird die (zeitlich gleich-ursprüngliche) charismatische Gemeindeordnung deutlich abgehoben, nicht nur weil sie von der Entwicklung weitgehend verdrängt worden ist, sondern auch weil sie »qualitativ« davon verschieden ist.

vom Verdunkelnden unterscheiden«[39]. Dennoch scheint eines sicher: der theologisch geprägte Sinn von »ursprünglich« ist ausschlaggebend dafür, daß die paulinisch-charismatische Kirchenordnung einen höheren Grad der Normativität beanspruchen kann als die presbyteriale Ordnung mit institutionalisierter Ordination. In der Kirche als Volk Gottes, als Geistesgeschöpf und als Christusleib, in der es keine Standesunterschiede gibt, in der alle Christen »in einer fundamentalen Gleichheit«[40] vor Gott stehen, in der das »allgemeine Priestertum« die Grundlage der neuen Glaubensgemeinschaft bildet[41], da ist die charismatische Ordnung in Freiheit die eigentlich angemessene Gemeindeverfassung und -struktur. In ihr kommt die Käsemannsche Trias: Jedem das Seine – miteinander füreinander – gehorsam dem Herrn zur Geltung; sie umgreift im Rahmen der »Grundstruktur« die Ämterstruktur und greift über sie hinaus[42]; in ihr kommt das Wesen der Kirche, die »Grundwahrheit christlicher Kirchenordnung« rein zur Darstellung[43].

5. *Das theologische Unterscheidungsmerkmal des »Ursprünglichen«*

Worin liegt nun eigentlich der entscheidende sachlich-theologische Unterschied, der es rechtfertigt, daß der paulinisch-charismatischen Gemeindeordnung nicht historisch, aber theologisch die höhere Normativität des »Ursprünglichen« gegenüber der judenchristlich-presbyterialen zugesprochen werden kann? Er besteht – wenn wir Küng recht verstehen – vor allem darin, daß in der ersteren die direkte und unmittelbare Berufung und Bevollmächtigung jedes Charismatikers durch Gott und damit auch die eigentliche Leitung und Ordnung der Gemeinde durch

[39] Kirche, 491; Küng fährt, um sich von Käsemann abzugrenzen, fort: »Aber er wird zugleich einen geschichtlichen Sinn dafür haben, daß Geschichte immer weitergeht, daß die spätere Stunde nicht einfach die Stunde bleiben kann, unter der man angetreten ist, daß folglich nicht von vorneherein *alle* Entwicklung verdächtigt werden muß, daß somit vielleicht auch Lukas und vielleicht auch die Pastoralbriefe nicht in allem auf schiefer Bahn waren, sondern – in einer anderen Situation mit anderen Nöten und Erfordernissen – in legitimer Weise bezüglich Amt und Kirchenordnung über Paulus hinausgingen und von ihm sogar gedeckt worden wären (ebd.).«

[40] Kirche, 438.

[41] A.a.O., 437–457.

[42] A.a.O., 226.

[43] A.a.O., 508. In seiner Konzeption der charismatischen Gemeindestruktur stützt Küng sich vor allem auf: *E. Schweizer*, Gemeinde und Gemeindeordnung im Neuen Testament, Zürich 1962 (2. Aufl.); *H. v. Campenhausen*, Kirchliches Amt und geistliche Vollmacht in den ersten drei Jahrhunderten, Tübingen 1963 (2. Aufl.); *E. Käsemann*, Amt und Gemeinde (siehe Anm. 33). Auf die exegetische Problematik einer paulinischen »charismatischen Kirchenverfassung« können wir nicht weiter eingehen. Ein Bedenken sei hier nur im Anschluß an *U. Brockhaus*, Charisma und Amt, Wuppertal 1972, geäußert: Kann man die paränetisch ausgerichteten Charismentafeln bei Paulus (1 Ko 12,8–10; 28–30; Rö 12,6–8) einfachhin als Darstellung oder als gefordertes Leitbild der »Struktur« und der »Verfassung« der Gemeinden verstehen? Wird hier nicht eine primär geistliche Unterweisung, die sich auf das brüderlich geordnete Zusammenleben in der Gemeinde bezieht, zu unvermittelt in den genuin rechtlichen Bereich von Struktur und Verfassung transponiert (– welche Begriffe zumindestens eine Stufenfolge und Kompetenzabgrenzung der verschiedenen Funktionen einschließen –)? Wobei sich dann natürlich die Konsequenz notwendig ergibt, daß eine rechtlich und institutionell geordnete »Verfassung« ursprünglich nicht vorhanden war. Wird hier nicht durch diesen sehr analogen Gebrauch der Begriffe von Verfassung und

den Geist Gottes selbst als vorherrschendes »Strukturprinzip« gilt[44]. In der zweiten dagegen kommt noch eine »besondere Sendung durch Menschen«, ein »menschlicher Befehl, eine menschliche Berufung, Einsetzung, Ermächtigung«, eben das institutionalisierte Leitungsamt der Presbyter bzw. Episkopen hinzu, was legitimiert wird durch die geschichtliche Situation des Übergangs von »Ursprungsphase« zur »Folgezeit«[45]. Bei der Unterscheidung der Kirchenordnung und ihrer Normativität nach ursprünglichen und abgeleiteten neutestamentlichen Zeugnissen spielt also dieses theologische Kriterium eine gewichtige (nicht die einzige) Rolle: die eine Gemeinde spiegelt primär das direkte und freie Wirken des Geistes Gottes und seiner Gaben und damit auch das Vertrauen auf diesen Geist wider, die andere macht – in der »besonderen Sendung zum Dienst« – die menschliche Vermittlung entscheidender Gaben und Vollmachten zu einer Hauptstütze ihrer Struktur, und zwar in der Form eines institutionalisierten Verfahrens, nämlich der Ordination[46]. In der einen Gemeindeordnung tritt die freie, souveräne Initiative und Herrschaft Gottes direkter hervor, in der anderen dagegen gewinnt die menschlich-institutionelle Wirksamkeit eine entscheidende Bedeutung[47].

Wenn Küng auch in der Entwicklung der Gemeindeordnung zum institutionellen Dienst weder eine Normativität noch einen Abfall vom Ursprung sehen will[48], wenn er auch die »rein charismatische Struktur der Kirche von Korinth

Struktur, unter die zugleich ein geistlich begründetes und geordnetes Zusammenleben in der Gemeinde und eine rechtlich geordnete Gemeindestruktur (z.B. der Pastoralbriefe) subsumiert werden, ein Gegensatz in der organisatorischen Realität der neutestamentlichen Gemeinden aufgestellt, der in diesem Ausmaß wohl nicht vorhanden, zumindest nicht bewußt war? (vgl. dazu auch *H. Dombois,* Recht II, 52ff.

Zur allgemeinen exegetischen Frage nach den neutestamentlichen Gemeindestrukturen verweisen wir u.a. auf: *H. Schürmann,* Geistliche Gnadengaben, in: *G. Baraúna* (Hrsg.), De Ecclesia I, 494–519; *J. Roloff,* Apostolat – Verkündigung – Kirche. Ursprung, Inhalt und Funktion des kirchlichen Apostelamtes nach Paulus, Lukas und den Pastoralbriefen, Gütersloh 1965; *J. Giblet* (Hrsg.), Vom Christus zur Kirche. Charisma und Amt im Urchristentum, Freiburg 1966; *J. Gnilka,* Geistliches Amt und Gemeinde nach Paulus, in: Kairos NF XI/1969, 95–104; *K. Kertelge,* Gemeinde und Amt im Neuen Testament, München 1972.

[44] Vgl. Kirche, 226ff, 473f: »Auf die Berufung Gottes, auf das Charisma des Geistes kommt es an. Die Gemeinde kann dieses Charisma nicht selbst hervorbringen, es wird ihr geschenkt; sie kann es nur prüfen und es als echte Wirkung des Geistes anerkennen. Von daher – nicht von der Gemeinde, nicht vom Apostel – und auch nicht vom eigenen Entschluß haben die einzelnen so vielfältigen Dienstträger ihre Vollmacht!« Vgl. auch a. a. O., 498ff; siehe auch die Betonung der »Unmittelbarkeit« im Kapitel über das »allgemeine Priestertum« der Gläubigen, 437f.

[45] Kirche, 498: »Und von der paulinischen Kirchenverfassung her gesehen bestand damals, und von der Kirche der Gegenwart her gesehen besteht heute die Frage, wie denn, nachdem doch jeder sein Charisma, seine Berufung, direkt von Gott empfängt, eine *besondere Sendung durch Menschen* überhaupt noch gerechtfertigt werden kann. Warum soll denn der innere Drang, das innere Getrieben-Sein zu einem konkreten Dienst, in welchem sich die Berufung Gottes in der Existenz des Menschen Ausdruck verschafft, nicht genügen? Warum soll da noch ein menschlicher Befehl, eine menschliche Berufung, Einsetzung, Ermächtigung hinzukommen müssen?«

[46] Vgl. Kirche, 477ff; Priester, 34: »Paulus, der in den unumstritten authentischen Briefen nie von Ordination und Presbytern spricht, kennt offensichtlich kein institutionalisiertes Amt, in das man eingesetzt wird und durch das man dann erst zum Dienst verpflichtet würde. Seine Kirchen sind Gemeinschaften freier charismatischer Dienste.«

[47] Vgl. Kirche, 227, 481.

[48] Priester, 39.

nicht zur definitiven und einzig möglichen machen will«[49], so hat die Einstufung der menschlich – institutionellen Vermittlung der Leitungsgaben in den Bereich des »Abgeleiteten«, also der sekundären Normativität, doch zumindest die Tendenz, diese Vermittlung gegenüber der direkten charismatischen Berufung und Sendung durch Gott theologisch abzuwerten[50]. Selbstverständlich besteht zwischen charismatischer und institutioneller Berufung ein Unterschied. Aber die Frage ist, ob das Moment der menschlichen Vermittlung als solcher diesen Unterschied so groß macht. Was heißt denn: »direkt von Gott«? Ist der Empfang des Charismas nicht auch immer schon durch die individuelle Begabung, durch die persönliche Geschichte des Betreffenden, durch die Situation und Not der Gemeinde usw. menschlich vermittelt? Bei der institutionellen Vermittlung der Sendung kommt natürlich ein besonderes, »formales« Moment hinzu; aber eine unvermittelte Direktheit des Geistempfangs ist auch dem Charismatiker nicht gegeben.

In die gleiche Richtung einer starken Unterscheidung zwischen (unmittelbar) göttlichem und (vermittelt) menschlichem Wirken bei der Gestaltung der Kirche zielt die Aussage Küngs, daß nur vom »Ursprung« her erkannt werden kann, »was an der gegenwärtigen Kirchenverfassung Menschenwerk und was Gotteswerk ist; daß nur vom Ursprung her je und je entschieden werden kann, was wesentlich und was unwesentlich, was entscheidend und was gleichgültig, was bleibend und was vorübergehend ist«[51]. Läßt sich »Gotteswerk« und »Menschenwerk« wirklich so klar voneinander unterscheiden? Ist »Gotteswerk« nicht immer, ob am Ursprung der Kirche oder in der Gegenwart, nur vermittelt durch »Menschenwerk« zu erfahren? Wenn man diesen unausweichlichen, in sich natürlich sehr differenzierten und variablen Vermittlungszusammenhang von göttlichem und menschlichem Tun bedenkt, scheinen uns doch die »Gemeinsamkeiten« zwischen den beiden Kirchenordnungen (zumal die von Küng als dritte Gemeinsamkeit genannte) größer zu sein als die »Gegensätzlichkeiten«, die Küng vielleicht doch zu »schroff« zeichnet[52]. Diese Schroffheit der Gegensätze erklärt sich wohl einerseits durch die hermeneutische Unterscheidung von »ursprünglichen« und »abgeleiteten« neutestamentlichen Zeugnissen und anderseits durch die damit parallel vollzogene theologische Unterscheidung von direkter göttlicher Bevollmächtigung in den Charismen und besonderer Bevollmächtigung durch Menschen zum amtlichen Dienst. Damit wird bereits eine wichtige Vorentscheidung über die theologische Qualität der menschlichen Vermittlung göttlichen Handelns überhaupt und des kirchlich Institutionellen im Besonderen getroffen.

Küng möchte zwar bei aller »schroffen Gegensätzlichkeit« ausdrücklich »falsche Alternativen« vermeiden, etwa die zwischen Amt und Charisma, zwischen Institution und Ereignis[53]. Aber die eine grundlegende Gemeinsamkeit der Gemeindeordnungen mit charismatischen Diensten und mit Diensten aus besonderer (menschlicher) Sendung, nämlich ihre normative Bindung an die vorgege-

[49] Diskussion, 185.
[50] Zumal dann, wenn das »Abgeleitete« in einer Reihe mit dem »Unwesentlichen« und »Verdunkelnden« aufgezählt werden kann (Kirche, 491).
[51] Kirche, 488.
[52] A.a.O., 496ff.
[53] A.a.O., 495.

bene apostolische Paradosis, vor der sich jeder Dienst und jede Gemeindeordnung legitimieren muß, fällt bei Küng in der Gesamtbeurteilung der beiden Ordnungen doch viel weniger stark ins Gewicht als ihre Verschiedenheit[54]. Wenn auch in der paulinischen Gemeinde das Charisma nie durch eine menschliche Instanz vermittelt wird wie etwa in den Gemeinden der Pastoralbriefe, so bleibt es in seiner gültigen Wirksamkeit doch an die Übereinstimmung mit der durch die Apostel vermittelten, »objektiv« vorgegebenen Tradition gebunden[55]. Das bedeutet: die »Modalität des Dienens«, die einen Dienst in der Gemeinde als echt erweist[56], hat in dieser apostolischen Tradition ein außer ihr liegendes, menschlich vermitteltes Maß, an dem sie sich messen lassen muß. Nach Küng jedoch läßt die zusätzliche Bindung des Charismas an eine institutionell geordnete Übertragung und Sendung den Unterschied der Gemeindeordnungen so gewichtig werden, daß die eine die Prädikate »apostolisch« (was wohl auch für »paulinisch« stehen kann[57]) und »zur Ursprungsphase gehörig« erhält, die andere dagegen bereits als Beginn der »nachapostolischen« Epoche und der »Folgezeit« eingestuft wird[58]. Die Gemeindeordnung mit ihrer »besonderen Sendung durch Menschen« verliert zwar als neutestamentliche nicht ihren kanonisch-normativen Wert für die Kirche, aber als Zeugnis der »abgeleiteten Schriften« kann alles »Amtsmäßige« in der Kirche gegenüber ihren Grundstrukturen und Grunddimensionen nur noch eine zweitrangige, geschichtlich bedingte Bedeutung haben[59].

Diese Bewertung hat u.a. ihren Grund in einer *theologischen* Entgegensetzung von direkter göttlicher Sendung und vermittelter menschlicher Sendung in den Dienst. In die hermeneutische Unterscheidung von »ursprünglichen« und »abgeleiteten« neutestamentlichen Zeugnissen und in die damit verbundene Stufung der Normativität neutestamentlicher Kirchenordnungen spielt entscheidend dieses theologische Vorverständnis mit hinein. Wir werden im nächsten Abschnitt ausführlich darauf eingehen müssen.

II. DER THEOLOGISCHE SCHWERPUNKT IN KÜNGS EKKLESIOLOGIE: DIE GNÄDIGE RECHTFERTIGUNG DES SÜNDERS

Der methodisch – hermeneutische Grundansatz Küngs impliziert wie wir gesehen haben bereits ein bestimmtes theologisches Verständnis des »Ursprünglichen« und »Wesentlichen« der christlichen Botschaft und damit auch der Gestalt der christlichen Kirche. Dieses grundlegende inhaltlich-theologische Verständnis wird bereits im ersten größeren Werk Küngs entfaltet: es ist der Gedanke der Rechtfertigung des Sünders. Unsere These, die im folgenden zu begründen ist, lautet: Alle Untersuchungen Küngs über die Kirche scheinen eine bis ins einzelne gehende Ausformulierung jenes mehrmals betonten »ekklesiologischen Charakters« der Recht-

[54] A.a.O., 495f.
[55] Vgl. *H. Schlier,* Über das Hauptanliegen des ersten Korintherbriefes, in: Die Zeit der Kirche, Freiburg 1962 (3. Aufl.), 147–159.
[56] Priester, 34.
[57] Diskussion, 184.
[58] Vgl. Kirche, 500, 509.
[59] Vgl. Kirche, 508.

fertigungsgnade zu sein[60]; ja, man kann wohl mit Recht seine Kirchenlehre als eine in die soziale Dimension übersetzte Gnadenlehre bezeichnen[61]. Was Küng als eine zentrale Voraussetzung der Erwählungslehre Karl Barths betont hat, gilt wohl auch für seine eigene Theologie, zumal die Ekklesiologie, nämlich die Gnade zu bezeugen »als Ausgangspunkt alles weiteren Nachdenkens und Redens, als den Generalnenner, der nachher in keinem Satz vergessen werden darf, der nachher womöglich in jedem Satz zur Geltung kommen sollte«[62]. Wenn Käsemann die Charismenlehre des Paulus als »die Projektion der Rechtfertigungslehre in die Ekklesiologie hinein« versteht[63], dann ist es nur konsequent, wenn Küng diese so gedeutete Charismenlehre in das Zentrum seiner Ekklesiologie stellt.

In den Auseinandersetzungen sowohl um »Die Kirche« als auch um »Unfehlbar?« wird diese Verbindung von Rechtfertigungs- und Kirchenlehre mehrfach betont, wobei öfters auch auf die Nähe zur Theologie K. Barths hingewiesen wird[64]. Wir wollen in diesem Abschnitt versuchen, die Grundlinien dieser Verbindung aufzuzeigen. Vor allem an den beiden charakteristischen Polen dieser Lehre, nämlich der Betonung der Souveränität des gnädigen Gottes auf der einen und der Sündigkeit des ungehorsamen, sich selbst erlösenwollenden Menschen auf der anderen Seite, läßt sich zeigen, wie das Bild von der Kirche, das Küng entwirft, entscheidend von seiner Rechtfertigungstheologie bestimmt wird. Küng selbst hat zwar den Ansatz seiner Ekklesiologie nicht in dieser Ausdrücklichkeit mit der Rechtfertigung verbunden; vielleicht wird er überhaupt ein solches durchgehendes inhaltliches theologisches Prinzip ablehnen. Jedoch braucht ein literarisch vorliegendes Werk nicht von den subjektiv bewußten Intentionen seines Autors her interpretiert zu werden; es hat seine eigenen Sachgesetzlichkeiten und besitzt eine vom Autor zu unterscheidende Objektivität, in welcher es methodisch angemessen zu interpretieren ist[65].

[60] Vgl. z.B. Rechtfertigung, 199, 221, 240f, 251f.

[61] Dabei spielen die Unterschiede, die er auf Grund des Neuen Testamentes zwischen Rechtfertigung und Heiligung (– bei grundlegender Einheit beider –) hervorhebt, im Ansatz seiner Ekklesiologie keine allzu entscheidende Rolle: der forensische Charakter der Rechtfertigung gegenüber dem kultischen Charakter der Heiligung, die mehr individuell gerichtete Rechtfertigung gegenüber der mehr kollektiv gerichteten Heiligkeit, der absolute Ausschluß jeder Selbstrechtfertigung des Sünders gegenüber der Möglichkeit einer ethischen Selbstheiligung des Menschen (Rechtfertigung, Exkurs II: Rechtfertigung und Heiligung nach dem Neuen Testament, 296–319). Das Gewicht liegt für die Ekklesiologie ganz eindeutig auf dem absoluten Primat der von Gott geschenkten Rechtfertigung und Heiligkeit, demgegenüber des Menschen Tun immer nur gehorsam-antwortendes Empfangen sein kann. Insofern spielt natürlich die Rechtfertigung, die gerade diesen Primat stärker hervorhebt, eine größere Rolle als die Heiligung.

[62] *K. Barth*, Kirchliche Dogmatik II/2, Zürich 1942, 100 (zitiert bei Küng, Rechtfertigung, 32).

[63] *E. Käsemann*, Amt und Gemeinde, 119.

[64] Siehe Diskussion, 86, 90 (Tavard); 174 (Congar); 236f (Dietzfelbinger); 251 (Riniker); 258, 266 (Balthasar); außerdem *K. Rahner*, Unfehlbarkeit, 74f, 92f (Sartori).

[65] Vgl. zu dieser hermeneutischen Grundeinsicht das Werk von *H. G. Gadamer*, Wahrheit und Methode, Tübingen 1972 (3. Aufl.).

Unsere Vermutung, daß Küng unser Interpretationsprinzip ablehnen wird, hat sich kurz nach Abgabe der Arbeit bestätigt. Deswegen haben wir unter Berufung auf W. Kasper und G. Greshake, die unserer Interpretation voll zustimmen, diese hermeneutische Bemerkung eingefügt. Allerdings sprechen wir jetzt (im Unterschied zum ursprünglichen Text) lieber von einem »Schwerpunkt« in Küngs Ekklesiologie als von einer »Denkform«; Küngs Einwände haben uns davon überzeugt, daß dieser Begriff doch nicht ganz angemessen ist.

1. Die Souveränität des gnädigen Gottes gegenüber der Kirche

Der Rechtfertigungslehre, wie sie von Barth vorgetragen und von Küng großenteils zustimmend übernommen wird, geht es vor allem um »die herrliche und doch gar nicht so herrische Suprematie Gottes«, die sich in dem »freien, souveränen Gnadenakt Gottes« im Versöhnungsgeschehen ausdrückt[66]. Es ist letztlich der leidenschaftliche »Eifer für Gott«, der Einsatz für das kompromißlose »Soli Deo gloria«[67], der das Movens dieser ganzen Rechtfertigungslehre abgibt. Darin liegt nach H. U. v. Balthasar das »Formalprinzip« der Theologie Barths, die unter allen Umständen die Freiheit und Unverfügbarkeit Gottes gegenüber dem Menschen wahren und jede Bemächtigung Gottes durch den Menschen und seine Werke verhüten will[68]. Gottes gnädige Souveränität, seine Initiative und Aktivität wird in allem inhaltlichen theologischen Nachdenken über die Offenbarung an die erste Stelle gesetzt, aber nicht um dann in einer gleichgültigen Reihe weiterer menschlicher Initiativen und Aktivitäten fortzufahren, sondern um den qualitativ einzigartigen Fundamentalwert zu bezeichnen, der das ganze Offenbarungsgeschehen in Jesus Christus charakterisiert, und der damit auch das menschliche Bedenken dieses Ereignisses – wie das Vorzeichen vor der Klammer – im Ganzen und in allen Einzelheiten durchformt.

Jeder Anschein eines »Griffs nach Gott«, den Barth als *die* Versuchung des »Katholischen« ansieht, und der nach ihm tatsächlich in der katholischen »Denkform« der analogia entis versucht wird und von daher z.B. sich konkret äußert in der Zuständlichkeit einer geschaffenen Gnade im Menschen, im »opus operatum« der Sakramente, im »charakter indelebilis« des Amtes, im amtlichen Vikariat Christi in der Kirche und in der Unfehlbarkeit ihres Lehramtes[69], eine solche Bemächtigung Gottes muß in der Rechtfertigungslehre peinlichst vermieden werden.

»Das soli Deo gloria! Dies möchte uns Barths Anliegen auch in seiner Rechtfertigungslehre so recht begreiflich, so recht liebenswert machen: Es geht um *Gott*! Wir Menschen sind doch gar nicht so wichtig, wir dürfen doch nicht in unserem alten Laster immer wieder zuerst und vor allem an uns denken. *Gott* sollen wir in der Rechtfertigung des Menschen loben und preisen, *seine* Gerechtigkeit und Liebe, seine Treue und Barmherzigkeit, seine Allmacht und Weisheit sollen wir bewundern und verherrlichen...«[70]

Küng sieht dieses Anliegen Barths in der katholischen Theologie durchaus gewahrt[71]; ja, man kann wohl sagen, daß er selbst es zum großen Anliegen seiner Theologie und besonders seiner Ekklesiologie erhoben hat. Als Beleg skizzieren wir jetzt seinen großen Entwurf »Die Kirche« einmal ausdrücklich unter diesem Gesichtspunkt:

In den Prolegomena zur »Kirche«, in denen er das Objekt des Traktats, nämlich die »wirkliche Kirche« in den Blick zu bekommen versucht, erscheint sie als »ge-

[66] Rechtfertigung, 41; vgl. auch 83, 96f u.a.
[67] *H. U. v. Balthasar*, Karl Barth, Köln 1951, 181f; vgl. *H. Küng*, Rechtfertigung, 97f.
[68] *H. U. v. Balthasar, Karl Barth*, 58ff.
[69] A.a.O., 59f.
[70] Rechtfertigung, 98.
[71] A.a.O., 269.

glaubte Kirche« (44), jedoch in wesentlichem Unterschied zum »geglaubten Gott«: während der Christ in einer unbedingten personalen Hingabe *an* Gott, *an* Jesus Christus, *an* den Hl. Geist glaubt, darf er der Kirche gegenüber nur sagen, daß er »sie glaube«, insofern in ihr Gott am Wirken ist. Denn die Kirche ist nicht Gott oder ein gottgleiches Wesen, sie bleibt von Gott grundsätzlich unterschieden; »Gott bleibt Gott« (47). Wenn auch »Kirche aus Gottes Gnade durch den Glauben wird« und zugleich umgekehrt der »Glaube aus Gottes Gnade durch die Kirche wird« (ebd.), so gründen doch beide keineswegs ineinander, »sondern gemeinsam im gnädigen Heilshandeln Gottes« (48), das beiden vorausgeht[72].

Über den Ansatz seiner Ekklesiologie in der Verkündigung Jesu von der Gottesherrschaft haben wir schon gesprochen. Der Ursprung der Kirche ist dementsprechend auch eine »Setzung Gottes«, dessen Willen und Handeln im ganzen Christusgeschehen die Sammlung der Kirche zur Ekklesia tou theou (welcher Begriff eben die Tat Gottes betonen soll) bewirkt hat (95). Als solche ist die Kirche »die von Gott berufene und erwählte Gemeinde der Endzeit« (101). Gerade das jedem »eigenmächtigen und willkürlichen« menschlichen Sichversammeln immer schon zuvorgekommene »Von-Gott-versammelt-Werden« macht die Kirche zur »Ekklesia Gottes«, zur »institutio Dei«; und nur als solche ist sie dann auch sich je aktuell versammelnde Glaubensgemeinschaft, ist sie »congregatio fidelium« (102–108)[73].

Derselbe Gedanke kehrt wieder bei der Darstellung der Kirche als »Gottesvolk«, welches sie nur eben »auf Grund der vorausgehenden freien Erwählung und Berufung Gottes« wird; alles hängt vom Anruf Gottes als der »entscheidenden Initiative Gottes zum Heil des Menschen« ab (154). Kirche ist *seine* »Stiftung«, und bleibt »ganz und gar abhängig« von ihm (155); sie darf nie als ein freier Verein religiös Gleichgesinnter mißverstanden werden, der etwa durch menschliche Initiative zustande käme. Jeder Entscheidung der Menschen zur Kirche, welche als Antwort unbedingt notwendig ist, muß das Wort des gnädig berufenden und erwählenden Gottes vorausgehen (156).

Auch als »Geistgeschöpf« ist die Kirche ganz und gar von Gottes Gnade abhängig; denn der Geist als die »Gabe der Endzeit« (196) ist ja Gott selbst »als sich schenkende, aber nicht verfügbare Macht und als lebenschaffende Kraft« (197); als solche ist er der Kirche gegenwärtig und übt seine erfüllende, belebende, tragende und führende Macht über sie aus; er wirkt als »Existenzgrundlage, Lebensprinzip und Gestaltungsmacht der Kirche« (207), die als »Geistesbau« deswegen auch sein »Geschöpf« genannt werden kann. So bleibt bei aller Verbundenheit doch gerade der »fundamentale Unterschied zwischen dem Gottesgeist und dem menschlichen Gebilde der Kirche« bestehen (209); jede Identifizierung ist entschieden abzulehnen, denn der Geist »ist und bleibt der freie Geist«, dem die Kirche untertan ist (ebd.). Der »Geist geht der Kirche voraus« (211), er kommt nicht als Lebensprinzip zu einem in sich schon fertig organisierten Gebilde hinzu,

[72] Vgl. dazu *K. Barth,* Kirchliche Dogmatik IV/2, Zürich 1955, § 67: Der Hl. Geist und die Erbauung der christlichen Gemeinde. 1. Die wirkliche Kirche (695–724): Das ist die Kirche, die in ihrem menschlichen Wirken nicht sich selbst, sondern rein Gottes Wirken und Werk darstellt.

[73] Vgl. auch Strukturen, 19–24; Christsein, 469f.

sondern schafft sich die Kirche immer wieder neu aus denen, die glauben[74]. In dieser »Freiheit seiner Macht und Kraft (ist er) der souveräne Herr der Kirche« (212). Auch wenn sich der Geist Gottes in seiner Freiheit – er wirkt, wann und wo er will – an Wort und Sakrament bindet, kann die Kirche sich »des Geistes nicht bemächtigen, ihn nicht eigentlich ›besitzen‹, nicht über ihn verfügen, ihn nicht beschränken, steuern, meistern« (213).

Zur Grundstruktur der Kirche gehört auch ihr »Sein als Christusleib«; die Taufe als »Zeichen der erwählenden und rechtfertigenden Gnade« (268) gliedert die Menschen in das Heilsgeschehen von Tod und Auferstehung Jesu und damit in die Gemeinde ein. Im Herrenmahl, dem »Zeichen der bewahrenden und vollendenden Gnade« (ebd.), wird diese Gemeinde immer wieder neu durch die Teilnahme am real gegenwärtigen Leib und Blut des Auferstandenen zu seinem »Leib« geeint. Bei dieser eucharistischen Gegenwart des Herrn handelt es sich aber nicht »um ein verfügbares ›Etwas‹, um ›magische‹ Gegenstände, um eine Gabe, die je vom Geber losgelöst und verselbständigt werden könnte« (264). Es geht bei diesen eucharistischen Zeichen der Präsenz Christi »nicht um eine vorliegende Sache, sondern um ein gnadenhaftes Ereignis, nicht um selbstwirksame heiligende Gegenstände, sondern um die Begegnung mit einer Person, nicht um einen wundersamen Naturvorgang, sondern um das Handeln Jesu Christi selbst an der versammelten glaubenden Mahlgemeinschaft und am einzelnen« (265). Diese Einheit des Christusleibes kommt nicht als »Ergebnis von Bemühungen der Gemeindeglieder« zustande, sondern ist »durch Christus selbst konstituiert und in diesem Sinn vorgegeben« (274). Wenn auch durch die personale Gegenwart Christi in der Kirche eine innige Einheit zwischen beiden besteht, so muß doch stark die bleibende Unterschiedenheit und das bleibende Gegenüber von Christus und Kirche betont werden: Als sündige Kirche bleibt sie in jedem Augenblick vom Erbarmen ihres Hauptes abhängig. Sie ist nicht wie Christus eine »gottmenschliche« Wirklichkeit, sondern steht in einem radikalen Gehorsams- und Unterordnungsverhältnis zu Christus; jede Identifizierung der Kirche mit Christus (was als katholische Versuchung gesehen wird) muß vermieden werden; auch jede Terminologie, die eine solche Tendenz nahelegen könnte, ist als mißverständlich abzulehnen (z.B. die Rede vom »fortlebenden Christus« oder von der »andauernden Menschwerdung«). Denn sonst besteht die Gefahr, daß die Kirche sich zu einer »autonomen Stellvertreterin in allem« erhebt (285), daß sie sich »Christus und seines Wortes bemächtigen« und es »als ihr Eigentum besitzen« will (288).

Die starke Betonung der unverfügbaren Souveränität Gottes gegenüber der Kirche ist auch der Grundtenor bei der Behandlung der »Dimensionen der Kirche«; die »Einheit« ist »grundlegend Gottes Werk« und »uns von Gott in Christus gegeben« (339); erst die schon bestehende, gottgewirkte Einheit veranlaßt und verpflichtet das menschliche Suchen nach Einheit, nach einer »gemeinsamen kirchlichen Wirklichkeit« (341). Die »Katholizität« hat ihren Grund nicht im eigenen »Pleroma«, in der eigenen »Fülle« der Kirche selbst, sondern nur in der »Fülle Christi«, die ihn in der Kirche anwesend sein läßt (320). Die »Heiligkeit«

[74] Vgl. oben Kapitel 2,2: Hier distanziert sich Küng von der traditionellen Auffassung des Hl. Geistes als der »Seele« der Kirche, womit die Tendenz einer zu großen Identifizierung gegeben war.

der Kirche stammt nicht aus dem religiösen und sittlichen Tun ihrer Glieder, sondern einzig und allein von Gott, der in Christus die Rechtfertigung und die Heiligung vollbringt (384): »Nicht von einer institutionellen Heiligkeit, nicht von einem heiligen Es, nicht von einer Kirche, die möglichst viele ihrer Institutionen, ihrer Orte, Zeiten und Geräte mit dem Attribut ›heilig‹ versieht, ist im Neuen Testament die Rede« (386). Vielmehr geht es dort um die »personale Heiligkeit« der von Gottes Gnade »ausgesonderten« und zur »Gemeinschaft der Heiligen« berufenen Gläubigen; diese »Heiligkeit« der Kirche als Gottes Werk in ihr kann nur geglaubt werden, sie ist uns »nicht einfach zugänglich und verfügbar« (ebd.). Es gibt für die Kirche keine »autonome« Heiligkeit (388), sondern nur die Dialektik des »ekklesiologische(n) simul iustus et peccator: eine communio peccatorum, die durch Gottes vergebende Gnade wirklich und echt communio sanctorum ist« (389). Die »Apostolizität« als »innerlicher, sachlicher Zusammenhalt« mit dem Zeugnis und dem Dienst der Apostel (421) kann die Kirche nicht einfach selbst »herstellen«, sondern wird ihr geschenkt durch den Geist Gottes und Christi (ebd.); sie kann für die Kirche »nie ein unangefochtener Besitz, ein festes Eigentum sein, worüber die Kirche verfügen könnte« (423). Apostolizität ist kein »statisches Attribut« der Kirche, sondern »muß sich immer wieder neu ereignen, muß Ereignis sein in der Geschichte« der kirchlichen Verkündigung des apostolischen Zeugnisses (424).

Auch die »Dienste« in der Kirche, sowohl »die von Gott geschenkten privaten Begabungen und Tugenden«, als auch die »von Gott gesetzten öffentlichen Gemeindefunktionen« setzen die »Berufung Gottes« voraus (465); denn nicht die Gemeinde bringt die verschiedenen Gemeindedienste aus sich hervor, sondern das »Charisma des Geistes« (473, 496). Gerade auch die »besondere Sendung durch Menschen« (Handauflegung) darf nicht zur eigenmächtigen Verfügung über den Geist werden, sondern kann »nur ein Zeichen für das Wirken des Geistes« sein; und ebenfalls darf sich der so Gesendete nicht »selbstmächtig und autonom« aufführen, sondern muß seinen Dienst in der glaubenden und liebenden Antwort auf die geschenkte Berufung vollziehen (502).

Im Grunde wird auch Küngs Auffassung der kirchlichen Unfehlbarkeit von diesem theologischen Schwerpunkt des »Soli Deo gloria« bestimmt, der in dieser konkreten Frage recht anschaulich hervortritt. Der traditionellen Auffassung, die an der Unfehlbarkeit bestimmter institutioneller Instanzen und von daher an der Irrtumslosigkeit bestimmter »Sätze« dieser Instanzen festhält, wirft Küng einen »Mangel an Glauben« vor[75]. Denn der Glaube vertraut auf Gottes Geist, ohne ihn mit bestimmten kirchlichen Strukturen zu identifizieren. Gott allein ist unfehlbar, ihm allein muß dieses Prädikat reserviert bleiben, denn er ist der »Deus, qui nec fallere nec falli potest«[76], während »die Kirche aus Menschen aber, die nicht Gott ist und nie Gott wird, auf allen Stufen und auf allen Gebieten immer wieder sich und andere sehr menschlich täuschen kann«[77]. Gott allein, nicht ihre eigene Kraft, hält sie grundlegend in der Wahrheit, trotz aller Irrtümer im einzelnen[78]:

[75] Unfehlbar, 144.
[76] A.a.O., 149.
[77] A.a.O., 151.
[78] A.a.O., 143–148.

»Die Kirche mag von ihrem Gott lassen, er wird nicht von ihr lassen«[79]. Und die Gewißheit dieses Vertrauens kann nicht durch »ein System von infalliblen Definitionen« erworben, sondern nur von dem in der Verkündigung des Evangeliums und seiner Verheißung präsenten Christus glaubend empfangen werden. Gott entläßt seine Kirche trotz aller Sünde und Schuld nicht aus seiner Gunst und Gnade, er hält treu an seinen Verheißungen fest, trotz aller Untreue der Kirche[80]. Weder eine »zuständliche satzhafte Inerranz« der heiligen Schrift kann diese Treue der Verheißung garantieren[81], weder die Konzilien mit ihren Definitionen können »über die Wahrheit Christi verfügen«[82], noch bei den Instanzen des Lehramtes ist die Wahrheit des christlichen Glaubens sicher »deponiert«[83], sondern: »*Gott* sorgt dafür«, daß die Kirche glaubend in der Wahrheit bleibt, gerade bei all ihrem »Abirren und Herumirren«[84].

Bei dieser starken Hervorhebung des freien, souveränen Handelns Gottes in der Konstituierung der Kirche erheben sich natürlich dieselben Fragen, die Küng als übliche katholische Bedenken gegenüber der Rechtfertigungslehre Barths genannt und als unbegründet verneint hat: »Wird in dieser Dogmatik nicht *Gott* doch wieder zu wenig zugeschrieben, weil dem *Menschen* zu wenig zugeschrieben wird? Wird nicht Gottes Ehre geschmälert, weil seines Geschöpfes Ehre geschmälert wird? ... Fällt doch letztlich das Geschöpf als Partner Gottes aus?«[85]

»Dies war schon immer die Frage der Katholiken an die Evangelischen. Es ist der Zweifel, den wir auch Barth gegenüber äußern müssen: Behauptet ihr nicht letztlich eine lebensgefährliche, unchristliche Gnadenlosigkeit des Menschen, eine heimliche Negation des Menschlichen, Geschöpflichen, Natürlichen, letztlich eine Aushöhlung der *Mensch*werdung Gottes?«[86]

Küng weist in seinem Rechtfertigungsbuch ausführlich nach, daß diese Zweifel gegenüber Barths Lehre beseitigt werden können. Die von Gott in Christus geschenkte Gerechtigkeit, also die »iustitia aliena«, die fremde Gerechtigkeit, ist gerade als solche, als Christi Gerechtigkeit und Geschichte, *»unsere eigenste Gerechtigkeit und Geschichte«*[87]. Barth kennt nach Küng durchaus eine innere, ontische »Gerechtmachung« des Menschen, die als Werk einer göttlichen Neu-

[79] A.a.O., 152.
[80] Fehlbar, 432.
[81] Unfehlbar, 180.
[82] A.a.O., 169.
[83] A.a.O., 191.
[84] A.a.O., 152; Vgl. *K. Barth,* KD IV/2, 753ff: Die gefährliche Versuchung der Kirche: »Sie kann der freien Gnade Gottes, aus der und in der sie existiert, in irgendeiner Besserwisserei mißtrauen ... sie kann sich auch ›begehrlich nach eigener Hoheit und Größe‹ gegen die Souveränität auflehnen, in der sie in ihr walten und regieren will. Es kann sie gelüsten nach den gesunden Grundlagen, den übersichtlichen Prinzipien, den Erfolg versprechenden Methoden, dem nüchternen oder auch enthusiastischen Realismus ...«
In dieser Welthörigkeit, durch die die Kirche selbst zu einem Stück »Welt« wird, zeigt sich »eine heimliche Sorge, so ganz allein aus Jesus Christus und von der freien Gnade Gottes her möchte die Gemeinde nicht leben können, eine heimliche Unfreudigkeit gegenüber dem Wagnis, es darauf ankommen zu lassen, als communio sanctorum in der Welt ... schlicht von ihrem eigenen Grund und nicht von den Wurzeln der Welt her zu leben und zu wachsen« (755ff).
[85] Rechtfertigung, 100.
[86] A.a.O., 45.
[87] A.a.O., 71, 253f.

schöpfung den Menschen selbst neu macht. Von daher kann Küng in der Rechtfertigungslehre einen grundlegenden Konsens zwischen Barth und der katholischen Theologie feststellen, welcher es ja gerade um diese menschliche Gestaltwerdung der Gnade geht, um die seinshafte Veränderung des Menschen selbst im Geschehen der Rechtfertigung (»gratia creata«)[88]. Beide Seiten müssen festgehalten werden: Gnade als Gottes souveräne Gunst und Gnädigkeit, die ich nie »haben« kann, die »nie einfach zu meiner Verfügung« steht, die aber zugleich doch als geschenkte und angenommene ganz »meine Gnade« ist[89]; denn Gottes gerechtsprechendes Wort ist ein schöpferisch-wirksames Wort, das bewirkt, was es zusagt. Dem Menschen wird diese Gunst Gottes zur eigenen Gerechtigkeit, indem er sie sich schenken läßt, sie gläubig-gehorsam annimmt (»subjektive Rechtfertigung«) und in dieser passiven Empfänglichkeit seine höchste Aktivität vor Gott erreicht.

»Es gilt Gottes *Alles*wirksamkeit, aber aus Gottes Alleswirksamkeit folgt nicht Gottes *Allein*wirksamkeit, sondern – und das ist das schönste Wunder von Gottes Alleswirksamkeit – die *Mit*wirksamkeit des Menschen aus Gottes Wirksamkeit.«[90]

2. *Die Kirche als sündige und gehorsame Gemeinde gegenüber Gott*

Wie zeigt sich nun diese »Mitwirksamkeit« des Menschen da, wo es um die Konstituierung von Kirche geht, wo Gottes Gnade und Erwählung also eine kirchliche »Gestalt« annehmen will? Die beiden Aspekte, die bei der Betonung der gnädigen Souveränität Gottes im Rechtfertigungsgeschehen immer notwendig auf der Gegenseite mitgegeben sind, treten im Kirchenbild Küngs auch dementsprechend stark hervor: die Sündigkeit der Kirche einerseits und ihr geschenkter Gehorsam andererseits. Bereits im Rechtfertigungsbuch wird das simul iustus et peccator auf die Kirche übertragen: Heilig ist sie von Christus her, durch *seinen* Hl. Geist, durch *seine* Lehre und Sakramente, nicht aber durch ihr eigenes Reden und Tun. Von sich aus bringt sie vor allem den Widerspruch der Sünde hinzu, das Unwesen zum Wesen: ecclesia simul iusta et peccatrix[91]. Die Kirche als Sünderin – das bleibt ein Grundthema der Ekklesiologie Küngs. In »Konzil und Wiedervereinigung« wird die Notwendigkeit einer ständigen Erneuerung der Kirche damit begründet, daß sie nicht nur eine Kirche aus Menschen, sondern auch aus Sündern ist, ja, daß sie wirklich eine »sündige Kirche« genannt werden muß[92]. Für die wesentlichen »Strukturen der Kirche« kommt alles darauf an, daß sie eine *glaubwürdige* Darstellung des gottgewirkten Wesens der Kirche abgeben, daß durch sie nicht das »dunkle Unwesen« über das »lichte Wesen« der Kirche triumphiert[93].

[88] A.a.O., 201ff.
[89] A.a.O., 203.
[90] A.a.O., 258; im Exkurs »Rechtfertigung und Heiligung...« (296ff) betont Küng stärker den forensischen Charakter der Rechtfertigung, ohne jedoch eine seinshafte Gerechtmachung auszuschließen; das menschlich-seinshafte »Ergebnis« kommt stärker im Begriff der Heiligung zum Ausdruck.
[91] A.a.O., 241.
[92] Konzil und Wiedervereinigung, 38–52.
[93] Strukturen, 37.

Unglaubwürdig ist die Kirche immer da, wo sie primär sich selbst repräsentiert, wo es ihr nur um eine »äußerliche, vielleicht sehr prächtige und eindrucksvolle, Manifestation der Einheit« geht[94], wo sie »statt der Offenbarung persönliche Interessen, statt des Evangeliums Jesu Christi das menschliche Recht...« vertritt[95], wo sie statt der ihr von Gott geschenkten und auf ihn weisenden Heiligkeit die »Kirche als Selbstzweck« repräsentiert, nämlich »ihren eigenen Glanz und Ruhm, ihre eigene Größe, Tugend, Organisation und Wahrheit«[96]. Diese »unglaubwürdige« Gestalt der Kirche, ihr böses »Unwesen«, das im Widerspruch zu ihrem »guten Wesen« steht, kommt nicht »durch Gottes heiligen Willen, sondern durch das Versagen der Menschen« zur Kirche hinzu; es begleitet wie ein bleibender Schatten das Wesen der Kirche durch alle geschichtlichen Gestaltungen hindurch[97]. Es tritt besonders da hervor, wo man das Äußere der Kirche, die »Fassade« als das wesentliche nimmt, wo

»eine weltweit verbreitete und zugleich im kleinen Raum verwurzelte wirkkräftige Organisation mit Hunderten Millionen von Mitgliedern und einer straff geordneten Hierarchie, ein traditionsreicher Kult von erhabener Feierlichkeit, ein durchdachtes theologisches Lehrsystem, eine umfassende säkulare Kulturleistung in Aufbau und Gestaltung des christlichen Abendlandes, eine moderne Soziallehre...«

von der Kirche als ihr Eigentliches und nicht als ihre »Oberfläche« betrachtet und dargestellt wird[98].

Die Sünde als das Unwesen der Kirche (– was aber nichtsdestoweniger zur »wirklichen« Kirche dazugehört! –) ist das, was die Menschen von sich aus mitbringen, was sie der heiligenden »Aussonderung« durch Gottes Heilstat in Christus entgegensetzen, was die Kirche zur »sündigen Kirche« macht; »aus sich« ist die Kirche nur »communio peccatorum«, die ganz auf die gnadenhafte Rechtfertigung und Heiligung angewiesen ist, durch welche allein sie zur »communio sanctorum« wird[99].

Dieses Gegensatzpaar bedeutet nicht eine statische Gleichzeitigkeit zweier gleichberechtigter Eigenschaften der Kirche. Denn Sünde ist primär Vergangenheit, von der die Kirche – herausgerufen durch Gottes Gnade – immer wieder neu herkommt; Heiligkeit ist primär eschatologische Zukunft, auf die die Kirche von Gott hingeführt wird. Aber beides bestimmt die Gegenwart der Kirche: das eine als zwar endgültig (von Gott her) überwundenes, aber in steter Anfechtung (von den Menschen her) zu überwindendes »Un-wesen«; das andere als zwar (von Gott her) bereits real anwesendes, aber stets neu (von den Menschen her) zu ergreifendes und zu verwirklichendes »Wesen«[100]. Von der Sündhaftigkeit ist nichts in der Kirche »automatisch« ausgenommen; durch kein Sakrament, durch keine Institution, durch kein Amt kann die geschenkte Heiligkeit gleichsam als »statischer Besitz« »garantiert« werden, da diese selbst eben auch nicht »automatisch

[94] A.a.O., 38.
[95] A.a.O., 58.
[96] A.a.O., 69.
[97] Kirche, 41.
[98] A.a.O., 38f.
[99] A.a.O., 379–389.
[100] A.a.O., 389f.

sündlos« und »von vorneherein heilig« sind, sondern zu einem »höchst weltlichen« Tun pervertieren können[101]. Stets muß die Kirche als Ganze und damit auch in ihrem sakramental-amtlichen Tun die Heiligkeit von Gott erbitten und sich demütig schenken lassen.

In der Sündhaftigkeit der Kirche, sofern sie rein »von sich aus«, von ihrer menschlich-weltlichen Herkunft her betrachtet wird, ist auch die engagierte Ablehnung Küngs aller »von vorneherein garantiert unfehlbaren« Sätze begründet. Weil die Kirche sündige Kirche ist, kann sie nicht – im Bereich der Wahrheitsfrage – eine irrtumsfreie, unfehlbare Kirche sein. So sehr die Verheißung der Unzerstörbarkeit (Indefektibilität) ihr von seiten Gottes her ein »grundlegendes Bleiben in der Wahrheit« verleiht, so wenig kann sie als »Kirche aus Menschen« dies als einen ruhigen »Besitz der Wahrheit« auffassen und in bestimmten Sätzen oder Instanzen »deponieren«[102]. Denn sie ist immer noch auf dem Weg »durch Versuchung, Anfechtung, Schuld hindurch, von Müdigkeit, Glaubensschwäche und Hoffnungslosigkeit bedroht«[103]. Sie ist nach dem Hebräerbrief die »in allen ihren Gliedern der Versuchung, der Anfechtung, der Verirrung, der Erschütterung ausgesetzte Gemeinschaft der Glaubenden, welche die Wahrheit nur als die in Christus offenbar gewordene große Verheißung besitzt«[104]. Und diese Verheißung setzt sich durch – *trotz* der Sünde der Kirche, »*trotz* aller immer möglichen Irrtümer«[105], aber nicht etwa *kraft* institutioneller Sicherungen.

»Die Kirche bleibt in der Gnade, nicht weil sie selber beständig und treu wäre, sondern weil sie *trotz* aller Sünde und Schuld aus der Gunst und Gnade nicht entlassen und ihr immer wieder neu Unzerrüttbarkeit, Beständigkeit, Indefektibilität gewährt wird.«[106]

Wenn auch die menschlich-sündige Seite der Kirche von Küng immer wieder in starken Farben ausgemalt wird, um das Gegenüber von Heiligem Geist Gottes und sündigem Geist der Menschen gegen alle Versuche einer Identifizierung durchzuhalten, bleibt der andere Aspekt der Rechtfertigung deswegen nicht unbeachtet, auch wenn er zuweilen etwas zurücktritt: daß die Kirche selbst – wie der einzelne – zuinnerst »gerecht gemacht«, geheiligt wird; sie ist »durch Gottes vergebende Gnade wirklich und echt communio sanctorum«[107]. Aber in welchem menschlichen Tun zeigt sich dieses wirkliche Geheiligtsein der Kirche? Vor allem in dem glaubenden Gehorsam, mit dem die zur Ekklesia gerufenen Menschen auf die Gnade Gottes antworten[108]. Durch diese freie Entscheidung der Menschen, die auf die zuvorkommende Erwählung eingehen, wird in der Geschichte der Menschen das »Volk Gottes« Wirklichkeit. Wie in der Rechtfertigung des Einzelnen der Glaube als das demütig-gehorsame Mitmachen des Menschen, als die aktive

[101] A.a.O., 388ff; siehe auch Konzil und Wiedervereinigung, 48f.
[102] Unfehlbar, 145f.
[103] A.a.O., 146.
[104] A.a.O., 146f.
[105] A.a.O., 143; vgl. Kirche, 406: Dort wird die Frage der Unfehlbarkeit bezeichnenderweise innerhalb des Abschnittes über die »Heilige Kirche« behandelt, in dem auch grundlegend das Verhältnis von sündiger und heiliger Kirche dargestellt wird.
[106] Fehlbar, 432.
[107] Kirche, 389.
[108] Kirche, 47f; 107f, 156f, 385f.

Empfangsbereitschaft für Gott das entscheidende Moment der subjektiven Zueignung der Gnade bedeutet[109], so auch bei der Konstituierung der Kirche als der heiligen Gemeinde der Endzeit. Wo Menschen glaubend-gehorsam die entscheidende eschatologische Tat Gottes in Tod und Auferstehung Jesu als für sie geschehen annehmen und bekennen, wird Kirche, sowohl in ihrem Ursprung in der nachösterlichen Jüngergemeinde, wie auch in der je neuen aktuellen Versammlung: »nur als con-vocatio Dei die congregatio fidelium, nur als institutio Dei die communio sanctorum«[110].

Als wesentliche Ausdrucksweisen dieses Glaubensgehorsams der Ekklesia nennt Küng meistens: Das Hören auf die Verkündigung der frohen Botschaft, wie sie in der Hl. Schrift überliefert ist, und damit das Bekenntnis des Glaubens an Gottes Heilstaten, das Empfangen der Taufe als des Zeichens der angenommenen Berufung zur Heilsgemeinde, das Feiern des Herrenmahls als Zeichen der bleibenden Gegenwart Christi und seines Geistes unter uns, die Sündenvergebung als Zeichen der neuen Schöpfung, das Leben nach dem Evangelium, den Dienst aller an der Gemeinde und in der Welt[111]. In all dem kommt die glaubende, das Heil empfangende Tätigkeit der Kirche zur Erscheinung: es ist das von Gott geheiligte Tun der Kirche; und als solches ist es gerade auch wirklich menschliches Tun[112]. Denn die so handelnde Kirche ist »nicht Gott, nicht Christus, nicht der Geist«[113]; »wir sind die Kirche«[114], die »konkreten glaubenden Menschen«[115]. »Ohne uns, außerhalb von uns, über uns hat die Kirche keine Wirklichkeit«[116].

3. Kirche – mehr als die Summe der einzelnen Gerechtfertigten? Frage nach dem theologischen Gemeinschaftsbegriff

Mit dieser Frage sind wir an dem entscheidenden Punkt der Ekklesiologie Küngs angekommen. Es geht nämlich jetzt um die Frage, *wie* dieses Zusammen von Gottes und der Menschen Wirken in der Kirche gedacht wird, und zwar nicht nur so, wie es sich *in* der Kirche abspielt, sondern wie es *als* kirchlich-gemeinschaftliches Handeln sich darstellt.

Zunächst ist festzuhalten: Beide Seiten, die Gnade und die Freiheit, werden von Küng sehr stark betont. Von dieser Spannung zwischen dem souveränen Handeln des dreifaltigen Schöpfergottes und dem gehorsamen Handeln seines Geschöpfes, der Kirche[117], lebt diese Ekklesiologie, die in gut ökumenischer Absicht vor allem jede Identifizierung, aber auch jedes Auseinanderreißen der beiden Pole vermeiden will. Das Gegenüber und Miteinander von Gott und Kirche wird näherhin in den personalen Kategorien Wort und Antwort, Geben und Emp-

[109] Rechtfertigung, 231, 244ff, 258ff.
[110] Kirche, 107.
[111] Vgl. z.B. Kirche, 117f, 249ff, 264f, 281, 339ff, 376, 391ff u.a.
[112] Kirche, 388f.
[113] A.a.O., 157.
[114] Ebd.
[115] A.a.O., 47.
[116] A.a.O., 157.
[117] Vgl. Diskussion, 236 (Dietzfelbinger).

fangen, Herrschaft und Gehorsam gedacht. Diese Kategorien sind ohne Zweifel die angemessensten, sowohl für das Rechtfertigungsgeschehen am einzelnen Gläubigen wie auch für das Handeln Gottes an seiner Kirche. Offen bleibt jedoch die Frage: wodurch unterscheidet sich das rechtfertigende Handeln Gottes an der Kirche von dem am einzelnen? Was unterscheidet die Antwort der Kirche von der des einzelnen? Ist die Kirche mehr als die Summe der einzelnen, individuellen »Rechtfertigungsereignisse«? Wenn ja, worin besteht dieses »Mehr«, worin manifestiert es sich? Es ist im Grunde die Frage nach dem Sakraments- bzw. Mysteriumscharakter der Kirche, die vor allem Y. Congar und H. U. v. Balthasar an Küng gestellt haben [118].

Küng bejaht selbstverständlich, daß die Kirche als Gemeinschaft mehr ist als die Summe der einzelnen, daß sie gegenüber jedem »privatisierenden Mißverständnis« nicht vom einzelnen als solchem her verstanden werden kann, sondern von der vorausgehenden Berufung der Menschen durch Gott zum Volk Gottes [119]. Er betont ausdrücklich, daß der Glaube des einzelnen von der Gemeinschaft der Kirche abhängig ist, die durch die Verkündigung des Evangeliums den Glauben »herausfordert«, »anregt«, »umfängt«, »trägt«, die ihm somit »Raum« und »Heimat« ist [120]. Auf der anderen Seite wird jede »Hypostasierung« der Kirche, jede Objektivierung und Ablösung der Kirche von den konkreten Menschen scharf abgelehnt: Die Kirche ist »keine gnostische Kollektivperson, die uns einfach gegenübersteht« [121], sie ist keine »suprapersonale Mittlerinstitution zwischen Gott und dem Menschen« [122], sie ist kein »über den konkreten Menschen und ihrer Entscheidung schwebendes Superwesen« [123]. Die Unterscheidung Congars zwischen »Struktur« und »Leben« wird mit der Begründung kritisiert, daß es »Glaube, Sakramente und Ämter und alles Institutionelle« niemals »ohne Menschen, vor oder oberhalb der Menschen« geben kann [124]. Das ist zwar richtig; aber durch diese etwas polemische Gegenüberstellung von Kirche in den »konkreten Menschen« und Kirche als über den Menschen stehende, objektivierte »Hypostase« wird die eigentliche theologische Frage nach dem spezifischen »Mehr« der Kirche als Gemeinschaft vor den einzelnen Gliedern und ihrer Summierung nicht befriedigend beantwortet.

Den Grund, den Küng für dieses »Mehr« der Kirche gegenüber einer »Agglomeration frommer Individuen« [125] nennt, sieht er nur in Gott und seiner Berufung, die dem einzelnen und seiner Entscheidung eben immer schon voraus ist, und die sich an den einzelnen nur im Kontext der Berufung des gesamten Gottesvolkes richtet. Insofern man jedoch den einzelnen in der Kirche als »*berufenen* einzelnen«, also »von Gott her« und von seiner vorausgehenden Berufung her versteht, kann auch die Kirche vom einzelnen her verstanden werden, wie Küng ausführt [126]. Dann ist die Kirche zwar nicht einfach als Summe der einzelnen

118 Diskussion, 167f (Congar); 265ff (Balthasar).
119 Kirche, 107, 153ff.
120 A.a.O., 47f.
121 Ebd.
122 A.a.O., 157.
123 A.a.O., 156.
124 A.a.O., 157.
125 A.a.O., 154.
126 A.a.O., 155.

begriffen, aber doch wohl als die Versammlung der *berufenen* einzelnen. Wodurch unterscheidet sich aber eine »Versammlung« als solche wesentlich von einer »Summe«? Dies scheint uns nicht klar dargestellt zu werden, zumal da die immer schon vorausliegende Berufung Gottes gegenüber der Gemeinschaft der Kirche und gegenüber dem einzelnen nicht in der Weise differenziert wird, daß der Ruf Gottes an den einzelnen *durch* den Ruf der schon berufenen und erwählten Kirche an den einzelnen vermittelt wird, so daß die Kirche wirklich und aktiv *ecclesia congregans* und nicht nur ecclesia congregata ist[127].

Küng weiß natürlich, daß die einzelnen Gläubigen, die die Kirche bilden, ihren Glauben »nicht aus sich selbst« und »auch nicht direkt von Gott« haben, sondern »durch die Gemeinschaft, die ihnen glaubend die Botschaft verkündet und ihren eigenen Glauben herausfordert«[128]. Aber es wird an dieser Stelle und auch sonst u.E. nicht recht deutlich, ob und wie die Gemeinschaft der Kirche als solche an der aktiven Berufung Gottes dem einzelnen gegenüber Anteil hat. Die Vermittlung des Glaubens durch die Gemeinschaft scheint mehr in soziologischen, jeder gesellschaftlichen »Plausibilitätsstruktur« gemäßen Handlungsweisen gesehen zu werden: der Glaube des einzelnen wird durch die glaubende Gemeinschaft »herausgefordert«, »angeregt«, »umfangen«, »getragen«, er nimmt teil am Glauben der Gemeinschaft usw. Man wird Küng darin durchaus zustimmen, daß weder der Glaube aus der Kirche noch die Kirche aus dem Glauben einfach abzuleiten ist, daß weder die Kirche »als objektive Größe unabhängig von der Glaubensentscheidung der einzelnen« existiert, noch daß sich »die glaubenden Menschen allein von sich aus zur Kirche« zusammenschließen (ebd.). Natürlich sind Glaube und Kirche aufeinander angewiesen, natürlich gründen beide »letztlich weder ineinander, noch in sich selbst, sondern im gnädigen Heilshandeln Gottes« (ebd.).

Dennoch bleiben Fragen: Gründen Kirche und Glaube des einzelnen nicht doch in *verschiedener Weise* in diesem Heilshandeln? Stehen sie denn völlig gleichartig dem gnädigen Gott gegenüber? Oder hat nicht die glaubende Gemeinschaft der Kirche gerade das dem Glauben des einzelnen voraus, daß sie als von Gott gerufene diesen Ruf immer schon angenommen hat? Daß sie deswegen diesen Ruf und diese Heiligung Gottes dem einzelnen wirksam vermitteln kann? Daß sie also als von Gott »geheiligte« Kirche wirklich auch »heilige« und »*heiligende*« Kirche ist – nicht in autonomer Selbstherrlichkeit, sondern als die von Gott zu diesem heiligenden Tun am einzelnen (vor allem in ihrer Verkündigung und in den Sakramenten) ermächtigte demütig-glaubende »Magd des Herrn«[129]? Wird nicht von Küng die con-vocatio Dei und die con-gregatio fidelium zu unvermittelt gegenübergestellt, ohne daß der Kirche selbst die sichtbare Vermittlung dieser convo-

[127] Vgl. Diskussion, 167 (Congar); vgl. auch *H. de Lubac,* Méditation sur l'Église, Paris 1953 (3. Aufl.), 78ff. Dieser »aktive« Aspekt wird in »Strukturen der Kirche« noch nicht ausschließlich Gott allein zugeschrieben, sondern auch der Kirche, in deren Wort, Sakrament und Amt die »Versammlung von Gott her« wirksam wird (22). Auch das in Anm. 8 (ebd.) als erstes Zitat angeführte Wort des Kyrill von Jerusalem betont ausdrücklich diesen Aspekt, daß die Menschen *durch* die Kirche berufen und vereint werden.

[128] Kirche, 48.

[129] Vgl. den Vorwurf Balthasars, daß in Küngs Ekklesiologie die Mariologie »totgeschwiegen« wird, was in etwa dem Vorwurf Congars korrespondiert, daß das »sakramentale« Moment ausfällt (Diskussion 264f; 167f).

catio als der von Gott empfangenen und deswegen ihr wirklich zu eigenen actio eingeräumt wird[130]? Dadurch würde die Kirche keineswegs »verabsolutiert« oder »hypostasiert«, was Küng ganz zu Recht vermeiden will. Und doch muß u. E. der Aspekt des »Mehr als die Summe der berufenen einzelnen«, das »Mehr als die Einheit aller einzelnen Berufungs- und Erwählungsgeschehen« auch irgendwie im Kirchenbegriff ausdrücklicher als bei Küng gedacht werden; denn sonst ist nicht einzusehen, warum Kirche als Gemeinschaft wirklich mehr sein soll. Dieses »Mehr« nur in Gottes vorausliegender Berufung zu sehen, läßt im Grunde die Frage unbeantwortet. Denn diese Berufung Gottes liegt sowohl der Kirche als ganzer wie auch dem einzelnen Gläubigen voraus; sie erklärt daher nur, daß sowohl der Glaube als auch die Kirche nicht aus dem Willensentschluß der Menschen entstehen, sondern von Gott geschenkt und gesetzt sind. Sie läßt aber offen, worin nun der spezifische Unterschied zwischen der kirchlichen Gemeinschaft und dem einzelnen im gemeinsamen Gegenüber zum gnädigen Gott liegen soll[131].

Bei der Behandlung der Taufe wird diese Frage nach dem »Mehr« der Kirche gegenüber den einzelnen Gerechtfertigten konkret[132]. Das Verhältnis von Glaube und Taufe zueinander wird ganz ähnlich wie das von Glaube und Kirche beschrieben: Weder begründet der Glaube die Taufe (Taufe ist mehr als nur Zeichen der Bestätigung des schon vorhandenen Glaubens), noch begründet die Taufe den Glauben (Glaube ist nicht einfach »selbstverständliches Ergebnis« der Taufe); vielmehr haben beide »ihren Grund in der Heilstat Gottes in Christus« (249). Ihre Beziehung zueinander wird näherhin in den Kategorien der Bedingungen und der Konsequenz gedacht: Glaube als Hingabe und Ergreifen der Gnade ist Bedingung der Taufe, und Taufe ist als sichtbare Bezeugung des Glaubens und als verbürgende Vergegenwärtigung der Gnade Konsequenz des Glaubens. Zunächst wird die Taufe als ein Geschehen zwischen Gott und Mensch betrachtet: »Vom Menschen her gesehen ist die Taufe der individuelle, geistig-leibliche, sichtbare Ausdruck der Umkehr und des Vertrauens, der Hingabe und des Bekenntnisses; so ist sie die Sichtbarmachung und Bezeugung des Glaubens vor der Gemeinde für den Eintritt in die Gemeinde. Von Gott her gesehen ist die Taufe das sichtbare, gerade diesem individuellen Menschen geltende Gnadenzeichen und die dem glaubenden Menschen verkündete und geschenkte Verbürgung und Vergegen-

[130] Kirche, 107.

[131] Ob dies damit zusammenhängt, daß in Küngs Ekklesiologie die mehr »individuell gerichtete« Rechtfertigung gegenüber der mehr »kollektiv gerichteten« Heiligung eine stärker strukturierende Rolle spielt, ist nicht klar. Wenn er z. B. in Rechtfertigung, Exkurs II: Rechtfertigung und Heiligung (a. a. O., 296ff) sagen kann: »Der einzelne Christ ist heilig im Hl. Geist (Taufe!) durch die Zugehörigkeit zur heiligen Gemeinde! Weil er zur heiligen Gemeinde gehört, ist er abgesondert von Welt und Sünde und ausgesondert für Gott« (307) –, so läßt sich dies von der Rechtfertigung nicht sagen. Aber auch von der Heiligung wird er diese Aussage später nicht mehr machen. In »Die Kirche« heißt es eher umgekehrt: »Dieser Glaubende wird nicht nur als einzelner ausgesondert, sondern indem dieser einzelne gerechtfertigt und geheiligt wird, wird er in die Gemeinde der Heiligen eingegliedert. Und Gott sondert die Gemeinde als eine heilige aus, indem er einzelne zum Glauben erweckt, rechtfertigt, heiligt (386f).«

Die Unterscheidung zwischen mehr individuell gerichteter Rechtfertigung und mehr kollektiv gerichteter Heiligung spielt überhaupt im Buch »Die Kirche« keine bestimmende Rolle mehr; deswegen tritt auch der Gedanke der kirchlichen Vermittlung der Heiligkeit für den einzelnen dort nicht mehr hervor.

[132] Kirche, 244–253; folgende Zitate im Text alle aus »Kirche«.

wärtigung von Gottes rechtfertigender Gnade« (250). In einem weiteren Schritt wird dann die notwendige Rolle der Gemeinde in diesem Geschehen erörtert: »Der Glaubende tauft sich nicht selbst, er wird getauft von der Gemeinde, und er wird getauft für die Gemeinde (251).« Durch die Sündenvergebung, durch die Besiegelung mit dem »Eigentumsmal des Namens Jesu«, durch die Geistverleihung, durch die Teilnahme an Tod und Auferstehung Christi in der Taufe wird er Glied der Gemeinde. Das Eingegliedertwerden in die Kirche ist also gleichsam die Konsequenz des Taufgeschehens.

Das ist zweifellos richtig, aber doch wohl nur die eine Seite dieser Wirklichkeit: Die Gemeinschaft der Kirche baut sich aus den getauften und gerechtfertigten einzelnen auf. Die andere Seite, nämlich daß der glaubende Mensch gerade durch die Eingliederung in die Kirche als der von Gott in Christus immer schon geheiligten und heiligen Gemeinde Gottes die Vergebung der Sünden, die Verleihung des Hl. Geistes, die Teilnahme an Tod und Auferstehung Jesu vermittelt bekommt, muß aber ebenfalls beachtet werden: Die Gemeinschaft der Kirche ist für den einzelnen das vermittelnde Zeichen der Rechtsfertigungsgnade. Beide Seiten gehören in einer »dialektischen Einheit« zusammen, wobei Dialektik »das unauflösbare, wesentliche Zusammengehören des *in* dieser Zusammengehörigkeit Gegensätzlichen besagt«[133]. Daß die Taufe als ein sichtbares Zeichen von Gottes rechtfertigender Gnade eben zutiefst ein kirchliches Zeichen ist, ein Zeichen, in dem sich die Kirche als geheiligte und deswegen wirklich heilige und heiligende Gemeinde immer neu verwirklicht, kann nicht vernachlässigt werden. Zwar wird bei Küng die Haltung des Glaubenden im Taufgeschehen als ein mediales »An-sich-geschehen-Lassen« (250) der gnädigen Tat Gottes interpretiert; zwar wird ebenso auch das Eingegliedertwerden in die Gemeinde als ein passives »zum Glied der Kirche gemacht Werden« (252) gedeutet, weil Kirche von Gott her immer schon da ist und nicht erst durch die Kraft der Menschen erbaut werden muß: aber diese beiden Gedanken werden nur in dem Sinn miteinander verbunden, daß Gottes Gnade eben immer schon jedem Tun des Menschen voraus ist. Die hier naheliegende Verbindung jedoch, daß die dem einzelnen vorgegebene Kirche gerade in ihrem Glauben und in ihrem sakramentalen Tun das darstellende und vermittelnde Zeichen dieser vorausgehenden Gnade Gottes ist, diese Verbindung wird von Küng nicht ausdrücklich gezogen.

Ähnliches fällt auch bei der Behandlung der Sündenvergebung auf[134]: zwar handelt Gott (wie auch bei der Taufe) durch die Kirche, indem seine Verzeihung durch das vollmächtige Vergebungswort der Kirche vollzogen wird; aber daß die »Versöhnung mit Gott« *durch* den »Frieden mit der Kirche«, also in einer kirchlich-gemeinschaftlichen Gestalt der Sündenvergebung vermittelt wird, kommt nicht zur Sprache.

Beim Herrenmahl[135] handelt der erhöhte Christus durch seine reale Gegenwart in den Gaben an der versammelten Gemeinde und am einzelnen; er schenkt in einem gnadenhaften Ereignis der Gemeinde und den einzelnen die Begegnung mit seiner Person, er beruft die Christen zur Gemeinschaft mit ihm, zur »Christus-

[133] *J. Heinrichs,* Sinn und Intersubjektivität, 163.
[134] Kirche, 391–399.
[135] A.a.O., 253–269.

gemeinschaft«, die so »dann auch« zur »Christengemeinschaft«, zur »Verbindung der Mahlgenossen untereinander« führt (267). Auch hier wird die Gemeinschaft der Christen nur als Konsequenz und nicht als sichtbares, vermittelndes Zeichen der Gemeinschaft mit Christus angesehen.

Natürlich handelt im Tun der vollmächtigen Verkündigung, der Taufe, der Sündenvergebung und des Herrenmahles die Gemeinde gegenüber dem einzelnen. Aber es kommt nicht deutlich genug zum Ausdruck, daß sie *als* Gemeinschaft in einer eigenen, ganz und gar geschenkten, Aktivität gegenüber dem einzelnen handelt; daß sie also *als* Gemeinschaft gleichsam ein eigenes »Aktzentrum« [136] bildet, das nicht einfach mit der Aktivität Gottes und mit der der zusammengekommenen einzelnen Gerechtfertigten schon benannt ist. Gerade weil die Kirche *nicht* Gott ist, gerade weil sie auch *nicht* nur die summierende Versammlung der Gerechtfertigten (als der einzigen eigenständigen »Aktzentren« neben Gott) ist, müßte ihre eigentümliche Aktivität *als* Gemeinschaft deutlicher gezeigt werden. Die Frage: »Wer ist die Kirche?« und nicht nur: »Was ist die Kirche?« kann nicht allein mit dem Hinweis auf die immer schon vorausliegende Initiative Gottes einerseits und auf die dieser Berufung antwortenden einzelnen Menschen andererseits beantwortet werden [137]. Die »kirchlich-gemeinschaftliche Gestalt« der vorausgehenden Gnade Gottes in Christus und seinem Hl. Geist, also ihre reale Vermittlung im heiligenden Tun der geheiligt-heiligen Kirche, müßte klarer hervortreten, um das »Subjekt« Kirche in seiner Eigenart verstehen zu können [138].

Von hier aus wird es verständlich, daß Küng konsequent die Bezeichnung »Sakrament« für die Kirche vermeidet; ja, er verzichtet ganz auf eine Klärung des Sakramentsbegriffs im Rahmen seiner Ekklesiologie [139]. Der Grund dafür dürfte in dem theologischen Ansatz liegen, der seine Ekklesiologie bestimmt: Um der Einzigartigkeit und dem absoluten Primat der Gnade Gottes keinen Abbruch zu tun, um sie vor jeder Verfügbarkeit durch menschliches Tun zu schützen, kann es keine kirchliche Vermittlung der Gnade in dem Sinne geben, daß die Kirche als Gemeinschaft selbst eine »heiligende« Funktion dem einzelnen gegenüber wahrnimmt. Denn schiebt sich nicht in einer solchen Konzeption die Kirche wieder

[136] Vgl. *H. U. v. Balthasar,* Karl Barth, 114; uns scheint, daß auch auf Küngs Ekklesiologie in gewissem Sinn der Einwand zutrifft, den Balthasar gegenüber der Ekklesiologie Barths für den Zeitraum zwischen Römerbrief« und »Kirchliche Dogmatik« macht: daß durch die Konzentration aller Aktivität auf den Actus purus, Gott, für ein echtes Aktzentrum außerhalb Gottes kein Raum bleibt.

»Es gibt ihm gegenüber nur Passivität. So ist die Kirche ›heilig, sofern sie gehorcht, nicht sofern sie befiehlt‹. Sie wird ›Infallibilität immer in dem suchen, was zu ihr gesagt wird, demgegenüber das, was sie selbst sagen kann, ... nicht göttliche Autorität‹ beanspruchen kann« (a.a.O., 114; Zitate im Text aus *K. Barth,* Der Begriff der Kirche, in: Die Theologie und die Kirche, München 1938, 285–301). Es geht hier nach Balthasar genau um die Schwierigkeit, »eine Priorität nicht nur der Offenbarung Gottes, sondern auch ihrer kirchlichen Gestalt vor dem menschlichen Subjekt« anerkennen zu können (a.a.O., 114).

[137] Kirche, 47, 107, 153f.

[138] Die »Vorgegebenheit« der Kirche vor den einzelnen wird natürlich auch von Küng immer wieder behauptet, aber dies nur, insofern sie von Gott (bzw. Christus und dem Hl. Geist) und nicht von den (selbstmächtig tätigen) einzelnen konstituiert wird (z.B. 107, 153, 211, 274 u.a.). Der nächste Schritt, daß sich diese Vorgegebenheit der Kirche auch in ihrem heiligenden, die Gnade vermittelnden Tun am einzelnen manifestiert, wird nicht mehr ausdrücklich vollzogen.

[139] Kirche, 448 Anm. 12.

als »suprapersonale Mittlerinstitution zwischen Gott und den Menschen« (157)? Wird die Kirche nicht dann doch wieder »vergöttlicht«, also aus ihrer Geschöpflichkeit herausgenommen und mit dem Schöpfer auf eine Stufe oder zumindest auf eine »Zwischenstufe« gestellt? Diese Gefahr besteht bei einem sakramentalen Kirchenbegriff in gewisser Hinsicht zweifellos. Die nachtridentinische katholische Ekklesiologie ist ihr zum großen Teil auch verfallen, indem sie die amtlich-hierarchische Kirche als stellvertretend handelndes Subjekt der Masse der Gläubigen, die zum Objekt ihrer Seelsorge degradiert wurde, gegenüber- und vorgeordnet, also gleichsam über den Menschen »hypostasiert« hat. Aber diese Konsequenz folgt keineswegs notwendig, wenn Kirche als Sakrament, als »Mysterium« o.ä. gedacht wird.

Mit diesen Begriffen soll eigentlich nur verständlich gemacht werden, daß Kirche mehr ist als die Summe der Berufungs- und Rechtfertigungsgeschehen zwischen Gott und den einzelnen, daß sie mehr ist als der »Raum« und der »Rahmen«, in dem sich diese verschiedenen Geschehnisse abspielen. Als Sakrament ist die Kirche nicht über den konkreten Menschen und unabhängig von ihnen hypostasiert, sondern *als* Gemeinschaft dieser konkreten Menschen hat sie in ihrem ganzen »Leben« und in ihrer ganzen »Struktur« die Funktion, den einzelnen gegenüber die Vorgegebenheit der Gnade Gottes darzustellen und kirchlich-gemeinschaftlich zu vermitteln. Wenn Kirche durchaus als sündige, aber zugleich von Gott geheiligte Gemeinschaft wirklich »heilige« Kirche ist, dann muß sie auch selbst wiederum in einer eigenen, von Gott und den einzelnen verschiedenen Aktivität »heiligende Kirche« sein können[140]. Sonst ist »ihre Versammlung« (ecclesia) doch nicht viel mehr als die Zusammenfassung der – in ihrem Rahmen, in ihrem Raum und mit ihrer Hilfe – von Gott und seinem Geist »Geheiligten«.

Küng betont sehr stark den einen Aspekt: Kirche als die Gemeinschaft der von Gott Geheiligten. Aber was heißt hier »Gemeinschaft«? »Die glaubenden Menschen, die durch Gottes Heilstat in Christus aus der sündigen Welt ausgesondert und in die neue christliche Existenz versetzt sind, sie sind die Gemeinschaft der Heiligen, sind ursprünglich die communio sanctorum, sind die Kirche der Heiligen und so die heilige Kirche« (386). Der »Glaubende wird nicht nur als einzelner ausgesondert, sondern indem dieser einzelne gerechtfertigt und geheiligt wird,

[140] Dieser Gedanke ist entscheidend für das Kirchenverständnis H. de Lubacs: »Wir bekennen in der Tat sowohl, daß unsere Kirche heilig ist – credo sanctam ecclesiam – wie daß sie die Kirche der Heiligen ist – ecclesia sanctorum: das will nicht heißen, daß alle ihre Leiter selber Gerechte sind, oder daß es keine Sünder in ihr gibt; es heißt vielmehr (dauernd in Beziehung und Abhängigkeit von dem, der einzig ›der Heilige‹ ist), daß sie einerseits heiligende Kirche, anderseits durch den Hl. Geist geheiligte Kirche, oder Kirche der Geheiligten ist, derer nämlich, die ›gerufen wurden, Heilige zu sein‹ und die es in Christus wirklich geworden sind. Sie ist die Kirche, die die Taufe der Wiedergeburt verleiht und auch die Kirche, die sie empfängt ... Sie ist eine Kraft der Versöhnung, und sie ist die Familie aller Versöhnten. Sie ist ein doppeltes Mysterium: der Kommunikation und der Kommunion: auf Grund der Kommunikation der Sakramente, der heiligen Dinge (sancta) ist sie eine Kommunion der Heiligen (sancti) ...« »...die beiden Aspekte sind in keiner Weise aufeinander zurückführbar und stehen trotzdem in engster Wechselbeziehung. Jeder ist durch den anderen gesetzt, und ihre substantielle Identität in der Andersheit der Blickpunkte drückt sich oft in höchst paradoxen Formeln aus...« *H. de Lubac,* Die Kirche. Eine Betrachtung (Übertragen und eingeleitet von H. U. v. Balthasar), Einsiedeln 1968, 92f.

wird er in die Gemeinde der Heiligen eingegliedert. Und Gott sondert die Gemeinde als eine heilige aus, indem er einzelne zum Glauben erweckt, rechtfertigt, heiligt« (386f). Küng bezeichnet diese Heiligkeit, die bei der Heiligung des einzelnen Subjekts durch Gott ansetzt, eine »personale Heiligkeit«, um sie klar von jeder »institutionellen Heiligkeit«, von einem »heiligen Es«, von einer unbiblischen »Kirche, die möglichst viele ihrer Institutionen, ihrer Orte, Zeiten und Geräte mit dem Attribut ›heilig‹ versieht« abzugrenzen (ebd.). Denn eine institutionelle Heiligkeit steht nach ihm in der Gefahr der »Autonomie« (385), der Selbstrechtfertigung und Selbstheiligung (387)[141]. Durch diese scharfe Entgegensetzung von empfangener, personaler Heiligkeit des Subjekts und selbstbeschaffter, sachhafter Heiligkeit der Institution umgeht Küng wiederum die entscheidende und so schwierige Frage der Ekklesiologie: Wodurch wird die Kirche mehr als die Summe der heiligen Subjekte, wodurch wird sie mehr als ein hilfreicher Rahmen, mehr auch als eine (soziologisch) notwendige »Vergesellschaftung« der einzelnen und der verschiedenen Rechtfertigungsgeschehen, die zwischen Gott und den einzelnen vorgehen? Kann der Verweis auf Gott, der die einzelnen zum Heil und damit auch zur Kirche beruft, *allein* schon genügen, um die Gefahr des »religionssoziologischen Mißverständnisses« (107) zu vermeiden, welches die Kirche einfach als »freie Assoziierung der einzelnen« (ebd.) versteht? Muß nicht die der Entscheidung der einzelnen vorausgehende Berufung Gottes eine – den einzelnen ebenfalls vorausliegende – »kirchliche Gestalt« und Vermittlung annehmen, um als solche (und nicht nur als subjektive Berufung auf Gott) erfahren und verwirklicht werden zu können? Muß die »heilig-heiligende« Kirche und die »Kirche der Geheiligten« nicht immer schon als eine sich gegenseitig vermittelnde Einheit gedacht werden, ohne daß die eine Seite auf Kosten der anderen reduziert bzw. verabsolutiert wird[142]?

Küngs starke Betonung der einen Seite hat zweifellos ihre Berechtigung, da in der traditionellen Ekklesiologie fast ausschließlich die andere Seite betrachtet wurde, und dann auch oft nur in einer Reduzierung auf die Hierarchie der Kirche. Küngs unzweifelhaftes Verdienst ist es, durch ein einseitiges Hervorheben dieser lange vernachlässigten Dimension das katholische Kirchenverständnis aus einer sakramental-hierarchischen Engführung entschieden und für eine größere Öffent-

[141] Auch das »grundlegende Bleiben der Kirche in der Wahrheit«, das sich vor allem in der Nachfolge Jesu Christi konkretisiert, ist nach Küng »mehr eine Sache des einzelnen und einzelner Gemeinschaften als der Institutionen« (Fehlbar, 436f), wobei die Begriffe Gemeinschaft und Institution in ihrem positiven Sinngehalt nicht weiter erklärt werden. Es ist bezeichnend, daß Küng an manchen Stellen die »Gemeinschaft und den einzelnen« einfach nebeneinander- und in diesem undifferenzierten Nebeneinander Gott (oder Christus oder dem Geist) gegenüberstellt; z.B. Fehlbar, 434, 436f, 440f. (Bei der letztgenannten Stelle wird z.B. eine Analogie zwischen einzelnem und kirchlicher Gemeinschaft hinsichtlich des »simul incredulus et fidelis« behauptet, ohne daß jedoch auch die »je größere Unähnlichkeit« in dieser Analogie bedacht wird); Kirche 198, 200, 202, 265 usw.

[142] In »Rechtfertigung« wird dieser Zusammenhang durchaus noch gesehen: »Gewiß ist die Kirche heilig, aber sie ist heilig – wie *durch sie auch der einzelne* – von *Christus* her. Heilig nicht durch den Geist der sündigen Glieder, sondern durch *seinen* Heiligen Geist, heilig nicht durch ihr Reden und Tun, sondern durch *seine* Lehre und Sakramente. *Diese* Heiligkeit manifestiert sich in den einzelnen, und sie manifestiert sich bei Gottes besonderen Lieblingen auf ganz besondere Weise (241).«

lichkeit begreifbar herausgeführt zu haben. Dennoch meinen wir, daß unsere Fragen berechtigt sind; denn auch eine stark biblisch orientierte Ekklesiologie müßte sich systematisch mit dieser Frage nach dem »Mehr« der Kirche gegenüber einer sich »ansammelnden« Versammlung der Heiligen beschäftigen, um das mit den biblischen Begriffen Ekklesia, Volk Gottes, Leib Christi, Braut Christi usw. beschriebene »Subjekt« der Kirche zu bestimmen. Auch eine solche Ekklesiologie bedarf doch wohl eines ausgearbeiteten theologischen Begriffs der kirchlichen Gemeinschaft als solcher, der sowohl den einzelnen Subjekten, aus denen die Kirche besteht, wie auch dem objektiven Mehr der Gemeinschaft gegenüber den einzelnen gerecht wird. Ein zu schneller Rekurs auf Gott, der durch seine dem einzelnen und der Gemeinschaft vorausgehende Initiative gleichsam dieses objektive Mehr sicherstellen soll, umgeht die Frage nach der innerweltlichen, kirchlichen Vermittlung von Subjekt und Objekt, die für jede menschliche Gemeinschaftsform, auch für die Kirche, entscheidend ist. Natürlich braucht ein solcher theologischer Gemeinschaftsbegriff nicht unbedingt von der Sakramententheologie auszugehen, wie wir es hier im Anschluß an K. Rahner und O. Semmelroth angedeutet haben; es wäre im Gegenteil gerade interessant, einmal zu sehen, wie eine von der Rechtfertigungslehre geprägte Ekklesiologie diese Frage lösen kann[143].

Wir haben diesen Punkt so ausführlich behandelt, weil u.E. hier die Entscheidung über das Institutionsverständnis in Küngs Ekklesiologie fällt. Wir werden dies jetzt im einzelnen aufweisen müssen.

III. DER INSTITUTIONELLE CHARAKTER DER KIRCHE

1. *Kirche als »Institution Gottes«*

Diese Aussage ist uns schon wiederholt begegnet. Sie ist eine der grundlegenden Thesen der Ekklesiologie Küngs. Sie wird vornehmlich bei der Erklärung der Begriffe »Ekklesia« und »Volk Gottes« herangezogen: Die Ekklesia ist wesentlich nicht ein eigenmächtiges und willkürliches Zusammenkommen von Menschen, sondern »Versammlung Gottes«[144]. Gott sammelt sich seine Gemeinde; seine Berufung konstituiert vorgängig zu jeder Entscheidung der Menschen die Kirche. Sie ist deswegen »die Stiftung, Setzung und Bestimmung des berufenden Gottes:

[143] Es ist übrigens auch das große Anliegen der Ekklesiologie *D. Bonhoeffers* in »Sanctorum Communio«, München 1954, diese »Objektivität« der Gemeinschaft der Kirche in den Blick zu bekommen. »Christus als Gemeinde existierend« ist die grundlegende, von Gott gesetzte personale Einheit der Gemeinde; diese reale Einheit aktualisiert sich in der Geschichte der empirischen Kirche durch den Hl. Geist. Dieser bedient sich nun zur Aktualisierung dieser Einheit des »objektiven Geistes« der Gemeinde als »Träger seines sammelnden und erhaltenden sozialen Tuns« (159), ohne sich jedoch mit diesem objektiven Geist zu identifizieren. Der objektive Geist der Gemeinde »trägt gewisse sichtbare Gestalten, die der Hl. Geist aus sich heraus in den objektiven Geist hineingebar« (160). Ob man diese von Hegel inspirierte Lösung des Problems der Objektivität der Gemeinde annehmen will oder nicht, das Phänomen selbst ist jedenfalls von Soziologie und Theologie her gegeben.

[144] Kirche, 102, 107, 153ff; Strukturen, 19–24; Wahrhaftigkeit, 125f; Christsein, 469ff.

nur als con-vocatio Dei die con-gregatio fidelium, nur als institutio Dei die communio sanctorum« [145]. Dabei ist zunächst einmal an die bestimmte geschichtliche Situation des Ursprungs gedacht: Das Heilshandeln Gottes in Jesus Christus, vor allem in der Auferweckung des Gekreuzigten und in der Sendung der endzeitlichen Geistgabe bewirkt den geschichtlichen Ursprung der Kirche als einer »Setzung Gottes« (95). Als solche existiert sie aber nicht als eine »statische Institution«, sondern nur als immer neu sich ereignende konkrete Versammlung einer bestimmten Gemeinde von Gläubigen, in welcher dann jeweils die Kirche als Ganze vergegenwärtigt wird. Alle drei Begriffe: Versammlung, Gemeinde, Kirche sind in dem umfassenden Begriff der Ekklesia eingeschlossen, wobei »›Versammlung‹ mehr das Aktuell-Ereignishafte, ›Gemeinde‹ mehr das Orthaft-Bleibende, ›Kirche‹ mehr das Überörtlich-Gestiftete« betont (105). Jede aktuelle Versammlung, jede Ortsgemeinde und schließlich die Gesamtkirche gelten als »Setzung«, als »Institution Gottes« (155), da immer Gott die Initiative behält, da immer er der Zusammenrufende ist. Auch als Gottesvolk beruht Kirche »nicht einfach auf dem gemeinsamen Willen oder dem ›Gemeingeist‹ der Kirchenglieder«, sondern bleibt immer »ganz und gar abhängig« von ihm (ebd.), von der »vorausgehenden freien Erwählung und Berufung Gottes, der das Heil aller Menschen will« (153). Kirche ist deswegen nicht nur einfach eine Institution, sondern immer die »Institution Gottes« (155).

In diesem Zusammenhang meint »Institution« also nichts anderes als die allem menschlichen Tun vorausliegende, gnadenhafte Setzung der Kirche durch das geschichtlich einmalige und je aktuelle Heilshandeln Gottes in Jesus Christus und seinem Hl. Geist. Der traditionelle lateinische Begriff der »institutio ecclesiae« wird übernommen, jedoch losgelöst von einer Lokalisierung dieser »Stiftung« in bestimmten Taten oder Worten des historischen Jesus. Zugleich wird er über den Ursprung der Kirche hinaus ausgeweitet auf jede aktuelle Konstituierung der Kirche als Versammlung oder Gemeinde, bei der eben auch je neu Gottes zuvorkommende gnädige Berufung betont werden soll. Nicht ein einzelnes rechtlich-formales Moment wird hier betont, sondern das gnadenhaft vorgegebene Wesen der Kirche als Ganzer. Das ist der im eigentlichen Sinn theologische Institutionsbegriff Küngs.

Mit dieser Institution Gottes ist durchaus auch Inhaltliches gegeben, das der Kirche als bleibendes Wesen »vorgegeben«, was zwar immer neu zu gestalten, aber doch einer beliebigen Verfügung entzogen ist: »Gilt dies nicht für die evangelische Botschaft selbst, aber auch für Taufe und Herrenmahl und für gewisse Grundzüge der Kirchenordnung (charismatische Struktur, Priestertum aller Glaubenden, besondere Dienste mit besonderer Autorität innerhalb der Gemeinschaft)« [146]? Damit ist das »ursprünglich« von Gott gesetzte Wesen der Kirche als Institution umschrieben.

[145] Kirche, 107; folgende Zitate im Text alle aus »Kirche«.

[146] Wahrhaftigkeit, 126; vgl. Strukturen, 22: »Beides gehört zu diesem Concilium: ... die (in Wort, Sakrament und Amt wirksame) Stiftung der Versammlung von Gott her (institutio Dei) *und* die (ganz von Gottes Gnade in Glaube und Liebe lebende) Gemeinschaft von den versammelten Menschen her (communio fidelium).« Das Amt wird jedoch keineswegs immer in diesen Bereich des von Gott Instituierten gestellt (s. u.).

2. *Institution in der Geschichte*

Von dieser »bleibend-notwendigen« Institution, die vom stiftenden Willen Gottes her einfachhin der Kirche gegeben ist, muß man nach Küng gemäß seinem hermeneutischen Grundprinzip eine »relativ-transitorische« Institution unterscheiden, die der historischen Entwicklung der Kirche zuzuschreiben ist, und die sich durchaus auch als abbauwürdiger »Aufbau, Ausbau, Überbau der katholischen Kirche«, als »Institutionalismus« darstellen kann[147]. Dieses menschlich-historisch »Gemachte« gehört nicht zum bleibenden »institutionellen« Wesen der Kirche, sondern ist eine zeitbedingte Gestalt dieses Wesens, welche deswegen jederzeit veränderbar bleibt.

Was zählt nun nach Küng vornehmlich zum Bereich dieser historisch gewordenen Institutionen? Vor allem die konkrete Gestalt des kirchlichen Amtes[148], wie es sich seit der Urkirche bis heute entwickelt hat: Die Vermischung der paulinisch-charismatischen mit der palästinensisch-presbyterialen Gemeindeordnung; die Institutionalisierung eines »führenden und schließlich alleinigen Gemeindeleiters« (482), was allmählich zur »Kollegialität einer bestimmten Dienstgruppe innerhalb der Gemeinde« (483) und gegenüber der Gemeinde geführt hat; die Entwicklung zum monarchischen Episkopat (und seine dogmatische Begründung seit Ignatius) mit der Konsequenz einer »Kollegialität des einen monarchischen Episkopen mit seinem Presbyterium« (484); die Entwicklung des Episkopenamtes zum Amt des »Vorstehers von Kirchensprengeln« (485) und damit das Hervortreten der »Kollegialität der monarchischen Episkopen der verschiedenen Kirchen« unter sich und – im Westen – mit dem römischen Bischof (487); weiterhin die Reduzierung der apostolischen Sukzession auf das Amt[149]; die Entwicklung vom Presbyteramt zum kultischen Priestertum, besonders mit der Akzentuierung des »sakramentalen Charakters«[150]; die Entwicklung vom ursprünglichen Petrusdienst zum römischen Jurisdiktions-Primat[151]; die Einrichtung eines unfehlbaren Lehramtes als »behördliche Regelung aller Lehre, so daß die Kirchenvorsteher die einzige Autorität für die Lehre und somit die Kirchenleiter auch die Kirchenlehrer« sind[152]; die Dogmatisierung einer päpstlichen oder konziliaren Unfehlbarkeit[153]; die Entwicklung der katholischen Kirche zum »römischen System« mit seinem liturgischen, theologischen und administrativen Zentralismus und Juridismus[154].

Die Charakterisierung und Beurteilung dieses historisch gewordenen Institutionellen wird von Küng gemäß seinem hermeneutischen Prinzip differenziert: es gibt in diesem Komplex sowohl eine reine faktische »Entwicklung außerhalb des Evangeliums«, die wieder verschwinden kann, wie auch eine »Entwicklung gegen das

[147] Wahrhaftigkeit, 127.

[148] Kirche, 477ff; Wahrhaftigkeit, 120ff; Priester, 34ff; Reform und Anerkennung kirchlicher Ämter, 168ff; folgende Zitate im Text alle aus »Kirche«.

[149] Kirche, 419ff, 519ff; Strukturen, 161ff.

[150] Priester, 41ff.

[151] Kirche, 522–562; Strukturen, 206–308; Unfehlbar, 197–202; Christsein, 484–493.

[152] Unfehlbar, 188.

[153] Unfehlbar, 101ff; 147ff, 163ff.

[154] Wahrhaftigkeit, 123f; Fehlbar, 339ff.

Evangelium«, die wieder verschwinden muß, und schließlich eine »Entwicklung gemäß dem Evangelium«, die in je neuer Gestalt beibehalten werden kann[155]. Maßstab für die Beurteilung ist die »ursprüngliche Botschaft« des Evangeliums; was sich von ihr her legitimieren läßt, ist auch für die Kirche heute gültige Ordnung. Allen diesen Entwicklungen gemeinsam ist jedoch, daß sie in der Geschichte entstandenes »Menschenwerk« sind, dessen sachlich-theologische Nähe und Kontinuität zum ursprünglichen »Gotteswerk« allerdings sehr unterschiedlich beurteilt werden muß[156]. Wir behandeln deswegen zunächst einmal jene Gestalt der kirchlich-institutionellen Ordnung, die nach Küng im engsten Zusammenhang mit dem gottgesetzten Ursprung der Kirche steht, nämlich das kirchliche Amt im Rahmen der »diakonischen Struktur der Kirche«[157].

3. Die »diakonische Struktur der Kirche«

Ein spezifisches Moment der charismatischen Grundstruktur ist die diakonische Struktur der Kirche. In den paulinischen Gemeinden ist damit das Gefüge der besonderen charismatischen Dienste, nämlich der von Gott gesetzten »ständigen öffentlichen Gemeindedienste« gemeint[158]. Ihre Besonderheit gegenüber den anderen Charismen liegt in ihrer Öffentlichkeit und Stetigkeit. Konkret fallen darunter der Dienst der Apostel, Propheten, Lehrer, Evangelisten, Diakone, Vorsteher, Episkopen und Hirten. Gemeinsam mit den übrigen Charismen sind sie zu verstehen als »ein an den einzelnen ergehender Ruf Gottes zu einem bestimmten Dienst in der Gemeinde, der zugleich zu diesem Dienst befähigt« (466). Deswegen sind sie auch nicht eindeutig von den anderen, mehr privaten und nur gelegentlich ausgeübten Gemeindediensten abgesetzt. Es gibt ja auch keine eigene rechtliche Einsetzung in diese Dienste durch bestimmte Amtsträger: die Berufung Gottes und die Geistgabe des Charismas befähigen von sich aus die Betreffenden zum vollmächtigen Dienst in der Gemeinde. Weder ein monarchischer Episkopat, noch ein Presbyterat, noch eine Ordination lassen sich in den paulinischen Gemeinden nachweisen. Diese Form der diakonischen Struktur, die noch jeder formalisierten und institutionalisierten Legitimation durch eine besondere Amtseinsetzung entbehrt, gehört zum »ursprünglichen«, normativ bleibenden Wesen der Kirche.

Anders dagegen sieht nach der Apostelgeschichte und den Pastoralbriefen die diakonische Struktur in den judenchristlichen Gemeinden Palästinas aus: hier besteht wohl von Anfang an eine presbyteriale Ordnung einschließlich der Ordination, welche die »bevollmächtigte Sendung bestimmter Glieder in einen besonderen Dienst unter Handauflegung (meint), die der öffentlichen Legitimation des Dienstträgers und seiner Ausrüstung mit dem Amtscharisma dient« (478f). Der

[155] Wahrhaftigkeit, 122ff; Fehlbar, 339.

[156] Kirche, 488.

[157] Kirche, 465–522. Die Nähe Küngs zur Amtstheologie Schlinks ist sehr deutlich. Was in den »Strukturen« als Meinung Schlinks (nach *E. Schlink*, Die apostolische Sukzession, in: Der kommende Christus und die kirchlichen Traditionen, Göttingen 1961) referiert wird (175–185), ist in »Kirche« schon zum großen Teil Küngs eigene Meinung geworden.

[158] Kirche, 465; folgende Zitate im Text alle aus »Kirche«.

»besondere Dienst« besteht in der missionarischen Kirchengründung und Kirchenleitung, was ursprünglich dem Apostelдienst zukam: »Wie die Apostel vom Herren selbst berufen wurden, so werden nun die Presbyter von Menschen berufen« (479).

Beide Verfassungsformen vermischen sich schon sehr bald, wobei die zweite »verblüffend rasch ... die erste überlagert hat« (487). Diese Entwicklung erreicht schließlich in der Ausbildung des monarchischen Episkopates und einer ausgeprägten Amtshierarchie ihren Höhepunkt. So ist dann die bleibende Struktur der katholischen Kirche entstanden. Küng glaubt, daß man dieser Verbindung der zwei anfänglichen Verfassungsformen der Kirche weder durch eine Harmonisierung und Nivellierung der Unterschiede noch durch eine Dissoziierung und Zerreißung gerecht wird; bei aller Unterscheidung zwischen Ursprünglichem und Abgeleitetem innerhalb der neutestamentlichen Kirchengeschichte besteht doch eine grundlegende Einheit der Kirche des Neuen Testamentes, in deren Rahmen auch die Kirchenordnung der Apostelgeschichte und der Pastoralen eine legitime Entwicklung über Paulus hinaus darstellt [159].

Wie begründet Küng die Legitimität dieser historisch gewordenen, »abgeleiteten« Kirchenordnung, die nicht mehr nur von freien und unmittelbar von Gott geschenkten Charismen strukturiert ist, sondern auch von einem institutionellen Dienst auf Grund besonderer, von Menschen gesetzter Sendung? Zunächst führt er bestimmte Gemeinsamkeiten an: beide Gemeindeordnungen und damit beide Arten von Diensten gründen auf Urzeugnis und Ursendung der Apostel; beide Dienste gründen auf dem allgemeinen Priestertum der Glaubenden, beide Dienste gründen in der vorausgehenden Gnade des berufenden Gottes und in der Freiheit des Geistes, beide Dienste unterliegen der Prüfung durch die Gesamtheit der Glaubenden [160]. Aber wodurch wird nun gerade die Verschiedenheit des Dienstes auf Grund der besonderen, von Menschen ausgesprochenen und durch Handauflegung bezeichneten, Sendung legitimiert? Nicht durch das »Argument der Faktizität«, denn es ist zu fragen, ob der »christliche Glaube einfach eine normale Religion unter anderen Religionen, die christliche Gemeinde einfach ein Religionsverband unter anderen« ist, der den üblichen soziologischen Gesetzen folgen muß (498); auch nicht durch das »Argument des Mißbrauchs«, denn die tödliche Erstarrung einer veramtlichten Kirche ist ebenso ein Mißbrauch von Kirche wie die Schwärmerei von Charismatikern (499). Der Grund liegt nach Küng, der auch darin ganz Schlink folgt [161], in dem Unterschied zwischen Ursprungsphase und Folgezeit, welche durch das Ausbleiben der Wiederkunft des Herrn und das Sterben der Urzeugen, der Apostel, geprägt ist.

[159] Kirche, 491; vgl. seine Ausführungen in Strukturen, 143–158: die harte Ablehnung der Position Käsemanns, der einen »Kanon im Kanon« postuliert und vom Abfall der Kirche zum Frühkatholizismus spricht, ist in der »Kirche« bedeutend abgemildert worden; hier ist gegenüber dieser Theorie nicht mehr die Rede von einer »Reduktion« auf die Rechtfertigung des Sünders, von einem Verzicht auf die »Katholizität« zugunsten einer »Hairesis«, von einem »Holzweg« und einer »a-poria«, von einem »protestantischen Vorverständnis« und einer »großen Willkür«, von einem »biblischer als die Bibel« sein wollen usw. Dennoch bleibt die Grundposition Küngs in beiden Büchern die gleiche: Innerhalb des als Ganzes angenommenen Neuen Testamentes gibt es eine legitime Unterscheidung zwischen ursprünglichen und abgeleiteten Zeugnissen.

[160] Kirche, 495–497; folgende Zitate im Text alle aus »Kirche«.

[161] Strukturen, 182; Kirche, 500.

In der nachapostolischen Zeit kam alles darauf an, den Zusammenhang mit dem apostolischen Ursprung zu wahren, um durch die Kontinuität mit dem Urzeugnis der Apostel auch wirklich »beim Herrn« zu bleiben. Dazu hilft in vorzüglicher Weise der Dienst auf Grund einer besonderen Sendung, der Dienst also, der sich nicht erst durch den Vollzug seines Dienstes vor der Gemeinde legitimieren muß, sondern der eben durch die besondere Sendung eine vorgegebene Autorität besitzt. Weil die Apostel, die ja auch die Gemeinden mit einer vom Herrn »vorausgegebenen Vollmacht« geleitet haben (500), nicht mehr da sind, bekommen nun die »Hirtendienste« mit ihrer ebenfalls nicht von der Gemeinde abgeleiteten Vollmacht der Kirchenleitung und -gründung eine besondere Bedeutung für das Bleiben der Kirche in der »apostolischen Nachfolge« [162].

Innerhalb der apostolischen Nachfolge der gesamten Kirche, die sich im Gehorsam gegenüber dem apostolischen Zeugnis und im Nachvollzug des apostolischen Dienstes verwirklicht, gibt es also die besondere Nachfolge im Leitungsdienst. Inmitten der anderen Dienste und Charismen erfüllt der Hirtendienst seinen besonderen Auftrag an der Öffentlichkeit der Gemeinde *als solcher,* wozu er – im Gegensatz zu den anderen Diensten, die sich mehr an den einzelnen Nächsten richten – durch die Ordination vorgängig berufen und bevollmächtigt ist [163]. Dadurch wird der Betreffende nicht in seiner Person, wohl aber in seinem Dienst von den anderen Gläubigen irgendwie abgehoben. Denn der besondere Dienst der Hirten läßt ihn *in* der Gemeinde zugleich auch *gegenüber* der Gemeinde stehen, denn er hat seine Vollmacht nicht von der Gemeinde erhalten und auch nicht erst durch die Legitimation im vollzogenen Dienst [164]. Die Vollmacht schenkt wie bei allen Charismen der erhöhte Herr, aber bei diesem Dienst wird sie durch die Handauflegung und das Gebet bei der Ordination als gegeben »anerkannt und bestätigt«; in diesem »geistlichen Ereignis« ist die Handauflegung das »sichtbare Zeichen der frei geschenkten Berufung des Geistes und der auf den kommenden Dienstträger herabgeflehten Gnade Gottes« [165].

4. *Das »formale« Moment im institutionellen Amt*

Durch den Akt der Ordnination kommt ein eigentlich institutionelles Moment in die Struktur der Kirche hinein [166]: in der Ordination erweist sich die Berufung durch Gott nicht unmittelbar und nicht primär im aktuellen Vollzug des Dienstes, zu dem der Betreffende berufen ist, sondern gleichsam durch ein formales Legitimationsverfahren. Zwar muß eine Berufung durch Gott notwendig vorausgehen, »nie kann ein Bischof den fehlenden Geist Christi durch Handauflegung ersetzen« [167]; zwar wird notwendig eine inhaltliche Bindung an Urzeugnis und Ursendung der Apostel«, eine »Nachfolge im apostolischen Glauben und

[162] Kirche, 500, 504, 513–520.
[163] A.a.O., 516.
[164] Strukturen, 166f, 198ff; Kirche, 515f; Reform und Anerkennung, 18 (Memorandum), 182 (Tübinger Beitrag).
[165] Priester, 78.
[166] A.a.O., 35.
[167] A.a.O., 72.

Bekennen, Dienen und Leben« vorausgesetzt [168]; zwar muß auch der Hirtendienst sich von der Gemeinde stets auf seine Wahrheit hin überprüfen lassen [169]; zwar können weder der Sendende noch der Gesendete »eigenmächtig« über den Geist »verfügen« [170]; doch das alles hebt nicht die Tatsache auf, daß durch die Handauflegung die besondere Sendung in den Dienst institutionalisiert, d.h. mit den oben genannten Einschränkungen in gewissem Maß formalisiert wird. Denn die Ordination wird in ihrer Wirkung an ein menschliches Tun, an ein rechtlich geregeltes Verfahren gebunden, das zwar »nur ein Zeichen für das Wirken des Geistes ist«, aber doch ein »durch das Wort wirkmächtiges Zeichen« [171]. Dieses Zeichen der Handauflegung ist – nach Schlink und Küng – allerdings nur im »Normalfall« an den Vollzug durch einen bereits Ordinierten gebunden; im Notfall kann dieses rechtlich-formalisierte Legitimationsprinzip auch durchbrochen werden [172] und für andere Möglichkeiten der Sendung in den Dienst der Gemeindeleitung offen bleiben.

Es geht uns hier nicht um Küngs Amtsverständnis im ganzen und um seine historische und theologische Begründung, sondern nur um das spezifisch »Amtliche«, eben das Institutionelle an dieser »besonderen Sendung in den Dienst der Gemeindeleitung und -gründung«. Dieses besteht in der formalen Vorgabe der Autorität dieses Dienstes durch ein bestimmtes menschliches Legitimationsverfahren, weswegen dieser Dienst seine Vollmacht und seine Legitimation nicht zuerst und ausschließlich durch den gelungenen Vollzug erhält [173]. Begründet wird dieses formal-institutionelle Element in der Kirche zunächst nur durch eine geschichtlich bedingte Sinnhaftigkeit: der grundlegende Unterschied zwischen apostolischer und nachapostolischer Zeit berechtigt, um des bleibenden Zusammenhangs der Kirche mit ihrem Ursprung willen, zu dieser Institutionalisierung [174]. Insofern aber durch die Kontinuität das »Bleiben der Kirche beim Herrn«, also ihre Bindung an den normativen Ursprung mitgewährleistet wird, erhält das institutionelle Moment auch eine theologische Qualität.

Der Zusammenhang dieser geschichtlich gewordenen Institution des kirchlichen Amtes mit der grundlegenden »Institution Gottes« besteht darin, daß die formale amtliche Struktur eine legitime, dem Evangelium gemäße Entwicklung über die gottgesetzte Ursprungsphase hinaus darstellt. Eine innere, gleichsam »sakramentale« Begründung für diesen Zusammenhang wird von Küng nicht gegeben: Es wird nicht gesagt, daß etwa das Amt in seiner vorgegebenen Autorität eine besondere kirchliche Darstellung und Vermittlung der der Gemeinde als ganzer immer schon vorausliegenden Erwählung durch Gott in Christus sei [175].

[168] A.a.O., 72f.
[169] Kirche, 497; Priester, 73.
[170] Kirche, 502.
[171] Ebd.
[172] Strukturen, 178ff; Kirche, 520f; Priester, 38f; Reform und Anerkennung, 18, 169; Christsein, 482f.
[173] Kirche, 517.
[174] A.a.O., 501f.
[175] Eine Ausnahme findet sich in: Strukturen, 172; siehe auch *W. Kasper,* Glaube und Geschichte, 387, 395f, 405ff; *L. Scheffczyk,* Das kirchliche Amt im Verständnis der katholischen Theologie, in: *K. Schuh,* Amt, 17–25.

Der Repräsentationsgedanke spielt keine Rolle. Zwar ist die Ordination ein Zeichen dafür, daß die besondere Vollmacht zum Dienst nicht von der Gemeinde stammt, daß sie nicht aus der Vollmacht des allgemeinen Priestertums (gleichsam in Delegation) abgeleitet werden kann, sondern allein von Gott kommt[176]. Aber das trifft schließlich für jeden Dienst in der Kirche zu: alle haben ihre Vollmacht zum Dienst vom Herrn und nicht von der Gemeinde, alle können den Herrn »repräsentieren« und ihn »gegenüber« der Gemeinde zur Geltung bringen[177]. Diese Tatsache wird jedoch bei allen anderen Charismen und Diensten nicht durch eine »besondere« Sendung zum Ausdruck gebracht. Warum dies aber gerade beim Hirtendienst geschieht, wird über die soziologisch und geschichtlich bedingte Sinnhaftigkeit hinaus, nämlich Wahrung der Kontinuität durch ständige, öffentliche Gemeindedienste, nicht weiter begründet. Das hängt zweifellos einmal damit zusammen, daß jede Tendenz einer möglichen Identifizierung von Christus und kirchlichem Amt vermieden und die fundamentale Gleichheit aller Glaubenden bewahrt werden soll.

Zum anderen ergibt sich die Ablehnung einer »sakramentalen« Deutung des Amtes aber auch aus dem zugrunde liegenden Kirchenverständnis. Denn als besonderer Ausdruck der immer schon vorgegebenen Gnade Gottes kann das Amt mit seiner vorgegebenen Vollmacht nur dann gedacht werden, wenn grundlegend diese vorausgehende Gnade Gottes sich in einer kirchlich-gemeinschaftlichen Gestalt vermittelnd darstellt, und sich nicht nur in der Unmittelbarkeit des Gegenüber von gläubigem Subjekt und Gott verwirklicht. Hier wird der Mangel an »Objektivität« der kirchlichen Gemeinschaft als solcher über die »Versammlung« der von Gott berufenen einzelnen hinaus in Küngs Ekklesiologie wieder sichtbar[178]: gegenüber stehen sich die vorgegebene »Objektivität« der Gnade Gottes auf der einen Seite und die von ihr beschenkte »Subjektivität« der Charismatiker innerhalb der Gemeinde auf der anderen Seite, neben der die geschichtlich-menschlich gewordene »Objektivität« des Amtes (über das allen gemeinsame Charismatische hinaus) nur noch eine geschichtlich und soziologisch bedingte hilfreiche Funktion spielen kann, nämlich den Zusammenhang der Tradition mit dem Ursprung zu wahren, der Einheit und Vielfalt der Charismen zu dienen, die Gemeinde durch die ständige öffentliche Verantwortung für die Wortverkündigung, die Sakramentenspendung und das Engagement der tätigen Liebe zu leiten[179].

Daß das Amt inhaltlich gesehen primär diese Funktion wahrnehmen und daß es grundsätzlich ekklesiologisch – funktional aufgefaßt werden soll, ist völlig unbestritten. Es scheint uns nur in seinem »objektiven«, institutionellen Charakter gegenüber den anderen charismatischen Diensten theologisch zu wenig begründet

[176] Priester, 78f, 83ff.

[177] Vgl. Priester, 84: »Alle Vollmacht in der Kirche leitet sich, wie dargelegt, letztlich vom Herrn und seinem Geist her und bleibt zu ihm in Unmittelbarkeit. Dies gilt vom Neuen Testament her für die Gemeinde und jeden einzelnen. Dies gilt aber auch für den Gemeindeleiter in seiner besonderen Berufung und Funktion. Auch er kann sich auf den Herrn berufen und wie an Christi statt seiner Gemeinde gegenübertreten, wenn er nämlich das Evangelium Jesu Christi hinter sich hat.« Worin liegt theologisch der Unterschied?

[178] Zum Begriff der »Objektivität« siehe unsere Einleitung.

[179] Vgl. Priester, 36, 68ff, 89ff.

zu sein; es fehlt der Aufweis eines inneren Zusammenhangs zwischen der formalen »Vorgegebenheit«, der »Objektivität« des kirchlichen Amtes und der »Objektivität« der allen vorgegebenen Berufung und Erwählung durch Gott in Jesus Christus. Natürlich kann das institutionelle Amt nicht die primäre Form der »Repräsentation« der Gnade Gottes für die Gemeinde sein. Die Gemeinschaft der Kirche als ganzer, die in ihrer Einheit »objektiv« mehr ist als die Summe ihrer Glieder, muß die grundlegende Darstellung dieser Vorgegebenheit der Berufung Gottes gegenüber der Freiheit der einzelnen sein. Das Institutionelle in ihr ist nur dasjenige Moment, in dem die Objektivität der Gemeinschaft gegenüber dem einzelnen besonders »konkret« wird, in dem sie »namhaft« gemacht werden kann, in dem sie eine gewisse Ständigkeit und relative Unverfügbarkeit für das Subjekt erlangt. Erst in dieser Verbindung von *allen* vorgegebener Gnade, dem *einzelnen* vorgegebener Gemeinschaft und der *Gemeinschaft* vorgegebenem Dienstamt wird der formale Charakter des Institutionellen ausreichend begründet. Jedoch gerade in diesem formalen Moment sieht Küng die große Gefahr, die durch das Institutionelle in der Kirche immer gegeben ist; von daher begründet sich auch seine zunehmend kritische Einstellung zu den kirchlich-institutionellen Phänomenen, soweit sie über die als legitime Entwicklung secundum evangelium betrachtete »diakonische Struktur« der Kirche hinausgehen. Auf diese Einstellung werden wir jetzt noch eingehen müssen.

IV. DAS VERHÄLTNIS VON »SPIRITUELLER« UND »INSTITUTIONELLER« DIMENSION DER KIRCHE

1. Die Tendenz einer zunehmenden Abwertung des Institutionellen

Schon die »besondere Sendung in den Dienst« ist nach Küng der großen Gefahr des »Formalismus« ausgesetzt[180]. Es ist die Gefahr, daß nicht mehr auf den Geist gehört, sondern »eigenmächtig«, »autonom«, »selbstherrlich« über ihn und seine Mitteilung an die Menschen »verfügt« wird (ebd.). Dieses Bedenken gegenüber dem Institutionellen wird zu einem stehenden Topos in Küngs Ekklesiologie, und zwar in zunehmend stärkerer Akzentuierung.

In »Rechtfertigung« zeigt sich diese Tendenz noch nicht ausdrücklich; sie tritt dort mehr in den Fragen Barths an die katholische Kirche und ihre Theologie zum Vorschein. Wir haben schon oben gesehen, daß diese Fragen vornehmlich um das Problem der Anerkennung der unverfügbaren Souveränität des gnädigen Gottes kreisen. Küng weist nach, daß diese Bedenken in einer guten katholischen Theologie gegenstandslos sind; denn Gottes Huld verändert als wirksames Wort den Menschen selbst seinshaft, ohne daß dadurch der Mensch Verfügungsgewalt über die Gnade erhält[181]. Nach Küng ist deswegen Barths Polemik gegen die katholische Kirchen- und Sakramentenlehre, bei der dessen Vorwurf der Bemächtigung Gottes besonders berechtigt zu sein scheint, unbegründet. Denn in der katholischen Theologie braucht die Souveränität Gottes keineswegs etwa den Primat Petri

[180] Kirche, 502.
[181] Rechtfertigung, 201ff.

und seiner Nachfolger, die heilsgeschichtliche Stellung Mariens, den normativen Charakter der Tradition und den effektiven Charakter der Sakramente in Frage zu stellen, wenn auch viele Mißverständnisse im ökumenischen Gespräch dadurch vermieden werden könnten, daß man auf katholischer Seite beim Papst genauso deutlich den *vicarius* Christi wie den vicarius *Christi*, bei der Kirche genauso überzeugend ihre Distanz vom Haupt wie ihre Einheit mit ihm betonte usw.[182]. Die starken Einwände Barths gegenüber solchen katholischen Positionen beruhen nach Küng auf dem besonderen »Gefälle« dieser Theologie: »Jede, auch die beste Theologie, kann auf ihre Weise das Opfer ihres Gefälles werden; jede, auch die beste Theologie, hat gerade in ihren zugkräftigsten Stellen ihre gefährlichsten Strömungen« [183].

Daß sich ein bestimmtes »Gefälle« und gewisse »Strömungen« auch innerhalb der Theologie Küngs zeigen, dafür scheint uns seine Einstellung gegenüber dem Institutionellen in der Kirche ein deutliches Zeichen zu sein. Man vergleiche nur etwa seine sehr positive Stellungnahme für das kirchliche Lehramt in »Rechtfertigung« [184] mit seiner kritischen Beurteilung desselben in »Unfehlbar« [185]. Die (oder besser eine) »Neigung« im »Gefälle« der Theologie Küngs geht zweifellos in Richtung auf eine immer stärkere Skepsis gegenüber den menschlich-gewordenen, in der Geschichte der Kirche sich entwickelnden Institutionen mit ihrem formalen Charakter hin. Dieses Institutionelle tritt deswegen in zunehmendem Maß in einen abwertenden Gegensatz zur »spirituellen« Dimension der Kirche. In »Rechtfertigung« wirbt er mit großem Verständnis für Barths Schwierigkeiten noch recht eindringlich um dessen Verständnis für die katholische Sicht der »Fleischwerdung« und der Kirche als einem »gott*menschlichen* Gebilde« [186], was

[182] A.a.O., 272f.

[183] A.a.O., 270f.

[184] »Und so ist denn das Suchen des katholischen Theologen, wie wir sagten, ein *gebundenes* (und gerade deswegen freies!) Suchen. Und das ist das eine Große, was der katholische Theologe beim Barthschen Theologisieren schmerzlich vermißt: die letzte gehorsam-gläubige Gebundenheit ... Wie kann hier die gehorsame Gebundenheit *konkret* werden? *Wer* entscheidet hier, was gut und recht ist, wer lädt vor sein Katheder, wer urteilt über all die Philosophen und Theologen, über die gesamte kirchliche Tradition? Der Mensch unter der Heiligen Schrift? Aber wer urteilt schließlich doch auch – mittels pneumatisch-freier Interpretation! – über die Hl. Schrift? Und so – im guten Glauben! – letztlich doch auch über Christus? Ist es nicht dieser eine, vereinzelte *Mensch*, der sich auf seinen Hl. Geist berufen mag, der aber in jeder Frage mit seiner ›natürlichen‹ Vernunft darüber entscheidet, ob hier durch ihn der Heilige Geist und nicht der Weltgeist spricht? ... Barth wirft dem katholischen Theologen vieles mit großer Heftigkeit vor, und letztlich ist es immer dasselbe: das Allzumenschliche. Aber die katholischen Theologen fragen sich doch – in aller Demut und im Bewußtsein ihrer ganzen Unzulänglichkeit –, ob es bei ihnen nicht trotz allem – eben durch ihre oft sehr fühlbare Unterordnung unter das kirchliche Lehramt – wahrhaft konkret zum Ausdruck kommt, was es heißt: sich in Gehorsam und freier Gebundenheit gläubig an die Gnade zu halten, an das in und durch die Kirche herrschende Wort Jesu Christi« (Rechtfertigung, 125f).

[185] »Von der ursprünglichen christlichen Botschaft her, aber auch von der ältesten und besten Tradition der katholischen Kirche her, die noch im Mittelalter das ›Lehramt‹ den Theologen ... überlassen hatte, kann keine Rede davon sein, daß statt des Evangeliums die Kirchenleitung (dann ›Lehramt‹ genannt) formale und materiale Norm für die Wahrheit der Theologie und der Theologen sein könnte, und daß nicht dem Herrn der Kirche, sondern den Kirchenvorstehern die Herrschaft über Theologie und Theologen (und dies dann im Sinne rechtlicher Überwachung und die Menschenrechte verachtender Inquisition) zukäme« (Unfehlbar, 192).

[186] Rechtfertigung, 126.

sich in den kirchlichen Institutionen darstellt. Ebenso wird die Kirche in »Konzil und Wiedervereinigung« in »Analogie zum Gottmenschen« als eine sichtbar-unsichtbare Gemeinschaft, ja als ein »gottmenschliches Geheimnis« betrachtet, wobei die Sichtbarkeit gerade auch in ihrer institutionellen Struktur zum Ausdruck kommt [187].

Auch in »Strukturen der Kirche« werden die dort behandelten »zentralen Ordnungselemente und Ordnungszusammenhänge«, also ökumenisches Konzil, kirchliches Amt, apostolische Sukzession, Petrusamt, Unfehlbarkeit durchaus zu den »Wesenszügen« der katholischen Kirche gezählt (5). Der Gedanke der »Repräsentation« der »Kirche als dem ökumenischen Konzil aus göttlicher Berufung« durch das »ökumenische Konzil aus menschlicher Berufung« bildet das Leitmotiv, das sich durch diese Untersuchung der kirchlichen Strukturen hindurchzieht. Repräsentation durch das menschlich berufene Konzil ist vom Ursprung und Wesen der Kirche her zwar nicht notwendig gefordert, aber es ist in der Geschichte der Kirche durchaus zu einer wirklichen Repräsentation, d.h. zur Darstellung und Vergegenwärtigung und nicht zur Stellvertretung und Delegation der von Gott berufenen Kirche geworden.

Diese vergegenwärtigende Darstellung der una sancta catholica et apostolica ecclesia in den von Menschen geschaffenen Strukturen gelingt jedoch keineswegs automatisch, wenn nur die äußerlichen organisatorischen Bedingungen erfüllt werden. Küng insistiert beharrlich auf einer glaubwürdigen Darstellung, die nur dann gewährleistet ist, wenn zuerst die innere, *geistliche* Wirklichkeit der Kirche nach außen hin zur Erscheinung gebracht wird; wenn also z.B. die »wirkliche innere Einheit des Glaubens und der Liebe«, die Einheit »im einenden Heiligen Geist« (38) dargestellt wird, wenn die vom Geist Christi geschenkte Heiligkeit der Kirche durch den gottesdienstlichen Charakter der Konzilien zum Ausdruck gebracht wird (60). Eine glaubwürdige Repräsentation der »apostolischen Kirche« wird ein Konzil nur dann sein, wenn es nicht nur eine »äußerlich-formale«, sondern eine »innerlich-inhaltliche«, eine »sachliche Übereinstimmung« mit der apostolischen Kirche, mit der grundlegenden Botschaft und dem Geist der Apostel erreicht, was sich im Gehorsam gegenüber der Hl. Schrift äußert (108ff). Um diese glaubwürdige Darstellung geht es Küng auch bei der Behandlung des Petrusamtes: daß es nämlich vor der Welt den »Beweis des Geistes und der Kraft« ablege (208), daß man von ihm mehr biblisch als juristisch reden müsse (209), daß seine Vollmacht nicht eine Sache des Rechtes, der Gewalt und der Macht sei, sondern nur ein Dienst an der Kirche, ein Dienst der Glaubensstärkung und der Hirtensorge sein könne (ebd.).

Von dieser biblisch begründeten geistlichen Wirklichkeit her müßten dann alle kirchenrechtlichen Fragen angegangen werden. Wenn Küng auch gegenüber manchen Äußerungen Luthers und einigen daran sich anschließenden reformatorischen Entwicklungen die Realität eines vom allgemeinen Priestertum verschiedenen geistlichen Amtes ausführlich betont, um »das strukturelle Gefüge der

[187] Konzil und Wiedervereinigung, 26: »So wie die Kirche schon zur Zeit ihrer Gründung eine bestimmte, abgegrenzte und organisierte Gemeinschaft mit ihren Vorstehern, Riten und Gebräuchen war, so ist sie bis heute sichtbar in ihren ausgesonderten Gliedern, in der Wortverkündigung, Sakramentenspendung und auch in der Rechtsordnung.«

Kirche« wahrhaft zur Geltung zu bringen (136f; 159), so liegt ihm doch vor allem daran, den geistlichen Charakter des Amtes und seiner Weitergabe, den pneumatischen Zusammenhang im Geschehen der apostolischen Sukzession hervorzuheben. Denn jeder Verdacht eines »mechanischen Formalismus« (172), einer »automatisch« wirksamen (174) und nur durch die menschliche Form (etwa der Handauflegung) »garantierten« (172) geistlichen Vollmachtsübertragung muß vermieden werden[188].

Ein erstes, sehr begrüßenswertes Moment des genannten »Gefälles« innerhalb der Ekklesiologie Küngs wird hier schon sehr deutlich: das Formale der kirchlichen Strukturen muß in seinem Vollzug stärker an das Inhaltlich-Sachliche des von der Hl. Schrift her gegebenen Evangeliums rückgebunden werden. Das Institutionelle muß stärker vom Spirituellen umfaßt werden. Einen Gegensatz zwischen diesen beiden Polen will Küng jedoch nicht gelten lassen, wie besonders seine Auseinandersetzung mit Luthers Amtsverständnis und Käsemanns Theorie des Frühkatholizismus beweist. Die Idee der Repräsentation, der vergegenwärtigenden Darstellung, verbindet noch die beiden Seiten, wenn auch die Differenz zwischen Darstellung und Dargestelltem entsprechend der Differenz von ius divinum und ius humanum, von Gotteswort und Menschenwort sehr betont wird (25f; 290ff). Das kirchliche Amt und die amtlich-institutionellen Ordnungselemente gehören noch ganz selbstverständlich zu den »Wesenszügen« (5) der Kirche, zu ihrer »wesenhaften Struktur« (200); ja, das Amt hat neben Wort und Sakrament seinen festen Platz in der Stiftung der Kirche »von Gott her«, in der »institutio Dei« (22).

Der Zug zur Betonung der geistlichen Dimension der Kirche und damit zum personalen, vom Hl. Geist erweckten und getragenen Vollzug der evangeliumsgemäßen Sendung der Kirche, verstärkt sich in Küngs ekklesiologischem Hauptwerk »Die Kirche«. Zugleich tritt hier auch deutlicher als bisher das Institutionelle, das »rein Formale« als Antithese auf. Dafür ein paar Beispiele: Bei der Frage nach den »Wahrzeichen« der Kirche (notae ecclesiae) liegt der Akzent auf der »lebendigen Verwirklichung der Wahrzeichen im Leben der Kirche«: »nicht das formale Vorhandensein bestimmter Eigenschaften, sondern ihr Gebrauch und ihr Vollzug ist ausschlaggebend« (320); eine »institutionell solide« begründete und sichtbare Einheit, Heiligkeit, Katholizität und Apostolozität nützt gar nichts, wenn »diese Institutionen doch ausgehöhlte Formen ohne Leben sind« (ebd.).

Deswegen ist die *Einheit* der Kirche »eine geistliche Größe« (325), die in der Einheit Gottes selbst ruht, und die von ihm durch Christus im Geist immer schon der Kirche geschenkt ist (im versammelnden Ruf des einen Gottes, im Wort des einen Christus, in der einen und selben Taufe, in ein und demselben Herrenmahl, in dem einen Bekenntnis des Glaubens, in der einen Hoffnung, in der einen Liebe). Nicht von »Äußerlichkeiten« her (wie Kirchenrecht, Kirchensprache, Kirchenverwaltung: ebd.) darf die Einheit verstanden werden; im Gegenteil: Im Bereich der Kirchenordnung muß Vielfalt herrschen, denn die Kirche Christi hat nichts zu tun mit einer »zentralistisch egalitären oder gar totalitären Einheitlichkeit. Sie kennt nicht die freud- und freiheitslose Uniformität einer Einheitsorganisation oder

[188] Vgl. dazu *J. Ratzinger*, Bemerkungen zur Frage der apostolischen Sukzession, in: *K. Schuh*, Amt, 37–45.

eines Einheitstypus« (327). Solange man in den grundlegenden, gottgegebenen Gaben eins ist, sind alle Verschiedenheiten nicht kirchentrennend. Das werden sie erst, wenn sie zu exklusiven, die anderen Kirchen ausschließenden Verschiedenheiten werden. Was sind aber solche »exklusiven« Verschiedenheiten eigentlich, wenn die von Gott geschenkte Einheit (im Evangelium, in Taufe und Herrenmahl, in Glaube, Hoffnung und Liebe) als »breite Basis« der Einheit ja schon besteht (340)? In dem, was Küng stets als »grundlegende«, von Gott und Christus gesetzte Wirklichkeit der Kirche bezeichnet, gibt es bereits die Einheit. Die exklusiven Verschiedenheiten können also nur in einem sekundären, von Menschen gesetzten Bereich liegen, nämlich in der dogmatischen Formulierung des Bekenntnisses und in der institutionellen Gestaltung der Kirchenordnung. Durch die Zerrissenheit in diesem Bereich kann aber die grundlegende, geistliche, keineswegs unsichtbare Einheit nicht zerstört werden; denn soweit diese besteht und soweit sich Dogma und Kirchenordnung der Menschen unter das normierende Maß des ganzen Evangeliums stellen, wird auch im Äußeren eine Einigung möglich sein. Deswegen »sind die *kirchentrennenden* Differenzen bezüglich der *Grundstruktur* und der Grund*dimensionen* der Kirche ... grundsätzlich überwindbar. Die ekklesiologischen Schwierigkeiten konzentrieren sich in der theologisch-praktischen Frage nach der äußeren Organisation der Kirche, insbesondere des *kirchlichen Amtes* und hier wiederum in der Frage des *Petrusamtes*« (369). Das institutionelle Amt gehört demzufolge nicht zur wesentlichen Grundstruktur, sondern zur äußeren Organisation«, zur »äußeren Verfassung« (425). Die »geistlichen« Wirklichkeiten (vor allem Verkündigung des Evangeliums, Glaube, Hoffnung, Liebe, Taufe, Herrenmahl, Charismen) bilden allein die »Grundstruktur« der Kirche, deren kennzeichnende »Grunddimensionen« (notae ecclesiae) deswegen auch fast nur noch in diesem Bereich gesucht werden.

Dieser Primat des »Spirituellen« bei gleichzeitiger Abwertung des »Institutionellen« im Kirchenbild Küngs läßt sich auch bei der Frage nach der *Katholizität* der Kirche aufzeigen. Auch sie beruht nicht einfach auf einer »räumlichen Extensität« (357), einer »numerischen Quantität« (358), einer »kulturell-sozialen Varietät« (ebd.), sondern nur auf »einer umfassenden *Identität:* daß sie bei allem notwendigen ständigen Wandel der Zeiten und Gestalten und bei aller Unvollkommenheit und Gebrechlichkeit überall, in jeder Gestalt und in jeder Zeit *wesentlich dieselbe* ist, sein soll und sein will« (359). Nur wenn die Kirche ihr vom Ursprung her gegebenes Wesen beibehält, können die eben genannten Momente »Indizien, Zeichen der Katholizität« sein (362). Allerdings bleibt offen, welche Bedeutung diesen »äußeren« Momenten für das Bleiben in der wesentlichen Identität selbst zukommt. Jene Kirche, die gerade als von anderen verschiedene Kirche heute noch den ausdrücklichen Namen »katholische« Kirche trägt (was immer in »Anführungszeichen« gesetzt wird, um den Unterschied zur »vollen« Katholizität zu bezeichnen, die eben auch nicht schlechterdings in der »katholischen Kirche« verwirklicht ist), jene Kirche also darf diesen Namen durchaus in aller Demut tragen; aber auch nur dann, wenn sie mit den anderen Kirchen, die in einem geschichtlichen, nicht theologischen Ursprungsverhältnis zu ihr stehen (Mutterkirche – Tochterkirchen), sich auf ihre Weise auf den Weg zur vollen, notwendigen Katholizität macht. Diese »wahre Katholizität wird der Kirche stets neu von ihrem Herrn aus Gnade geschenkt. Um sie soll, um sie darf die Kirche stets neu beten.

Diese Katholizität läßt sich nicht sehen, sondern nur glauben, bzw. glaubend sehen« (371).

Die *Heiligkeit* der Kirche kann ebenfalls nur geglaubt werden, denn sie ist kein Attribut der kirchlichen Institutionen, sondern der von Gott geheiligten Personen (386). Kirche erscheint immer dort als die heilige, wo Menschen gehorsam das Wort und die Liebe Gottes aufnehmen und gläubig und liebend weiterschenken (391). Um diese Heiligkeit der tätigen Liebe leben zu können, bedarf die Kirche immer wieder der Buße und der Sündenvergebung. Es fällt auf, daß Küng bei diesem Thema die innere radikale Umkehr des Menschen gegenüber den äußeren Bußleistungen zwar sehr eindringlich hervorhebt, aber nur mit einem kurzen Satz den notwendigen Zusammenhang dieser beiden Momente erwähnt (399; vgl. 391f; 396). Bei der Aufzählung der »geschichtlich gewordenen Formen und Gestalten« der Sündenvergebung rangiert die »besondere Lossprechung durch Amtsträger« erst an vierter Stelle (hinter der Predigt des Evangeliums, der allgemeinen Lossprechung und der besonderen Lossprechung durch Laien), wobei die neuere katholische Bußpraxis kritisiert wird, die »fast alle übrigen Formen der Absolution absorbiert« hat (399).

Die *Apostolizität* der Kirche gründet vor allem auf dem inneren sachlichen Zusammenhang der ganzen Kirche mit der Sendung und dem Dienst der Apostel (421); denn es geht hier eben um eine »apostolische Nachfolge im *Geist*« (422). Konkret wird diese Nachfolge im Gehorsam der Kirche gegenüber den Schriften des Neuen Testamentes, dort also, wo die apostolische Botschaft in Glaube und Leben übersetzt wird. Nicht von »apostolischer Sukzession« wird mehr gesprochen, weil »die theologische Problematik nicht durch sekundäre juristische und soziologische Vorstellungen verdunkelt werden« soll (421). Küng warnt häufig davor, die Apostolizität zu einem statischen, »unangefochtenen Besitz«, zu einem verfügbaren »festen Eigentum« der Kirche werden zu lassen (423). Sie »muß sich immer wieder neu ereignen, muß Ereignis sein in der Geschichte«, und zwar vor allem in der Verkündigung des Evangeliums, in der Taufe, in Gebets- und Mahlgemeinschaft, in der »Auferbauung der Gemeinden« und in der Pflege der Gemeinschaft mit allen Kirchen (424)[189].

Wir können diesen Zug zum »Spirituellen« bei gleichzeitig zunehmender Abwertung (nicht Ablehnung!) des Institutionellen nicht in allen einzelnen Bereichen der Ekklesiologie Küngs verfolgen. Nur auf die *Unfehlbarkeits*diskussion sei in diesem Zusammenhang noch hingewiesen. Der Einwand Küngs gegen die traditionelle katholische Unfehlbarkeitslehre richtet sich vor allem gegen die Behauptung, es gäbe grundsätzlich und von vorneherein unfehlbare Sätze bzw. Instanzen. Nicht daß es wahre (irrtumsfreie) und verbindliche Aussagen in der Kirche gibt, verneint er, sondern daß es gleichsam rein formale, apriorische Garantien und Kriterien für eine solche Wahrheit und Unfehlbarkeit geben kann, die vorgängig zu jeder inhaltlichen, durch den Vergleich mit der ursprünglichen Botschaft Jesu herzustellenden Verifikation, eine Aussage oder eine Instanz »*wahr*« machen[190]. Die Kirche als ganze wird zwar auf Grund der Verheißung Gottes und seiner Treue

[189] Vgl. dazu wieder *J. Ratzinger*, a.a.O.

[190] Unfehlbar, 122, 142, 153 u.a.; Fehlbar, 78 (Kasper); 379 (Küng), 415ff (Küng), 443 (Küng); *O. Semmelroth*, A priori unfehlbare Sätze? in: *K. Rahner*, Unfehlbarkeit, 196–215.

unzerstörbar in der Wahrheit gehalten, aber nicht deswegen, weil es bestimmte Instanzen oder Sätze oder Akte gibt, die formal diese Unzerstörbarkeit garantieren, sondern eher im Gegenteil: es geschieht *trotz* aller immer möglichen Irrtümer solcher Instanzen und Sätze. Gott ist in seiner Macht und Treue so wirksam, daß er nicht *auf Grund* der Vermittlung durch formal-institutionelle Organe die Kirche an seiner unzerstörbaren Wahrheit teilnehmen läßt, sondern *trotz* der Schuld und des Versagens dieser Organe. Jede Konkretion der Indefektibilität der Kirche in ihren Institutionen wird vermieden, weil sie eben nicht vom ursprünglichen Zeugnis des Neuen Testamentes gedeckt sei. Eine »echte Konkretisierung« [191] dieses Bleibens der Kirche in der Wahrheit kann nicht auf der Ebene der Instanzen und Sätze statthaben, sondern nur im Bereich der gläubig-praktischen Nachfolge Jesu, die »mehr eine Sache der Orthopraxie als der Orthodoxie« [192], »mehr eine Sache des einzelnen und einzelner Gemeinschaften als der Institutionen« ist [193]. Sie kann deswegen auch »nicht nur in orthodoxen Großkirchen, sondern auch unter Häretikern« gefunden werden [194]; und schließlich manifestiert sich dieses Bleiben in der Wahrheit auch »beim Versagen von Hierarchie und Theologie noch immer im gelebten Glauben und Lieben der ›kleinen Leute‹« [195]. Dem Amt kommt in dieser Hinsicht keinerlei konstituierende Funktion, sondern nur eine »Hilfsfunktion« zu: der Wahrheit zu dienen durch die »vielfältige Verkündigung des Evangeliums«, den »sinnvollen Vollzug der Sakramente in der Öffentlichkeit der Gemeinde« und das »tätige Engagement in der Kirche und Gesellschaft« [196]. Kriterium für das tatsächliche Bleiben der Kirche in der Wahrheit kann also nicht ein formal-institutionelles, sondern nur ein materiales sein: »die christliche Botschaft, wie sie im Neuen Testament ursprünglich niedergelegt ist, letztlich Jesus Christus selbst«, und wie sie »kritisch im Horizont der kirchlichen Gemeinschaft und Tradition zu lesen« ist [197].

Diese Beispiele mögen genügen, um das genannte »Gefälle« der Ekklesiologie Küngs aufzuzeigen. Als »wesentliche« und »grundlegende« Wirklichkeit der Kirche gilt der in ihr wirkende Geist Gottes, so wie er sich im persönlichen, am Evangelium ausgerichteten Glaubensleben der einzelnen oder einzelner Gemeinschaften oder auch der Kirche als Ganzer darstellt. Dieser positiven These wird man rückhaltlos zustimmen können. Die Betonung der spirituellen Dimension der Kirche ist eine sehr begrüßenswerte Reaktion gegen die in der katholischen Ekklesiologie der Vergangenheit oft vorherrschende Beschränkung auf das Institutionelle der Kirche. Aber muß nun andererseits, um der grundlegenden geistlichen Wirklichkeit willen, das Institutionelle so stark abgewertet werden? Kann das eine nur dann zu seinem Recht kommen, wenn das andere verdrängt wird? Die Bedenken beginnen bei dieser negativen Antithese: die institutionelle Ordnung dieses Glaubenslebens wird, wenn sie das »Eigentliche« schon nicht gerade behindert, immer mehr in die Rolle einer äußeren und u. U. durchaus förderlichen Orga-

[191] Fehlbar, 436.
[192] Ebd.
[193] A.a.O., 437.
[194] Ebd.
[195] A.a.O., 438.
[196] Ebd.
[197] A.a.O., 461.

nisation ohne besondere theologische Qualität gedrängt. Zu sehr haftet ihr, wenn sie erwähnt wird, bereits der Verdacht des »rein Formalen«, des Statischen, des eigenmächtig Verfügenden, des Automatischen an.

2. Frage nach der »Konkretheit« der Kirche

Küng entwirft ein sehr anziehendes Bild von der Kirche, das der »offenen Gemeinde« entspricht, mit der sich zu identifizieren eigentlich allen Christen guten Willens möglich sein könnte. Denn diese Kirche kann im Grunde überall da sein, wo Menschen sich »Christen« nennen und auch so handeln wollen. Aber – und darin liegt unser Einwand, den wir im folgenden begründen wollen – gerade wegen dieser relativ großen »Beliebigkeit« ihrer Verwirklichung verliert diese Kirche auch immer mehr ihre »Konturen«, wird ihre jeweilige Konkretion immer wieder ins Allgemeine aufgehoben. Wenn Kirche überall da ist, wo Menschen sich von Gott berufen glauben (wer glaubt das als Christ nicht, wenn er sich auf Gott »beruft«?), wo Menschen an das ursprüngliche Evangelium glauben und diesen Glauben bekennen (welcher Christ würde das leugnen?), wo Menschen sich voneinander taufen lassen und miteinander Herrenmahl feiern (welche Versammlung von Christen würde solche Glaubenszeichen grundsätzlich ablehnen?), wo Menschen in Glaube, Hoffnung und Liebe zusammen leben und mit anderen christlichen Gemeinschaften in Kommunikation bleiben wollen (welche Gemeinschaft würde sich nicht darum bemühen?), wo Menschen sich unter Berufung auf Christus liebend in der Welt engagieren (welcher Christ könnte sich davon jemals suspendieren?) – wenn das alles eigentlich schon genügt, um Kirche in ihren Grundstrukturen und Grunddimensionen zu verwirklichen, dann besteht doch zumindest die Gefahr, daß sie der Beliebigkeit der frommen Subjekte und ihrer Konventikel ausgeliefert wird[198]. Hat das Neue Testament und die christliche Tradition denn wirklich jenen »zwei oder drei, die in meinem Namen versammelt sind«, und die in diesem Namen all das vollziehen, was soeben aufgezählt wurde und die sich von sich aus »Kirche« nennen wollen, bereits voll und ganz den Namen »Ekklesia« gegeben? Kann nicht erst die konkrete Gestalt, die sich die Kirche im Gehorsam gegenüber dem Geist Christi von Anfang an gegeben hat und durch die sie ihren Glauben, ihre Verkündigung, ihre Sakramente, ihr Zusammenleben in ein geordnetes, den einzelnen verpflichtendes Gefüge gebracht hat, kann diese Gestalt nicht erst der Gemeinschaft der Christen jene »Konturen« geben, die sie zur »Kirche« werden lassen und die dem Christsein zu seiner »konkreten Verbindlichkeit« verhelfen[199]? Macht nicht erst diese konkrete Gestalt der Kirche, in welcher der Glaube der einzelnen an ganz bestimmte formulierte Glaubensbekenntnisse

[198] So ist z.B. nach dieser Konstruktion ein Unterschied zwischen »orthodoxen Großkirchen« und Häretikern recht schwierig festzustellen, wenn es um das »grundlegende Bleiben in der Wahrheit geht«: »Wie die Kirche trotz aller Irrtümer in der Wahrheit erhalten wird, so der Häretiker, der aus dem Glauben an das Evangelium sich in Nachfolge müht, trotz seiner (deshalb nicht gerechtfertigen) Häresie« (Fehlbar, 437f).

[199] Der Mangel an Konkretheit, den W. Kasper an Küngs Theorie vom grundlegenden Bleiben der Kirche in der Wahrheit trotz aller Irrtümer im einzelnen kritisiert, läßt sich in gewissem Sinn beim ganzen Kirchenbild Küngs feststellen (vgl. Fehlbar, 80ff).

der Kirche, in der die Verkündigung und die Sakramente in ihrem Vollzug wesentlich an ein vorgängig legitimiertes Leitungsamt gebunden werden, in der die Beziehungen zwischen den einzelnen Gliedern und zum Ganzen der Gemeinschaft in eine rechtlich-verbindliche Ordnung gebracht sind, macht nicht dies alles erst die Kirche zu einer »wirklichen« Kirche, die als eine geschichtlich-gesellschaftliche Wirklichkeit existiert?

Die deutliche Abwertung des Institutionellen dürfte auch eine Folge jener grundsätzlichen Sicht der Kirche sein, in der die »Objektivität« der Gemeinschaft gegenüber den einzelnen Subjekten nicht genügend bedacht wird. Denn kann eine solche Auffassung, welche die vorgegebene Objektivität der Kirche in ihrem »Mehr« gegenüber den Subjekten ganz in die Souveränität des berufenden Gottes verlegt und nicht auch in die Gestalt der Gemeinschaft als solcher, kann sie nicht zumindest die Tendenz zu einem »ekklesiologischen Doketismus«[200] fördern? Die Subjektivität des Gläubigen, die sich nicht in eine verbindliche Bindung an die ihr vorgegebene Objektivität der Kirche und gerade an deren institutionelle Konkretionen begibt, und die sich nicht erst in dieser Bindung zur wahren »Nachfolge Christi« befreien läßt, ist in Gefahr, letztlich doch bei sich selbst zu bleiben, auch wenn sie sich dabei auf den erwählenden Gott und auf sein Evangelium beruft[201]. Sie wird dazu neigen, sich die Gemeinschaft und die Tradition, die ihr als dem Evangelium angemessen erscheinen, selbst auszuwählen oder zu schaffen. Damit wird keineswegs eine kritiklose Unterordnung des gläubigen Subjekts unter die bestehenden kirchlichen Institutionen gefordert. Im Gegenteil, der einzelne oder einzelne Gemeinschaften müssen gerade ihre Subjektivität, die Kraft und den Willen ihrer Freiheit zur Selbstbestimmung mitbringen, um die »objektive Gestalt« der Kirche immer wieder wirklich freiheitlich, wahrhaft »geist-lich« zu gestalten. Aber dies gelingt nur, wenn eine grundsätzliche Bereitschaft dieser Subjektivität vorhanden ist, sich in die Bindung an eine vorgegebene objektive Gestalt der Kirche zu begeben, ja diese auch in ihrer gewissen »Unverfügbarkeit« anzuerkennen[202]. In dieser grundsätzlichen »Selbstentäußerung« an das Objektive der Kirche, die erst da konkret wird, wo Gemeinschaft und Tradition eine institutionell verbindliche Form angenommen haben, wird die Freiheit des Subjekts zur »konkreten Freiheit«, statt zur Freiheit einer »allseitigen religiösen Bedürfnisbefriedigung«. Erst als solche »konkrete Freiheit« kann sie die Objektivität der institutionellen Kirche selbst immer wieder freiheitlich, geistlich gestalten[203]. Weder

[200] *H. Dombois,* Recht I, 252.

[201] Vgl. *H. Dombois,* Recht I, 277, Anm. 21: Wenn der Mensch seine Autarkie nur gegenüber Gott radikal bestreitet, »bilden Gott und Mensch zusammen wieder die gleiche Autarkie ...«.

[202] In »Christsein« vertritt Küng selbst ausdrücklich diese Einstellung zur konkreten institutionellen Kirche (512ff). Uns scheint jedoch diese persönliche Einstellung zu wenig mit seiner theologisch-systematischen Begründung der institutionellen Kirche vermittelt zu sein.

[203] Vgl. *H. Dombois,* Recht I, 905: »Die Institutionen sind also der rechtliche Ausdruck typischer Beziehungsformen oder Gemeinschaftsformen, die zwar gestaltet werden können, aber in ihrem Ansatz vorgegeben sind. Sie sind wie Pflanzen, die man setzen, beschneiden und auch verkümmern lassen kann, deren Ausgangsformen aber vorgegeben sind. Sie bieten also ein Problem des Verhältnisses von Freiheit und Determination, der doppelten Freiheit des Eintritts überhaupt und der begrenzten Gestaltung und der Vorgegebenheit des Beziehungsschemas als solchem. Je größer der Grad der Vorgegebenheit, desto stärker der Institutionscharakter. Restlos verfügbare Lebensformen ermangeln dieses Charakters. Aber das ist eigentlich nur als Grenzwert, nicht als

institutionsfeindliche »Schwärmer« noch institutionshörige »Funktionäre« können den der Kirche und ihrer konkreten geschichtlichen Gestalt geschenkten Geist zum lebendigen Wirken in der Kirche bringen. Es sind vor allem die Heiligen der Kirche, die ihre persönliche und gemeinschaftliche Nachfolge Christi in der Bindung an die institutionelle Kirche »konkret« werden ließen und nur dadurch die Gestalt der Kirche immer wieder entscheidend zum Geist hin verändert haben.

Unsere mehr fragende als behauptende Kritik richtet sich in diesem Abschnitt keineswegs gegen Küngs Ekklesiologie im ganzen; sie soll nur anläßlich einer Tendenz, die wir bei ihr zu entdecken glaubten, die mögliche Richtung, das mögliche »Gefälle« dieser Theologie aufweisen; denn es besteht kein Zweifel, daß Küng grundsätzlich eine konkrete, auch institutionelle Ordnung der Gemeinde mit ihrem besonderen Amt, mit ihrem Recht, mit ihrer Tradition, mit ihren Dogmen, mit verbindlichen Entscheidungen usw. bejaht. Seine oft sehr polemische Kritik richtet sich in der Regel gegen ganz bestimmte geschichtlich gewordene Formen dieser kirchlichen Ordnung und ihrer Institutionen (z.B. gegen das Unfehlbarkeitsdogma, gegen den Jurisdiktionsprimat des Papstes, gegen die Verknüpfung von Lehr- und Leitungsamt in einer Instanz usw.). Aber diese Kritik am einzelnen hat doch – wie uns scheint – die zunehmende Neigung, das Amtliche und Institutionelle in der Kirche als solches theologisch abzuwerten; es wird bei Küng immer mehr zur »äußeren Organisation«, die zwar auch notwendig ist, aber gleichsam nur wie ein geschichtlich bedingtes »Ak-zidens« zur eigentlichen und ursprünglichen Wesensgestalt »hinzukommt« und daher nur »sekundäre Bedeutung« beanspruchen kann. Ein eigentlich theologischer Sinn scheint ihm immer weniger zuzukommen.

3. Formale und materiale Elemente in der Kirche (Zusammenfassung)

Ein entscheidender Grund für die geringe Wertschätzung des Institutionellen liegt darin, daß dieses mit seinem *formalen* Charakter für Küng zu sehr in der Gefahr steht, sich in eigenmächtiger Verfügung an die Stelle der absoluten Verfügungsmacht Gottes zu setzen. Das Formale der Institution, das ihr eine Legitimität auch schon vor dem jeweiligen aktuellen Vollzug gibt, birgt nach ihm die Gefahr in sich, in einen »automatisch« wirkenden Formalismus abzugleiten, der gleichsam »von vorneherein«, rein auf Grund formaler Kriterien, die Wahrheit und Gültigkeit des institutionellen Tuns garantieren möchte. Eine solche rein formale Autorität in der Kirche, die sich etwa nur auf »Recht und Macht«, auf »Wissen und Würde«[204], nur auf das Herkömmliche (»es war schon immer so«) oder auf ein

Typus vorstellbar, weil vollkommen verfügbare Formen überhaupt jeder Verbindlichkeit entbehren und den Formcharakter völlig verlieren. Man kann sich also durch die Freigabe aller Lebensformen zur unbeschränkten Verfügbarkeit von der Institution – (die man verdächtigt, entwertet, verteufelt) nur um den Preis der Verbindlichkeit des Zusammenlebens überhaupt, also der Anarchie, sei es mechanistisch, sei es schwärmerisch befreien.«

Daß auf Küng der letzte Vorwurf keineswegs in dieser Schärfe zutrifft, dürfte klar geworden sein. Wir haben bei ihm nur eine starke antiinstitutionelle Tendenz, aber keine grundsätzliche Ablehnung kirchlicher Institutionen festgestellt.

[204] Kirche, 462f.

bestimmtes Verfahren stützt, wird von Küng entschieden und mit vollem Recht zurückgewiesen. Denn eine solcherart formal »garantierte«, d.h. vom Aufweis einer materialen Entsprechung zum Evangelium dispensierte institutionelle Vollmacht oder Wahrheit kann es selbstverständlich in der Kirche nicht geben.

Das Problem ist nur, daß ohne bestimmte formale Kriterien, die sich nicht erst nachträglich in jedem einzelnen Fall durch ihre aktuelle Übereinstimmung mit der inhaltlichen Norm der apostolischen Tradition legitimieren müssen, eine verbindliche Bestimmung dessen, was wahr ist und was gelten soll, in der Kirche auch nicht möglich ist[205]. Die apostolische Überlieferung, in der das Evangelium Jesu Christi seine ursprüngliche kirchliche Gestalt annahm, ist von Anfang an um ihrer inhaltlichen Identität willen auch auf eine formale und zunehmend institutionalisierte Autorität angewiesen. Diese zeigt sich bereits beim neutestamentlichen Verständnis des Apostolats (gerade auch bei Paulus!): Die Legitimation der apostolischen Verkündigung wird mit der Sendung des Auferstandenen begründet, welche als solche ja nicht aus dem aktuellen Vollzug der Verkündigung und ihrem Inhalt erkennbar und nachprüfbar, sondern für die Gemeinde formal vorgegeben ist. Analog dazu – wobei jedoch die je größere Verschiedenheit nicht die Ähnlichkeit und damit die theologische Bedeutsamkeit aufhebt! – wird bereits im Neuen Testament die Legitimation besonders instituierter Presbyter und Episkopen durch die Handauflegung eingeführt. Im nachapostolischen Kirchen- und Traditionsverständnis geht diese Form der Legitimation vor allem auf die Bischöfe über. Weitere formale Kriterien der »wahren« apostolischen Tradition und der »verbindlichen« Entscheidungsvollmacht kommen im Laufe der Geschichte hinzu: die Koinonia der Kirche und ihrer Leitungen untereinander und mit dem römischen Bischof, die Konzilien, das Petrusamt usw.

Alle diese formalen Momente sollen – im Gesamtzusammenhang der Kirche – für die Identität der jeweiligen Kirche und ihrer Verkündigung mit der ursprünglichen apostolischen Botschaft bürgen. Dies aber keineswegs aus sich und aus eigener Kraft, nicht einfach »automatisch und von vorneherein«, sondern auf Grund der apostolischen Botschaft selbst, die sich im geistgeleiteten Prozeß ihrer »Selbstdurchsetzung« in der Kirche solche besonderen »Formen« schafft, um ihre ursprüngliche Identität in der Geschichte zu bewahren. Es ist ein dialektischer Prozeß des gegenseitigen Sich-zu-sich-selbst-Vermittelns von apostolischer Überlieferung und institutionellem Amt, von materialen und formalen Momenten im Gesamtzusammenhang der glaubenden Kirche. D.h. kirchliche Autorität in der apostolischen Nachfolge existiert nur da, wo sie wirklich die apostolische Botschaft vermittelt; und apostolische Botschaft gibt es nur da, wo sie von der kirchlichen Autorität in der apostolischen Nachfolge verkündet wird. Und in der Tat gab es in der Geschichte der Kirche auch nie das eine ohne das andere Moment; ja, die ganze Glaubensgeschichte der Kirche läßt sich als fortgesetztes Bemühen um die gegenseitige Vermittlung des Materialen mit dem Formalen, der apostolischen Botschaft mit ihrer amtlich-authentischen Verkündigung verstehen[206]. Diese Dia-

[205] Vgl. oben unsere Auseinandersetzung mit G. Hasenhüttl (Kap. 2,4b).

[206] Siehe dazu *N. Brox*, Altkirchliche Formen des Anspruchs auf apostolische Kirchenverfassung, in: Kairos NF, 12/1970, 113–140; *Y. Congar*, Die Normen für die Ursprungstreue und Identität der Kirche im Verlauf ihrer Geschichte, In: Concilium 9/1973, 156–163; *J. Ratzinger*,

lektik kann deswegen nicht einfach zugunsten einer der beiden Pole aufgelöst werden, ohne daß daraus notwendig die Einseitigkeit einer rein materialen Selbstevidenz der Schrift – und damit eines Subjektivismus – oder eines reinen Formalismus des Amtes – und damit eines Objektivismus – folgt.

Das bedeutet natürlich nicht, daß das formale Moment in diesem Geschehen der »Selbstdurchsetzung« des Evangeliums sich zu einer autonomen Position gegenüber der apostolischen Botschaft selbst durchsetzen und von sich aus bestimmen darf, was jeweils identisch ist mit der apostolischen Botschaft oder was nicht. Es muß sich vielmehr selbst immer wieder als deren wahrhaftige Vermittlung in der Geschichte ausweisen. Dies aber wiederum nicht einfach durch ein unvermitteltes Gegenüberstellen von Evangelium, wie es in der Schrift bezeugt wird, und wie es der einzelne oder seine jeweilige Gemeinschaft gerade versteht, einerseits und kirchlicher Institution andererseits. Denn dabei ergibt sich unweigerlich ein Auseinanderfallen in die Extreme des Subjektivismus und – als Gegenreaktion – des Institutionalismus, wie es ja die Geschichte der schwärmerischen häretischen Bewegungen in der Kirche deutlich genug zeigt. Ein solches gegenseitiges Sich-Entfernen zu den Extremen kann verhindert werden, wenn man beide Momente in ihrer immer schon gegebenen Bindung an das Ganze der Glaubensgemeinschaft beläßt. Apostolische Überlieferung und apostolisch-kirchliches Amt vermitteln sich nur dann gegenseitig zu ihrer eigenen Wirksamkeit, wenn sie in der Gemeinschaft der Kirche, in ihrer Tradition, in ihrem Glaubensbewußtsein, in ihrem Glaubensbekenntnis, in ihrem Kult und in ihren Sakramenten, in ihrer Theologie und in ihrer Frömmigkeit aneinander gebunden bleiben. Keines dieser drei Elemente – Glaubensgemeinschaft, apostolische Paradosis, kirchliches Amt in apostolischer Nachfolge – kann die anderen absorbieren oder verdrängen; keines braucht abgewertet zu werden, damit die anderen anfgewertet werden. Nur in diesem vom Geist geleiteten Zusammenspiel kann auch der eigentliche Ursprung und die eigentliche Mitte der Kirche, Jesus Christus, jeweils neu zur Sprache kommen, ohne daß jede Zeit oder jede Gruppe, jeder einzelne oder jeder Amtsträger das zur »Sache Jesu«

Bemerkungen zur Frage der apostolischen Sukzession, a. a. O., 43f: Die Einheit der Gesamtkirche stellt sich »in der Struktur des Sakraments (nämlich der Handauflegung) dar, das die Selbstenteignung der Kirche an den Glauben der Apostel und die Rückbindung aller in das Ganze wie in den Anfang hinein bezeichnet. Das Priestertum durch Handauflegung empfangen heißt also nicht, sich auf einen selbstwirksamen Ritus rein formaler Art verlassen, sondern bedeutet Eintreten in den sakramentalen Zusammenhang des Glaubens der Gesamtkirche und Diener ihres Glaubens werden. Es gibt daher keine Trennbarkeit des materialen und des formalen Aspekts (Nachfolge im Wort, Nachfolge in der Handauflegung), ihre innere Einheit ist das Zeichen der Einheit der Kirche selbst: Die Handauflegung findet *in* der Kirche statt und lebt von ihr.« Vgl. auch *H. J. Sieben,* Zur Entwicklung der Konzilsidee I–VIII, in: Theol. und Phil. 45/1970–49/1974. Wie aus diesen Beiträgen und aus verschiedenen Gesprächen mit dem Verfasser eindeutig hervorgeht, geht die Entwicklung der Idee von der normativen Autorität des Konzils gerade in die Richtung einer Verbindung von materialen (= Übereinstimmung der Konzilslehre mit der apostolischen Paradosis) und formalen Kriterien (= Abhängigkeit von bestimmten rechtlichen Bedingungen). Selbstverständlich steht gerade am Anfang (und auch weiterhin in einer »guten« kirchlichen Überlieferung) das inhaltliche Kriterium der Übereinstimmung mit der Paradosis im Vordergrund; ein »automatisch wirkender« Formalismus wird deswegen zu Recht abgelehnt. Aber von Anfang an zeigt sich auch, gerade zur Abgrenzung von anderen Synoden, die ja auch Übereinstimmung mit der Paradosis beanspruchen, das theologische und praktische Ringen um formale Kriterien, die die wahre Paradosis zu sichern helfen.

erklärt, was gerade in den Geschmack der Zeit paßt. Die Apostolizität der gesamten Kirche und ihres Glaubens (in Gegenwart und Vergangenheit) ist der umfassende Grund für die apostolische Botschaft und das apostolische Amt. *Konkret* wird dieses Ganze sowohl (mehr »material«) im Glauben der einzelnen Christen und bestimmter Gruppen, die die Botschaft wirklich hören und befolgen, wie zugleich auch (mehr »formal«) in der gläubigen Vollmacht des Amtes, welche dem ersteren gerade seine Universalität (nämlich konkreter Ausdruck des Glaubens der *ganzen* Kirche zu sein) bewahren hilft. Ohne das formale Element des institutionellen Amtes liefe die Universalität des apostolischen Charakters der ganzen Kirche konkret auf die Partikularität des einzelnen oder einzelner Gruppen hinaus; d.h. sie hebt sich selbst auf. Um also in aller geschichtlichen Konkretion die *Identität* der apostolischen Botschaft und die *Universalität* des Glaubens der Kirche an diese Botschaft zu wahren (»die *ganze* Kirche ist Trägerin der apostolischen Sendung«), bedarf die Glaubensgemeinschaft der Kirche in ihrer Verkündigung der »formalen« Vollmacht des Amtes zu letztverbindlicher Entscheidung.

Damit dieses gegenseitige »Vermittlungsgefüge« aber nicht nur ein theoretisches Konstrukt oder ein geistliches Postulat bleibt, muß die Glaubensgemeinschaft in ihrer Beziehung zum institutionalisierten Amt, das als »besondere Sendung« ja *in* der Gemeinde zugleich ihr *gegenüber* steht, auch selbst ein wirkliches »Gegenüber« darstellen können, das nicht einfach als passives Objekt oder als anonyme Ansammlung von Gläubigen behandelt werden kann. Das bedeutet: Verschiedene (keineswegs alle) freie »charismatische« Begabungen einzelner oder verschiedener Gruppen in der Kirche müssen »konkret« werden, d.h. sie müssen selbst in eine rechtlich geordnete Gestalt im ganzen der Kirche gebracht und auf ihre Weise »institutionalisiert« werden. Aber dies keineswegs als Subsumption unter die bestehende Institution des Amtes, um so »domestiziert« zu werden, sondern als eine eigene Form, in der sich bestimmte »nicht-besondere Sendungen« in der Kirche eine objektive und damit auch gesellschaftliche Gestalt geben. Das vielberufene, aber meist nur unbestimmt geahnte »Glaubensbewußtsein« der Kirche muß in seiner normativen Funktion für das apostolische Amt konkret erfahrbar gemacht werden. Dies scheint uns ein theologisch legitimer und praktisch gangbarer Weg zu sein, um die amtliche Institution der »besonderen Sendung in den Dienst« einerseits vor einem autonomen »Institutionalismus« und »Formalismus« zu bewahren, und sie andererseits nicht zugunsten eines charismatischen Subjektivismus abzuwerten. Wenn man das Amt in seiner Besonderheit, also gerade in der formalen, objektiven Vorgegebenheit seiner Vollmacht ernst nimmt, braucht man es keineswegs zum Extrem einer »rein« formalen, apriorischen Garantie für die inhaltliche Identität der apostolischen Überlieferung des Evangeliums werden zu lassen; die wechselseitige Gebundenheit der materialen und formalen Momente in der Einheit der Kirche muß eher »konkret«, d.h. rechtlich verbindlich gestaltet werden.

B. KIRCHLICHE INSTITUTION IM GESCHEHEN DER ENDGÜLTIGEN SELBSTMITTEILUNG GOTTES (KARL RAHNER)

I. DIE HERMENEUTISCHE VORAUSSETZUNG: DIE »KIRCHLICHKEIT« DER THEOLOGIE K. RAHNERS

Karl Rahner hat keinen Gesamtentwurf einer Ekklesiologie vorgelegt, und doch nimmt die Kirche in seiner Theologie einen breiten Raum ein. Unter thematischer Rücksicht kann man verschiedene Bereiche unterscheiden, auf die sich sein Interesse konzentriert. Da ist vorrangig das Problem, welchen Sinn und welche Heilsnotwendigkeit die Kirche überhaupt haben kann angesichts des »allgemeinen Heilswillens« Gottes und seiner Realisierung im »anomymen Christentum«[1]. Neben dieser mehr »transzendental« orientierten Fragestellung verfolgt Rahner zugleich das »dogmatische« Problem einer sog. »essentialen Ekklesiologie«, in der die theologische Darstellung des geschichtlich geoffenbarten Grundwesens der Kirche versucht wird, und auf der jede »existentiale Ekklesiologie«, also die pastoraltheologische Betrachtung des jeweils geschichtlich bedingten, konkreten Selbstvollzugs der Kirche, aufruht[2]. Eng mit dieser Frage hängt der ganze Problemkreis »Kirche und Sakramente« zusammen, der das Verhältnis der Kirche zu ihren bleibenden, grundlegenden Selbstvollzügen reflektiert[3]. Die Frage nach dem Subjekt, nach den »Trägern« des kirchlichen Selbstvollzuges bildet ein weiteres Feld, in das die grundsätzlichen Überlegungen über das Amt in der Kirche und sein Verhältnis zur gesamten Kirche, zu den einzelnen Gläubigen, zu den »freien Charismen«, zur Theologie usw. fallen[4]. Sehr häufig und ausführlich befaßt Rahner sich mit Fragen der konkreten kirchlichen Struktur im ganzen und des Amtes im besonderen, wobei stets die aktuelle Situation und die Möglichkeiten einer zukünftigen Gestalt der Kirche im Vordergrund stehen[5].

[1] Siehe z. B. die Beiträge: Die Gliedschaft in der Kirche nach der Lehre der Enzyklika Pius XII. »Mystici Corporis Christi«, II, 7–94; Dogmatische Randbemerkungen zur Kirchenfrömmigkeit, V, 379–410, bes. 397ff; Konziliare Lehre der Kirche und künftige Wirklichkeit christlichen Lebens ,VI, 479–498; Die anonymen Christen, VI, 545–554; Das neue Bild der Kirche, VIII, 329–354; Kirche, Kirchen und Religionen, VIII, 355–373; Anonymes Christentum und Missionsauftrag der Kirche, IX, 498–515; Bemerkungen zum Problem des »anonymen Christen«, X, 531–546. (Rahners »Schriften zur Theologie« werden nur mit Angabe des Bandes und der Seitenzahl zitiert.)

[2] Siehe z.B. die »Ekklesiologische Grundlegung« in: HPTh I, 117–148.

[3] Siehe z. B. »Die Sakramente als Grundfunktionen der Kirche« in: HPTh I, 323–332; Kirche und Sakramente, Quaest. disp. 10, Freiburg 1963 (2. Aufl.), (zitiert: KuS); *E. Jüngel-K. Rahner,* Was ist ein Sakrament? Freiburg 1971.

[4] Siehe z.B.: »Die Träger des Selbstvollzugs der Kirche« in: HPTh I, 149–215; Das Dynamische in der Kirche, Quaest. disp. 5, Freiburg 1958, (zitiert: DiK); Vom Sinn des kirchlichen Amtes, Freiburg 1966, (zitiert: Sinn).

[5] Siehe z.B. die verschiedenen Beiträge im HPTh (vgl. Bibliographie) oder auch die meisten ekklesiologischen Artikel in Schriften V–X; Freiheit und Manipulation in Gesellschaft und Kirche, München 1970 (zitiert: Manipulation); Kritisches Wort, Freiburg 1970 (Herder TB 363); Strukturwandel der Kirche als Aufgabe und Chance, Freiburg 1972 (Herder TB 446); Vorfragen zu einem ökumenischen Amtsverständnis, Quaest. disp. 65, Freiburg 1974 (zitiert: Vorfragen).

An *Sekundärliteratur* zu Rahners Ekklesiologie seien genannt:

W. A. v. Roo, Reflections on Karl Rahner's »Kirche und Sakramente«, in: Gregorianum 44/1963, 465–500; *M. Malinski,* Das Leben der Kirche nach Karl Rahner, Rom 1966; *J. Speck,*

1. Die Frage nach dem Menschen und die Frage nach der Kirche

In all diesen Bereichen macht sich das pastorale Interesse Rahners deutlich bemerkbar, der dem modernen Gläubigen die Kirche in ihrem Grundwesen und in ihrer konkreten Gestalt irgendwie verständlich, »vollziehbar« und annehmbar machen will. Bezeichnend für dieses Anliegen ist, daß eine zusammenhängende Behandlung all dieser ekklesiologischen Fragen eigentlich nur im »Handbuch der Pastoraltheologie« erfolgt; es geht Rahner immer um die Möglichkeit eines sinnvollen Vollzugs kirchlicher Existenz in der heutigen Zeit, sowohl was die gesamte kirchliche Gemeinschaft wie auch den einzelnen Gläubigen angeht. Die Kirche soll auch heute einen realen Ort finden im Bewußtsein und im Lebensvollzug des Menschen, und deswegen muß sie im Gesamtzusammenhang der konkreten Erfahrung des Menschen zu stehen kommen. Rahners Ekklesiologie läßt sich nur verstehen, wenn man sie in Verbindung mit seinem Fragen nach dem Menschen, nach dessen grundlegenden Existenzvollzügen und nach den Möglichkeitsbedingungen dieser Vollzüge sieht. Nur wenn die Kirche denkerisch in diesen größeren »Sinnzusammenhang« einzuordnen ist, wird sie »einsichtig« für den Menschen, kann dieser sie als mögliche Antwort auf seine existentiellen Fragen verstehen und anerkennen[6].

Daraus folgt keineswegs, daß Kirche gleichsam vom Menschen her »deduziert wird« und auf ihre jeweilige »Vollziehbarkeit« reduziert wird. Nein, Rahner konfrontiert diesen Menschen, den er verstehen und dem er zu einem verantwortbaren Glauben verhelfen will, durchaus mit den positiven dogmatischen Gegebenheiten des traditionellen Kirchenverständnisses. Diese dogmatisch vorgegebene Basis

Karl Rahners theologische Anthropologie, München 1967, 182–211; *L. Roberts,* The Achievement of K. Rahner, New York 1967, 224–260; *M. Köhnlein,* Was bringt das Sakrament? Disputation mit Karl Rahner, Göttingen 1971, bes. 92–124 (Der Verfasser greift von einer protestantischen Wort-Theologie Rahners Konzeption der Kirche als Ursakrament an, weil diese letztlich zu einer Identifizierung der Kirche mit Christus führen muß; er vermißt in dieser Auffassung die »eschatologische Spannung zwischen Gekommen*sein* und Kommen*werden* der Königsherrschaft Jesu Christi«. Wir werden auf die Problematik in unseren Ausführungen eingehen).

K. Blei, De Onfeilbaarheid van de Kerk, Kampen 1972, bes. 133–168, 208–222; *B. v. d. Heijden,* Karl Rahner. Darstellung und Kritik seiner Grundpositionen, Einsiedeln 1973, 240–245 (auf S. 241 Anm. 270 sind die wichtigsten Veröffentlichungen Rahners zum Thema Kirche zusammengestellt). Dieses Werk v. d. Heijdens scheint uns im Augenblick die spekulativ gründlichste Darstellung und auch die am meisten einleuchtende Kritik der Theologie Rahners zu bieten. Wir werden uns deswegen in vielen Punkten seiner Interpretation anschließen. *L. Dullaart,* Kirche und Ekklesiologie. Die Institutionenlehre A. Gehlens als Frage an den Kirchenbegriff der gegenwärtigen systematischen Theologie, München 1975, 134–165, 174–179.

Was die Sekundärliteratur zu den anderen theologischen Fragen, die in unserem Zusammenhang behandelt werden, angeht, verweisen wir auf die umfassenden Literaturangaben im jeweiligen Kapitel bei v. d. Heijden. Außerdem findet sich eine kurze Zusammenstellung der wichtigsten Arbeiten über Rahner in:

R. Bleistein, E. Klinger (Hrsg.), Bibliographie Karl Rahner 1924–1969, Freiburg 1969, 100–102; *R. Bleistein* (Hrsg.), Bibliographie Karl Rahner 1969–1974, Freiburg 1974, 43–46. Ferner sei noch verwiesen auf K. Lehmanns Porträt: »Karl Rahner«, in: *H. Vorgrimler, R. van der Gucht* (Hrsg.), Bilanz der Theologie im 20. Jahrhundert, Bd 4, Bahnbrechende Theologen, Freiburg 1970, 143–181.

[6] Siehe *B. Heijden,* Darstellung, 66; H. spricht hier vom »Entdecken der Einsicht« als dem Charakteristikum des Rahnerschen Denkens. Siehe auch *K. P. Fischer,* Der Mensch als Geheimnis, Freiburg 1974, bes. 97ff.

verläßt Rahner nie, um sich etwa mit einer bequemen Anpassung an das »moderne Bewußtsein« zufrieden zu geben. Es geht ihm ja gerade darum, diesen anderen »Pol«, nämlich das überkommene Glaubensverständnis, das sich vor allem in lehramtlichen Veröffentlichungen, in der Theologie und der Spiritualität der kirchlichen Tradition niedergeschlagen hat, in seiner ganzen Wahrheit mit dem aktuellen Selbstverständnis des Menschen zu vermitteln, ohne dabei das eine auf Kosten des anderen zu beschneiden.

Ob das im einzelnen immer vollständig gelingt, ist eine andere Frage. Auf jeden Fall fühlt sich Rahner der dogmatischen Tradition der Kirche und ihrem Selbstverständnis vollkommen verpflichtet. Diese Verpflichtung versteht er als Anruf des kirchlichen Glaubens, ihn so zu interpretieren und einsichtig zu machen, daß der fragende Mensch gerade darin eine mögliche Antwort findet, die ihm jedoch »von außen«, von Gott und seiner Kirche gegeben wird, und die er sich nicht selbst zurechtbasteln kann. Rahners Kirchenverständnis steht wie alle seine theologischen Überlegungen in diesem pastoral begründeten Spannungsfeld von »transzendentalem« Fragen nach dem Menschen und seiner Suche nach Heil einerseits und dem »dogmatischen« Fragen nach der Einsicht in die vorgegebene kirchliche Tradition des Glaubens als der möglichen Antwort andererseits[7]. Weil Rahner davon überzeugt ist, daß die kirchliche Glaubenstradition eine wirkliche und bleibende Antwort auf die Heilsfrage des Menschen darstellt, hat sie in seiner Theologie, vor allen philosophischen und tranzendentaltheologischen Erwägungen, auch einen normierenden Vorrang. Was Heil, was »Selbstmitteilung Gottes« wirklich bedeutet, läßt sich eben nicht aus dem Suchen und Fragen und Hoffen des Menschen ableiten, sondern muß letztlich aus der geschichtlichen Offenbarung, wie sie in der Kirche des Glaubens überliefert wird, entgegengenommen werden.

2. Theologie und kirchliche Institution

Von dieser hermeneutischen Orientierung an der kirchlichen Tradition her läßt sich verstehen, was wir mit der »Kirchlichkeit« als einem Grundzug der Theologie Rahners meinen: Es ist die bewußte Bindung seines Denkens an die konkrete Gestalt der kirchlichen Glaubensüberlieferung mit all ihren materialen und formalen Prinzipien. »Wahrheit hat etwas mit Institution zu tun« – diese These, die er in den neueren Schriften immer häufiger vertritt, hat er seit eh und je in seiner Theologie als methodischen Leitfaden befolgt[8]. Durch die »institutionelle« Bindung der Wahrheit und der Suche nach Wahrheit soll der enge Rahmen der um sich selbst kreisenden und im Monolog mit sich selbst befangenen Subjektivität überschritten werden auf die größere Fülle des kirchlichen Glaubens hin, in dem die Gnade Gottes vermittelt wird[9]. Es ist die Kritik des kritischen Subjekts sich selbst gegenüber, das sich vor seiner eigenen Beliebigkeit, vor seinen eigenen Projektionen mehr fürchtet als vor den oft befremdlichen Zumutungen, die der

[7] Vgl. *B. Heijden* über diese zwei »Erkenntnisbewegungen« in Rahners Theologie, Darstellung, 18.

[8] IX, 66; IX, 91; IX, 148–157; IX, 284; IX, 492; X, 115–132.

[9] VII, 104ff.

Glaube der Kirche an es heranträgt[10]. Rahner ist überzeugt, daß die Glaubenstradition der Kirche wirklich die befreiende Erfüllung menschlich-fragender Transzendenz schenken kann, daß man nicht aus dem »System« ausbrechen muß, um »in die Freiheit des unendlichen Geheimnisses, das Gott in Christus ist«, zu gelangen[11]. Jede mögliche Enge des Systems, die Rahner wie kaum ein anderer Theologe erfahren hat, läßt sich aus immanenten Prinzipien, also im Namen der kirchlichen Tradition selbst überwinden und immer wieder auf die in ihm angelegte Weite, nämlich auf Gott selbst hin, öffnen, ohne es gleichsam von einem außerhalb gelegenen Standpunkt in Frage zu stellen. Deshalb nimmt sein theologisches Denken auch seinen Ausgangspunkt stets beim jeweils aktuellen Glaubensbewußtsein der »*konkreten* Kirche«; es will ganz bewußt »kirchliche Theologie« sein[12]. Und zur »konkreten Kirchlichkeit« dieser Theologie gehört auch – gerade in ihrer Bezogenheit auf die gesamte inhaltliche Vorgabe der Überlieferung – die verbindliche Orientierung am institutionellen Lehramt der Kirche. Denn die vorgegebene »Objektivität« des kirchlichen Glaubensbewußtseins bedarf, um wirklich »konkret« und damit ein kritisches, normierendes Gegenüber für die gläubige theologische Reflexion werden zu können, nach Rahner auch der »formalen« Vorgabe des Amtes, das jedoch keineswegs um seiner selbst willen, als rein formale Autorität, sondern um seiner unersetzlichen dienenden Funktion am überlieferten Glauben willen bejaht wird.

Formale und materiale Autorität, Institution und Glaubensbotschaft sind für Rahner keine Gegensätze; ja, sie können sogar eine innere Einheit bilden, insofern die inhaltliche Autorität des Evangeliums sich notwendig eine konkrete gesellschaftliche Gestalt schafft, um *sich* (also nicht die Institution als solche!) als Autorität gegenüber dem einzelnen Glaubenssubjekt durchsetzen zu können:

> »Es ist ja grundsätzlich und im allgemeinen nicht so, daß die formale Autorität einer gesellschaftlichen Instanz und die Autorität der Sache selbst, die sie vertritt, wirklich zwei verschiedene Größen sein müssen. Die beiden Größen können sachlich durchaus als real identisch gedacht werden. Voraussetzung ist nur, daß man einsieht und festhält, daß die Sache selbst und die ihr als solcher innewohnende Autorität vertreten und konkretisiert werden muß durch eine gesellschaftliche Autorität formaler Art, und daß diese Autorität, die von der Autorität der Sache selbst getragen wird, im konkreten Einzelfall Forderungen stellen und die Sache selbst auslegen und somit eine ›formale‹ Autorität beanspruchen kann, wenn die Herkünftigkeit der Einzelentscheidung von der ganzen ›Sache selbst‹ dem einzelnen nicht unmittelbar einleuchtet. Aber gerade darum muß auch eine Autorität im Einzelfall immer wieder deutlich machen können, daß sie als ganze von der Sache selbst her kommt, die sie vertritt.«[13]

Rahner versteht das Verhältnis von materialer und formaler Autorität in dem für seine ganze Theologie maßgeblichen Denkschema der »Selbstverwirklichung im anderen seiner Selbst«, wobei das andere als »Selbstausdruck« in der pluralen Einheit des Selbst gehalten wird (»Realsymbol«, Zeichenursächlichkeit). In der

[10] IX, 490ff.

[11] *K. Rahner* (Hrsg.), Zum Problem Unfehlbarkeit. Antworten auf die Anfrage Hans Küngs, Freiburg 1971, 58.

[12] IX, 92; vgl. IV, 25f; V, 27; V, 65ff; V, 103ff; Unfehlbarkeit, 58.

[13] IX, 346.

gesellschaftlichen Autorität formaler Art verwirklicht sich die materiale Autorität der Sache selbst, wobei aber zugleich die Dialektik des hermeneutischen Zirkels von einzelnem und ganzem beachtet werden muß: Die einzelne Entscheidung der formalen Autorität wird legitimiert von der materialen Autorität der ganzen Sache selbst und der von ihr getragenen »ganzen« formalen Autorität (also: das einzelne wird nur durch das Ganze erkannt); und zugleich muß das Ganze der Sache selbst und der sie vertretenden Autorität auch immer wieder durch die formalen Einzelentscheidungen zur Darstellung gebracht werden (also: das Ganze wird nur durch das einzelne erkannt). Das bedeutet natürlich nicht, daß jedes einzelne *gleicherweise* das Ganze (der materialen und formalen Autorität) sichtbar machen kann; deswegen kann und muß es die Möglichkeit geben, daß der Mensch sich bestimmten Einzelentscheidungen formaler Art unterwirft, die für ihn nicht die »Durchsichtigkeit« auf die ganze Sache selbst und die von ihr legitimierte formale Autorität im ganzen haben. Gäbe es diese Form der dialektischen Einheit von materialer und formaler Autorität nicht, dann bliebe die Sache selbst doch letztlich der Subjektivität des einzelnen und ihrer Beliebigkeit überlassen.

Dieses gegenseitige Abhängigkeits- und Bedingungsverhältnis von formaler und materialer Autorität besteht nun auch in der Kirche zwischen ihrer amtlichen Institutionalität (»Lehramt«) und der von ihr verkündeten Glaubensbotschaft. Allerdings betont Rahner sehr deutlich, daß in diesem Verhältnis eine Ordnung besteht: das eigentliche Fundament des christlichen Glaubens ist nicht die formale Autorität des kirchlichen Lehramtes, sondern der Glaube an Gott als dem heiligen Geheimnis, das sich dem Menschen in der Transzendenz seines Geistes (Gnade, Hl. Geist) und im Ereignis der Geschichte (Christus) selbst zu unüberbietbarer Nähe mitteilt. Weil der Mensch *an* diesen Gott in personaler Selbsthingabe glaubt, glaubt er auch *die* Kirche und ihre formale Autorität, die ganz von diesem fundamentalen Glaubensakt getragen wird [14]. Rahner wendet sich immer wieder ausdrücklich gegen das Augustinus-Wort, »er würde dem Evangelium nicht glauben, wenn ihn nicht die Autorität der Kirche dazu bewöge« [15]. Nicht die Kirche ist das Erstergriffene des Glaubens, sondern das Evangelium von der Liebe Gottes in Jesus Christus, welches auch die Kirche als von Christus autorisierte Vermittlung dieser Botschaft und als unerläßlichen Raum des Glaubens trägt. Indem der Mensch sich glaubend dem Geheimnis des liebenden Gottes anheimgibt, bejaht er darin auch die konkrete kirchliche Gestalt, die die Liebe Gottes in der Geschichte ihrer Vermittlung und Überlieferung angenommen hat [16]. Kirche ist deswegen nicht der letztlich tragende Grund des Glaubens, wohl aber Gegenstand des von der Gnade Gottes gewirkten Glaubens: »Kirche, die (nur) ist, weil sie geglaubt wird, dadurch geglaubt wird, daß an Gott in Jesus Christus geglaubt wird« [17].

[14] V, 386ff, 394.

[15] V, 396; IX, 359.

[16] Gottes Selbstmitteilung schafft sich in der Kirche ihr »konkretes, greifbares Hier und Jetzt, das … sie gleichzeitig gegenwärtig, greifbar, eindeutig anwesend macht und sie zugleich in der Unansehnlichkeit der Knechtsgestalt verhüllt, so daß der Glaubende an dieser Gestalt die Gnade Gottes hat und diese gleichzeitig nur dem Glaubenden als wirksame Gegenwart der Gnade erkennbar ist« (VII, 110).

[17] V, 395.

Als diese geglaubte Kirche liegt sie jedoch dem einzelnen Glaubenden auch wieder voraus, insofern sie die Gemeinschaft der Glaubenden ist; sie entsteht nicht erst als nachträgliche Summe der einzelnen an Christus Glaubenden, sondern sie lebt als das den einzelnen von Gott immer schon vorgegebene »Medium« ihres Glaubens, innerhalb dessen jeder einzelne allein seinen Glauben empfängt und vollzieht. Wie dem Glauben des einzelnen das »objektiv« gewirkte Heil in Christus vorausliegt, und wie dieses Heil sich an den einzelnen nur innerhalb der »untrennbaren Schicksalsgemeinschaft der Sünde und des Heils« [18] aller Menschen richtet, so geht die Kirche auch als sichtbares, geschichtlich bleibendes Zeichen dieses vorgegebenen Heils (als »Wirklichkeit Gottes in der Welt«) dem einzelnen voraus. Sie wird als Gemeinschaft zum Zeichen dafür, daß der Glaube des einzelnen an den sich mitteilenden Gott ein Geschenk eben jenes immer schon vorausliegenden Heilswillens Gottes ist und nicht eigene Leistung des Menschen [19]. »Glaube ist darum immer auch die vertrauende und liebende Hingabe an den Glauben der Kirche, Mitvollzug des Glaubens der heiligen Gemeinschaft der Wahrheit« [20].

Für das Verhältnis von materialer und formaler Autorität in der Kirche, also von geglaubter und verkündeter Botschaft einerseits und authentisch verkündigender Autorität andererseits, hat diese Stellung der Kirche im Glaubensvollzug des Christen eine zweifache Konsequenz: Einmal ist die formale Autorität des Lehramtes etwas »Abgeleitetes«, eine »abhängige Funktion«, eine »getragene Wahrheit«, die immer dann am besten wirkt, wenn das Amt die »gnadengetragene Wahrheit der von ihr gelehrten und vertretenen Sache selbst mächtig sein läßt und beinahe ganz hinter dieser Wahrheit seine formale Autorität zurücktreten läßt« [21]. Zum anderen aber bleibt für den einzelnen Gläubigen die »Sache selbst« immer auch an ihre Konkretion in der formalen Autorität des Lehramtes gebunden. Denn darin zeigt sich am deutlichsten, daß die Kirche »das Maß unseres Glaubens (ist), das Maß, nicht das Gemessene« [22]; erst da, wo die Kirche auch in ihrer institutionellen Wirklichkeit ein »konkretes, hartes, mir und meinem Eigensinn nicht ausgeliefertes Kriterium« für die Wahrheit meines Glaubens bedeutet [23], kann der Glaube aus der Enge und Beliebigkeit seiner Subjektivität befreit werden zur Weite und Objektivität der im Glauben intendierten Wahrheit und Liebe Gottes. In der Befreiung der Subjektivität zur stets größeren Wahrheit des Glaubens sieht Rahner einen entscheidenden theologischen Grund für so etwas wie formale, institutionelle Autorität in der Kirche [24]. In diesem »Ja zur konkreten Kirche« mit ihrem institutionellen Charakter äußert sich nicht nur eine hohe Einschätzung des Objektiven, des Institutionellen als solchen, sondern gerade auch die »eschatologisch begründete Hoffnung« [25], daß der befreiende Geist

[18] VII, 111.
[19] Ebd.
[20] VII, 112.
[21] IX, 361.
[22] VII, 113.
[23] A.a.O., 114.
[24] IX, 492–497; der Einfluß der Institutionenlehre Gehlens und Schelskys (s.o.) läßt sich bei dieser Frage (zumindest in neueren Veröffentlichungen) deutlich feststellen.
[25] Unfehlbarkeit, 60; vgl. VII, 113ff; VII, 186f; X, 281ff.

Gottes und die menschliche Institution in der Kirche als dem Sakrament des Heils grundsätzlich nicht mehr auseinanderfallen können (s. u.). Darum kann auch ein letzter Vorbehalt in entscheidenden Glaubensfragen gegenüber dem kirchlichen Lehramt keinen Raum im theologischen Denken Rahners haben. Nicht weil er der Intelligenz oder dem Glaubenssinn der Amtsträger eine besondere, untrügliche Qualität zumißt, sondern weil er für die ganze konkrete Kirche an das »Wunder *ihres Geistes*« glaubt[26], der sie, gerade auch in ihrem institutionellen Amt, befähigt, den Glauben der Menschen auf die immer größere Wahrheit Gottes hin zu öffnen.

»Konkrete Kirchlichkeit« als Grundeinstellung des Glaubens und der Theologie bedeutet jedoch nicht, daß der Theologe in seiner Gebundenheit an das Glaubensbewußtsein der Kirche, an ihre Tradition und an ihr Lehramt gleichsam nur die amtliche oder jeweils aktuelle Lehre nachzuformulieren habe. Dieses grundsätzliche Ja läßt durchaus immer neue kritische Fragen der Reflexion gegenüber dem Glaubensbewußtsein und der amtlichen Verkündigung des Glaubens zu. Denn das Verhältnis des persönlichen Glaubens und der kritischen theologischen Reflexion zur »konkreten Kirche« ist gerade in seiner »fundamentalen Option« nicht einfach ein statisch-ungeschichtliches Verhältnis, sondern in einem ständigen Wandel begriffen. Daraus ergibt sich,

»daß immer neue kritische Fragen an dieses Ja herangetragen werden können und das Verhältnis zwischen unserer gelassen vertrauenden Vorentscheidung des Lebens und der kritischen Reflexion sich immer wieder verschiebt und immer wieder neue Überraschungen bringt. Gewiß stellen wir auch unser Verhältnis zur Kirche immer wieder kritisch in Frage. Aber wir haben das Recht und die Pflicht, bis zum eindeutigen Beweis des Gegenteils, den wir aber nicht fürchten, vorauszusetzen und zu leben, daß diese kritischen Fragen dieses Verhältnis zur Kirche nicht zerstören, so wie wir auch sonstige letzte Lebensentscheidungen und -haltungen zur Treue, zur Liebe, zur unbelohnten Anständigkeit, zum Vertrauen, zum Nächsten, immer wieder durch das Leben und durch die kritische Reflexion als angefochten erleben und dennoch, ohne einer Neurose der Kritik und des Zweifels zu verfallen, wissen, daß diese Grundentscheidungen in allem Fegefeuer des Zweifels und der Kritik sich durchhalten.«[27]

Der »Blankoscheck«, den Rahner dem traditionellen Glauben und damit auch dem kirchlichen Lehramt gleichsam ausstellt[28], verhindert keineswegs, daß der Theologe sich in einem ständigen Dialog mit diesem seinem »objektiven« Gegenüber befindet, einem Dialog, der niemals, auch durch keine lehramtliche Definition endgültig abgeschlossen ist, und der deswegen auch immer wieder »das Risiko einer ungewollten Unkirchlichkeit eingeht«[29]. Ein solches Risiko ist vor allem schon durch den unaufhebbaren Pluralismus im theologischen Denken der Gegenwart gegeben, welcher auch vom Lehramt gar nicht mehr adäquat verwaltet und synthetisiert werden kann. Eine Differenz zwischen »eigener« Wahrheit und kirchenamtlicher Lehre, die ja beide in ihrer Weise als Momente dieses geistigen Pluralismus »unabgeschlossen« sind, kann deswegen durchaus legitim sein, ohne

[26] VII, 113.
[27] IX, 485f.
[28] Unfehlbarkeit, 59.
[29] IX, 94.

daß sie jedoch zu einem absoluten Widerspruch gegen das kirchliche Dogma im eigentlichen Sinn führen muß[30]. Die unerschütterliche Hoffnung, daß Gottes endgültige und unwiderrufliche Selbstmittteilung in der konkreten Kirche präsent bleibt, trägt letztlich auch die Überzeugung von der notwendigen und schließlich auch gelingenden Kirchlichkeit des eigenen Denkens; ja, sie läßt diese Überzeugung selbst zu einem »Akt der Hoffnung« werden[31].

Vielleicht ihren deutlichsten Ausdruck findet die Bezogenheit der Theologie Rahners auf die konkrete Kirche darin, daß er seine Neuinterpretationen des traditionellen Glaubens stets als *Angebot* an die Kirche, an ihr Glaubensbewußtsein, an ihr Lehramt versteht und es deswegen ihrer Beurteilung überläßt, ob sie darin ihren Glauben »wiedererkennt«, ob sie diese Deutung »mitvollziehen« oder zumindest als nichtwidersprüchlich bestehen lassen kann[32]. Dieses Urteil der Kirche in ihrer Gesamtheit und in ihrer Lehrautorität ist für die Wahrheit der Theologie entscheidend. Denn es kann für eine kirchliche Theologie nach Rahner keinen Punkt außerhalb des Glaubensbewußtseins der Kirche geben, von dem aus sich eine Theologie selbst rechtfertigen oder sich gewissermaßen zu einem gleichberechtigten Gegenüber emanzipieren könnte, um von dieser Position aus das Glaubensbewußtsein der Kirche und seine konkrete, verbindliche Artikulation in den lehramtlichen Entscheidungen grundsätzlich in Frage zu stellen.

Auch die Hl. Schrift und ihre historisch-kritische Auslegung durch die Theologie kann nicht als letztentscheidende Instanz gegen den aktuellen Glauben der Kirche und gegen die formale Autorität der kirchlichen Tradition und des kirchlichen Lehramtes ins Feld geführt werden. Sie bleibt als norma normans non normata zwar immer die Grundlage und das kritische Maß jeder Tradition, jeder Lehrentscheidung und jeder Theologie, aber dies *innerhalb* des umgreifenden Rahmens der konkreten Kirche, in dem jedes Gegenüber (z.B. von Theologie und Lehramt, von Schrift und Tradition, von Schrift und aktuellem Glaubensbewußtsein) erst seinen kirchlich relevanten Platz erhält. Denn auch die Schrift muß »selbst durch die Kirche als ihre eigene Objektivation, als die Objektivation der apostolischen Kirche bezeugt werden«[33]. Sie bleibt immer getragen »von der lebendigen Selbsttradition der Kirche in ihre Zukunft hinein, vom lebendigen Traditionszeugnis eben dieser Kirche«[34]. Weil die Verheißung der Unzerstörbarkeit der Kirche auch die bleibende Identität der apostolischen Kirche mit ihrer ganzen konkreten geschichtlichen Entwicklung in der Zeit der Kirche garantiert (was sollte »Indefektibilität« ohne diese geschichtlich manifeste Identität sonst besagen?), kann die Schrift als das Zeugnis der apostolischen Kirche nicht eine absolute Gegeninstanz gegen die jeweilige Kirche, ihren verbindlichen Glauben und ihre grundlegenden Strukturen bilden[35]. Unfehlbares Lehramt und unfehlbare Schrift sind keine voneinander unabhängige Größen, die miteinander im Widerstreit liegen könnten, sondern »wie zwei Momente desselben Wesensvorgangs aufeinander bezogen ...

[30] X, 272ff; vgl. auch IX, 148ff.
[31] IX, 94; vgl. X, 283ff.
[32] Unfehlbarkeit, 56f; IX, 94; IV, 26; V, 67.
[33] VI, 128.
[34] VI, 126.
[35] Dazu VI, 121ff; Über die Schriftinspiration, Quaest. disp. 1, Freiburg 1958, 37–46, 78–82.

Unfehlbarkeit des Lehramtes der späteren Kirche ist per definitionem inerrante Auslegung der Schrift, weil sie per definitionem die Beziehung auf die Lehre der Urkirche einschließt, die notwendig die spätere Kirche belehrt und diese Lehre als Schrift getan hat« [36]. Die Schrift ist primär ein Buch der Kirche, und ihre Auslegung obliegt zunächst der konkreten Kirche als Ganzer und damit auch ihrer lehramtlichen Autorität. Der einzelne und die theologische Exegese haben ihre Funktion nur in diesem kirchlichen Kontext [37].

Mit dieser Einordnung will Rahner keineswegs die kritische Funktion der Schrift gegenüber jeder späteren Gestalt und Lehre der Kirche vernachlässigen; seine Intention geht vielmehr dahin, die Schrift der Beliebigkeit der gläubigen Subjektivität und ihrer Auslegung zu entziehen und sie in die Objektivität des größeren Glaubens der Kirche hineinzustellen. Diese Objektivität konkretisiert sich am schärfsten dann, wenn sie für den einzelnen absolut verbindlich wird, also in der unfehlbaren lehramtlichen Auslegung der Schrift, im Dogma der Kirche.

»Ich kann die Kirche nicht meistern wollen, indem ich ihr die Schrift entreiße, die ihr gehört, und diese gegen sie ins Treffen führe. *Sie* beugt sich der Schrift. Daß sie es aber tut, dafür ist Bürgschaft nicht meine Kontrolle, in die ich mich außerhalb der Kirche versetze, um zu messen, ob sie es auch wirklich tut. Dafür ist ihr eigener Geist Bürge. Wollte ich die Schrift für sich allein zur konkreten Anwesenheit des gehorsamfordernden Wortes Gottes an mich machen, so würde ich entweder (ob ich es weiß oder nicht) ein Buch mir gegenüberstellen, das sich nicht wehren kann, das meiner Auslegung keinen Widerstand entgegenzusetzen vermag, dem gegenüber ich schließlich doch der Herr bliebe, *oder* ich muß an den Geist des Herrn appellieren, der dieses Buch lebendig macht und verteidigt. Aber dann wäre wiederum die Frage zu erheben und zu verneinen, ob es tatsächlich so sei, daß dieser Geist zuerst und zuletzt auf das Buch gefallen sei und nicht auf die Menschen, die er gesandt hat, seine Botschaft zu reden und so auch erst zu bezeugen, daß, was sie schrieben, von ihm selbst eingegeben ist.« [38]

So sehr Rahner in seiner transzendentalen Theologie vom Subjekt und seinen Wesensvollzügen her denkt, so weiß er doch sehr genau um die Grenzen und Gefahren des Subjektiven:

»Wir müssen damit rechnen, daß uns die Wahrheit Gottes ›nicht paßt‹, auch wenn sie es wirklich selber ist, nicht paßt, weil wir nicht zu ihr passen, bevor wir uns nicht geändert haben. Wir müssen uns vor uns selber hüten. Demut eines empfänglichen Geistes, Bereitschaft zur Wandlung, Mut zum Schmerz einer neuen Erkenntnis, Gebet um das Licht von oben, tun not.« [39]

Und dieser inneren Haltung entspricht deswegen der »äußere objektive Raum«, in dem »allein sich all unser Bemühen richtig vollziehen kann. Dieser Raum ist die Kirche, die geglaubte Kirche«, die von unserem Glauben an Christus her »so glaubend umfaßt (wird), daß sie gleichzeitig das unmittelbar normierende

[36] Schriftinspiration, 80.

[37] Siehe V, 85ff; 103ff.

[38] VII, 115; wenn auch dieser sehr frühe Artikel »Ich glaube die Kirche« (1954 zum erstenmal erschienen) in manchen Punkten die Bedeutung des Institutionellen in der Kirche für den Glaubenden stärker betont als etwa spätere Artikel (z.B. V, 379–410), so ist die Grundposition der Bindung des subjektiven Glaubens an die Objektivität der Kirche doch grundsätzlich die gleiche geblieben.

[39] VII, 108.

Medium des Glaubens überhaupt wird«[40]. Was Rahner von der gegenwärtigen christlichen Frömmigkeit fordert, nämlich den »Mut zum Institutionellen« (d.h. zum Geplanten, Geübten, Geformten), vollzieht er selbst ganz bewußt in seiner Theologie; sie richtet sich »gegen eine falsche existentielle Subjektivierung, die gestaltlos, willkürlich und unrealistisch bleibt«[41]. Denn deren Kirchlichkeit besteht – wie wir sahen – vornehmlich darin, den subjektiven Glaubensvollzug und die objektive Vorgegebenheit des überlieferten, je größeren Glaubens der Kirche miteinander so zu vermitteln, daß sich beide Seiten in der Kirche gegenseitig zu ihrer aktuellen, geschichtlich und gesellschaftlich bedeutsamen Verwirklichung bringen.

Was sich methodisch im doppelten Ansatz der transzendentalen und der dogmatischen Denkbewegung in Rahners Theologie ausdrückt, findet zur Einheit erst in der »konkreten Kirchlichkeit« dieses Denkens, nämlich in der Bindung aller Wahrheits- und Heilssuche an die Institution Kirche. Daß diese Vermittlung von gläubig-reflektierender Subjektivität einerseits und der Objektivität des Glaubens andererseits in der Kirche ein lebendiger, meist unausgeglichener Prozeß ist, der nicht in einem ein für allemal festgelegten Verhältnis zur Ruhe kommen kann, sondern in dem gleichsam jedes der beiden Momente immer neu um sein Recht, um seine angemessene Berücksichtigung ringen muß, wird in Rahners Ekklesiologie sehr deutlich. Denn mit der gleichen Leidenschaft, mit der er für die Bindung des Subjekts an die konkrete Kirche eintritt, kämpft er auch für die »Freiheit« und das »freie Charisma« des einzelnen gegenüber allen »totalitären« Tendenzen der kirchlichen Institutionen. Wir werden darauf noch näher eingehen. Man kann diese Polarität von Subjekt und Objekt innerhalb der »kirchlichen Theologie« Rahners vielleicht mit einem Bild aus der Kunstgeschichte veranschaulichen: Gerade weil Rahner mit seinem »Standbein« unangefochten auf dem Boden der kirchlichen Tradition und ihrer amtlichen Verkündigung steht, kann er mit seinem »Spielbein« eine große Variationsbreite »freier« Möglichkeiten kirchlichen Glaubens und kirchlicher Strukturen (fragend, suchend, experimentierend) ausmessen[42].

Nach dieser kurzen Skizzierung des hermeneutischen Ansatzes können wir nun auf einzelne inhaltliche »Grundpositionen« der Ekklesiologie Rahners eingehen, die für seine theologische Begründung des institutionellen Charakters der Kirche bedeutsam sind.

II. TRANSZENDENTALTHEOLOGISCHE HINFÜHRUNG ZUR KIRCHE

1. Zur Methode der Transzendentaltheologie

Wie alle entscheidenden Inhalte des christlichen Glaubens sucht Rahner auch die Kirche transzendentaltheologisch zu begründen. Um diesen Versuch zu verstehen, müssen wir erst kurz die Anwendung der transzendentalen Methode innerhalb

[40] VII, 109.
[41] VII, 13, 16f.
[42] Vgl. Strukturwandel; Vorfragen; X, 503–519.

seiner Theologie bedenken[43]. Sie steht ganz im Dienst der theologischen Frage nach dem Heil des Menschen, das auf Grund der Erfahrung der christlichen Heilsgeschichte immer schon als »Selbstmitteilung Gottes« an den Menschen verstanden wird[44]. Diese Selbstmitteilung kann aber dem Menschen nur dann zum wirklichen »Heil« gereichen, wenn sie ihn als Subjekt, d. h. als das in der Transzendentalität seiner Erkenntnis und seiner Freiheit immer schon auf das Ganze der Wirklichkeit und ihren absoluten Grund ausgerichtete Wesen erreicht. Während die Transzendental*philosophie* gerade diese Eigenart des menschlichen Geistes als Möglichkeitsbedingung jeder gegenständlichen Erkenntnis und Entscheidung betrachtet, richtet sich das Interesse der Transzendental*theologie* – in analoger Fragerichtung – auf die *begnadete* Geistigkeit des Menschen als Möglichkeitsbedingung für die Annahme der in der Geschichte ergehenden Selbstmitteilung Gottes zum Heil des Menschen[45]. Die geschichtlich-aposteriorische Erfahrung der in Christus geschehenen Selbstmitteilung Gottes wird in dieser Fragestellung als irgendwie gewußt und bekannt, aber noch nicht als verstanden und begriffen vorausgesetzt; sie wird deswegen auch nicht einfach »deduziert«[46]. Es geht vielmehr darum, diese geschichtliche Tatsache dem Menschen dadurch »verständlich und assimilierbar« zu machen, daß man »im Subjekt eine apriorische Verwiesenheit auf diesen Gegenstand nachzuweisen« versucht[47]. Transzendentaltheologie will das Subjekt in die Geschichte einweisen, will dem Menschen klar machen, daß seine Subjektivität ihr Heil nur in der positiven Faktizität der Geschichte findet und nicht in einer reinen transzendentalen Innerlichkeit. Es ist nichts anderes als »der Akt der Reflexion auf die Tatsache, daß das geschöpfliche Subjekt als solches von sich her in die Geschichte verwiesen ist, die gerade die ihrer eigentlichsten Subjektivität als solcher ist«[48]. Damit Offenbarung und Heilsgeschichte nicht nur in einer dem Menschen rein äußerlich bleibenden, tumben Faktizität erscheinen und damit dem Verdacht der Mythologie erliegen, soll die Theologie den Selbstvollzug des Menschen mit all seinem Fragen, Suchen und Hoffen reflektieren, um darin einmal die Erwartung, die Ansprechbarkeit für das geschichtliche Geschehen der Offenbarung zu entdecken und zum anderen dann dieses Geschehen als die eigentliche Erfüllung und Antwort der subjektiven Selbsterfahrung aufzuweisen.

Die Selbsterfahrung des Menschen wird dabei immer schon als von gnadenhaft-übernatürlichen Momenten durchsetzt angesehen, insofern das bleibende

[43] Art. »Transzendentaltheologie« in: SM IV, 986–992; IX, 95–113; *B. Heijden*, Darstellung, 80–87; *K. P. Fischer*, Mensch, 209–232.

[44] Dieser entscheidende Begriff und die mit ihm gemeinte Wirklichkeit werden von Rahner meist fraglos als ohne weiteres verständlich für den nach Heil, Sinn, Erfüllung fragenden Menschen vorausgesetzt. Die Analogie der mitmenschlichen, personalen Erfahrung scheint diesen Begriff auch für den eigentlich theologischen Gebrauch der Begegnung von Gott und Mensch genügend auszuweisen. Wir werden weiter unten auf diesen Begriff genauer eingehen.

[45] »Man könnte Transzendentaltheologie diejenige systematische Theologie nennen, die sich a) des Instrumentars einer Transzendentalphilosophie bedient und auch b) ausdrücklicher als früher nicht nur ganz im allgemeinen (wie es die traditionelle Fundamentaltheologie tut) und von genuin theologischen Fragestellungen her die apriorischen Bedingungen im glaubenden Subjekt für die Erkenntnis wichtiger Glaubenswahrheiten thematisiert ...« (SM IV, 987).

[46] IX, 104f.

[47] Ebd.

[48] SM IV, 988.

Angebot der Selbstmitteilung Gottes eben bei allen Menschen notwendig auch als geschaffene Realität der geistigen Subjektivität selbst gegeben und damit der Erfahrung zugänglich ist (»übernatürliches Existential«)[49]. Eine genaue Scheidung zwischen natürlichen und übernatürlichen Momenten der subjektiven Selbsterfahrung ist deswegen unmöglich. Aber darauf kommt es der transzendentaltheologischen Fragestellung auch gar nicht an. Sie will vor allem die adäquate Entsprechung zwischen dem in der faktischen Heilsordnung immer schon übernatürlich erhöhten menschlichen Subjekt und der »von außen« an es herantretenden geschichtlichen Offenbarung aufzeigen, um diese beiden Seiten der Selbstmitteilung Gottes (in ihrer transzendental-subjektiven und in ihrer kategorial-geschichtlichen Form) als sich gegenseitig bedingende Momente des einen Heilsgeschehens für den Menschen zu erweisen.

»Die Reflexion auf die transzendentale Bezogenheit des Menschen wird durch die Geschichtlichkeit und Freiheit der Heilsereignisse, durch ihren aposteriorischen Charakter, ihre von Gott frei verfügte Faktizität nicht unmöglich gemacht. Denn das erste und eigentlichst frei von Gott Verfügte ist gerade das bleibende, übernatürliche Existential der Gnade als angebotener Selbstmitteilung Gottes, also eine ›transzendentale‹ Verfaßtheit des Menschen. Und diese freie Gnade als transzendentale Bestimmung des Menschen hat ihre eigene Geschichte in dem, was wir Heils- und Offenbarungsgeschichte nennen, die gar nicht *als* solche sein und erfaßt werden kann ohne diese apriorische Möglichkeit des Menschen, (Glaubens-) Gnade genannt.«[50]

In seiner transzendentaltheologischen Reflexion wendet Rahner also den Grundansatz seiner Erkenntnismetaphysik, daß nämlich der menschliche Geist seine Transzendenz auf das Sein nur in der »conversio ad phantasma«, in der Hinwendung auf die Gegenstände seiner weltlichen Erfahrung vollzieht[51], auf die theologische Frage nach dem Heil des Menschen an. Dieses Heil kann deswegen auch nur in einer Vermittlung von (begnadetem) transzendentalem Subjekt und kategorialer Heilsgeschichte gefunden werden.

Der transzendentaltheologischen Methode bedient Rahner sich vor allem bei der »Mystagogie« in die Grundmysterien des Christentums, nämlich der Begnadigung des Menschen durch die Selbstmitteilung Gottes, der Einheit von »ökonomischer« und »immanenter« Trinität und der geschichtlichen Erscheinung des »absoluten Heilbringers« in Jesus Christus. Gerade im Aufweis der »Idee« dieses gottmenschlichen Heilsmittlers und der existentiellen Frage des Menschen nach ihm gipfelt diese theologische Methode Rahners. Denn hier ist der Kern des Christentums getroffen, weil hier die »subjektive« Heilsfrage des Menschen (seine nach Gott verlangende Selbsttranszendenz) und die »objektive« Antwort Gottes (seine Selbstmitteilung an den Menschen in unüberbietbarer, bleibender Nähe) zu ihrer Identität im »Gottmenschen« Jesus Christus gekommen sind. Und dies in einer geschichtlich-einmaligen und zugleich eschatologisch-endgültigen

[49] Art. »Existential« II. Theologische Anwendung, in: SM I, 1298–1300; vgl. dazu den Beitrag von *H. Mühlen*, in: Bilanz der Theologie III, Freiburg 1970, 148–192, bes. 163–174; *K. P. Fischer*, Mensch, 244ff.

[50] SM IV, 989.

[51] Vgl. Geist in Welt, München 1957 (2. Aufl., hrsg. *v. J. B. Metz*); Hörer des Wortes, München 1963 (neu bearbeitet von *J. B. Metz*); dazu *P. Eicher*, Die anthropologische Wende, Freiburg (Schweiz) 1970.

Erscheinung. Auf das Verstehen dieser christlichen Wahrheit für den heutigen Menschen zielt die Transzendentaltheologie hin[52].

Im Rahmen dieses Aufweises kommt dann auch »Kirche« zur Sprache. Bereits in »Hörer des Wortes« taucht gegen Ende die katholische Kirche auf als konkreter, geschichtlicher Ort des Ergehens einer möglichen Offenbarung Gottes im Wort[53]. Da diese mehr transzendentalphilosophische Hinführung zur Kirche, welche bei der natürlichen Transzendenz des menschlichen Geistes ansetzt, nicht sehr überzeugend wirkt und auch von Rahner später nicht mehr angewandt wird, brauchen wir nicht weiter darauf einzugehen. Zwar wird Rahner immer wieder auf die geschichtlich-gesellschaftliche Dimension des Menschen hinweisen, so daß von daher auch die Antwort auf die menschliche Heilsfrage im Bereich des Gesellschaftlichen gesucht werden muß. Jedoch bedient er sich dazu jetzt mehr der transzendentaltheologischen Methode, um zum Verständnis der Kirche hinzuführen.

2. *Die Kirche im Raum der transzendentalen Offenbarung*

Von seinen grundlegenden Gnadenartikeln an [54] nimmt Rahner immer mehr die konkrete, in der geschehenen Heilsgeschichte also schon begnadete »Natur« des Menschen zum Ausgangspunkt aller transzendentalen Reflexion auf die christliche Offenbarung. Ohne hier auf die verschiedenen Bedeutungen des Begriffs »übernatürliches Existential« näher einzugehen, wollen wir nur herausarbeiten, inwiefern das begnadete Subjekt in seinem Selbstvollzug immer schon auf *Kirche* verwiesen wird.

Das Heilsangebot Gottes, das sich grundsätzlich an alle Menschen richtet (»allgemeiner Heilswille Gottes«), schafft sich im Menschen eine ihm konveniente Anlage, um selbst als ungeschuldetes Geschenk angenommen werden zu können; es setzt sich eine »übernatürliche Hinordnung« des Menschen auf die Gnade voraus[55]. Dieses »übernatürliche Existential« wird von Rahner in späteren Artikeln weniger als geschenkte Hinordnung auf die Gnade verstanden, sondern immer mehr mit der angebotenen Gnade als solcher, mit der Berufung des Menschen zum Heil, mit der in Christus geschehenen »objektiven« Erlösung, ja mit der »transzendentalen Selbstmitteilung Gottes« identifiziert. Dadurch, daß Gott das Heil aller Menschen will und es in Christus auch grundsätzlich als bereits vollzogenes Heilsgeschehen den Menschen zu ihrer eigentlichen Vollendung anbietet, ist die konkrete Wirklichkeit des Menschen selbst eine andere als sie ohne dieses Heilsangebot wäre. Dieses bleibende Heilsangebot richtet sich an die geistige Transzendenz des Menschen und ist deswegen in »transzendentaler Erfahrung« immer schon »miterkannt«. Nicht in gegenständlich-kategorialer Weise, sondern unthematisch-transzendental, d. h. als Bedingung der Möglichkeit, als bleibender Grund jeder kategorialen Erkenntnis und Freiheitstat des glaubenden Menschen.

[52] SM IV, 990f; IX, 107; *B. Heijden*, Darstellung, 84f.

[53] Hörer des Wortes, 217ff.

[54] I, 323–345; I, 347–375.

[55] Auf die Frage, ob durch die Konstruktion des übernatürlichen Existentials die Natur–Gnade-Problematik gelöst wird, brauchen wir hier nicht einzugehen. Vgl. dazu *H. Mühlen*, Bilanz der Theologie III, 170–173; *B. Heijden*, Darstellung, 35ff; *K. P. Fischer*, Mensch 235ff.

Diese Miterfahrung, die nur »bewußt« sein, aber nicht wie die gewöhnliche Objekterkenntnis »gewußt« werden kann, schließt also nicht nur das Sein als unbegrenzten Horizont und das Subjekt als letzten Träger von Erkenntnis und Freiheit ein, sondern auch den persönlichen Gott selbst. Denn der Mensch steht in der christlichen Heilsordnung immer schon vor dem sich selbst mitteilenden Gott, und jede wahre Erkenntnis und jede sittliche relevante Entscheidung ist damit schon ein heilsbedeutsamer Vollzug, eine Stellungnahme gegenüber dem Heilsangebot Gottes. Für unsere Frage ist bedeutsam, daß nach Rahner der sich persönlich selbst mitteilende Gott im menschlichen Transzendenzvollzug »erfahren« werden kann, daß es also »Gnadenerfahrung« in der Weise des Angebotes und auch der gläubig-hoffenden Annahme gibt[56]. Da aber Gnade letztlich immer der sich in Christus selbst schenkende Gott ist, wird in dieser transzendentalen Selbstmitteilung auch immer schon Christus miterkannt[57]. Selbstmitteilung Gottes an den geschaffenen menschlichen Geist geschieht nur in Christus, im menschgewordenen Logos. Auch da, wo der Mensch noch nicht der ausdrücklichen christlichen Botschaft von der Erlösung in Christus begegnet ist, steht er schon unausweichlich im Bereich des *christlichen* Heilsangebotes; und da, wo »ein Mensch in bedingungsloser Treue zu seinem sittlichen Gewissen sich selbst in Freiheit annimmt, so wie er ist, also auch in den noch nicht überschaubaren Implikationen der Dynamik seiner geistigen Bewegung«, dort hat er dieses christliche Heilsangebot »gläubig« – wenn auch nicht im expliziten christlichen Glaubensbekenntnis – angenommen, dort ist er ein »anonymer Christ« geworden[58]. Aber nicht nur Christus, sondern auch die *Kirche* ist in einer bestimmten Weise bereits in dieser transzendentalen Erfahrung »miterkannt« und – im Fall des oben beschriebenen sittlich guten Aktes – auch »mitbejaht«[59]. Wie ist das zu verstehen?

Man kann bei Rahner verschiedene Ansätze zur Lösung dieser Frage finden. Zunächst unterscheidet er einen engeren von einem weiteren Kirchenbegriff. Der engere meint die gesellschaftlich verfaßte, römisch-katholische Kirche als Institution; der weitere dagegen umgreift die ganze Menschheit, insofern sie durch die Menschwerdung Gottes bereits grundlegend, vor aller rechtlich-gesellschaftlichen Organisation, zur Gemeinschaft des »Volkes Gottes« erhoben wurde. Die Menschheit ist wegen der Selbstmitteilung Gottes im Menschen Jesus Christus

[56] DiK, 74–148; III, 105–109; IX, 161–176; X, 133–144.

[57] »Und Gott und Christi Gnade sind in allem als geheime Essenz aller wählbaren Wirklichkeit, und darum ist es nicht so leicht, nach etwas zu greifen, ohne mit Gott und Christus (so oder so) zu tun zu bekommen. Wer darum (auch noch fern von jeder Offenbarung explizierter Wortformulierung) sein Dasein, also seine Menschheit, annimmt (und das ist so leicht nicht!) in schweigender Geduld, besser in Glaube, Hoffnung und Liebe (wie immer er diese auch nennen mag) *als* das Geheimnis, das sich in das Geheimnis ewiger Liebe birgt und im Schoß des Todes das Leben trägt, der sagt zu etwas Ja, das so ist, wie er sich diesem ins Ungemessene anvertraut, weil Gott es tatsächlich mit dem Ungemessenen, d. h. mit sich selbst, erfüllt hat, da das Wort Fleisch wurde, der sagt, auch wenn er es nicht weiß, zu Christus Ja« (IV, 153f).

Vgl. auch IV, 250: Das »übernatürliche Existential« besteht darin, »daß Christus in seinem Tod den sündigen Menschen vor dem heiligen Gott ›gerechtfertigt‹ hat«, und zwar vor aller subjektiven Aneignung. Vgl. auch V, 11–32, bes. 20ff.

[58] X, 542; vgl. VI, 277–298, bes. 285: »Die anonyme Christlichkeit jedes positiv sittlichen Tuns.« Zum Problem des anonymen Christen siehe X, 531–546. Dort wird zu der kontroversen Diskussion (mit Literaturangaben) Stellung genommen. Vgl. auch *B. Heijden*, Darstellung, 249ff.

[59] Vgl. *B. Heijden*, Darstellung, 99ff.

schon als ganze »konsekriert«, d.h. zur Gemeinschaft der Brüder und Schwestern Jesu Christi, zum »Volk Gottes« geeint und geheiligt[60]. Dieser transzendentaltheologische Begriff des »Volkes Gottes« hat nicht mehr viel mit dem biblischen Begriff zu tun, der ja das konkrete, von Gott in einer langen Geschichte geführte Volk Israel und im Neuen Bund dann das »wahre Israel«, die Kirche Jesu Christi meint. In Rahners Konzeption dagegen erfährt jeder Mensch, insofern er unter dem Heilsangebot Gottes steht, als geschichtlich-gesellschaftliches Wesen zugleich immer schon das Angebot, die mit der Menschheit koextensive sichtbare Gemeinschaft des »Volkes Gottes« und seine eigene objektiv-vorgegebene Zugehörigkeit zu ihr personal anzunehmen. In jedem sittlich guten Akt, der sich notwendigerweise ja auch in der gesellschaftlichen Dimension verleiblicht, bejaht der Mensch dann diese seine vorgegebene Gliedschaft im »Volk Gottes« der in Christus geheiligten Menschheit. Dadurch wird seine Zugehörigkeit zur »konsekrierten Menschheit« zum sichtbaren, quasi-sakramentalen Ausdruck seiner Annahme der transzendental angebotenen Selbstmitteilung Gottes. Damit ist für Rahner das grundlegende Element von Kirche, nämlich »Volk Gottes« im Sinn der durch die Menschwerdung des Logos geheiligten, zum übernatürlichen Heil berufenen Menschheit als ganzer bereits verwirklicht.

Diese »Mehrschichtigkeit« der sichtbaren Kirche soll den quasi-sakramentalen Charakter jedes »votum ecclesiae« erklären und damit die »mittelhafte« Heilsnotwendigkeit der sichtbaren Kirche auch für den Fall verdeutlichen, daß einer nicht Glied der institutionellen Kirche ist. Denn die rechtlich geordnete Gliedschaft kann für Rahner nie einfach durch ein rein intentionales »Votum« ersetzt werden, sondern nur durch eine strukturgleiche, quasi-sakramentale Zugehörigkeit zur Kirche im weiteren Sinn. Das Heil des geschichtlich-leibhaftigen Menschen kann eben nicht in reiner Innerlichkeit gefunden werden; es muß sich verleiblichen, muß eine geschichtlich-gemeinschaftliche Gestalt annehmen. Sonst würde sowohl die »inkarnatorische«, »sakramentale« Struktur des Heils (einschließlich der Heilsnotwendigkeit der Kirche) als auch das Wesen des menschlichen Selbstvollzugs aufgehoben werden[61]. Da es nun aber Heil auch außerhalb der rechtlich verfaßten Kirche gibt, muß es »Kirche« als notwendiges Sakrament des Heils auch im weiteren Sinn, eben als »konsekrierte Menschheit« geben, in der der einzelne sein Heil auf quasi-sakramentale Weise vollziehen kann. Diese grundlegende Wirklichkeit »Kirche« muß damit in jedem sittlich guten und so auch heilsbedeutsamen Akt, in dem der Mensch seine »anonyme« Antwort auf die transzendentale Selbstmitteilung Gottes gibt, mitvollzogen werden[62].

Von einer anderen Fragestellung her vertieft Rahner – meist in späteren Artikeln – diese Idee einer »Miterfahrung« von Kirche im Selbstvollzug des begnadeten Menschen. Und zwar geht er jetzt vom sittlichen Grundakt der liebenden Interkommunikation der Menschen und der darauf fußenden Heilssolidarität der einen Menschheit aus. Der Mensch erfährt sich im Selbstvollzug seiner geistigen Transzendenz immer schon als soziales Wesen, als auf die menschliche Mitwelt

[60] II, 89ff.

[61] II, 247–277, bes. 252f.

[62] Diesen Ansatz konkretisiert Rahner in späteren Veröffentlichungen auf die Frage nach der Sakramentalität der Ämter und der Heilszeichen in den nichtkatholischen Kirchen hin; vgl. Vorfragen, 51ff, 71ff.

verwiesene Person. Als solche kann er seine Bezogenheit auf Gott und damit den fundamentalen Selbstvollzug in Erkenntnis und Freiheit nur in der immer schon gegebenen Bezogenheit auf den Mitmenschen verwirklichen. »Die (natürlich und übernatürlich) transzendentale Erfahrung Gottes ... ist nur möglich in und durch einen Menschen, der die weltliche transzendentale (seiner apriorischen Verwiesenheit auf das Du) und kategoriale (seiner konkreten Begegnung mit dem konkreten Du) Erfahrung des menschlichen Du ›schon‹ (in logischer Priorität) hat und *darin* und daran die (wenigstens) transzendentale Erfahrung seiner Verwiesenheit auf das absolute Geheimnis (= Gott) überhaupt nur vollziehen kann«[63]. Durch seine soziale Anlage und durch die konkrete Nächstenliebe ist jeder Mensch schon immer in die Interkommunikation mit anderen Menschen hineingebunden. Weil nun aber die Nächstenliebe der sittliche Grundakt der Freiheit und damit des ganzen personalen Selbstvollzugs auf Gott hin bedeutet, erfährt und empfängt der Mensch in der konkreten Heilsordnung sein Heil, also die ihm persönlich angebotene Selbstmitteilung Gottes nur da, wo er liebt, wo er in Interkommunikation steht.

Damit gewinnt die »interkommunikative Existenz« des Menschen eine entscheidende Bedeutung für das Heil; aber nicht nur für das persönlich zu erlangende, sondern gerade auch für das verantwortlich den anderen zu vermittelnde Heil. Denn als umfassende, kategoriale Vermittlung der transzendentalen Selbstmitteilung Gottes wird sie zur Grundlage der allgemeinen *Heilssolidarität* der Menschen untereinander. Ja, sie ist sogar die Voraussetzung der Heilsmittlerschaft Jesu, insofern die Selbstmitteilung Gottes im menschlichen Mittler Jesus Christus sich diese grundlegende Solidarität der Menschheit als Bedingung der Möglichkeit ihrer eigenen geschichtlichen Vermittlung voraussetzt[64]. Die Solidarität der Menschen wird dadurch zum ursprünglichen Medium der Heilsvermittlung und Heilssolidarität, also für den Bereich, der die Existenz des Menschen in ihrer letzten Tiefe und Ganzheit ergreift. Das zeigt sich z. B. im radikalen Vollzug der Nächstenliebe als der »Proklamation der Heilssorge und Heilsmöglichkeit jedes für jeden«[65], in der Verbundenheit des Schicksals jedes einzelnen mit dem Schicksal der ganzen Menschheit, in der Erfahrung der Geschichtlichkeit als des persönlichen Bestimmtseins durch die Freiheit, ja durch die Schuld anderer.

Diese Erfahrungen der menschlichen Interkommunikation berühren zutiefst die Heilsfrage des Menschen, denn gerade hier gilt: »jeder trägt jeden, jeder ist für jeden verantwortlich und jeder für jeden auch im Heil bedeutsam«[66]. Die Möglichkeit und Wirklichkeit gerade auch der *heils*wirksamen Solidarität der Menschen ist dadurch gegeben, daß Gott selbst sich in seiner Selbstmitteilung den Menschen zu einer »absoluten Interkommunikation« gibt, daß er also die menschliche Liebe und Interkommunikation zur entscheidenden Vermittlung seiner eigenen Selbstmitteilung macht und damit bedeutsam für das menschliche Heil werden läßt. Der Höhepunkt dieser Selbstmitteilung Gottes und ihrer heilsbedeutsamen Interkommunikation durch eine menschliche Wirklichkeit ist in Jesus

[63] VI, 293.
[64] VIII, 218–235, bes. 223ff.
[65] VIII, 226.
[66] Ebd.

Christus, dem absoluten Mittler, erreicht; auf ihn zielt alle menschliche Heilsvermittlung hin, ja seinetwegen gibt es diese überhaupt, insofern sie als Bedingung der Möglichkeit *dieser* endgültigen Heilsvermittlung von Gott vorausgesetzt wurde[67]. Von diesem ihrem Zielpunkt her impliziert die Selbstmitteilung Gottes die Heilssolidarität aller Menschen zur verantwortlichen Vermittlung der geschenkten Gnade. Gott begnadet nicht den einzelnen als solchen (in seiner Isoliertheit und Privatheit), sondern nur als den Bruder seines menschgewordenen Sohnes, nur in der heilssolidarischen Gemeinschaft der Brüder und Schwestern Jesu Christi[68].

Die von Gott jedem Menschen angebotene Selbstmitteilung ist also immer schon »Gnade des Bundes«, ist »einigende Gnade, durch die der einzelne *in* der *einen* Menschheit, im Volk Gottes gemeint ist«[69]. Insofern ist also »Kirche« in dieser sehr allgemeinen Gestalt der von Christus her heilssolidarischen Menschheit schon in jeder ursprünglichen transzendentalen Gnadenerfahrung mitanwesend. Ja, Rahner kann sogar dieses bleibend und allgemein angebotene Heil auch im engeren Sinn als »Heil der *Kirche*« bezeichnen[70], weil es in sich die *Dynamik* auf die vollendete, ganz zu sich selbst gekommene Ausdrücklichkeit der gemeinschaftlichen Gestalt des Heils, nämlich der gesellschaftlich greifbaren Kirche trägt. In der Weise dieser inkarnatorischen Tendenz der Gnade, dieser Dynamik der allgemeinen und individuellen Heilsgeschichte auf Kirche im engeren Sinn hin, ist sogar die konkrete geschichtliche Kirche schon in der transzendentalen Heilserfahrung mitgegeben[71]. »Die Gnade Gottes, die alle wirklich retten will, hat einen inkarnatorischen Charakter, sie will sich selbst in allen Dimensionen der menschlichen Existenz, also auch in seiner Geschichtlichkeit und Gesellschaftlichkeit auswirken und darstellen, sie will von ihrem eigenen Wesen her kirchenbildend sein.«[72] Weil die Selbstmitteilung Gottes in der subjektiven Transzendenz des menschlichen Geistes und damit zugleich auch in der allgemeinen, gemeinschaftlichen Heilsgeschichte der einen »konsekrierten«, »heilssolidarischen« Menschheit

[67] A.a.O., 232; »Diese Gnade (sc. Christi) macht uns untereinander solidarisch in Liebe und Teilnahme am gemeinsamen Los aller. Von allen tiefsinnigeren Überlegungen abgesehen, sieht man das, wenn man die Gnade den innersten Sinn und die Heiligkeit der Profanität sein läßt, daran, daß dieses Leben, so es nur echt, wahr, liebend angenommen wird, selber uns geheimnisvoll verbindet, jeder in seinem Schicksal das aller anderen erfährt und annimmt, und umgekehrt, sich selbst ansieht und findet, wenn er in das Leben und Sterben der anderen blickt« (X, 413).

[68] »Die Selbstzusage Gottes an den Menschen meint gleichursprünglich mit dem einzelnen einmaligen individuellen Freiheitswesen die eine Menschheit, die immer geschichtlich und gesellschaftlich verfaßt ist, meint Geschichte, Gesellschaft, Volk Gottes. Der einzelne als Adressat des begnadenden Heilswillens Gottes ist immer gemeint, als Glied einer Gemeinschaft der Menschheit, die immer auch notwendig eine gesellschaftliche Erscheinung hat, Erbsünde, öffentliche Heilsgeschichte, Erlösung aller durch einen, Heil durch die Vermittlung der Kirche...« (IX, 578).

[69] VIII, 528.

[70] VI, 489; vgl. auch VI, 550: »In der Annahme seiner selbst nimmt der Mensch Christus als absolute Vollendung und Garant seiner eigenen anonymen Bewegung auf Gott hin durch die Gnade an, und die Übernahme dieses Glaubens ist nochmals nicht Tat des Menschen allein, sondern Werk der Gnade Gottes, die die Gnade Christi ist, und das heißt wiederum auch: die Gnade seiner Kirche, die nur die Weiterung des Geheimnisses Christi, seine bleibende sichtbare Gegenwart in unserer Geschichte bedeutet.«

[71] Vgl. VIII, 355–373, bes. 363f; VIII, 538f; IX, 508ff.

[72] IX, 513.

immer schon von ihrem Ziel, nämlich der geschichtlichen, endgültigen und unüberbietbaren Selbstmitteilung in Christus und ihrer gesellschaftlich bleibenden Präsenz in der Kirche getragen ist, kann die Kirche sowohl im weiteren wie auch im engeren Sinn als ein Moment der transzendentalen Erfahrung der Gnade Christi schon immer mitgegeben sein[73].

Man wird gegen diese Konzeption einwenden können, daß die Kirche doch nicht in der gleichen Weise wie etwa die gnadenhafte Selbstmitteilung Gottes in der transzendentalen Erfahrung mitgegeben oder miterkannt sein kann. Denn sie ist primär eine geschichtliche, dem Subjekt äußerliche Wirklichkeit, die als solche erst in einer »objektiven«, auf die geschichtliche Tatsache gerichteten Erkenntnis wirklich erfahren werden kann. So sollte man deutlicher sagen, gerade um das Neue, das Eigen- und Gegenständige dieser geschichtlichen Realität Kirche festzuhalten, daß »in jedem Selbstvollzug ein *Ansatz* zur Erkenntnis Christi und der Kirche gegeben ist«[74], daß Kirche also darin angezielt, aber noch nicht eigentlich anwesend ist. Darauf scheint Rahner weniger zu reflektieren: ihm geht es mehr darum, seine transzendentaltheologische Methode auch hinsichtlich der Kirche anzuwenden: nämlich zu versuchen, dem Menschen von seiner eigentlichen Selbsterfahrung her einen verständlichen Zugang zu dem geschichtlichen Phänomen der Kirche zu eröffnen. Die »richtige« Auslegung der menschlichen Transzendenz verweist den Menschen immer in die Geschichte; und wenn diese Auslegung vom gläubigen Wissen um die Selbstmitteilung Gottes in Christus getragen wird, dann kann auch der Verweis auf die Kirche als dem konkreten gesellschaftlichen Ort der bleibenden Heilsgegenwart als durchaus der inneren Selbsterfahrung entsprechend eingesehen werden. Eine transzendentale Deduktion der Kirche aus der Selbsterfahrung des Menschen ist damit selbstverständlich nicht gegeben.

3. Der Sinn der »ausdrücklichen« Kirchlichkeit

Eine entscheidende Frage drängt sich nun auf: Was bedeutet die Kirche im engeren Sinn, also die gesellschaftlich-institutionell verfaßte Kirche, denn noch über die Kirche im weiteren Sinn hinaus? Ist alles »Wesentliche« schon in der transzendentalen Selbstmitteilung gegeben, oder hat die geschichtliche Realität der vom Christusgeschehen her kommenden Kirche wirklich noch etwas entscheidend Neues zu bringen? Dieses Problem impliziert im Grunde zwei Fragen: einmal die Frage nach dem theologischen Unterschied zwischen »konsekrierter, heilssolidarischer« Menschheit im *ganzen* und der kirchlichen Gemeinschaft im engeren Sinn; zum anderen die Frage nach dem theologischen Unterschied zwischen der Heilssituation des *einzelnen* »anonymen Christen« und des Christen innerhalb der sichtbar verfaßten Kirche[75]. Es ist im Grunde beide Male die Frage nach dem theolo-

[73] V, 115–135.
[74] *B. Heijden,* Darstellung, 101.
[75] Auf die immense Literatur zu diesem Fragekreis kann hier nicht eingegangen werden. Wir verweisen auf die Literaturangaben bei *B. Heijden,* 249–252 Anm. 1. Hervorgehoben seien nur: *A. Röper,* Die anonymen Christen, Mainz 1963; *K. Riesenhuber,* Der anonyme Christ nach Karl Rahner, in: ZKTh 86/1964, 286–303; *H. R. Schlette,* Die Religionen als Thema der Theologie, Quaest. disp. 22, Freiburg, 1963.

gischen Sinn des institutionell Verfaßten innerhalb der allgemeinen Ordnung des Heils.

Was den ersten Gesichtspunkt unserer Frage angeht, so antwortet Rahner stets mit der auch vom Konzil vorgetragenen Lehre, daß die Kirche »das Sakrament des Heiles der *Welt*« sei[76]. Das bedeutet: die gesellschaftlich verfaßte Kirche mit ihren institutionellen Ämtern, Sakramenten und Vollmachten stellt das geschichtlich greifbare Zeichen jenes Heiles dar, welches überall in der Welt angeboten und auch in vielfacher Weise angenommen ist, nämlich der endgültig geschehenen, siegreichen, irreversiblen Selbsmitteilung Gottes in Jesus Christus. Kirche und Welt stehen sich nicht wie Heil und Unheil gegenüber, sondern wie Zeichen und bezeichnete Wirklichkeit. Rahner greift deswegen stets zur Erklärung dieses Verhältnisses auf die Sakramententheologie zurück, und zwar auf die Unterscheidung zwischen »sacramentum« und »res« in den einzelnen Sakramenten. Beide, Zeichen und zeichenhaft verursachte Gnade, sind nicht identisch, beide können getrennt voneinander anwesend sein (»Gnade kann schon gegeben sein, wo das Sakrament noch nicht gegeben ist; gültiges Sakrament kann noch seine Erfüllung durch die Gnade finden müssen, die durch es angezeigt wird«[77]). Ähnlich verhält es sich bei der Kirche. Das Heil ist auch da gegeben, wo es noch nicht kirchlich erscheint; und nicht alles Kirchliche ist im einzelnen auch Zeichen der »fruchtbar« gewordenen Gnade. Als ganze ist die Kirche jedoch in der Dimension des Gesellschaftlichen das Zeichen der *überall* mächtigen Gnade Gottes, und zwar ihr *eindeutigstes* Zeichen, ihre deutlichste Erscheinung. Auch außerhalb der Kirche gibt es ja sichtbare, quai-sakramentale Verleiblichung des Heils. Die Kirche ist also nicht der exklusive Kreis der Heilserben, sondern nur der institutionell sichtbare, der organisierte »Vortrupp derer, die auf den Straßen der Geschichte in das Heil Gottes und seine Ewigkeit hineinwandern«[78]. Sie ist die Vernehmbarkeit des Ja«, das Gott endgültig zur Welt im ganzen gesprochen hat und immer noch spricht[79].

Aber bedeutet denn dieses eindeutige In-Erscheinung-treten der überall wirksamen Gnade Gottes wirklich so viel? Ist das Entscheidende nicht bereits in der überall sich ereignenden Selbstmitteilung Gottes und ihren verschiedenen Objektivationen im sittlichen und religiösen Handeln der Menschen geschehen, so daß alles explizit Kirchliche eine überflüssige Zugabe bedeutet? Rahner verneint dies ausdrücklich. Er begründet den Sinn der expliziten Kirchlichkeit *einmal* mit dem allgemeinen Verhältnis von transzendental und kategorial: damit die Gnade wirklich alle Dimensionen des Menschen, auch seine Gemeinschaftlichkeit ergreift, muß sie selbst in dieser Weise kategorial werden, also kirchliche Gestalt annehmen. Die transzendentale Gnade setzt sich selbst, verwirklicht sich selbst eben nur da, wo sie kategorial, wo sie menschlich, wo sie gesellschaftlich wird. Zum *anderen* führt Rahner meistens aus, daß in der christlichen Heilsordnung die Gnade eine »inkarnatorische Struktur« hat, eine Dynamik auf das reflex-bewußte Zusichselbstkommen hin, ein Drängen auf ihre eindeutige sakramentale Geschichtlichkeit und Objektivität. Weil die Inkarnation des Logos im Menschen

[76] VI, 483; vgl. auch V, 397–410; VIII, 337–349; IX, 498–515.
[77] VIII, 340.
[78] VI, 484.
[79] A.a.O., 489.

Jesus das Ziel der Selbstmitteilung Gottes ist, hat diese Selbstmitteilung immer und überall »tendenziell« die gleiche Struktur wie die Menschwerdung Gottes selbst: sie kommt nur da zu sich, wo sie sich eindeutig und richtig »verleiblicht«, wo sie sich ein »Realsymbol« ihrer selbst in der menschlichen Gesellschaft schafft[80].

Das Besondere und Unersetzliche der kirchlichen Erscheinung der Gnade (gegenüber anderen Objektivationen) besteht also darin, daß in ihr die Gnade des menschgewordenen Logos in der gesellschaftlichen Dimension eine Erscheinung erlangt, die sie eindeutig und sicher als die *endgültige* Selbstmitteilung Gottes darstellt, welche ein Zorngericht Gottes über die Welt im ganzen grundsätzlich unmöglich macht. Diese explizite Gewißheit über das allgemein in der Welt geschehende Heil gibt es für die Welt im ganzen und für jeden einzelnen nur in der gesellschaftlich-institutionell verfaßten Kirche mit ihrem Glaubensbekenntnis, ihren Sakramenten, ihrer Verkündigung, ihrem unfehlbaren Lehramt, ihren gläubig-hoffend-liebenden Lebensvollzügen. Die Zweideutigkeit bezüglich des Heils oder Unheils der Welt, die der Profangeschichte von sich und ihren eigenen Deutungen her stets anhaftet, wird erst aufgehoben, wo die Geschichte der Menschheit durch das ausdrückliche, »amtliche«, von der Kirche verkündete Wort Gottes gedeutet wird. Dies geschieht ursprünglich in Jesus Christus und seinem Selbstzeugnis; denn in ihm erscheint sie eindeutig als die endgültig zum Heil führende Geschichte Gottes mit den Menschen. Dieses »Erscheinen« in Christus ist jedoch nicht etwas Unabhängiges, Nachträgliches zu der transzendental geschehenden Heilsgeschichte; es ist als »Ausdruck«, als »Realsymbol« gerade die Setzung, die geschichtliche Selbstverwirklichung der endgültigen Selbstmitteilung Gottes. Die allgemeine Selbstmitteilung Gottes gibt es nur, *weil* sie sich in Christus konkret und endgültig dargestellt hat. Wir werden auf diesen Begriff des Realsymbols weiter unten eingehen.

Insofern nun die Kirche diese eindeutige Erscheinung des endgültig zugesagten Heils in ihrem Glauben und ihrem öffentlichen Bekenntnis in der Geschichte weiterführt, bleibt sie anwesend als das »Sakrament« dieses allen Menschen zugesagten endgültigen, unwiderruflichen Heils. Sie ist das »Zeichen«, das *durch* sein Darstellen und Anzeigen das allgemein geschenkte Heil in der Welt auch erst anwesend sein läßt. Es gibt zwar keine Identität zwischen diesem kirchlichen Zeichen und dem Heil der Welt, aber schlechterdings ohne dieses Zeichen gäbe es auch (analog zu Christus) in der Welt nicht das Heil als endgültig zugesagtes. Die Kirche gibt der ganzen Menschheitsgeschichte durch die eindeutige Explizierung dessen, was überall in ihr geschieht, gewissermaßen die »Zielsicherheit« für ihre Bewegung, also die Gewißheit, daß die Geschichte der Menschen zum Heil geführt wird, weil dieses Heil bereits in der Geschichte bleibend und endgültig siegreich anwesend ist[81].

Was ist zu diesem Argument zu sagen? Positiv daran ist zweifellos die damit vollzogene Relativierung der institutionellen Kirche: Sie ist nicht der einzige und

[80] »Denn diese Gnade selber sucht in einer Ordnung der Inkarnation von ihrem eigenen Wesen her ihre geschichtliche Verleiblichung im Wort und vor allem im Sakrament, so daß sie selber verneint würde, wenn ein Mensch sich dieser inkarnatorischen Dynamik der Gnade selbst grundsätzlich verschließen würde« (IX, 511).

[81] V, 115–135, bes. 125–129; V, 136–158, bes. 148–154.

ausschließliche Ort der Heilsgegenwart Gottes, sie bleibt »bezogen« auf das universale, auch außerhalb ihrer verfaßten Ordnung geschehende Heil und bekommt erst von daher ihren Sinn als eindeutiges Sakrament *dieses* universalen Heilsgeschehens. Zwar gibt es dieses universale Heil nicht ohne sie und unabhängig von ihr; aber es erreicht den Menschen nicht ausschließlich in der institutionellen kirchlichen Form der Heilsvermittlung, wenn es auch auf sie als der vollendeten Form von Zeichen und Gehalt hintendiert. Von daher kann Rahner auch sehr weit in der Frage der Anerkennung außerkatholischer Sakramente und Ämter gehen. Denn in diesen geistgewirkten kirchlichen Vollzügen außerhalb der katholischen Kirche kann eine solche intensive »Hinordnung« auf die volle Gestalt der sakramentalen Kirche bestehen, daß man ihnen auch vor der explizit rechtlichen Anerkennung doch schon einen sakramentalen Charakter zusprechen könnte[82].

Kritisch kann man gegen diese Konzeption des kirchlich Institutionellen von einem ganz anderen Gesichtspunkt her wohl folgendes einwenden: Wenn die institutionell geordnete Kirche vor allem als eindeutige Erscheinung des überall geschehenden Heils gedacht wird, dann ist in dieser Erscheinung zwar die ganze inhaltliche Konkretheit des christlichen Heils mitenthalten, insofern das Kategoriale eben immer auch die geschichtliche Konkretisierung der Transzendenz bedeutet. Aber es ist eben als Konkretes nur *mit*-enthalten. Denn hinter dieser formalen Betrachtung bleibt das geschichtlich Einmalige, Neue, Unableitbare des Heils in seiner christlich-kirchlichen Gestalt notwendig im Hintergrund. Der Vorwurf, das geschichtliche Christentum sei nur eine Entfaltung des in der Transzendenz des Menschen immer schon (gleichsam unabhängig von seiner Erscheinung) gegebenen Heils, trifft insofern nicht zu, als eben diese transzendentale Selbstmitteilung Gottes erst von der geschichtlichen Selbstmitteilung in Christus selbst gesetzt, d.h. als (transzendentale) Voraussetzung ihrer selbst geschaffen ist. Trotzdem wird in diesem Entwurf die Eigenart des Unableitbaren, des »von außen« Kommenden, des individuell Geschichtlichen der christlichen Offenbarung gegenüber der eindeutig manifesten Endgültigkeit des in ihr gegebenen Heils nur wenig betont[83]. Der Grund dafür liegt wohl darin, daß Rahners Bemühen mehr um die allgemeine inkarnatorische *Struktur* der Gnade und ihrer Dynamik auf »Verleiblichung« kreist, weniger aber um die konkrete, nur historisch zu erhebende *Geschichte* des Heils in der Person Jesu Christi und der Gemeinschaft der Kirche. Die institutionell verfaßte Kirche ist also nicht so sehr deswegen Sakrament des Heils der Welt, weil sie Jesus Christus in seiner einmaligen, konkreten Personalität und Geschichte verkündet und darstellt, sondern mehr weil sie ihn, den absoluten Heilsmittler, als das endgültig angekommene Heil öffentlich und eindeutig bekennt. Rahners Aufmerksamkeit richtet sich auf die allgemeinen ontologischen Strukturen des christlichen Heils, und zwar gerade im Hinblick auf die Universalität dieses historisch-partikulären Heilsgeschehens. Seine Denkbemühung gilt immer dieser formalen ontologischen Vermittlung von historisch-Einmaligem als solchem und seiner universal-allgemeinen Geltung. Dabei tritt die ganz konkrete Inhaltlichkeit des Einmaligen sehr in den Hintergrund.

[82] Vorfragen, 51f, 71f.

[83] Vgl. dazu *J. Ratzinger,* Heil und Geschichte, in: Wort und Wahrheit 25/1970, 3–14; *A. Gerken,* Offenbarung und Transzendenzerfahrung, Düsseldorf 1969; *B. Heijden,* Darstellung, 324ff.

Was im Zusammenhang dieser Fragestellung nun den theologischen Sinn des kirchlich Institutionellen angeht, so fällt er zusammen mit dem Sinn der Kirche als ganzer, insofern sie sich als eine gesellschaftlich organisierte Glaubensgemeinschaft aus der allgemeinen Geschichte der Menschheit hervorhebt. Damit ist aber weder etwas über die konkrete Gestalt dieser institutionellen Kirche noch über den theologischen Charakter besonderer institutioneller Strukturen *innerhalb* dieser Gemeinschaft ausgesagt. Wir werden bei der Behandlung des dogmatischen Kirchenbegriffs sehen, daß die Begründung des kirchlich Institutionellen in dieselbe Richtung geht wie die des ausdrücklich kirchlichen Christseins überhaupt.

Was die Heilssituation des *einzelnen* Menschen betrifft, so kann Rahner (wegen der bleibenden Heilsunsicherheit jedes einzelnen Menschen) hier natürlich nicht mit der eindeutigen Erscheinung des endgültigen Heils im expliziten Glauben des einzelnen argumentieren. Jedoch die Begründung aus der transzendental-kategorialen Struktur des Menschen und der Gnade und ebenso aus der inkarnatorischen Struktur der Gnade läßt sich auch für die Sinnhaftigkeit des ausdrücklich kirchlichen Christseins gegenüber einem anonymen Christsein anführen:

»Auch dieses Wissen, dieser ausdrückliche, satzhaft, ›bekenntnismäßig‹ formulierte Glaube, der auch eine soziologische Vergesellschaftung der so Glaubenden ermöglicht und diese dazu verpflichtet, ist ein Teil des vollen Christentums und ist eine Gnade, die wiederum erleichtert und sicherer stellt, daß das wirklich in der Tiefe des Daseins und des Gewissens vorhanden ist, was so bekannt wird.«[84]

Auch im einzelnen Menschen drängt die Gnade zu ihrer sakramentalen Ausdrücklichkeit[85], ja, zu ihrer angemessenen Selbstdarstellung, um sich voll und ganz als das was sie ist, verwirklichen zu können. In einem expliziten, kirchlichen Glauben erreicht das Christsein »eine von seinem Wesen her geforderte höhere Entwicklungsphase«[86]. Für den einzelnen bedeutet »die deutlichere und reine reflexe Erfassung« des ihm geschenkten Heils eine »größere Heilschance«[87]; denn dadurch wird das wirkliche Gelingen des existentiellen Heilsvollzugs wesentlich »begünstigt«[88]. Er kann in größerer Tiefe, im Einbeziehen aller Dimensionen, die zum Menschen und zu seinem Heil gehören, vollzogen werden und dadurch auch die Entscheidungsfreiheit (die reflex weiß, was sie tut) mehren. Allerdings bringt eine solche »größere Chance« auch eine größere Verantwortung und Gefährlichkeit des Versagens mit sich, so daß die Heilssituation des expliziten Christen nicht unbedingt »leichter« und »sicherer« genannt werden kann. Dennoch besteht Rahner auf der »größeren Heilschance«; er begründet sie, auf dem Hintergrund seines Vermittlungsschemas von transzendental und kategorial, mit einer allgemeinen anthropologischen Überlegung: »Wenn der Mensch reflexer weiß, wer er ist und als wer er in Freiheit sich vollzieht, ist die Chance, daß ihm dieser Selbstvollzug gelingt und radikal glückt, größer, als wenn er nur sehr dumpf und unreflektiert sein Menschsein besitzt und vollzieht«[89]. Aus diesem Grund hat z. B. auch

[84] V, 401; vgl. VI, 550f.
[85] V, 156.
[86] A.a.O., 155.
[87] A.a.O., 156.
[88] IX, 514f.
[89] A.a.O., 515.

die metaphysische Anthropologie durchaus eine existentielle Bedeutung für ein geglücktes Menschsein. Analog dazu erhält die kirchliche Mission, die aus dem anonymen Christen einen kirchlichen Christen macht, ihren Sinn: Sie verleiht neben der größeren Verantwortung auch eine »größere Chance, dieses durch die Gnade gegebene innere Christentum in radikaler Freiheit und in seiner ganzen Fülle zu vollziehen, eben als explizites Christentum«[90].

Man kann bezweifeln, ob diese Begründung des reflexen, kirchlich objektivierten Glaubens als Ermöglichung einer »größeren Heilschance« für den einzelnen zutreffend ist, und ob sie den Sinn des kirchlichen Christentums genügend erfaßt[91]. Kann denn die »Ungunst der geschichtlichen Situation«[92] wirklich die Heilschance verkleinern? Kann Gott, der das Heil aller will, dem einen durch mehr oder weniger zufällige Umstände eine grundsätzlich größere Heilschance einräumen als dem anderen? Und außerdem: ist der Einfluß des theoretisch reflexen Wissens wirklich so entscheidend für den existentiellen Selbstvollzug? Hat der anthropologisch gebildete Mensch wirklich bereits eine größere Chance, sein Menschsein angemessen zu vollziehen, als der solcherart ungebildete Mensch, der sich vielleicht ganz auf seinen »gesunden Menschenverstand« verlassen muß? Natürlich kann das reflexe Bewußtsein um die eigene Wirklichkeit, auch im Glauben, den existentiellen Vollzug entschiedener, durchgreifender gestalten. Aber folgt daraus von sich aus schon eine grundsätzlich größere Heils*chance*? Hier kommt wieder die vorhin bereits erwähnte Schwäche der Ekklesiologie Rahners zum Vorschein. Weil er primär auf die Endgültigkeit der Selbstmitteilung Gottes in Christus und ihre eindeutige, reflexe Objektivation in der Kirche abzielt, weil er also mehr die in Christus und in der Kirche zur Erfüllung gekommene inkarnatorische *Struktur* des Heils im Auge hat, deswegen wird die inhaltliche Konkretheit der Kirche, des ausdrücklichen Christentums und des formulierten Glaubensbekenntnisses nicht so stark betont. Das Gewicht der Argumentation liegt nicht darauf, daß der einzelne in seinem expliziten Glauben gerade diesen konkreten Jesus Christus mit all seinen historischen »Zufälligkeiten« kennenlernt, sich zu ihm bekennt und ihm in einer ganz persönlichen, individuellen Beziehung nachfolgt. Nicht so sehr auf dieses inhaltlich Neue der konkreten Beziehung zum geschichtlichen Jesus kommt es an; hervorgehoben wird vielmehr, daß man Christus überhaupt als das immer schon transzendental angebotene Heil auch ausdrücklich annimmt, wobei dann natürlich auch der konkrete Inhalt des Christusgeschehens »mit«-expliziert wird. Dadurch bereits erreicht der einzelne eine größere »Sicherheit« und Geglücktheit seines Heilsvollzugs, dadurch vergrößert er seine Heilschance.

Wenn man die Argumentation Rahners für nicht sehr überzeugend hält, wird man wohl eher auf den inhaltlichen Unterschied der jeweiligen Heils*situation* beim anonymen bzw. expliziten Christen eingehen müssen. Rahner spricht ebenfalls von der »Heilssituation«, die beim expliziten Christen »verbessert« sei; er gebraucht diesen Terminus aber fast im gleichen Sinn wie »Heilschance«[93]. Wenn man

[90] Ebd.
[91] Vgl. hierzu *B. Heijden*, Darstellung, 292ff;
[92] VI, 551.
[93] IX, 514f.

diesem Wort aber – wie Heijden es tut[94] – den Sinn der konkreten, geschichtlich einmaligen Bestimmtheit der personalen Beziehung eines Menschen zu Gott gibt, dann wird die Heilssituation wirklich entscheidend verändert und verbessert, wenn man eine ausdrückliche Glaubensbeziehung zu Jesus Christus hat. Denn nur er offenbart Gott so, wie dieser »selbst« sich in seiner personalen Beziehung zu jedem einzelnen Menschen verhält, nämlich als der »Vater«, der jeden Menschen auf ganz individuelle Weise in die Liebesbeziehung zu seinem »Sohn« aufnehmen will. Diese Erfahrung der Selbstmitteilung als der je einmaligen personalen Beziehung Gottes zum einzelnen, die uns nur in der ausdrücklichen Kenntnis und Anerkenntnis Christi und seines Wortes geschenkt wird, verbessert deswegen die »Heilssituation«, weil sie die Menschen befähigt, persönlich, »menschlich«, ja »kindlich« (im Geist des »Abba, Vater«) zu Gott in Beziehung zu treten[95]. Erst diese ausdrückliche Beziehung erfüllt das eigentliche Sehnen und Suchen des Menschen nach einer wirklich »höheren« Begegnung mit Gott, die also über die immer schon gnadenhaft erhobene Transzendenz seines Geistes auf das Absolute und dessen Selbst- (= Seins)mitteilung hinausgeht, die ihm wirklich Heil und Sinn schenkt. Das besagt offensichtlich auch inhaltlich mehr als nur die eindeutige Explizierung einer transzendental erfahrenen Liebe Gottes, eines anonym vollzogenen Glaubens an diese Liebe. Rahner deutet dieses Verständnis der unterschiedlichen Heilssituation selbst zuweilen an, wenn es auch in seiner ganzen Konzeption nicht sehr deutlich hervortritt: erst im ausdrücklichen kirchlichen Bekenntnis

> »findet dieser Glaube nicht nur größere Stütze und Verläßlichkeit, sondern auch seine eigentliche Wirklichkeit und jenen Frieden, als den Augustinus das Ruhen im Wesen bezeichnet: Frieden und Ruhe, die nicht Stagnation und Flucht bedeuten, sondern die Möglichkeit, sich um so entschiedener in den unverfügbaren Willen des Geheimnisses Gottes loszulassen, da man nun, nach des Paulus Wort, weiß, wem man glaubt und sich in radikalem Vertrauen angstlos anheimgibt.«[96]

III. DER DOGMATISCHE KIRCHENBEGRIFF K. RAHNERS

Galt die transzendentaltheologische Frage nach der Kirche mehr der Hinführung zum Verständnis und zur gläubigen Annahme der geschichtlichen Kirche, so will die dogmatische Behandlung von der positiven Wortoffenbarung und ihrer kirchlichen Tradition her einen Begriff vom *Wesen* der Kirche erarbeiten; sie versteht sich demnach als eine »essentiale Ekklesiologie«[97]. Das in ihr dargelegte theologische Verständnis von Kirche ist bei Rahner natürlich immer schon in allen transzendentaltheologischen Überlegungen enthalten, da er ja von diesem so verstandenen und gedeuteten »Faktum« des Glaubens her denkt und es mit dem Existenzverständnis des Menschen vermitteln will. Um das »Grundwesen der Kirche« theologisch zu bestimmen, geht Rahner nicht von bestimmten biblischen

[94] *B. Heijden,* Darstellung, 293ff.
[95] *B. Heijden,* Darstellung, 449.
[96] VI. 551.
[97] HPTh I, 118.

oder traditionellen Bildern bzw. Begriffen aus, sondern von seinem eigenen theologischen Zentralbegriff, der nach ihm das Ganze des christlichen Glaubens in nuce enthält: von der Selbstmitteilung Gottes[98]. Dieser Begriff soll keineswegs nur eine Abstraktion des Wesentlichen vom Unwesentlichen im Christentum wiedergeben, sondern er enthält in sich die ganze geschichtliche Erfahrung des christlichen Glaubens: er ist Ausdruck der »verstandenen Erfahrung« des gesamten christlichen Heilsgeschehens[99]. Weil Rahner in ihm die Einheit des christlichen Grundgeheimnisses aussagen kann, dient er auch dazu, das Wesen der Kirche zu verstehen.

1. Der Begriff »Selbstmitteilung Gottes«

Selbstmitteilung Gottes an den Menschen bedeutet, daß Gott das andere seiner selbst nicht nur wirkursächlich schaffen und von sich absetzen kann, sondern daß er selbst in quasi-formaler Ursächlichkeit eine reale Bestimmung des Geschöpfes werden kann, ohne jedoch aufzuhören, der unendliche, unveränderliche und unabhängige Gott zu bleiben[100]. Dies geschieht nach der traditionellen Theologie vor allem in der visio beatifica, in der Gott »unmittelbar«, also ohne geschöpfliche Vermittlung, nur durch sich selbst, geschaut werden kann. Wenn man nun die Anschauung Gottes im ewigen Leben als Vollendung *der* Gnade ansieht, die Gott auch den geschichtlich existierenden Menschen schon schenkt, und die in der Tradition als »ungeschaffene Gnade«, als »Einwohnung Gottes im Menschen« bezeichnet wird, dann hat diese Gnade – als geschichtliche Anfangsphase und Voraussetzung der seligen Vollendung – auch in gewisser Weise teil an dem Charakter der »Schau Gottes«. Das bedeutet: in ihr wird Gott selbst als quasi-formale Bestimmung der menschlich-geistigen Wirklichkeit empfangen, wenn auch erst in der Weise des Glaubens und Hoffens[101]. Dieses Geschehen der Begnadigung nennt Rahner »Selbstmitteilung Gottes«, um die einzigartige persönliche Nähe des liebenden Gottes zum innersten Wesen des nach Liebe und Sinnerfüllung, nach persönlicher Begegnung mit Gott suchenden Menschen auszudrücken. Der dreifaltige Gott teilt sich selbst aus freiem Entschluß dem Menschen mit, und zwar primär der gnadenhaft erhobenen, auf die Selbstgabe Gottes hingerichteten Transzendenz des menschlichen Geistes, also da, wo der Mensch sich selbst (thematisch oder nicht) in Glaube, Hoffnung und Liebe als »Wesen des heiligen Geheimnisses« vollzieht[102]. Als die eigentliche Entelechie der Schöpfung (Finalursache) hat diese gnadenhaft-transzendentale Selbstmitteilung Gottes immer schon eine Geschichte, insofern sich ihre Annahme durch den Menschen in dessen geschicht-

[98] Art. »Selbstmitteilung Gottes« in: LThK IX, 627; Art. »Selbstmitteilung Gottes« in: SM IV, 521–526; IX, 242–256; bes. 250ff; *H. Vorgrimler,* »Karl Rahner«: Leben – Denken – Werke, München 1963, 77; *B. Heijden,* Darstellung, 3–62.

[99] *B. Heijden,* Darstellung, 55ff; nach ihm dürfte für Rahner die beste und kürzeste Kurzformel des Glaubens lauten: »Christentum ist Selbstmitteilung Gottes« (57)

[100] Siehe SM IV, 522.

[101] Dazu I, 345–375; SM IV, 524.

[102] Siehe dazu die ausgezeichnete Darstellung der Anthropologie Rahners bei *K. P. Fischer,* Mensch, bes. 235–268.

lichen Freiheitstaten und in ihren gesellschaftlichen Objektivationen vollzieht und damit zur Erscheinung kommt (allgemeine Heilsgeschichte; die Religionen als besondere Heilswege). Der Höhepunkt dieser Geschichte ist schließlich in der Menschwerdung des Sohnes Gottes erreicht, da in Jesus Christus die unüberbietbare Einheit von sich mitteilendem Gott, von menschlicher Annahme dieser Mitteilung und von endgültiger geschichtlicher Erscheinung der Zusage und der Annahme gegeben ist[103].

Hier ist nun auch die »Anknüpfungsstelle« für die Kirche in der Geschichte der Selbstmitteilung Gottes gewonnen: sie ist die sichtbare, *bleibende Präsenz* dieser endgültigen Selbstmitteilung Gottes in der Welt. »Die Kirche ist die gesellschaftlich legitim verfaßte Gemeinschaft, in der durch Glaube und Hoffnung und Liebe die eschatologisch vollendete Offenbarung Gottes (als dessen Selbstmitteilung) in Christus als Wirklichkeit und Wahrheit für die Welt präsent bleibt«[104]. Diese Aussage wird immer wieder in verschiedenen Formulierungen variiert. Wir wollen nun einzelne Punkte dieser »Definition«, die für unsere Frage nach der kirchlichen Institution wichtig sind, genauer herausarbeiten.

2. *Die Selbstmitteilung Gottes in Jesus Christus und ihre Präsenz in der institutionell verfaßten Kirche (»Ursakrament«)*

a) Zum Begriff der »*endgültigen*« Selbstmitteilung

Hier geht es zunächst um die Frage nach dem Verhältnis der Kirche zu Jesus Christus, dem Höhepunkt der Geschichte der Selbstmitteilung Gottes. Der Grund dafür, daß in Christus die Selbstmitteilung zu ihrem Ziel gekommen ist, liegt in der »Endgültigkeit« dieser Selbstmitteilung. Immer wieder wird dieser Aspekt hervorgehoben und mit den verschiedensten synonymen Begriffen umschrieben: Christus ist das »absolute Heilsereignis« und der »absolute Heilbringer«, in ihm ist die Gnade »irreversibel siegreich« erschienen, hier ist sie als unüberbietbare, unwiderrufliche, eschatologische Selbstgabe Gottes an den Menschen geschichtlich manifest geworden[105]. Was ist nun eigentlich mit dieser »Endgültigkeit« gemeint? Wir müssen diesen Begriff eingehend klären, denn er spielt sowohl für die transzendentaltheologische als auch für die dogmatische Begründung der institutionell verfaßten Kirche eine entscheidende Rolle.

Für Rahner bedeutet Endgültigkeit das geglückte Ineinsfallen von transzendentaler Selbstmitteilung Gottes und deren geschichtlich-kategorialer Selbstauslegung im Menschen Jesus Christus. Von der *menschlichen* Wirklichkeit her gesehen, ist in Christus die begnadete Selbsttranszendenz der materiell-geistigen Welt zur Unmittelbarkeit zu Gott hin (als der geschenkten Vollendung der Welt) restlos und unüberbietbar gelungen; in ihm hat sich die vorbehaltlose Übergabe der menschlichen Wirklichkeit an das Hl. Geheimnis, also die Annahme des angebo-

[103] Art. »Offenbarung« in: SM III, 832–843, bes. 834f.
[104] HPTh I, 118f.
[105] Art. »Jesus Christus« II und III, in: SM II, 920–957, bes. 942–947; V, 183–221, bes. 202f; *B. Heijden*, Darstellung, 342ff, bes. 348 Anm. 259.

tenen Heils (Gott selbst) so vollzogen, daß sie zur (unvermischten und ungetrennten) Einheit mit ihm erhoben wurde [106]. Und umgekehrt, vom Heilshandeln *Gottes* her gesehen, gilt das gleiche: die personale Selbstmitteilung, die sich als solche ja »immer schon« an die gnadenhaft erhobene Transzendenz des Menschen richtet und sich in den verschiedenen Vollzügen menschlicher Annahme auch notwendig geschichtlich objektiviert, erreicht erst dann ihren Höhepunkt, wenn sie mit einer geschichtlichen Gestalt eine solche Einheit eingeht, daß sie diese als ganz und gar *»eigene«* Selbstaussage annimmt. Erst da, wo das Kategoriale, also die geschichtliche Wirklichkeit des Menschen, zur Kategorialität Gottes selbst wird, ist die Selbstmitteilung Gottes »endgültige« und »eschatologische« Wirklichkeit geworden. Denn solange die

»endliche Vermittlung der göttlichen Selbstaussage nicht streng und im eigentlichsten Sinn eine Wirklichkeit Gottes selbst ist, ist sie grundsätzlich vorläufig, grundsätzlich überholbar, weil sie endlich und in dieser Endlichkeit nicht einfach Gottes Wirklichkeit selber ist und so von Gott selbst durch neue Setzung von Endlichem überholt werden kann. Soll also die Wirklichkeit Jesu, in der als Zusage und Annahme die Selbstmitteilung Gottes absoluter Art an die Gesamtmenschheit für uns ›da ist‹, wirklich die endgültige und unüberholbare sein, dann muß gesagt werden: sie ist nicht nur von Gott gesetzt, sondern ist Gott selbst. Ist diese Zusage aber selbst eine menschliche Wirklichkeit als absolut begnadete (und etwas anderes kann sie nicht sein, weil ein bloßes Wort eben nicht das Ereignis dieser Selbstmitteilung wäre, sondern nur über sie redete, also gar nicht die *eigentliche* und wirklich primäre Mitteilung an uns über diese Selbstmitteilung an uns wäre, da das Ereignis selbst in seiner Offenheit, nicht ein Wort *über* es die primäre Kundmachung seiner selbst ist), und soll *sie* wirklich absolut Gottes selbst sein, dann ist sie die absolute Zugehörigkeit einer menschlichen Wirklichkeit zu Gott, also eben das, was wir unio hypostatica nennen« [107].

In der gottmenschlichen Wirklichkeit Jesu, die stets im Modell der Chalkedon-Begrifflichkeit »ungetrennt und unvermischt« gedacht wird, hat die Transzendenz Gottes eine kategoriale Gestalt sich so »angeeignet«, daß es zu einer »unwiderruflichen« Einheit dieser beiden Momente kommt. Es ist diese untrennbare Einheit von Zusagendem (Gott), Zugesagtem (Gott in seiner Selbstmitteilung) und Zusage (menschliche Person Jesu Christi), die die Endgültigkeit der göttlichen Liebe offenbar und damit auch »wirklich« werden läßt. Nicht der ewige und als solcher eben natürlich auch »endgültige« Heilswille Gottes als solcher (in seiner reinen Transzendentalität oder in seinen alttestamentlichen Selbstbekundungen) bekommt von Rahner dieses Prädikat »endgültig« zugesprochen, sondern nur insofern er sich in einer menschlichen Person und Geschichte als einer ihm ganz zu eigenen Wirklichkeit ausdrückt.

»Seine geschichtlich erscheinende Selbstzusage als unwiderrufliche muß in ihrer Kreatürlichkeit (nicht nur in ihrer göttlichen Herkunft) seine eigene Wirklichkeit sein.« [108]

Es geht ja schließlich bei der Selbstmitteilung Gottes um das Heil des *Menschen*, welches dieser eben nur in transzendental-kategorialer Erkenntnis und Bejahung,

[106] SM II, 942f; V, 183.
[107] V, 211f.
[108] SM II, 946.

also nur in seiner Geschichte finden kann. Deswegen kann auch in der Heilsfrage des Menschen »alles ›Transzendentale‹ als solches allein nicht endgültig sein«[109].

b) Das zugrunde liegende Denkschema von »transzendental« und »kategorial«

In diesem Verständnis von endgültiger Selbstmitteilung Gottes in Jesus Christus spricht sich offensichtlich wiederum Rahners grundlegender Denkansatz aus: Die Vermittlung von Transzendentalität und Kategorialität. Von der Erkenntnismetaphysik in »Geist in Welt« herkommend wird dieses Verhältnis und auch das Modell der Vermittlung der beiden Momente auf fast alle Bereiche der Theologie angewandt. Dabei fungiert das Kategoriale nicht nur als Begrenzung und Verendlichung (»materia«) der Transzendenz, sondern vor allem als konkrete Verwirklichung, als Setzung der Transzendenz[110]. Der Mensch als Einheit von Seele und Leib ist der ursprüngliche Erfahrungsort dieser Vermittlung, in der die Transzendenz (Geist, Seele) das andere ihrer selbst (Materialität, Leiblichkeit) aus sich heraussetzt, um darin erst selbst zu »erscheinen« und somit wirklich werden zu können. Nach dem thomistischen Grundsatz: Non enim plura secundum se uniuntur, versteht Rahner grundsätzlich die Einheit in der Pluralität des Seienden (und zwar *jedes* Seienden und auch jedes theologischen Sachverhaltes) als die Selbstentfaltung einer ursprünglichen und übergeordneten Einheit, die die Vielheit aus sich entläßt, sich in ihr (als dem von ihr Verschiedenen und doch ganz zu Eigenen) auslegt und dadurch erst sich selbst verwirklicht[111]. Selbstverwirklichung durch Selbstauslegung im frei gesetzten und als eigen behaltenen anderen seiner selbst – das ist bei Rahner die Grundformel nicht nur jeglicher Vermittlung von Transzendentalität und Kategorialität, sondern auch von Identität und Differenz jedes Seienden. Es ist die Grundeinsicht seiner »Ontologie des Symbols«, die sich in fast allen theologischen Sachverhalten (z.B. Trinität, Menschwerdung, Erlösungs- und Schöpfungsordnung, transzendentaler und kategorialer Offenbarung, Leib und Seele, Kirche und Sakramente usw.) durchsetzt: »Das Seiende ist von sich selbst her notwendig symbolisch, weil es sich notwendig ›ausdrückt‹, um sein eigenes Wesen zu finden.«[112]

Auf die Selbstmitteilung Gottes in Christus angewandt bedeutet dies: Die Menschheit Christi ist das »absolute Symbol Gottes in der Welt«, sie ist »das ausdrückende Da-sein dessen, was (oder besser: wer) Gott in freier Gnade der Welt gegenüber sein wollte«[113]. Weil nun die menschliche Wirklichkeit Jesu Christi nichts anderes darstellt als der in der Geschichte erscheinende »symbolische« Selbstausdruck des dreifaltigen Gottes, darum kann diese geschichtliche Selbstmitteilung als endgültig und unüberbietbar bezeichnet werden. Die Einheit von Mitgeteiltem (Gott selbst in seiner Transzendenz) und Mitteilung (die Menschheit Christi in ihrer Kategorialität) ist als realsymbolische Einheit (Identität in Diffe-

[109] A.a.O., 944.

[110] Vgl. *P. Eicher*, Wende, 305ff; *B. Heijden*, Darstellung, 116ff.

[111] Vgl. IV, 275–312; Das Problem der Hominisation (zusammen mit P. Overhage), Quaest. disp. 12/13, Freiburg 1961; VI, 185–214.

[112] IV, 278.

[113] IV, 293f.

renz) untrennbar und unüberbietbar die erscheinende Wirklichkeit Gottes selbst. Die »Sache« kommt ganz als sie selbst (unvermischt und untrennbar) im »Zeichen« zur Erscheinung und zur Wirklichkeit; sie setzt sich im »Zeichen« wirksam gegenwärtig [114].

c) Die Kirche im Geschehen der endgültigen Selbstmitteilung

Welche Beziehung hat nun die *Kirche* zu diesem Ereignis der endgültigen Selbstmitteilung Gottes in Christus? Für Rahner ist sie das «*Gegenwärtigbleiben* des menschgewordenen Wortes in Raum und Zeit«; sie setzt die »Symbolfunktion des Logos in der Welt« fort [115]. Und auch hier liegt der Akzent ganz auf der *Endgültigkeit* der bleibend anwesenden Gnade Gottes in der Kirche. Kirche gibt es nur, weil und insofern es eine endgültige, eschatologische Selbstmitteilung Gottes gibt [116]. Denn die Kirche ist nicht nur irgendeine unter den vielen religiösen, gesellschaftlichen Objektivationen der stets und überall sich vollziehenden transzendentalen Selbstmitteilung Gottes und ihrer Annahme durch den Menschen; sie ist das von Gott selbst bewirkte »richtige« und »reine« Zusichselberkommen seiner endgültigen Selbstmitteilung in der Dimension der menschlichen Gesellschaft. Darin vor allem unterscheidet sich die Kirche von der alttestamentlichen Synagoge und den anderen »legitimen« Religionen der allgemeinen Heilsgeschichte: daß sie auf der Ebene der gesellschaftlichen Objektivation die vollkommene kategoriale Selbstauslegung der endgültigen Selbstmitteilung Gottes ist [117]. Sie setzt in der Gestalt einer »gesellschaftlich verfaßten Gemeinschaft« dieselbe Funktion fort, die Christus in seiner menschlichen Person erfüllt hat: nämlich das geglückte und vollendete Ineins von Transzendenz Gottes und menschlicher Geschichte darzustellen. Deswegen ist auch die Kirche – wie Christus – Erscheinung der endgültigen Zusage Gottes an die Menschen, deswegen ist sie »Realsymbol«, »Ursakrament« der Selbstmitteilung des dreifaltigen Gottes in Wahrheit und Liebe [118].

[114] KuS, 15; IV, 293–297.

[115] IV, 297ff; KuS, 17.

[116] »Gott selbst gibt sich den Menschen. Er, genau er, und sonst nichts. Und diese Selbstgabe (...), in Christo Jesu definitiv geschehen und ihre Annahme unaufhebbar durchsetzend, hat eine bleibende, geschichtliche, kategoriale und gesellschaftliche Anwesenheit und Verlautbarkeit, und eben diese ist die Kirche als Bleibendheit des angenommenen Christus, insofern dieser die definitive Selbstgabe und Selbstzusage Gottes an die Menschheit ist« (HPTh I, 121f).

[117] HPTh I, 120. Weil Rahner die Funktion der Kirche vor allem in der bleibenden Darstellung der *endgültigen* Zusage Gottes in Christus an die Menschheit sieht, kann er die Situation des Alten Bundes nicht wesentlich von der der anderen Religionen außerchristlicher Art unterscheiden. Bei ihnen allen »ist keine endgültige Gewißheit über die Reinheit und Gottgewirktheit der kategorialen religiösen Erkenntnis möglich« (*B. Heijden*, Darstellung, 343). Diese Nivellierung des Alten Bundes ist sicher eine der großen Schwächen der Geschichtstheologie Rahners.

[118] HPTh I, 132f. Rahner betont in dieser »ekklesiologischen Grundlegung«, daß die Kirche die Doppeltheit der beiden innertrinitarischen Hervorgänge selbst darstellt: Gott ist in ihr »präsent als die Wahrheit und als die Liebe« (123), denn die Kirche ist wirklich Sakrament der *Selbst*mitteilung Gottes. Die Wahrheit Gottes kommt stärker im gemeinsamen und dann auch amtlichen Glaubensvollzug der Kirche zur Darstellung (Indefektibilität des Glaubens, des Lehramtes), seine Liebe dagegen mehr in der Liebesgemeinschaft der Heiligen und dann besonders in der sakramentalen Heilsvermittlung. Zum Begriff der Kirche als »Sakrament der endgültigen Selbstmitteilung Gottes« vgl. noch KuS, 17f; IV, 297ff; IV, 313–356 (bes. 337ff).

Weil Rahners gesamte Theologie im Grunde immer auf das Bedenken der endgültigen Selbstmitteilung Gottes in Christus zielt, wird auch die Betrachtung der Kirche in diese Denkbewegung einbezogen. Das hat natürlich zur Folge, daß ein sehr formalisierter und abstrakter Kirchenbegriff zustande kommt, in dem immer wieder dieser eine Gesichtspunkt hervorgehoben wird. Die Fragerichtung der dogmatischen Ekklesiologie Rahners geht dabei zentral auf die Begründung der *Struktur- und Funktionsgleichheit* von Christus und Kirche im Geschehen der Selbstmitteilung Gottes. Beide haben ihren Ort innerhalb des eschatologischen, d.h. innergeschichtlich unüberbietbaren Höhepunktes der Heilsgeschichte. Für beide gilt, daß die bezeichnete »Sache« und das »exhibitive Zeichen«, welches enthält, was es anzeigt, grundsätzlich nicht mehr voneinander getrennt (aber auch nicht einfach identifiziert) werden können. Das »sacramentum« kann nicht mehr schlechthin von der darin angezeigten »res« entleert werden.

»Weil die Kirche Zeichen der in Christus definitiv siegreichen Gnade Gottes in der Welt ist, darum kann dieses Zeichen nie – in der realen Möglichkeit – inhaltentleertes Zeichen werden. Die Kirche ist als geschichtliche und gesellschaftliche Größe immer und endgültig das Zeichen, mit dem immer und unlöslich gegeben ist, was durch es angezeigt wird. Auch bei ihr (so wie bei Christus der Unterschied zwischen seiner Gottheit und Menschheit unvermischt, obzwar ungetrennt, obwaltet) ist Zeichen und Sache, geschichtliche Greifbarkeit und Hl. Geist nie dasselbe. Aber wie bei Christus ist beides auch nicht mehr trennbar. Die Kirche ist die amtliche Präsenz der Gnade Christi in der öffentlichen Geschichte der einen Menschheit.« [119]

Für Christus und Kirche gilt also das gleiche *Struktur*gesetz: nämlich ihre kategoriale Wirklichkeit ist »unvermischt und ungetrennt« das vollendete Realsymbol der Wahrheit und Liebe Gottes selbst und darin eben die Erscheinung ihrer Endgültigkeit.

d) Der Unterschied zwischen Christus und Kirche

Trotz dieser gleichen Struktur und Funktion im Heilsgeschehen wird der Unterschied zwischen Christus und Kirche keineswegs übersehen. Er zeigt sich vor allem bei der verschiedenen Art und Weise, *wie* Christus und Kirche ihre Funktion als »Realsymbol« wahrnehmen [120]. Bei Christus geschieht dies primär durch die Menschwerdung des Logos. Denn Gott teilt sich in der Inkarnation so mit, daß er den Menschen Jesus als Adressaten seiner Selbstmitteilung und dessen freie, vorbehaltlose Annahme dieser Selbstmitteilung selbst schafft, indem er ihn als das andere seiner selbst sich ganz zueignet und sich darin »ausdrückt« (ipsa assumptione creatur). Somit wird also die ganze menschliche Wirklichkeit Jesu zum Realsymbol Gottes [121]. Darin ist auch (was Rahner zunehmend stärker betont) das Geschehen von Tod und Auferstehung Jesu impliziert, weil die freie, totale Annahme der Selbstmitteilung Gottes erst in der letzten Hingabe des Geschöpfes an seinen Schöpfer, also im Tod, zur Vollendung gelangt, und weil diese vollendete menschliche Annahme des göttlichen Angenommenseins erst in der Auferstehung

[119] KuS, 18.
[120] Vgl. dazu *M. Köhnlein*, Sakrament, 92ff.
[121] IV, 148; V, 205; Art. »Inkarnation«, in: SM II, 824–840.

als geglückt offenbar wird[122]. Christus ist wegen dieser (unvermischten und ungetrennten) *personalen* Einheit von transzendentaler Selbstmitteilung Gottes und vollendet gelungener kategorialer Annahme dieser Selbstmitteilung das »Ursakrament« der Gnade und Wahrheit Gottes schlechthin[123].

Die *Kirche* dagegen vollzieht ihre Funktion als Realsymbol ganz in Abhängigkeit von diesem ursprünglichen Sakrament Gottes: nur indem sie sich gläubig in Beziehung setzt zu diesem eigentlichen und einzigen Ursakrament Gottes, wird sie selbst in analoger Weise auch zum »Ursakrament«[124]. Die Kirche nimmt in ihrem hörenden Glauben und ihrer empfangenden Liebe dieses Geschehen in Christus an, und erst durch die freie, von der Gnade Gottes im Verlauf der Geschichte des Glaubens selbst bewirkte Annahme, wird sie selbst zur »Angenommenheit der Selbstmitteilung Gottes« bei den Menschen, zur »Heilsfrucht«, zum »exhibitiven Zeichen der Präsenz Gottes«, eben zum »Realsymbol«[125]. Die bleibende Präsenz des sich in Christus endgültig selbst mitgeteilten und in ihm von der Menschheit auch endgültig angenommenen Gottes ist in der Kirche nur eine Anwesenheit des glaubenden, hoffenden und liebenden Empfangens des Selbst Gottes in Christus, nicht aber der personalen, hypostatischen Einigung[126]. Während Jesus in seiner menschlichen Wirklichkeit selbst die Zusage Gottes für uns ist, sind wir (die Kirche) grundsätzlich nur die Empfänger *dieser* göttlich-menschlichen Zusage. In diesem empfangenden Tun liegt der primäre Selbstvollzug der Kirche als Ursakrament. Hier konstituiert sie sich als die gläubig-hörende Gemeinschaft, die als solche dann auch das empfangene Heil »proklamieren«, vor der Welt »bekennen« und in ihrem Wort, ihren Zeichen, ihrer kultischen Feier und ihrer gesellschaftlichen Gestalt wirksam verkünden kann. Als von Gott im Glauben an Christus geheiligte »Heilsfrucht« kann die Kirche gegenüber den Menschen (in ihrer Gesamtheit und im einzelnen) dann auch aktiv wirkendes »Heilsmittel« sein[127]. In den beiden Weisen des Heilsempfangs und der Heilsvermittlung vollzieht sich die ganze Kirche als die in der Geschichte wirksam bleibende Präsenz der in Christus erschienenen Wahrheit und Liebe Gottes[128].

Die glaubende und verkündende Annahme der Selbstmitteilung Gottes durch die Kirche steht aber nun nicht einfach als etwas ganz anderes und getrenntes diesem Heilsgeschehen gegenüber; sie ist selbst ein Moment an dieser endgültigen Selbstmitteilung Gottes. Denn durch ihre gläubige Annahme und öffentliche

[122] IV, 157–172, bes. 165ff; Zur Theologie des Todes, Quaest. disp. 2, Freiburg 1958; SM II, 925ff; X, 164–180, bes. 174ff; X, 181–199; X, 209–214, bes. 212ff.

[123] HPTh I, 133.

[124] Ebd.

[125] HPTh I, 119, 134; VIII, 163: »Die Kirche ist darum in ihrer Abkunft und ihrem Zeugnis von Christus das geschichtliche Zeichen des siegreichen, alle Schuld der Menschheit überwindenden Heilswillens Gottes und in diesem Sinn das ›Sakrament‹ (das heißt: das heilige, wirksame Zeichen), in dem die Vergöttlichung der Welt erscheint und sich erscheinend durchsetzt.«

[126] HPTh I, 119, 133.

[127] Vgl. VI, 348–367.

[128] HPTh I, 119: »Insofern die Menschheit diese absolute Selbstmitteilung Gottes von eschatologisch unwiderruflicher Art in Christus und seiner Gnade in einer von dieser Selbstmitteilung selbstgewirkten Annahme wirklich annimmt und im Wort der bekennenden Proklamation dieser Selbstmitteilung, in der kultischen Begehung dieses eschatologischen Heilsereignisses und in gesellschaftlicher Einheit diese Selbstmitteilung Gottes geschichtlich präsent macht, ist sie Kirche.«

Bezeugung bringt sie diese ja erst zu ihrer vollkommenen, eindeutigen gesellschaftlichen Objektivation. Die gesellschaftliche Objektivation der Selbstmitteilung Gottes durch die glaubende und bekennende Kirche gehört selbst zur Geschichte dieser Selbstmitteilung, die sich hier ihre adäquate und »richtige« geschichtlich-gesellschaftliche Darstellung im Bereich des Kategorialen schafft[129]. Weil durch den von der siegreichen Gnade Christi erwirkten Glauben der Kirche diese Gnade selbst eine gesellschaftliche Gestalt erhält, die ihr ganz und gar »entspricht«, in der sie sich selbst vollkommen auslegt und darstellt, deswegen kann die Kirche auch teilhaben an dem *endgültig* siegreichen Charakter dieser Gnade Christi; deswegen kann sie wirklich bleibendes Realsymbol der in Christus mitgeteilten Wahrheit und Liebe Gottes sein. Dadurch tritt sie keineswegs in Konkurrenz zum eigentlichen »Ursakrament« Jesus Christus:

»*Er* ist als der Gott-Mensch das Ursakrament schlechthin, weil er das Bezeichnete (Gott in seiner Selbstmitteilung an die Menschen) und das wirksame, exhibitive Zeichen dieser Selbstmitteilung Gottes und deren Annahme durch die Menschheit (in seiner Menschheit und deren geschichtlich sich vollziehendem Leben) in Person und Einheit ist ... Nun ist die Kirche gewiß nicht einfach so die bleibende Anwesenheit Christi in der Welt bis zu seiner Wiederkunft, daß alle Aussagen über Christus als das Ursakrament des Heils univok auch von der Kirche gemacht werden können. Sie ist nicht einfach er, sondern steht, obzwar sie sein Leib ist, ihm auch unterschieden, empfangend und dienend gegenüber; sie ist nicht im selben Sinn das Ziel und die Vollendung selbst wie er.«[130]

Die Kirche ist keineswegs wie Christus selbst die »res«, also jene im sakramentalen Heilsgeschehen letztlich angezielte Selbstgabe Gottes. Sie ist und bleibt nur das »sacramentum«, das Zeichen dieser endgültigen Gabe, welches niemals identisch ist mit dem Bezeichneten, welches aber doch das Bezeichnete – im kirchlichen Vollzug des Glaubens, der Hoffnung, der Liebe – enthält und für die Menschen wirksam vergegenwärtigt. In dieser glaubenden Vergegenwärtigung des Heils verweist die Kirche nicht auf etwas völlig von ihr Verschiedenes und Getrenntes, sondern sie hat als Realsymbol in ihrem Glauben auch teil an der bezeichneten Wirklichkeit. Das bedeutet: indem der Mensch zu ihr und ihren grundlegenden Selbstvollzügen in eine positive Beziehung tritt, kommt er damit eo ipso zugleich mit dem von ihr gläubig angenommenen und vermittelten Heil in Berührung. Sie ist in ihrem glaubenden Selbstvollzug gleichsam »res et sacramentum«, die kirchliche Gestalt der Gnade, durch die der einzelne Mensch mit der »res« selbst, dem sich in Christus mitteilenden Gott in Kontakt kommt[131]. Ohne diese »mittelhafte

[129] HPTh I, 120: »Wo diese Geschichte der Selbstmitteilung Gottes in Christus ihren eschatologischen Höhepunkt erreicht (d.h. innergeschichtlich irreversibel geworden und *so* geschichtlich gegeben ist) und so zur vollkommenen kategorialen, geschichtlichen Objektivation in Wort und menschlicher Gesellschaft kommt und präsent bleibt, so daß sich alle noch andauernde Geschichte der Erkenntnis und Freiheit der Menschen *unter* diesem jetzt *objektivierten* transzendentalen (gnadenhaft durch Selbstmitteilung Gottes konstituierten) Apriori heilshafter Geschichtlichkeit vollzieht, haben wir das, was wir *Kirche* nennen im Unterschied zur Synagoge und anderen gesellschaftlich verfaßten Phasen der vorchristlichen Heils- und Offenbarungsgeschichte (im Unterschied also zu den übrigen früher ›legitimen‹ Religionen der Religionsgeschichte).«

[130] A.a.O., 133.

[131] Vgl. II, 143–183, bes. 177: Versöhnung mit Gott durch den Frieden mit der Kirche; ebenso in: KuS, 68ff; HPTh I, 323ff.

Heilsnotwendigkeit« der geschichtlichen Kirche, ohne diese ihre »Objektivität« als Sakrament des Heils, als welche sie sich in ihren sakramentalen Selbstvollzügen dem einzelnen Subjekt gegenüber aktualisiert, bliebe das Heil nach Rahner letztlich doch den transzendentalen Vollzügen des geistigen Subjekts und seinen beliebigen Objektivationen allein überlassen, käme es nicht in der geschichtlich-gesellschaftlichen Ebene zur verbindlichen, vollkommenen Erscheinung. »Die Kirchlichkeit allen Heiles leugnen, würde entweder heißen, daß die Gnade nicht immer inkarnatorisch, geschichtlich und darum kirchlich ist, oder würde implizieren, daß man sein Heil ohne Gnade Christi wirken könne« [132].

Dieser objektive, sakramentale Charakter der Kirche ist also einmal jene theologische Qualität, durch welche die Kirche mehr ist als die Summe der einzelnen Gläubigen; dadurch kann sie ihnen heilsvermittelnd gegenübertreten – als »Zeichen«, nicht als eigenständige Hypostase [133]! Und zum anderen bezeugt vor allem diese sakramentale Eigenschaft der Kirche die Endgültigkeit des christlichen Heils: nur wenn der glaubende und hoffende und liebende Selbstvollzug der Kirche das Heil Gottes »selbst« gegenüber den einzelnen und der Menschheit im ganzen real präsent werden läßt, so daß die Kirche selbst dabei als »res et sacramentum«, als gesellschaftliche Gestalt der Gnade wirkt, nur dann fällt die menschliche Annahme und die gesellschaftliche Objektivierung der Selbstmitteilung Gottes nicht mehr hinter Christus und seine endgültige Heilspräsenz zurück [134]. Um der Wahrung dieses eschatologischen Charakters der Kirche willen betont Rahner so sehr die Struktur- und Funktionsgleichheit von Christus und Kirche als Realsymbol. Er nimmt lieber die Gefahr einer zumindestens tendenziell möglichen Identifizierung von beiden in Kauf, als daß er die Einzigartigkeit und innergeschichtliche Unüberbietbarkeit der Kirche nivellieren würde. Denn wenn die Kirche nicht diesen analogen Charakter des Ursakraments hätte, bliebe nach seiner Überzeugung auch die Endgültigkeit und Einzigkeit des Ursakraments Christus nicht mehr in der Geschichte präsent; er würde im Grunde eingeebnet in die Reihe der vielen menschlichen »Heilbringer«.

e) Der Ort des Institutionellen innerhalb des Ursakramentes Kirche

aa) Verschiedene »Intensitätsgrade« des kirchlichen Selbstvollzugs

Wo wird nun diese endgültige Präsenz des Heils in der Kirche konkret? Wo zeigt sie sich *als* eschatologisch-endgültige Gegenwart? Wie kommt der Glaubende in der Kirche zur Gewißheit, daß die Kirche wirklich die innergeschichtlich unüberbietbare Selbstmitteilung Gottes in Christus bleibend-gültig vergegenwärtigt?

132 KuS, 20.

133 Vgl. *E. Jüngel, K. Rahner,* Sakrament, 73f.

134 »Von daher bedeutet uns ›Ursakrament‹ die eine und bleibende, zeichenhafte, inkarnatorisch strukturierte Präsenz des eschatologischen Heiles Christi, eine Präsenz, in der Zeichen und Bezeichnetes ›unvermischt und ungetrennt‹ vereint sind: Gnade Gottes im ›Fleisch‹ einer geschichtlich-kirchlichen Greifbarkeit, die darum nicht mehr des durch sie Bezeichneten und anwesend Gesetzten entleert werden kann, weil sonst die Gnade Christi (der ewig Mensch bleibt) auch nur etwas Vorläufiges und Überholbares wäre, weil wir sonst im Grunde noch im Alten Testament wären« (KuS, 22).

Zunächst betont Rahner immer wieder, daß die Kirche als *Ganze* Ursakrament ist. Insofern sie die glaubend-hörende und diesen Glauben bekennende Kirche ist, ist sie in der Einheit von »Heilsfrucht« und »Heilsmittel« als Ganze die Präsenz der eschatologischen Wahrheit Gottes; insofern sie die Liebe Gottes annimmt und vermittelt, ist sie als Ganze die Präsenz der unbedingt zugesagten Liebe Gottes. Vor jeder Unterscheidung in bestimmte Funktionen liegt die grundlegende Gleichheit aller Glieder im Glauben und in der Liebe, wodurch eben die ganze Kirche Träger ihrer entscheidenden Selbstvollzüge wird (sowohl des Heilsempfangs wie auch der Heilsvermittlung)[135]. Aber dennoch gibt es in der Kirche verschiedene »*Intensitätsgrade*« ihres Selbstvollzugs als Ursakrament[136], und zwar hinsichtlich des »Glaubensengagements«, mit dem die Kirche sich bei der Vergegenwärtigung der Wahrheit und Liebe Gottes einsetzt.

Rahner greift zur Erklärung dieser unterschiedlichen Weisen des Selbstvollzugs gewöhnlich auf seine Anthropologie zurück. Wie der »actus substantialis« jedes Seienden sich nur *in* bestimmten »actus secundi« selbst setzt, so vollzieht auch der Mensch sein Wesen nur in der Aktualisierung seiner entscheidenden »Vermögen«, nämlich der Erkenntnis als wissenden Bei-sich-Seins und der Freiheit als handelnder Selbstverfügung. Besonders die Freiheit als das »Vermögen, sich selbst ein für alle Mal zu tun, (als) das Vermögen, das von seinem Wesen her auf die frei getane Endgültigkeit des Subjekts als solchen geht«[137], steht im Mittelpunkt der Anthropologie Rahners. Sie ist nicht einfach ein neutrales Vermögen, mit dem das Subjekt wählend zwischen verschiedenen Objekten hantieren kann, sondern das Vermögen des totalen Selbstvollzugs der Person, in dem diese sich selbst umfassend und endgültig als gut oder böse, zu ihrem Heil oder Unheil bestimmen kann. Als solche »Seinsfreiheit« ist sie eine »transzendentale Auszeichnung des Menschseins«[138], die allerdings nur in den verschiedenen Handlungen der gegenständlich wählenden Freiheit vollzogen wird. Die »optio fundamentalis« der Freiheit ist jedoch nicht in jedem gegenständlichen Vollzug, in jeder Entscheidung in gleicher Tiefe und gleicher Radikalität anwesend; sie kennt eine »zeitliche Gestreutheit« dieses ihres Grundaktes der Selbstverfügung, in der die verschiedenen Freiheitsentscheidungen eben nur verschiedene Grade des einen und ganzen Selbstvollzugs aktualisieren.

Weil nun dieser transzendentale Grundakt der Freiheit inhaltlich in der Liebe zu Gott besteht, in die der Mensch sein ganzes Dasein »restlos hineinversammeln« kann[139], konkretisiert sich der Selbstvollzug dieser Freiheit dort am umfassendsten und tiefsten, wo er zum kategorialen Tun der Liebe, d. h. zur Nächstenliebe wird:

> »Wenn der Mensch nur im Vollzug der Liebe zu Gott er selbst wird und er diese Selbstverfügung in einer kategorialen Tat vollziehen muß, dann gilt, und gilt in der Ordnung der Gnade vollendet: Der Akt der Nächstenliebe ist der einzige kategoriale und ursprüngliche Akt, in dem der Mensch die kategorial gegebene ganze Wirklichkeit erreicht und darin die transzendentale und gnadenhafte, unmittelbar erfahrene Erfahrung Gottes macht.«[140]

135 HPTh I, 124, 129f, 146ff, 150f; VI, 349ff.
136 HPTh I, 129, 131.
137 VI, 221.
138 A.a.O., 222.
139 A.a.O., 225.
140 A.a.O., 229; vgl. VI, 277–298, bes. 294.

Die formalen Grundzüge dieser Theorie überträgt Rahner auf die Ekklesiologie, und zwar auf den Selbstvollzug der kirchlichen Gemeinschaft. Eine Gemeinschaft, die – ohne hypostasiert zu werden – mehr darstellt als die Summe ihrer einzelnen Glieder, bedarf, um als solche existieren zu können, bestimmter entscheidender »actus secundi«, in denen sie ihr Wesen aktualisiert; denn nur im Vollzug solcher Tätigkeiten vollzieht sich die Gemeinschaft selbst als solche [141]. Nun eignet auch dem Selbstvollzug einer Gemeinschaft eine »zeitliche Gestreutheit«, insofern eben bestimmte Tätigkeiten das Wesen der Gemeinschaft, ihr eigentliches Selbst radikal und umfassend aktuieren und konkretisieren, während andere nicht diese Tiefe des Selbstvollzugs erreichen [142]. Die höchste, das ganze Wesen engagierende Aktualitätsstufe ist also da gegeben, wo eine Gemeinschaft eindeutig und umfassend *als* diese bestimmte Gemeinschaft konkret in Erscheinung tritt.

bb) Das amtlich Institutionelle als höchste Aktualitätsstufe des kirchlichen Selbstvollzugs

Auf die Kirche als Ursakrament angewandt, kommt nun erst eigentlich das *Institutionelle* der Kirche als solches ins Spiel. Denn immer da, wo es um das »absolute Engagement« der Kirche als ganzer in ihren Selbstvollzügen geht, handelt sie (primär, jedoch niemals allein!) als institutionelle, amtliche, sakramentale Kirche. Was Rahner unter dem Institutionellen der Kirche versteht, umgreift fast alle die Sprachfelder, die wir oben bei der Untersuchung des gegenwärtigen Sprachgebrauchs innerhalb der katholischen Ekklesiologie aufgezeigt haben. Es ist das von Christus positiv Gesetzte und Gestiftete (wenn auch dieser Stiftungsvorgang von Rahner anders verstanden wird als in der herkömmlichen Ekklesiologie) [143], es ist deswegen die äußere, rechtlich-gesellschaftliche Verfaßtheit des Volkes Gottes, zu der vor allem die hierarchische Struktur, das kirchliche Amt mit seinen Vollmachten, das Lehramt mit seiner autoritativen Auslegung von Schrift, Tradition und Bekenntnis, die normativ-rechtlich geordnete Gestalt der Kirche und der sakramentale Vollzug der grundlegenden Heilszeichen gehören [144]. Es ist also all das, was die Kirche als heilsvermittelnde »Heilsanstalt« erscheinen läßt. Dieses Institutionelle stellt sich dar als das der subjektiven Freiheit in gesellschaftlicher Objektivität und Formalität Vorgegebene, welche also nicht erst und ausschließlich aus dem subjektiven, »gelungenen« Vollzug her gesetzt und legitimiert wird [145]. Insofern trägt es auch den Charakter jeder Institution an sich, näm-

[141] KuS, 19; II, 115–141, bes. 130.
[142] Vgl. HPTh I, 148.
[143] II, 11; 128ff; IV, 297f; V, 255; KuS, 11,37ff; Schriftinspiration, 47ff.
[144] Vgl. die eben genannten Stellen; ferner: VI, 59–76, bes. 62: Es besteht die Notwendigkeit, »das eigentliche Wesen des Christentums, das unbegreifliche Geheimnis des weltüberlegenen Gottes und seines Heiles in absoluter, vergebender Selbstmitteilung, kategorial, geschichtlich, institutionell, sakramental, rechtlich objektivieren zu müssen im menschlichen Wort der Offenbarung, in sakramentalen Zeichen, in gesellschaftlicher Verfaßtheit der Glaubenden«. Siehe auch: II, 95–114, bes. 107.
[145] IX, 480ff.

lich des Statischen, Stabilen, fest Geordneten und Organisierten, das sich oft in Gegensatz zur charismatischen Freiheit des Geistes setzt[146].

Trotz dieser von Rahner sehr häufig betonten institutionalistischen Tendenz erlangt das Institutionelle der Kirche in bestimmten Vollzugsformen bei der Vergegenwärtigung der Selbstmitteilung Gottes in Christus eine ganz besondere Bedeutung. Denn in den amtlich-institutionellen Vollzügen[147] kommt das der Kirche als Ganzer eignende Wesen, nämlich die in Christus endgültig mitgeteilte Wahrheit und Liebe Gottes in der Welt präsent zu halten und zu bezeugen, zu ihrer *eindeutigen* und vollkommenen gesellschaftlichen Erscheinung und Anwesenheit:

> »Die Kirche ist die amtliche Präsenz der Gnade Christi in der öffentlichen Geschichte der einen Menschheit. In ihrer gesellschaftlichen Verfaßtheit erhält das Volk Gottes als tatsächlich durch Christus erlöstes seine eindeutige geschichtliche Anwesenheit. Das bedeutet (wenn wir diese eine Wirklichkeit in ihren verschiedenen Dimensionen entfalten) eine inkarnatorische Gegenwart der Wahrheit Christi in der Kirche durch Schrift, Tradition und Lehramt; eine inkarnatorische Gegenwart des Willens Christi im Lehramt (sofern es das Gebot Christi verkündet) und im Hirtenamt der Kirche, in ihrem Recht und ihrer Verfassung; eine inkarnatorische Gegenwart der Gnade Christi in der Kirche für den einzelnen als solchen durch die Sakramente.«[148]

Was die Kirche im ganzen als gesellschaftlich verfaßte Gemeinschaft der Glaubenden innerhalb der umfassenden transzendentalen und meist anonymen Heilsgeschichte der Menschheit bedeutet, nämlich das ausdrückliche und eindeutige Zeichen des überall angebotenen und im ganzen bereits siegreich angekommenen Heils zu sein, das fällt nun *innerhalb* der Kirche bestimmten amtlich-institutionellen Selbstvollzügen zu. Denn in den wichtigsten Handlungen dieser institutionellen Kirche gelangt die inkarnatorische Tendenz der Gnade Christi zu ihrem Ziel, da erreicht sie ihre »qualifizierte Leibhaftigkeit«[149], weil hier sich Kirche in ihrer Ganzheit als Ursakrament der endgültigen Selbstmitteilung Gottes in Christus am eindeutigsten und umfassendsten zur Darstellung bringt[150]. An den zwei bzw. drei wichtigsten Beispielen solchen amtlich-institutionellen Tuns der Kirche (Sakramente, kirchliches Amt als unfehlbares Lehramt und als sakramentales Priestertum) soll das verdeutlicht werden.

1. Zunächst bei den Sakramenten. Das Wort des Evangeliums, das die Kirche immer als heilswirksames Wort Gottes verkündet, kann dann Sakrament genannt werden, wenn und insofern sich die Kirche bei dieser Verkündigung selbst »absolut engagiert«[151]. Dazu müssen folgende Voraussetzungen erfüllt sein:

[146] II, 339–373, bes. 345; V, 278–302; VI, 13–33, bes. 32.

[147] Rahner nennt diese beiden Begriffe oft zusammen; häufiger allerdings gebraucht er nur das Wort »amtlich« für bestimmte Vollzüge der institutionellen Kirche, die wir hier behandeln wollen. Synonym dafür kann auch vielfach das Wort »sakramental« stehen.

[148] KuS, 18.

[149] »So kann auch das heiligende Wort Christi an den Menschen, das in den Tiefen des Gewissens geschieht und auf jeden Fall in dem tätigen Ja des Menschen leibhaftig in der Welt anwesend wird, in der Öffentlichkeit der Kirche durch die Kirche eine qualifizierte Leibhaftigkeit erhalten; es kann nun sakramental im strengen Sinn des Wortes werden« (II, 133).

[150] IV, 346f; KuS, 57f.

[151] HPTh I, 324; IV, 329–348.

a) Dieses Wort muß in der amtlichen, gesellschaftlich verfaßten Öffentlichkeit der Kirche gesprochen werden; es muß in irgendeiner Form getragen sein »von der amtlichen Repräsentation der Kirche als solcher« [152], da nur so im Namen der Kirche als Ganzer gesprochen und gehandelt werden kann [153]. Es muß also bei einem solchen Wort immer irgendwie um die Kirche als Einer und Ganzer gehen [154].

b) Dabei muß das Wesen der Kirche als Sakrament des Heils eindeutig zum Ausdruck kommen; sie muß sich selbst als ganze gegenüber dem sich mitteilenden Gott und gegenüber den einzelnen als Heilsfrucht und als Heilsmittel sichtbar aktuieren [155].

c) Dieses Wort muß in eine entscheidende Lebens- und Heilssituation des einzelnen hineingesprochen werden, um dort die Gnade Gottes gegenwärtig zu setzen und so den einzelnen am Wesen der Kirche als Sakrament des Heils teilnehmen zu lassen [156]. Wenn und insofern die Kirche unter diesen Voraussetzungen handelt, aktualisiert sie sich selbst auf höchste Weise als das Ursakrament des in Christus endgültig geschenkten Heils [157]. Dann wird das Wort der Kirche zum »opus operatum« [158], zum Zeichen, das weder von sich aus, noch durch die ungläubige Ablehnung des jeweiligen Adressaten die in ihm enthaltene Heilszusage verlieren kann. Wenn dieses sakramentale Zeichen auch u. U. wegen des Unglaubens keine Heilswirkung im betreffenden Empfänger hervorrufen mag, so bleibt es doch von sich her immer und eindeutig Ausdruck des unwiderruflichen Gnadenangebotes Gottes. Wenn auch nicht völlig unabhängig vom subjektiven Vollzug (die kirchliche Intention des Spenders und die Minimaldisposition des Empfängers müssen vorhanden sein), so behält das Zeichen doch *als* solches (nur darauf kommt es hier an, nicht auf seine Wirkung!) durch den objektiven formalen Vollzug der Kirche in ihrer höchsten Aktualitätsstufe als Ursakrament seinen Charakter als Ausdruck des Gnadenwillens Gottes [159]. In dieser innergeschichtlichen Untrennbarkeit von kategorialem Zeichen und bezeichneter Gnade, die primär Christus als Ursakra-

[152] HPTh I, 324.

[153] Vgl. das gleiche Kriterium bei der Frage nach der »Lehrautorität« der Kirche, a. a. O., 125.

[154] KuS, 58f. In seiner neuesten Veröffentlichung (Vorfragen) scheint Rahner diese Voraussetzung nur für den »Normalfall« als notwendig anzusehen. Im Notfall (– bei dem aber der »Wille zum Normalfall« da sein muß –) kann die Kirche als Ursakrament sich auch ohne diese amtliche Repräsentation in einem letzten Engagement aktuieren und so ein Sakrament als wirksames Zeichen dieses ihres höchsten Selbstvollzuges setzen (z. B. bei einer Eucharistiefeier von Christen in Sibirien, die keinen Priester haben). Vgl. Vorfragen, 17ff.

[155] HPTh I, 324; KuS, 20f.

[156] HPTh I, 324.

[157] Ebd; vgl. auch IV, 329, 336f; KuS 20f.

[158] Dazu KuS, 22–30; IV, 337–344.

[159] »Wo sie (sc. die Kirche) sich in einem letzten Engagement ihres eigenen Wesens auf einen einzelnen hin aktualisiert und für diesen in der Konkretheit seiner heilskritischen Situation dieses Wort des Erbarmens Gottes in der gesagten Art wird, also das endgültige, das von ihm her *nicht* dialektisch-dialogisch *vor*läufige und noch bedingte, wirksame Wort, da haben wir genau das, was wir opus operatum nennen müssen. Opus operatum ist das eschatologisch unbedingte Wort Gottes an den Menschen, das nicht mehr durch ein innerheilsgeschichtlich neues und anderes Wort in Schwebe und in der Gefahr, aufgehoben zu werden, steht. Opus operatum ist das eschatologisch wirksame Wort Gottes als der absolute Selbstvollzug der Kirche nach ihrem eigenen Wesen als Ursakrament« (IV, 340).

ment, von ihm her der Kirche als Ganzer und dann den höchsten Ausdrucksweisen ihres Selbstvollzuges, den Sakramenten als »opus operatum«, eignet, sieht Rahner den eigentlichen Unterschied zwischen Synagoge und Kirche, zwischen alttestamentlichen und neutestamentlichen Sakramenten. Der Alte Bund konnte mit all seinen Zeichen des göttlichen Gnadenangebotes doch noch von sich her *als* Zeichen innergeschichtlich zerstört, entleert und überholt werden. Das Eigentümliche der Kirche und ihrer Heilszeichen besteht eben gerade darin, daß nichts in der Geschichte sie *als* Zeichen der Gnade mehr zerstören, entleeren oder überholen kann: sie bleiben, egal ob sie vom einzelnen abgelehnt werden, »immer und unaufhebbar Zusagen der Gnade durch Gott« [160].

Natürlich existiert und wirkt die Kirche auch außerhalb der eigentlich sakramentalen Vollzüge als das endgültige Sakrament Gottes in der Geschichte. Ja, der amtliche Selbstvollzug kann überhaupt nur dann als solcher gelingen, wenn er getragen und umfaßt ist vom Glauben, von der Hoffnung, von der Liebe der Kirche, also von der unzerstörbaren subjektiven Heiligkeit der ganzen Kirche. Einzig auf der Ebene der geschichtlich-gesellschaftlichen Zeichen, die allerdings für das transzendental-kategorial strukturierte Heil entscheidend ist, bekommt das sakramentale Tun seinen Stellenwert als höchste Aktualisierung von Kirche, insofern hier das, was Kirche immer ist und tut, zur eindeutigsten Erscheinung kommt [161]. Darüber hinaus besteht eine solche Einheit zwischen dem außersakramentalen und sakramentalen Tun der Kirche, daß jedes heilswirksame Tun der Kirche und des einzelnen in ihr eine inkarnatorische Tendenz auf die höchste zeichenhafte Darstellung von Kirche als Ursakrament, eben auf das Sakrament als »opus operatum« hin enthält. Wie es Rechtfertigung vor dem oder außerhalb des Sakramentes gibt, so gibt es ebenfalls »gültige«, d.h. wirksam zugesagte, aber nicht »furchtbare«, d.h. rechtfertigend empfangene, Sakramente. Dennoch besteht bei diesen beiden – eher als »Phasenverschiebung« zu verstehenden – Momenten des einen Heilsvorgangs vom Wesen der Gnade her die Tendenz zur vollkommen gelungenen Übereinkunft von Zeichen und bezeichneter Gnade, also zum Sakrament, wo das wirksame Wort Gottes »seine eindeutige, geschichtliche und ekklesiologische Gegenwart, Leibhaftigkeit und eschatologische Unbedingtheit von seiten Gottes und Christi erreicht hat« [162].

2. Ähnlich argumentiert Rahner bei der theologischen Begründung des *kirchlichen Amtes* [163]. Was die tatsächliche und notwendige Existenz des Amtes überhaupt angeht, so ist es für Rahner selbstverständlich, daß es ein institutionelles, autoritatives Amt in der Kirche geben muß. Denn – erstens – ist dies notwendig mit dem gesellschaftlichen Charakter des Heils gegeben. Darin ist eben ein einheits- und ordnungsstiftendes Amt mit einer »sittlichen und rechtlichen Entscheidungsbefugnis über das Handeln aller Glieder einer Gesellschaft« impliziert [164].

[160] KuS, 29.

[161] Siehe HPTh I, 151ff.

[162] IV, 347; vgl. II, 126–138; Vorfragen, 75f: Legitime Ämter und gültige Sakramente in anderen Kirchen kann es für Rahner gerade auch wegen dieser Hinordnung auf die »volle« Gestalt von Amt und Sakrament in der katholischen Kirche geben.

[163] Wir können hier nicht die ganze Amtstheologie Rahners darstellen; es kommt uns nur auf den eigentlich institutionellen, den »amtlichen« Charakter als solchen an.

[164] HPTh I, 145; Sinn, 20ff.

Wie in jeder gesellschaftlich verfaßten Gemeinschaft stellt auch in der Kirche das institutionalisierte Amt ein wichtiges »Vollzugsorgan« ihres eigentlichen Wesens, und zwar besonders ihrer Einheit und Ganzheit dar [165]. Deswegen kann das Amt in bestimmter Weise im Namen der ganzen Gesellschaft sprechen und handeln; deswegen kann auch das Ganze in den entscheidenden einheitsstiftenden Funktionen des Amtes repräsentiert werden [166].

Ein *zweiter* Grund für die Notwendigkeit eines institutionellen Amtes in der Kirche besteht nach Rahner darin, daß ein solches von Christus her der Kirche eingestiftet ist und daher zur bleibenden Grundstruktur gehört [167]. Diese von der traditionellen Ekklesiologie als »definierte Glaubenslehre« [168] überlieferte Anschauung übernimmt Rahner in der Regel als ungefragte Voraussetzung, gibt ihr aber mit Hilfe seiner Konzeption des »ius divinum« eine eigene Deutung. »Göttliches Recht« in der Kirche, wozu eben auch das Amt gezählt wird, braucht nicht auf eine ausdrückliche Anordnung Jesu zurückgeführt zu werden: »Eine wesensgemäße (dem Wesen legitim entsprechende) rechtschaffende und irreversible Entscheidung der Kirche kann dann als ›ius divinum‹ betrachtet werden, wenn sie in der Zeit der Urkirche erfolgte.« [169] Die Urkirche gilt als die Zeit der noch geschehenden Offenbarung, in der die Kirche die in Christus erfahrene Selbstmitteilung Gottes normativ für alle kommenden Zeiten auslegt und damit sich selbst als Glaubensgemeinde dieser Selbstmitteilung konstituiert. In der irreversiblen Entscheidung dieser Kirche bezüglich dessen, was sie als wesensgemäße Art ihres Selbstvollzugs festsetzt, vollzieht sich der Offenbarungswille Gottes. Diese Fähigkeit, ein »ius divinum« als Ausdruck ihres wesensgemäßen Selbstvollzugs zu setzen, spricht Rahner aber auch der nachapostolischen Zeit der Kirche zu [170]. Das ist deswegen möglich, weil Gott die Kirche – zumal in ihrem urkirchlichen Stadium – durch eine »heilsgeschichtliche Prädefinition eschatologischer Art« gestiftet und sich angeeignet hat. D.h. im Werden der Kirche wird der Höhepunkt der ganzen Heilsgeschichte erreicht, insofern hier die »definitive Präsenz der Gnade Gottes in der Welt« [171] in Christus und in der ihn bekennenden Gemeinde erscheint. Und deswegen gilt:

[165] IX, 345.

[166] »Sie (sc. die amtliche Autorität in der Kirche) muß es geben, weil das Heil, das sie bezeugt, nicht den atomisierten Individuen als solchen zugedacht ist, sondern den einzelnen in der Einheit der gefestigten Gemeinschaft, und weil eine geschichtlich-gesellschaftliche Größe Dasein und Einheit nicht hat und bewahrt, wenn der sie in der Tiefe gründende Geist sich nicht auch in einer gesellschaftlich handlungsfähigen, einheitgebenden Vollmacht verleiblichen würde, die auf konkreten Menschen ruht. Diese Hierarchie lebt ebenso von der ganzen Kirche, wie umgekehrt (...) ebendiese Kirche nur ist, indem sie geschichtlich als *eine,* d.h. als gesellschaftlich verfaßte erscheint, in Aufgaben, Vollmachten und deren Träger differenziert« (Sinn, 22).

[167] HPTh I, 145; vgl. 156: »Denn es gibt in der Kirche ... das Amt als (grundsätzlich) dauernde Beauftragung zu bestimmten Funktionen in der Kirche von Christus her, und zwar so, daß diese Beauftragung in der Dimension des Geschichtlichen und Rechtlichen eindeutig greifbar wird (Handauflegung und apostolische Sukzession) und darum das Wirksamwerden dieser Funktion von der Legitimität der Beauftragung her sicher wird und nicht bloß umgekehrt die Gültigkeit der Beauftragung vom tatsächlichen Wirksamwerden der Funktion.«

Hier wird also gerade die formal-institutionelle Seite des kirchlichen Amtes hervorgehoben.

[168] HPTh I, 156; Art. »Amt« in: KThW, 16.

[169] V, 262;

[170] A.a.O., 274ff; Vorfragen, 34.

[171] Schriftinspiration, 49.

»Als Kirche der Endgültigkeit und eschatologischen Dauer muß die Kirche die Fähigkeit haben (damals in der Urkirche und später), sich abzugrenzen von (diesen) wesensfremden, aber in ihrem faktischen Bereich vorkommenden Phänomenen. Sonst könnte sie gar nicht sein, was sie sein muß: sie könnte ihr Wesen verlieren, könnte Synagoge statt Kirche sein.«[172]

Weil die Kirche von Gott her das endgültig bleibende Ursakrament der Gnade Gottes in Christus ist, kann sie in ihrem Selbstvollzug »unfehlbar« das ihr »Wesensgemäße« setzen, kann sie »göttliches Recht« in ihren Entscheidungen setzen, soweit es sich um die wesensgemäße Selbstauslegung als Ursakrament handelt.

Das sakramentale Wesen der Kirche ist also selbst schon rechtssetzend; d.h. zu ihrem Wesen gehört vor aller ausdrücklichen Formulierung analog zum »Naturrecht« schon so etwas wie ein »Wesensrecht«, das weiter ist als alle formelle und explizierende Rechtssetzung, und das auch nie ganz in formulierten Rechtssatzungen ausgeschöpft werden kann[173]. Aus diesem Wesensrecht heraus hat die Kirche nun – als das jeder möglichen konkreten Strukturierung zugrunde liegende »Rechtssubjekt« – nicht nur die normative Schrift des Neuen Bundes, sondern auch das einheitsstiftende Amt geschaffen.

Mit Hilfe dieser Theorie kann Rahner die großen Unterschiede in der konkreten Gestalt des einen kirchlichen Amtes im Laufe der Geschichte als durchaus legitim erklären. Denn in all der Variabilität der mannigfaltigen, geschichtlich gewordenen Ausdifferenzierungen des einen, vom apostolischen Amt herkommenden kirchlichen Amtes, erscheint die Kirche jeweils in der ihr wesensgemäßen (nicht wesensnotwendigen!) Konkretisierung als zugrunde liegendes »rechtschaffendes« Subjekt[174]. Zugleich wird damit auch für die Zukunft die Flexibilität der Kirche bei der konkreten Gestaltung ihrer Ämter und Sakramente und bei der möglichen Anerkennung nicht-katholischer Ämter als legitimer, ja als sakramentaler Zeichen begründet[175].

Mit dieser engen Verknüpfung von Kirche als Ursakrament einerseits, der als solcher auch ein grundlegendes Wesensrecht zukommt, und dem Amt in der Kirche andererseits, ist auch schon der eigentliche Grund für den spezifisch theologischen Charakter des Amtes gelegt, durch den es sich formal von jedem anderen gesellschaftlichen Amt unterscheidet. Es liegt eben in seiner spezifischen Funktion innerhalb der Kirche als Ursakrament des *endgültig* zugesagten Heils. Kirchliches Amt als solches gibt es nur, weil und insofern die Kirche das wirksame Zeichen des endgültig zugesagten Heils ist, weil also die Einheit von gesellschaftlicher Struktur und geschenkter Gnade unzerstörbar durch Christus gewährleistet ist[176]. Das besagt einmal, daß das Amt in seinen Vollzügen grundsätzlich (jedoch nicht in jedem einzelnen Fall) nicht vom Geist Gottes verlassen oder getrennt werden kann. Das Amt partizipiert also wie alle Funktionen in der Kirche an der eschatologisch endgültigen Einheit von geschichtlicher Greifbarkeit und göttlicher Selbst-

[172] A.a.O., 53f.
[173] Vorfragen, 33ff.
[174] Siehe dazu auch: X, 448–466, bes. 450ff; Vorfragen, 33ff.
[175] Vorfragen, 33ff.
[176] HPTh I, 138.

mitteilung, es kann im ganzen nicht »ungeistlich« sein[177]. Zum anderen – und darin unterscheidet sich das Amt von der nichtamtlichen Wirklichkeit der Kirche – aktualisiert in seinen entscheidenden Tätigkeiten die Kirche ihr Wesen in einem »absoluten Engagement«. Das geschieht vor allem da, wo das Amt als »*unfehlbares Lehramt*« und wie im sakramentalen *Priesteramt* als Spender der Sakramente ex opere operato auftritt, also in seinen »indefektiblen« Vollzügen. In diesem Tun des kirchlichen Amtes tritt gerade die »unvermischte und ungetrennte« Einheit von menschlichem Wort und göttlicher Wahrheit eindeutig, »untrüglich« in Erscheinung; hier kommt (genau wie beim Sakrament) das, was im Wort »angezeigt« wird, auch wirklich als es selbst, d.h. »real-symbolisch«, zur Darstellung.

»Die Eigenart des neutestamentlichen Amtes kommt nun aber zweifellos von der eschatologischen Eigenart der Kirche her: Die Kirche im neutestamentlichen Sinne, d.h. im Unterschied zu einer legitimen religiösen Institution vor Christus, ist die bleibende Präsenz Christi (sowohl als Frucht des Heiles Christi als auch als dessen Vermittlung). In Christus aber und nur in ihm ist die unlösliche Einheit inkarnatorischer Art von Gott und Mensch, von Gnade und geschichtlicher Greifbarkeit gegeben. Wegen dieser unvermischten und untrennbaren Einheit des Göttlichen und Menschlichen in Christus gibt es diese Einheit auch in der Präsenz Christi, die die Kirche ist, gibt es die Indefektibilität dieser Kirche überall dort und nur dort, wo sie als eben diese Präsenz Christi in der Welt sich schlechthin engagiert, gibt es das indefektible Amt in Lehre, Gnadenzusage und im übrigen Selbstvollzug der Kirche, gibt es das Amt in der Kirche überhaupt, insofern dieses gerade für die Kirche als solche charakteristisch ist ... Wo also Amt in der Kirche schlechthin, und d.h. Amt, das dem eschatologischen Wesen der Kirche entspricht, gegeben ist, ist es Amt iuris divini, an sich indefektibles Amt und totales Selbstengagement der Kirche.«[178]

Das bedeutet: Wo kirchliches Amt wirklich ganz als solches, als Tun der eschatologischen Heilsgemeinde handelt, also »indefektibel«, d.h. untrüglich die Wahrheit und Liebe Gottes enthaltend, die es anzeigt, geschieht deswegen das totale Selbstengagement der Kirche, weil hier ihr Wesen als Ursakrament im gesellschaftlichen Bereich eigentlich erst *konkret*, in geschichtlicher Eindeutigkeit und Greifbarkeit manifest wird.

Dieses »unfehlbare« amtliche Tun der Kirche macht selbstverständlich nicht den ganzen Selbstvollzug der Kirche (auch nicht des Amtes!) aus. Denn sie ist ja Ursakrament des Heils nur in der irdischen Gestalt des glaubend und hoffend pilgernden Volkes Gottes, das wie jeder einzelne Mensch auch eben nicht nur, ja nicht einmal hauptsächlich, in der Intensität eines totalen Engagements leben kann. Das nicht-amtliche, charismatische Tun der Kirche, also ihr »alltäglicher«, von allen Gliedern mitgetragener Selbstvollzug in Glaube, Hoffnung und Liebe bildet zweifellos die umfassende, alles Amtliche tragende Grundlage kirchlichen Lebens. Dennoch bleibt das eigentlich amtliche Tun für die Kirche als Ursakrament entscheidend. Gerade das *unfehlbare Lehramt* in seinen bestimmten, »unfehlbaren« Äußerungen ist für Rahners Ekklesiologie ein unaufhebbares Moment der Kirche. Auch wenn er es einmal als »Grenzfall« der indefektiblen Kirche als

[177] A.a.O., 155ff; DiK, 38ff.
[178] HPTh I, 157f.

Ganzer und des Amtes in ihr bezeichnet [179], so stellt es für ihn doch zugleich den »Ernstfall« der kirchlichen Selbstverwirklichung als Ursakrament des endgültigen Heils dar [180]. Von daher läßt sich auch seine ungewöhnlich scharfe Reaktion gegen Küngs »Anfrage« an das Unfehlbarkeitsdogma des Vatikanum I verstehen. Indefektibilität bedeutet ja für Rahner im Grunde dasselbe wie »endgültig«: nämlich die absolut untrennbare, realsymbolische Einheit von äußerem Wort/Zeichen und innerer Gnade Gottes. Die Indefektibilität Christi als des endgültigen Heilbringers und die von ihm geschenkte Indefektibilität der Kirche als der Gemeinde des nicht mehr zu zerstörenden Glaubens an diesen Jesus Christus konkretisiert sich für Rahner notwendig auch in wahren Glaubenssätzen, die diese endgültig bleibende Wahrheit des kirchlichen Glaubens erst zur eindeutig »gelungenen« gesellschaftlichen Objektivität bringen. Diese aber ist ein notwendiges Moment des Heiles selbst, das den Menschen nicht nur in der Innerlichkeit seiner Subjektivität, sondern auch in der Äußerlichkeit einer objektiven kirchlichen Gestalt erreicht.

In die gleiche Richtung der höchsten Aktualitätsstufe kirchlichen Selbstvollzugs weist auch die theologische Begründung, die Rahner für das *sakramentale Priesteramt* gibt: »Der Priester ist der auf eine ... Gemeinde bezogene, im Auftrag der Kirche als ganzer und so amtlich redende Verkünder des Wortes Gottes derart, daß ihm die sakramental höchsten Intensitätsgrade dieses Wortes anvertraut sind.« [181] Jedes Wort, das als Wort Gottes von der Kirche verkündet wird, hat zwar »exhibitiven« Charakter; d.h. es bringt die Gnade, von der es spricht, es schenkt die Selbstmitteilung Gottes, die es kündet, auch wirklich den Glaubenden. Aber doch gibt es Stufen der Intensität in diesem Ereignis des gnadenvermittelnden Wortes; im sakramentalen Wort, vor allem dem der eucharistischen Vergegenwärtigung von Tod und Auferstehung Jesu erreicht es seinen Höhepunkt. Dem priesterlichen Amt als Leitungsamt in der Gemeinde steht nun die Verkündigung dieses Wortes bis zu seinen höchsten Vollzugsformen, den Sakramenten, zu. Und insofern sich die Kirche selbst als das unzerstörbar wirksame Wort und Zeichen der endgültigen Selbstmitteilung Gottes in Christus gerade in ihren Sakramenten auf höchste Weise verwirklicht, hat das Amt des Priesters die entscheidende Verantwortung für die verschiedenen Weisen des definitiven Selbstvollzugs der Kirche. Wegen dieser Verantwortung gehört es darum selbst auch zu ihren intensivsten Grundvollzügen, zu den Sakramenten. Denn einmal ist das Amt und seine ständige Weitergabe in der Kirche dazu notwendig, daß die Kirche sich überhaupt in ihren Grundfunktionen, vor allem der heilswirksamen Verkündigung der Botschaft und der Feier der Sakramente selbst immer wieder neu konstituiert [182]. Und zum anderen muß das dafür verantwortliche Amt selbst ein grundsätzlich und unwiderruflich von Gottes Gnade geheiligtes, den Empfänger heiligendes Gnadenzeichen sein, weil es sonst eben nicht dem heiligenden Wirken der »heiligen« Kirche als dem Ursakrament des Heils angemessen dienen könnte. Wäre das Amt nicht grundsätzlich und im ganzen wie die Kirche ein indefektibles

[179] VI, 361. Damit meint er, daß die Unfehlbarkeit des Lehramtes von der grundlegenden Unfehlbarkeit der ganzen Kirche abgeleitet werden muß und nicht umgekehrt.
[180] Vgl. IX, 345.
[181] IX, 370; X, 455f; Sinn, 22–28; KuS, 85–95.
[182] KuS, 87.

Zeichen der zugesagten Gnade, also ein Sakrament, dann wäre die Existenz der ihm anvertrauten Sakramente und damit der wesentlichen Grundvollzüge der Kirche in Frage gestellt; denn ein Amt, das grundsätzlich auch »un-heilig« sein kann, kann nicht die dauernde Existenz heilig-heiligender Grundvollzüge garantieren. Zugleich wäre auch die existentielle Wirksamkeit in den einzelnen Empfängern der Sakramente fraglich; denn ein Amt, das grundsätzlich »un-heilig« sein kann, kann nicht wirklich der »glaubenszeugenden Bezeugung« des Heils dienen [183].

Diese Beispiele (Sakramente, kirchliches Amt als Lehramt und sakramentales Priesteramt) mögen genügen, um deutlich zu machen, daß für Rahner das sakramentale, amtliche, institutionelle Tun der Kirche (was in diesem Zusammenhang meist synonyme Begriffe sind) in bestimmten Handlungen die höchste, intensivste Weise des Selbstvollzugs der Kirche als Ursakrament bedeutet.

f) Heilsgewißheit der Kirche als Ganzer – Heilsunsicherheit des einzelnen

Man kann fragen, warum Rahner gerade in diesen institutionellen Vollzügen und nicht in dem persönlichen Glaubensvollzug der einzelnen, also in der existentiell gelebten Nachfolge Christi der vielen wirklich Glaubenden und Hoffenden und Liebenden diese letzte Unzerstörbarkeit und eschatologische Endgültigkeit der Kirche am eindeutigsten erscheinen läßt [184]. Nun steht einerseits für Rahner zweifellos fest, daß die subjektive Heiligkeit der Kirche, also das von der Gnade geheiligte, heilige Leben der Christen die grundlegende und umfassende Weise der Selbstdarstellung von Kirche als endgültiger Präsenz der Wahrheit und Liebe Gottes bedeutet [185]. Er betont immer wieder, daß alles sakramental-amtlich-

[183] Dazu einige Zitate aus KuS: »Ein absolut und durch das Ganze seines Vollzugs unheiliges Amt und eine heilige Kirche sind unvereinbare Größen. Würde man nämlich annehmen, daß das Amt als *Ganzes* seine Aufgabe unheilig vollziehen könne, dann könnte weder die Heiligkeit der Glieder der Kirche eine wesentliche Abhängigkeit vom Vollzug des Amtes haben (was aber der Fall ist) noch könnte das Amt bleiben, was es doch ist: ein Amt zur Heiligung der Menschen« (89).

»Nicht die Wirksamkeit des Sakraments, wenn es gespendet wird, hängt von der Heiligkeit des Spenders ab, wohl aber, auf das Ganze und auf die Dauer gesehen, Existenz und Dauer der Sakramente in der Kirche. Wenn alle Amtsträger ungläubig und der göttlichen Liebe bar wären, wenn damit auch jene sanfte Gewalt in der ganzen Kirche wegfiele, durch die die glaubende Liebe auch den Ungläubigen oder Lieblosen in der Kirche zu Taten bewegt, die ihrem Wesen nach eigentlich doch aus Glaube und Liebe stammen (wie es die Sakramentenspendungen sind), könnte dann auf die Dauer die Sakramentenspendung selbst bleiben? Welchen Grund sollte denn die Gesellschaft dieser Amtsträger noch haben, ihrem Amt treu zu bleiben? Ist es denkbar, daß eine Wirklichkeit noch bleibt, wenn ihr existentieller Grund nicht nur in diesem oder jenem Menschen geschwunden ist, sondern im ganzen und überhaupt?... Wenn Gott also absolut im ganzen der Kirche die Existenz der Sakramente will, muß er auch absolut die Heiligkeit der Hierarchie im ganzen wollen, sonst würde er den Grund nicht wollen, durch den die faktische Existenz der Sakramentenspendung getragen ist« (91).

[184] Vgl. *H. Küng*, Fehlbar, 435ff.

[185] »Insofern die Kirche eschatologische Heilsfrucht und Heilsmittel in Einheit ist, ist sie die, die die Liebe Gottes liebend annimmt und die Liebe Gottes vermittelt (sakramental und außersakramental) und beides in Einheit so, daß beides (die Liebe zu Gott als Annahme der Liebe und die Vermittlung der Liebe Gottes als heiligende Macht in Sakrament, Gebet, Leben) indefektibel

Institutionelle nicht in sich selbst steht, sondern ganz von der Kraft der glaubenden und liebenden Herzen aller Christen getragen ist[186]. Nur innerhalb der allgemeinen charismatischen Wirklichkeit der Kirche, durch die alle Christen wesentlich am Selbstvollzug der Kirche mitwirken, hat das Amt seine besondere Funktion[187]. So ist also die »Hierarchie« in der gesellschaftlichen Struktur der Kirche auch keineswegs identisch mit der Hierarchie derjenigen, die die von Gott gegebene Geistwirklichkeit der Kirche am besten und umfassendsten in sich lebendig werden lassen: »Die hierarchische Struktur des *Sinnes* und *Zieles* einer Gesellschaft und die hierarchische Struktur der *gesellschaftlichen Organisation* dieser Gesellschaft sind zwei verschiedene Dinge.«[188] Und doch behält Rahner den Charakter des absoluten Glaubensengagements, den höchsten Intensitätsgrad des kirchlichen Selbstvollzugs den eigentlich institutionellen Vollzügen der Kirche vor. Warum? Warum zeigt sich hier und nicht in einem gelungenen, auch für die kirchliche Öffentlichkeit manifesten christlichen Leben eines einzelnen Gläubigen oder einer Gruppe die Endgültigkeit der heiligen Kirche am deutlichsten?

Abgesehen davon, daß für Rahner ein Selbstvollzug der Kirche als Ganzer nur da vorliegt, wo er von der amtlichen Repräsentation der Kirche als Ganzer getragen wird, liegt der entscheidende Grund in der für ihn wichtigen Unterscheidung zwischen der Heilsunsicherheit jedes einzelnen Christen und der absoluten Heilsgewißheit der Kirche als Ganzer. Trotz der allgemeinen Gegebenheit des übernatürlichen Existentials, trotz der realen Möglichkeit der Gnadenerfahrung bei allen Menschen, hält Rahner mit dem Trienter Konzil (DS 1541, 1544, 1573 u.a.) daran fest, daß jeder Mensch, auch der Gerechtfertigte, »in Furcht und Zittern« sein Heil erhoffen muß, daß also keiner vor dem Tod eine sichere Gewißheit darüber gewinnen kann, ob er die angebotene Gnade auch tatsächlich voll und ganz angenommen hat oder nicht[189]. Auf der anderen Seite aber impliziert die Endgültigkeit der Selbstmitteilung Gottes in Christus doch die grundsätzlich bereits geschehene, gegenüber der Sünde siegreich gebliebene Annahme durch die gläubige Menschheit, Kirche genannt. Diese Tatsache, die die Kirche als Ursakrament des Heils darstellt, läßt sie als unzerstörbar »wahre« und »heilige« Gemeinde der Endzeit erscheinen, die als ganze nicht mehr aus dem bereits geschenkten Heil der Wahrheit und Liebe Gottes herausfallen kann. Diese ihre Wahrheit und Heiligkeit konkretisiert sich sowohl in ihrer subjektiven als auch in ihrer objektiven Wahrheit und Heiligkeit, also sowohl im Glauben, in der Hoffnung und in der

zu ihrem Wesen und Selbstvollzug gehören, beide zusammen sie als ›heilige‹ konstituieren, weil sie nicht nur in ihrer objektiven Heiligkeit (der Wirksamkeit ihrer Heiligungsmittel), sondern auch in ihrer subjektiven Heiligkeit, durch die sie als Ganze nie aus der Gnade Gottes herausfallen kann, die Präsenz der eschatologisch siegreichen Gnade (Liebe) Gottes ist. Der Vollzug dieser Präsenz ist selbstverständlich Akt aller der in Gnade Gottes in der Kirche Lebenden und diese Liebe in irgendeiner Form kirchlich-sozial und geschichtlich als Wesen der Kirche präsent und greifbar Machenden« (HPTh I, 129f); dasselbe gilt auch für die Repräsentierung der Wahrheit Gottes durch die glaubende Kirche, in deren Funktion die lehrende Kirche steht: a.a.O., 124f.

[186] II, 105; VI, 481f; VII, 95f; Strukturwandel, 62ff usw.

[187] HPTh I, 146f; IX, 415–431, bes. 416; Strukturwandel, 61.

[188] Sinn, 32; dort bringt er auch seinen beliebten Vergleich mit dem Schachverein: Wie in der Regel dort ein Unterschied zwischen Vorstand und Meisterspieler besteht, so auch in der Kirche. Vgl. Strukturwandel, 61ff.

[189] VI, 340ff; HPTh I, 148; vgl. auch *B. Heijden*, Darstellung, 314.

Liebe ihrer Glieder als auch in den »unfehlbaren« institutionellen Vollzügen ihrer Sakramente und ihres Amtes.

Dabei ist jedoch festzuhalten: mit der subjektiven Heiligkeit und Wahrheit ist niemals der liebende Glaube des einzelnen *als* solchen gemeint, sondern nur der der Gemeinschaft der Glaubenden in ihrer Einheit. Denn dem Glauben des einzelnen Christen ist eben nicht die »Indefektibilität« und die unbedingte Heilsgewißheit zugesagt wie der Kirche als Ganzer. Wenn aber nun jeder einzelne Christ letztlich die Wahrheit und das Heil auch verfehlen kann, wie kann dann die Gemeinschaft der Christen jetzt schon unfehlbar »subjektiv« im Heil und in der Wahrheit sein? Rahner betont immer wieder, »daß die Kirche nicht bloß die nachträgliche Summe der fehlbaren und glaubenslos sein könnenden einzelnen ist, sondern die wirksam prädestinierte Gemeinde der von Gottes Gnade Umfaßten«[190]. Das entscheidende »Mehr« der kirchlichen Gemeinschaft über die einzelnen hinaus, das also, was sie zugleich zu einem wirklichen Gegenüber für den einzelnen werden läßt, liegt in ihrer unzerstörbaren Wahrheit und Heiligkeit, durch die Gott sie gleichsam »im voraus zum tatsächlichen Verhalten ihrer Glieder davor bewahrt, grundsätzlich und wesentlich aus der Gnade und Verheißung Gottes herauszufallen«[191].

Dieses untrügliche Bewahrtwerden der Kirche gerade in ihrer subjektiven Wahrheit und Heiligkeit soll auch in der gesellschaftlichen Gestalt der Kirche zur Erscheinung kommen. Das geschieht – wie wir sahen – am eindeutigsten in den »unfehlbaren« (d.h. vom jeweiligen subjektiven Maß der Heiligkeit und Wahrheitserkenntnis im gewissen Sinn unabhängigen) Vollzügen der »objektiv« heiligen und wahren Kirche. Objektive und subjektive Heiligkeit stehen sich in der Kirche nicht wie zwei ganz verschiedene Pole gegenüber, die sich vielleicht gegenseitig etwas fördern können. Das Objektive (also das Amtliche, Sakramentale, Institutionelle) hat eigentlich nur die Funktion, jene immer schon bestehende und nie aufhörende subjektive Wahrheit und Heiligkeit der Kirche (auf die es ja als der eigentlichen »res« des Ursakramentes ankommt, denn sie ist die angenommene Gnade Gottes selbst) im gesellschaftlichen Raum eindeutig darzustellen und *dadurch* in »zeichenhafter Ursächlichkeit« auch wiederum immer neu zu bewirken. Amt und Sakramente sind nicht einfach irgendwelche »Mittel«, die das von ihnen ganz verschiedene Heil und dessen heiligende Annahme irgendwie »herstellen« sollen. Sie wirken nur als »Zeichen«, die das geschenkte und auch grundsätzlich in der Kirche als Ganzer angenommene Heil (subjektive Heiligkeit) darstellen und wirksam vergegenwärtigen. Diese zeichenhafte Wirksamkeit zeigt sich besonders deutlich im Gegenüber von Sakrament und einzelnem Gläubigen; denn dessen heilsbedeutsame subjektive Heiligkeit ist ja vor allem Teilhabe an der allgemeinen subjektiven Heiligkeit der Kirche, und diese Teilhabe kommt gerade im objektiven, sakramentalen Tun der Gemeinschaft am einzelnen deutlich zum Ausdruck.

g) Heilige und sündige Kirche

Damit ist im Grunde auch schon eine andere Frage beantwortet, die man sich angesichts dieses sakramentalen Kirchenverständnisses und der hohen Einschät-

[190] IV, 353; vgl. VI, 342.
[191] VI, 343.

zung des amtlich Institutionellen in der Kirche stellt: Wie entgeht dieser Entwurf der Gefahr, die »Objektivität« der unfehlbaren, heiligen Kirche zu einer eigenen, selbständigen Größe gegenüber den einzelnen fehlbaren und sündigen Gliedern zu »hypostasieren?«[192] Es ist die große Versuchung gerade einer solchen Ekklesiologie, die Kirche auf Grund ihrer objektiven Vollzüge als eine unbedroht heilige und wahre Institution »oberhalb« der sündigen und irrenden Individuen anzusehen, und damit nur das Gegenüber von institutioneller Gemeinschaft und einzelnen Gläubigen, nicht aber die Identität zu betrachten. Die Kirche ist in ihrem Wesen zwar mehr als die Summe der einzelnen, aber »aus diesem eigenen ›Wesen‹ der Kirche darf keine falsche ›Hypostasierung‹ entstehen«[193]. Wir sahen bereits, daß Rahner dieses Problem grundsätzlich mit der Unterscheidung von »res« und »sacramentum« löst, daß also die Objektivität der Kirche in ihren amtlich-sakramentalen Vollzügen nur die gesellschaftlich eindeutige Darstellung der immer schon gegebenen Wahrheit und Heiligkeit der Kirche als Gemeinschaft bedeutet.

Allerdings verschärft sich die Frage noch etwas, wenn es um die Macht der *Sünde* in der Kirche geht. Für Rahner ist Sünde nicht nur eine Wirklichkeit »in« der Kirche, insofern die einzelnen Gläubigen eben Sünder sind, sondern auch eine Wirklichkeit der Kirche selbst: sie ist »sündige Kirche«[194]. Denn die Sünde ihrer Glieder betrifft die Kirche als Gemeinschaft konkreter Menschen selbst; sie wird als Ganze im »Niveau« ihrer Heiligkeit gesenkt. Sie ist eben kein Ideal und keine unangefochten über den Menschen schwebende Institution, sondern hat ihre Existenz nur *in* den glaubenden und auch sündigenden Menschen. Ja, selbst ihre institutionellen Vollzüge werden durch die Sünde ihrer Amtsträger mitgeprägt, da es in den konkret handelnden Menschen keine Trennung zwischen sündigem Privatbereich und heiligem Amtsbereich gibt. Deswegen muß die Kirche auch selbst immer wieder um Vergebung bitten, bleibt sie selbst zutiefst »ecclesia semper reformanda«.

Wie verhält sich aber diese Sündigkeit der Kirche zu ihrer unzerstörbaren Heiligkeit? Wie kann die Kirche selbst sündig sein, wenn sie doch als Sakrament des endgültig geschenkten Heils wesentlich heilig ist? Rahner lehnt bei der Beantwortung dieser Frage von vornherein die simple Trennung in eine objektive, von der Sünde unberührt bleibende Heiligkeit der Kirche in Amt und Sakrament und eine subjektive, durch die Sünde ständig verletzte Heiligkeit der einzelnen Glieder ab. Wie die Kirche als Ganze das Sakrament der Gnade Gottes ist, so ist sie auch als Ganze sündige Kirche. Wie geht das aber zusammen?

Rahner geht auch hier wiederum vom Unterschied zwischen dem einzelnen und der Kirche als Ganzer hinsichtlich ihrer grundsätzlich verschiedenen Heilssituation aus. Er wendet sich gegen eine gleichsinnige Übertragung der Formel »simul iustus et peccator« vom einzelnen Subjekt auf die Kirche als Ganze[195]. Denn wenn auch der einzelne Gläubige aus einem tiefen Vertrauen heraus leben kann, daß Gott ihn gerechtfertigt hat, daß er durch Glaube und Taufe wirklich etwas Neues, nämlich zum Kind Gottes geworden ist und deswegen nicht einfach mehr auf derselben

[192] VI, 328, 342.
[193] VI, 342.
[194] VI, 321–347.
[195] VI, 342; vgl. VI, 262–276.

Ebene »Sünder zugleich« ist, so steht er doch unter der bleibenden Bedrohtheit der Sünde, der er niemals endgültig in diesem Leben entfliehen kann. Diese letzte, die ganze Existenz vernichten-könnende Bedrohung durch die Sünde, gibt es für die Kirche als Ganze jedoch nicht mehr. Weil sie das Ursakrament der endgültig mitgeteilten Liebe und Wahrheit Gottes ist, stehen in ihr Heiligkeit und Sünde (analog: Wahrheit und Irrtum) grundsätzlich nicht mehr in einem gleichen Verhältnis zu ihrem eigentlichen Wesen. Da, wo die Kirche in ihrer subjektiven und objektiven Heiligkeit auch geschichtlich sichtbar erscheint, kommt ihr eigentliches Wesen als Gegenwart der Wahrheit und des Heils Gottes zur Darstellung. Da jedoch, wo sie (wirklich *sie selbst!*) als sündige erscheint, bringt sie nur den innergeschichtlich bleibenden, aber doch bereits von Christus her überwundenen Widerstand des Menschen gegenüber der geschenkten Heiligkeit zur Darstellung. In der Sünde der Kirche erscheint ihr schuldhafter, im letzten jedoch ohnmächtiger Widerspruch gegen ihr eigenes Wesen [196]. Kirche ist also keineswegs das »reine Paradox einer Einheit von wahrnehmbarer Sünde und verborgener Gnade« [197].

Rahner bringt noch ein anderes Moment in seine theologische Erklärung des Verhältnisses von sündiger und heiliger Kirche hinein. Trotz der unzerstörbaren Wahrheit und Heiligkeit gehört die Sünde als bleibender Widerspruch so sehr zur Wirklichkeit der Kirche selbst, daß sie das wahre Gesicht der Kirche verzerren und entstellen kann. In dieser Tatsache kommt letztlich die Teilnahme der Kirche am *Kreuz Christi* zum Ausdruck. Wie im gekreuzigten Herrn die Sünde der Menschen samt ihren Folgen (Leid und Tod) sichtbar erschienen, aber siegreich ausgetragen ist, so muß auch die Kirche, die den Widerspruch der Sünde, zumal ihrer eigenen Sünde, in sich selbst erfährt, das Leiden an der Sünde und zugleich die ihr geschenkte Erlösung von der Sünde in der Nachfolge des Kreuzes Christi darstellen.

»In der konkreten Ordnung des Heils, deren erstes und letztes Achsenkreuz eben das Kreuz Christi ist, können auch das Leid der einmal begangenen Schuld, ihre menschliche Ausweglosigkeit, die Angst und Trostlosigkeit, die an ihr ist, das irdische Dunkel, das uns die Schuld und das aus Schuld folgende Leid oft so ununterscheidbar ineinanderfließen läßt, zur Erscheinung und zum Mitvollzug des Kreuzes Christi in der Welt werden, kann in Christus die offenbarende Folge der Sünde zu ihrer Überwindung werden. Wenn die Kirche an der Sünde leidet, erleidet sie die Erlösung von ihrer Schuld; denn sie leidet ihre Schuld in Christus, dem Gekreuzigten ...« [198]

[196] VI, 312f.

[197] A.a.O., 310.

[198] VI, 313; siehe auch V, 383: »Sie ist gerade dadurch die Kirche Christi, daß Gottes fleischgewordene, vergebende Gnade solche Menschen, wie wir es sind und uns erfahren, mit der ganzen Last ihrer immer tödlich bedrohten Existenz angenommen und zur Kirche gemacht hat. Wäre es dann aber im geringsten undogmatisch, wenn der einzelne Christ gerade von dieser seiner Erfahrung des eigenen Daseins her die Kirche sähe: als die Gemeinde derer, die obzwar sündig, doch nicht ihre Schuld ableugnen, sondern mit ihr zur Gnade Gottes fliehen, als die Gemeinde derer, die zugeben, daß sie an das *Kreuz* ihres Daseins genagelt sind, aber eben mit dem gekreuzigten Herrn, als die Gemeinde der Ratlosen, solcher aber, die glaubend ihre Finsternis in das Geheimnis Gottes hineinbergen, als die Gemeinde derer, die den Mut haben zu bekennen: mein Gott, warum hast du mich verlassen, und gerade nach diesem Wort ihre Seele in die Hände des Vaters geben, obwohl es schrecklich ist, in die Hände des lebendigen Gottes zu fallen? Warum sollte also der Christ sich nicht so als Glied der Kirche fühlen, daß er sein erfahrenes Schicksal als die Erfahrung der Kirche, als das darin glaubend ausgetragene Schicksal erfährt und eben

Der Gedanke der »pilgerschaftlichen Existenz der sündigen ecclesia crucis« [199] hat in Rahners dogmatischer Ekklesiologie (wenn auch nicht unter dem Begriff der »Kirche des Kreuzes«) zweifellos seinen festen Ort, und zwar als jene formale Eigentümlichkeit, wodurch das eschatologisch-endgültige Wesen der Kirche sich eben nur im fortlaufenden Gang der Heilsgeschichte realisiert. Insofern fungiert dieses Wissen um die Geschichtlichkeit und Sündigkeit der Kirche als ein notwendiges Korrektiv gegen etwaige triumphalistische Tendenzen eines sakramentalen Kirchenverständnisses, nach denen die Kirche entweder schlechthin mit der in ihr angezeigten Wirklichkeit (das Heil selbst) oder zumindest mit der vollendeten Gestalt des Heils gerne verwechselt wird. Die Erfahrung der pilgernden und sündigen Kirche soll dazu dienen, die »ontologische Differenz« zwischen dem »gesehenen Glanz der Kirche« und ihrer »geglaubten Herrlichkeit«, also zwischen dem menschlich-endlichen »sacramentum« und der göttlich-absoluten »res« in der Kirche offenzuhalten [200]. Rahner betont deswegen häufig, daß die Kirche nur als Gemeinde der »pilgernd Glaubenden und Hoffenden«, nur als das seiner eschatologischen Vollendung noch entgegenwandernde Volk Gottes die Präsenz der Wahrheit und Liebe Gottes ist: sie bewegt sich »im Ziel auf das Ziel hin« [201]. Die Kirche ist eben das Ursakrament des Heiles nur in der Weise des *geschichtlichen* Zu-sich-selber-Kommens der Annahme dieses geschenkten Heils. Und doch bewegt sich diese Geschichte bereits auf ihrem endgültigen Höhe- und Zielpunkt, insofern »Gott selbst (...) Ziel und Prinzip (Gnade genannt) der Bewegung auf ihn zu« ist [202]. Dieses Paradox der »Bewegung im Ziel auf das Ziel zu«, also der eschatologischen und zugleich geschichtlichen Präsenz des Heils in der Kirche, kommt gerade im Glauben an die unzerstörbar heilige Kirche und in der Erfahrung der sündigen Kirche zugleich sehr deutlich zum Ausdruck.

3. *Transzendentale Fragestellung und dogmatische Ekklesiologie*

Wir kommen zu einem letzten Punkt in der Darstellung des dogmatischen Kirchenbegriffs Rahners. Im Zentrum dieser Ekklesiologie steht offensichtlich die Idee der *endgültigen* Selbstmitteilung Gottes in Christus, welche in der Kirche als Ursakrament geschichtlich vergegenwärtigt wird. Worin liegt es begründet, daß sich das ganze systematische Verständnis der Kirche und ihres institutionellen Charakters so sehr auf dieses formale Merkmal der Endgültigkeit des in ihr sakramental erscheinenden Heils konzentriert? Der Grund liegt u.E. im starken Einfluß der transzendentalen Fragestellung auf die positiv-dogmatische Theologie Rahners, also in der grundlegenden Bezogenheit aller theologischen Aussagen auf den Menschen als transzendentales Subjekt und auf dessen Heilsfrage.

dies ihm seine Kirche charakterisiert? Denn gerade *indem* der Tod gehorsam angenommen wird, in der Finsternis an das Licht Gottes geglaubt wird, die Ungewißheit dem Geheimnis schlechthin anvertraut wird, entsteht jene Gemeinde der Glaubenden, die die Kirche ist und immer durch die Gnade Gottes bleibt.«

199 VI, 330; siehe auch 333f.

200 Vgl. V, 385.

201 VI, 357; HPTh I, 134.

202 HPTh I, 134.

Der Mensch, der in der Transzendenz seines Geistes auf die Wirklichkeit im ganzen und auf deren absoluten Grund, Gott, ausgerichtet ist, fragt und sucht darin immer schon nach so etwas wie »Heil«, nach einer persönlichen Begegnung mit dem »absoluten Geheimnis« der Wirklichkeit. Er hofft und wartet darauf, daß sich Gott *selbst* ihm in persönlicher, liebender Nähe mitteilen will, wobei diese Hoffnung in der faktischen Heilsgeschichte auch immer schon von der transzendental »miterfahrenen« Selbstmitteilung Gottes getragen ist. Dieses Heil der persönlichen Beziehung zu Gott kann der Mensch in seiner unlöslichen Einheit von Geist und Geschichte aber in vollem Sinn nur in der Geschichte finden, welche als das reflexe Zu-sich-selbst-Kommen der transzendentalen, gnadenhaft erhobenen Subjektivität des Menschen und darin der Selbstmitteilung Gottes verstanden wird. Die Geschichte bietet ihm nun auch vielerlei religiös-gesellschaftliche Objektivationen seiner Heilsfrage und auch ihrer möglichen Antwort an. Aber der fragende Mensch findet darin noch nicht die letzte Erfüllung, denn diese Antworten erscheinen ihm alle noch als »vorläufig«; er sucht nach der voll und ganz gelungenen geschichtlichen Gestalt der göttlichen Selbstmitteilung, wo also die Kluft zwischen göttlichem Heil und menschlicher Heilsfrage geschlossen ist und die beiden Seiten zur unüberbietbaren Einheit gelangen. Das bedeutet aber: er sucht nach »Gott *selbst* in der Geschichte«, nach dem »absoluten Heilbringer«, weil nur er sein unbändiges Sehnen nach letztgültigem Sinn, nach absoluter Bejahung in aller Erfahrung des Relativen und Vorläufigen stillen kann. Diese Suche des »unruhigen Herzens« kommt erst da an ihr Ziel, wo sie in der Geschichte den findet, der ihr die endgültige Ruhe alles Suchens verheißt und sie bereits – in geschichtlicher Vermittlung – schenkt. Das aber kündet der christliche Glaube gerade von Jesus Christus, dem menschgewordenen Gott. Eine größere Nähe zu Gott als in dieser geschichtlichen Person Jesu Christi kann es nicht mehr geben: Gott hat sich endgültig selbst dem Menschen mitgeteilt. Erst in der geschichtlich-gemeinschaftlichen und d.h. kirchlichen Nachfolge dieses Gott-Menschen in Glaube, Hoffnung und Liebe findet der einzelne Mensch die endgültige Antwort seiner Heilsfrage. Wegen dieser transzendental orientierten Fragestellung also richtet sich Rahners ganze Aufmerksamkeit bei der dogmatischen Behandlung der Kirche auf die Frage, wie in ihr diese Endgültigkeit des Heils präsent bleibt und dem Menschen vermittelt wird.

Eine *Folge* dieser entschiedenen Konzentration erkannten wir bereits, nämlich daß ein sehr abstrakter und formalisierter Kirchenbegriff zustande kommt. Im Vordergrund steht der formale Aufweis, daß die Kirche im Geschehen der endgültigen Selbstmitteilung Gottes in Christus die bleibende, gesellschaftlich gelungene *Kategorialisierung* der göttlichen *Transzendenz* darstellt. Damit erhält das Kategoriale zwar seine unersetzliche und hohe Bedeutung; aber dies nicht so sehr wegen einer bestimmten konkreten Gestalt dieses Kategorialen, sondern mehr wegen des formalen Charakters als von Gott sich angeeigneter Kategorialität überhaupt. Es geht ja immer primär um die formale *Strukturgleichheit* zwischen Christus und Kirche, durch welche realsymbolisch die Endgültigkeit der Gnade gezeigt werden soll. Die inkarnatorische »Struktur« von Christus und Kirche ist das Entscheidende der endgültigen Heilsvermittlung. Natürlich ist darin bei beiden auch die konkrete Gestalt und Geschichte dieser kategorialen Erscheinung impliziert, aber eben doch nur »mit«-gesagt; sie steht nicht ausdrücklich im Blickpunkt der systematischen Betrachtung. Die Bedenken, die H. U. v. Balthasar, B. v. Heijden u. a. vor allem gegen Rahners Christologie erheben, treffen in ähnlicher Weise auch auf die Ekklesiologie zu: Nicht nur die Menschheit Jesu in ihrer gelungenen Einheit von Transzendenz und Geschichte ist Realsymbol Gottes. Vielmehr offenbart vor allem die konkrete, personale Relation Jesu in seinem freien Gehorsam zum gnädigen Vater, wie Gott *selbst* ist und sich zu uns verhält: »Gott macht sich frei zu unserem Vater: die *humanitas* Dei, seine über göttliches Wesen und essentiale Liebe hinausgehende *benignitas* und *paternitas*«. »Christus erhebt den Anspruch, Gott zu offenbaren. Was er offenbart, ist nicht direkt das Wesen Gottes, sondern das freie, persönliche Verhältnis Gottes als des Vaters. Dieses Verhältnis Gottes zu Christus und zu uns erscheint in der menschlichen Wirklichkeit Jesu: in seinen Worten, in seinen Taten, in seiner ganzen Leiblichkeit als Gestalt seiner Person«[203]. Es geht also um die Konkretheit der Liebe Gottes, um sein persönliches Verhältnis zu den Menschen, für das dann besonders die konkrete Existenz Christi das Realsymbol sein muß.

Auf das sakramentale Verständnis der Kirche übertragen, könnte man fragen, ob sie nicht gerade als Ursakrament der Wahrheit und Liebe Gottes stärker die konkrete Wirklichkeit Jesu, seiner Botschaft, seiner Zeichenhandlungen, seines persönlichen Geschicks und vor allem seines Verhältnisses zum Vater auch in ihrer gesellschaftlichen Gestalt, in ihren Sakramenten, in ihrem Amt usw. darstellen sollte, um wirklich Realsymbol der persönlichen Selbstgabe Gottes an die Menschen zu sein. Es geht keineswegs darum, die Dimension der Sakramentalität und der Endgültigkeit im Begriff der Kirche zu vernachlässigen. Aber diese Begriffe würden viel von ihrer formalen Abstraktheit verlieren, wenn sie mehr mit konkreten, biblischen Inhalten gefüllt würden, wie Rahner es z. B. bei der Erklärung der sündigen Kirche als Nachvollzug der am Kreuz erlittenen und überwundenen Macht der Sünde tut. H. U. v. Balthasar spricht deswegen von den »christologischen Situationen«, in welche die Gnade (vor allem die der Sakramente) den Menschen hineinnimmt[204]; nicht so sehr typische menschliche Situationen differenzieren also eine »undifferenzierte« Gnade Christi in den Einzelsakramenten; vielmehr bestimmen und de-finieren »die urbildliche Prägekraft des gottmenschlichen Lebens«[205] und die von diesem Leben ausgehende »personale, situationsschaffende Mächtigkeit der christlichen Gnade«[206] den einzelnen Menschen zu dem, was er eigentlich in seinem Verhältnis zu Gott sein soll.

»Die innere Geschichtlichkeit der christusförmigen Gnade und ihre geschichtsbildende Kraft stammt aber nicht allein daher, daß Christus in seiner irdischen Existenz uns den Vater bringt und auslegt, uns in seiner Menschheit zum lebendigen Sakrament des dreieinigen Lebens wird, sondern daß er gleichzeitig in der beschriebenen Weise unsere Geschichte und Tradition in sich aufgenommen hat. Er hat kein abstraktes Menschenleben gelebt, sondern lebend die bunte, rauhe Geschichtlichkeit der realistischen Menschheit eingeholt und er-

[203] *B. Heijden,* Darstellung, 446 f. H. sieht den Grund für diese Abstraktheit in der Unklarheit und Zweideutigkeit des Begriffs »*Selbst*mitteilung«: Er bleibt bei Rahner in der Schwebe zwischen Seins- (bzw. Wesens-, Natur-)Mitteilung und Person- (bzw. Relations-)Mitteilung, wobei nach H. das Verständnis der Seinsmitteilung bei Rahner im Vordergrund steht (vgl. 325f, 363f, 383f).

[204] *H. U. v. Balthasar,* Theologie der Geschichte, Einsiedeln 1959 (3. Aufl.), 56.

[205] A. a. O., 72.

[206] A. a. O., 57.

kundet, in seinem Gehorsam gegenüber dem Vater die ganze konkrete Geschichtlichkeit der Geschöpfe des Vaters rekapituliert, um ihren wahren Sinn zu befreien und dadurch den Vater und Schöpfer der Welt zu ehren und zu rechtfertigen.«[207]

Dieses Einbeziehen der konkreten »christologischen Situation« des geschichtlichen Jesus in das sakramentale Christus- und Kirchenverständnis hätte zur Folge, daß die Struktur- und Funktionsgleichheit von Christus und Kirche als den beiden Grundformen der Sakramentalität des Heils durch eine bestimmte inhaltliche »Geschichts-gleichheit« gefüllt würde. Dabei könnte dann auch deutlicher die totale Abhängigkeit der Kirche von Jesus Christus und seiner Geschichte hervortreten. Denn eine zu starke und einseitige Betonung nur der gleichen sakramentalen Struktur und Funktion von Christus und Kirche steht immer etwas in Gefahr, die verbindliche Maßgabe durch den geschichtlichen Jesus Christus hintanzusetzen oder einfach als selbstverständlich vorauszusetzen, um dann die Normativität für das kirchliche Handeln zu sehr nur im jeweiligen Selbstvollzug der Kirche, sei es der Urkirche, sei es der jeweils geschichtlich existierenden Kirche zu sehen. In die Sakramentalität der Kirche selbst müßte, um diese Gefahr zu vermeiden, noch stärker ihr bleibendes »kritisches« Gegenüber in der konkreten Person und Geschichte Jesu Christi einbezogen werden, damit zugleich im Ursakrament Kirche auch die unaufhebbare Differenz zu Christus festgehalten wird. Auch dürfte dadurch eine zu große Beliebigkeit dessen, was kirchlicher Selbstvollzug bedeutet, ausgeschlossen werden. So wurde ja z.B. in der Vergangenheit häufig gerade mit der inkarnatorischen Struktur der Kirche eine übertriebene Institutionalisierung und Veramtlichung der Kirche begründet, weil man fast ausschließlich im Institutionellen die Fortsetzung der heilsmittlerischen Funktion der Menschheit Jesu sah (als »instrumentum coniunctum« des Logos)[208]. Den Vorwurf einer »versteckten Amtsekklesiologie«[209] kann man – wie L. Boff zutreffend feststellt – der Auffassung Rahners jedoch sicher nicht machen. Dafür ist bei ihm im Gegensatz zu mancher traditionellen sakramentalen Ekklesiologie das Amt viel zu sehr in das Ganze der Kirche eingebunden und kommt nur in Funktion dieses Ganzen zur Auswirkung.

Diese Einbindung des Amtes in das Ganze der Kirche führt zu einem weiteren Gesichtspunkt, der bereits zum nächsten Kapitel überleitet. Das Institutionelle spielt bei Rahner zwar gerade wegen der Konzentrierung auf das formale Strukturmerkmal der Endgültigkeit der sakramentalen Vergegenwärtigung des Heils in der Kirche eine große Rolle. Diese hohe Einstufung bezieht sich aber nur auf die höchsten und wichtigsten, die »unfehlbaren« Vollzüge der amtlich-institutionellen Kirche. Alles andere, also der weite Raum der »nicht-unfehlbaren«, nur mit »gewöhnlichem« Intensitätsgrad vollzogenen Tätigkeiten der institutionell verfaßten Kirche wird von dieser theologischen Begründung nur indirekt erfaßt; nämlich insofern, als auch das Amt »göttlichen Rechtes« nicht immer und in jedem Einzelfall »in indivisibili«, d.h. entweder nur »unfehlbar« oder überhaupt nicht agiert. Es vollzieht sich wie jeder menschlich-geschichtliche Selbstvollzug in der »Gestreutheit« seiner pluralen Momente, die jedoch alle in der Einheit des einen

[207] Ebd.
[208] Vgl. dazu *L. Boff,* Kirche, 353ff; *P. E. Persson,* Repraesentatio Christi.
[209] *L. Boff,* Kirche, 357.

Wesens eingebunden bleiben. Deswegen lehnt Rahner eine klare Scheidung zwischen unfehlbaren und fehlbaren amtlichen Vollzügen ab, weil das Ganze des kirchlichen Amtes (soweit es zum wesensgemäßen Selbstvollzug der Kirche gehört) in all seinen »Intensitätsstufen« in der Einheit mit dem Geist Gottes gehalten wird. Es gibt also weder amtliche Tätigkeiten als solche, die ganz des endgültig bleibenden Beistandes des Geistes entbehren, noch solche, die in reiner, unbedrohter, von jeder menschlichen Fehlbarkeit befreiter Klarheit gleichsam die Kirche *nur* als »indefektibles« Sakrament der Wahrheit und Güte Gottes erscheinen lassen. Auch die höchsten unfehlbaren Akte, z.B. des Lehramtes, haben teil an der Geschichtlichkeit menschlichen Tuns, an der Vorläufigkeit und Unklarheit menschlicher Formulierungen, auch wenn sie letztlich untrüglich das Heilsangebot Gottes anzeigen[210]. Das amtlich Institutionelle partizipiert also in all seinen Vollzügen sowohl an der eschatologischen Endgültigkeit als auch an der geschichtlichen Pilgerschaft des Ursakramentes Kirche, wobei jedoch in seinen entscheidenden Vollzügen das »totale Selbstengagement« der Kirche am eindeutigsten zu Tage tritt. Wir sind von der Richtigkeit dieser Argumentation überzeugt, zumal in ihr das qualitativ Besondere und Einmalige der neutestamentlich-kirchlichen Gemeinschaft (und ihrer wesentlichen Strukturelemente) gegenüber anderen Gemeinschaften und auch gegenüber dem einzelnen Gläubigen deutlich herausgearbeitet wird. Aber dennoch kann man fragen: wird das Institutionelle als solches hier nicht doch zu hoch eingeschätzt? Hat diese – von der transzendentaltheologischen Fragestellung her bedingte – Zuspitzung auf die Endgültigkeit des Heils nicht doch zur Folge, daß Kirche »eigentlich« und voll als sie selbst nur in den Sakramenten und im Amt, also in ihren Institutionen gegeben ist? Wird diese theologische Beurteilung des Institutionellen der konkreten Wirklichkeit der Kirche, der Mannigfaltigkeit ihres vom Geist gewirkten Lebens gerecht? Bedarf es nicht doch noch, um die Gefahr einer objektivistischen »Amtsekklesiologie« zu vermeiden, einer *Relativierung* des Amtlichen, die zwar nicht seinen spezifischen Charakter auflöst, die aber doch über seine funktionale Bindung an die Kirche als *Ganze* hinausgeht? Eine Relativierung also, die das Amt in Beziehung setzt zu den vielen *einzelnen*, konkreten nicht-amtlichen Selbstvollzügen der Kirche? Diese Relativierung gibt es nun durchaus in Rahners Ekklesiologie, und zwar in der Gegenüberstellung von Institution und Charisma.

IV. INSTITUTION UND CHARISMA

1. Einheit und Verschiedenheit

Das erste, was Rahner über dieses Verhältnis aussagt, betrifft die unlösliche Einheit von Institution und Hl. Geist im allgemeinen und damit von Amt und Charisma im besonderen. Wie der Kirche im ganzen, so wird auch dem kirchlichen Amt die bleibende Einheit mit dem Geist Gottes nur von diesem Geist selbst her geschenkt und garantiert, nicht jedoch vom menschlichen Tun, von seinen rechtlichen Normen und Verfassungen her. Deswegen bleibt dieses Geschenk des Geistes

[210] VI, 363f; VI, 468ff; HPTh I, 158f.

Gottes für das Amt trotz aller Endgültigkeit eine »unfaßbare«, immer neu zu empfangende, nicht einfach der Verwaltung durch den Menschen anheimgegebene Gabe. In diesem Sinn gehört zum kirchlichen Amt deswegen immer schon das Charismatische, insofern mit diesem Ausdruck bei Rahner die Gegenwart des Geistes als des »Unverrechtlichbaren«, des »Nicht-Verwaltbaren«, des »Nicht-in-Gesetzen-und-Normen-Faßbaren» bezeichnet wird, was im Gegensatz zu dem »bloß Institutionellen«, dem ganz vom Menschen Machbaren und Planbaren steht[211].

Zum Verständnis des Charismatischen greift Rahner auf seine Anthropologie der Freiheit zurück, in der die sog. »Existentialethik« eine große Rolle spielt. Das ganz individuelle, konkrete Erfassen des Willens Gottes als Imperativ an die einmalige, unverwechselbare Person und ihre Freiheit läßt sich nicht aus allgemeinen Prinzipien und Normen angemessen deduzieren, läßt sich auch nicht von der Kirche und ihrer sittlichen Autorität angemessen »verwalten«. Es gibt die Dimension des Konkreten und Individuellen, in der der einzelne dem ihm vom Geist Gottes gegebenen eigenen Charisma überlassen bleibt[212]; in der er in »existentieller Erkenntnis« *seinen* Auftrag und *seine* Berufung in der Kirche erfährt und befolgt. Diese christlich-anthropologische Wirklichkeit zeigt sich in der gesellschaftlichen Dimension der Kirche als das Charismatische, was nicht von jeher in stabilen Normen, Strukturen und Prinzipien feststeht, sondern je neu das Wirken des Geistes in seiner Kirche offenbart[213]. Das Institutionelle dagegen entspricht dann in der gesellschaftlichen Ordnung jenem sittlichen Handeln, welches aus allgemeinen Gesetzen und Prinzipien stets erkennbar und ableitbar ist. Es ist also das Planbare und Überschaubare, was dem Menschen als bleibende Norm seines Handelns immer zur Verfügung steht, was seiner Verwaltung und seinem »Machen« anheimgegeben ist.

Dennoch ist das amtlich Institutionelle in der Kirche wegen des charismatischen Elements in ihm selbst nicht total »verrechtlichbar« und »machbar«. Es hebt sich selbst, gerade um sich treu zu bleiben, ständig ins »Überamtliche«, ins Charismatische hinein auf. Und dies nicht nur bei seinen höchsten, unfehlbaren Vollzügen, sondern auch im normalen Alltag des Amtes, wenn auch hier menschliche Selbstgerechtigkeit, Verfehlung und Verhärtung das Charismatische in ihm sehr verdunkeln können. Natürlich ist nicht jedem einzelnen Akt des Amtes dieser bleibende charismatische Beistand des Geistes in gleicher »Dichte« gesichert, wohl aber dem Amt im ganzen seines Vollzugs in der Kirche. Das Charismatische des Amtes zeigt sich z.B. in den konkreten »Weisungen«, die als Entscheidungen der Amtsträger einen Imperativ, einen Rat für bestimmte geschichtlich einmalige Situationen (innerkirchlicher oder gesellschaftspolitischer Art) an die Gläubigen bedeuten. Diese Weisungen können weder bloß aus einer empirischen Situationsanalyse noch aus allgemeinen Prinzipien stringent abgeleitet und als schlechthin verbindliche Norm auf den Einzelfall angewandt werden. Ihr eigentümlicher Sollenscharakter kommt gerade daher, daß sie »charismatische Weisungen unter dem Beistand des Geistes der Kirche« sind[214], und zwar Weisungen gerade des kirchlichen Hirtenamtes in

[211] DiK, 39.
[212] Siehe dazu II, 112; II, 227–246, bes. 244f; DiK, 74–147.
[213] Siehe II, 114; VI, 521–536, bes. 533; VI, 499–520; VII, 77–90.
[214] VIII, 626; Strukturwandel, 82–87.

seinem »normalen« (durchaus auch fehlbaren) Vollzug. Die charismatische Eigenart des Amtes zeigt sich ferner darin, daß das Amt vom Weihesakrament her immer schon als eine »ursprüngliche Einheit von institutioneller Amtsvollmacht und personal-heiligender und so sich grundsätzlich auch charismatisch auswirkenkönnender Gnade« konstituiert wird[215]. Damit soll gesagt sein, daß das Amt gerade um der Wirksamkeit seiner Vollmacht willen der persönlichen Amtsgnade, des Charismas bedarf. In ähnlicher Weise ist das Amt in allen seinen Vollzügen immer schon auf die glaubende, hoffende und liebende »Disposition« des Adressaten seiner Heilsvermittlung angewiesen, damit die »gültige« Spendung des Sakraments auch »fruchtbar«, auch heilswirksam angenommen wird, damit das Wort des Lehramtes auch wirklich gläubig »verstanden« und bejaht wird, und damit schließlich alles amtliche Tun die Menschen zur glaubenden Hingabe an das Geheimnis des sich selbst mitteilenden Gottes führt. Daß dies aber gelingt, dazu bedarf es der Bereitung des Gläubigen durch die institutionell und sakramental allein nicht mehr »verwaltbare«, die »freie«, charismatische Gnade[216].

Dieselbe Einheit von Amtlichem und Charismatischem zeigt sich auch von der Seite des sog. »*freien* Charismas« her. »Frei« ist das Charisma insofern, als es jene gnadenhafte Berufungen und Begabungen in der Kirche und zur Auferbauung der Kirche meint, »die nicht in sakramentaler oder rechtlich geregelter Weise durch eigene stabile Institutionen der Kirche verliehen oder weitergegeben werden, sondern unmittelbar ›von oben‹ kommen«[217]. Diese nicht-amtliche Geistbegabung, die grundsätzlich jedem Christen zukommt (in den sieben Gaben des Hl. Geistes, in der von Gott individuell zugesagten Rechtfertigungsgnade), und die sich in besonderen, für den kirchlichen Selbstvollzug unentbehrlichen sozialen Berufungen, also in Charismen[218], auch gesellschaftlich manifestiert, steht jedoch in einer untrennbaren Einheit mit dem amtlich-institutionellen Selbstvollzug der Kirche. Denn jeder Charismatiker in der Kirche ist getauft und somit in seiner Geistbegabung getragen vom sakramentalen Leben der Kirche; er bekennt den gemeinsamen, nur in der Einheit der gesellschaftlich verfaßten Kirche als wahr gegebenen Glauben und gliedert sich in die rechtlich strukturierte Lebensordnung der Kirche ein[219]. Es gibt deswegen kein Charisma im eigentlichen Sinn, das grundsätzlich unkirchlich sein könnte, das sich aus seiner Geisterfülltheit heraus von der konkreten, institutionell geordneten Kirche trennen könnte; denn die Kirche ist als Ursakrament des Heils eine »pneumatische Institution«[220].

Auf dem Hintergrund dieser grundlegenden inkarnatorischen Einheit von institutionellem Amt und freiem Charisma betont Rahner sehr pointiert die *Nicht-*

[215] VIII, 626 Anm. 13.

[216] HPTh I, 155, 159; Sinn, 34f.

[217] HPTh I, 147.

[218] Siehe IX, 415–431; »Die Charismen, die in allen Christen sein können und die in jedem Gerechtfertigten, der im Leibe Christi als dessen Glied eine ganz bestimmte Funktion hat, darum auch mindestens keimhaft gegeben sind, unterscheiden sich von den christlichen Tugenden und den aktuellen wirksamen Gnaden für deren Ausübung nur so, daß sie in diesen Tugenden das für eine christliche Tugend in der Kirche eo ipso gegebene, wenn auch in verschiedenem Grad wirksame Merkmal des Sozialen, des Offenkundigen, des Bekenntnisses, Zeugnisses und der Sendung für die Kirche hervorheben« (420).

[219] HPTh I, 146f, 155.

[220] A.a.O., 147.

Identität beider Momente im Leben der Kirche. Die Gnade des Geistes ist nicht dem Amt allein vorbehalten; der Geist Gottes wirkt nicht primär und ausschließlich durch die amtlichen Organe in der Kirche. Denn die Kirche ist kein »totalitäres System«, in dem alles von einem Punkt aus, also von der Spitze des Systems gelenkt und geleitet wird, in dem alle Initiativen, alle Lebensregungen, alle Geistwirkungen nur von dieser einen Instanz ausgehen dürfen oder zumindest von ihr autorisiert sein müssen, wenn sie »legitim« sein wollen[221].

»Die Kirche ist kein totaler Staat auf religiösem Gebiet, die Kirche darf nicht meinen, es funktioniere alles in ihr dann am besten, wenn möglichst alles institutionalisiert und von der obersten Spitze der Kirche gesteuert werde, wenn der Gehorsam die Tugend wäre, die alles andere, also auch eigene Initiative, eigenes Fragen nach dem Drängen des Geistes, eigene Verantwortung, kurz das eigenständige, unmittelbar von Gott kommende Charisma völlig ersetzen würde. Nein, es gibt in der Kirche das Nichtplanbare, das Nichtinstitutionelle, das Überraschende, und darum echte Geschichte in der Kirche, die nicht nur die Ausführung eines immer schon gewußten Bauplanes des Hauses Gottes ist. Es gibt das Charismatische in der Kirche als Moment an der Kirche, und nur mit ihm ist sie das, was sie nach dem Willen Christi sein soll und immer auch durch seinen Geist sein wird.«[222]

Deswegen spricht Rahner gern von der Kirche als einem »offenen System«, dessen gegebener oder angezielter Zustand niemals von einem systemimmanenten Punkt (einer bestimmten Instanz) festgelegt werden darf, sondern allein von einer außerhalb seiner selbst liegenden Wirklichkeit, nämlich von Gott und seinem Hl. Geist[223]. Das Charismatische in der Kirche ist gleichsam die gesellschaftliche Manifestation dieser wesentlichen »Offenheit« des Systems, dieser ständigen Selbstübergabe der Kirche an das unbegreifliche Geheimnis Gottes. Durch dieses Moment erst erscheint die Kirche wirklich als das »pilgernde Volk in die Unbegreiflichkeit Gottes hinein«[224]. Das Charismatische läßt die »Unverrechenbarkeit« des Ganzen der Kirche auch gesellschaftlich sichtbar erscheinen. Selbst die eigentlich rechtliche Dimension der kirchlichen Verfassung hat teil an dieser nicht systematisierbaren Eigenart der Kirche; es zeigt sich z.B. in dem rechtlich nicht eindeutig bestimmbaren Verhältnis von Papst und Bischofskollegium als der einen höchsten Autorität in der Kirche, oder daran, daß das kirchliche Lehramt in seiner Autorität an das Glaubensbewußtsein der Kirche, an das geschichtlich vermittelte Verständnis von Schrift und Tradition, an die Theologie und ihren Fortschritt gebunden ist, ohne daß dies alles rechtlich genau geordnet werden könnte[225]. Dieses Nicht-Institutionalisierbare im gesellschaftlichen Leben der Kirche bildet nun nicht einfach einen bloß zu duldenden Rest, der nie adäquat aufzulösen ist, sondern eine wesentliche Eigenart, die nie aufgelöst werden darf, wenn die Kirche sie selbst bleiben will.

2. *Nähere Bestimmung des Verhältnisses zwischen Institution und Charisma*

Wie bestimmt nun Rahner das Verhältnis dieser beiden nichtidentischen, aber in der Kirche grundsätzlich verbundenen Momente zueinander? Soweit wir sehen,

221 A.a.O., 147f; Dik, 43ff; II, 106; V, 286; IX, 415ff.
222 V, 287f; vgl. VII, 79ff.
223 IX, 422ff.
224 A.a.O., 427.
225 A.a.O., 424ff.

bringt Rahner für diese Verhältnisbestimmung zwei Ansätze, die auf den ersten Blick nicht so leicht miteinander vereinbar scheinen und die auch von ihm selbst nicht in einen einheitlichen Entwurf gebracht werden.

a) Der sakramentale Ansatz

In einem ersten Ansatz, den wir bereits kennen, geht Rahner von den jeweils verschiedenen »Intensitätsstufen« des kirchlichen Selbstvollzugs aus. Wir sahen bereits, daß kirchliches Amt wesentlich da gegeben ist, wo sich die Kirche in einem absoluten Engagement vollzieht, wo das Amt also den unfehlbaren Selbstvollzug der ganzen Kirche als Sakrament des endgültig geschenkten Heils gesellschaftlich eindeutig manifestiert. Das Charismatische füllt demgegenüber jenen ganzen Bereich des kirchlichen Lebens in Glaube, Hoffnung und Liebe, der nicht mit »absolutem Engagement« vollzogen wird, in dem die Kirche vielmehr als das pilgernde Volk Gottes erscheint, das in seiner Geschichte der erhofften Vollendung des Reiches Gottes erst noch entgegengeht[226]. Selbstverständlich hat gerade dieses charismatische, nicht totale Selbstengagement teil an der Eigentümlichkeit der Kirche als dem indefektiblen Sakrament der endgültigen Selbstmitteilung Gottes. Denn in ihm wird ja nichts anderes als die »reuelose« Gnade Gottes personal angenommen und zugleich kirchlich-sozial wirksam. Jedoch hat in dieser Verhältnisbestimmung von Institution und Charisma das amtlich Institutionelle zweifellos den Vorrang vor dem Charismatischen.

b) Der anthropologische Ansatz (Manipulation und Freiheit)

Anders dagegen bei dem zweiten, mehr anthropologisch orientierten Ansatz. Hier wird das Charismatische als eine kirchliche Erscheinungsform der personalen Freiheit gewertet, welcher gegenüber dem Institutionellen, der gesellschaftlichen Objektivität in der Kirche eindeutig der Vorrang gebührt. In seinem Artikel »Freiheit und Manipulation in Gesellschaft und Kirche«[227] kommt dies deutlich zur Sprache. Das Institutionelle, auch in der Kirche, liegt in dieser Gegenüberstellung auf der Linie der »Manipulation«, der gesellschaftlichen Macht, die den Freiheitsraum des einzelnen im voraus zu seiner Zustimmung ändert, und zwar durch bestimmte Objektivationen der Freiheit anderer[228]. Das ist ein unvermeidliches Geschick der menschlichen Freiheit, die sich nur im vorgegebenen »Material«

[226] »Wo solches Amt (– sc. indefektibles Amt und totales Selbstengagement der Kirche –) aber nicht gegeben ist, haben wir es in der Kirche grundsätzlich mit freien Charismen zu tun, die höchstens noch nachträglich und sekundär in etwa institutionalisiert werden, soweit so etwas möglich ist. Von hier aus läßt sich auch verstehen, daß der Selbstvollzug der Kirche als Ganzer nicht durch das Amt in diesem Sinn allein getragen sein kann und also, weil doch Selbstvollzug der Kirche als solcher gemeint ist, der freien Charismen und der Charismatiker bedarf. Kein geschichtliches und zeitliches Wesen kann sich bloß durch solche Akte vollziehen, in denen es sich je gänzlich und in einem totalen Engagement setzt. So etwas würde der Zeitlichkeit, Geschichtlichkeit und der Pluralität in einem solchen Selbstvollzug widersprechen. Gerade die Kirche aber ist die pilgernde Kirche, die ihrer Vollendung erst entgegenwandert...« (HPTh I, 158f).

[227] Freiheit und Manipulation in Gesellschaft und Kirche, München 1970 (zitiert: Manipulation); darin stützt Rahner sich in seinen Grundpositionen auf den früheren Aufsatz »Theologie der Macht« (IV, 485–508).

[228] Manipulation, 15f.

einer raum-zeitlichen, leibhaftig und gesellschaftlich strukturierten Wirklichkeit vollziehen kann und damit immer schon den Freiheitsraum anderer, auch ohne deren Zustimmung beeinflußt, verändert, manipuliert. Institutionell wird diese Manipulation durch eine »gewisse Dauer und Allgemeinheit« der gesellschaftlichen Bestimmung des jeweiligen Freiheitsraums. Als solche ist sie durchaus noch sittlich neutral zu werten.

Sie muß jedoch sehr oft als eine »sündige« Manipulation angesehen werden, insofern sie ein Moment der »konkupiszenten Verfaßtheit« des Menschen bildet. Darunter versteht Rahner »den vom Freiheitssubjekt nicht adäquat integrierbaren Pluralismus seiner Freiheitssituation« [229], also den ganzen Bereich des Physiologischen, Psychologischen und Soziologischen, der als vorgegebenes Material der subjektiven Freiheit auch immer schon von der Schuld anderer geprägt ist, den der Mensch deswegen auch nicht voll und ganz in seine Freiheitsentscheidung als Selbstvollzug seiner Subjektivität auf Gott hin integrieren kann, der ihm vielmehr dabei widersteht und darum ein bleibender Antrieb zur Sünde, zur egoistischen Selbstbehauptung wird [230]. Diese konkupiszente Situation seiner Freiheit wird der Mensch zwar niemals in seiner Geschichte überwinden können; aber dennoch muß die Geschichte jenes Verhältnisses von Freiheit und vorgegebenem, stets auch sündig-manipuliertem Freiheitsraum eine *Freiheitsgeschichte* sein, in der die Freiheit das Seinsollende und die sündige Manipulation das »asymptotisch zu Überwindende« bedeutet [231]. Nur »asymptotisch« deswegen, weil eine restlose Integration alles Objektiven in die subjektive Freiheitsentscheidung (als deren vollkommen geglückter Ausdruck) innergeschichtlich nicht möglich ist. Denn jede Tat der Freiheit auf größere Freiheit hin, die sich ja notwendig geschichtlich-gesellschaftlich objektiviert, schafft immer neue Manipulationen zur Selbstentfremdung der Freiheit [232]. Die Vollendung der Freiheitsgeschichte erhofft sich der Christ allein vom Reich Gottes. Aber deswegen soll er doch diese seine Hoffnung schon innerweltlich Gestalt werden lassen, und zwar im Bemühen um jeweils bessere Objektivationen der Freiheit, ja, um sog. »Institutionen der Freiheit«, die ausdrücklich der Freiheit gegen andere, sie unterdrückende Institutionen, helfen, einen größeren Freiheitsraum zu schaffen [233].

Diese allgemeinen anthropologischen Überlegungen wendet Rahner nun auch auf die Kirche an. Sie ist eine gesellschaftliche Größe, und deswegen gibt es in

[229] A.a.O., 19.

[230] Siehe zum Begriff der Konkupiszenz: I, 377–414.

[231] Manipulation, 22.

[232] »Es ist tatsächlich so: die Freiheit schafft sich ihren eigenen Zwang; sie objektiviert sich, sie schafft sich die äußeren Bedingungen ihres eigenen Vollzuges, sie gestaltet und erweitert einen Freiheitsraum für sich; alles aber, was die Freiheit so selber schafft, gewinnt, obzwar durch die Freiheit hervorgerufen, eine Selbständigkeit und Unabhängigkeit gegenüber der Freiheit sowohl im psychischen Leben des Menschen wie in seiner Gesellschaft« (X, 126). In diesem Artikel setzt Rahner »Institution« nicht mehr so ungeschützt gleich mit »Manipulation«. Seine Aussagen zum Verhältnis von Freiheit und Institution sind hier auch viel ausgewogener als in »Freiheit und Manipulation…«. Der theoretische Ansatz ist jedoch der gleiche.

[233] X, 130ff; vgl. Manipulation 43; hier stützt sich Rahner auf Metz' Theorie von der »Institution zweiter Ordnung« und damit auch auf Schelskys Idee der Institutionalisierung der Dauerreflexion.

ihr unausweichlich eine institutionalisierte Manipulation[234]; sie ist zudem, auch in ihrem Amt, eine sündige Kirche, in der deshalb auch sündige institutionelle Manipulation herrscht. Rahner spricht in diesem Zusammenhang explizit nur vom Institutionellen, insofern es »iuris humani«, also eine geschichtlich gewordene, durchaus veränderbare Konkretion des ius divinum ist (z. B. kirchliche Gesetze, kirchliche Verwaltungspraxis, pastorale Verhaltensweisen, konkrete Ausübung des kirchlichen Lehramtes, Selbstverständnis und praktischer Vollzug des kirchlichen Amtes usw.). Vor allem diesem Institutionellen gegenüber, aber wohl auch grundsätzlich jeder institutionellen »Manipulation« gegenüber, hat in der Kirche jene »Freiheitsgeschichte« den eindeutigen Vorrang, die eine Tendenz zur »Aufhebung der konkupiszenten Manipuliertheit des Freiheitsraumes der Glieder der Kirche« beinhaltet[235]. Natürlich wird hier nicht eine Aufhebung des amtlich Institutionellen schlechthin zugunsten der subjektiven Freiheit gefordert, sondern ein Zurückdrängen jener Momente des Institutionellen, welche die Freiheit in sündiger oder unschuldiger Manipulation einengen und gefährden, welche also eine nicht integrierte Objektivation der Freiheit bedeuten. Es geht im Grunde um ein immer stärkeres Geformtwerden alles Institutionellen durch die Freiheit. Die kirchlichen Institutionen sollen der Freiheit helfen, sich in einem jeweils größeren Freiheitsraum (innerhalb und außerhalb der Kirche) objektivieren zu können; sie sollen gleichsam »die Möglichkeit der immer neuen Bestimmung dieses Verhältnisses auf größere Freiheit hin (zu) institutionalisieren«[236]. Rahner ist sich der Bedeutung des objektiv Vorgegebenen für die Subjektivität zu sehr bewußt, als daß er hier undialektisch eine Seite dieses Verhältnisses ganz eliminieren wollte. Allerdings kann die sehr unglückliche Gleichsetzung von Institution und (im allgemeinen negativ gewerteter) Manipulation leicht ein solches Mißverständnis provozieren. Zudem wird auch nicht sehr klar, ob er in diesem Zusammenhang immer vom Institutionellen schlechthin oder nur von bestimmten Fehlformen spricht. Im ganzen scheint in diesem Aufsatz die Tendenz vorzuherrschen, das Institutionelle als solches (das ja nach ihm immer irgendwie Manipulation besagt) im Zuge der Freiheitsgeschichte zunehmend in diese subjektive Freiheit hinein zu integrieren, ihm also den Stachel der fremden, begrenzenden, von außen auferlegten Objektivität zu nehmen.

Dieses – von dem im vorigen Abschnitt dargestellten doch sehr verschiedene – Institutionsverständnis leitet sich von der Anthropologie Rahners her, die – nach dem bekannten Modell der Vermittlung von transzendental und kategorial – beim Selbstvollzug des transzendentalen Freiheitssubjekts im (kategorialen) anderen seiner selbst ansetzt. Nicht die Intersubjektivität des Menschen (und damit auch seine Sozialität und »Institutionalität«) ist der Ausgangspunkt dieser Anthropologie, sondern der Gegensatz von transzendentalem Ich und kategorialer Objektwelt. Deswegen hat der Gegensatz von Institution (Macht, Manipulation) und Freiheit seinen Grund im »ontischen Dualismus« von »Geist und Materialität, von

[234] »Daß alles Institutionelle eine Bestimmung und Begrenzung des kirchlichen Freiheitsraumes bedeutet, also mindestens eine unschuldige Manipulation ist, braucht nicht eigens erklärt zu werden« (Manipulation, 39).
[235] Manipulation, 40f.
[236] A. a. O., 43.

Freiheit und Gebundenheit an die Vorgegebenheiten dieser Freiheit im Notwendigen, von Einzelheit und im Materiellen verwurzelter Vergesellschaftung der Menschen«[237]. Dieser Dualismus ist für das kreatürliche Sein des Menschen nicht aufhebbar in einem höheren Prinzip, das beide ununterschieden miteinander identifizieren könnte, oder aus dem beide gleicherweise abzuleiten wären. Allerdings bedeutet dieser bleibende Unterschied keinen »radikalen Dualismus«, der die beiden Momente als völlig unabhängig voneinander scheiden will. Denn für das Christentum gibt es vom gemeinsamen Ursprung in Gottes schöpferischem Akt her, von der Geschichte der »Selbsttranszendenz« des Materiellen in das Geistige hinein (welche eine innere Entelechie des Materiellen auf Geist hin besagt) her, von der Vollendung der einen geschaffenen Welt im »neuen Himmel und in der neuen Erde« her, von der Selbsterfahrung des Menschen als »Geist in Welt« her eine Einheit (nicht »Einerleiheit«) des Geistigen und Materiellen, in der beide »in der faktischen Ordnung der Wirklichkeit unaufhebbar aufeinander bezogen sind«[238], also nicht völlig disparat sein können. Diese Bezogenheit ist nun nicht so zu denken, als wenn beide Seiten gleichrangig nebeneinander ständen; das Materielle ist nur um des Geistigen willen da, es ist auf das Geistige hingeordnet, es kommt erst im Geistigen zu sich selbst. Denn »Sein« ist für eine solche Geistmetaphysik grundsätzlich »Bei-sich-Sein, Erkenntnis, Freiheit und Transzendenz auf Gott hin«[239], wohingegen das Materielle primär Beschränkung, Eingrenzung, Negativität (»materia prima«) besagt. Im Menschen nun gelangen diese beiden Seiten der geschaffenen Wirklichkeit zur unaufhebbaren, aber auch unvermischten Einheit, hier wird das Materielle zu einer »positiven« Wirklichkeit, insofern es Ausdruck, Objektivation des geistigen Selbstvollzugs wird. Aber dabei verliert es innerhalb des geschichtlichen Daseins für den menschlichen Geist keineswegs den Charakter des »anderen«, des »Fremden«, des – bei aller formalursächlichen Setzung – auch »Hinzunehmenden«. Eine Geschichte der Freiheit gibt es für den Menschen darum nur »im hinnehmenden Durchgang durch seine ihm auferlegte Geschichte«[240].

Die grundlegende Einheit in der bleibenden Verschiedenheit von ursprünglicher, transzendentaler Geistigkeit und abgeleiteter, kategorialer Leiblichkeit (Geschichtlichkeit, Gesellschaftlichkeit usw.), von Subjekt und Objekt wird auch in der Vollendung der menschlichen Geschichte, im Reich Gottes nicht schlechthin aufgehoben[241]. Denn »Vollendung« dieser geistig-materiellen Geschichte des Menschen besagt, daß auch das Materielle an jener in der Geschichte frei getätigten Endgültigkeit des Geistes partizipiert, und zwar so, daß das »Objektive« in der »Auferstehung des Fleisches« zum reinen, gelungenen Selbstausdruck des Subjekts und seiner Freiheit wird:

»Es wird ein pneumatischer Leib sein (1 Ko 15,44): wahre Leiblichkeit, die doch reiner Ausdruck des Geistes, der eins mit dem Pneuma Gottes geworden ist, und seine Leibhaftigkeit ist, ohne seine Enge und Verdemütigung und Leere zu bleiben, Leiblichkeit, welche

[237] IV, 495; vgl. V, 188ff.
[238] VI, 196.
[239] A.a.O., 203.
[240] VI, 233.
[241] VI, 204f; vgl. II, 211–225.

die im Tod gewonnene Freiheit vom irdischen Hier und Jetzt nicht wieder aufhebt, sondern gerade zur reinen Erscheinung bringt.«[242]

Auf diese Vollendung zielt nun auch die geforderte Tendenz der Freiheitsgeschichte in ihrer Überwindung alles nicht-Integrierbaren, aus der konkupiszenten Situation entspringenden Institutionellen hin. Denn

»der Mensch ist derjenige, der mehr und mehr (so unendlich die Aufgabe sein mag, so sehr er dabei immer wieder scheitert, bis ihm der Sieg als Gnade geschenkt wird im Ereignis des Todes und der Auferstehung) sein ganzes Wesen auch in seiner Materialität in die auf Gott gerichtete Entscheidung seiner begnadeten Freiheit hineinintegrieren soll. Und gilt das vom einzelnen in seiner privaten Lebensgeschichte, so auch von der Geschichte des Menschen in seiner gesellschaftlichen Verfaßtheit, in der Geschichte schlechthin.«[243]

Im Raum der gesellschaftlich verfaßten Kirche erscheint diese Freiheit nun als das Charismatische[244], das sich einen immer größeren und adäquateren Freiheitsraum zu seiner Verwirklichung schaffen soll. Das Institutionelle steht demgegenüber grundsätzlich auf der Seite des »Materiellen«, also des vom Selbstvollzug der charismatischen Freiheit zu Integrierenden. Es wird deswegen keineswegs im (ontologisch »höheren«) Bereich der Intersubjektivität und ihrer sozialen Gestaltungen angesiedelt, sondern auf der gleichen Ebene wie alles kategorial-Materielle. Als solches soll es immer mehr zur angemessenen Objektivation der begnadeten Freiheit werden, um dieser zu einer entsprechenden gesellschaftlichen Wirklichkeit in der Kirche zu verhelfen.

Hier dürfte wohl der schwächste Punkt dieses anthropologischen Institutionsverständnisses liegen: Institution wird hier noch zu sehr im Denkschema von (geistigem) Subjekt und (materiellem) Objekt begriffen und nicht in dem viel angemesseneren der Intersubjektivität, die sich als solche immer nur in einer objektiven »Form« verwirklicht. Die »Form« ist aber gerade nicht einfach dasselbe wie alles Widerständig-Objektive des »Materiellen« als »Material« der sich darin einformenden und so verwirklichenden subjektiven Freiheit. Die objektive »Form« einer Gemeinschaft stellt vielmehr die von der intersubjektiven Freiheit sich selbst erwirkte geschichtlich-freiheitliche Gestalt dar, in der allein die subjektive Freiheit zu ihrer Vollendung findet und die sie deswegen auch nie einfach hinter sich lassen kann (vgl. unsere Einleitung). Diese Art der »Objektivität« gehört also zur Wirklichkeit der intersubjektiven Freiheit selbst, sie kann nicht von einem transzendentalen Subjekt und seiner Freiheit so »aufgearbeitet« oder als ihr »reiner Selbstausdruck« so in sie hinein »integriert« werden, daß die in dieser (intersubjektiven) Form erfahrene Andersheit und – gegenüber dem Subjekt – grundsätzlich bleibende Überlegenheit aufhören würde. Rahner wird das sicher nicht leugnen; nur kommt bei seinem anthropologischen Ansatz, der sein oben skizziertes Institutionsverständnis bestimmt, diese innere Differenz im Begriff der »Objektivität« nicht klar zum Ausdruck. Rahner fällt u.E. in diesem Verständnis des objektiv-Institutionellen doch wieder hinter die seit dem Artikel »Über die Einheit von Nächsten- und Gottesliebe« vollzogene

[242] II, 223.
[243] IV, 489.
[244] Vgl. Manipulation, 40; II, 112ff.

ausdrückliche Differenzierung des »Kategorialen« zurück [245], worin eben die qualitative Überlegenheit des geschichtlich-Intersubjektiven vor allen übrigen »Kategorien« bedacht wird.

Von diesem Ansatz her sind dann auch die konkreten Verhältnisbestimmungen zwischen Charisma und Institution in der Kirche zu verstehen. Das Charismatische wird »als die notwendige Motorik des Institutionellen«, als das, was den »eigentlichen Wesenskern der Kirche ausmacht«, angesehen [246]. Das Institutionelle übernimmt demgegenüber die Rolle des »notwendigen Regulativs des Charismatischen« [247]. Das bedeutet: sein Wirken ist daraufhin angelegt, die Charismen nicht nur zu dulden, sondern prüfend zu pflegen, zu fördern, bestimmte institutionelle Verleiblichungen der Charismen um ihrer größeren Wirksamkeit willen zu unterstützen usw. [248]. Das institutionelle Amt schafft dadurch selbst in der Kirche »Institutionalismen..., die zu ihm und seiner Dynamik gegenläufig sind und in einem gewissen Sinn so Kontrollinstanzen für das Amt darstellen« [249] (was z.B. in den nationalen Synoden, in den verschiedenen Seelsorge- und Priesterräten bereits anfänglich realisiert ist). Das Institutionelle steht somit ganz im Dienst des Charismatischen; ihm kommt die »Aufgabe der Lebenspflege« zu, weil eben das Charismatische das eigentliche »Leben« der Kirche in seiner Lebendigkeit ausmacht [250]. Diesen praktischen Verhältnisbestimmungen ist durchaus zuzustimmen; nur scheint uns der theoretische Ansatz beim transzendentalen Freiheitssubjekt zu abstrakt zu sein, um die »konkrete Freiheit« des Menschen, also seine grundlegende Intersubjektivität, die sich notwendig auch als »Institutionalität« verwirklicht, adäquat zu begreifen. Wegen dieses theoretischen Mangels könnte ein solcher Institutionsbegriff, der ihn von vornherein in den Bereich der »Manipulation« des Subjekts durch das kategorial-Objektive stellt, dem Mißverständnis einer liberalistisch-individualistischen Anthropologie und Gesellschaftslehre Vorschub leisten, was jedoch der eigentlichen Intention Rahners und seiner Ekklesiologie völlig fernliegt.

3. Die mögliche Vereinbarkeit von dogmatischem und anthropologischem Ansatz im Begriff der »befreiten Freiheit«

Es drängt sich die Frage auf, wie die beiden so verschiedenen Begriffe und Bewertungen des Institutionellen in der Kirche miteinander zu vereinbaren sind. Wie kann ein und dieselbe Wirklichkeit Ausdruck des absoluten Selbstengagements der Kirche und zugleich nur »Regulativ« für das eigentlich Wesentliche sein? Zunächst muß festgehalten werden, daß in diesen beiden Ansätzen jeweils ein anderer *Gesichtspunkt* der institutionellen Kirche hervorgehoben wird. Der »sakramentale« Ansatz will das Institutionelle primär unter dem Aspekt der grundsätzlich bereits siegreichen und wirksamen, endgültigen Selbstmitteilung Gottes

[245] Vgl. VI, 277–298.
[246] IX, 419.
[247] Ebd.; vgl. Sinn, 34.
[248] IX, 421.
[249] Manipulation, 53.
[250] Sinn, 34.

betrachten, und zwar hinsichtlich der möglichen Intensität und gesellschaftlichen Eindeutigkeit ihrer Darstellung. Der »anthropologische« Ansatz dagegen betrachtet das Institutionelle mehr in seinem Verhältnis zu den einzelnen kirchlichen Manifestationen der wirklich existentiell angenommenen und furchtbar gewordenen Gnade (sei es im einzelnen gerechtfertigten Christen, sei es im Charismatiker, sei es im kirchlichen Stand der evangelischen Räte)[251]. Die dogmatisch-sakramentale Konzeption argumentiert auf der Ebene des Zeichens (»sacramentum«); und da kommt dem Institutionellen die Funktion der eindeutigsten und intensivsten Darstellung der Kirche als *Zeichen* der endgültigen Selbstmitteilung Gottes in Christus zu. Der anthropologische Ansatz dagegen argumentiert auf der Ebene der »Sache« des Heiles selbst (»res«); und da kommt dem Institutionellen nur die Funktion eines dienenden »Mittels« gegenüber dem in der Kirche tatsächlich wirksam und fruchtbar gewordenen Heil zu. Insofern kann von einem Widerspruch zwischen den beiden Ansätzen und Beurteilungen nicht die Rede sein.

Darüber hinaus läßt sich aber auch in der von beiden angezielten inhaltlichen Aussage eine Einheit feststellen. Diese wird von Rahner nicht ausdrücklich bedacht; bei ihm bleiben die Ansätze ziemlich unvermittelt nebeneinander stehen. Wir wollen hier eine Vermittlung versuchen, welche die in den beiden Ansätzen jeweils angelegten Tendenzen weiter auszieht und aufeinander zubewegt. Der vermittelnde Einheitspunkt liegt im Begriff der Freiheit. Diese bedeutet für Rahner in der faktischen Heilsordnung nicht einfach nur Selbstbestimmung des transzendentalen Subjekts, sondern immer schon »befreite Freiheit«, also Freiheit, die von dem sich selbst mitteilenden Gott befreit ist zum endgültigen Ja der restlosen Selbstverfügung an das heilige Geheimnis, worin der Mensch erst sein Heil findet[252]. Die begnadete Freiheit ist also nichts anderes als die subjektiv-personale Gestalt des geschenkten Heils selbst. In Christus und seinem Pneuma ist diese Befreiung der Freiheit geschichtliche Wirklichkeit geworden; Christus ist die geschichtliche Erscheinung, das Ursakrament dieser von Gott geschenkten Freiheit unserer Freiheit. Die Kirche führt diese Funktion Christi in der Geschichte fort, sie ist das »sakramentale Zeichen des Pneumas, das die Freiheit unserer Freiheit ist«[253]. Der Kirche geht es also gerade um die Freiheit des Menschen, insofern diese

»in strengster Identität die Gabe des Heils selber *ist,* weil die eigentliche, wahre und letzte Freiheit, die unserer Freiheit als ihre Befreiung von Schuld, Gesetz und Tod geschenkt werden muß, das heilige Pneuma Gottes und seines Christus selbst ist. Insofern aber dieses Pneuma nur in der Kirche gehabt werden kann, weil es deren innere Wirklichkeit und sie dessen äußeres Zeichen ist, darum ist die Kirche der indispensable, existentielle Ort dieser Freiheit«[254].

Als solche muß die Kirche natürlich dieser Freiheit des Pneuma auch Raum geben in ihrer gesellschaftlichen Wirklichkeit, damit sich darin diese geistge-

[251] Vgl. VII, 404–434, bes. 431.
[252] II, 100ff; VI, 235ff; Manipulation, 10ff. Vgl. dazu auch *G. Greshake,* Gnade als konkrete Freiheit, Mainz 1972, 283ff.
[253] II, 102.
[254] A.a.O., 105.

schenkte Freiheit angemessen verwirklichen und somit die konkrete Gestalt ihres »Selbstvollzugs in Endgültigkeit hinein« gewinnen kann[255]. Und da die Endgültigkeit des in Freiheit angenommenen Heils eben gerade auch die »gerettete Endgültigkeit dieses konkreten Lebens (ist), dann kann es dem Heilssubjekt nicht gleichgültig sein, welche konkreten Lebensmöglichkeiten ihm tatsächlich angeboten werden«[256].

Die Kirche dient also dieser befreiten Freiheit nur dann überzeugend, wenn sie sie in ihrer ganzen gesellschaftlichen Wirklichkeit auch selbst erfahrbar vergegenwärtigt und zum Ausdruck bringt (»sacramentum«). Nun zielt ja ihr ganzes Tun, gerade auch das amtlich-sakramental-institutionelle, darauf hin, daß diese gnadenhaft befreite Freiheit, diese von der Liebe Gottes geschenkte selbstlose Liebe zu Gott und den Menschen, die das Heil selbst bedeutet (»res«), auch wirklich bei den Menschen im einzelnen und in ihrer Gesamtheit »ankommt«, daß also die Menschen sich von der befreienden Freiheit Gottes auch wirklich befreien lassen. Als dieses dienende Sakrament der Freiheit erscheint die Kirche in ihrem Selbstvollzug dort am vollkommensten und eindeutigsten (»absolutes Engagement«), wo sie gleichsam nichts anderes sein will, als das geschichtliche Zeichen dieser geschenkten Freiheit, also in ihren »unfehlbaren« amtlich-sakramentalen Vollzügen. Denn in diesen ihren höchsten Selbstvollzügen geschieht ja gerade nicht die absolute »Selbstbehauptung« der Kirche als menschlicher Institution[257], sondern einzig und allein ihre (von Gott geschenkte und garantierte) »Selbstaufgabe« in die reine Funktionalität des Zeichens für die eigentliche Wirklichkeit, die in ihr anwesend ist, nämlich für die von Gott geschenkte Freiheit als der personalen Gestalt des Heils. Wo dieses Zeichen bei den Menschen wirklich »verstanden« wird, wo also das Heil im Vollzug der begnadeten Freiheit angenommen wird, da ist die Kirche als Zeichen des Heils in gewisser Weise ans Ziel gelangt, da kann sie (*als* funktionales Zeichen) selbst zurücktreten vor der angekommenen Wirklichkeit (z.B. im Gerechtfertigten, im Charismatiker). Dann kann und muß sie auch Raum geben dem persönlichen (charismatischen) Vollzug dieser befreiten Freiheit in der Kirche. Dem existentiell angenommenen Heil gegenüber kann sie eben vor allem die Funktion der »Pflege«, des Anerkennens, des »Regulierens« haben, wodurch es ins Ganze der Gemeinschaft eingeordnet und auf seine Wahrheit hin überprüft wird.

4. Institution und eschatologische Vollendung

Eines darf jedoch bei diesen Überlegungen nicht vergessen werden: Weil innerhalb der Geschichte niemals bei irgendeinem Gläubigen oder einer Gruppe eine letzte Gewißheit bestehen kann über dieses wirkliche Gelingen der befreiten Freiheit und damit über das tatsächliche Angekommensein des Heils im Menschen, kann die Kirche niemals und gegenüber niemandem auf die amtlich-institutionell-sakramentalen Vollzüge der zeichenhaften Vermittlung des Heils verzichten.

[255] Manipulation, 13f.
[256] A.a.O., 14; *G. Greshake*, Gnade, 299ff.
[257] (obwohl sich auch hier wegen der Sünde der Menschen die Versuchung einschleicht, aber wegen der siegreichen Gnade Gottes letztlich nicht zum Erfolg gelangt.)

Deswegen bleibt sie immer auch eine gesellschaftliche Größe, die mit Autorität, mit Normen und Verpflichtungen, mit Sakramenten, mit amtlicher, rechtlich verfaßter Vollmacht den einzelnen gegenübertritt und ihre subjektive Freiheit einschränkt, um auch so das Evangelium der endgültigen Liebe Gottes zu verkünden und sakramental zu vergegenwärtigen.

»Nur durch die Differenz zwischen der Heilssicherheit der Kirche als einer Ganzen und der Heilsunsicherheit des einzelnen entsteht jener für den einzelnen bedeutsame Charakter des Evangeliums als forderndes Gesetz, das erst noch zu erfüllen ist. Solange und insofern der einzelne in seinem geschichtlich noch andauernden und noch nicht vollendeten Selbstvollzug (als der noch nicht Vollendete und als der Sünder) noch nicht adäquat durch die dem Evangelium vertrauende Liebe sich von sich selbst wegbewegt hat in jene Fülle der schon gegebenen Wirklichkeit der Kirche hinein, in der ja die Forderung des Gesetzes nur noch erfahren werden kann als die Radikalität der machtvoll rettenden und vergöttlichenden Liebe Gottes zum Menschen (in der man alles darf, weil man nur noch liebt), gibt es für die pilgerschaftliche Existenz des einzelnen die Erfahrung des harten, von außen kommenden, fordernden, ›formalen‹ Gesetzen, und zwar mit Recht.«[258]

Jedoch muß die Kirche zugleich in diesem ihrem institutionellen Tun dafür sorgen, daß sie selbst als konkreter Ort der begnadeten Freiheit, als Künderin des Evangeliums, das zuerst gibt, was es fordert, auch wirklich erfahren werden kann. Sie soll eben jetzt schon in ihrer gesellschaftlichen Wirklichkeit als Vorzeichen jenes vollendeten Reiches Gottes erscheinen, in dem einmal alles äußerlich-Gesetzliche, alles amtlich-Institutionelle, alles sakramental-Vermittelnde als solches aufgehoben ist. Selbstverständlich fällt auch in der Vollendung dieser Freiheitsgeschichte keineswegs eine objektive, gemeinschaftliche Vermittlung des Heils gegenüber dem einzelnen einfach weg. In der Vermittlung durch die verklärte Menschheit Christi, durch die vollendete »Gemeinschaft der Heiligen«, durch die personale Liebe der Menschen bleibt auch die Vollendung des Heils immer eine »Vermittlung zur Unmittelbarkeit«, bleibt auch hier das Gegenüber von subjektiver Freiheit und objektiv vorgegebener Gemeinschaft bestehen. Jedoch gehört die Vermittlung durch »äußere« Zeichen, die *als* solche der Freiheit immer irgendwie äußerlich, »formal« bleiben und niemals restlos zum vollkommenen Ausdruck der intersubjektiven Freiheit und ihrer »Form« werden können, nur der vergänglichen »Gestalt dieser Welt« an[259].

Gerade diese Aufhebung alles sakramental-Institutionellen in der Vollendung des Reiches Gottes erscheint nun bereits innergeschichtlich vor-läufig im Charismatischen und in der dienenden Funktion des Institutionellen ihm gegenüber. Insoweit die Kirche diesem Charismatischen als der kirchlichen Gestalt der begnadeten Freiheit Raum gibt, relativiert sie sich selbst in ihrer gesellschaftlichen Gestalt, in ihren Institutionen und Ämtern auf die Vollendung jener Wirklichkeit hin, für die sie das geschichtliche Ursakrament sein soll: nämlich auf das Reich Gottes, in dem die Selbstmitteilung Gottes endgültig von der ganzen Menschheit frei angenommen und dadurch zum einzigen, »verklärenden« Formprinzip dieser Wirklichkeit geworden ist[260]. Die Vorordnung des Charismatischen in der Kirche

[258] HPTh I, 137.
[259] Vgl. Sinn, 44; II, 105; HPTh I, 138.
[260] Vgl. IV, 157–172, bes. 166.

vor dem Institutionellen übernimmt also in Rahners Ekklesiologie – ohne daß dies von ihm ausdrücklich reflektiert und mit seinem dogmatischen Ansatz vermittelt wird – die Funktion eines Korrektivs gegenüber solchen Tendenzen eines sakramentalen Kirchenverständnisses, welche vor allem das Präsentische des Heils, das »Schon« im Gegensatz zum »Noch-Nicht« betonen. Solche Tendenzen stehen damit doch irgendwie in der heimlichen Versuchung des »Triumphalismus« einer eschatologischen, d.h. innergeschichtlich unaufhebbaren Heilsgemeinde und besonders ihrer Institutionen. Die Kirche in ihrer gesellschaftlichen Verfaßtheit ist eben nicht das Heil selbst, das sie sakramental vergegenwärtigt, sie ist nicht der »präsente Gott«, sondern nur in der Geschichte die zeichenhafte »Präsenz Gottes«[261]. Und diese Vorläufigkeit der Kirche manifestiert sich gerade in den Charismen, die das Institutionelle immer wieder in seine funktionale, dienende Rolle einweisen.

Diesem Dienst des Institutionellen widerspricht nun nicht, daß Rahner von den Charismatikern in der Kirche als Kriterium ihrer Geistgewirktheit den *Gehorsam* gegenüber dem Amt fordert[262]. Denn solange eben die Kirche noch nicht im Status der Vollendung, sondern der Pilgerschaft lebt, solange nur der Kirche im *ganzen* und nicht dem einzelnen in ihr die Gewißheit des untrüglich geschenkten Heils gegeben ist, so lange trägt eben das Amt in der Kirche die letzte Verantwortung für den gelingenden Selbstvollzug der sakramentalen Kirche in ihrer Einheit und Ganzheit. Deswegen steht die Prüfung und Anerkennung des einzelnen Charismas dem institutionellen Amt als dem Repräsentanten der »unfehlbaren« Kirche zu. Allerdings bedeutet dies nicht, daß ein Charisma erst dann »kirchlich« würde, wenn es vom Amt offiziell anerkannt wird. Die Legitimität des Geistwirkens in der Kirche hängt nicht vom Amt ab, weil Kirche sonst eben nicht mehr ein »offenes System« wäre, das allein letztlich vom Geist selbst gelenkt und geordnet wird. Der Gehorsam des Charismatikers ist deswegen nicht ein »stummes Parieren«[263], sondern ein – schwer zu »definierender« – Gehorsam *innerhalb* dieses geistgelenkten »offenen Systems« Kirche. Dies impliziert von seiten des Charismatikers vor allem »Eigeninitiative, kritische Reflexion, eigene, unabwälzbare Verantwortung für das eigene Tun«[264] und schließlich den Freimut, offen und treu seinem Auftrag gegenüber zu reden und zu handeln. Von seiten des Amtes dagegen fordert es die Toleranz, das Gewährenlassen bis zum deutlichen Erweis des Gegenteils (also des Ungeistigen), den Mut, die Vielfalt und den Antagonismus der Berufungen auszuhalten und nicht zu unterdrücken. Wie dieser Gehorsam im Einzelfall nun funktionieren soll, läßt sich nach Rahner nicht eindeutig nach bestimmten Prinzipien festlegen. Er will weder einfachhin dem Amt »das letzte Wort« zusprechen, weil es für die in die Zukunft hinein offene Kirche kein »letztes Wort« gibt[265]. Andererseits will er es aber auch nicht der Beurteilung

[261] HPTh I, 121.
[262] IX, 428ff; VII, 86f.
[263] VII, 86.
[264] IX, 429.
[265] Dagegen läßt sich natürlich Rahners eigene Konzeption der Indefektibilität des Lehramtes ins Feld führen: es gibt kirchliche Situationen, in denen dem Amt doch die Kompetenz des »letzten Wortes« zufällt (jedenfalls für diese konkrete Situation, die natürlich für weitere Geschichte offen ist). Diese Problematik wird nicht mit seiner Theorie des »offenen Systems« befriedigend vermittelt.

des einzelnen oder einzelner Gruppen selbst überlassen, ob hier wirklich geistgewirktes Charisma oder nur selbstherrliche Un-geistigkeit am Werk sind. Rahner kann es sich wegen seiner ekklesiologischen Grundkonzeption nicht vorstellen, daß es einen »echten Geist Christi« gibt, »der aus der Kirche der Bischöfe, des Papstes, des Amtes hinausführt«[266]. Aber im letzten vertraut er dabei nicht auf das Amt als solches, sondern auf den Hl. Geist, der in der *einen* Kirche sowohl des Amtes wie des Charismas gegenwärtig ist, und der von sich her den Antagonismus im Konfliktfall zur Versöhnung führen wird, wenn nur von beiden Seiten dem Geist – in Gehorsam und Toleranz – Raum gegeben wird.

Zusammenfassung

Es ist nicht leicht, die theologischen Begründungen, die Rahner für das Institutionelle in der Kirche gibt, in einem kurzen Überblick zusammenzufassen. Das liegt wohl vor allem daran, daß bei ihm zwei Ansätze etwas unvermittelt nebeneinander stehen: der dogmatische und der anthropologische. In dem ersten wird Institution von der Eigenart des christlichen Sakramentes her gedacht: Wie in Christus und – auf analoge Weise – in der Kirche das geschenkte Heil der endgültigen Selbstmitteilung Gottes »unvermischt und ungetrennt« mit der menschlichen Wirklichkeit verbunden ist (als »Ursakrament«), so kommt diese gleichsam »unfehlbare« Verbindung in den kirchlichen Sakramenten und in den entscheidenden Vollzügen des kirchlichen Amtes (als Lehramt und als sakramentales Priestertum) zu ihrem gesellschaftlich intensivsten (»absolutes Engagement«) und eindeutigsten Vollzug. Das kirchlich Institutionelle, insofern es das »unfehlbare« sakramentale und amtliche Tun der Kirche meint, gilt als die gesellschaftlich ausdrücklichste und eindeutigste Konkretion der in der Kirche als Ganzer und – noch weiter – in der Menschheit und ihrer Geschichte universal anwesenden Selbstmitteilung Gottes. Die inkarnatorische Struktur des Heils erreicht mit dieser »qualifizierten Leiblichkeit« in dem institutionellen, sakramental – amtlichen Tun der Kirche ihre höchstmögliche Darstellung. In ihr wird somit auch der entscheidende Unterschied zwischen der Kirche als Gemeinschaft und ihrer absoluten Heilsgewißheit (Indefektibilität) einerseits und der bleibenden Heilsunsicherheit des einzelnen Gläubigen in der Kirche anderseits konkret manifestiert.

In dieser Formalität kann man dem Ansatz durchaus zustimmen, gerade auch, wenn wir Institution als »konkrete Freiheit« begreifen. Denn insofern die menschlich-subjektive Form des Heils, also die vom Menschen existentiell angenommene Selbstmitteilung Gottes als »befreite Freiheit« verstanden werden kann, wird diese Freiheit eben nur »konkret« (also gesellschaftlich wirklich und wirksam) in der Bindung an die kirchlich (sakramental-amtlich) immer schon vorgegebene Form dieser Freiheit. Sie wird ja einerseits »zur Freiheit befreit« nur im Empfangen der konkreten kirchlich vermittelnden Gestalt der Freiheit, die der Geist des auferstandenen Christus selbst ist. Und andererseits verwirklicht sich diese geschenkte Freiheit nur wiederum im selbstlosen Dienst an der konkreten, sakramental-amtlichen Gemeinschaft der Kirche und ihrer universalen Sendung zu den

[266] VII, 86.

Menschen. Insofern läßt sich das kirchlich Institutionelle in seinen wichtigsten Selbstvollzügen durchaus als äußerste Konkretion der christlichen Freiheit verstehen. Diese theologische Begründung des Institutionellen bei Rahner dürfte in ihren Grundzügen, zumal in ihrem sakramentalen Ansatz, innerhalb einer katholischen Ekklesiologie unaufgebbar sein.

Allerdings schien uns oben dieses Verständnis von kirchlicher Institution doch in gewisser Hinsicht zu abstrakt und formal: Der Bezug zur konkreten Geschichte Jesu Christi tritt gegenüber der Betonung der Struktur- und Funktionsgleichheit von Christus und Kirche sehr zurück. »Konkrete Freiheit« als von Jesus Christus befreite und kirchlich vermittelte Freiheit bedarf noch stärker der Bindung an die Geschichte Jesu, um diese Geschichte in ihrer bleibend wirksamen, befreienden Macht immer neu in der jeweiligen geschichtlichen Situation zur Geltung zu bringen. Die kirchliche Form der »befreiten Freiheit« findet erst da zu ihrer letztmöglichen Konkretheit, wo sie – vermittelt durch die Sakramente und die Verkündigung des Wortes – die verschiedenen Situationen der Gemeinschaft und des einzelnen zu »christologischen Situationen« macht, d.h. wo sie die formende Kraft des konkreten Geschehens Jesu in unserer Geschichte vergegenwärtigt. Dieser Gesichtspunkt kommt im sakramentalen Ansatz Rahners nicht sehr deutlich zum Tragen.

Etwas unvermittelt steht – gleichsam als Korrektiv gegen mögliche sakramentalistische und institutionalistische Tendenzen – neben dieser dogmatischen Konzeption ein anthropologischer Ansatz, der das Institutionelle im Denkhorizont des Gegenüber von Subjekt und Objekt, von transzendental und kategorial begreift. Von daher wird das kirchlich Institutionelle als das objektive Gegenüber der charismatischen Freiheit gesehen. In dieser Stellung kommt ihm sowohl die Funktion einer weithin notwendigen, zum Teil aber auch sündigen Einschränkung (»Manipulation«) der Freiheit zu, wie auch der kategorialen Objektivation der transzendentalen Freiheit selbst, die sich in dem »Material« der Geschichte als dem anderen ihrer selbst ausdrückt und dabei auf eine immer größere, innergeschichtlich nur asymptotisch angezielte Integration alles objektiv Institutionellen in die Freiheit hinein tendiert (»Freiheitsgeschichte«).

Dieser Ansatz schien uns dem Phänomen der »konkreten Freiheit« nicht ganz gerecht zu werden. Das Institutionelle läßt sich nicht einfach auf der Ebene des allgemein Kategorialen abhandeln; es hat als eine bestimmte gesellschaftliche Form der Intersubjektivität gleichsam einen qualitativ höheren »Seinsrang« als nur den des zu integrierenden »Materials« der subjektiven Freiheit. Die »Objektivität« des Institutionellen ist nicht einfachhin die des Materiellen im Gegensatz zur Subjektivität des Geistes; sie kann vielmehr nur im Rahmen der »Objektivität« des anderen Subjekts, der intersubjektiven Beziehung, der Gemeinschaft, der gesellschaftlichen Wirklichkeit verstanden werden. Weil Rahner dies u.E. zu wenig berücksichtigt, versieht er das Institutionelle als solches gegenüber dem Charismatischen in der Kirche manchmal doch mit einem zu negativen Vorzeichen (»Manipulation«, »asymptotisch zu überwinden«, »unvermeidliche Vorgegebenheit« etc.). Damit ist bei ihm in der Regel konkret zwar nur das »nicht-unfehlbare« amtlich-institutionelle Tun der Kirche angesprochen; trotzdem bleibt die Frage nach der spekulativen Vermittlung dieser anthropologischen Sicht der Institution mit dem theologisch-sakramentalen Ansatz offen.

C. CHRISTLICHE GESTALT UND KIRCHLICHE INSTITUTION (H. U. v. BALTHASAR)

Wie bei den vorher behandelten Autoren soll auch diesmal versucht werden, das theologische Verständnis des institutionellen Charakters der Kirche aus dem Grundansatz der Theologie Balthasars zu entfalten. Natürlich kann hier nicht die ganze Weite dieses Denkens angemessen wiedergegeben werden; wir beabsichtigen nur, die Hauptlinien seiner Theologie unter dem Gesichtspunkt zu betrachten, welchen Ort das kirchlich Institutionelle darin einnimmt und welche genuin theologische Begründung ihm dabei zukommt [1]. Balthasars Theologie kreist im Grunde immer um das eine zentrale Thema, das den Grundakt des Christen und seine ihm von Gott vorgegebene Richtung enthält: um die *glaubende Kontemplation der christlichen Gestalt.* Die einzigartige, grundsätzlich unübertreffliche Offenbarungsgestalt Gottes in Jesus Christus mit ihrem Höhepunkt in Kreuz und Auferstehung, und die einzig angemessene Antwort des glaubend-gehorsamen Menschen ihr gegenüber bilden die immer wieder neu und unter den vielfältigsten Aspekten bedachte Mitte dieser Theologie [2]. Gerade die Ekklesiologie Balthasars und in ihrem Rahmen sein theologischer Begriff der kirchlichen Institution lassen sich nur von diesem Zentrum her verstehen. Denn das Heilshandeln Gottes in Christus wird grundlegend als »*gestalthafte* Verwirklichung einer unendlichen und deshalb geheimnisvollen... Liebesabsicht Gottes mit seiner Schöpfung« ver-

[1] Eine Bibliographie der Werke H. U. v. Balthasars liegt nur für seine Veröffentlichungen bis 1965 in: Rechenschaft 1965, Einsiedeln 1965, vor (von B. Widmer zusammengestellt). Die *Sekundärliteratur* zum Werk Balthasars nimmt erst allmählich zu. Im Augenblick liegen zwar bereits einige noch unveröffentlichte Dissertationen vor, die sich mit seiner Theologie umfassend auseinandersetzen. Im allgemeinen aber gibt es bislang nur einige mehr summarische Überblicke über seine Theologie. Die wichtigsten Veröffentlichungen führen wir hier in chronologischer Reihenfolge auf: *Reinhold Schneider,* Hans Urs von Balthasar (Zum 50. Geburtstag), in: Schweizer Rundschau 55/1955, 208–211; *J. Laubach,* Über Hans Urs von Balthasar, in: L. Reinisch (Hrsg.), Theologie unserer Zeit, München 1960, 179–201; *J. Ratzinger,* Christlicher Universalismus, Zum Aufsatzwerk H. U. v. Balthasars, in: Hochland 54/1961, 68–76; *H. de Lubac,* Un témoin du Christ dans l'église: Hans Urs von Balthasar, in: Civitas 20/1964/65, 587–600; *K. Rahner,* Hans Urs von Balthasar, in: Civitas 20/1964/65, 601–604; *R. Stalder,* Amour et vision, in: Civitas 20/1964/65, 605–610; *E. Biser,* Hans Urs von Balthasar, in: H. J. Schultz (Hrsg.), Tendenzen der Theologie im 20. Jahrhundert. Eine Geschichte in Porträts, Stuttgart–Olten 1966, 524–529; *H. Vorgrimler,* Hans Urs von Balthasar, in: Bilanz der Theologie im 20. Jahrhundert, Bd 4: Bahnbrechende Theologen, Freiburg 1970, 122–142; *W. Link,* Gestalt und Gestaltlosigkeit der Kirche. Umrisse einer personal-geistlichen Kirchenlehre bei H. U. v. Balthasar (Diss. masch., Gregoriana Rom, 1970); *M. Faux,* Un théologien: Hans Urs von Balthasar, in: Nouv. Revue théol. 10/1972, 1009–1030; *J. K. Riches,* The Theology of H. U. v. Balthasar, in: Theology, a monthly review, Nov. 1972, 562–570 (1) u. Dez. 1972, 647–655 (2); *P. Escobar,* Zeit und Sein Jesu Christi bei H. U. v. Balthasar, Umriß einer Christologie (Diss. masch., Institut Cath. Paris 1973); *A. Schilson-W. Kasper,* Christologie im Präsens, Freiburg 1974, 63–70; *J. Fessio,* The origin of the church in Christs Kenosis. The ontological structure of the church in the Ecclesiologie of H. U. v. Balthasar (Diss. masch. Regensburg 1974); *H. Heinz,* Der Gott des Je-mehr. Der christologische Ansatz H. U. v. Balthasars. Bern–Frankfurt 1975; *W. Tinnefeldt,* Ekstasis der Liebe und Einfaltung des Glaubens (Diss. masch. Mainz 1975); *W. Löser,* Das Sein – ausgelegt als Liebe. In: Internationale katholische Zeitschrift »Communio« 4/1975, 410–424; *M. Albus,* Die Wahrheit ist Liebe, Freiburg 1976; *W. Löser,* H. U. v. Balthasar als Interpret der Theologie der Kirchenväter, Frankfurt 1976.

[2] Vgl. Rechenschaft, 17ff.

standen, als »Mysterium« (lat. »sacramentum«), das eben als »gestalthafte Verfügung« auch immer schon »Institution«, Form und Leib des Lebens der unendlichen Liebe Gottes ist.

»So ist nicht erst die Kirche in ihrer Gliederung oder ihren einzelnen Einrichtungen als Institution zu bezeichnen, sondern bereits ihr Prinzip, Jesus Christus selbst, sofern er als der Sohn des Vaters dieser einzelne Mensch ist und zugleich der, um den herum alles Heilsgeschichtliche zur Gestalt kristallisiert.«[3]

Deswegen werden wir auch bei diesem »Prinzip« einsetzen und zunächst die subjektive (»akthafte«), dann die objektive (»gegenständliche«) Seite dieser christlichen Grundgestalt darstellen. Beide Seiten, also die Beziehung des Gläubigen zur Offenbarungsgestalt und diese als das Woraufhin der Beziehung, lassen sich natürlich nicht voneinander trennen; denn das antwortende Tun des Menschen wird immer schon von der ihm erscheinenden Offenbarungsgestalt hervorgerufen. Aber um der methodischen Klarheit willen ist eine gesonderte Behandlung dieser Aspekte erforderlich[4]. Wir werden dabei die Grundlinien des Ansatzes so ausziehen, daß immer schon die Kirche und gerade das Institutionshafte an ihr deutlich in den Blick kommen.

I. DIE SUBJEKTIVE FORM: DER MENSCH GEGENÜBER DER CHRISTLICHEN OFFENBARUNGSGESTALT

1. Der Grundakt der glaubenden Kontemplation und seine verschiedenen Momente (»Rezeptivität«)

Wenn die Offenbarung Gottes wirklich als »Gestalt«[5] erfahren werden soll, kann das grundlegende menschliche Verhalten demgegenüber zunächst nur das »Wahr-nehmen« sein, und zwar verstanden als Hinnehmen und Entgegennehmen des sich zeigenden Wahren[6]. Es gehört dazu ein eigenes geistiges Sehvermögen, das sich die Augen durch die »Selbstevidenz« der Gestalt Christi öffnen läßt und dadurch in der Gestalt die erscheinende tiefere Wirklichkeit des liebenden Gottes wirklich zu »sehen« bekommt. Entscheidend für dieses Sehen ist, daß es nicht auf der Spontaneität des Wahrnehmenden beruht, sondern ganz auf seiner rezeptiven Offenheit, die das in der Erscheinung offenbar Werdende erst einmal sich so zeigen und so sein läßt, wie es von sich her ist und erscheinen will; es ist »Dienst

[3] Zitate aus: Pneuma und Institution, Skizzen zur Theologie IV, Einsiedeln 1974, 343 (zitiert: PI); vgl. zu diesem Ansatz des Institutionsverständnisses beim Gestalt-Begriff auch den gemeinsamen Beitrag von *Kl. Hemmerle* und *H. U. v. Balthasar:* Institution – geflohen und gesucht, in: Internationale katholische Zeitschrift »Communio« 4/1975, 127–138.

[4] Siehe: Herrlichkeit. Eine theologische Ästhetik, Bd I: Schau der Gestalt, Einsiedeln 1961 (zitiert: H I), 110–120, wo Balthasar die Anlage des Werkes erklärt und dabei eine fundamentaltheologische (subjektive) »Erblickungslehre« von einer dogmatischen (objektiven) »Entrükkungslehre« innerhalb der einen theologischen Ästhetik unterscheidet. Vgl. auch H I, 413.

[5] H I, 18, 25, 111.

[6] H I, 113; vgl. auch H I, 22; Herrlichkeit. Bd III/2/2: Neuer Bund, Einsiedeln 1969, 12 (zitiert: III/2/2); Glaubhaft ist nur Liebe, Einsiedeln 1966 (3. Aufl.), 49.

am Objekt« und nicht beherrschender Zugriff des Subjekts mit seinen Kategorien [7]. Balthasar wird nicht müde, diese Haltung des Sein-Lassens, des Empfangen-Könnens, des Sich-beschenken-Lassens als *die* menschliche Grundeinstellung hervorzuheben, die jedem Erkenntnis- und Liebesakt und auch jeder ästhetischen Schönheitserfahrung zugrunde liegt.

Schon der Wirklichkeit im ganzen, dem »*Sein*« gegenüber, kann es keine andere Haltung geben als den ständigen existentiellen Vollzug der Ur-erfahrung des »Seindürfens«, »eines gnadenhaften Zu- und Eingelassenseins im Bereich des Seins im ganzen« [8]. Es macht weiterhin einen der höchsten Werte menschlicher *Erkenntnis* aus, daß sie sich von einem anderen Seienden mit dessen eigener Wahrheit beschenken lassen kann, daß sie arm und empfänglich ist für anderes und weiteres [9]. In der mitmenschlichen *Liebes*begegnung kommt der Mensch zu sich selbst als Person (und damit als Liebender) nur durch ein Antworten-Dürfen auf einen ihm geschenkten Anruf des Du [10]; er erfährt und aktuiert seine eigene Freiheit primär als Bestimmt-Werden und als freies Sich-bestimmen-Lassen durch die Freiheit eines anderen [11]. *Schönheit* wird gerade darin erfahren, daß in der begegnenden Gestalt eine Tiefenwahrheit und Tiefengutheit erscheint, die mir – gerade als diese Gestalt – unmittelbar »ein-leuchtet« in ihrer inneren Notwendigkeit und Freiheit zugleich, die deswegen auch »vom Erfahrenden niemals einzuholen« ist [12], die ich niemals »theoretisch in ein Faktum oder in ein beherrschendes Gesetz auflösen und sie damit bewältigen, noch sie durch mein Streben in meinen Gebrauch nehmen kann« [13]. Dem begegnenden Schönen haftet »die durch es selbst bekundete Forderung« an, »es sein zu lassen, was es ist« [14], es als »Wunder« hinzunehmen und sich im Empfang daran zu freuen [15]. Dem *offenbarenden Gott* gegenüber vollendet sich dann diese alle menschlichen Vollzüge formende Grundeinstellung des Sein-Lassens und des Sich-beschenken-Lassens: Christus als menschliche Erscheinung der tiefsten »Wahrheit« Gottes, dieser in sich absoluten, dreifaltigen »Liebe«, kann nur dann als unüberbietbare Gestalt der »Herrlichkeit« Gottes erfahren werden, wenn der Mensch ihm gegenüber »die aufnehmende Haltung reinen Geschehenlassens« an den Tag legt [16].

Dies ist nun eine sehr komplexe Haltung, deren einzelne Momente wir hier kurz auseinanderfalten wollen. Im Sprachgebrauch Balthasars dürfte der umfassende Begriff für das, was hier gemeint ist, der der *Kontemplation* sein. Zunächst wird die biblische Bedeutung dieses Begriffs, um jedes Mißverständnis zu vermeiden, immer wieder scharf von der griechisch-philosophischen Bedeutung abgehoben: Während diese vor allem eine transzendierende Bewegung des Men-

[7] Rechenschaft, 28f.

[8] Spiritus Creator. Skizzen zur Theologie III, Einsiedeln 1967, 16 (zitiert: SC); siehe dazu ausführlich: Herrlichkeit. Bd III/1: Im Raum der Methaphysik, Einsiedeln 1965, 945ff (zitiert: H III/1).

[9] Wahrheit I, Einsiedeln 1947, 37f.

[10] SC, 13ff.

[11] PI, 201–235, bes. 207f.

[12] Glaubhaft, 34.

[13] H I, 145.

[14] Ebd.

[15] Vgl. H III/1, 943: »Das Wunder des Seins und die vierfache Differenz.«

[16] Glaubhaft, 55.

schen vom Zeitlichen zum Ewigen hin und darin auch eine gewisse Abwertung des Zeitlichen und aller weltlichen Aktion beinhaltet, meint jener biblische Begriff »die *ganzheitliche* Antwort des Glaubenden an Gottes Wort«, die »unbegrenzte Hingabe an dieses Wort und an seine welterlösenden Zwecke« [17]. Kontemplation ist in diesem Verständnis nichts weniger als ein »habitueller Glaubensakt«, in dem Glaube, Hoffnung und Liebe immer schon integriert sind [18]. Im einzelnen lassen sich in dieser Haltung der Glaubenskontemplation folgende Momente differenzieren, die im Grunde jeweils unter einer anderen Rücksicht das Ganze dieser Haltung ausdrücken:

a) Wahrnehmen

Zunächst das erblickende Wahrnehmen der Offenbarungsgestalt. Hier liegt der Ton auf dem Sehenkönnen des geistig-geistlichen Auges in der Gnade des »neuen Lichtes« [19]. Diese geschenkte Fähigkeit läßt den Menschen die durch die sichtbare Gestalt (zugleich enthüllend und verhüllend) vermittelte Herrlichkeit Gottes »erblicken« und »bestaunen« [20]. Es ist ein vom Hl. Geist verliehenes »Sensorium«, ein »übernatürlicher ästhetischer Sinn«, der die Maße und Proportionen der Offenbarungsgestalt in ihrer überzeugenden Evidenz, Plausibilität und Stimmigkeit erkennt und als erscheinende Offenbarkeit der Göttlichkeit Gottes anerkennt [21]. Dieses gnadenhafte »Gestaltsehen« vermag das »zentrale Kunstwerk Gottes, Jesus Christus« [22] gerade in der »Struktur« seiner geisterfüllten Zweieinheit von menschlichem Gehorsam und göttlicher Liebe als geschichtliche Selbstdarstellung des dreieinigen Gottes zu schauen.

»Der Mensch also, der die Offenbarungstat Gottes in Christo im Glauben als das, was sie ist, erfaßt, muß an ihr ›sehen‹ können, daß hier das aufscheint, quo maius cogitari nequit, die Manifestation absoluter, göttlicher Liebe, der gegenüber alles, was der Mensch als Übersteigerung des Sichzeigenden aussinnen könnte, evidentermaßen zurückbleiben würde ... Die ›Figur‹, die Gott hinstellt, ... hat die Evidenz eines Summums an sich.« [23]

Diese Evidenz leuchtet jedoch nur dem ein, der einen »kontemplativen« Blick für die »*Ganzheit* des Geschenkes« hat, der also in der Gestalt Christi zuallererst das unerwartete, unerklärliche Wunder der Liebe Gottes aufscheinen sieht und

[17] Wer ist ein Christ? Einsiedeln 1968 (6. Aufl.), 82 (zitiert: Christ).

[18] Christ, 80; vgl. Verbum Caro. Skizzen zur Theologie I, Einsiedeln 1960, 100–134, bes. 119ff (zitiert: VC); VC, 159–171, bes. 160ff (hier spricht Balthasar von der »Anbetung« als der Grundhaltung des Glaubens); VC, 245–259, bes. 255f; Sponsa Verbi. Skizzen zur Theologie II, Einsiedeln 1961, 349–387, bes. 378ff, (zitiert: SV); SC, 296–311, bes. 308f; H I, 130f, 466; Glaubhaft, 72; Klarstellungen, Freiburg 1971 (Herder TB 393), 111–116, besonders 114; Klarstellungen, 116–125.

Von diesem umfassenden christlichen Grundakt unterscheidet Balthasar noch den Akt der »reinen« Kontemplation, in der diese ausdrücklich und fast ausschließlich zu einer besonderen Lebensform (eben der »Kontemplativen«) geworden ist. Wir kommen darauf noch eigens zu sprechen.

[19] H I, 113.

[20] VC, 121.

[21] VC, 124; H I, 156, 240.

[22] VC, 124.

[23] SC, 64.

vor jedem kritischen Fragen und Analysieren die von Gott geschenkte »Synthese« erst einmal dankbar und froh hinnimmt[24].

Eine solche ganzheitliche Erfahrung der Offenbarungsgestalt Gottes in Jesus Christus gelingt nicht einem unbeteiligten Zuschauer, der das sich ihm darbietende Geschenk gleichsam neutral, distanziert, objektivierend betrachtet, sondern nur dem Menschen, der sich von der erscheinenden Liebe Gottes »ergreifen«, »hinreißen« und »ent-rücken« läßt. Der kontemplierende Mensch wird sich von der geschauten Gestalt in eine Bewegung versetzen lassen, die ihn von sich selbst weg bewegt und ihn in das offenbarte Liebesgeschehen von Vater und Sohn im Hl. Geist hineinreißt: das ist »christlicher Eros«, das Entrücktwerden des von Gott geliebten Menschen in das Geschehen der göttlichen Liebe hinein[25]. Damit ist jedes in sich beruhigte Ausruhen in der Schau Gottes unmöglich geworden. Denn der so ergriffene Mensch ist immer schon zugleich der von der geoffenbarten Gestalt der Liebe Gottes »gestaltete«, ihr angeglichene und in sie »hineingestaltete« Mensch. Seine antwortende Gegenliebe besteht darin, sich die Gestalt der menschgewordenen und gekreuzigten Liebe Gottes »ein-formen« zu lassen und in seiner ganzen Existenz diese »Form« der Hingabe Gottes an die Menschen darzustellen[26]. Wenn die »Form Christi« zur Form des menschlichen Lebens geworden ist, dann »stimmt« dieser Mensch, dann lebt er in einer gelungenen Stimmigkeit mit sich selbst, mit seiner ursprünglichen Berufung und auch mit dem ihn in Christus in die göttliche Liebesgemeinschaft berufenden Gott selbst:

> »Es ist Dasein als vom Geist gestimmtes Instrument, das (als Äolsharfe) unter dem Wehen des Geistes auf die rechte Weise ertönt. Es ist Gestimmtsein als Übereinstimmung mit dem Rhythmus Gottes selbst, deshalb Zustimmung nicht nur zu seinem Sein, sondern zu seinem freien, je neu dem Menschen zuwehenden Wollen. Und erst durch diese Fügsamkeit ist es zuletzt auch das Stimmen im Menschen selbst, seine augustinische rectitudo, die ihn selber zum Werk des göttlichen Künstlers macht. Aber darum braucht sich das Instrument nicht zu kümmern«[27].

b) Hören

Wenn die Offenbarung Gottes mehr unter dem Gesichtspunkt des verkündeten Wortes betrachtet wird, stellt sich die Grundhaltung der Glaubenskontemplation dar als die »Haltung einer durchgehend offenstehenden Seele, die im Hören des Wortes dauert«[28]. Als Beispiele werden immer wieder die Mutter Maria und

[24] Klarstellungen, 12f; Glaubhaft, 34f; SC, 38 (es ist eine »synthetische Kraft, die von Gott stammt...«).

[25] H I, 30f, 113f; H III/2/2, 267–275; Balthasar verweist in diesem Zusammenhang häufig auf die Weihnachtspräfation: »quia per incarnati Verbi mysterium nova mentis nostrae oculis lux tuae claritatis infulsit: ut dum visibiliter Deum cognoscimus, per hunc in invisibilium amorem rapiamur« (vgl. H I, 112).

[26] Christliche Erfahrung heißt dann: »das Hineinwachsen der eigenen Existenz in die Existenz Christi auf der Grundlage des wachsenden Sicheingestaltens Christi in den Glaubenden: ›bis daß Christus in euch Gestalt gewonnen hat‹ (Gal. 4,19)« (H I, 216).

»Die dauernde Kontemplation des ganzen Christus verwandelt die Schauenden durch den Hl. Geist als ganze in das Bild Christi (2. Kor 3,18)« (H I, 233).

[27] H I, 241f.

[28] Christ, 80.

Maria von Bethanien genannt, in denen die hörende Bereitschaft für Gottes Wort als grundsätzlich unbegrenzte Aufgeschlossenheit für das »Eine Notwendige« erscheint. Sie sind nichts als »Gefäß« für das Wort, sie machen sich leer von allem verstellenden Eigenem, um Raum genug für Gott allein zu haben[29]. Wer von sich her dem Wort Gottes keine vorgängigen Bedingungen oder Begrenzungen entgegenstellt, sondern immer schon von Gott her »auf alles« gefaßt ist und alles als Wahrheit gelten läßt, kann die Seligpreisung der »Armen im Geiste« auf sich beziehen; denn »nur für den Armen ist die Botschaft eine frohe«[30]. Gottes Wort braucht das »ausgeräumte« Herz, das unendlich viel Zeit und Raum und Bereitschaft für es hat. Die gleiche Haltung wird häufig auch als »Glaube der Einfältigen« bezeichnet:

»Sie sind die durch gelehrte Einzelbegriffe Unbelasteten und Unverstellten, denen die Einfachheit des Christusereignisses am leichtesten eingeht. Sie haben das ›einfache Auge‹ (Mt 6,22), das alles ins Licht stellt,«[31]

und in diesem Licht die »Einfalt des Christusereignisses« (d.h. die einmalige und endgültige Zusammenfassung, Synthese, »Ein-faltung« aller Welt- und Offenbarungsvielfalt in der einen Offenbarungsgestalt des kindlich gehorsamen, »einfältigen« Christus) wahrnimmt[32]. Alles zielt auf die reine Hinnahme des Wortes, auf das demütige Offen- und Bereitstehen für Gott; auf eine Haltung also, die Balthasar innerhalb der christlichen Spiritualität besonders in der ignatianischen »Indifferenz« ausgeprägt sieht. Diese besagt, daß

»am Ursprung jedes differenzierten christlichen Lebensauftrages ein Akt absoluter, das heißt gottunmittelbarer Indifferenz zu stehen habe, der reine Bereitschaft zu allem ist, reines Geltenlassen von allem, was Gott in seinem Wort verfügen kann.«[33]

c) Anbetung

Damit ist auch schon ein drittes Moment angeklungen: die Anbetung. Sie meint ein »bedingungsloses Anerkennen und Geltenlassen der Göttlichkeit der sich im Kreuz offenbarenden Gottesliebe, aller möglichen menschlichen Antwort vorweg«[34]. Restlose Bereitschaft zum Empfang des Wortes Gottes ist eben nicht einfachhin »Leere«, nicht einfach völlige Passivität, sondern die aktive Bereitschaft, ganz für Gott dazusein, in einem »reinen Zueinander von Gott und Mensch« zu leben, die »aufnehmende Fülle für die sich ergießende Fülle Gottes« zu sein[35], und darin eben Gottes Wort, seinen Willen und seine Liebe als mich betreffend und beschenkend anzunehmen. In diesem umfassenden Anerkennen

[29] VC, 255ff; Christ, 76ff; Klarstellungen, 122; SC, 308.
[30] Christ, 76.
[31] SC, 70.
[32] Ebd.; H III/2/2, 12f; SV, 380; Einfaltungen. Auf Wegen christlicher Einigung, München 1969.
[33] SC, 308.
[34] SC, 328.
[35] SV, 381.

liegt das entscheidende Element des christlichen Betens, das sich dann in Dank, Bitte, Lobpreis konkret ausspricht. Es ist die angemessene Antwort der menschlichen Liebe auf die Liebe Gottes, die »absolute selbstzweckliche Antwort«[36], die »Gott über jegliches aus ihm Gewordene das Übergewicht«, »der Liebe den Vorzug vor allem Liebenswerten« gibt[37]. Jene »reine Liebe Gottes um ihrer selbst willen, das reine Lob und die reine Anbetung Gottes« müssen immer, auch wenn sie nicht in einer ausdrücklichen Lebensform dargelebt werden, als unersetzliche Grundlage jedes christlichen Tuns implizit gegenwärtig sein[38].

d) Gehorsam

Das entscheidende Moment der Glaubenskontemplation aber, auf das alle anderen immer wieder hinzielen, ist der Gehorsam. Hierin wird letztlich das unterscheidend Christliche der Kontemplation gegenüber allen ihren außerchristlichen Formen am deutlichsten sichtbar. Denn nicht das selige Ruhen in der Schau der schönen Gestalt des Göttlichen macht das Wesentliche der Glaubenskontemplation aus, sondern das uneingeschränkte Über-sich-verfügen-Lassen durch die Liebe Gottes. Darauf allein kommt es an beim Wahrnehmen der christlichen Gestalt, beim Eingestimmtwerden in das urbildliche »Gestimmtsein« Christi (Phil 2,6), bei der Indifferenz der seliggepriesenen Armen und »Einfältigen«, bei der anbetenden Anerkennung der menschgewordenen Liebe Gottes als des »Einzig Notwendigen«: daß die ganze Existenz des Glaubenden sich der Existenzform des gehorsamen Sohnes Gottes angleichen, sich von ihr und ihrer gestaltenden Kraft formen lasse, bis hin zur letzten Entäußerung der gekreuzigten Liebe. Kontemplation und Aktion, das gehorsame Mit-sich-geschehen-Lassen und das Dasein für die anderen, werden bei einem glaubenden Menschen – in der Nachfolge seines Herrn – ununterscheidbar eins und führen notwendig zu ihrer Vollendung in der Passion[39]. »Kontemplativer Gehorsam«[40] als Geschehen-Lassen des Wortes an mir, als Sich-ausformen-Lassen der Gestalt des gehorsamen Christus in meiner Existenz – das ist die Summe christlichen Daseins; denn es beinhaltet die »Enteignung« des bedingungslos Gehorsamen Gott gegenüber und darin zugleich die des unbegrenzt Liebenden den Menschen gegenüber, mag dies letztere nun in einer direkten, äußeren Aktion für den Nächsten oder in der unsichtbaren Fruchtbarkeit der reinen Kontemplation liegen[41]. Hier nämlich, wo die Gestalt der menschgewordenen Liebe Gottes in der Existenzform eines Menschen »angekommen« ist, da zeigt sie erst ihre Fruchtbarkeit, da geschieht die Verherrlichung der Herrlichkeit Gottes in der Liebe des gehorsamen Geschöpfes, da ist Gottes Heilshandeln geschichtlich ans Ziel, »zur Fülle« gekommen[42].

[36] Glaubhaft, 72.
[37] Klarstellungen, 122.
[38] A.a.O., 123.
[39] VC, 252–259; H I, 464–477; SC, 162; 63–71; PI, 288–297.
[40] H I, 467.
[41] Christ, 80–85, 109–128; H I, 25f; 410; Glaubhaft, 72–82; Klarstellungen, 119–125.
[42] Vgl. dazu den dritten Teil von H III/2/2: »In laudem gloriae«.

e) Weiblich – männlich

Das grundlegend Gemeinsame aller einzelnen Momente der glaubenden Kontemplation ist das bereitwillige Empfangen der geschenkten Liebe Gottes. Dies ist nach Balthasar nun eine typisch »weibliche« Haltung, die stets der »männlichen« Haltung des aktiv Mitteilenden und Gestaltenden gegenübergestellt wird[43]. Die natürliche Differenz der Geschlechter, die nach Balthasar – bei aller personalen Gleichwertigkeit – nie nivelliert werden darf, wird zum Gleichnis für das Verhältnis des Menschen zu Gott im Offenbarungsgeschehen. Denn der glaubende Mensch spielt in der Erlösungsordnung primär die Rolle der weiblichen Empfängnisbereitschaft gegenüber dem sich selbst mitteilenden (männlich-väterlichen) Gott.

»Die Kirche und die Seele, die den Samen des Wortes und des Sinnes empfangen, können ihm nur in einer fraulichen Öffnung und Bereitschaft aufwarten, die sich nicht sträubt, nicht sperrt, nicht verkrampft, keine männliche Gegenleistung versucht.«[44]

Die Frau ist ja einerseits »empfangend und gebärend wesenhaft Antwort an den Mann«[45]. Zum anderen aber ist der Mann auf sie angewiesen, da er nur in ihr (die »aus ihm genommen ist«) in seiner zeugenden und gestaltenden Aktivität sein kann, was er ist und erst in ihr seine »Fülle« und »Herrlichkeit« findet (nach der paulinischen Erklärung der Genesis-Stellen Gn 1,27; 2,18–24 in 1 Ko 11,7–12; vgl. Eph 5,21–33)[46]. Ähnlich »braucht« Gott in seinem Heilshandeln die Frau (sie gehört zum »Urbestand« dieses Handelns[47]), sowohl real (als Sion – Maria – Kirche) wie als Symbol der eigentlichen menschlichen Antwortgestalt seiner Liebe gegenüber. Denn Gottes mitgeteilte »Liebesherrlichkeit« findet ihre angemessene Antwort erst in der »Verherrlichung« dieser Herrlichkeit im Leben eines solchen Menschen, der von Gott und für Gott ganz »enteignet«, ganz arm geworden ist, der dem sich verschwendenden Reichtum Gottes gegenüber nichts sein will als »Gefäß«, als »Stoff für die Formgestalt Christi«, als »›Materia‹, die aus solcher ›Passivität‹ zur höchsten Aktivität der ›Matrix‹ und ›Mater‹ Jesu erhoben wird (›...der ist mir Bruder, Schwester und *Mutter*‹ Mt 12,50)«[48].

Der Topos »männlich« – »weiblich« (verstanden als Gegenüber von gestaltender Aktivität und empfangender Passivität, dabei aber hinzielend auf das beide übergreifende »Fruchtbringen« in der Einigung) ist zweifellos eine zentrale »Denkform« der Theologie Balthasars[49]. Sie hat die Funktion einer anthropologi-

[43] Vgl. SV, 109.

[44] Theologie der Geschichte. Ein Grundriß. Neue Fassung, Einsiedeln 1959 (3. Aufl.), 89f (zitiert: Geschichte).

[45] SC, 336.

[46] Das Ganze im Fragment. Aspekte der Geschichtstheologie, Einsiedeln 1963, 327–335 (zitiert: Fragment); SC, 336f; Klarstellungen, 65–72; H I, 536; H III/2/2, 448–454.

[47] Klarstellungen, 65.

[48] Christ, 91; vgl. In Gottes Einsatz leben, Einsiedeln 1972 (2. Aufl.), 45 (zitiert: Einsatz); H III/2/2, 26, 365; Der antirömische Affekt, Freiburg 1974 (Herder TB. 492), 172 (zitiert: Affekt).

[49] Die Nähe dieses Denkens zur Theologie Scheebens zeigt Balthasar in der Hinführung des 1. Bandes der Herrlichkeit, in der er dessen »theologische Ästhetik« zugleich als eine »Eroslehre« der »Vermählung« von Gnade und Natur charakterisiert (H I, 98–110, bes. 102–105).

schen Konkretisierung des eigentlich bestimmenden metaphysisch-theologischen Grundschemas, das im Gegensatzpaar von »*Herrlichkeit*« als Erscheinung der sich verschenkenden Fülle und »*Armut*« als reine, sich erfüllenlassende Offenheit gefaßt wird. Die bereite, »arme« Offenheit – der »Materia«, des Seienden, des Geschöpfes – für die »reiche« Fülle – der »Forma«, des Seins, der Liebe Gottes –, also die Verherrlichung der mitgeteilten Herrlichkeit in der sie empfangenden Armut wird veranschaulicht durch die »Fruchtbarkeit« der weiblich-»passiven« materia-matrix-mater im Empfang und Austragen der geschenkten Liebe [50]. Auf diese anthropologische Fassung des forma-materia-Schemas greift Balthasar zur Veranschaulichung des Verhältnisses von Gott und glaubendem Menschen immer wieder zurück.

Den heilsgeschichtlich ursprünglichen Ort, von dem her sich diese Denkform des Gegensatzes männlich–weiblich für die Theologie legitimiert, sieht Balthasar in der zentralen Rolle Mariens im Heilsgeschehen: sie ist die arme, jungfräuliche Magd, die in grundsätzlich unbegrenztem leib-seelischen Gehorsam das Wort Gottes an sich geschehen läßt und dadurch für die Welt das menschgewordene Wort empfangen, austragen und gebären kann. Darin ist sie das reale, personale Urbild der Kirche und jedes einzelnen Glaubenden,

»weil jeder Mensch, der den Glauben, das heißt das lebendige Wort Gottes, in seiner Seele empfängt, sich ihm vorbehaltlos, als ungeteilte leib-seelische Existenz zur Verfügung stellen, es mit seinem ganzen leibhaftigen Leben bezeugen und dafür gegebenenfalls zu sterben bereit sein muß« [51].

Weil in Maria das Fraulich-Jungfräulich-Mütterliche zur konkreten, personalen Form des umfassend angezielten Verhältnisses zwischen Gott und Mensch im Offenbarungsgeschehen geworden ist, nämlich des Verhältnisses von Christus und Kirche, deswegen kann es auch zu einer allgemeinen »Denkform«, zum Modell für das Verständnis fast aller theologischen Verhältnisbestimmungen werden: für die innertrinitarischen Beziehungen zwischen Vater und Sohn im Hl. Geist, für die Menschwerdung des Logos in Jesus Christus, für die Nachfolge des Herrn, für das kirchliche Gegenüber von Amt und Gemeinde, von Institution und Liebe usw. [52]. Das »marianische Prinzip« [53] als die heilsgeschichtlich konkrete und zu-

[50] Vgl. zu diesem metaphysischen, letztlich innertrinitarischen Grundschema von Herrlichkeit und Armut: H III/1, 954ff. Balthasar greift hier auf *F. Ulrich,* Homo Abyssus, Einsiedeln 1961, zurück. Siehe auch dessen schönes Büchlein »Atheismus und Menschwerdung«, Einsiedeln 1966, in dem diese grundlegende Dialektik von Armut und Herrlichkeit am Phänomen der Liebe aufgezeigt wird. Ihre heilsgeschichtliche Vollendung wird in der Kirche als der Virgo-Mater gesehen.

[51] Klarstellungen, 71; vgl. SC, 163f; H I, 542: »Das Marienleben muß als Prototyp dessen gelten, was die Ars Dei aus einem menschlichen Stoff zu gestalten vermag, der sich ihm nicht widersetzt. Es ist weibliches Leben, das ohnehin mehr als männliche Gestaltung vom Mann, vom Bräutigam, von Christus und von Gott her erwartet. Es ist jungfräuliches Leben, das kein Gestaltungsgesetz kennen will außer Gott und der Frucht, die Gott ihm zu tragen, zu gebären, zu nähren und aufzuziehen gibt. Es ist mütterliches und bräutliches Leben zugleich, dessen Hingabekraft vom Physischen bis zum höchsten Geistigen reicht. In alledem ist es schlicht verfügenlassendes Leben.«

[52] Z.B.: »Das Männliche und Weibliche in der Kirche ist gemeinsam-weiblich unter dem Männlichen Christi, aber Christi Lenksamkeit gegenüber dem Vater durch den Heiligen Geist ist nochmals (über-)weiblich. ›Alles aber kommt von Gott‹ (1 Kor 11,12)«. Vgl. zur innertrinitarischen Begründung dieses Verhältnisses: PI, 325–339, bes. 329.

[53] Klarstellungen, 65–72; Affekt, 170–176; SV, 148–202, bes. 168.

gleich universal gültige Form des weiblich-gehorsamen Geschehenlassens kann man sicher als eine zentrale Kategorie der Theologie Balthasars bezeichnen. Hier erreicht die Grundhaltung des Menschen gegenüber der Offenbarungsgestalt ihre höchste personale Konkretheit und Anschaulichkeit.

2. *Die kirchliche Form der glaubenden Kontemplation*

a) Die »urbildliche« Form des marianischen Gehorsams

Ein Charakteristikum der christlichen Grundhaltung müssen wir jetzt noch näher untersuchen: ihre Kirchlichkeit. Um beim letzten Gedanken anzuknüpfen: Maria ist in ihrem Gehorsam nicht nur eine vorbildliche »Privatperson« für andere private Gläubige, auch nicht nur das beste Modell des allgemeinen christlichen Verhaltens. Durch ihre heilsgeschichtliche Stellung als unbefleckt empfangene und jungfräuliche Magd und Mutter des Herrn wird sie auch zum tragenden, ermöglichenden Grund (»Fruchtbarkeitsgrund«[54]) jedes kirchlichen und persönlichen Vollzugs der Glaubenskontemplation. Sie wird Urbild, »Typos« der Kirche als Ganzer und darin auch jedes einzelnen christlich-kirchlichen Menschen. Das bedeutet zunächst: sie ist die vom Herrn selbst erwirkte einzig angemessene Antwortgestalt auf die in ihm sich den Menschen schenkende Liebe Gottes. Das gehorsame Fiat Mariens ist der »kirchlich subjektive Grundakt«, und zwar in einer doppelten Bedeutung: einmal

> »subjektiver vollerfüllter Grund für den subjektiven Akt der Kirche als solcher (der jedem defizienten nachvollziehenden Akt des einzelnen Gläubigen qualitativ überlegen bleibt) *und*, da Maria auch eine Glaubende innerhalb der kirchlichen Gemeinschaft ist, subjektiver vollerfüllter Grund eines jeden personalen Glaubensaktes innerhalb der communio sanctorum«[55].

In der ersten Bedeutung wird Maria mehr als »heiler Kern« der Kirche als Ganzer, in der zweiten hingegen mehr als maßgebende »Form« für die Heiligkeit der einzelnen Subjekte betrachtet, aus denen die Kirche besteht. Beide Funktionen ergänzen sich wechselseitig: wie die Kirche in ihrem Glaubensgehorsam, in ihrer Heiligkeit, in ihrer »Fruchtbarkeit« (»Mutter der Gläubigen«) immer mehr ist als die Summe der Gläubigen, ihnen also immer schon vorausliegt, so existiert sie zugleich doch nur in den Gläubigen, nur im personalen Vollzug ihres Glaubensgehorsams. Sie ist kein hypostasiertes »universale ante rem«[56]. Das »Mehr«- und »Voraus«-Sein der Kirche gegenüber den einzelnen konkretisiert sich *personal* in der gehorsamen Magd des Herrn, so daß jeder Mensch, der versucht, dem sich offenbarenden Gott gegenüber sich restlos zu öffnen und ihn ganz über sich verfügen zu lassen, immer schon in das grundlegende Jawort Mariens eingeformt wird. Dieses ist der umgreifende, jedes einzelne Jawort eines gläubigen

[54] VC, 227.
[55] SV, 173.
[56] Schleifung der Bastionen, Einsiedeln 1952 (2. Auflage), 74 (zitiert: Schleifung); VC, 226; SV, 164, 188, 196.

Menschen immer schon mittragende Raum, innerhalb dessen so etwas wie christliche Kontemplation überhaupt erst gelingen kann[57].

Deswegen muß jeder Christ sich das Bild der dienenden Magd »ein-bilden« lassen[58], deswegen kann es christliche Spiritualität nur als »marianische Spiritualität« geben[59]. Der einzelne vollzieht somit nie als isoliertes Individuum seine Kontemplation, sondern nimmt dabei immer schon teil an der marianischen Kontemplation, ja an ihrer »Gotteserfahrung«, die eben auch nicht ein privates Privileg Mariens ist, sondern ein »archetypisches«, urbildliches Geschehen für alle Glaubenden. Das bedeutet: in ihrem gehorsamen Jawort hat Maria von Gott das Maß und die Form jeder glaubenden Kontemplation normativ setzen lassen, und zwar von vornherein als »einbeschließende«, d.h. als sich mitteilende und dadurch teilnehmenlassende Form für jede nachfolgende christliche Kontemplation[60]. Urbild (Typos)-Sein besagt eben entschieden mehr als äußeres, moralisches Vorbild-Sein: es meint die Existenz jenes Menschen, der sich von Gott in die »Form« Christi, des bis zum Kreuz gehorsamen Sohnes, »ein-formen« läßt und dadurch selbst zur gestaltenden, ein-formenden »Form« christlicher Existenz für andere wird. Das ist die grundlegende Heilssolidarität der Gläubigen, die jedem äußeren Zeugnisgeben und jeder konkreten Tat der Nächstenliebe zugrunde liegt. Sie hat ihren Ursprung in dem »Eingeformtwerden« der Kirche in die Gestalt und Form Christi hinein, was in personaler Konkretheit und Vollendung an Maria »typisch«, d.h. gründend-einbeschließend für die ganze Kirche geschehen ist.

b) »Anima ecclesiastica«

Marias Haltung dem Wort Gottes gegenüber ist somit von allem Anfang an »funktionalisiert«, »enteignet« in die Kirche hinein[61]. Ihre glaubende Kontemplation ist immer schon kirchliche Kontemplation, magdlich-demütiger Dienst an der Kontemplation ihrer Brüder und Schwestern.

»In dieser Urzelle von Kirche kann sich der trinitarische Liebesgehorsam des Menschgewordenen widerstandslos ausprägen, weil sie so gar nicht ›Persönlichkeit‹ spielt, die durch einen mehr oder weniger heroischen Akt auf sich selber verzichtet, um sich in den Dienst Gottes zu begeben, sondern einfach als ›niedrige Magd‹ vom Blick ›Seines Erbarmens‹ getroffen wird, des Gottes, der ›die am Boden Liegenden aufhebt, die Hungernden mit Gütern füllt und die Reichen leer ausgehen läßt‹ (Lk 1,48ff.).«[62]

In diesem »Gott-über-sich-verfügen-Lassen«[63] ist Maria

»so geschmeidig in der Hand des Schöpfers geworden, daß er sie aus einem vereinzelten privaten Bewußtsein weiten kann zu einem kirchlichen Bewußtsein: zu dem, was seit Origenes und Ambrosius die alte Theologie *anima ecclesiastica* zu nennen pflegt«[64].

[57] Vgl. dazu: Das betrachtende Gebet, Einsiedeln 1955, 73ff: Die Vermittlung der Kirche.
[58] Schleifung, 78.
[59] VC, 227.
[60] H I, 326: Marianische Gotteserfahrung. Vgl. dort auch 290ff, wo Balthasar den Begriff der »urbildlichen Erfahrung« entfaltet.
[61] H I, 328ff.
[62] PI, 142f.
[63] A.a.O., 143.
[64] SV, 174.

Das Sich-enteignen-Lassen durch Gott von jeder privaten, selbstgenügsamen Existenzform und zugleich das Sich-hinein-nehmen-Lassen in die Existenzform Christi bedeutet immer auch, daß man sich in eine Funktion und eine Verantwortung nehmen läßt für die Kirche als den Bereich, in dem allein die Menschheit die angemessene Antwortgestalt gegenüber dem Wort Gottes anzunehmen begonnen hat und je neu annimmt[65]. Es ist nach Balthasar ein allgemeines, nicht auf Maria beschränktes Grundgesetz der Erlösungsordnung: wer das Mit-Sterben und -Auferstehen mit Christus an sich geschehen läßt, wird von Gott »expropriiert in Christus und in die Gemeinschaft der Heiligen hinein«[66]. Sein privates Ich wird (wie z. B. bei Paulus) verwandelt und geweitet in das »Ich der Sendung Christi, das zum Knecht Christi umwandelte, aus ›Fleisch‹ zu ›Geist‹ gewordene ekklesiastische Ich«[67]. Der Grundakt des Menschen vor Gott, seine anbetend-gehorsame Kontemplation der in Christus erschienenen Liebe Gottes, bekommt eigentlich erst da die richtige »Form«, wo er sich als Mitvollzug der marianisch-kirchlichen Kontemplation versteht, wo er zu einem Tun der »anima ecclesiastica«, der »kirchenförmigen Seele« wird, »die die kirchlichen Dimensionen erreicht und Kirche in ihrem Wesensraum mitkonstituieren hilft«[68]. In diesem Begriff der »anima ecclesiastica«, in der die »Enteignung«, die »Objektivierung« des privaten Subjekts in die größere und ihm immer schon vorausgehende Wirklichkeit der Kirche hinein ausgesagt ist, liegt ein entscheidender Ansatz für das theologische Institutionsverständnis Balthasars. Deswegen werden wir den konkreten Entfaltungen dieses Begriffs jetzt nachgehen müssen.

c) Die konkreten Weisen der Kirchlichkeit

Worin zeigt sich die Kirchlichkeit der christlichen Grundhaltung konkret? Wie kann die Existenz einer »anima ecclesiastica« in der Kirche sichtbar gelebt werden?

aa) Kirchliche Sendung (Mystik und Charismatik)

Zunächst wird die Kirchlichkeit dieser Grundhaltung darin verwirklicht, daß der Christ nach dem Beispiel Christi seine ganze Person mit seiner Sendung und seinem Auftrag als Glied des Leibes Christi zusammenfallen läßt[69]. Er sucht seine personale Erfüllung – sei es als Mensch, sei es als Glaubender – nur darin, daß er sich als Glied in das Ganze der kirchlichen Gemeinschaft einfügt und ihr dienen will. Er hat auf jedes natürliche »Selbstverständnis« außerhalb dieses Dienstes verzichtet: »Die Preisgabe der Existenz mit ihrem Selbstleuchten, nur sie, verbürgt die wesentliche Demut, die durchlässig macht für ein anderes Licht als das eigene...«[70]. Aber auch seine spezifisch christliche Vervollkommnung, seine

[65] Vgl. SV, 189.
[66] SV, 176.
[67] Ebd.
[68] PI, 193.
[69] Vgl. H I, 244ff.
[70] Klarstellungen, 103.

»Heiligkeit«, kann der Christ niemals unabhängig von seiner kirchlichen Rolle finden. Nur in dem Maße, in dem er die ihm von Christus zugemessene Sendung in der Kirche als ihm einfachhin vorgegebene annimmt und somit den grundlegenden »kirchlichen Gehorsam« des Gliedes leistet, findet er auch das ihm mögliche Maß der Heiligkeit [71]. Es sind immer wieder die Heiligen, auf die Balthasar als Beispiele einer geglückten kirchlichen Form des Glaubensgehorsams hinweist. Sie sind für ihn sog. »theologische Existenzen«, da in ihnen die private Existenz ganz und gar von Gott gebraucht und verbraucht wird zur Durchführung eines Auftrags in der Kirche: Existenz als reine Funktion der Sendung für die Kirche [72]. Und gerade in dieser »Beraubung des Eigenen«, in diesem »Verzicht zu Verantwortung hin«, erhält der glaubende Mensch sein »wahrhaft Eigenes«: nämlich die »forma Christi« in der »Kirchenform«, die »Verwandlung der einzelnen frommen Seele in eine anima ecclesiastica« [73].

Von dieser Sicht her wird es auch verständlich, daß Balthasar die christliche Mystik eng mit der kirchlichen Charismatik verbindet, ohne sie jedoch schlechthin zu identifizieren. Weil die Mystik aus der urkirchlichen Charismatik erwächst, muß sie sich von ihr messen lassen. Sie kann niemals ihren kirchlich-sozialen Charakter, der bis ins Innerste und Persönlichste der mystischen Begegnungen des Menschen mit dem menschgewordenen Gott reicht, verleugnen:

»Je persönlicher ein christliches Innenleben mit Gott wird, desto deutlicher und personaler werden auch die Aufträge und Verwendungen in der Kirche; desto mehr erhalten sie einen sozialen, das heißt im weiteren, paulinischen Sinn charismatischen Aspekt...« [74]

Jedoch berührt diese kirchliche Funktionalisierung keineswegs die Sinnhaftigkeit einer »reinen« kontemplativen Lebensform und ihrer mystischen Erfahrung.

[71] Vgl. Christ, 94. »In der Sendung, die jeder Einzelne erhält, liegt wesentlich die Form der ihm geschenkten und von ihm geforderten Heiligkeit begründet. Die Ausführung dieser Sendung ist für ihn identisch mit der ihm zugemessenen und erreichbaren Heiligkeit. So ist die Heiligkeit also etwas wesentlich soziales und darum der Willkür des einzelnen Entzogenes. Gott hat von jedem Christen eine Idee, die ihm seinen Platz innerhalb der kirchlichen Gliedschaft absteckt« (Schwestern im Geist. Therese von Lisieux und Elisabeth von Dijon, Einsiedeln 1970, 16; zitiert: Schwestern).

[72] VC, 129f; Schwestern, 22,26: Therese von Lisieux »gehört zu denen, die nach dem Wort Marie-Antoinette de Geusers, ›expropriiert sind um der öffentlichen Verwendung willen‹. Und ihre Existenz ist für die Kirche auch nur insofern von exemplarischem Wert, als sich der Heilige Geist ihrer bemächtigt und bedient hat, um daran der Kirche etwas zu demonstrieren, ein paar neue Ausblicke auf das Evangelium zu eröffnen« (26). Oder: Augustinus. Das Antlitz der Kirche, Einsiedeln 1942, 15f: »Dieser Weg (sc. des Konvertiten Augustinus) hebt notgedrungen an bei einer Beschäftigung mit dem Ich, seiner ›religiösen Problematik‹, um aber ebenso notgedrungen weiterzuführen zu einer wachsenden Entfremdung von sich selbst, im Maße das Ich und seine Enge sich aufgibt und untergeht in der immer tiefer erkannten und gelebten Kirche.« Oder: Die großen Ordensregeln (Hrsg. *H. U. v. Balthasar*), Einsiedeln 1948, 22 (Einleitung): »Alle großen Gründer zeichnen sich aus durch ihre abgründige Demut gegenüber der hierarchischen Kirche, sie legen ihr schlicht und dankbar das neue Werkzeug in die Hand. Die Überlegenheit des Vollkommenheitsstandes gegenüber dem Weltstand kann nach dem Evangelium selber nicht anders gedeutet werden als im Sinne einer größeren Verantwortung für das Ganze, eines tieferen Dienstes und einer vollständigeren Verdemütigung.«

[73] H I, 246; PI, 144f.

[74] Die Deutsche Thomas-Ausgabe, Summa Theologica, Bd 23: Besondere Gnadengaben und die zwei Wege menschlichen Lebens, Kommentar von H. U. v. Balthasar, Heidelberg–Graz 1954, 291 (zitiert: Gnadengaben).

Denn deren kirchliche »Fruchtbarkeit« kann nicht nach dem Maß ihrer äußeren kirchlichen Aktivität beurteilt werden[75]. Balthasar tritt im Gegenteil immer sehr betont für die unaufhebbare Pflicht der Kirche ein, in ihrer Mitte dieses reine kontemplative Leben ohne äußere kirchlich-soziale Aktion zu pflegen[76]. Hier erscheint nämlich jene alles christliche Tun begründende und prägende Glaubenskontemplation als konkrete und allgemein sichtbare Lebensform, die nichts anderes sein will als das »Besondere des Allgemeinen« jedes christlich-kirchlichen Daseins; und dies gerade als »forma informans vitam ecclesiasticam«, als Salz und Sauerteig für das Ganze der Kirche[77]. Wenn diese darstellende Funktion auch für jedes Leben nach den evangelischen Räten gilt, so tritt sie doch bei den rein kontemplativen Ordensgemeinschaften besonders deutlich hervor. Denn hier will der Mensch nichts anderes sein als reine Darstellung des »marianischen Prinzips« der Kirche[78]. In dieser Lebensform vollzieht sich ja unüberbietbar das Enteignetwerden der Subjektivität eines Menschen durch Gott in die reine »Objektivität« der Kirche, das Ineinsfallen der Person mit ihrer kirchlichen Sendung. Den kontemplativen Christen dürften eigentlich nicht mehr seine eigene Persönlichkeit, seine »Erfolge« oder seine privaten »Glaubenserfahrungen« interessieren; er muß von seiner Berufung her reine Funktion der in der Kirche wirkenden Liebe Gottes sein. Ihr überläßt er auch ganz das »Fruchtbringen« seines Lebens in der Kirche, da er selbst jedes Zählen und Rechnen, jedes Überschauen und Erfolgsstreben aufzugeben hat[79]. Der Kontemplative (im engeren Sinn) wird somit für Balthasar zur konkreten, vorbildlichen Gestalt einer »anima ecclesiastica«, eines kirchlichen Menschen:

»Der Christ, der sich zum kontemplativen Leben entschließt, geht in die Mitte der Kirche; er verzichtet gleichsam darauf, ein einzelner Mensch, ein einzelnes Kirchenglied zu sein. Er wird anonym, er schenkt sein Herz der Kirche und erhält von der Kirche ihr Herz. Er übersteigt das Teilsein um der Ganzheit willen ... Niemand ist deshalb so gänzlich expropriiert wie der Kontemplative. Niemand kann sowenig wie er auf persönliche Befriedigung hoffen und warten. Er ist nicht nur diese Einzelperson, über die Gott zugunsten des Ganzen verfügt, er ist ein Aspekt dieses Ganzen, über das Gott zugunsten der Teile verfügt.«[80]

Von dieser Form der christlichen Existenz her, wie sie im rein kontemplativen Leben vorbildlich vollzogen wird, konzipiert Balthasar – wie wir im nächsten Abschnitt sehen werden – auch das amtlich Institutionelle in der Kirche, nämlich in seiner unlöslichen Einheit von Existenz und Sendung, von Heiligkeit und Bevollmächtigung.

[75] Klarstellungen, 121f.

[76] VC, 245–259, bes. 252–259; SV, 349–387, bes. 382–387; Christ, 80–85; Klarstellungen, 116–125 u.a.

[77] SV, 447.

[78] Vgl. Klarstellungen 121ff.

[79] Vgl. VC, 258: »Und gerade sofern der Kontemplative auf die Schau der Frucht verzichtet, ist seine Aktion die weiteste; sie mündet hinein wie ein begrenzter Fluß in das unbegrenzte Meer der unendlichen Aktion Gottes, mündet auch hinein in den nicht erschöpfbaren Schatz der Kirche, sie ist also wie nichts anderes in der Kirche sozial und gemeinsam.«

[80] SV, 382f; vgl. Christ, 83; VC, 258; Klarstellungen, 121f.

bb) Kirchliche Gesinnung (Identifizierung mit der Kirche)

Die Kirchlichkeit der glaubenden Kontemplation wird noch auf eine andere Weise konkretisiert, und zwar im Begriff der »kirchlichen Gesinnung«. Wenn man vom »sentire cum ecclesia« spricht, steht Kirche irgendwie noch dem glaubenden Subjekt äußerlich gegenüber als ein Objekt, das man lieben kann (»Liebe zur Kirche«) und mit dem man »fühlen« soll [81]. Damit ist jedoch das eigentliche Anliegen einer kirchlichen Gesinnung noch nicht erreicht. Sie ist erst da voll gegeben, wo »sich der Glaubende immer tiefer mit dem die Kirche als solche konstituierenden Glaubensakt an die Offenbarung Gottes in Christo« identifiziert [82], wo er also den marianisch-kirchlichen Grundakt des gehorsamen Mit-sich-geschehen-Lassens mitzuvollziehen versucht [83]. In diesem Tun stimmt sich der einzelne Christ ein in das »Empfinden«, das »Gestimmtsein« der Kirche, die sich selber aber – in ihrer reinen Gestalt in Maria und den Heiligen – immer schon eingestimmt hat auf die »Stimmung Christi«, auf das »hoc enim sentite in vobis quod et in Christo Jesu« (Phil. 2,5) [84]. Hier identifiziert sich also der einzelne mit dem ihm vorgegebenen realen Grund und Wesen der Kirche, hier erst wird sein »sentire cum ecclesia« zu einem »sentire ecclesiae« in ihm [85]. Er ist selbst ein Stück Kirche geworden, in ihm realisiert sich auf konkrete Weise die Kirche selbst in ihrem Glaubensgehorsam und in ihrer Liebe dem Herrn gegenüber.

»Deshalb muß ich, sofern ich verstanden habe, was Kirche im Kern ist, die Kirche lieben, und zwar gerade nicht als etwas ›anderes‹, mir Gegenüberstehendes, sondern als die schon gegebene Wirklichkeit dessen, was in mir Sehnsucht, Anlage, Möglichkeit ist, als die Fülle dessen, was in mir jedenfalls nur partiell und einseitig vorhanden ist. So kehrt sich, wenn es um Wesen und Kern der Kirche geht, die Formel von der partiellen Identifikation geradezu um: ich, der Partielle, gelange zur totalen Identifikation mit mir selbst nur durch eine totale Identifikation mit der Kirche.« [86]

Auf diese volle Identifizierung des Christen mit der Kirche legt Balthasar großen Wert; vor allem auf die mit ihrem »heilen Kern«, der realisiert ist in Maria und in der je aktuellen Liebesgemeinschaft der Heiligen, die sich demütig in die Form Mariens eingefügt haben, und in die dabei »die Form des göttlichen Für-einander« als »die unterscheidend christliche Form von Gemeinschaft« eingestiftet worden ist [87]. Erst ein solcher Christ verdient die Bezeichnung »mündiger Christ«, da er eben »volle Mitverantwortung« für die Kirche zu tragen bereit ist und jedes »Fremdtun und Gegenüberstehn, Beobachten und Registrieren« als unmöglich abweist [88]. Denn dieser Christ ist so in die Kirche hineingewachsen,

»daß er als Kirche, in ihrem Geist und in ihrer Gestalt, die Akte kirchlicher Liebe zu Christus und zu den Brüdern mitvollzieht – nicht privat, sondern in der Circumincession mit allen

[81] Schleifung, 74; PI, 162f, 189ff.
[82] Klarstellungen, 86.
[83] Schleifung, 74.
[84] H I, 246.
[85] Vgl. PI, 196ff; SV, 38.
[86] PI, 197.
[87] Klarstellungen, 60; vgl. auch: Die Wahrheit ist symphonisch, Einsiedeln 1972, 63ff (zitiert: Symphonisch).
[88] Christ, 93.

›animae ecclesiasticae‹. An den Heiligen kann jeder erkennen, daß dies möglich ist, wie das zugeht, und wie wenig es die besondere Persönlichkeit eines einzelnen nivelliert«[89].

Ein derart »kirchenförmiger« Christ kann darum durchaus auch »kirchenkritisch« sein: jedoch nicht aus einer partiellen Identifikation heraus, sondern nur von seinem Stehen im »Kern« der Kirche her; von dort aus kann er das »Periphere« der Kirche kritisieren, insofern es nicht dem »Zentrum der Liebe« entspricht. Kritik also nicht nur aus Liebe *zur* Kirche, sondern aus der Liebe *der* Kirche selbst heraus[90].

Aber ist diese Identifikation mit dem »Kern« der Kirche nicht doch eine sehr spirituelle und ideale Angelegenheit, der im Grunde jeder Christ zustimmen kann, ohne daß es irgendwelche konkrete Auswirkungen für sein bestimmtes kirchliches Verhalten haben muß? Wenn es wirklich stimmt, daß »Kirche, auch als soziale, immer dort ist, wo ein wirklicher Christ ist, und je reiner sein Christsein aufstrahlt und sich verkörpert, um so reiner strahlt auch die Idee der Kirche hervor«[91] – wer möchte da schon eingestehen, daß er kein »wirklicher« Christ ist oder sich nicht wenigstens darum bemüht? Oder anders gefragt: Ist diese doppelte Identifikation, nämlich einmal die der Person mit ihrer kirchlichen *Sendung* und dann die des persönlichen Selbst mit dem *Selbst* der Kirche überhaupt, ist diese Identifikation nicht doch sehr »abstrakt«, sehr wenig greifbar in der kirchlichen Realität? Nun, Balthasar nennt einige weitere Konkretionen, die diese kirchliche Form der christlichen Grundhaltung annehmen muß, wenn sie real sein will. Und hier kommt nun das eigentlich Institutionelle ins Spiel, das am ehesten die *Konkretheit* einer kirchlichen Sendung und einer kirchlichen Gesinnung erweisen soll. Hier wird die Identifikation mit der Kirche unausweichlich aus einer rein spirituellen Innerlichkeit und einer subjektiven Beliebigkeit herausgeholt.

cc) Kirchlicher Gehorsam (Amt und Charisma)

Da ist zunächst das Verhältnis des »kirchenförmigen« Christen zum Amt in der Kirche zu nennen. Wenn ein Mensch sich in den Gehorsam der Kirche gegenüber Christus eingliedert und in seiner persönlichen Haltung daran teilnimmt, dann konkretisiert sich diese Haltung u.a. auch im Gehorsam des einzelnen dem hierarchischen Amt gegenüber. Sowohl Autorität wie Gehorsam in der Kirche stammen aus der dienenden Haltung der ganzen Kirche Christus gegenüber, und der Gehorsam innerhalb der Kirche stellt nur diese innere kirchliche Gesinnung auch nach außen hin dar: »es ist die Probe auf das Vorhandensein der inneren Gesinnung, wie sie einer Ordnung der Menschwerdung voll entspricht.«[92] Dieser Gehorsam in der Kirche ist also nicht etwas anderes, etwas Dazwischengeschobenes zwischen den Gehorsam des Christen seinem einzigen Herrn gegenüber; nein, es ist die konkrete, sichtbare Teilnahme am gemeinsamen Gehorsam der Kirche. Ähnlich wie Maria nicht »eine andere, zweite, unter- oder nebengeordnete Instanz (ist), der man *auch* zu gehorchen hätte, sondern alles ... sich im Hinweis

[89] PI, 199.
[90] PI, 196ff, 286f; Symphonisch, 124ff.
[91] Schleifung, 74.
[92] A.a.O., 76.

auf den Sohn (erschöpft)« [93], so unbetont von sich wegweisend muß auch innerkirchliche Autorität in ihrer Gehorsamsforderung auftreten. Autoritätsausübung in der Kirche kann deswegen nichts anderes sein, als das Hineinführen jedes einzelnen in den Glaubensgehorsam der ganzen Kirche zu Christus [94].

Damit taucht bereits die Frage nach dem Verhältnis der einzelnen Sendungen (Charismen) in der Kirche zum institutionalisierten Amt auf. Balthasar sieht die entscheidende Funktion des kirchlichen Amtes inmitten der verschiedenen Sendungen gerade darin, daß es diese in den Gehorsam des Gliedes gegenüber dem Ganzen des Leibes Christi einübt. Diese Ganzheit besteht aber nicht nur in einer innerkirchlichen, harmonischen Ordnung der einzelnen Sendungen und Funktionen untereinander, sondern vor allem auch in ihrem gemeinsamen Bezug zum Haupt des Leibes, zu Christus. In ihm ist die »transzendente Einheit« der Kirche immer schon gegeben, auf ihn hin müssen sich alle Charismen immer wieder »emporbeziehen« lassen [95]. Diese »Emporbeziehung« aller verschiedenen Sendungen auf ihre transzendente, jedem menschlichen Einheitsstreben vorausliegende Einheit hin, dieses Aufsprengen aller »selbstgenügsamen Charismatik (wie die der Korinther)« [96] zur größeren Liebe in der Einheit Christi hin – das ist Aufgabe des Amtes, das dadurch eine »erinnernde und konkretisierende Repräsentation« der transzendenten Einheit wahrnimmt [97]. Die »erinnernde Funktion« des Amtes weist sowohl den einzelnen immer wieder darauf hin, daß er nicht einfach seinem Gewissen, sondern dem Herrn der Kirche und dem von ihm verliehenen Auftrag verantwortlich ist, wie auch die Gemeinschaft, daß ihre Ordnung nicht eine innerweltlich-selbstgenügsame Harmonie sein kann, sondern daß sich im »horizontalen« Zusammenklingen aller kirchlichen Aufträge gerade der gemeinsame »vertikale« Gehorsam dem Haupt gegenüber darstellen muß. Dabei wirkt das Amt in einer wirklichen Vollmacht, die es von Christus her erhalten hat und in der es seine Funktion als wirksames, sakramentales Zeichen der in Christus vorausliegenden Einheit des Leibes vollziehen kann: der Amtsträger »ist nicht nur ein Lehrer, sondern amtlich-personal – geistig und leibhaftig – der Einzeuger der Einheit Christi in die Gemeinde hinein« [98]. In dieser Funktion kann der Amtsträger dann auch als ein »in persona Christi« Handelnder angesehen werden, da durch seinen Dienst an der Einheit jeder Christ immer wieder auf die ihm grundsätzlich vorausliegende Kirche und ihre Einheit in Christus zeichenhaft-wirksam verwiesen wird [99].

Damit steht das institutionelle Amt und seine Einheitsfunktion grundsätzlich in der Mitte und nicht an der Peripherie des kirchlichen Leibes Christi. Kirchliche

93 A.a.O., 77.
94 PI, 146.
95 A.a.O., 148ff.
96 Symphonisch, 88; vgl. Klarstellungen, 185.
97 PI, 150: »Amt ist in der (katholischen) Kirche jenes besondere ›Charisma‹, dessen Auftrag die Koordination der Einzelcharismen durch Hinweis auf die Einheit, durch Emporbeziehung zu ihr, durch ermahnende Eingrenzung auf sie hin die transzendente Einheit der Kirche *unausweichlich konkret* werden läßt. Wären alle Kirchenglieder ihrem eigenen Charisma (und seiner Begrenzung durch die Liebe) restlos gehorsam, so bedürfte es einer solchen Ordnungsfunktion nicht.«
98 PI, 152.
99 A.a.O., 153f.

Sendung und kirchliche Gesinnung als Selbstidentifikation mit der Kirche und ihrer Wesensgestalt können deshalb niemals im grundsätzlichen Gegensatz zum Amt realisiert werden. Im Gegenteil: nur da, wo der Gehorsam des Christen gegenüber Christus und der von ihm erhaltenen Sendung auch die Form des kirchlichen (Glied-)Gehorsams gegenüber der kirchlichen Ganzheit und Einheit und gegenüber den sie repräsentierenden Funktionsträgern annimmt, nur da ist kirchliche Gesinnung konkret und wirklich geworden [100]. Berechtigte Kritik (Kontestation) am Amt kann es dementsprechend auch nur aus einer grundsätzlichen Bejahung des Amtes und seiner Funktion heraus geben; sie darf nur ein Zurückrufen des Amtes von aller möglichen Abirrung sein, damit es seine ursprüngliche Funktion wieder besser vollziehen kann [101].

Es geht Balthasar bei dieser Funktionsbestimmung des Amtes vor allem darum, durch den Bezug jeder einzelnen Sendung und der kirchlichen Einheit auf die überlegene, immer schon geschenkte Einheit in Christus alles Subjektivistische in der Kirche zu »objektivieren« zur immer schon vorgegebenen größeren Liebe Gottes hin, die in der kirchlichen Liebesgemeinschaft zur Darstellung kommen soll. Das institutionelle Amt in der Kirche als Dienstamt der Versöhnung und der »Paraklese« hat nun gegenüber allen Charismen in der Kirche einen besonders »objektiven« Charakter, der es für diese Funktion prädestiniert. Es »stammt aus der unmittelbaren Sendung Christi, ist mit ihm zusammen kirchenbegründend und gliedert sich nicht aus den innerkirchlichen Charismen aus« [102]. Es gehört mit Wort und Sakrament zum »objektiven Vorweg« einer von Christus heilig und herrlich gestalteten Kirche (vgl. 2 Kor 3), es liegt – wie diese – jeder subjektiven Antwort des Glaubens voraus als ein geschenktes, objektives, von Christus bereitgestelltes Moment einer Kirche, die eben immer schon mehr ist als die Summe ihrer Glieder, und deren »objektive Heiligkeit« nicht schlechthin mit der subjektiven Glaubensantwort ihrer Gläubigen identisch ist [103]. Wenn das Amt in seiner Struktur auch nie von der existentiellen Verwirklichung abstrahiert werden kann, so hat es doch durch dieses Vorwegsein vor aller subjektiven Antwort den Charakter einer »widerständigen«, der Verfügung des Subjekts – sei es des Trägers selbst oder auch

[100] Vgl. SV 26: »Daß eine solche Überhöhung des sentire cum Ecclesia in ein sentire Ecclesiae nur in der vollen Selbstverleugnung und im vollen Gehorsam gegenüber der kirchlichen Hierarchie möglich ist, ist vorhin, anläßlich der geistigen Einheit des Marianischen und Petrinischen schon erwähnt worden und wird auch immer wieder darin die Echtheit bewähren.«

[101] PI, 154; Klarstellungen, 90ff; Geschichte, 82f; Affekt, 260. In diesem repräsentierenden Verweis des kirchlichen Amtes auf die vorgegebene, transzendente Einheit der Kirche in Christus sieht Balthasar eine entscheidende theologische Qualität des höchsten Leitungsamtes in der Kirche, des Petrusamtes (Affekt, 16; Symphonisch, 89). Und zwar erreicht hier diese allgemeine amtliche Funktion ihre höchste »ekklesiologische Konkretheit« (Affekt, 105); so muß das Petrusamt gesehen werden: »gleichzeitig als der konkrete kritische Bezugspunkt der Einheit, die ohne ihn zerfällt, und als die so über sich hinaus zum Zentrum Christus hinführende, zur christlichen Freiheit hin befreiende Instanz« (Affekt, 237). Erst in der Anerkennung eines – auch mit klaren institutionellen Vollmachten versehenen Papstamtes – gelangt die Kirche zu einer »konkreten Einheit«, die im Gegensatz zu allen »abstrakten« (vorwiegend soziologisch orientierten) Einheitsentwürfen allein der Konkretheit Christi und seines »einigenden Hl. Geistes« gerecht wird (Affekt, 106; 136: »Das petrinische Amt als Konkretion Christi«).

[102] H III/2/2, 473f; vgl. SV, 114f.

[103] PI, 181.

der anderen Charismatiker – irgendwie entzogenen Funktion [104]. Und gerade diese Eigenschaft bestimmt es dazu, die einzelnen in der Kirche und die innerkirchliche Gemeinschaft auf das Vorweg der Gnade Christi zu beziehen und darin einzufügen. Es hat dadurch eine Vollmacht, in der es »den einzelnen ihre Maßstäbe entwindet, um sie dem Herrn der Kirche einzuhändigen« [105]. Es ist darum auch der Garant dafür, »daß der Wurm der Sektiererei, nämlich der subjektiven, sich an sich selber messenden Charismatik, vom Holz der Kirche ferngehalten werden kann« [106].

Wir können noch weitergehen: dasselbe Kriterium, das die Echtheit einer kirchlichen Sendung erweist, gilt auch für die grundlegende und umfassende christliche Glaubens*erfahrung* überhaupt. Auch sie gewinnt erst im Verzicht auf den Genuß subjektiv erlebter »religiöser Erfahrung« ihre volle kirchliche Gestalt. Da wo ein Mensch in seiner Antwort auf die Liebe Gottes teilnehmen will an dem marianisch-kirchlichen Glaubensgehorsam des Geschehenlassens, da wo er sich von Gott zu einer kirchlichen Existenz »funktionalisieren« läßt, kommt es ihm nicht mehr darauf an, seinen Glauben auf bestimmte subjektive Erfahrungen zu stützen, die er selbst »macht«, sei es auf sog. »Gotteserfahrungen« oder auf irgendwelche Gemeinschaftserfahrungen »gegenseitiger Verbundenheit, gemeinsamer religiöser Erlebnisse, gemeinsamer Begeisterung für die Sache Christi usf.« [107]. Die Glaubenserfahrungen des kirchlichen Menschen sind zutiefst Teilnahme an den geschenkten »objektiven« Glaubenserfahrungen der Kirche, zumal ihrer urbildlichen Gestalt, in die er sich – seine subjektive Eigengestalt aufgebend – »eingestalten« läßt. In der liebenden Identifikation mit der Kirche macht der Glaubende *deren* Erfahrungen als seine eigenen, und seine (subjektiv) eigenen nur in ihr [108]. Diese »objektiven« christlichen und kirchlichen Erfahrungen sind grundlegend – vom Kreuz her – die des gehorsamen Sich-selbst-Genommenwerdens zum Dienst der Liebe Gottes. Darin, in diesem »Objektivismus der Liebe als Verzicht auf Eigengenuß« [109], in dieser »Zerreißprobe der auf Erfahrung verzichtenden Liebe« [110] sieht Balthasar ein Kriterium für die Echtheit einer christlichen Gesinnung. Wenn der Christ

[104] Symphonisch, 61: »Und damit dieses Voraus nicht doch in die Verfügung der Charismatiker übergehe, ist der Kirche vom Ursprung her (in klaren Texten bezeugt) das Amt eingestiftet, das Kirche als Versammlung der Gläubigen allererst zusammenruft, versammelt und originär das Wort Gottes und seine gegenwärtigen sakramentalen Taten für die Gemeinde lebendig sein läßt.«

[105] Symphonisch, 88.

[106] Klarstellungen, 188.

[107] Symphonisch, 88.

[108] H I, 248: »Und weil mit dem Glaubensakt und mit seiner Hingabe biblisch und eigentlich ein Akt sich-hingebender Liebe an Gott gemeint ist, darum ist es nicht abwegig zu sagen, daß der Liebende, in allem auf das Eigene verzichtend, dem Geliebten in sich jeden Raum einräumen will, daher auch die Erfahrung, die der Geliebte macht und hat, als seine eigene Erfahrung hinnimmt, hingegen das, was ein Nichtliebender seine ›eigene Erfahrung‹ nennt, nicht mehr in sich selbst, sondern einzig im Geliebten machen will. Es ist christlich nicht abwegig zu sagen, daß der Glaubende ›objektive‹ Erfahrungen in Christus und in der Kirche machen kann, die ihm nicht subjektiv-psychologisch als bewußte faßbar zu sein brauchen ... Dieser Objektivismus der Liebe als Verzicht auf Eigengenuß ist das Gegenteil eines Objektivismus aus mangelnder Liebe und dürftiger Glaubensbereitschaft: er ist das Ergebnis einer entschlossenen Glaubenshaltung, die von Gott ernstgenommen und ihrer Rückversicherungen im Subjekt entledigt wird.«

[109] Ebd.

[110] Symphonisch, 88.

»ehrlich die christliche selbstlose Liebe zu leben versucht, dann wird er gerade im *Verzicht* auf subjektive Befriedigung die entscheidende *Erfahrung* der Möglichkeit machen, durch den Glauben ausgeweitet und katholisch zu werden. Er wird eingeübt in das, was reale Existenz im Kreuz und (jenseitiger) Auferstehung Christi bedeutet«[111].

Für das Gelingen dieses Verzichtes spielt das institutionelle Amt wiederum eine besondere Rolle. Denn ihm kommt die Aufgabe zu, die Christen vor der Gefahr einer subjektivistischen Einschließung in »erfahrungsträchtige« Gottes- oder Kirchenerlebnisse zu bewahren, indem es sie immer wieder ausrichtet auf die umfassende Weite der »Catholica«, auf die größeren Dimensionen ihres Glaubens und vor allem auf ihre in Christus geschenkte Einheit hin. Weil im »objektiven« Amt dieser Bezug zur umgreifenden und jeder subjektiven Anstrengung überlegenen Einheit der Kirche ganz konkret faßbar wird, kann das Amt den Dienst der »Objektivierung«, d. h. der Einfügung aller subjektiven Glaubenserfahrungen in das vorgegebene Eine und Ganze der kirchlichen Glaubenserfahrung leisten[112]. Ihm kommt in seinem von Christus gesetzten »Vorwegsein« die Rolle zu, jedem menschlichen Bemühen um Glaube, Hoffnung und Liebe, um Gemeinschaft und Einheit den Charakter einer pelagianischen Selbstrechtfertigung zu nehmen; denn indem es die Christen immer wieder auf die ihrem Tun vorausliegende »Tatsache Christi«[113], auf seinen Tod und seine Auferstehung hinweist, übt es sie in das einzig angemessene Tun des »Hinnehmens«, des Sichbeschenkenlassens von Christus ein.

Erst in dieser konkreten kirchlich-magdlichen Haltung wird die menschliche Subjektivität befähigt, »von sich loszukommen, von diesem Fluch des Eigengewichts«[114], und dabei gerade in der Objektivität einer kirchlichen Existenz ihre wahre Identität zu finden. Diese »Objektivierung« bewirkt also keinerlei Selbstentfremdung oder Einengung der Person. Im Gegenteil: diese wird dadurch gerade befreit, »universalisiert« zu einem Glauben und einer Liebe, die den engen subjektiven Erfahrungs- und Sympathiehorizont übersteigt und teilnimmt an dem universalen, »katholischen« Maß kirchlichen Glaubens und Liebens. Dieses kirchliche Maß ist nichts anderes als die angemessene Antwortgestalt auf die universale Liebe Christi. Der einzelne Christ kann sich dieses Maß nur von der Kirche schenken lassen, und diesem Maßnehmen des einzelnen am Maß der Kirche und darin am Maß Christi dient das Amt. An den Heiligen, an ihrem Gehorsam gegenüber einer oft sehr engen Ordensregel oder an ihrer Demut gegenüber einer oft sehr mittelmäßigen hierarchischen Kirche läßt sich dieses Gesetz der Selbstfindung durch Selbstaufgabe in die Objektivität der Kirche hinein anschaulich ablesen.

[111] Affekt, 247; PI, 336ff

[112] Symphonisch, 89: »Der zaghaft gewordene Glaube klammert sich dann an die spirituellen Kirchenerfahrungen; es bilden sich einzelne Gruppen, in denen solche gemeinsame ›Kirchenerfahrungen‹ nach Wunsch gelingen; aber da keine amtliche Struktur sie auffängt und einordnet, stehen sie vereinsamt in einem Leerraum und lösen sich, sobald die ›Erfahrungen‹ schal werden, wieder auf ... Im Leib der katholischen Kirche wird die eigentlich tragende Kirchenerfahrung nur dort gemacht, wo sich alle pneumatischen Sondererfahrungen in eine Verzichterfahrung zum totalen Kirchengefüge hinüberführen lassen. Von dort her kann dann jede echte Gruppenerfahrung aufs neue legitimiert werden: sie kann sogar, in Abordnung des Ganzen, das Modell der katholischen Einheit vor der Welt repräsentieren.«

[113] Affekt, 247.

[114] Klarstellungen, 189.

So betont Balthasar gerade bei Therese von Lisieux immer wieder die »Ausweitung« und »Universalisierung« ihrer Glaubenserfahrungen, ihrer Liebe, ihres Betens auf die alles umfassende »katholische« Weite hin, welche nur im demütigen Gehorsam gegenüber der »heiligen Regel« geschenkt werden konnte [115]. Die letzte theologische Begründung dieser sich gegenseitig vermittelnden Subjekt-Objekt-Dialektik in der Kirche werden wir im nächsten Kapitel darlegen, wenn wir auf die Geisttheologie Balthasars zu sprechen kommen.

dd) Kirchliche »Hinnahme« der Hingabe Gottes (Sakramente)

Eine ähnliche Funktion wie das Amt (und analog die Ordensregel) üben auch die Sakramente hinsichtlich der konkreten Kirchlichkeit der Glaubenskontemplation des Christen aus. Sie sind bewirkende Zeichen des »objektiven Vorweg« der Kirche und ihrer Einheit vor den einzelnen und darin eben Zeichen des »Voraus« unseres Heiles vor jeder möglichen Glaubensantwort: »Der sakramentale Rahmen verbürgt das Voraus des Empfangs vor der von uns gegebenen Antwort und angemeldeten Forderung.« [116] Auf das Hinnehmen der Liebe Gottes in Christus kommt es der christlichen Glaubenskontemplation ja gerade an; unausweichlich konkret wird dies aber da, wo einer sich von der Kirche die Sakramente als kirchlich sich ausgliedernde und differenzierende Formen der Gestalt Christi, als kirchliche »Gebärde Jesu Christi zum Menschen hin« reichen läßt [117]. Hier erst, in dieser Vermittlung der kirchlich-sakramentalen Form, wird der Glaubende in seine eigentliche »Christusform« eingefügt. So

»ist der Wechsel vom Ort der Entfremdung zum Ort der Eigentlichkeit für den einzelnen Christen wohl an einen Akt des Glaubensgehorsams und der Glaubenshingabe gebunden, aber weder von diesem eigentlich verursacht (sondern von Christi Tun) noch dem subjektiven Akt proportional, sondern vom sakramentalen Akt der Taufe her zu seiner wahren Wirksamkeit entfaltet: Kirche in Christus übernimmt den Glaubenden (der als solcher die Priorität von ›Christus Haupt und Leib‹ anerkennt) im Sakrament in dieses ihm Vorausliegende, ihn aber in seiner Wahrheit und Eigentlichkeit Konstituierende hinein« [118].

Das gehorsame Hinnehmen der Hingabe Gottes an uns wird besonders in der Eucharistie konkret. Denn die Liebe Gottes im hingegebenen Leib des Gekreuzigten und Auferstandenen kann der Mensch sich nur von der Kirche darreichen lassen, und zwar von einer Kirche, die immer schon mehr ist als die Summe ihrer Glieder und damit auch mehr als die Liebe, die diese Menschen von sich aus zur Konstitution der Gemeinschaft des Leibes Christi beitragen. Nicht das Maß un-

[115] Schwestern, 158: »So hat sich die ›Einengung‹ der Seele durch die Regel, von der anfangs die Rede war, zuletzt in eine ungeahnte ›Erweiterung‹ verwandelt. Es ist wie die Nachahmung der unendlichen eucharistischen Erweiterung des Lebens Christi, gerade durch die Einengung, Verdemütigung, ja ›Selbstvernichtung‹ seines Lebens in der Eucharistie.«

Vgl. auch a. a. O., 161: »Damit hat sie bewiesen, daß sie verstanden hat, was im Ordensstand die ›heilige Regel‹ bedeutet: Enge, die letzte Weite bezweckt, Abstraktheit, die die Durchblutung des konkretesten Augenblicks möchte, Absterben des Herzens, das auf seine höchste Verlebendigung zielt.«

[116] Symphonisch, 61; vgl. Theologie der drei Tage, Einsiedeln 1969, 98 (zitiert: Drei Tage).

[117] H I, 557.

[118] PI, 144; Glaubhaft, 84.

serer Liebe und unserer Gemeinschaftlichkeit bestimmt das Maß der eucharistischen Gegenwart Christi und der von ihm geschenkten Einheit seines Leibes. Es gibt da keinerlei Proportion zueinander und auch keine fließenden Übergänge [119]. Diese Gegenwart der äußersten Hingabe Gottes an uns in Christus bleibt reines Geschenk, das grundsätzlich allen unseren subjektiven Bemühungen um Liebe und Einheit überlegen ist. Das sichtbare und verbürgende Zeichen für dieses Voraus liegt in der konkreten, »aller subjektiven Schwankung überlegenen gültigen Gestalt« [120] des Sakramentes, für welche wiederum das kirchliche Amt garantiert, da dieses »grundsätzlich, von Anfang an und bis auf heute allen Relativitäten der Subjekte entzogen ist« [121]. Nur hier, wo Liebe und Einheit in einer konkreten kirchlichen Gestalt (Sakrament und Amt) als Geschenk Gottes hingenommen werden, kann sich – in diesem Zusammen von sich anbietender Liebe Gottes und selbstverzichtendem Empfang des Menschen – wirklich die kirchliche Einheit und Gemeinschaft der Liebe entwickeln.

ee) Kirchliche Liebe

Allerdings bedeutet in diesem Aufbau der kirchlichen Gemeinschaft die institutionelle Bindung der gehorsamen, glaubenden Kontemplation nur die äußerste Konkretion ihrer Kirchlichkeit. Die Einheit von Sendung und Existenz, die kirchliche Gesinnung, die Identifizierung mit der Kirche (als »anima ecclesiastica«), der Gehorsam gegenüber der kirchlichen Einheit, die Demut des Sich-von-der-Kirche-Beschenkenlassens – das alles muß sich primär in der umfassenden innerkirchlichen Liebe aller Glieder zueinander äußern. Wenn die christliche Glaubenshaltung sich auf diese grundlegende Weise konkretisiert, dann kann die amtlich-sakramentale Konkretheit gleichsam die äußerste, objektivste Darstellung dieser Einheit der Kirche bieten. Alles Institutionelle in der Kirche muß getragen sein von der brüderlichen Liebe. In diesem Zusammenhang wollen wir auf ein bestimmtes kirchliches Verhalten hinweisen, das Balthasar häufig als eine konkrete Weise dieser Liebe nennt: es ist das Verhältnis der »*Starken*« gegenüber den »*Schwachen*« in der Kirche [122]. »Stark« sind nach Paulus (1 Ko 8; Rö 14, 1–15, 3) diejenigen, die in ihrem Verständnis der christlichen Offenbarung weiter als die andern vorgedrungen sind, die die Freiheit vom Gesetz, die Christus gebracht hat, auch in einer »liberaleren« Lebensweise zum Ausdruck bringen, die durch ihr Charisma zur christlichen »Mündigkeit« erweckt worden sind. Paulus rechnet sich selbst dazu. Als »schwach« hingegen bezeichnet er jene, die noch stärker an der jüdischen Tradition festhalten, deren Gewissen und Verhalten noch nicht die von Christus geschenkte Freiheit widerspiegeln. Es ist nun bezeichnend, daß Paulus um der kirchlichen Einheit willen die Starken auffordert, auf die Konsequenzen ihrer an sich richtigen Einsicht zu verzichten, um den Schwachen kein Ärgernis zu geben. Die Liebe, gerade zum »Schwachen«, zum »Bruder, für den

119 Klarstellungen, 186ff.

120 H I, 560; vgl. Balthasars Polemik in: Klarstellungen, 187, gegen bestimmte Formen privater Eucharistiefeiern.

121 Klarstellungen, 188; vgl. Affekt, 238; Symphonisch, 66f.

122 Vgl. H III/2/2, 420–425; PI, 148f; Klarstellungen, 154ff.

Christus starb« (1 Ko 8, 11), hat für Paulus unbedingten Vorrang in der Kirche vor der Durchsetzung einer wahren Erkenntnis oder eines persönlichen, charismatischen Auftrags.

»Weder die charismatische Gewissensmündigkeit der Starken noch die objektiv richtige Einsicht und der größere Wahrheitshorizont, der diese Mündigkeit rechtfertigt, können den Ausschlag geben, wo es um die Einheit des Glaubens und die Erbauung des kirchlichen Leibes Christi geht.« [123]

Die Liebe, die »nicht das Ihre sucht«, »die alles erträgt«, steht über allen anderen Charismen (1 Ko 13); und weil auch im schwachen Bruder Christus erscheint, der in seiner Solidarität gerade zu den Schwachen am Kreuz für alle gestorben ist, ist jedes Ärgernis, das der Starke dem Schwachen gibt, eine Sünde, eine »Lieblosigkeit« gegen Christus (1 Ko 8, 12) und damit auch gegen die in ihm gegebene transzendente Einheit der Kirche [124]. Paulus selbst unterwirft sich im Gehorsam gegenüber dieser Einheit dem Selbstverzicht des Charismatikers um der Schwachen willen (Apg 21). Am Bruder, der meine Einsicht und mein Charisma nicht teilt, gelangt der Christ an eine »objektive«, sehr spürbare und konkrete Grenze, an der er die Kirchlichkeit seines Glaubensgehorsams messen kann.

Wir sind am Ende unseres ersten Kapitels angelangt, das den subjektiven Vollzug des christlichen Grundaktes darstellen sollte. Wir sahen, daß die glaubende Kontemplation, dieses hinnehmende Über-sich-verfügen-Lassen durch Gott erst dort voll verwirklicht wird, wo sie sich gehorsam dem ganzen und einen der Kirche und ihrer konkreten Struktur einfügen läßt. Nur insofern das glaubende Subjekt sich »objektivieren« läßt in die objektive, d. h. ihm grundsätzlich vorgegebene und überlegene Form des kirchlichen Glaubens, Hoffens und Liebens hinein, kommt es zu sich selbst. Seine Identität als Christ findet es nur in der Identifizierung mit der Kirche, wobei auf jede eigene, von der Kirche getrennte oder distanzierte Identität verzichtet wird. Darum trägt der subjektive Glaubensakt des Christen auch immer schon »institutionelle« Züge an sich: nämlich in der Entäußerung an das Objektive einer vom Subjekt unabhängigen und uneinholbaren, es grundsätzlich transzendierenden Einheit der Kirche.

Diese Objektivität der Kirche, ihr »Voraus« und »Mehr« gegenüber den einzelnen, ist aber primär ein *personales* Gegenüber: zunächst Christus als Haupt des Leibes, dann Maria als immer schon gegebener »heiler Kern« des gehorsam antwortenden Leibes, dann schließlich die »Gemeinschaft der Heiligen«, die sich die marianische Antwort zu eigen gemacht haben und selbst zum »Typos« der Kirche geworden sind. In dieser *personalen Objektivität* der Kirche besteht ihr grundlegender institutioneller Charakter. Nur deswegen, weil sie für die einzelnen dieses objektive Gegenüber der *Liebe* konstituiert, kann sie das glaubende Subjekt, das sich diesem Gegenüber anheimgibt, zu seiner eigentlichen Identität ver-

[123] H III/2/2, 421.

[124] Vgl. PI, 149: »Die Einheit der Kirche, die über der Kirche liegt, sich aber in der kirchlichen Gemeinschaft als Liebe äußert, hat das Übergewicht über jede ›bessere Einsicht‹, die, von der Liebe isoliert oder gar gegen sie ausgespielt, nur ›Aufblähung‹ ist (1 Kor 8, 1), auch wenn es ihr noch so sehr um die Entmythologisierung nichtexistierender Götter und Götzen und damit um noch so berechtigte Kontestationen geht (8, 5ff).«

mitteln. Sonst wäre eine Identifizierung mit der Institution Kirche in der Tat unmenschlich. Sie liefe letztlich auf eine Gehlensche Selbstauflösung der freien, geistigen Subjektivität hinaus, die sich ja vom unausweichlichen »Verhängnis« der Institutionen »konsumieren« lassen soll. Wenn manche Formulierungen Balthasars an Gehlen und Jonas erinnern, so unterscheidet sich sein Institutionsverständnis doch grundlegend von dem ihren. Denn nach Balthasar ist die kirchliche Institution wesentlich eine geistig-geistliche Wirklichkeit, deren »Objektivität« der Hl. Geist in der Vermittlung durch den Geist der Heiligen darstellt. Weil Kirche wesentlich eine geistig-personale Institution bedeutet, kann die Objektivierung des Subjekts in der Kirche (als anima ecclesiastica) nicht zu einer Selbstentfremdung, sondern nur zu einer Selbstfindung des Subjekts in seiner ganzen personalen, freiheitsbezogenen Wirklichkeit führen. Die mehr sachlich-formale Objektivität, die die Kirche in ihren amtlichen und sakramentalen Strukturen annimmt, kann darum auch nur die äußerste Konkretion, die letztlich unausweichliche »Gegenständlichkeit« des personalen Gegenüber der Kirche für das einzelne Subjekt sein. Sie muß dabei aber unbedingt an dem personalen Charakter der umfassenden kirchlichen Institutionalität teilhaben, um den Gehorsam des Subjekts ihr gegenüber wirklich zur angemessenen Form der kirchlichen Liebe und Freiheit werden zu lassen. Diese Eigenart des kirchlich Institutionellen werden wir im nächsten Abschnitt noch deutlicher herausarbeiten.

II. DAS OBJEKT DER GLAUBENDEN KONTEMPLATION: DIE CHRISTLICHE GESTALT

Schon bei der Untersuchung der subjektiven Seite des christlichen Grundaktes kam das angezielte »Objekt« der wahrnehmenden, hörenden, anbetenden, gehorchenden Kontemplation ständig mit zur Sprache. Es konnte auch gar nicht anders sein, da das Tun des gläubigen Subjekts sowohl von dem begegnenden »Objekt«, eben von der Offenbarungsgestalt hervorgerufen wird, als auch in seiner Vollendung das Sicheingestaltenlassen in das Objekt, in die Form Christi und seines Leibes bedeutet. Gestalt und Form sind zentrale Begriffe der Theologie Balthasars, mit deren Hilfe er das ganze Offenbarungsgeschehen, vor allem seinen Höhepunkt in Jesus Christus, in einer diesem Geschehen angemessenen, ja von ihm selbst her gegebenen und geforderten Sprache ausdrücken will. Es ist die Sprache einer »theologischen Ästhetik«, die die Offenbarung der grundlosen Liebe Gottes vor allem als erscheinende »Herrlichkeit« (Kabod, Doxa, Gloria) versteht. Die Kategorien der Ästhetik, der Gestaltwahrnehmung in der Begegnung mit dem »Schönen«, werden deswegen – in Verbindung mit den Kategorien der personalen Beziehung – als legitim und notwendig erachtet, um das Offenbarungsereignis als Ganzes überhaupt in den Blick der glaubenden theologischen Kontemplation zu bekommen. Besonders die Person Jesu Christi kann nur als Offenbarungs-»Gestalt« angemessen erfahren werden. Auf diese Gestalt und auf das Gestaltetwerden des Menschen in sie hinein wollen wir in diesem und im nächsten Abschnitt näher eingehen, um dabei die noch ausstehenden Begründungen Balthasars für das kirchlich Institutionelle zu erheben.

1. Zum Begriff der Gestalt

Bevor wir jedoch die eigentlich christliche Gestalt behandeln, werden wir kurz die wichtigsten formalen Momente des Gestaltbegriffs darlegen, um ein ausreichendes Vorverständnis für seine Verwendung als Offenbarungskategorie zu gewinnen. Hilfreich dürfte dabei die Unterscheidung dieser allgemeinen Momente in anthropologisch-ästhetische (a) einerseits und geschichtlich-gesellschaftliche (b) andererseits sein.

a) Anthropologisch-ästhetische Kategorien

Die »Seinsart« der Gestalt besteht primär darin, daß in der bestimmten *Form* eines Seienden die darin verhüllt anwesende »Tiefen*wahrheit*« und »Tiefen*gutheit*« der Wirklichkeit (des Seins)[125] zur Erscheinung, zur Selbstdarstellung kommt. In dieser Einheit von »Gestalt« und »Glanz« (species und splendor: »das Gebild und was von ihm ausstrahlt, es zu einem werten, liebwerten macht«[126]) liegt das Wesen des Schönen: in der geformten Gestalt drückt sich die gründende Wirklichkeit selbst – enthüllend und verhüllend zugleich – als wahr und gut aus.

»Das Schöne ist vor allem eine *Gestalt,* und das Licht fällt nicht von oben und außen auf diese Gestalt, sondern bricht aus ihrem Inneren hervor. Species und lumen sind in der Schönheit eins, wenn die species wirklich ihren Namen (der nicht nur irgendeine Form, sondern die gefällige, ausstrahlende Form bezeichnet) zurecht trägt. Die sichtbare Gestalt ›verweist‹ nicht nur auf ein unsichtbares Tiefengeheimnis, sie ist dessen Erscheinung, sie offenbart es, indem sie es freilich zugleich auch birgt und hüllt. Sie hat als Natur- wie als Kunstgestalt ein erscheinendes Außen und eine inwendige Tiefe, die aber beide an der Gestalt nicht trennbar sind. Der Gehalt liegt nicht hinter der Gestalt, sondern in ihr.«[127]

Das »Urphänomen« des Gestalthaften, der Mensch in seiner ursprünglichen Einheit von Leib und Seele[128], läßt dabei zweierlei deutlich werden: einmal die *Freiheit* des sich in einer von ihm geformten Gestalt mitteilenden Geistes und zugleich auch sein *Angewiesensein* (seine »Armut«) auf das ihm großenteils vorgegebene und zugewiesene, äußere, leibliche Material[129]. Der Mensch ist eben Freiheit und Spontaneität nur im Sich-Mitteilen an ein vorgegebenes, hinzunehmendes »Ausdrucksfeld«, in dem er sich seine eigene Form, seine bestimmte »Ausdrucksgestalt« bildet[130]. Des Menschen Sein ist »schon im Ursprung Form«, »die den Geist und die Freiheit nicht einschränkt, sondern identisch ist mit ihnen«[131]. Ohne dieses Sich-Äußern und Sich-Hineinbinden in eine ganz bestimmte »objektivierte« Form bleibt der Mensch »ausdruckslos« und »unfruchtbar«, löst sich sein Dasein auf ins gestaltlos Zerfließende und Wirkungslose. Das »Innere« (Geist,

125 H I, 111.
126 H I, 18.
127 H I, 144.
128 H I, 18.
129 H I, 19; PI, 45f.
130 Vgl. H I, 19f; PI, 41.
131 H I, 20.

Freiheit) muß sich preisgeben und »entäußern« in das andere, »Äußere« seiner selbst, um sich als so Geformtes, Gestaltetes und Gebundenes zu »gewinnen«[132].

Dieses Gesetz gilt nicht nur für die personale Leib-Geist-Einheit des Menschen selbst, sondern auch für alles vom Menschen selbst Gestaltete. »Gestalt« oder »Form« sind deswegen entscheidende Begriffe für den erfahrbaren Einheitspunkt jenes bestimmenden metaphysischen Grundschemas von »männlich« gestaltender Fülle (»Herrlichkeit«) und »weiblich« gestalteter Bereitschaft (»Armut«). Im Gestaltbegriff liegt letztlich auch Balthasars philosophisch-idealistische Begründung für alles menschlich Institutionelle: Geist, der sich in eine ihn übersteigende Form bindet, um nur in dieser Objektivation seine Subjektivität voll zu verwirklichen. Die »Unendlichkeit« des Geistes, seiner Inspiration und seines Lebens steht nicht im Gegensatz zur »Endlichkeit« einer Form und einer »Institution«; sie findet vielmehr darin ihre »lebendige Gestalt«, in der sie sich darbietet und welche »gerade als so und nicht anders ›gesetzte‹ das wahrhaft Erfüllende« sein kann[133].

Besonders an der *Ehe* wird dieses Gesetz verdeutlicht:

> »Was ist stärker, Lebensgestalt prägender als die Ehe, die eben Ehe nur ist als die alle Ausbruchsgelüste des Individuums überholende, umgreifende Klammer, jenes Unlösliche, das den Auflösungstendenzen des Daseins ehern begegnet und den Wankenden zwingt, an der Gestalt zu wachsen über sich selbst hinaus in die wirkliche Liebe? Im Eheversprechen trauen die Gatten nicht sich selber, dem Moorboden ihrer Freiheit, sondern der Form, die als gewählte sie wählt, für die sie sich entscheiden im Akt ihrer Person, die sich an-ver-traut, nicht allein dem geliebten Du, nicht allein dem biologischen Gesetz von Fruchtbarkeit und Familie, sondern einer Form, mit der sie in ihrer tiefsten Personalität sich gleichsetzen können, weil sie von den biologischen Wurzeln durch alle Schichten hinaufreicht bis in die Höhen der Gnade und des Heiligen Geistes.«[134]

Aus der gegenseitigen Hingabe und Übereignung der Personen erwächst – schon vor aller gesellschaftlich-konkreten Institutionalisierung – jenes »Dritte«, »jenes aus ihren beiden Freiheiten zusammentretende Objektive«[135], nämlich die sie umgreifende Form des Gelöbnisses. Darin erscheint jene »objektive« Einheit ihres Willens, sich gegenseitig ganz einander in Liebe zu »übereignen«, so daß keiner der beiden mehr »subjektiv« über das Ganze dieser Begegnung verfügen kann. Die beiden Freiheiten begegnen sich deswegen immer nur in diesem ihre Subjektivität übersteigenden »Geist ihres Liebesbundes«, der als »einsgewordener Wille« mehr ist als die Summe ihrer Willensbekundungen, und »der sich über und zwischen sie stellt, weil keiner von beiden die entstandene Einheit für sich beanspruchen kann«[136]. Nur im »Gehorsam« gegenüber diesem umgreifenden, »objektiven« Geist – und nicht nur im Gehorsam dem Partner gegenüber, der sich eben gegen diesen Geist des Gelöbnisses verfehlen, ihn unterbieten kann – erfüllen die Partner ihr Versprechen auf rechte Weise. Weil dieser »Geist« einerseits aus dem beiderseitigen (subjektiven) Willen der völligen Übereignung aneinander entspringt wie andererseits auch etwas Neues, die Subjektivitäten über-

[132] H I, 21f.
[133] PI, 340.
[134] H I, 24f.
[135] PI, 210.
[136] Ebd.

steigendes, »schöpferisches« Drittes darstellt, das sie zur Einlösung ihres Versprechens »inspiriert«, kann er auch als »Institution« [137], eben als objektivierte Freiheit bezeichnet werden. Gerade als solche Institution führt die Ehe die personale Liebe der Partner nicht zu ihrer Entfremdung, sondern zu ihrer Vollendung: denn es

»wird das Gesetz der Liebe auch dann, wenn es sich gegenüber den egoistischen Wünschen, dem Haltmachen und Zurückweichen des Menschen als ein unerbittlich und beinah drohend forderndes, ganz objektiviertes durchhält, dabei nicht zu einem fremden; sondern es wird zur Erscheinung des vor sich selbst fliehenden Selbst, die es zur Konfrontation mit sich zwingt« [138].

In dieser Phänomenologie der personalen, besonders der ehelichen Beziehungen kommt der Charakter der Gestalt als »geformter Freiheit« und damit auch ihrer engen Beziehung zum Institutionellen deutlich zum Ausdruck. Auf die Nähe zur Idee der »konkreten Freiheit« braucht nicht ausdrücklich mehr hingewiesen zu werden; sie findet hier eine anschauliche anthropologische Verwirklichung. Im Bereich der »christlichen Gestalt« wird sich diese Eigenart auf analoge Weise ebenfalls zeigen. Aber ehe wir im einzelnen darauf zu sprechen kommen, müssen wir noch einige weitere Momente zum allgemeinen Verständnis des Gestaltsbegriffs beitragen.

Die Gestalteinheit von Form und Freiheit erweckt – nach dem klassischen Ideal der Kunst – dann das »Wohlgefallen« des Betrachters, wenn dieser Einheit eine »Stimmigkeit«, eine »Plausibilität« eignet, in der alle einzelnen Züge, alle Maße und Proportionen überzeugend zu einer gefügten Form zusammenstimmen. Eine solche Gestalt trägt dann auch den Charakter der »Nezessität« an sich (vom Anselmschen Begriff der necessitas her gedacht): alles an ihr gehört notwendig dazu, sie kann gar nicht anders sein als gerade so wie sie ist. Und doch erscheint sie dabei als ein vom betrachtenden Subjekt unerfindbares, nicht machbares oder irgendwie zu bewältigendes Geschenk, als das wunderbare Spiel eines freien Geistes, der sich in dieser Gestalt darstellen will [139]. Sie hat durch diese notwendig-freie Stimmigkeit des Ganzen, durch diese primäre Unauflösbarkeit in Details, Voraussetzungen und Hintergründe – was immer nur das zweite sein kann [140] – eine Selbstevidenz, die von sich her das Subjekt schlechterdings überzeugt, ja es überwältigen, hinreißen und »entrücken« kann zur Hingabe an die geschaute Gestalt. Sie bekundet dabei die dem Schönen immanente Forderung, es sein zu lassen, was es ist, auf jede Bewältigung und analysierende Erklärung erst einmal zu verzichten und es als *Ganzes* dankbar-liebend hinzunehmen. Darin zeigt sich

[137] A.a.O., 211, 215.

[138] A.a.O., 215.

[139] Glaubhaft, 34: »Was uns entgegentritt ist überwältigend wie ein Wunder und darin vom Erfahrenden nie einzuholen, besitzt aber gerade *als* Wunder seine Verstehbarkeit: es ist fesselnd und befreiend zugleich, wie es sich unzweideutig als ›erscheinende Freiheit‹ (Schiller) von innerer unabweisbarer Notwendigkeit gibt. *Wenn* es das Finale der Jupitersymphonie gibt – was ich aus nichts in mir selbst Liegendem vermuten, ableiten und erklären kann –, dann nur so, wie es ist; in dieser Gestalt hat es seine Nezessität, an der kein Ton verrückbar ist, es sei denn durch Mozart selbst. Einen solchen Zusammenfall von Unerfindbarkeit durch mich mit eindringlichster Plausibilität für mich gibt es nur im Reich des interesselos Schönen.« Vgl. auch H I, 156f.

[140] H I, 23.

deutlich die Nähe der ästhetischen zur personalen Erfahrung, die für Balthasar als Verstehenskategorien des Christlichen immer zusammengehören: auch der andere erscheint in der mitmenschlichen Begegnung als ein mir unerklärliches, niemals machbares Geschenk, das ich als solches auch sein-lassen, hinnehmen muß, um es überhaupt in seiner Eigenart verstehen und lieben zu können [141]. Die glaubende und liebende Kontemplation ist deswegen auf seiten des Subjekts die einzig angemessene Haltung der »objektiven« Gestalt gegenüber.

b) Geschichtlich-gesellschaftliche Kategorien

In seinem neueren Artikel »Die christliche Gestalt« [142] geht Balthasar stärker als in »Herrlichkeit« auf die Geschichtlichkeit des menschlich Gestalthaften ein; d.h. die besondere Struktur geschichtlicher Gestalten innerhalb der menschlichen Gesellschaft kommt ausdrücklich zur Sprache. Es gibt in der Geschichte der Menschen besonders herausragende Persönlichkeiten, die gerade in ihrer unerklärlichen Einmaligkeit und Einzigartigkeit am stärksten die Allgemeinheit des Menschlichen, ja des Geistes und der Wirklichkeit überhaupt darstellen [143]. Die Gestalt eines solchen Menschen wird nun vor allem durch seine Verantwortung gegenüber einer transzendenten »Idee«, einer »umgreifenden, totalen Vernunft« bestimmt, wie Balthasar diese »höchste Instanz« nennt, die alle menschlichen Bestimmungen übersteigt, und in dessen Auftrag der Mensch (z.B. Sokrates, Vergils Aeneas, Hamlet) sich zum Handeln verpflichtet weiß. Um dieses Auftrages willen setzt die Person sogar ihre eigene Existenz aufs Spiel. Sie relativiert sich, ja gibt sich selbst auf, um diese transzendente Vernunft oder Idee oder Ganzheit als wahr, als die eigentlich gestaltende Kraft jeder menschlichen Existenz zu erweisen. Es soll dadurch ein reales Zeichen für die Idee gesetzt werden. Indem ein solcher Mensch durch das Zeichen der eigenen Selbstauslöschung einer »Idee« zum Sieg in der Welt verhelfen will, wird die bestehende Wirklichkeit – gerade in ihrer Unvollendetheit – ganz und gar relativiert auf diese zu realisierende Idee hin, sie wird – in utopisch-prophetischer Sicht – unter eine Art »eschatologisches Weltgericht« gestellt, das zur existentiellen Umkehr und zur Veränderung der Strukturen motivieren soll. Jedoch bleibt eine solche sich selbst aufgebende menschliche Gestalt letztlich tragisch: »sie opfert sich einer Idee, die als solche innerweltlich nicht inkarnierbar ist« [144]. Deswegen erscheint in diesem Selbstopfer die einzelne Person doch nur als ein vergehendes Moment eines gleichgültigen, unpersönlichen »Weltgeistes«, der seinen Weg weiter geht, ohne auf die Tragik solcher von der »Transzendenz« her lebender Gestalten zu achten.

2. Analogie von Welt- und Offenbarungsgestalt

Von diesem Vorverständnis her stellt sich jetzt für eine theologische Ästhetik die entscheidende Frage: Wie verhält sich die eigentliche Offenbarungsgestalt des

[141] Vgl. Glaubhaft, 33ff.
[142] PI, 38–60.
[143] A.a.O., 41f.
[144] A.a.O., 45.

Alten und Neuen Bundes zu diesen innerweltlichen Gestalten? Läßt sich (wenn wir das Alte Testament einmal außer acht lassen) die ästhetisch-personale und auch die geschichtliche Betrachtungsweise der Gestalt einfach auf das Ereignis Jesu Christi übertragen? Ja, kann man vom Höhepunkt der Offenbarung, vom Kreuz her überhaupt noch von Gestalt, von ästhetischer Schönheitserfahrung sprechen, wo doch alle Gestalt in der Gestalt-losigkeit des Gekreuzigten zerbricht? Es ist die Frage nach der *Analogie* zwischen Welt- und Offenbarungsgestalt.

Balthasar grenzt sich hier deutlich ab von jedem »ästhetisch-religiösen Monismus«, wie er etwa in der romantischen Theologie gepflegt wurde [145]. Hier vollzog sich ein allzu bruchloser, univoker Übergang von der Schöpfungs- zur Offenbarungsschönheit, indem die Offenbarungsgestalt einfachhin den Gesetzen der innerweltlichen Ästhetik eingeordnet wurde, ohne ihre Einmaligkeit und grundsätzliche Überlegenheit zu beachten [146]. Aber auch gegenüber einer allzu äquivoken protestantischen Trennung dieser beiden Bereiche setzt sich Balthasar zur Wehr: es kann nicht so sein, als ob es auf der einen Seite des Grabens nur die rein immanente, »mythische«, »zuständliche« Schönheit des nicht-göttlichen, kreatürlichen Seins gibt, in dem höchstens so etwas wie ein »Aufblitzen der ursprünglichen, protologisch-eschatologischen Schöpfungsherrlichkeit in diesem Todesäon« geschehen kann [147]; und auf der anderen Seite dann nur die transzendente, »akthafte«, von oben und außen hereinbrechende »Schönheit des Ereignisses« der Offenbarung Gottes [148]. Balthasar will demgegenüber – mit der Theologie der Väter und der Hochscholastik – an dem transzendentalen und damit analogischen Charakter des Schönen (neben dem Wahren und Guten) festhalten, es also als eine Eigenschaft des Seins schlechthin neu zur Geltung bringen. Das bedeutet, daß das Schöne, das Gestalthafte von Gott und seinem Handeln her – als dem analogatum primarium – bestimmt wird; und zwar

»aus dem doppelten Einsatz einer Schöpfungstheologie, die die Schönheitswerte der Schöpfung ebenso unbedenklich auf das schaffende Prinzip eminenter zurückführt, wie einer Erlösungs- und Vollendungstheologie, die dem höchsten Werk Gottes auch die eminente Summe aller Schöpfungswerte zuspricht, zumal was dessen eschatologische Gestalt angeht« [149].

In diesem Analogiedenken wird das Schöne nicht zu einer allgemeinen, Gott und die Welt umfassenden (und damit nivellierenden) »Kategorie« gemacht – die »Transzendentalien« des Seins sind eben keine »Kategorien«! [150] –, in welcher dann auch die Offenbarungsgestalt nur als Sonderfall des Allgemeinen auftauchen könnte. Die anfängliche Mitteilung der ursprünglichen Fülle der Wahrheit, Gutheit und Schönheit Gottes an die Schöpfung läßt diese schon zu einer wirklichen »Offenbarung« Gottes, zu einer echten »Selbstdarstellung und Selbstauslegung im weltlichen Stoff von Natur, Mensch und Geschichte« werden [151], die als solche

[145] H I, 98.
[146] A. a. O., 34.
[147] A. a. O., 64.
[148] A. a. O., 53–66; VC, 113f; hier setzt sich Balthasar ausführlich mit der protestantischen Ästhetik *G. Nebels* auseinander: »Das Ereignis des Schönen«, Stuttgart 1953.
[149] H I, 35f, 65; VC, 114ff.
[150] Vgl. VC, 118.
[151] H I, 112.

offen steht für die »ganz andere«, unableitbare, niemals aus der Schöpfung selbst zu errechnende und deswegen nur als reines Geschenk zu empfangende Vollendung der Selbstdarstellung Gottes in seiner geschichtlichen Offenbarungsgestalt. Die »Schönheit« der Schöpfung wird von der endgültig erscheinenden »Herrlichkeit« Gottes nicht zerstört, sondern vollendet, aber so, daß diese Vollendung nicht eine Selbstvollendung der Schöpfung, sondern die restlos freie Tat der Liebe Gottes bedeutet [152].

Entscheidend ist, daß in dieser Analogie der Gestalten die »je größere Verschiedenheit« in all ihrer Vergleichbarkeit hervorgehoben wird. Gerade da, wo die geschichtliche Offenbarung Gottes in Christus ihren unüberbietbaren Höhepunkt erreicht, muß diese – durchaus geschichtlich-endliche und damit relative »Gestalt« – doch als das »schlechthin Einmalige«, Endgültige und Absolute gegenüber allen anderen (irgendwie »vergleichbaren«) Gestalten, gegenüber allen »relativen Einmaligkeiten« (wie z.B. einem großen Kunstwerk, einer echten personalen Liebe, dem eigenen Tod gegenüber) [153] erfahren werden können. Diese »christliche Gestalt« müßte von sich selbst her die Evidenz vermitteln, daß in ihr, also in dieser ganz bestimmten und begrenzten Form doch der einmalige, unendliche Gott sich auf endgültige Weise in der Welt darstellt. Sie müßte – um in den von Balthasar ständig gebrauchten Formeln Anselms zu sprechen – Gott selbst sowohl in seiner ganzen Unbegreiflichkeit, als das »id, quo maius cogitari nequit« (als das Undenkbar-Höchste) erscheinen lassen (und damit als endliche Gestalt selbst an dieser Unbegreiflichkeit und Unübersteigbarkeit teilhaben), wie zugleich auch wirklich (vor der Vernunft) erkennen lassen, daß hier die unüberholbare »Gestalt« des Absoluten erschienen ist (»rationabiliter comprehendit incomprehensibile esse«) [154]. Die christliche Gestalt muß also gegenüber allem übrigen das »absolute, durch nichts aufzuwiegende Schwergewicht besitzen und es ... auch demonstrieren« [155].

Vom anthropologisch-ästhetischen Vorverständnis der Gestalt her ergibt sich dann folgende formale Bestimmung der christlichen Gestalt: Sie besitzt eine unüberbietbare innere Stimmigkeit zwischen der endlichen Form und dem in ihr sich darstellenden absoluten »Lichtglanz« Gottes [156]. Alle Einzelmomente an dieser Gestalt sind als Ausdruck der göttlichen »Herrlichkeit« vollkommen angemessen und notwendig; da ist nichts Zufälliges oder Beiläufiges an ihr, die ganze Gestalt bietet sich dar als eine eindeutig geformte Einheit der höchsten Selbstkundgabe göttlicher Freiheit, auf die alle Einzelzüge hin »notwendig« (griech.: prepei, dei)

[152] Vgl. VC, 118f; H I, 32ff.

[153] *H. U. v. Balthasar, J. Ratzinger,* Zwei Plädoyers. Warum ich noch ein Christ bin, München 1971, 9–53, bes. 18ff, 24 (zitiert: Plädoyers).

[154] SC, 64ff; 322; PI, 39f; HI, 163ff; H III/2/2, 14ff; Plädoyers, 29: »Wenn Gott sich in Jesus Christus auslegt, so gilt auch für diese Auslegung die Formel Anselms für Gott: ›id quo majus cogitari non potest‹. Damit ist nach dem Zusammenhang weder eine erschöpfende Erkenntnis gemeint, als ob das ›maximum‹, das umfassende System aller Wahrheit, gedacht werden könnte, noch eine dynamisch komparative Erkenntnis, als ob dem objektiven Je-Größer-Sein Gottes ein subjektives Je-weiter-Denken des Menschen entspräche: das ›majus‹ des Sichdarbietenden überwältigt die ›cogitatio‹ vielmehr so, daß sie im Eingeständnis ihres Überwältigtseins den vollkommenen Sieg der unausdenklichen Wahrheit Gottes preist.«

[155] Plädoyers, 26.

[156] H III/2/2, 15, 293; SC, 65; VC, 122ff.

konvergieren und darin auch ihre »Plausibilität« finden. Diese Gestalt kann zugleich nur hingenommen werden als Gnade, als »das ›*Herrliche*‹, das unvermutbar war und sich huldvoll zur Teilnahme gewährt« [157]. Aus diesen beiden Prämissen (Notwendigkeit und Freiheit) folgt nun: wenn diese Gestalt sich wirklich als geschichtliche Selbstdarstellung des »Undenkbar-Höchsten«, der unbegreiflich-unübersteigbaren Wirklichkeit Gottes zeigen soll, dann kann diese »freie Notwendigkeit« [158] des sich gnadenhaft darbietenden Geschenkes nur die ins menschliche »Fleisch« geformte Offenbarungs*gestalt* der absolut freien und grundlosen göttlichen *Liebe* selbst als *Herrlichkeit* sein. Erst in dieser ästhetischen Sicht (Liebe als Herrlichkeit) wird die je größere Verschiedenheit in der Analogie der Gestalten gewahrt, wird der »erscheinenden Liebe Gottes die Distanz des Ganz-anders-Seins« gesichert:

»Die Plausibilität dieser Gottesliebe erhellt aus keiner vergleichenden Reduktion auf das, was der Mensch schon immer als Liebe gekannt hat, vielmehr einzig durch die sich selbst auslegende Offenbarungs-Gestalt der Liebe selber, an ihr aber so majestätisch, daß sie sich, ohne es ausdrücklich fordern zu müssen, dort, wo sie wahrgenommen wird, den Abstand der Anbetung erwirkt.« [159]

In dieser Einheit von personalen und ästhetischen Kategorien, in welcher die Offenbarung als »herrliche« Gestalt der absoluten Liebe Gottes verstanden wird, kann sowohl die unbegreifliche »Intimität« dieser Liebe Gottes zum Menschen als auch ihr unübersteigbarer Abstand erfaßt werden:

»Genau in der Bewegung, in der das Geschöpf sich ans Herz Gottes gezogen sieht und fühlt, erfährt es bis in die Abgründe sein eigenes Nicht-Gott-Sein, klärt sich ihm unerbittlich und inappellabel jenes erste alles durchwaltende Verhältnis des absoluten und relativen, des göttlichen und weltlichen Seins.« [160]

Somit bleibt in dieser Konzeption die Analogie von Schöpfungs- und Offenbarungsordnung, also die je größere Unähnlichkeit in aller Ähnlichkeit, die absolute Einzigartigkeit der Liebe Gottes in aller relativen Vergleichbarkeit gewahrt.

Diese formalen Bestimmungen der christlichen Gestalt werden ergänzt von den ebenfalls noch formalen Bedingungen, die sich aus dem Verständnis besonderer geschichtlicher Gestalten ergeben. In dieser Perspektive muß die christliche Gestalt, um ihre Absolutheit in aller Relativität zu zeigen, sich als Identität zwischen einer der menschlichen »tragischen Gestalten und dem transzendenten Gesamtsinn von personaler und kollektiver Existenz« darstellen [161]. Dabei muß die Kluft zwischen der einzelnen Persönlichkeit, die sich im Dienst an der umfassenden »Idee« selbst opfert, und dem gleichgültig darüber hinweggehenden und jedes Opfer vereinnahmenden »Weltgeist« so geschlossen werden, daß weder der tragische Tod der Person aufgehoben noch die Weltgeschichte in ihrem Fortgang aufgehalten würde. Zugleich müßte dabei auch das in dieser Person vollzogene Sicheingestalten des »Geistes« in die vorgegebene Materie der Welt endlich aus

[157] Plädoyers, 30.
[158] H III/2/2, 293.
[159] Glaubhaft, 36.
[160] A.a.O., 38.
[161] PI, 48.

der absurden Auflösung aller Gestalten im Fortgang der Geschichte befreit werden und damit »zu einer endgültigen Gestaltwerdung der Welt« führen [162].

Alle diese formalen Bedingungen einer schlechthin einzigartigen weltlichen Gestalt des Absoluten (»id quo maius cogitari nequit«) sieht der christliche Glaube nach Balthasar nun inhaltlich in Jesus Christus erfüllt.

3. Die christliche Gestalt: Jesus Christus

Die Christologie als reflektierende Glaubenskontemplation der Gestalt Christi steht im Zentrum der Theologie Balthasars. Alle ekklesiologischen Aussagen sind nur »Ausstrahlungen« von dieser Mitte her. Wir wollen versuchen, hier so gedrängt wie möglich seine Christologie zusammenzufassen.

a) Verbum Caro

Für Balthasar gibt es keinen anderen Zugang zu Christus als den des Glaubens, der in ihm die höchste und endgültige Offenbarungsgestalt Gottes wahrnimmt. Nur dann, wenn man Christus als die restlos geglückte Selbstdarstellung des unendlichen Gottes in einer endlichen menschlichen Existenz betrachtet, wird man ihn »verstehen« können. Als »Gestalt der Gestalten« ist er »Gottes eigene Erscheinung« [163], »in dem die ganze Fülle der Gottheit leibhaftig anwohnt« (Kol 1,19). Er ist die »erscheinende Freiheit« Gottes, die sich in ihm in eine begrenzte »Form« hineinbindet und gerade so sich in ihrer eigentlichen Wirklichkeit als Liebe offenbart; in ihm erscheint die Freiheit

> »des durch nichts genötigten, in sich absoluten und ruhenden Gottes, der sich aber dennoch aus freier Huld für immer und unauflösbar in der hypostatischen Union mit der Kreatur verbindet, um in ihr zu erscheinen und sich darzustellen. Der Gott, den wir jetzt und in Ewigkeit kennen, ist der Emmanuel, der Gott mit uns und für uns, der sich zeigende und schenkende Gott, den wir dadurch, daß er *sich* zeigt und schenkt, nicht nur von außen, nicht nur ›ökonomisch‹ kennen, sondern von innen und so wie er ist, ›theologisch‹ besitzen dürfen« [164].

Verbum Caro – die Menschwerdung des ewigen Wortes, die geschichtliche Selbstentäußerung der ewigen Selbstauslegung des Vaters im Sohn: das bleibt die Grundaussage des Glaubens, von der her das irdische Leben Jesu, seine Botschaft und sein Schicksal gelesen werden müssen [165]. Die ganze menschliche Existenz Jesu kann deswegen nur als konkrete, geschichtliche Auslegung des dreifaltigen Gottes zu den Menschen hin begriffen werden, jener ewigen, absolut freien Selbsthingabe der innergöttlichen Liebe. Darin besteht gerade die in Christus erschienene und uns mitgeteilte Herrlichkeit Gottes, daß »das absolute Sein in sich selbst Liebe ist, schöpferische Liebe (Vater), sich verdankende Liebe (Sohn), Liebesaus-

[162] Ebd.
[163] H I, 163; vgl. PI, 342.
[164] H I, 147.
[165] VC, 73–99, 100–134, bes. 124f; SC, 324f; H III/2/2, 11ff, 131ff.

tausch (Geist)« [166]. Und die einzigartige »Stimmigkeit« der menschlichen Gestalt Jesu liegt allein darin begründet, daß in seinem Dasein gar nichts anderes zum »Vor-schein« kommt als dieses Geschehen der trinitarischen Liebe in ihrer alles einbeziehenden, grundlos freien »Preisgabe« an die Menschen. Weil diese Liebe im Menschen Jesus ansichtig wird als eine Liebe, »über die hinaus nichts Größeres gedacht werden kann«, darum hat diese »Gestalt« die »Evidenz eines Summums« an sich [167]. Sie kann schlechterdings von keiner geschichtlichen Gestalt überboten werden, sie ist in ihrer Relativität das Absolute selbst.

b) Anspruch – Kreuz – Auferstehung

Konkret zeigt sich nun diese Offenbarung des dreieinigen Gottes in dem »Dreiklang« von Anspruch, Kreuz und Auferstehung Jesu [168]. Der Anspruch, den Jesus von Anfang an erhebt, geht darauf aus, daß sich an seiner Person das Schicksal der Menschen ausschließlich und endgültig entscheidet. Über alle prophetische und gesetzliche Autorität hinaus tritt er mit einer eschatologischen Vollmacht auf, die nur die Gottes selbst sein kann, in der das »Ich« Jahwes weiterklingt. In ihr vollzieht er bereits das Gericht Gottes über die Menschen und ihre Ordnungen, in ihr vermittelt er bereits ewiges Heil oder Unheil, je nach der glaubenden oder ungläubigen Antwort des Angerufenen. Ein solcher Anspruch muß notwendig als hybride Anmaßung und Herausforderung aufgefaßt werden, er muß zur Verurteilung des »Gotteslästerers« führen: das Kreuz als konsequenter Untergang, als Zerbrechen am eigenen »transzendenten« Anspruch. Aber dem tritt dann die Verkündigung der Auferstehung entgegen: in diesem Menschen ist der eschatologische Horizont, das »Weltende« bereits erreicht, während für alle anderen die Geschichte weiterläuft. Der Anspruch Jesu und auch das Sterben am Kreuz als letzte Konsequenz dieses Anspruchs sind von Gott bestätigt und gerechtfertigt. Erst dadurch wird die ganze Existenz Jesu zu einer »Gestalt«, die *einmal* alle vorbereitenden, aber sich selbst nicht zu einer Gesamtgestalt schließenden Bilder und Figuren des Alten Testamentes (gleichsam als notwendiges »Material«) zu einer vom Alten Testament her absolut unableitbaren, nur von Gott selbst neu erwirkten Synthese zusammenfügt [169]. Zum *anderen* wird in diesem Menschen, der im Tod die Todesgrenze durchstoßen hat, die Tragik alles menschlich Gestalthaften (sowohl der individuellen, sich für das Ganze opfernden Person als auch der gesamten Menschheitsgeschichte) – nicht einfach beseitigt (auch er zerbricht im Tod), wohl aber eingeborgen und »aufgehoben« in das ewige Leben Gottes, so daß die Gestalt

[166] SC, 330; vgl. Affekt 112ff.

[167] Sc, 64.

[168] Balthasar geht bewußt in seiner Christologie nicht von der Reich-Gottes-Verkündigung Jesu aus, sondern von den Voraussetzungen im Leben Jesu, die zur Verkündigung der Gemeinde über ihn geführt haben. »Die erste Frage wird also nicht einmal die sein: Welches war das Hauptanliegen Jesu bei seiner Verkündigung?, sondern: Was blieb als Haupteindruck von seinem irdischen Dasein bestehen?« (H III/2/2, 106). Vgl. zur Einheit von Anspruch, Kreuz und Auferstehung: H III/2/2, bes. 105–211; Plädoyers, 31–34; PI, 49–51.

[169] Siehe zum Verhältnis des Alten Bundes zu Christus: H III/2/1, 371–382; H I, 595–635; H III/2/2, 29–36; SC, 54–57; PI, 51ff; Plädoyers, 35–40.

des auferweckten Gekreuzigten den tragenden Grund der Hoffnung auf eine (von Gott geschenkte) vollendete menschliche Gesamtgestalt abgibt.

c) Trinitarische Selbstoffenbarung im Gehorsam Jesu »bis zum Tod am Kreuz«

Dieser Dreischritt von Anspruch, Kreuz und Auferstehung wird darüber hinaus zu einer inneren Einheit verbunden durch den einen Grundton, der die ganze Existenz Jesu »durchstimmt« und sie zu der einzigartig »stimmigen« Gestalt werden läßt, in der Gottes dreieinige Liebe in ihrer freien Selbstentäußerung sich darstellen kann: durch den *Gehorsam*[170]. Sein Anspruch kann deswegen nicht als Selbstüberhebung mißverstanden werden, weil er im Gehorsam gegenüber dem Vater nur dessen absolute Vollmacht zur Geltung bringen will[171]. Er lebt seinen Anspruch in der Haltung der absoluten Armut, die er von den Seinen fordert, im materiellen und geistigen Verzicht auf alles Eigene, im völligen Bereitstehen für das Verfügen Gottes: er ist »der Arme schlechthin«[172]. Die »Fides Christi« als »das unbedingte Vorziehen des Vaters, seines Wesens, seiner Liebe, seines Willens und Gebotes gegenüber allen eigenen Wünschen und Neigungen«, als das »unentwegte Ausharren in diesem Willen, komme, was da wolle«[173] – sie ist der urbildliche, restlos gelungene Glaubensgehorsam des Menschen vor Gott. Ganz und gar »durchsichtig« auf den sendenden und vollmächtigen Vater lebt Jesus seine Sendung als rettendes Wort Gottes an die Menschen. Dies gelingt, weil er sich ihm vollständig »überläßt«, weil er sein ganzes menschliches Dasein dem ewigen Wort des Vaters als »Material« seiner geschichtlichen Selbstauslegung zur Verfügung stellt[174]. Im steigenden Sichüberlassen an die Führung des Vaters auf die entscheidende »Stunde« hin, »die nur der Vater kennt«, und in der die Sendung Jesu ihren Höhepunkt erreicht, wird diese Haltung des gehorsamen Überlassens ganz konkret. Es ist die Stunde der Passion, auf die hin die Menschwerdung als Beginn der »Entäußerung« und das ganze irdische Dasein Jesu als »Existenz im Gehorsam« ausgerichtet sind[175].

Das Kreuz wird zum Ort, an dem in der äußersten Erniedrigung und Ohnmacht des Sohnes sich Gottes Herrlichkeit am stärksten offenbart[176]. In dieser johanneischen Dialektik von »Verherrlichung« im »armen« Sterben des Weizenkornes und im Erhöhtwerden am Kreuz findet Balthasars Christologie und damit seine ganze theologische Ästhetik ihre eigentliche Mitte[177]. Denn hier wird die Gestalt des

170 SC, 59: »Dieser Gehorsam (sc. am Kreuz) stellt sich jetzt als das Grundelement der Christologie heraus, die Ermöglichung sowohl des Ereignisses der Menschwerdung wie der menschlichen Existenz Christi wie des entscheidenden Werkes als des Worumwillen von beidem: des Kreuzes, das sich in der Auferstehung bestätigt findet.«

171 Vgl. H I, 460f.

172 H III/2/2, 122.

173 SV, 53.

174 H III/2/2, 131f.

175 A.a.O., 133f; Drei Tage, 10ff, 61ff.

176 Vgl. H III/2/2, 224f; Drei Tage, 12.

177 Von dieser Mitte aus wird auch die ganze Dimension des biblischen Begriffs der Herrlichkeit entfaltet; hier hat sie nämlich ihre eigentliche Begriffsfülle und -intensität, von der her alle anderen Begriffsinhalte gedeutet werden müssen (H III/2/2, 221–244).

absolut gehorsamen Sohnes zur reinsten Selbstdarstellung der trinitarischen Liebe Gottes; hier entspricht der menschliche *Gehorsam* Jesu vollkommen der göttlichen *Liebe* zwischen Vater und Sohn[178]. Was Gott in sich selbst ist, nämlich ewige, grundlos-freie »Selbstentäußerung« in der »Gestalt« der dreipersönlichen Hingabe, wird in der gehorsamen Kenose des Sohnes am Kreuz innerweltlich als grundlos-freie, liebende Selbstentäußerung Gottes an die sündigen Menschen unüberbietbar offenbart[179]. Der Gehorsam des leidenden und sterbenden Gottesknechtes Jesus ist also nicht nur Höchstfall menschlicher Gehorsamshaltung Gott gegenüber, sondern innerhalb des Machtbereichs der Sünde und des Todes die »kenotische Übersetzung seiner ewigen Sohnesliebe gegenüber dem ›je-größeren‹ Vater«[180]. Daß Gott in sich selbst die »absolute Einheit nur ist in der zeugenden und hervorgehenlassenden Selbsthingabe«[181], also die Einheit von sich verströmender Liebe und empfangendem »Gehorsam« – dies will der Gehorsam des Menschgewordenen gerade in seiner extremsten Äußerung am Kreuz offenbaren. Dieses Sein Gottes in sich wird mit den verschiedensten Begriffen umschrieben: z.B. als ewige »gegenseitige Entäußerung« der Liebe[182], als »Preisgabe«[183], als »absolute Flüssigkeit der Liebe«[184], als »vollkommene Opposition«[185] und »Diastase«[186] und »Relationalität«[187]. Die »Gottverlassenheit« des Sohnes, seine Solidarität mit den Sündern, das stellvertretende Aufsichnehmen und Ausleiden der ganzen Sündenmacht der Welt, ihres Nein wider Gott, also der »Hölle« selbst, sein »Mit-einsam-Sein« mit den Toten im Geheimnis des Karsamstags – das alles ist nur zu verstehen, wenn es als die höchste menschliche »Form« der sich selbst entäußernden Liebe Gottes, als ein Überborden der innertrinitarischen Liebe in den Bereich des Widergöttlichen, der Sünde hinein gelesen wird. Hier erst, in diesem Zerbrechen aller innerweltlichen Gestalt, in der Gestaltlosigkeit des Todes und des Höllenabstiegs Jesu, entsteht die Gestalt und Form des Unbegreiflich-Höchsten der absolut freien und grundlosen Liebe, hier gewinnt sie die »Evidenz« des Einzigartigen und Unüberbietbaren gegenüber allen anderen menschlichen Gestalten: id quo maius cogitari nequit[188].

d) Das Kreuz Christi als »Institution«

Das Kreuz in all seiner – menschlich betrachteten – »Formlosigkeit«[189], wo auch das Wort letztlich in einen »unartikulierten Schrei« sich verliert[190], und wo der

[178] Vgl. H III/2/2, 242f, wo Balthasar die Entsprechung von Gehorsam und Liebe als das zentrale Anliegen einer theologischen Ästhetik bezeichnet.
[179] Drei Tage, 23f, 62f.
[180] A.a.O., 62.
[181] PI, 58.
[182] Drei Tage, 23f.
[183] A.a.O., 74ff; PI, 55.
[184] PI, 58.
[185] Plädoyers, 43.
[186] PI, 54.
[187] H III/2/2, 148.
[188] H I, 442; H III/2/2, 74–78; SC, 64f; 407ff; Drei Tage, 35ff; Plädoyers, 42ff; Cordula oder der Ernstfall, Einsiedeln 1966 (2. Aufl.), 39ff, 91; PI, 387ff, 401ff.
[189] VC, 128.
[190] SC, 58; H III/2/2, 76f.

Mensch nur noch eine »Ungestalt« zu sehen vermag[191], wird also dennoch »zu etwas in Gottes Hand zum ›Wort Gottes‹ Formbarem« gemacht[192]. Ja, es wird sogar zur vollendenden »Übergestalt«[193], auf die alle vorläufigen (alttestamentlichen) Gestalten hin konvergieren, und in der die Analogie alles Gestalthaften gerade in der je größeren Unähnlichkeit erscheint. Es ist die Form des äußersten Gehorsams, die »Gebärde« des restlosen Sichüberlassens Jesu an die Verfügung des Vaters, die diese neue und letztgültige Gestalt unerbittlich prägt und formt. Indem Jesus von vorneherein jede Selbstverherrlichung und jede Selbstverfügung aufgibt, ja schließlich sogar auf die Erfahrung der liebenden Nähe zum Vater verzichtet und sich statt dessen ganz zur Gestalt des Knechtes, zur »forma servi«, erniedrigen läßt, die das Allerfremdeste, das radikale Nein der Sünde gegen Gott, das Elend der letzten, »höllischen« Verlorenheit an sich selbst stellvertretend für alle erfahren »muß« (griech.: dei), um es mit dem befreienden Leben Gottes zu erfüllen, indem er dies alles sich geschehen läßt, läßt er sich gleichsam in eine solch »objektive« Form hineinstellen, in die alles »Subjektive« an Erkenntnis, Freiheit und Gestalt hineingegeben (»entäußert«) wird, um in dieser »Entfremdung« erst zur eigentlichen Form zu finden: zur »angemessenen« Form der »maßlosen« Liebe Gottes zu den Menschen[194].

Diese Form des Kreuzesgehorsams Jesu in ihrer »freien Notwendigkeit« wird nun zum eigentlichen heilsgeschichtlichen Grund für alles *kirchlich Institutionelle,* das an dieser »Form« partizipiert. Jesus selbst erfährt den Willen des Vaters gerade bei diesem äußersten Abstieg in den Machtbereich der Sünde als eine »›gesetzte‹, sogar unbegreiflich gesetzte Institution«[195], in der die gegenseitige Liebe zwischen Vater und Sohn die fremde Form des »Autoritätsgehorsams«, des »unpersönlichen«, objektiven »Muß« annimmt[196]. Natürlich bleibt auch in dieser »Verdunkelung« das gehorsame Ja Jesu die Darstellung seiner innertrinitarischen Liebe zum Vater, aber eben doch in der Weise der »Kenose«, der Entäußerung in die Gestalt des »sündigen Fleisches«. Deswegen erscheint die bleibende, ihn stets begleitende Liebe des Vaters als eine »ihm vom Vater her gegebene *Regel* und Führung des Heiligen Geistes (der Sendung), der ihn ›treibt‹ (Lk 4,1.14 usf.)«[197], und zwar in die letzte »Überforderung« der »Stunde« hinein, in der er »preisgegeben« wird der »Macht der Finsternis« und den Händen der Sünder »ausgeliefert« wird[198]. Die

»tiefste kontemplative und dialogische Intimität, in der der Vater den Sohn begleitet, ist die wesentliche Voraussetzung für den Ölbergsdialog, wo der Vater als Liebender sich ver-

[191] SC, 56.

[192] H III/2/2, 136.

[193] SC, 56.

[194] SC, 57: Das Kreuz »ist der Ort, wo jedes Nein zur angebotenen Liebe Gottes eingesammelt wird, als ›Schlag‹ und ›Raufen‹ und ›Schimpf‹ und ›Geifer‹ ankommt und hindurchgetragen wird bis zum vollkommenen Ja: weil das Ja zu Gott (und zum Willen des Gottes, der die Welt erlösen wird) all das trägt und zu einem Ausdruck dieses Ja in der sichtbaren Nacht und Ungestalt der Gottverlassenheit macht, und weil dieses vollkommene Ja zu Gott eben das vollkommene Ja Gottes zur Welt inkarniert: in dieser Nacht und sonst nirgends«. Vgl. auch H I, 459f.

[195] PI, 58; 139, wo das Jesus verliehene Pneuma (in der Weise seines Auftrags) auch als »Institution« bezeichnet wird.

[196] SV, 407ff.

[197] Drei Tage, 62; PI, 224.

[198] Vgl. PI, 138.

hüllt und sich zu einem reinen fordernden Willen formalisiert, wie im Sohn sich die ganze Liebe in den reinen, geforderten und überfordernden Gehorsam konzentriert, in die alles entscheidende ›Kraftprobe‹ der göttlichen Liebe, in der der Sohn zum ›Gottesknecht‹ und deshalb in seiner Erhöhung zum Kyrios wird...«[199].

e) Die »institutionelle« Dimension des Hl. Geistes

Die Begründung des kirchlich Institutionellen durch den Kreuzesgehorsam Jesu – wir werden nachher noch im einzelnen den Zusammenhang aufzeigen – verweist aber noch auf eine tiefere, darin erscheinende trinitarische Dimension, nämlich auf den »Institutions«-Charakter des Hl. Geistes selbst[200]. Hier muß die nicht leicht verständliche Trinitätslehre und *Pneumatologie* Balthasars zur Sprache kommen. Denn die innertrinitarische und ökonomische »Rolle« des Hl. Geistes gibt für ihn den letzten theologischen Grund ab für so etwas wie Institution in der Kirche. Wir greifen in diesem Zusammenhang, wo es uns um die spezifisch christliche Gestalt in ihrer höchsten Vollendung, also um die Offenbarung des dreifaltigen Gottes im gekreuzigten und auferstandenen Christus geht, wieder einen Gedanken auf, den wir weiter oben bei der Behandlung der allgemeinen Momente der Gestalt schon einmal dargelegt haben: nämlich den Hinweis auf das »objektive« Mehr der Gestalt des menschlichen Ehebundes als solchen gegenüber den beiden Subjekten, die sich in diesem Bund gegenseitig übereignen. In diesem die Subjekte übersteigenden »Objektiven«, das Balthasar als »Geist« und als »Institution« der Ehe bezeichnet, sieht er eine menschliche Analogie für den göttlichen Geist selbst. Denn dieser ist sowohl der eine Geist der Liebe des Vaters und des Sohnes, in dem sie sich gegenseitig total überantworten, also gleichsam das innerste Wesen ihrer Subjektivität, als auch die gerade aus dieser liebenden Vereinigung (als ihr »überschwengliches Produkt«) entspringende »dritte Person« in Gott[201]. Gott ist in seinem Wesen immer schon »Geist«, und zwar Geist der Liebe, in dem sich Vater und Sohn gegenseitig übereignen und wodurch der Vater zum schenkenden Urquell der göttlichen Liebe, der Sohn zum empfangenden Ebenbild dieser Liebe wird. Und doch entsteigt dieser Gemeinsamkeit der liebenden Hingabe etwas »Neues«, sie Übersteigendes, nämlich die Person des Hl. Geistes, die über die »Geist-Wesenheit« von Vater und Sohn hinaus gleichsam »die als Person objektivierte Liebe von Vater und Sohn ist«[202]. Der Hl. Geist erscheint hier wie die »Personifikation ihrer gegenseitigen Hingabe«, wie die »Gabe in Person«, welche aus der beiderseitigen Liebe als das in ihr »eigentlich Gemeinte« und das die Liebenden vereinigende Band entsteht[203]. Darin ist der

[199] A.a.O., 139.

[200] Vgl. PI, 36.

[201] PI, 224f. Balthasar versucht in diesem Beitrag »Pneuma und Institution« das Geheimnis der Trinität von den zwischenmenschlichen, personalen Beziehungen (als dem »Werthöchsten innerhalb der Schöpfung«) her zu deuten und ihnen damit einen (relativen) Vorrang vor dem augustinisch-thomanischen Ansatz von der Psychologie des Geistes (Erkennen und Lieben) her einzuräumen (vgl. a.a.O., 202ff, Anm. 1). Darin spricht sich auch deutlich seine Absicht aus, die westliche und östliche Trinitätslehre miteinander zu vermitteln (vgl. bes. 224ff; auch SC, 96f).

[202] SC, 97.

[203] PI, 225.

Hl. Geist das trinitarische Urbild jeder menschlichen Liebe: ganz und gar »bestimmt« und konstituiert durch die liebenden Subjekte und sie doch zugleich transzendierend in einem »objektiven« Mehr, das diese subjektive Liebe als sie umgreifende personale Einheit übersteigt und ihr das »Maß« der Hingabe bleibend vergegenwärtigt[204].

»Als Frucht ist der Geist dann ebensowohl das Zutagetreten der innersten ›Subjektivität‹, der Begegnung von Vater und Sohn wie deren ›Objektivität‹, an der die einander restlos Hingegebenen ein Maß ihrer Liebe erhalten, das, weil es ein ewiges Übermaß ist, je neu zum Ansporn ihrer Hingabe wird.«[205]

Der Hl. Geist ist »das ihrer Liebe Zukommende, Zufallende, das Je-mehr dessen, was im reinen Ineinandersein erhoffbar schien, das Je-Neuer, Je-Jünger, Je-Fruchtbarer Gottes«[206]. Als innerweltliche Analogie zieht Balthasar in früheren Artikeln oft die Fruchtbarkeit der ehelichen Liebe im Kind heran, welches als »das pure Geschenk an das Ich und das Du, das sich – gerade weil es ungeplant, unbeabsichtigt war – als hypostatische Quintessenz der Liebe vorstellt«[207]. Aber mehr noch wird von ihm das »Wir«, das mehr besagt als die Summe der Beziehungen von Ich und Du, oder auch die übersteigende Einheit des Bundes zweier Liebender zur Verdeutlichung dieser trinitarischen Beziehung verwandt[208].

Gerade dieses objektive Mehr des Geistes, sein Charakter als persongewordener, »objektivierter« Ausdruck der subjektiven Hingabe entfaltet Balthasar nun auf die uns interessierende Frage nach dem kirchlich Institutionellen hin. So wird der Geist immer wieder gesehen sowohl als das von der gegenseitigen Liebe zwischen Vater und Sohn ganz und gar »Bestimmte«, »Normierte«[209], als deren reines »anonymes Ergebnis« und Resultat[210] (das eben ganz aus dieser Beziehung hervorgeht und als deren umgreifende Einheit nie von dieser Entstehung gelöst werden kann), wie auch als das dennoch darüber Hinausgehende, die Liebenden zur je größeren Freiheit der Liebe »Bestimmende«, das »völlig Entschränkte in Gott«[211], als die personifizierte schöpferische Freiheit der Liebe Gottes[212], als ihr »überschwengliches Produkt«[213].

»Allem vorweg, was die Liebe von Vater und Sohn in der Welt instituieren wird, ist er (sc. der Geist) nicht nur die Freiheit dieser Liebe, sondern auch deren Institution, beides in unbedingter Identität. Er ist die im Wir gesetzte Freiheit und das darin frei Gesetzte.«[214]

204 Ebd. Hier bringt Balthasar ausdrücklich die Analogie zwischen der »Objektivität« menschlicher Liebe und der »Objektivität« des Heiligen Geistes.
205 Ebd.
206 SC, 132.
207 Ebd.; vgl. auch SC, 96, 115.
208 SC, 114ff (hier mit Verweis auf H. Mühlens Pneumatologie); PI, 35f, 210f.
209 PI, 36, 57.
210 SC, 113ff.
211 PI, 35, 226.
212 SC, 115f; PI, 330f.
213 PI, 224; vgl. PI, 330: »Einerseits gleichsam reine ›Resultante‹, Fazit und damit objektives Zeugnis der gegenseitigen Liebe von Vater und Sohn, anderseits deren Blüte und Frucht, deren jubelnde ›Exultante‹, gegenseitige Inspiration, kreative Phantasie der sich gegenseitig ewig neu begeisternden Liebe... Der Geist in Gott als absolute Rezeptivität ist als solcher der Ausdruck der ganzen göttlichen Spontaneität.«
214 PI, 36.

In der Identität dieser beiden Momente (Bestimmtheit und Freiheit) erscheint der Hl. Geist nun auch in der geschichtlichen Selbstoffenbarung Gottes. Zunächst im Christusereignis: Der von Vater und Sohn ausgehende und darin »normierte« Geist tritt in der Selbstentäußerung des Sohnes – gleichsam in der »heilsökonomischen Umkehrung des Verhältnisses zwischen Sohn und Geist«[215] – als »normierende«, ihn bestimmende und »treibende« Kraft auf (vgl. die Rolle des Geistes bei der Verkündigung, der Menschwerdung, der Taufe, im öffentlichen Leben, in der Passion)[216]. Der gemeinsame Wille der göttlichen Liebe, die Welt zu retten, erscheint in der Heilsökonomie als väterlicher Wille, der dem gehorsamen Sohn im Pneuma bestimmend vermittelt wird. Weil der Geist in Gott selbst sowohl die von Vater und Sohn »bestimmte«, als auch die sie »bestimmende« Gestalt der Liebe darstellt[217], hat er in der heilsgeschichtlichen Offenbarung »die Tendenz zur Gestalt«[218], die das noch unbestimmte menschliche »Material« zu der von Gott gewollten Sendungsform (des restlosen Gehorsams) bestimmt und konkretisiert. Oder anders gesagt: insofern der Hl. Geist als Person das »objektive« Darüberhinaus der Liebe zwischen Vater und Sohn, die sie übergreifende und »maßgebende« Einheit bedeutet, kann er in der Geschichte der Menschwerdung des Sohnes gerade diese »Objektivität« als Wille des Vaters, ja als eine maßgebliche »Instanz« und »Regel« repräsentieren, der der Sohn seinen Gehorsam leisten soll. Dabei tritt aber sein Charakter der »schöpferischen Freiheit«, der personifizierten Gabe gegenseitiger Hingabe gerade wegen der Selbstentäußerung des Sohnes in die Gestalt des sündigen Fleisches hinein zurück. In diesem verzichtenden Zurücktreten zeigt sich auch die spezifische Teilnahme des Hl. Geistes an der Kenose des Sohnes[219]. Diese

»Repräsentierung des Vaters durch seinen von ihm ausgehenden, aber primär ihn objektiv vorstellenden Geist ist die Folge und Entsprechung zu der in den Modus des menschlichen Gehorsams sich (kenotisch) entäußernden Liebe des Sohnes zum Vater. In dieser soteriologischen Modalisierung des Verhältnisses zwischen Vater, Sohn und Geist liegt der Ursprung für alles, was im theologischen Sinn als ›*Institution*‹ bezeichnet werden kann: sie ist eine Metamorphose der Liebe dort, wo absolute in ökonomische Trinität übergeht, ist aber deswegen keine Entfremdung dieser Liebe.«[220]

Wie sich in Menschwerdung und Passion die Liebe des Sohnes in der Gestalt des Gehorsams gleichsam verbirgt, so erscheint entsprechend auch die Liebe des Vaters im Hl. Geist in der »Verbergungsform«[221] einer objektiven »Regel«, »Norm« und »Instanz«, was bis zur »unbegreiflich gesetzten Institution«[222] (am Ölberg und am Kreuz), zur »Formalisierung« in »einem reinen fordernden

[215] PI, 224.
[216] Vgl. PI, 55, 137f, 225f.
[217] Gott »ist die absolute Flüssigkeit der Liebe, indem er ›dreipersonale‹ Gestalt und Struktur hat, er ist ›Kommunion‹, indem er geradezu ›hierarchische Ordnung‹ (der personalen Hervorgänge) ist ... der Gott, den Jesus Christus kundtut, hat im bleibenden Geheimnis Gestalt, weil er die Flüssigkeit nicht der Gnosis, sondern der Agape ist« (PI, 58f).
[218] PI, 95.
[219] Vgl. dazu PI, 224ff.
[220] A.a.O., 226.
[221] Ebd.
[222] PI, 58.

Willen«[223] gehen kann. Dabei wird die gegenseitige (»subjektive«) Liebe zwischen Vater und Sohn keineswegs aufgehoben oder entfremdet; nein, sie begleitet dieses Gehorsamsereignis als dessen eigentlicher Grund und wird gerade hier – unter den Bedingungen der sündigen, gottverlassenen Situation der Menschheit – am stärksten offenbart[224].

Das andere Moment – der Geist als »personifizierte Freiheit«, als das Überschwengliche, das völlig »Entschränkte« in Gott – tritt in der geschichtlichen Selbstoffenbarung Gottes erst mehr in der nachösterlichen »Sendungsgeschichte« hervor. Da, wo der Sendungsauftrag des Sohnes im Hl. Geist restlos erfüllt ist, wo er also am Kreuz mit seinem menschlichen »Geist« zugleich den Hl. Geist seiner Sendung dem Vater zurückgibt und dieser ihn – als Menschen – in der *Auferstehung* mit in das gemeinsame trinitarische »Senden« eben dieses Hl. Geistes (der Liebe des Vaters und des Gehorsams des Sohnes) aufnimmt, wird in diesem der Welt geschenkten Geist die Liebe des dreifaltigen Gottes für die Menschen gleichsam »freigegeben«. Sie wird durch den Geist den Menschen »intimiert«, so daß die ganze Wirklichkeit in die innertrinitarische Liebe einbezogen werden kann. Der Hl. Geist ist somit die in der Auferstehung Jesu universal »entschränkte« Liebe zwischen Vater und Sohn auf die Welt hin. Er bringt diese Liebe, die er ja selbst als »Ergebnis« des gemeinsamen Werkes von Vater und Sohn in der Selbstentäußerung des Gehorsams Christi und in seiner Annahme durch den Vater *ist,* den Menschen auf solche Weise nahe, daß sie in ihrer Freiheit die ihnen »objektiv« in Christus geschenkte Liebe Gottes auch wirklich »subjektiv« empfangen können. Und gerade darin erweist er sich als »die uns nahegebrachte unfaßliche, unumgreifbare Freiheit der Liebe Gottes, die gerade durch ihr Nah- und In-uns-sein erst ihre ganze Souveränität enthüllt«[225]. Die schöpferische Freiheit des Geistes erscheint also darin, daß sie das konkrete Christusgeschehen *»universalisiert«,* es aus seiner raumzeitlichen Beschränktheit zu einer die ganze Geschichte der Menschen normierenden und rettenden Bedeutung, zu einer »vollkommenen Aktualität für jeden Augenblick der Geschichte«[226] erhebt und es allen Menschen aller Zeiten befreiend-erlösend *»intimiert«.* Es ist diese Freiheit des Geistes, die in immer neuer, schöpferischer Auslegung das einmalige geschichtliche Christusereignis aktualisiert, die es dabei aber immer wieder übersteigt auf den in ihm anwesenden Geist der Liebe Gottes »jenseits des Wortes« hin[227], um gerade so den unerschöpflichen Geist göttlicher Liebe im hingegebenen Fleisch und Blut des menschgewordenen Sohnes den Menschen mitzuteilen. Hierbei bleibt aber das »universale« Pneuma immer an die »konkrete« Geschichte Christi gebunden, denn es wird »seinen Ausgang nicht vergessen, sondern seine

[223] PI, 139.

[224] Vgl. PI, 58, 138ff, 226.

[225] SC, 114: »Sein eigentümliches Personsein läßt sich auf gar keine andere Art nahebringen als auf diese: Vater wie Sohn heben sich (als Sendende) von ihm ab, der doch das Ergebnis des gemeinsamen Werkes von Vater und Sohn ist (sofern der Vater den Sohn hingibt aus Liebe zur Welt und der Sohn sich hingibt, um die Liebe des Vaters zu offenbaren): beide überlassen es diesem ›Ergebnis‹, sich mit göttlicher souveräner Freiheit, zu geben und an sich teilnehmen zu lassen.« Vgl. dazu a.a.O., 238ff; PI, 36f, 226f.

[226] Geschichte, 62.

[227] SC, 95ff.

ganze Freiheit wird es sein, in den unberechenbarsten Formen immer neu die Liebe von Vater und Sohn zu bezeugen«[228] (vgl. Jo 16,13–14). Darin offenbart sich eben sein innertrinitarischer Charakter als das von Vater und Sohn ganz und gar »Bestimmte« und doch zugleich als das »Freie« und »Je-Neue« dieser Liebe, die in ihm, dem Bestimmten und Freien zugleich, sich »personal« vollendet.

f) Der Hl. Geist als Formprinzip des kirchlich Institutionellen

Der Hl. Geist ist somit als der eigentliche Grund alles Gestalthaften, jeder »geformten Freiheit« in der Geschichte aufgewiesen. Denn er ist im trinitarischen Gott dieses »gestaltende« Moment in Person. Damit ist zugleich impliziert, daß letztlich auch alles kirchlich Institutionelle (als eine besondere Modifikation der christlichen Gestalt) auf ihn zurückzuführen ist. Sein Wirken wird sich – wie in der ursprünglichen Offenbarung in Kreuz und Auferstehung Christi – auch in der daraus entspringenden Geschichte der Kirche immer nur in der Identität jener beiden Gegensätze darstellen: einmal bestimmend-konkretisierend, das bedeutet: er bleibt unlösbar auf den Willen Gottes im einmaligen geschichtlichen Ereignis Christi, auf den »Buchstaben«, auf das »Fleisch«, auf den Kreuzesgehorsam bezogen; dann aber zugleich auch befreiend-universalisierend, das bedeutet: er läßt die darin verborgene Unendlichkeit der Liebe Gottes in die ganze Weite menschlicher Geschichte und in das Innerste der Subjekte hinein verströmen. Die Gestalt seines Wirkens wird dementsprechend sowohl »normierend«, »objektivierend« sein, um den Willen Gottes dem sündigen Menschen gegenüber »durchzusetzen«, wie auch zugleich »befreiend«, um die Liebe Gottes der menschlichen Subjektivität als heilende Gabe zu intimieren. Er erscheint deswegen in der Kirche immer zugleich als »Institution« und als »Gabe«[229], denn

> »seine vollendende Fülle, die zugleich die objektivierte Liebe Gottes und ihr glühender subjektiver Kern ist, erscheint uns unter den gegensätzlichen Offenbarungsgestalten einer bis zur starren Institution objektivierten Kirche und Schrift – und einer bis zur Unfaßlichkeit entgleitenden subjektiven Freiheit, Einigkeit, Liebe, die weht, wo sie will«[230].

Diese Dialektik alles Kirchlichen findet im Hl. Geist ihren »Konvergenzpunkt«[231]: von ihm her begründet sich das Strukturelle und Formhafte, das gleichsam in sich Geschlossene der Kirche als Institution und zugleich das alle Türen und Grenzen zur Welt hin Übersteigende ihrer Botschaft und Heilsvermittlung[232]. In ihm findet beides seine Erklärung: sowohl die Exklusivität des Heils, die sich in der »sakramentalen«, »amtlichen« Gestalt der Erwählung zeigt, in der die Kirche stellvertretend für das Heil aller Menschen »ausgewählt« wird, aber auch die Inklusivität des Heils, die sich im allgemeinen Heilswillen Gottes erweist, der eben doch alle Menschen meint[233]. Ebenso sind innerhalb der Kirche selbst

[228] SC, 241.
[229] PI, 228.
[230] SC, 102.
[231] Ebd.
[232] Fragment, 142ff, 212f; SC, 102; 443ff.
[233] Fragment, 156, 212f.

Institution und Charisma, Amt und Heiligkeit vom Geist her immer schon unlöslich in der Einheit des gleichen Ursprungs und des gleichen Ziels verbunden[234].

Der in Kreuz und Auferstehung Jesu zugleich »instituierend« und »universalisierend« wirkende Hl. Geist, der also die Liebe Gottes in die objektive Gehorsamsform des Sohnes einfügt und diese Liebe zugleich als befreiende Gabe Gottes allen Menschen subjektiv zueignet, prägt somit die ganze *paradoxe* Gestalt der nachösterlichen Kirche. *Einmal* zeigt sich dies darin, daß die Kirche nur im ständigen »Sich-Überschreiten« auf den Geist hin ihre eigentümliche, eschatologische Gestalt findet; alle ihre Strukturen und Institutionen, die in diesem Äon, der noch unter der Macht der Sünde und damit im Zeichen des Kreuzes steht, durchaus notwendig sind, müssen doch »das unfaßlich Schwebende ihres Seins in der Welt«[235], das Provisorische ihrer Existenz in dieser Zeit deutlich machen[236]: denn

> »in diesem dauernden Sich-Überschreiten ist die Kirche auf etwas hin, was sie selbst nicht mehr ist, weil das, woraufhin sie ist, ohne Verkündigungswort, Sakrament und welthafte Struktur sein wird, deshalb auch die Unterscheidung zwischen ›Kirche‹ und ›Welt‹ nicht mehr zulassen wird. Kirche ist darauf aus, sich selbst überflüssig zu machen und dabei ihren Dienst im vergehenden Äon zu erfüllen. Verborgenerweise ist sie schon ›überholt‹ von der verborgenen Gegenwart des himmlischen Jerusalem, ohne das sie gar nicht Kirche Christi wäre«[237].

Alles Institutionelle an ihr muß deswegen so gestaltet sein, daß es dieses Unterwegssein der Kirche auf ihre Vollendung hin darstellt, in welcher dann »der Institutions-Aspekt des Geistes so verschwinden (wird), wie er für den auferstandenen Herrn verschwunden ist«[238]. Das gelingt der Kirche aber nicht, wenn sie jetzt schon – gleichsam das Kreuz überspringend – in einer enthusiastischen Geistbewegtheit ihre institutionellen Strukturen schlechthin als geistfremd abwerten und ihren Vollendungszustand undialektisch vorwegnehmen wollte. Daher muß ein *zweites* über die kirchengestaltende Kraft des Geistes gesagt werden:

Der Geist bindet die Kirche, die immer auch sündig ist, an die Gehorsamsgestalt Christi, wie sie im Kreuz und – für alle Zeiten bleibend – in der Eucharistie sich darstellt[239]. Diese Bindung geschieht dadurch, daß der Geist sich selbst auch »objektiviert« in eine fordernde »Regel«, in eine normative Institution, die den Gehorsam des Sünders, also seine Bereitschaft, die Liebe Gottes als reine Gabe zu empfangen, einfordert. Gerade dem sündigen, sich dieser Liebe zunächst verschließenden Menschen gegenüber nimmt der Hl. Geist diese Gestalt einer objektiven Ordnung an, damit dadurch die sündige Selbstbehauptung im Gehorsam überwunden und der Geist dann auch als Freiheit, als Gabe der Liebe Gottes erfahren werden kann. Wie der Geist sein befreiendes und universalisierendes Werk nur durch den Kreuzesgehorsam des Sohnes gegenüber dem sich im Geiste als forderndes »Muß« (griech.: dei) präsentierenden Willen des Vaters vollbringen konnte, so kann er als diese bewegende und befreiende Macht auch

[234] SC, 103.
[235] H III/2/2, 460.
[236] A.a.O., 458.
[237] A.a.O., 475f.
[238] PI, 231.
[239] Vgl. dazu PI, 229ff.

in der Kirche nur da wirken, wo sie sich von ihm in diesen Gehorsam Christi hineinbinden, wo sie sich in die eucharistische Hingabe Jesu mithineinnehmen läßt. Alles Pneumatische in der Kirche muß auf diese Weise »christologisch gedeckt« sein[240], wenn nicht der Hl. Geist mit dem eigenen Geist des Menschen verwechselt werden soll:

»Ist dieses Kriterium gewährleistet, dann mag sich in der Kirche alles Unverhoffte ereignen, was Kennzeichnen des Geistes von den Tiefen der Gottheit her ist, dann mögen sich die ›größeren Werke‹ kundtun, die Jesus seiner Kirche aufgespart hat (Jo 14,12)«[241].

In dieser Einheit des Geistes – als der bestimmenden und formenden Objektivität der unerschöpflichen Liebe und Freiheit Gottes – muß deswegen alles Objektive und Formale, alles Gesetzhafte und Institutionelle in der Kirche gesehen werden, sei es die »objektive Rahmenordnung der Kirche«, oder »das normative Wort der Hl. Schrift und die normative Tradition«[242]. So gesehen erscheint dies alles nur noch dem sich der Liebe Gottes widersetzenden und dadurch von sich selbst her »entfremdeten« Sünder als eine Entfremdungsform des Geistes. Dem Liebenden zeigt es sich als ein »pneumatisches Gebäude« (1 Petr 2,5), in dem der Geist gerade in seiner Gestalt als objektive Institution das stets hinter der Gabe und dem Gebot der Liebe Gottes zurückbleibende subjektive Entsprechenkönnen herausfordert. So bindet die Kirche

»den Glaubenden, der als Mensch die Neigung hätte, dem Boden entlang zu kriechen, am Spalier ihrer objektiven Ordnung empor, woran er sich seiner Bestimmung gemäß entfalten und Früchte tragen kann«[243].

g) Hl. Geist und »anima ecclesiastica«

Dieses Aufrichten des Subjekts an der vorgegebenen Objektivität des Geistes in der Kirche, also konkret an ihren Institutionen, bewirkt eigentlich erst die »Entprivatisierung« des Menschen zu einer »kirchlichen Existenz«, die immer schon eine »eucharistische Existenz« ist, da in ihr der Mensch an die Gestalt des Gekreuzigten und Auferstandenen angeglichen, in seine Hingabe und damit zugleich in das trinitarische Leben hineingenommen wird[244]. Hier, in diesem »objektivierenden« Wirken des Hl. Geistes, liegt die eigentliche theologische Begründung für das, was Balthasar die »anima ecclesiastica« nennt: Der Mensch, der seine ganze Existenz, seine besondere Sendung, seine Glaubenserfahrung und seine Liebe zu einer reinen Funktion seiner Gliedschaft im Leib Christi werden läßt, der sich also mit der Kirche identifiziert und sich in ihren Glaubensgehorsam, in ihre Antwortgestalt der »Form Christi« einfügen läßt, um selbst zur prägenden Form für andere Christen zu werden – ein solch »kirchenförmiger« Mensch stellt letztlich nichts anderes dar als ein konkretes, personales Ergebnis des in der Kirche

[240] PI, 229.
[241] A.a.O., 230.
[242] A.a.O., 232.
[243] Ebd.; die Nähe zu Schelskys Konzeption der Institution als eines ständigen »Apell nach oben« ist deutlich (vgl. *H. Schelsky*, Suche, 267).
[244] Dazu PI, 234f.

wirkenden Hl. Geistes. Diesem Menschen wird durch den »konkretisierenden« und »universalisierenden« Geist die Existenz des gekreuzigten und auferstandenen Christus eingeprägt: indem er sich konkret unter die objektive Form der Kirche (ihres Glaubens und ihrer Liebe, ihrer Sakramente und ihres Amtes), also unter die kirchliche »Regel« stellt, sich somit gleichsam institutionell »einengen«, seine Subjektivität im kirchlichen Gehorsam aufgehen läßt, erfährt er darin zugleich auch eine »ungeahnte Erweiterung« seiner ganzen Existenz:

«Es ist wie die Nachahmung der unendlichen eucharistischen Erweiterung des Lebens Christi, gerade durch die Einengung, Verdemütigung, ja ›Selbstvernichtung‹ seines Lebens in der Eucharistie«[245].

Denn der so »objektivierte« Mensch gehört nicht mehr sich selbst, sondern ganz und gar dem Herrn, dem er sich als kirchliches Werkzeug seiner – durch das Kreuz hindurch befreienden – Liebe zu den Menschen zur Verfügung stellt. Dadurch erhält die Liebe dieses gehorsamen Menschen eine neue Dimension, sie rückt

»unter das Gesetz des Hl. Geistes: sie wird dadurch wie objektiviert, verkirchlicht, scheinbar verzwecklicht, in Wahrheit erweitert, universalisiert, eucharistisch verströmt«[246].

Die gestaltende Kraft des Hl. Geistes, die zugleich »bestimmend« und »befreiend« in der Kirche wirkt, kann gerade an den Heiligen anschaulich erfahren werden. An ihnen wird deutlich, daß die kirchliche Objektivierung der eigenen Person gerade zu einer gelungenen Selbstfindung führt, weil die objektivierende Kraft der Kirche der Hl. Geist selbst ist. Die Hingabe der subjektiven Freiheit an die Objektivität der kirchlichen Gemeinschaft vollendet sich darin nur deswegen, weil diese immer schon die Gestalt der »ökonomischen Objektivierung« des Geistes, also der Freiheit und Liebe Gottes selbst bedeutet.

h) Zusammenfassung

Damit wollen wir dieses Kapitel über die christliche Gestalt und ihre Implikationen für ein theologisches Verständnis des Institutionellen abschließen. Vom allgemeinen Gestaltbegriff als konkreter, geformter Freiheit ausgehend, suchten wir die Einzigartigkeit der christlichen Gestalt herauszuarbeiten. In ihr »formt« sich das Absolute und Unendliche der Liebe Gottes, seine ganze »Herrlichkeit« also, in das Relative und Endliche einer menschlichen Person und ihrer geschichtlichen Existenzform ein, und zwar konkret in der restlosen »Armut« des Kreuzesgehorsams Jesu. In dieser Kreuzesgestalt der göttlichen Liebe ist zugleich auch ihr »Institutionscharakter« offenbar geworden. Denn im Kreuz, das für Jesus die »Institution«, die zur »Regel« und »formalisierten Norm« gewordene Liebe des Vaters verkörpert, stellt sich – unter den Bedingungen des sündigen Äons – die innertrinitarische Wirklichkeit des Hl. Geistes dar: als die zur dritten göttlichen Person »objektivierte« Liebe zwischen Vater und Sohn. Deswegen vermag der Hl. Geist in der Heilsökonomie gegenüber der Kirche als Ganzer und gegenüber

[245] Schwestern, 158.
[246] A.a.O., 169.

den einzelnen immer als die »instituierende«, in die »Form« des christologisch-kirchlichen Gehorsams einfügende Kraft der Liebe Gottes zu wirken, wobei er zugleich – durch die Auferstehung des Sohnes – auch die von jeder subjektiven Verengung und jeder sündigen Entfremdung befreiende, »universalisierende« Kraft dieser Liebe zur Geltung bringt. Vom Hl. Geist her, der in Kreuz und Auferstehung Jesu sich der Welt offenbart hat, empfängt demnach alles kirchlich Institutionelle grundsätzlich den Charakter der »kristallisierten Liebe«[247].

Damit wird das Institutionelle in eine sehr spirituelle Sphäre gehoben. Wird es dadurch aber nicht zugleich ungreifbar und unangreifbar spiritualisiert? Kommt das Menschliche der Institution in seiner (soziologischen) Eigengesetzlichkeit wirklich noch zur Geltung? Was bringt diese Begründung der Institution für ihre konkrete Gestaltung in der Kirche ein? Auf diese Frage werden wir vor allem bei der Darstellung des institutionellen Amtes eingehen; denn hier wird »Institution und Pneuma« unausweichlich konkret. Um diese Überlegungen aber genügend zu fundieren, müssen wir erst die grundsätzlichen Aussagen Balthasars über die Kirche und ihr Verhältnis zur zentralen christlichen Gestalt, zu Christus und seinem Kreuzesgehorsam, darlegen. Denn erst wenn die Kirche im ganzen als diesem Christusgeschehen zugestaltete Antwortgestalt begriffen ist[248], kann auch der konkrete institutionelle Charakter dieser Gestalt richtig eingeordnet und begründet werden. Es geht also jetzt darum zu zeigen, ob die Übertragung des »Institutionscharakters« des Hl. Geistes auf die Kirche und ihre Strukturen gerechtfertigt ist; ob also in einer solchen Begründung die institutionellen Strukturen der Kirche in ihrer konkreten Realität ernstgenommen und nicht zu schnell spiritualisiert werden.

III. DAS MITGESTALTETWERDEN DER MENSCHEN MIT CHRISTUS

1. Das »Paradox der Nachfolge«

Die Gestalt des menschgewordenen Wortes Gottes steht nicht isoliert wie ein erratischer Block inmitten der Geschichte. Sie läßt sich nicht »abstrakt«, d. h. getrennt von jeder bestimmten »mitmenschlichen Konstellation« betrachten[249]; nur zusammen mit dem von Christus selbst gestalteten und ihn umgebenden »Gefüge« gewinnt seine Gestalt ihre konkreten Züge. Das Christusereignis besteht also von Anfang an immer nur in der Korrelation zum Kirchenereignis, so daß auch Christologie immer nur in Einheit mit Ekklesiologie betrieben werden kann[250]. Schon vom historischen Ursprung her gehört das »Mit-Sein« zur »Form« des Lebens Christi[251]; dieses ist ja von Anfang an »Existenz in Mitnahme«[252], und zwar solcher Menschen, die von ihm erwählt sind, seinen Weg mitzugehen, ihm nachzu-

[247] Vgl. SV, 27, 36, 331, 335 usw.

[248] Vgl. Fragment, 97: Kirche ist die »vom Sohn her erwirkte Antwortgestalt auf die im Sohn erfolgte Gestaltwerdung Gottes in der Welt«.

[249] Affekt, 115.

[250] H III/2/2, 90, 99; vgl. auch PI, 180ff.

[251] Christ, 60.

[252] Drei Tage, 65.

folgen und sich in seine Gestalt einformen zu lassen. Darin liegt das unauflösbare Paradox des Christentums: daß es so etwas wie »Nachfolge« und »Gleichgestaltung« gegenüber der absolut einmaligen und einzigartigen Gestalt des fleischgewordenen und gekreuzigten Wortes überhaupt geben kann[253]. Seine besondere, einmalige Seinsweise, nämlich die vollkommen gelungene Identität von Liebe Gottes und Gehorsam des Menschen, von göttlicher Sendung und gelebter menschlicher Existenz, zumal da, wo sich dies als letzte, stellvertretend für alle übernommene Entäußerung in die Gottverlassenheit der Sünde am Kreuz zeigt, dies macht ihn doch zum absolut »Einsamen«, zu dem von aller Liebe »Verlassenen«, wo jeder mitmenschliche Dialog, jedes Mit-Sein erst einmal unmöglich wird[254]. Die Distanz dieses einmaligen »Menschen *für* die Menschen« gegenüber uns, den »Menschen *mit* den Menschen«, wird gerade durch seine Stellvertretung am Kreuz unüberholbar aufgerichtet[255]. Und doch gibt es so etwas wie »Teilnahme im Abstand«[256], gibt es die Analogie der Existenzform, wobei sowohl der je größere Unterschied zu dem einmaligen Christusereignis als auch die (geschenkte) Vergleichbarkeit menschlicher Nachfolge betont werden muß. Diese analoge

»Teilnahme an der Sendung und Existenzform Christi wird, über die bleibende Differenz zwischen ihm und uns hinweg, dort möglich, wo ein Glaubender im Jawort des Glaubens seine Existenz als Sendung zu empfangen und zu leben bereit ist«[257].

Es ist im Grunde die Haltung, die wir im ersten Kapitel als »glaubende Kontemplation« dargestellt haben; sie ermöglicht so etwas wie Nachfolge des bleibend Einmaligen. Die Haltung der unbedingten Verfügbarkeit, des restlos gehorsamen und hinnehmenden Mitsichgeschehenlassens ist gleichsam der »Mittelbegriff«, der die an sich Unvergleichbaren zusammenführt[258]. Was vom Menschen her als ein »inchoativer Versuch« des Glaubens, der Offenheit, der Bereitschaft angeboten

[253] SV, 86; H III/2/2, 174ff.

[254] Von dieser Einmaligkeit der konkreten Person Jesu Christi aus kritisiert Balthasar auch die sog. »transzendentale Christologie«, die damit nicht ernst mache: »denn wieso sollte es nach dieser (sc. Christologie) z.B. der auf vollkommene, makellose Weise transzendierende Mensch Maria nicht ebenso bis zu einem ›Gottmenschen‹ bringen?« (H III/2/2, 147). Auch eine »Theologie des Todes« (–wie sie etwa von *K. Rahner*, *L. Boros* u.a. vorgetragen wird –) verfehlt nach Balthasar die Einzigartigkeit und »Analogielosigkeit« des stellvertretenden Sühnetodes Jesu (Drei Tage, 99ff; Cordula, 89ff).

[255] Nähe und Unterschied zur Christologie Karl Barths wird an diesem Punkt sehr deutlich, wo es um die Einmaligkeit Christi und zugleich die Gleichgestaltung des Menschen mit ihm geht: »Und das katholische Paradox (weit über alle protestantische Deutung hinaus) liegt darin, daß der Gerechte, im Maße als er aktiveren Anteil erhält an der Heiligkeit des Erlösers, auch aktiveren Anteil am Mittragen der fremden Schuld, also am Werk der Erlösung bekommt, wobei er aber niemals wird unterscheiden können, was er um der eigenen und was er um fremder Sünden willen zu leiden und zu tragen erhält. Christus selbst will ja am Kreuz nicht mehr unterscheiden. Er hängt im Fluche Gottes stellvertretend für alle, und er will vor Gott nicht die ›Ausnahme‹ sein, sondern die Regel – eben alle. Von ihm her wird dem mittragenden Sünder die Unterscheidung verunmöglicht, in einer Sichtlosigkeit, die um so bitterer ist, als er ja im Leiden sich niemals auf die Seite Christi stellen kann, sondern sich immer mit allen übrigen Sündern solidarisch als der verstehen muß, der das Kreuz Christi verursacht hat«. Karl Barth. Darstellung und Deutung seiner Theologie, Köln 1951, 384).

[256] SC, 306.

[257] A.a.O., 309.

[258] Christ, 64; vgl. H III/2/2, 147f.

wird, kann vom Herrn angenommen werden, um darin dann seine eigene Existenzform des Gehorsams »hineinzuformen«. Hier gelingt – allein von Christus her – die »Entsprechung« des gehorsam Nachfolgenden zu dem gehorsamen Sohn des Vaters, weil hier, in diese weiblich-rezeptive Bereitschaft hinein, der Empfang der »männlich« gestaltenden Form, die »Investitur der ›Form Christi‹« (vgl. Gal 4,19) vollzogen werden kann[259].

2. *Kirche als Antwortgestalt*

a) Maria, Urbild der Kirche

Der umgreifende Bereich, in dem diese Zugestaltung der Menschen zu Christus hin anfanghaft geschieht, ist die Kirche[260]. Sie ist »der Ort, wo die Gleichgestaltung der Menschheit an Person und Ereignis Christi eingeleitet ist: wo Menschen sich diesem personalen Ereignis in horchend-gehorchendem Glauben hingeben, von ihm sakramental angestaltet werden und ihm durch ihre Existenz Wirksamkeit in der Welt zu verleihen suchen. Kirche ist Modell-Raum, wo der schöpferische Überstieg der gekreuzigten Liebe anerkannt und im je ›zugemessenen‹ ›analogen‹ ›Maße‹ (Rö 12,3.6ff.) menschlich übernommen wird«[261]. Da, wo einer dieses Urbild Christi und seines Gehorsams widerstrahlt, also in seinem Gehorsam ein »Bild« der Herrlichkeit Christi und als solches auch eine wirklich »christliche Gestalt« wird, verwirklicht sich Kirche[262]. Die Grundhaltung der Kirche ist das vollkommene Jawort der Magd des Herrn, »worin der Mensch Gott *sein läßt,* was er sein will, und sich von ihm schenken und einformen läßt, was und soviel er will«[263]. In Maria ist diese kirchliche Haltung des Sichangestaltenlassens an Christus personal konkretisiert; in ihr wird die einmalige »Identität« der gestaltenden Liebe Gottes und des sich gestaltenlassenden Gehorsams des Menschen, wie sie in Christus geschehen ist, kirchlich »abgebildet«[264]. Denn damit die Herrlichkeit der Gestalt Christi wirklich von den Menschen wahrgenommen werden kann, und zwar gerade als die unüberbietbare Offenbarung der Liebe Gottes, bedarf sie einer Antwortgestalt, die diese Herrlichkeit in reiner Entsprechung widerspiegelt: »...denn der Herr will seine Kirche nicht als ein einziges offenkundiges Versagen sich gegenüberstehen sehen, sondern als eine herrliche, seiner würdige Braut.«[265] Weil in Christus die »Gerechtigkeit« der Liebe Gottes selbst Mensch geworden ist (gegenüber allen vorherigen alttestamentlichen Offenbarungen), ist auch vom empfangenden Subjekt her (gerade im Unterschied zum Alten Bund) die »exakte Antwort gefordert (justesse), die der fleischgewordenen Gottesgerechtigkeit (ju-

[259] SV, 108f.
[260] Fragment, 97; SV, 165.
[261] H III/2/2, 416f; vgl. PI, 95: »Kirche entsteht durch das Versetztwerden von erlösten Menschen an den ›Ort‹ des Sohnes; indem sie dies (der Wahrheit gehorchend) ratifiziert, anerkannt sie auch, daß sie gar nicht in sich, sondern ›in Christus‹ existiert, und dort allerdings sie selbst ist.«
[262] Vgl. H I, 25f; SC, 306ff.
[263] H III/2/2, 148.
[264] SV, 168.
[265] Ebd.

stice) entspricht«[266]. Da nun Gottes Liebe in der Einheit einer konkreten Person erscheint, kann auch die Antwort in ihrem Zentrum ebenfalls nur konkret personal sein und nicht einfach die Einheit eines Kollektivs[267]. Wegen ihres gegenüber Christus rein »abbildlichen«, von ihm her (»vorerlösend-vorformend«) gebildeten Gehorsams ist Maria

»jene Subjektivität, die in ihrer weiblichen und empfangenden Weise der männlichen Subjektivität Christi durch die Gnade Gottes und die Überschattung seines Geistes voll zu entsprechen vermag. In Maria findet die aus Christus entströmende Kirche ihr personales Zentrum und die Vollverwirklichung ihrer kirchlichen Idee«[268].

Diese zentrale Rolle, die Maria im Kirchenbild Balthasars spielt, kommt ihr deswegen zu, weil in ihr das präsentische Moment der Eschatologie gerade innerhalb der Ekklesiologie deutlich erscheint. Die Dialektik des endgültigen Heils in seinem »Schon«- und »Noch nicht«-Gegenwärtigsein gilt ja nicht nur für den einzelnen, sondern primär für die Kirche als solche.

»Man kann noch so sehr, von der Unvollkommenheit und Sündigkeit der empirischen Kirche beeindruckt, in der idealen Liebeskirche eine ›eschatologische‹ Größe sehen: eschatologisch kann in diesem Fall keineswegs bedeuten: noch nicht wirklich, noch rein zukünftig; die ideale Kirche muß real sein, wenn man Gottes und Christi Tat nicht der Unfähigkeit bezichtigen will, und diese Realität – als subjektiv-objektive Heiligkeit der Liebe – ist die Voraussetzung und der immerwährende Bezugs- und Richtpunkt für alles Streben der unvollkommenen Christen.«[269]

In Maria als dem personalen, »realsymbolischen« Kern dieser Kirche stellt sich die der Kirche von Christus geschenkte Heiligkeit (als »Immaculata«, als jungfräulich Empfangende und Gebärende) bereits in diesem Äon dar. Dennoch wird sich die Kirche der Sünder nicht einfach mit Maria identifizieren können; erst in der eschatologisch-zukünftigen Vollendung kann sie als Ganze deren urbildliche Heiligkeit einholen. Je mehr die Kirche deswegen jetzt schon auf Erden diesem ihrem Urbild ähnlich zu werden strebt, um so weniger wird sie – als demütige, ihrer Sünde stets bewußte Magd – der Versuchung einer Identifikation erliegen[270].

b) Nachfolge des einzelnen und kirchliche Gemeinschaft

Von diesem »heilen Kern« der Kirche aus geschieht nun die weitere »Angestaltung« der Menschen an Christus[271]. Diese bleibt stets von Maria und der marianischen Grundhaltung umgriffen und getragen. Maria ist darin – wie wir oben sahen – »Typos« der Kirche, d.h. alles weitere begründende, tragende und einbeschließende »Form« der Kirche[272]. Innerhalb dieser umgreifenden Sphäre der Kirche

[266] H III/2/2, 85.
[267] Ebd.
[268] SV, 168; vgl. PI, 141f.
[269] PI, 182.
[270] SV, 24.
[271] H III/2/2, 85; PI, 142; Affekt, 168, 176.
[272] »... auch qualitativ wird die Form des marianischen geschehenlassenden Glaubens zur innerlich dargebotenen bestimmenden Form alles Seins und Gehabens innerhalb der Catholica ... (Affekt, 171). »Das marianische Fiat, als die (durch Gnade) wahrhaft *grenzenlose* Bereitschaft

stehen dann zunächst die anderen entscheidenden »Typoi«, jene »Prägestempel« christlicher Existenz, die zur grundlegenden »christologischen Konstellation« gehören, vor allem also die Zwölf (als Urbilder der alles-verlassenden Nachfolge), unter ihnen besonders Petrus (als Verkörperung des Amtes) und Johannes (als Darstellung der »Liebeskirche«), und schließlich Paulus (als urbildliche Einheit von apostolischem Amt und Existenz)[273]. Kirche als Christus angestaltete Menschheit ist also im Kern ein »Gefüge« von konkreten Personen, die zugleich schon »universalisiert« und »objektiviert« sind zu einer prägenden Form für jede andere mögliche Existenz in der Nachfolge Jesus Christi[274]. In diese urbildliche Form der Nachfolge (zuerst der urkirchlichen »Typoi«, dann der kirchlichen Heiligen) muß jeder Mensch sich hineinnehmen lassen, und je mehr ihm darin die gehorsame Enteignung auf den Herrn hin gelingt, je mehr er also selbst zur getragen-tragenden Form »für andere« wird, um so mehr verwirklicht er Kirche[275].

Kirche wird also von »einzelnen« her gedacht, aber von solchen, die ganz und gar »kirchenförmig« geworden sind, die zur typischen Form für die christliche Existenz überhaupt sich »ausweiten« und »entprivatisieren« lassen. Der Ruf zur Nachfolge richtet sich ja immer an den einzelnen: er in seiner ganz persönlichen Einmaligkeit ist gemeint, um »mit« dem einmaligen Jesus »einsam« zu sein. Erst in diesem Ruf und im Gehorsam zu ihm gewinnt der einzelne seine Personalität vor Gott, die ihn aber gerade nicht »privatisiert«, sondern »sozialisiert« in die Gemeinschaft der Christus zugestalteten Kirche hinein[276]. Nachfolge des einzelnen bedeutet für diesen immer zugleich »Verkirchlichung«, d.h. reine Funktion zu sein als Glied im Ganzen des »Leibes Christi«. Der einzelne wird dabei hineingenommen in die ihm vorgegebene Gestalt der Kirche, welche grundlegend in der personalen Gehorsamsform Mariens und der anderen »Typoi« christlich-kirchlicher Existenz besteht, auf deren »Gefüge« sich dann die Gemeinschaft der Heiligen mit ihrer Einheit im Glauben und in der Liebe, mit ihrer Verkündigung und ihren Sakramenten, mit ihren Sendungen und ihrem Amt aufbaut.

Die Antwort auf die Frage »Wer ist die Kirche?« kann also nur in »realen Subjekten« gefunden werden, nicht in einem »bloßen Kollektiv«; in realen Subjekten aber insofern, als sie

und Verfügbarkeit ist bräutlicher Schoß, Matrix und Mater, woraus der Sohn Gottes nicht nur selber entstehen, sondern auch eine wahrhaft universale Kirche errichten kann« (Affekt, 172).

»Das marianische Fiat ist umgreifende – in seiner Vollkommenheit uneinholbare, aber schützende und lenkende – Form für das ganze kirchliche Leben. Es ist die innere Gestalt der Communio, sofern diese weit mehr ist als ein menschliches Miteinander-Auskommen, vielmehr ein gegenseitiges unbegrenztes Raumgewähren in sich selbst.« (Affekt, 173) usw.

273 Affekt, 118ff; 125: »Wie Christus selbst, sind auch Maria, Petrus, Paulus, Johannes nicht so sehr sittliche ›Vorbilder‹ (...) als Prägestempel (›typos‹ Phil 3, 17; erst von daher ›synmimetai‹, Mitnachahmer; vgl. 1 Kor 11, 1) für die Gestalt der Kirche durch die Geschichte hindurch.«

274 Vgl. H III/2/2, 85ff; vgl. oben unsere Darstellung der »anima ecclesiastica«. Siehe auch SV, 190: »Gerade auf die Personen und deren ›Verkirchlichung‹ kommt es an«. Oder: SC, 258: Die Heiligen sind das »Analogatum princeps« jeder christlichen Existenz.

275 Vgl. SV, 181ff.

276 PI, 240ff, bes. 246; vgl. PI, 261: »Gemeinschaft aus Einsamkeit«; oder SV, 85: »Aber es ist doch allesentscheidend..., daß das neue Gottesvolk auf dem ›Fundament‹ von Einzelnen, die dem einzelnen einzigen Christus folgen, aufgebaut wird.«

»an einem normativen Subjekt und seinem Bewußtsein durch göttliche Gnade teilnehmen. Ist solche Teilnahme nur durch eingegossene Gnade möglich, dann ist aber das, woran teilgenommen wird, göttlich: das höchste Subjekt, das die gestellte Frage beantwortet, kann nur das göttliche selber sein. Teilnahme darin gewinnt die Menschheit in Christus und in dem Raum, der sein Raum ist (en Christo) und den er als Erlöser bereitstellt: die Kirche. Sofern dieser Raum sein eigener ist, ist *er* dessen Bewußtsein. Sofern dieser Raum der ihm weiblich-bräutlich antwortende ist, hat er seine höchste, normative Subjektivität in Maria. Sofern endlich die eine Gnade hindurchströmt, läßt sie alle Geister, in der ganzen personalen Verschiedenheit ihrer Sendungen und Gnadenwege, konvergieren zu einem Bewußtseinszentrum, das sich in Maria zu Christus öffnet und durch Christus zum Heiligen Geist des dreipersönlichen Gottes, der im Ursprung Maria überschattet und seit Ostern und Pfingsten der Kirche einwohnt«[277].

c) Christus – Kirche: Unterschiedenheit und Einheit (»Braut« und »Leib«)

Wenn und insofern Kirche sich immer nur im (marianischen) Geschehen des gehorsamen Sich-auf-Christus-hin-Gestaltens realisiert, kann sie genausowenig wie Maria jemals ein störendes Zwischenglied zwischen dem einzelnen und Christus sein. Sie ist – in Analogie zu Christus, der uns gerade durch seinen Gehorsam die Liebe Gottes »transparent« werden läßt – nur Vermittlung zur Unmittelbarkeit Christi, kirchliche Einformung der Form Christi im einzelnen. Sie hat keine von Christus abgelöste Eigengestalt; alles Positive an ihr muß auf ihren Ursprung, auf Christus hin »durchsichtig« bleiben, so wie Christus vollkommen »durchsichtig« auf den Vater hin ist. Kirche muß deswegen die doppelte »Reduktion« Christi (zum Vater und zur Welt hin) mitvollziehen; sie wird sich genausowenig wie er als eine dritte Gestalt zwischen Gott und Menschen arianisch etablieren, sondern einzig als die »reine Ermöglichung ihres Begegnens«[278]. Diese kirchliche Vermittlung entfremdet deswegen den einzelnen nicht von sich selbst und seiner gläubigen Existenz, sondern befreit ihn erst von seinen eigenen, subjektiv verengten und notwendig hinter dem urbildlichen Gehorsam Mariens und der Heiligen zurückbleibenden Antwortversuchen.

Unterschiedenheit von Christus, der absolut einmaligen Gestalt, und zugleich Teilnahme an ihm durch Gleichgestaltetwerden im Gehorsam: das sind die tragenden Pfeiler der Ekklesiologie Balthasars. Er benutzt deswegen häufig die biblischen Bilder vom »Leib Christi« und der »Braut«, in denen beidemale (je auf verschiedene Weise) diese Einheit und Verschiedenheit von Christus und Kirche veranschaulicht wird[279]. Als Leib Christi ist die Kirche keine eigenständige, aus sich heraus existierende und zu verstehende Wirklichkeit, »sie ist und sie kann nichts anderes sein als eine Ausdehnung, Mitteilung, Teilgabe der Personalität Christi«[280]. Sie läßt sich nicht von Christus adäquat trennen und gleichsam hypostasierend zwischen Christus und den einzelnen Gläubigen stellen. Nein, sie ist nur das von Christus sich zu-gestaltete, ganz von seiner Gestalt herkommende

[277] SV, 188f.
[278] Fragment, 98.
[279] Vgl. SV, 150ff.
[280] A.a.O., 151.

(»Kirche aus der Seitenwunde des Gekreuzigten«[281]) und diese Gestalt in sich ausprägende Medium seiner Vermittlung[282]: »Ausfließende Liebe des Herrn in die Welt.«[283] Aber dies ist sie gerade als die nicht mit ihrem Herrn Identische, als die »Braut«, die Christus geliebt und für die er sich am Kreuz hingegeben hat. Sie existiert schon irgendwie außerhalb seiner Person; und deswegen hat Christus zu ihr neben dem »somatischen« auch ein wirklich »personales« Verhältnis. Dieses dialektische Ineins: Kirche als Leib Christi durch die eucharistische Teilnahme am hingegebenen Leib des Herrn, und darin zugleich als seine jungfräuliche Braut, die ihm gegenübersteht, die ihm magdlich dient und die er liebt, sieht Balthasar besonders – im Anschluß an Eph 5,21ff. – im Mysterium des ehelichen »Ein-Fleisch-Seins« als Sakrament des »Ein-Geist-Seins« von Christus und Kirche verwirklicht[284]. Das Vermählungsgleichnis (»Hochzeitlichkeit«) steht deswegen im Mittelpunkt der Ekklesiologie Balthasars: es faßt in sich (1) sowohl das personale Gegenüber (Braut-Bräutigam), wie (2) das Ein-Geist-und-Leib-Sein (Haupt-Leib) in der eucharistischen Einheit, und schließlich auch (3) die grundsätzliche, bleibende Verschiedenheit der Personen in diesem Eins-Sein (männlich-weiblich). Die Ehe wird damit zum »Zeichen der Erlösung«[285].

d) Eucharistie als höchste kirchliche Gestalt des Verhältnisses Christus – Kirche

Dieses bräutlich-leibliche Verhältnis Christus – Kirche, das im Verhältnis Christus – Maria urbildlich vorgeformt ist und an dem jede personale Nachfolge Christi partizipiert, findet seine vollendete kirchlich-*gemeinschaftliche* Gestalt in der Eucharistie. Hier erscheint von seiten Jesu seine Passion, dieses gehorsame, passive »Verfügtsein« in die »Stunde« des Todes, eindeutig als ein personales, aktives Tun seiner Freiheit. Denn er verfügt hier vorweg über sein Verfügtwerden in der Passion, er gibt sich selbst, dessen Leib und Blut in der Passion »hingegeben« und »vergossen« werden, in freier, liebender Hingabe an die Menschen hin[286].

[281] A.a.O., 152; Drei Tage, 95ff.

[282] Vgl. dazu H I, 535–549: Das Medium der Kirche. »Die Kirche ist nicht Christus, kann aber keine andere Figur für sich selbst und für die Welt beanspruchen als die Figur Christi, die sich in ihr ausprägt...« (538). Sie ist nur »Ausprägung der Gestalt Christi im Medium derer, die ihm nachgefolgt sind, und die er als die Seinen bezeichnet« (540).

[283] SV, 23.

[284] Vgl. H III/2/2, 83ff. Im Hintergrund steht die von Balthasar übernommene paulinische Genesisdeutung, daß einerseits die Frau aus dem Manne stammt, also zwei Personen aus einem Fleisch entstehen, und daß zum anderen der Mann dem Weib anhangen wird, also die zwei Personen ein Fleisch werden (a.a.O., 83 Anm. 3). Zur Frage, wie es zusammengehen kann, daß Kirche aus Christus entsteht und doch ihm auch irgendwie vorgegeben ist, vgl. PI, 216ff. Wir können hier nicht weiter darauf eingehen.

[285] SV, 198: »Fehlte in der Erlösung das erste, die Unrückführbarkeit der Subjekte, so würde an Stelle der Erlösung durch Gnade der das Geschöpf verschlingende Pantheismus treten. Fehlte das zweite, das eine Fleisch als Sakrament des einen Geistes, so würde die Einigung nicht wahrhaft vollzogen, und wir blieben bei jenem Juridismus stehen, der meistens (ob zu Recht oder nicht) dem Protestantismus zur Last gelegt wird. Fehlte das dritte, die relative Opposition des geschlechtlichen Wesens, so würden wir in eine Art religiöse Homosexualität fallen, wobei das Geschöpf sich Gott gegenüber männlich verhalten würde...« Vgl. H III/2/2, 440–454: »Hochzeitlichkeit«.

[286] PI, 218.

Seine »eucharistische Selbstverteilungsgebärde«[287] zeigt, daß das folgende »gewaltsame Passionsgeschehen« ein Tun seiner Liebe »für die Vielen« ist; alles Passive an der Passion wird damit zum Ausdruck seiner personalen Selbsthingabe, die als solche jedoch wiederum kein eigenmächtiges Verfügen meint, sondern Darstellung des letzten, gehorsamen Übersichverfügenlassens durch den Vater ist. Hier, in dieser eucharistischen Einheit von »Verteiltwerden« und »Selbstverteilung« kommt die Einheit von Gehorsam und Liebe (zum Vater und damit zu den Menschen) in der »Gestalt« Jesu zur deutlichsten »kirchlichen« Darstellung. Darin erscheint zugleich auch die Identität von Opfer und Mahl, weil

»Christus am Ende der Zeiten einmalig durch sein eigenes Blut sowohl durch die Himmel zum Vater (Hebr 9,12) wie ins Innere der Mahlteilnehmer einzudringen vermocht hat: im Zustand der totalen ›Verflüssigung‹ als Hingeopferter«[288].

Durch seine gehorsam-liebende Entäußerung in die letzte Verlassenheit von Gott und den Menschen hinein, was sich in seinem »kenotischen Zustand« »als zu ›kauendes‹ Brot und ... vergossener Wein«[289] zeichenhaft verleiblicht, wird Christus zur »Speise für die Welt«; seine Hingabe kann erst in dieser bleibenden Gestalt des eucharistischen »Sich-Verströmens« real von den Menschen »hingenommen«, empfangen werden, so daß sie wirklich mit ihm »zu einem Fleisch« werden. Die angemessene Haltung der Menschen dieser Hingabe gegenüber kann nur das restlose »*Einverstandensein*« mit dem Opfer des Herrn sein[290]. In diesem Einverständnis der Mahlteilnehmer konstituiert sich die Gemeinschaft der Kirche; denn hier lassen die Menschen – in »weiblicher« Empfangsbereitschaft – das Opfer Christi an sich geschehen, sie nehmen die Hingabe des Lebens für die Vielen an und lassen sich mit hineinnehmen in dieses Opfer, in dieses Hingegeben- und Verströmtwerden zum Heil aller Menschen. Im Abendmahlsaal vollendet sich die leiblich-bräutliche Zugestaltung der Kirche an Christus, insofern hier die untrennbare Einheit in der bleibenden, radikalen Verschiedenheit von sich hingebendem Herrn und empfangender Magd vollzogen wird. Die mit der Hingabe Christi einverstandene Kirche (– was im Empfang der Speise besiegelt wird –) wird als solche ganz real mit hineingenommen in das Opfer Christi, wirklich mit ihm vereint, ohne daß dieser Akt der Kirche mit dem Akt des sich für die Seinen opfernden Christus gleichgesetzt werden kann; aber »er ist ihm dennoch komplementär, nicht äußerlich, sondern innerlich, ihm geeint durch den gleichen Gehorsam, den das Kreuzesleiden zur Voraussetzung hat«. Der »gleiche Gehorsam«, der diese Einheit des kirchlichen Mit-*Opferns* mit Christus verständlich macht, besteht darin,

»daß es für den wahrhaft Liebenden nichts Schwereres gibt, als den Geliebten leiden zu lassen, ihm zu ›erlauben‹, den selbstgewählten Weg in Leiden, Gottverlassenheit, Tod, Hölle zu gehen«[291].

Die Eucharistie erhält für das Verständnis der Kirche als »Antwortgestalt« in den neueren Schriften Balthasars eine zunehmend größere Bedeutung. Denn

[287] A.a.O., 219.
[288] Drei Tage, 68; vgl. PI, 220.
[289] Drei Tage, 69.
[290] SC, 201ff; Drei Tage, 69.
[291] SC, 194.

einmal entfaltet der eucharistische Charakter der Kirche noch deutlicher ihren marianischen Grundzug, und zwar gerade von Kreuz und Auferstehung Jesu her[292]. Zugleich wird darin aber auch Kirche als »Communio Sanctorum« in ihrer zeichenhaften Vorwegnahme der endgültigen eucharistischen Gemeinschaft aller Menschen in Gott stärker betont. Man kann wohl sagen, daß für Balthasar in der Eucharistie sowohl die christliche Gestalt (also der Kreuzesgehorsam Jesu und seine »Verendgültigung« in der Auferstehung) als auch die darin (als ihr eigentlicher Grund) offenbarte Gestalt des dreifaltigen Gottes und schließlich die darin letztlich angezielte Gestaltwerdung der ganzen Menschheit durch Angleichung an Christus ihre vollendete gemeinschaftliche Darstellung finden. Sie gewinnt bei Balthasar zunehmend den Rang einer Synthese seiner Ekklesiologie. Denn in der Eucharistie geschieht durch alle Zeiten hindurch – zeichenhaft-real – die Zugestaltung der Menschen an die Gestalt der äußersten Liebeshingabe Christi am *Kreuz*, welche durch die *Auferstehung* zur endgültig bleibenden Daseinsweise des Sohnes (gegenüber dem Vater und den Menschen) geworden ist. In der Eucharistie wird diese gehorsame Selbsthingabe Jesu durch die »universalisierende« Macht des *Heiligen Geistes* den Menschen ganz real »intimiert«, so daß sie selbst an dieser Hingabe Jesu für die Welt teilhaben können. Hier erscheint also gerade auch der Hl. Geist in seiner Eigenart als »bestimmende« (d.h. alles auf das einmal hingegebene Fleisch und Blut des gekreuzigten Herrn beziehende und daran bindende) und »befreiende« (d.h. diese Hingabe »einfürallemal« zur innersten und universalen Form aller Wirklichkeit erhebende) Macht. Die Eucharistie läßt deswegen auch erst das Geschehen von Kreuz und Auferstehung und die darin sich ereignende Offenbarung der trinitarischen Liebe Gottes zu ihrem eigentlichen Ziel gelangen: hier wird die Gemeinschaft der Gläubigen, die diese Liebe an sich geschehen läßt, sowohl auf das *trinitarische Leben Gottes* hin wie auf die gesamte zu *erlösende Welt* hin »ausgeweitet«[293]. Denn in dieser eucharistischen »Gemeinschaft der Heiligen«, in ihrem »Füreinandersein« stellt sich sowohl abbildlich die »Form des göttlichen Für-einander«[294] als auch vorbildlich die endzeitliche Gemeinschaft aller Menschen mit Gott dar. Und erst in dieser doppelten eucharistischen »Erweiterung« findet die Kirche ihre eigentliche Gestalt als *Leib* und *Braut Christi.*

Diese grundlegende ekklesiologische Darstellung war nötig, um den angemessenen Zugang zu der uns interessierenden Frage zu gewinnen: Welchen Ort nimmt in dieser eucharistisch-marianischen Gestalt das Institutionelle der Kirche ein? Hat es überhaupt einen Sinn und eine Funktion in einem solchen spirituellen Kirchenverständnis? Balthasar geht auf diese Frage vor allem in seiner Amtstheologie ein.

IV. INSTITUTION UND HEILIGKEIT

1. Maria – Johannes – Petrus: heilige und amtliche Kirche

Im Abschnitt über die Kirchlichkeit des christlichen Grundaktes haben wir bereits einen Aspekt des institutionellen Amtes behandelt: nämlich seine Funktion, alle

292 PI, 216f; Klarstellungen, 60f.
293 PI, 235.
294 Klarstellungen, 60.

Sendungen in der Kirche auf die vorgegebene, transzendente Einheit in Christus zu beziehen, und damit der kirchlichen Objektivierung und Konkretisierung aller subjektiven Heiligkeit zu dienen. In diesem Abschnitt nun geht es um die umfassendere Frage nach dem Verhältnis von subjektiver Heiligkeit und objektiver, formaler Amtlichkeit in der Kirche. Wir wollen dazu vier Aspekte der Amtstheologie Balthasars vortragen.

Das erste, das Balthasar dazu sagt, betrifft die unaufhebbare Verwurzelung alles Amtlichen in der marianischen Heiligkeit der Kirche. In die kirchliche Grundhaltung des gehorsamen Mitsichgeschehenlassens wird deswegen auch das Amt mit seiner Vollmacht von Christus eingestiftet, besser »eingestaltet« [295]. Daß alle amtliche Vollmacht in der Kirche auf einer positiven Verleihung durch Christus beruht und eine stellvertretende Repräsentation seiner eigenen Sendung und Vollmacht darstellt, ist für Balthasar selbstverständlich. Dabei kommt es ihm aber theologisch weniger auf die Positivität der Einsetzung als solche an, als vielmehr auf die eigentümliche Gestalt, die diese Vollmachtsverleihung annimmt [296]. Dafür ist eben grundlegend die Verankerung alles »Amtlich-Männlichen« in der umgreifenden Sphäre des Weiblichen, der gehorsamen »Maria-Ekklesia« [297]. Da Balthasar alle wesentlichen Strukturelemente der Kirche zuerst in ihrer urbildlichen personalen Verwirklichung, also in »typischen« kirchlichen Gestalten betrachtet, drückt er dieses Verhätnis zwischen Amt und Heiligkeit (bzw. Liebe) meist im Gegenüber von Petrus und Maria (und Johannes) aus [298]. Das bedeutet einmal: in jeder amtlichen Beauftragung, die Petrus (und in ihm jeder kirchliche Amtsträger) gleichsam als »objektive«, allein von Christus stammende Gnade der bevollmächtigten Sendung erhält, ist als angemessenes »Gefäß des Empfangs« immer schon die subjektive Glaubenshaltung der heiligen Kirche vorausgesetzt, – vollverwirklicht in Maria, von Petrus gefordert, der jedoch ständig versagt und sich als reumütiger Sünder immer neu diese Glaubensbereitschaft schenken lassen muß [299]. Weil der »subjektive Geist« des Amtsträgers niemals dem »objektiven Geist« des verliehenen Amtes, also der von Christus verliehenen Sendung und Vollmacht, entspricht, sondern immer in sündiger Defizienz dahinter zurückbleibt, muß in der Kirche das »marianische Prinzip« »intervenieren«, durch das die – bei Christus allein voll verwirklichte – Identität von objektivem Amt und subjektiver Heiligkeit kirchlich »abgebildet« wird. Dabei wird jedoch in Maria, der heiligen Kirche, die Fülle des »objektiven Geistes« von Wort, Amt und Sakrament gerade nicht »verstehend ausgeschöpft«; sie stellt vielmehr nur für das an Petrus verliehene Amt

[295] SV, 166.

[296] SV, 81: »Das erste Argument aber dürfte, mit seinem Rückgang auf eine positive Setzung des Kirchenstifters, hinter die nicht zurückgefragt werden darf, schwerlich die menschliche, auch theologische ratio zufriedenstellen...«; vgl. SV. 110ff, wo die ausdrückliche »Belehnung mit der Christusform«, die Übertragung der »Exousia« durch Christus behandelt wird. Dazu auch: Affekt, 118ff.

[297] Affekt, 153; SV, 164; SC, 217.

[298] Schleifung, 27f; SV, 164–174; SC 213ff; PI, 140–146; H I, 540–549; Affekt, 153ff, 170ff, 240ff; Fragment, 96f.

[299] SV, 168; vgl. 166: »Dieser weibliche, kirchliche Glaube ist der Schoß, der austragen kann und dem dazu die helfenden kirchlichen Funktionen eingestaltet werden...«

den Grund der adäquaten Antwort bereit, in die sich der Amtsträger mit seiner Antwort hineinstellen muß[300].

Balthasar übernimmt hier weitgehend die Lehre Augustins von der wahrhaft liebenden Kirche, der »Columba« und der Gemeinschaft der Heiligen. Sie ist durch ihre grundlegende Einheit von objektiv verliehener Gnade und subjektiv verwirklichter Heiligkeit auch die eigentlich Wirkende, wenn in Amt und Sakramenten die Liebe Gottes auf menschliche Weise vermittelt werden soll. Diese »Liebeskirche« steht immer schon in Einheit mit Christus; er wirkt durch ihre Liebe, und das Wirken der »Amtskirche« – auch des sündigen Amtsträgers – hat nur Sinn, wenn es in dieser umgreifenden kirchlichen Liebe verankert ist, wenn es sie repräsentiert und damit auch Christus zur Geltung bringt[301]. So wird also deutlich,

»daß zwischen den amtlichen Vertretern der heiligen Kirche (personam ecclesiae gerens) und dieser dann keine Differenz herrscht, wenn sie ihr Amt in der rechten Liebesgesinnung verwalten; daß aber, falls sie es nicht tun, eine Differenz zwischen ihnen als Amtspersonen und der von ihnen vertretenen Liebeskirche aufklafft, die wesensgemäß zwischen der letzteren und Christus, mit dem sie ein gemeinsames Prinzip der Liebe und Vergebung bildet, nicht bestehen kann«[302].

Diese Differenz gibt es aber nun faktisch in der Kirche, und so wird gerade vom Amt her der Kirche immer schon das Zeichen des Kreuzes (als Zeichen des Widerspruchs der Sünde gegen die Liebe) eingeprägt[303]. Der »heiligen« Kirche ist es in der Nachfolge des Herrn gegeben und aufgegeben, diesen Widerspruch auszutragen, ohne daran zu zerbrechen, ohne also das Amt jemals aus der Liebe herausbrechen zu lassen. Hier gerade zeigt sich, daß das Amt immer auf die Liebe der Heiligen, auf »Johannes« – als dem speziellen Typos der Liebeskirche – angewiesen ist. Denn dem »Liebesjünger« (und in seiner Nachfolge den Heiligen in der Kirche) kommt die besondere kirchliche Sendung zu, die »vermittelnde Rolle« zu spielen, also – in der Kraft des vom Geist verliehenen Charismas – zu verhindern, daß das petrinische Amt aus der grundlegenden kirchlichen Form der marianischen Heiligkeit herausfällt. Es ist der »Dienst der Mitte«, den Johannes im Zurücktreten vor dem Amt (Jo 21,1–25) der Kirche leistet[304]; er teilt dem Amt (Petrus) gleichsam seine »größere Liebe« mit, damit dieser die dem Auftrag entsprechende Antwort geben und in sein Amt eingesetzt werden kann:

300 SV, 168; PI, 179ff; Affekt, 144ff.

301 Vgl. Affekt, 146; SC, 217: »Petrus mit seiner Ordnung ist Stiftung vom Sohn her, deshalb männliche Repräsentanz des Sohnes und seiner Autorität in der Kirche. Aber eben doch *in* der Kirche; denn wo Petrus seine christushafte Gesinnung bekunden muß, muß er wie alle ein weibliches, marianisches Fiat aussprechen; sein Amt ist Funktion in der Braut. Aber Amtskirche und Liebeskirche lassen sich nicht zertrennen, auch nicht ihrer Herkunft nach. Alles kommt vom Sohn, alles vom Geist, alles wird durch beide vom Vater ausgespendet.«

Mit dieser ursprünglichen Einheit von Amt und Liebe begründet Balthasar auch seine Kritik an Congars früherer Unterscheidung zwischen »Struktur« und »Leben« und an der rein instrumentalen Funktion, die dem Amt dabei zugeschrieben wird (vgl. Affekt, 238f).

302 Affekt, 146.

303 A.a.O., 150.

304 A.a.O., 184ff.

»Petrus braucht die johanneische Liebe, um dem Herrn die geforderte amtsgemäße Antwort zu geben, und er erhält diese Liebe auch; somit hat die johanneische Liebe fürderhin ihren Ort in Petrus; aber Sendungen Jesu gehen nicht unter, Johannes behält...die seine, abgehoben von der des Petrus: weder läßt sich sagen, daß die Liebe im Amt aufgeht (bzw. daß das Amt die Liebe für sich gepachtet hat), noch läßt sich sagen, daß sich Amt und Liebe wie zwei adäquat trennbare Strukturelemente gegenüberstehen ...« [305]

Natürlich hat diese subjektive Heiligkeit als Form alles »Objektiven« und »Amtlichen« in der Kirche auch selbst immer schon ein »objektives« Moment in sich, demgegenüber es eben nur als »Antwort« sich darstellt. Denn allem subjektiven Entsprechen voraus liegt eben immer schon die von Gott in Christus der Kirche mitgeteilte Heiligkeit, welcher als Gnade der uns »vorausbereiteten guten Werke« (Eph 2, 10) unbedingt der Primat vor allem menschlichen Tun zukommt. Das zeigt sich z. B. daran, daß die Gnade der unbefleckten Empfängnis dem Jawort Mariens, daß die Verkündigung Jesu, sein Tod und seine Auferstehung – vergegenwärtigt in Wort und Sakramenten der Kirche – der glaubenden und liebenden Nachfolge der einzelnen, daß schließlich die Sendung und Vollmacht Jesu – dargestellt im kirchlichen Amt – dem Glaubensgehorsam der Menschen vorausgeht [306]. Das subjektive Moment (das »Wandeln in den guten Werken«, Eph 2, 10), das ebenso unmittelbar wie dieses objektive zur kirchlichen Heiligkeit gehört, stellt sich in einer dieser Gnade entsprechenden, von ihr erwirkten kirchlichen Antwortgestalt dar, vor allem eben in der »unbefleckt heiligen« Magd des Herrn und den ihr nachfolgenden Heiligen der Kirche. Beide Momente zusammen, objektiv geschenkte und subjektiv angeeignete Heiligkeit, bilden das grundlegende Wesen der »heiligen« Kirche; keines kann ohne das andere wirksam sein. Diese allgemeine kirchliche Struktur muß sich nun in der individuellen Existenz jedes Christen, besonders aber des Amtsträgers, konkretisieren.

2. *Einheit von Amt und Existenz*

Christ kann überhaupt nur der sein, der in seinem ganzen Dasein die Form des gehorsamen Christus zur Darstellung bringt, der also in der Einheit von (weiblich-»materieller«) Glaubenshingabe und (männlich-»formeller«) Gabe Christi zu einer christlichen Gestalt geformt wird [307]. In dieser fundamentalen Bestimmung, die auf die unverzichtbare Einheit von existentiellem Vollzug und verliehener Sendung abzielt, unterscheidet sich der amtlich gesendete Christ nicht von den anderen. Denn jedem Christen ist es aufgetragen, seine Existenz ganz von Gott zur Repräsentation der Gestalt Christi gebrauchen zu lassen. Balthasar spricht hier vom »funktionell-repräsentativen Charakter der christlichen Daseinsform, in welcher der menschliche Gegensatz zwischen Person und Funktion hinfällig geworden ist« [308]. Deswegen kann auch das Wesen des kirchlichen Amtes für Balthasar nicht

[305] A. a. O., 120f; diese theologische Meditation über Jo 21 gehört wohl zu den spirituell reichsten Abschnitten der Ekklesiologie Balthasars. Vgl. auch Drei Tage, 190f; PI, 152f; Schleifung, 28f; SC, 200; Affekt, 184ff, 242f.

[306] PI, 180ff.

[307] Vgl. SV, 108f.

[308] SV, 144.

primär in einem die subjektive Defizienz des Trägers ausgleichenden objektiven »Überschuß« liegen, den andere Sendungen nicht hätten. Nein, das institutionelle, von Christus gesondert eingesetzte Amt soll vielmehr diese allgemeine christliche Daseinsform besonders deutlich zum Ausdruck bringen. Es wird dadurch keineswegs einfach aus der allgemeinen kirchlichen Charismatik abgeleitet oder zu einem Charisma neben anderen nivelliert. Es muß vielmehr als das »*Besondere des Allgemeinen*« begriffen werden. Diese Dialektik wendet Balthasar häufig an, zumal bei der Darstellung des Rätestandes, der für ihn das Musterbeispiel jeder christlichen Sendung in der Kirche überhaupt abgibt[309]. Und wie für die evangelischen Räte, so gilt auch für das Amt:

»Das Besondere kommt also nicht rein äußerlich-positivistisch zum Allgemeinen hinzu, ist vielmehr eine von Christus her sonderhaft gestiftete Ausprägung dieses Allgemeinen, womit es auch sonderhaft Typos, Vorbild und Vorlage dieses Allgemeinen für alle sein kann und sein soll.«[310]

Balthasar zeigt deswegen ein großes Verständnis sowohl für das Bild der »kirchlichen Hierarchie« als irdischem Abbild der himmlischen Hierarchie bei Dionysius Areopagita, wie auch für die donatistische und montanistische Versuchung, die amtliche Vollmacht ganz an die existentielle Heiligkeit zu binden. Gegenüber einer falschen mittelalterlichen Dionysiusdeutung stellt er klar, daß hier im Grunde nur das vom Evangelium geforderte Idealbild des Amtes, wie es eigentlich sein soll, also die »De-iure-Identität« von Amtsträger und Heiligem entfaltet wird, nicht aber eine faktisch vorfindliche Realität, für die dann diese Konzeption gleichsam eine sakralisierende Ideologie abgeben würde, um eine mangelnde subjektive Heiligkeit durch eine objektive Amtsheiligkeit zu ersetzen[311]. Das Richtige an der Lehre der Donatisten sieht er darin, daß sie die persönliche Heiligkeit des amtlichen Priesters nicht als ein übergebührliches »Akzidenz« seiner Sendung, sondern als ihr Wesenskonstitutivum ansahen; ein unheiliger Priester ist nun einmal ein »Monstrum«, eine »unmögliche Möglichkeit«[312]. Den häretischen Irrtum dagegen, daß ein solcher Priester dann auch unfähig sei, die Gnade Christi zu vermitteln, lehnt er mit dem Argument des Augustinus ab, daß nicht die persönliche Heiligkeit des Einzelnen die Bedingung der wirksamen kirchlichen Gnadenvermittlung sei, weil ja sonst die Sünde wieder Macht über das Werk Christi und seine Kirche erhalte, sondern die von Christus geschenkte und von der Kirche angenommene personale Heiligkeit der wahren Kirche, der »columba«, die allerdings nicht ohne das amtliche Prinzip bindet und löst[313].

Das »Allgemeine« der christlichen Existenz haben wir oben bereits ausführlich als »glaubende Kontemplation« und als »gehorsames Sich-Angestaltenlassen an die Gestalt Christi« beschrieben. Worin besteht aber nun das »*Besondere*« der amtlichen Existenz? Balthasar geht dabei wiederum von ihrer »urbildlichen« Verwirklichung aus, nämlich von den »Zwölfen« – unter ihnen besonders Petrus und

309 Vgl. SV, 327, 447; PI, 157; Klarstellungen, 132.
310 SV, 145.
311 Dazu VC, 198f; SV, 27.
312 Symphonisch, 119; vgl. PI 364.
313 PI, 185; Symphonisch, 119.

Johannes –, wie sie in den synoptischen Evangelien und in der Theologie des Johannes-Evangeliums dargestellt werden, und dann vor allem auch von Paulus, wie er sich in seinen Briefen selbst darstellt[314]. An diesen exemplarisch Gesendeten läßt sich sowohl das allgemein-Christliche wie auch das Besondere der amtlichen Daseinsform und schließlich auch das Besondere der »qualifizierten Heiligkeit« und des Rätestandes in der Kirche ablesen. Daß gerade auch das kirchliche Amt in der Nachfolge der apostolischen Sendung steht, ist für Balthasar selbstverständlich. Denen, die Christus auf hervorgehobene Weise beruft, wird er die ihm vom Vater gegebene *Sendung* ausdrücklich anvertrauen; in ihnen setzt Christus die identische Bewegung der innertrinitarischen und ökonomischen Sendung vom Vater her fort (»Wie mich der Vater...« vgl. Jo 20,21). Die Bewegung seines Gehorsams dem sendenden Vater gegenüber lebt in den von ihm besonders Gesendeten weiter, so daß »die Form der Sendung der Jünger durch Jesus die Form der Sendung Jesu durch den Vater selbst erhält«[315]. In den Gesendeten ist er selbst durch den Hl. Geist der Liebe gegenwärtig; sein Wort, sein Tun, seine Lebenshingabe bis zum Äußersten – ja er selbst in seiner ganzen gekreuzigten und auferstandenen Gestalt lebt in ihnen. Das setzt das unbedingte »Alles-Verlassen«, das restlose Sichzurverfügungstellen für den Auftrag Christi voraus. Die ihm so nachfolgen, sind mit ihrer ganzen Person »enteignet«, um dem Evangelium zu dienen und dabei in ihrer Existenz nichts als die »Form Christi«, des gehorsamen Sohnes und Knechtes auszuprägen. Deswegen geht auch die Formung der zur besonderen Nachfolge Berufenen auf immer größere Verdemütigung und Erniedrigung: denn je mehr sie sich als Knechte Christi von ihrem Herrn unterscheiden, je mehr sie in unüberbrückbarem Abstand ihm und seiner Sendung in reinem Gehorsam dienen wollen, um so ähnlicher werden sie ihm, um so besser können sie in ihrer eigenen Sendung *seine* Sendungsgestalt, eben *seine* forma servi repräsentieren[316].

Und erst in einer solchen Form der Sendung kann dann auch die *Vollmacht* Christi zur Darstellung kommen: nämlich die Botschaft wirksam zu verkünden, Dämonen auszutreiben und Kranke zu heilen, zu binden und zu lösen, Eucharistie zu feiern, die »Herde« zu weiden, in alle Welt das Evangelium von der Auferstehung zu bringen. Denn jene Vollmacht ist eben nichts anderes als die Autorität des dem Vater bis zum Kreuz gehorsamen Sohnes. An der Vollmacht Christi, als Hirte der Herde voranzugehen, erhält nur der Anteil, der auch dessen Sendung, das Leben für die Herde hinzugeben, mit seiner ganzen Existenz zu teilen bereit ist[317]. Exemplarisch wird dies bei der »Amtsverleihung« an Petrus in der Tiberiasszene vorgeführt, wo im Bekenntnis der Liebe die subjektive Angleichung an die Gesinnung des »Guten Hirten«, in der Verheißung der Todesart dagegen die objektive an dessen Schicksal als Voraussetzung der Bevollmächtigung vollzogen wird[318]. Personale Enteignung in die Sendung zur Hingabe des Lebens und

[314] SV, 80–147, bes. 107–125, 176–180; PI, 169–179, 340–368; Symphonisch, 116–124; Affekt, 118–122, 241–244, 287–294.

[315] PI, 344.

[316] SV, 110, 116f, 399ff; Symphonisch, 124; Affekt, 288; Klarstellungen, 94–99.

[317] PI, 353.

[318] A.a.O., 361f; Affekt, 120; vgl. SV, 400f: »...nur als ›Lamm, das zur Schlachtbank geführt wird‹, kann Petrus als Vertreter des obersten Hirten die Herde weiden, in der Einheit von Opfern

Bevollmächtigung zur Repräsentation des einzigen Hirten Christus werden in der Existenz des Apostels zur Deckung gebracht[319]. So erst gewinnt die »Form Christi« in ihm »amtliche« Gestalt[320].

Als Musterbeispiel einer solchen amtlichen »Botschafter-Existenz«[321], einer solchen »Existenz in Repräsentation«[322] wird immer wieder auf *Paulus* hingewiesen[323], der ja vor den Gemeinden die Legitimität seines Amtes und seiner Vollmacht immer wieder mit seiner ganz an Christus hingegebenen und ihn repräsentierenden Existenz begründet:

»Weit entfernt, als Beamteter auf sein Amt zu pochen, um die Gemeinde zur Existenz zu ermahnen, tut er eigentlich das Gegenteil; er verweist auf seine Existenz, um die Gemeinde aus einem Garantie-Christentum, aus dem ›bereits satt, bereits reich geworden, bereits zur Herrschaft gelangt sein‹ (1 Kor 4,8) aufzurütteln ... Das Gesendetsein setzt sachlich das Absterben, Totsein, dieser Welt Gekreuzigtsein voraus, es ist sachlich am Amte ablesbar, deshalb ist der Gesendete es dem Amte schuldig, diese für das Amt wesentliche, in ihm vorausgesetzte Bedingung auch personal nach-zusetzen.«[324]

Je größer die Beanspruchung eines Menschen in der Kirche ist, je mehr er für seine Sendung auf eine aus eigener Kraft geschaffene Lebensgestalt verzichten und sich in seine Sendung hinein »expropriieren« muß, umso mehr Verantwortung und Vollmacht wird ihm übertragen[325]. Wenn nun dem Apostel und nach ihm jedem »Beamteten« (als Gründer und Leiter der Gemeinde) die Repräsentation der Sendung und der Hirtenvollmacht Christi in der Öffentlichkeit der Kirche aufgetragen ist[326], muß er von diesem Amt her immer schon in gesteigerter Weise ein Verzichtender, ein »Alles-Verlasser«[327] sein, der ganz die Gestalt Christi in sich aufgenommen hat und nur deswegen in dessen Vollmacht handeln kann. Dabei folgt – um es noch einmal zu sagen – der »Verzicht« nicht als eine Art »Amtsethos« der amtlichen Vollmacht nach, sondern geht ihr als conditio sine qua non voraus. Es ist also nicht einfach das »existentielle Engagement« in der Auftragserfüllung gemeint, sondern die »Radikalität der personalen Enteignung in den Auftrag«, also die »objektive« Teilnahme an der Christusform, die die Vollmacht des Amtes begründet und auch die »objektiv-überpersonale Gültigkeit der kirchlichen Amtshandlung« sichert[328].

und Geopfertsein, die das Grundgesetz neutestamentlichen Priestertums ist. Die Opferung der Liebe, die ihr Leben hingibt für ihre Schafe, ist kein persönliches, wenn auch wünschenswertes Akzessorium des Amtes, sondern conditio sine qua non der Verleihung der Institution überhaupt an die Kirche, jener Institution, die dann unter anderem auch die erwähnte Minimalgarantie in sich schließt.« Vgl. Affekt, 287ff.

319 Symphonisch, 123f; SV, 117.

320 Denn »das ist die christologische Form, in die Christus die Seinen hineinnimmt: Armut, Durchsichtigkeit, Gehorsam des Sohnes zum Vater hin ist identisch mit Auftrag, Vollmacht, Repräsentierung des Vaters auf Erden« (PI, 145).

321 SV, 122.

322 SV, 432.

323 SV, 117–125; PI, 169–179; 346ff; Affekt, 121f, 243f, 288ff, H I, 546f.

324 SV, 120.

325 Vgl. PI, 145: »Innerkirchlicher Gehorsam ist ... Verzicht zu Verantwortung hin.«

326 Vgl. SV, 124.

327 A.a.O., 118.

328 PI, 367.

Die *Radikalität* des geforderten Gehorsams, des Sichenteignenlassens in die von Christus vorgegebene Sendung (= »Institution«[329]) hinein, macht das Besondere des apostolischen und von daher auch des kirchlichen Amtes aus. Und nur durch diese Radikalität gewinnt das Amt dann seine besondere Funktion in der Kirche: nämlich »*Typos*« zu sein für jede christliche Existenz. Das bedeutet: indem das Amt von sich her die allgemeine »Christenform« besonders eindringlich und allgemein erkenntlich darstellt[330], wird es »jenes besonders von Christus herausgeformte ›Formsein für die Herde‹ (1 Petr 5,3)«[331]. Das Amt in seiner strukturell bereits angelegten Einheit von Sendung und Existenz, von geschenkter »Form« Christi und darin hinein enteigneter Person, ist von sich her dazu geschaffen, diese christliche »Form« allen Christen vollmächtig und wirksam, eben auf sakramentale Weise, »einzuformen«[332]. Paulus richtet den Blick der Gemeinde immer wieder auf sich selbst; nicht auf seine Person – sie ist nur reines »Material« für die sich darin ausprägende »Form« Christi[333] –, aber auch nicht allein auf sein objektives Amt – abstrahiert von seiner existentiellen Verwirklichung –, sondern auf die in seiner Existenz gestaltgewordene Einheit von empfangener Sendung und darin restlos aufgegebener Person. Nur weil er sich zum »unpersönlichen Modell objektiviert«[334] – obwohl dieses natürlich »prallvoll« von der Person des Apostels ist; aber sie bleibt – eben als hingegebene – völlig nebensächlich[335] –, kann er die Gemeinde zum »Nachahmen« aufrufen, kann er sich als »exemplarisch Gesendeten« verstehen[336]. Konkret zeigt sich dies in den Leiden, den Verdemütigungen und der Schwachheit, die er ertragen muß und deren er sich rühmt, weil in dieser seiner Leidens- und Kreuzesgestalt die Kraft Gottes, ja die Form des gekreuzigten und auferstandenen Herrn selbst sichtbar wird. Ihr allein will er in seinem Wort und seinem ganzen Dasein Raum geben – »nicht mehr ich lebe, Christus lebt in mir« –, sie will er repräsentieren, damit in ihm einzig die »Prägekraft« (dynamis) Gottes sichtbar wird, und er selbst von daher zum »Prägestempel«[337] für jedes christliche Leben werden kann, sowohl für die letztlich angezielte Heiligkeit wie auch für die einzig angemessene Weise des kirchlichen Amtes. Beides ist bei ihm in ursprünglicher und urbildlicher Einheit verwirklicht. Jeder Christ und vor allem jeder kirchliche Amtsträger muß sich deswegen in diese apostolische Form der Nachfolge hineinnehmen und von ihr formen lassen, um selbst Form für andere werden zu können[338].

[329] Vgl. PI, 178, wo von Paulus gesagt wird: »Die Person ist enteignet in die Institution, aber damit gewinnt die Institution die Färbung der Person.«
[330] SV, 109f.
[331] A.a.O., 108.
[332] PI, 178, 348.
[333] SV, 118.
[334] Affekt, 243.
[335] SV, 118.
[336] PI, 346.
[337] Affekt, 125.
[338] »Hier ist Paulus die exakte Anatomie, ja man darf sagen Vivisektion nicht nur der Christen im allgemeinen, sondern des amtenden Christen, und diese paulinische Existenz macht die Gestalt des Amtsträgers und die Gestalt des Amtlichen in der Kirche glaubwürdig ... Pauli Existenz ist Theologie des apostolischen, amtlichen Menschen, die lebendige, blutige Rechtfertigung dafür, daß so etwas gelebt werden kann« (H I, 546f).

Der grundlegende Institutionscharakter des kirchlichen Amtes liegt also in seiner radikalen und deswegen »typischen« Objektivierung alles subjektiv-Persönlichen in die Sendung hinein[339]. Was eigentlich jeder Christ in der Nachfolge des Herrn und als »anima ecclesiastica« vollziehen soll, gewinnt im Amt seine besondere, das allgemein Christliche darstellende und zugleich normativ prägende Deutlichkeit. Darin unterscheidet es sich aber – von den inhaltlichen Momenten der Sendung abgesehen – weder von der »Sendung qualifizierter Heiligkeit«[340] noch von der Sendung der evangelischen Räte[341], die Balthasar ja auch aus der gleichen urbildlichen Gestalt der Jüngernachfolge und der apostolischen Sendung herleitet. Der formale Unterschied macht sich erst dann bemerkbar, wenn der Institutionscharakter im *engeren Sinn* beim kirchlichen Amt (und in Verbindung damit bei den Sakramenten und auch beim kirchlichen Recht) in den Vordergrund tritt. Was ist damit gemeint? Solange das kirchliche Amt in seiner ursprünglichen Idealgestalt als Radikalisierung der Nachfolge gesehen wird, kommt die Differenz zur kirchlichen Heiligkeit nicht zur Sprache. Nun aber wird das Amt nicht nur von Heiligen verwaltet, sondern in der Regel von sehr begrenzten und sündigen Menschen, bei denen die Diskrepanz zwischen »objektivem« Amt der Nachfrage und »subjektiver« Entsprechung deutlich wird (auch schon bei den Aposteln!). Zudem wendet es sich in seiner Sendung auch nicht nur an Heilige, die sich willig die »Form Christi« einprägen lassen, sondern an Menschen, die dem zunächst einmal Widerstand entgegensetzen (auch schon in der Urkirche!). Aufgrund dieser Widerständigkeit des Welthaften überhaupt und darin insbesonders der Sünde tritt dann das Moment des Institutionellen im engeren Sinn in Erscheinung, nämlich in der Härte seiner (subjektiv nicht völlig eingeholten) »Objektivität« und in der Fremdheit seiner (inhaltlich nicht völlig ausgefüllten) Formalität. Dieser Eigentümlichkeit des Institutionellen wenden wir jetzt als dem dritten Aspekt der Amtstheologie Balthasars unsere Aufmerksamkeit zu.

3. Das Institutionelle als »Kristallisation der Liebe«

Sehr häufig, zumal in seinen früheren Artikeln in »Sponsa Verbi«, bezeichnet Balthasar das Amtlich-Sakramentale in der Kirche als »Kristallisation der Liebe« oder als »kristallisierte Liebe«[342]. Er versteht darunter die objektivierte Gestalt, die die Liebe Gottes unter den Bedingungen dieser Weltzeit in den kirchlich institutionellen Strukturen annimmt, um dadurch den Menschen zu erreichen, und um die von der Liebe Gottes geschaffene »Gemeinschaft der Liebe« von der »Zufälligkeit der jeweiligen personalen Beziehungen« unabhängig zu machen[343]. Diese Objektivation bzw. »Kristallisation« der absteigenden Liebe Gottes in der Antwortgestalt einer institutionellen Kirche – und nicht nur in der Gestalt ihrer marianischen

[339] Balthasar kann so auch von der »neutestamentlichen Ent-persönlichung in das Amt hinein« sprechen (SV, 399).
[340] SV, 110.
[341] SV, 446f.
[342] SV, 27, 36f, 331, 335; SC, 443; Einsatz, 95 usw.
[343] Einsatz, 95.

und johanneischen Heiligkeit – hat zunächst einmal ihren Grund in den allgemeinen Strukturen, die der raumzeitlich geordneten Schöpfung vor der eschatologischen Vollendung zu eigen sind. Da die Kirche ja gerade in diese Schöpfungswelt hinein wirken und sie in das Leben Gottes heimholen soll, muß sie um dieses ihres eigentlichen Wirkraumes willen »eine räumliche, statische Weltgestalt haben: Sakrament, Hierarchie und Dogma«[344]. Es geht ja um den »gesetzhaften und naturhaften Menschen«, um dessentwillen die Gnade »in der Kirche amtliche und zuständliche Formen annimmt«[345]. Aber auch in dieser Form bleibt sie Gnade, Liebe, Leben, Pneuma Gottes; die institutionelle Gestalt bildet keinen entfremdenden Gegensatz zu ihr, sondern läßt sie als »weltbedingte«[346], »kristallisierte Liebe« erscheinen,

»wie Wasser, das Eisform angenommen für eine Zeit: die Zeit des Winters bis zum Jüngsten Tag, die Zeit, da wir ›fern vom Herrn pilgern‹ und, von der Sündenwelt noch nicht geschieden, der Zucht und unpersönlichen Strenge bedürfen«[347].

Weil eben auch die Sphäre des Rechtlichen und Institutionellen zum menschlichen Dasein in der Welt, gerade in seiner sozialen Dimension, gehört, kann die Menschwerdung Gottes als »volle Einfügung in die Menschenwelt« gerade auch diesen Bereich in Anspruch nehmen, um darin das Heil gegenwärtig zu setzen[348]. Dieses Argument unterstreicht also den inkarnatorischen Charakter des Heils und der von diesem Heil geformten Kirche und ihrer Institutionen: Weil die Liebe Gottes zum Heil dieser Welt eben »welthafte« Gestalt annimmt, muß auch die ihr zugestaltete Antwortgestalt der Kirche eine solche welthafte, vorläufige (allerdings vor der eschatologischen Vollendung unüberholbare) Form annehmen. Institution als solche widerspricht also in keinster Weise dem Wesen Christi und seinem Heilswirken; »sie ist nicht mehr und nicht weniger erbsündlich tingiert als die ganze übrige Menschennatur«[349].

Dieser inkarnatorischen Gestalt der Kirche kommt vor allem die Funktion des »*Mittels*» zu; sie ist nicht Selbstzweck, sondern soll die Liebe Gottes dem Menschen in seinem konkreten Dasein so vermitteln, daß dieser ihr die Antwort der gehorsamen Magd des Herrn geben kann. Alles Institutionelle zielt mittelhaft auf das »eigentlich Heilige« ab, auf die personal angenommene und gelebte Heiligkeit des einzelnen in der Kirche[350]. Die amtliche Ebene der Kirche steht deswegen gleichsam in einer »schwebenden«, nie selbstherrlich festzuhaltenden Mitte zwischen der »überamtlichen« und der »unteramtlichen« Ebene, die sie – als zu beiden Ebenen »relativ« – miteinander vermitteln soll: die Gestalt des menschgewordenen Gottes und ihre ursprüngliche, marianisch-kirchliche Antwortgestalt soll durch die institutionelle Vermittlung (vornehmlich in Amt und Sakramenten) in allen Menschen Gestalt annehmen, so daß dieses so in der Kirche erweckte christ-

[344] SV, 36.
[345] Barth, 395.
[346] SV, 36.
[347] SV, 335.
[348] SV, 407; H I, 545; Fragment, 96.
[349] H I, 545.
[350] Vgl. VC, 161; SV, 27, 164ff, 330f, 332–348; H I, 204ff; Symphonisch, 68f usw.

liche Leben als das immer schon angestrebte Ziel des Heilshandelns Gottes, als die »entfaltete Fülle des Quellgeheimnisses« erscheinen kann[351]. So stehen sich in der Kirche Amtsträger und Laien im Verhältnis von (funktionaler) Mitteilung und (endzwecklichem) Empfang gegenüber, wobei alles auf den geglückten, d.h. Frucht-bringenden Empfang ankommt[352]. Unter dem Aspekt des Charismatischen betrachtet, dient das Amt als »Darstellungsform der sich ausfaltenden Fülle« primär der »Ausgliederung« der ursprünglichen »Fülle« Christi in seiner Kirche, damit diese Fülle in den verschiedenen Charismen als »subjektiv besessene Einheit« zur Vollendung kommen kann (vgl. Eph 4,10–13)[353].

Diesen Dienst der Vermittlung erfüllt das Amt gerade durch seinen spezifisch institutionellen Charakter. D.h. einmal (mehr äußerlich) dadurch, daß es von Christus sonderhaft gesetzt, der Kirche unverfügbar vorgegeben und nicht aus ihrer Charismatik ableitbar ist[354]; zum anderen (mehr innerlich) auch dadurch, daß es als (welthaft bedingte) objektive Sendungsform der Liebe Christi in Einheit zugleich diese personale Liebe in ihrer äußersten Lebenshingabe *und* ein »von allen personalen Schwankungen und Beeinflussungen unabhängiges Rechtsverhältnis«[355] gegenüber den einzelnen darstellen kann. Denn nur so vermag es »das Quellgeheimnis der Kirche unversehrt, unangetastet durch menschliche Beschränkung und Sünde den einzelnen Gläubigen zuzutragen«[356]; nur so können die Sakramente

»die Garantie Christi (sein), daß seine Menschwerdungsgnade unverändert, unverkleinert, unangepaßt an die enge Subjektivität der Menschen in ihrer himmlichen, unerfaßlichen Fülle immerdar zur Verfügung steht«[357].

So zeigt sich also auch in diesem mittelhaften Dienst des Institutionellen an der ursprünglich vorgegebenen und an der entfalteten Fülle der Liebe Christi die Eigenart des Hl. Geistes und seines Wirkens, welche wir als »instituierend« und »universalisierend« zugleich erkannt haben. Denn das Institutionelle als »kristallisierte Liebe« im Dienst an dem voll entfalteten Leben der Liebe Christi in allen Menschen ist gerade nichts anderes als die Weise, in der der »Institutionsaspekt des Geistes« in der Kirche in Erscheinung tritt[358].

4. *Die »Kreuzesgestalt« des institutionellen Amtes*

a) Kreuz Christi und institutionelle Kirche

Der eigentliche Grund, warum sich der Ursprung des Heils, die menschgewordene Liebe Gottes gerade der Vermittlung durch institutionelle Strukturen in der Kirche bedient, ist bisher aber noch nicht recht deutlich geworden. Weswegen der Mensch

351 SV, 335.
352 SV, 337.
353 SV, 319–331, Zitate 331 und 326.
354 SV, 336.
355 SV, 408.
356 SV, 335.
357 SV, 342.
358 Vgl. PI, 231.

in diesem Äon unausweichlich an die institutionelle Gestalt der Heilsvermittlung verwiesen ist, liegt zutiefst in seiner Sünde, seinem Ungehorsam, seinem Widerstand begründet, den er der Liebe Gottes entgegensetzt. Die Inkarnation des Sohnes offenbart erst da ihren letzten Sinn, wo sich die Selbstentäußerung der Liebe Gottes in der Gestalt des absolut gehorsamen, sich der Macht der Sünde ausliefernden und sie austragenden Knechtes Gottes begibt. Analog dazu muß auch die marianisch-kirchliche Antwortgestalt (als »Immaculata«, als »Columba«) eine solche – von Christus verfügte – »Kenose« vollziehen, wenn sie den Widerstand des sündigen Menschen überwinden und ihn in ihre eigentliche Heiligkeit, in das gehorsame Ja der Magd des Herrn einführen will[359]. Es ist die Tat des zur Knechtsgestalt erniedrigten Sohnes Gottes, der das Angebot der Maria-Ekklesia zum Mitgenommenwerden auf den Weg der Kenose, des Ausgeliefertwerdens in die Hände der Sünder, annimmt. Darin erweist er sich als der,

> »der sich, vom Geist des Vaters inspiriert, seine Kirche in dieser Weise gleichgestalten will, so, daß sich sein einmaliger freier kenotischer Akt in der institutionellen Kirchengestalt perpetuiert«[360].

Wir sahen oben bereits, daß Christus in seiner Passion den liebenden Willen des Vaters als objektive Regel und Norm, als »unbegreiflich gesetzte Institution« erfährt. Gerade diese Wirklichkeit des Kreuzes soll nun durch die institutionelle Seite der Kirche sichtbar gemacht werden: Die Erscheinung der äußersten Liebe Gottes in der »Verbergungsform« des Kreuzesgehorsams und des Gerichts. Wie in der Passion die von der Sünde aufgedrängte Form der »Impersonalität« des väterlichen Willens und des Sohnesgehorsams stärker hervortritt und dabei auf die über-personale, d.h. »mehr-als-(einzel)-persönliche« Liebe der Trinität oder auf die personifizierte Objektivität des Hl. Geistes im innertrinitarischen Liebesgeschehen verweist[361], so geschieht dies auf analoge Weise auch in der institutionellen Kirche. Weil die Kirche vom Geist des gekreuzigten und auferstandenen Christus als die ihm entsprechende Antwortgestalt gebildet wird, und weil nur in dieser abbildlichen »Reflexion« (oder besser: nur in der gegenseitigen Liebe von Christus und Kirche, von Haupt und Leib, von Bräutigam und Braut, von gestaltendem Wort und gestalteter Antwort) das Urbild der christlichen Gestalt angemessen erblickt werden kann, muß in ihr gerade auch dieses höchste Offenbarungsereignis des Kreuzes zur kirchlich-gesellschaftlichen Darstellung kommen. Dies kann deswegen geschehen, weil ja die Kirche durch den in sie hinein-

[359] Vgl. dazu PI, 129, wo Balthasar die (eigentliche) Kenose Christi mit der (uneigentlichen) Kenose der Kirche vergleicht; so fragt er sich, »ob nicht die institutionelle Gestalt der Kirche als ganze (im uneigentlichen Sinn) kenotisch genannt werden kann. Dieser Gedanke kann sich dort aufdrängen, wo in der Kirche die Differenz zwischen dem vollen makellosen Angebot Marias und dem unvollkommenen, oft kaum vorhandenen der sündigen Kirchenglieder bedacht wird. Diese Differenz ist analogisch vergleichbar mit der Differenz zwischen der christologischen ›Gottgestalt‹ und ›Selbstentäußerung‹ in die ›Knechtsgestalt‹ hinein. Das Eingehen des Sohnes Gottes in die Enge der von der Sünde Adams geschwächten Menschengestalt ist in der Tat vergleichbar mit dem Eingewiesensein des vom Heiligen Geist belebten Christen in die Enge der kirchlichen Institution; beide Unterwerfungen unter eine starre, nicht zu sprengende Gestalt haben, als Demütigungen, einen soteriologischen Sinn.« Vgl. auch PI, 142.

[360] PI, 130.

[361] SV, 406–413; PI, 222ff.

gesendeten Geist des Auferstandenen (»Geist der Kindschaft«) in die Gestalt der Liebe zwischen Vater und Sohn hineingenommen wird und darin erst ihre eigene Gestalt findet, nämlich als »Gleichgestaltung mit dem trinitarischen Kreuzesgehorsam« [362]. Zu dieser Gestalt gehört infolgedessen wesentlich auch die Modalität, die der Hl. Geist als personifizierte (»objektivierte«) Liebe in seinem heilsgeschichtlichen Wirken annimmt: nämlich die der »Institution«. Die »ökonomische Objektivierung des Geistes« [363] kann in der Kirche, die ja selbst immer auch sündige Kirche ist, eine stark unpersönliche, objektiv fordernde und »gesetzhafte Gestalt« annehmen [364]. Wenn bei Jesus, der in der Passion die Sünde der Welt stellvertretend trägt, der Wille des Vaters durch den Geist »institutionell« repräsentiert wird, so bleibt doch in diesem Geist immer auch die liebende Intimität zwischen Vater und (sündelosem) Sohn spürbar gewahrt. Denn

»vollkommen objektiver Gehorsam und vollkommen subjektive Liebe sind in der Art, wie das göttliche Pneuma dem Sohn verliehen ist – als Auftrag (Institution) und als dessen liebende Erfüllung – immer schon eins« [365].

Beim Sünder hingegen, der sich selbst dem Geist der Liebe Gottes entfremdet hat, kann diese institutionelle Repräsentation in der Kirche durchaus als objektive Entfremdung von der erwarteten Erscheinungsweise des Geistes (als Liebe und Barmherzigkeit) erfahren werden; in Wirklichkeit ist sie jedoch für ihn die »institutionelle Klammer, in die der Geist den Sünder nimmt, um ihn zu dem zu führen, was der Glaube, die Hoffnung, die Liebe *eigentlich* meinen« [366]. »Die institutionellen Dinge in der Kirche« sind deswegen – bei aller möglichen Entfremdung – einzig richtig als »Kreuzes- und somit als Heiligkeitsfunktion« zu deuten [367]. Diese Funktion nun tritt beim kirchlichen Amt besonders deutlich hervor, und zwar sowohl für den Amtsträger selbst als auch für die, derentwegen es das Amt gibt.

b) Das »gekreuzigte« Amt

In der Nachfolge des apostolischen Amtes hat das kirchliche Amt die Aufgabe, die Sendung und Vollmacht des gekreuzigten Herrn und die darin repräsentierte »Autorität« des Vaters wirksam darzustellen [368]. Es ist ihm aufgetragen, »im Namen seines Meisters die Unerbittlichkeit der Liebe Gottes zu verkörpern« [369]. Da dieses Amt aber – nach Christus – immer nur von Sündern ausgeübt wird, muß der dazu Berufene erst selbst die ganze Unerbittlichkeit dieser Liebe an sich

[362] PI, 142; vgl. auch PI, 228, 235.
[363] PI, 229.
[364] Ebd.
[365] PI, 139. Die vollkommene kirchliche Abbildung dieser Einheit wird wiederum in Maria und ihrem bedingungslosen Gehorsam gesehen, denn bei ihr kann »die Gleichgestaltung der Kirche mit dem trinitarischen Kreuzesgehorsam« absolut widerstandslos geschehen (vgl. PI, 142).
[366] PI, 229.
[367] VC, 217.
[368] Vgl. SV, 408.
[369] Affekt, 20.

erfahren; er muß sich – meist unfreiwillig und widerstrebend (»wohin du nicht willst«)[370] – in die Form des Kreuzesgehorsams Jesu »hineinpressen« lassen, damit er in dieser allein gültigen Form auch die fordernde Autorität des Willens Gottes gegenüber den Menschen zur Erscheinung bringen kann. Es ist ein immer wiederkehrendes Thema der Amtstheologie Balthasars, dieses unfreiwillige, verdemütigende und bis »zum letzten Platz« erniedrigende Hineingeführtwerden des sündigen Apostels – und in ihm urbildlich jedes Amtsträgers – in die Kreuzesgestalt des freiwillig gehorsamen Christus als Voraussetzung der vollmächtigen Amtsausübung aufzuzeigen. Petrus und Paulus sind dafür »typische Gestalten«, wobei gerade bei Petrus das Versagen des Sünders, das hoffnungslose Überfordertsein durch diese Sendung als mit zur Form des Amtes gehörig betont wird[371]:

»...die entscheidende Einübung ist doch das Kreuz und das absolute Versagen des Judas, des Petrus und der übrigen, die geflohen sind (auch Johannes hat geschlafen und hat den Herrn allein gelassen), denn hier erfolgt jene nicht fiktive oder bloß aszetische, übungsmäßige, sondern furchtbar reale Demütigung, die allein den Versuch des ›Alles-Verlassens‹ zu Ende führt und damit habil macht zur Amtsübernahme. Die dreimalige Verleugnung wird von den Evangelisten beinahe liturgisch verzeichnet, als ein Wesensteil der Passion nicht nur, sondern auch der Zeremonie der Amtseinsetzung. Dreimalige Verleugnung Auge in Auge zur dreimaligen, trinitarischen Treuefrage (Jo 21,17), ebenso liturgisch-symbolhaft wie die umgestülpte, spiegelverkehrte Kreuzigung des Petrus, die ihm gleich darauf verheißen wird«[372].

Vergleichbar dazu steht die »Überwältigung« des Saulus vor Damaskus, seine »Beschlagnahme in den Dienst« und in die Leiden, die ihm vorhergesagt werden, seine »Christusleiden«, die er im Kampf um die Anerkennung seines Apostolates und in der ständigen Verdemütigung durch die selbstgefällige Gemeinde erträgt[373]. Erst in dieser Formung gewinnt das Amt seine Gestalt, damit auch seine Glaubhaftigkeit und »unzerlegbare Ganzheit«[374]. Denn hier wird es zu einer »kirchlich-sozialen Form der Gegenwart Christi, und zwar (*als* Amt) des verdemütigten Christus unter den Seinen«[375]. In diese Kreuzesform des Amtes muß der sündige Amtsträger sich »zwingend« enteignen lassen[376], wobei er in einer Art von »christologischem Schmerz«[377] diesen Willen seines Herrn als drückende Last, als ihn unerbittlich einforderndes Gesetz, als Institution erfahren muß. Ja, dieses Amt macht ihm Angst, denn es hat

[370] Affekt, 287.
[371] SV, 116f.
[372] SV, 116; siehe auch SV, 168, 399ff; SC, 442; Affekt, 19f, 120f, 287ff; Klarstellungen, 96ff; H III/2/2, 169f; H I, 545: Christus »gründet die Petrusgestalt in dieser für das Amtliche spezifischen Gleichzeitigkeit von Demütigung und Amtseinsetzung. Diese Gleichzeitigkeit ist die Weise, wie die Identität des Herrn sich – nachträglich – doch noch im schuldigen Petrus durchsetzen kann. Es ist Abbildung durch eine Gebrochenheit hindurch, wie sie sich großartig im Bild der Kreuzigung Petri mit den Füßen nach oben ausdrückt: Kreuz, aber spiegelverkehrtes: endgültiges Symbol der hierarchischen Situation«.
[373] Affekt, 288; PI, 143.
[374] SV, 117.
[375] SV, 399.
[376] PI, 143.
[377] PI, 145.

»für seinen Träger etwas Unheimliches; es ist ein Abgrund in ihm nicht nur von übernatürlichem Geheimnis, sondern von Verfügt- und Geopfertsein, ein Sog, eine Logik, die zum Kreuz drängt, ›wohin du nicht willst‹«[378].

Dieses Sich-selbst-genommen- und Hineinverfügt-Werden in die objektive Kreuzesgestalt des Amtes[379] erfährt der sündige Mensch immer als Entfremdung, da seine subjektive Einstellung niemals (wie bei Christus allein) dieser vorgegebenen Amtsstruktur und ihrem objektiven Geist entspricht: »Und welcher ›Petrus‹ ist schon ›Johannes‹, durch welchen geht der Riß, der die kirchliche Amtlichkeit im ganzen kennzeichnet, nicht persönlich hindurch?«[380] Es ist diese grundsätzliche Überforderung des Amtes, die es dem sündigen Träger eben als »Kreuz«, als fremde, ihn einengende »Regel« und Institution erscheinen läßt, in welcher sich die Dimension des ihn befreienden und heiligenden Geistes fast ganz verbergen kann.

c) Die »Exzentrizität« des Amtes

In dieser seiner Kreuzesgestalt wird das institutionelle Amt aber auch von der ganzen Kirche erfahren. Einmal da, wo sie als heilige, liebende Kirche die Differenz zwischen dem objektiv-heiligen Amt (und Sakrament) und dem subjektiv unheiligen Träger aushalten und – in der Kraft des Gekreuzigten, der den Widerspruch der Sünde zur Liebe ausgetragen hat – überwinden muß[381]. Aber mehr noch der sündigen Kirche stellt sich das Amt in dieser institutionellen, gesetzhaften Kreuzesgestalt dar: denn gerade für die Sünder ist es da, um sie, die existentiell »draußen« stehen, in die Gemeinschaft der Heiligen hineinzuführen. Balthasar führt hier den Begriff der »Exzentrizität« des Amtes ein: in der Mitte der Kirche, in ihrer Heiligkeit fundiert, ragt es doch in die »äußere« Sphäre der Sünder hinein, sowohl in der eigenen Person des sündigen Amtsträgers als auch in der Vermittlung des Heils an die Sünder[382]. Der sündige und an den »letzten Platz« verdemütigte Amtsträger nimmt so an der Sendung und Vollmacht des Gekreuzigten teil, daß er die Liebe Gottes unzerstörbar und »unfehlbar« in den Machtbereich der Sünde hineintragen soll. Und in diesem »exzentrischen« Gegenüber zur Sünde tritt der eigentlich institutionelle Charakter des Amtes besonders hervor: die Sünder erkennen die Liebe Gottes in der Gesalt des Gekreuzigten nicht an, denn sie stehen ja nicht in der Mitte der heiligen Kirche, die – per definitionen – die Gleichgestaltung mit dem gekreuzigten Herrn bedeutet. Sie suchen ihren eigenen Weg der Heiligkeit und Liebe, sie entfliehen dem Kreuz, sie wollen ohne diese letzte Entäußerung zum Leben und zur Freiheit gelangen. Paulus nennt sie deswegen »unbewährt« (2 Kor 13,5), und gerade dieser unbewährten Gemeinde gegenüber wird er gezwungen, sein Amt gleichsam in einer »abstrakten« Voll-

378 SC, 442.

379 Affekt, 290f: »die Gestalt des von Christus der Kirche eingestifteten Amtes hat als solches und unabhängig von der es bekleidenden Person Kreuzesgestalt«.

380 Affekt, 150; vgl. SV, 168; H I, 544.

381 Affekt, 150.

382 A.a.O., 151f, 174f, 289ff.

macht, als »reines Recht« (»mit der Rute«) auszuüben. Weil die Gemeinde sich exzentrisch gebärdet, d.h. aus der Liebe der Kirche, aus ihrer Communio der gegenseitigen (eucharistischen) Hingabe herausbricht, muß sich auch das Amt exzentrisch zeigen, d.h. aus seiner eigentlichen Gestalt als Amt der demütig-dienenden Liebe herausgehen und als unerbittlich fordernde, formale Autorität auftreten, gerade um die Gemeinde wieder in die ursprüngliche Communio der Liebe einzugliedern.

Paulus droht öfters mit dieser (letzten) »Möglichkeit«, wobei er aber stets die personal vollzogene Autorität (als »väterliche« bzw. »mütterliche«) für die normale und angemessene Form der kirchlichen Amtsausübung hält. Denn in ihr kommt eben die liebende Hingabe des Apostels an die Gemeinde (und darin die des sendenden Herrn) viel deutlicher zum Ausdruck (vgl. dazu 1 Thess 2,7–12; Gal 1,6–16.4,19f; 1 Kor 4,8–21; 2 Kor 10,1–6.13,2–10)[383]. Immer steht die Autorität des Apostels in dieser Dualität, sich einerseits als der kirchlichen Liebe angemessene »geistige Vaterschaft« und anderseits – »durch die Unbotmäßigkeit der Gemeinde (...) hervorgereizt, in ihrer Nacktheit und Abstraktheit zeigen zu müssen«[384]. Dabei wird das zweite aber immer nur als das Hypothetische hingestellt, für den Grenzfall nämlich, daß die Gemeinde sich nicht durch die väterliche Liebe des Apostels bereits wieder zur eigentlichen Liebesgemeinschaft der Kirche zurückrufen läßt. Von der Sünde provoziert, kann das Amt des sich für die Gemeinde bis zur Lebenshingabe einsetzenden Apostels eine exzentrische Form annehmen, in der sein unpersönlicher, rechtlicher und institutioneller Charakter stark hervortreten und dagegen das personale Moment sich verbergen kann.

In der Exzentrizität des Amtes wird somit auch die Analogie zur Passionssituation Jesu deutlich, in welcher dieser die Sünde stellvertretend auf sich genommen hat und *so* (in der Gestalt der Sünder) dem Willen des Vaters begegnet ist, um in seinem Gehorsam gegenüber diesem harten, unpersönlichen »Muß« die ganze persönliche Liebe Gottes in die exzentrische Welt der Sünde hineinzutragen[385]. Der entscheidende Unterschied der kirchlichen Situation liegt in dem unauflöslichen Paradox, daß die amtliche Exzentrizität, die die Unerbittlichkeit der Liebe Gottes gegenüber den Sündern verkörpern soll, auch selbst noch von Sündern vollzogen werden muß. Das macht die Form dieses Amtes für die Menschen noch anstößiger als sie ohnehin schon ist. Dennoch kann der solcherart amtlich Handelnde nicht auf diese Form verzichten, wenn es darum geht, den Sünder

[383] Siehe PI, 169–179; Affekt, 288ff; Symphonisch, 124ff: »Er (Paulus) kann mit einer ›nackten‹ Autoritätsausübung drohen, für den Fall, daß die Gemeinde mit ihrer Autoritätskritik aus der kirchlichen Communio des Glaubens- und Liebesgehorsams herauszufallen droht; aber als Mensch der Kirche versteht er eine solche Situation als einen im Grunde unmöglichen Grenzfall, der ein Fiasko der Kirche anzeigen würde: er offenbarte das Zerbrechen der Communio, die nach Paulus ihre innere Form wesentlich mit durch das christusförmig gelebte Amt erhält« (127).

[384] PI, 173.

[385] Wenn auch das Verhältnis Jesu zum Vater in der Passion das Modell für den innerkirchlichen Gehorsam gegenüber dem Amt abgibt, so stellt Balthasar doch klar: »Kein kirchlicher Vorgesetzter darf von sich aus die Rolle des Vaters am Ölberg spielen wollen; aber sein Gehorsam an Christus kann ihn vielleicht doch zuweilen in eine analoge Situation versetzen. Er wird dann erfahren, daß das Amt nicht nur schwere Last ist – das ist es immer –, sondern daß kirchliches Führen verdemütigend ist« (PI, 155).

aus seiner »Unbewährtheit« zurückzurufen. Denn er handelt so ja nur im Gehorsam gegenüber seiner »objektiven« Sendung.

Natürlich hängt alles davon ab, daß es dem Amt gelingt, in seiner »impersonalen«, institutionellen Gestalt doch die personalen Liebe sichtbar zu machen und das abstrakte Recht nur als aufgedrängte Funktion der Liebe, also als wirkliches »Erlösungsrecht« zu erweisen[386]. Denn es ist klar, daß

»in der bloßen Opposition kirchlich nichts zu erreichen ist, es somit des Gehorsams (als erster Form der Übereinstimmung zwischen Amt und Gemeinde) bedarf, damit durch Strafe des Ungehorsams überhaupt wieder Ordnung geschaffen werden kann« (vgl. 2 Kor 10,4–6)[387].

Die grundsätzliche Anerkennung des Amtes, auch in seiner institutionellen, exzentrischen Gestalt, ist die notwendige Voraussetzung für eine sinnvolle Ausübung der Sendung dieses Amtes. Kritik oder Kontestation der Gemeinde gegenüber dem Amt kann nur dann berechtigt sein, wenn sich die Gemeinde selbst als »bewährt«, als in der Existenzform des gekreuzigten Herrn stehend erweist[388]. Ihre »brüderliche Zurechtweisung« (Paraklese) des Amtes hat erst dann eine kirchliche Gestalt, wenn sie

»in Liebe das Amt zu seiner wahren Funktion zurückruft, ja wenn sie die christliche Kunst beherrscht, durch das Verzerrte (und zu Kritisierende) hindurch das Echte zu sehen und das von Christus Gestiftete zu ehren«[389].

Der Kirche ist es deswegen, in der bleibenden und unabdingbaren Opposition von Gemeinde und bevollmächtigtem Amt[390], aufgetragen,

»ihre eigenen Strukturen durch immer neue Selbstkritik unter dem Gericht Christi so durchsichtig wie möglich auf die christliche Liebe zu machen, damit die Kirche als Ganze ein reines Zeugnis für den Einsatz Gottes in der Welt wird. Das kann ihr nie völlig gelingen; die Sündigkeit der Menschen verhindert, daß der strukturelle Rahmen der Kirche bis zum Rand mit jener Liebe gefüllt wird, für die dieser Rahmen einzig erfunden worden ist«[391].

Zusammenfassung

Wir haben versucht, die Vielfalt der Gedanken und Meditationen Balthasars zu unserem Thema systematisch zusammenzufassen und sie aus dem Grundansatz seiner Theologie heraus zu entfalten. Wir gingen aus von dem christlichen Grundakt, den wir mit dem umfassenden Begriff der »glaubenden Kontemplation« umschreiben wollten. Schon dabei sahen wir, daß der subjektive Glaubens- und Gehorsamsakt gegenüber Gott ganz auf seine »Objektivierung« in der Kirche hinzielt (»anima ecclesiastica«); von daher wird bereits der Sinn des kirchlich Institutionellen als Ort der letzten Konkretion dieser Haltung deutlich. Da die christliche Grundhaltung aber ihr Urbild in der Gestalt Jesu Christi, des gekreu-

386 Vgl. SV, 410, 412.
387 PI, 176.
388 Symphonisch, 126.
389 PI, 154.
390 PI, 364.
391 Einsatz, 96.

zigten und auferstandenen Sohnes Gottes hat, von ihm hervorgerufen und auf ihn hin ausgerichtet ist, muß sich auch ihre kirchliche Objektivierung entscheidend von dieser Gestalt her bestimmen lassen. Bereits im zentralen Begriff der »Gestalt« als »geformter Freiheit« wird der Institutionscharakter des menschlichen und auch des göttlichen Handelns grundlegend ausgedrückt. Ihre entscheidende Konkretheit jedoch erhält diese institutionelle Dimension der Gestalt da, wo sie in der Einheit von universaler Liebe Gottes und konkretem Gehorsam Jesu sich als *die* »christliche Gestalt« im Kreuz des Sohnes Gottes darstellt. Das Kreuz wird somit zum konkreten Ursprungsort sowohl der kirchlich-eucharistischen Liebesgemeinschaft als auch alles kirchlich Institutionellen in ihr. Zumal das letztere ist dazu geschaffen, die »exzentrische« Kreuzesgestalt der Liebe zwischen Vater und Sohn in der Verbergungsgestalt des Gehorsams kirchlich »abzubilden«. Wie im Kreuzesereignis selbst muß deswegen auch im Institutionellen der Kirche der letzte Grund dieses »gestalthaften« Heilshandelns Gottes sichtbar werden: nämlich der Hl. Geist, der als personifizierte (»objektivierte«) Liebe zwischen Vater und Sohn in seiner heilsökonomischen Gestalt als »bestimmend- instituierend« und zugleich »befreiend-universalisierend« erscheint. Die von der Macht der Sünde bestimmte Kreuzesgestalt der im Hl. Geist objektivierten Liebe zwischen Vater und Sohn wird im Institutionellen der Kirche »abbildlich« (und damit auch immer schon mit der Möglichkeit des sündigen Verfehlens) dargestellt. Darin liegt der eigentliche theologische Sinn alles kirchlich Institutionellen.

Uns scheint diese Begründung der kirchlichen Institution zweifellos die tiefste und umfassendste zu sein, die heute in der katholischen Ekklesiologie vorgetragen wird. Ihre Vorteile liegen vor allem im folgenden:

1. Sie versucht, das Institutionelle in das Gesamt des göttlichen Heilshandelns zu integrieren. Es läßt sich theologisch demnach nicht einfach nur als menschlich-geschichtliches Produkt begreifen, sondern als eine durchaus ursprüngliche Dimension der Offenbarungsgestalt selbst.

2. Sie versucht, das Institutionelle von vorneherein zu integrieren in das Gesamt der kirchlichen Liebe und Heiligkeit. Die Eigenart des Institutionellen kann somit nicht in einem historisch bedingten Abfall von einer ursprünglichen, institutionsfreien »Brudergemeinschaft« der Kirche gefunden werden. Es ist vielmehr von der Nachfolge des Gekreuzigten her in der allgemeinen Liebe der »Communio Sanctorum« fundiert und hat darin seine »besondere«, »typische« Sendung, die wesentlich zur Kirche gehört.

3. Eine Überbewertung des Institutionellen wird anderseits dadurch verhindert, daß stets seine (in dieser Zeit notwendige) »mittelhafte« und »vorläufige« Funktion betont wird.

4. Das entscheidende »institutionskritische« Moment ist in dieser theologischen Begründung von Anfang an mit einbeschlossen: das Kreuz. Damit wird jede selbstherrliche und selbstzweckliche Form des Institutionellen, die nicht die Gestalt des demütigen Kreuzesgehorsams sichtbar macht, »von innen« her bereits als unmöglich erwiesen.

Aber auch einige Fragen seien an diese Konzeption gestellt:

1. Für das heutige »durchschnittliche« theologische Denken mag eine solche vom idealistischen Erfahrungsansatz geprägte Begründung »zu hoch gegriffen« sein. Man wäre im Augenblick wohl mit einer »bescheideneren« Begründung

schon zufrieden, da sie der »traurigen« Realität der kirchlichen Institution, die heute viel stärker im Vordergrund der theologischen Betrachtung steht, eher entspräche. Der kontemplative Blick der kirchlichen Liebe, der in den härtesten, widerständigsten Strukturen noch den Geist Gottes und die hingegebene Liebe des Gekreuzigten erkennen kann, wird vermutlich für viele Christen kaum nachzuvollziehen sein. Das ist natürlich kein Argument gegen die Wahrheit dieses Entwurfs; aber es erklärt wohl seine mangelnde unmittelbare Überzeugungskraft in der gegenwärtigen theologischen Situation, was durchaus zu bedauern ist. Diesen »Nachteil« nimmt Balthasar in seiner Theologie bewußt bei allen theologischen Fragen in Kauf, da er jede »Gewichtserleichterung« des »eschatologischen Schwergewichts«[392] als unchristliche (weil inkarnationsfeindliche) Ideologie scharf ablehnt. Wenn etwas wesentlich zur Gestalt des Christlichen gehört, und das steht bei ihm für die institutionelle Dimension außer Zweifel, dann muß es in der Mitte dieser Gestalt integriert sein und von ihr her gelesen werden.

2. Von unserem Vorverständnis der »konkreten Freiheit« her stellt sich vor allem die Frage nach der Konkretheit dieser so begründeten kirchlichen Institution. Wird in dieser theologischen Konzeption die reale, gesellschaftlich erfahrbare »Widerständigkeit« der kirchlichen Institution nicht zu sehr auf die spirituelle Ebene emporgehoben und darin eingeborgen, wenn sie – analog zum Kreuz – als Erscheinungsform der Liebe Gottes in der Situation der Sünde verstanden wird? Wir stimmen insofern Balthasar voll und ganz zu, daß er alles Gesellschaftlich-Objektive in der Kirche im Rahmen der göttlich-menschlichen Intersubjektivität denkt, also als kirchlich-gemeinschaftliche Gestalt des Geschehens der Liebe zwischen sendendem Vater und gehorsamem Sohn. Wie kein anderer arbeitet Balthasar diesen personalen, vom Geist des Gekreuzigten und Auferstandenen gewirkten, in Maria und den Heiligen primär »objektivierten« Charakter der Kirche als Ganzer und darin auch ihres objektiven institutionellen Gefüges heraus. Die Subjektivität des einzelnen Gläubigen vollendet sich dementsprechend in ihrem Christsein erst da, wo sie zur »anima ecclesiastica« wird, wo sie sich vom Hl. Geist zu einem kirchen-förmigen Menschen »objektivieren« läßt, der sich gerade in der Bindung an die konkrete, vom Geist gestaltete Kirche und ihr institutionelles Amt für das Empfangen der grenzenlosen Liebe Gottes »entgrenzen« läßt. Hier wird also die christliche Freiheit in der Kirche bewußt als »konkrete Freiheit«, als mit der kirchlich-institutionellen Wirklichkeit vermittelte Freiheit gedacht: Das gläubige, vom Geist Christi sich formen lassende Subjekt findet zu sich selbst, indem es sich als »kirchliches« Subjekt verwirklicht. Dies ist nur deswegen möglich, weil es in der institutionellen Kirche eben immer schon »Geist vom gleichen Geist« entdeckt. Die »Existenzform« des gekreuzigten und auferstandenen Jesus Christus hat sich durch die Sendung des Geistes in der »communio sanctorum«, die in ihrer Mitte auch alles Amtlich-Institutionelle trägt, eine geschichtlich-gemeinschaftliche »Form« gegeben, durch die der einzelne Gläubige erst zu seiner eigenen Christus-Form vermittelt wird.

Nun läßt sich an diese eindrucksvolle Konzeption doch die Frage stellen, ob hier nicht die Dimension des Menschlichen, gerade auch des Allzu-Menschlichen, des Sündigen im kirchlich Institutionellen etwas zurücktritt. Bei aller Betonung

[392] Plädoyers, 47ff; Klarstellungen, 23ff.

der stets versagenden und sündigen Gestalt des institutionellen Amtes, bei aller Bindung der Institution an das Kreuz Christi scheint doch die Tendenz vorzuherrschen, in der Analogie zwischen Kreuzesgehorsam Jesu und kirchlich institutioneller Wirklichkeit die »je größere Unähnlichkeit« zwischen den beiden Analogaten zu wenig hervorzuheben. Ist nicht gerade im Gegensatz zum gehorsamen Jesus das Institutionelle in der Kirche selbst so sehr auch von der Sünde des Menschen, von seiner Selbstherrlichkeit und seinem Ungehorsam infiziert, daß es oft nicht nur die bleibend gültige (»indefektible«) Objektivation der sich entäußernden Liebe Gottes ist, sondern auch der menschlichen Sünde selbst, die zutiefst in diese Gestalt der gottmenschlichen Liebe eingreifen und sie »de-formieren« kann, ohne sie jedoch ganz überwältigen, pervertieren zu können? Balthasar bestreitet das natürlich nicht. Nur steht bei ihm jene über die Sünde des Menschen immer schon triumphierende Macht der Liebe Gottes so stark im Vordergrund, daß die dunklen, menschlich-sündigen Seiten der Kirche und ihrer Institutionen (die er selbstverständlich klar sieht!) doch immer auch schon von diesem »verklärenden« Licht der Liebe Gottes überstrahlt zu sein scheinen.

Grundsätzlich wird man ihm bei dieser gläubigen Sicht der Kirche gern zustimmen. Aber dennoch: Läßt diese Konzeption, die sicher auch als bekenntnishafte Antithese zu den gegenwärtigen institutionskritischen Tendenzen innerhalb der Theologie entworfen ist, den Blick offen auch für die konkrete soziologische Wirklichkeit des kirchlich Institutionellen, vor allem auch für heute notwendige Veränderungen in diesem Bereich? Besteht nicht die Gefahr der Konservierung sehr konkreter, überkommener und vielleicht auch überholter kirchlicher Strukturen, wenn sie zu betont in ihrer Analogie zum Kreuzesgeschehen gesehen werden, oder wenn die Probleme und Konflikte, welche die Realität der kirchlichen Institutionen aufwerfen (z.B. die geschichtlich gewachsenen »Herrschaftsstrukturen« des Amtes, das Verhältnis von Amt und Gemeinde, der kirchliche Gehorsam, die Ausübung des Lehramtes usw.), etwas zu unvermittelt auf der theologisch-spirituellen Ebene behandelt und gelöst werden?

Hier könnte eine stärkere Beachtung der soziologischen Möglichkeiten, das Institutionelle in das Gesamt der kirchlichen Wirklichkeit zu integrieren, hilfreich sein. Balthasar ist von tiefem Mißtrauen gegen eine »soziologische Absicherung«[393] des Gesprächs der wichtigsten Sendungen und ihrer Integration in der Kirche erfüllt. Er stellt diese Sendungen in »Kreuzesgestalt« dar: die Pole des Längsbalkens bilden Jakobus (Tradition, Gesetz) und Paulus (Freiheit im Hl. Geist); die des Querbalkens Petrus (Hirtenamt) und Johannes (die »bleibende« Liebe)[394]. Sein Argument, das er hinsichtlich einer soziologisch-rechtlichen Gestaltung dieser Sendungen gegen Rahner anführt, klingt wenig überzeugend. Denn »als innerweltliche Darstellung des innergöttlichen ›Gesprächs‹ und Lebensaustausches«[395] kann das Verhältnis der verschiedenen Funktionen in der Kirche durchaus auch soziologisch institutionalisiert werden. Wenn die heilsökonomische »Objektivierung des Geistes« die Voraussetzung für das Kreuz Jesu und von daher auch alles kirchlich Strukturellen in seiner ganz konkreten institu-

[393] Affekt, 258.
[394] A.a.O., 255.
[395] A.a.O., 258.

tionellen Objektivität ist, läßt sich schwerlich einsehen, warum sich nicht auch das »innergöttliche Gespräch« in einer objektiven, institutionell geformten Weise kirchlich darstellen läßt; und zwar so, daß nicht nur dem einen Gesprächspartner (»Vater« bzw. Amt) eine institutionelle Objektivierung zuteil wird, sondern dem Gespräch als solchem. Eine derartige »Absicherung« besagt ja keineswegs die Suspendierung des Hl. Geistes und der von ihm geschenkten Liebe als des einzigen Einheitsprinzips in der Kirche. Sie mindert auch nicht den Gehorsam, den die Gemeinde dem Amt schuldet. Eine soziologische Vermittlung des Verhältnisses der kirchlichen Sendungen durch eine eindeutige, rechtlich-institutionelle Regelung gibt der »Paraklese« (als dem liebenden Rückruf in die kirchliche Einheit), die Balthasar als berechtigte innerkirchliche Kontestation der Sendungen untereinander hinstellt, ein größeres Gewicht; denn sie rechnet stärker mit der menschlichen und sündigen Widerständigkeit, zumal des Institutionellen[396]. Liebe und Gehorsam bleiben in jeder Kontestation, die auf eine bessere Integration zielt, die alles entscheidende Grundlage. Aber eine soziologische Konkretisierung dieser gegenseitigen Liebe durch eine rechtliche Ausformung führt von sich aus ebensowenig zu einer theologischen »Abstraktion« wie die bislang einzig vollzogene Institutionalisierung des kirchlichen Amtes. Eine solche soziologisch-institutionelle Ordnung des Verhältnisses der wichtigsten Sendungen in der Kirche, welche natürlich jede Nivellierung vermeiden muß, kann deswegen ein wirksames Gegengewicht gegen die Tendenz der Spiritualisierung kirchlicher Institutionen bilden. Sie kann nämlich wesentlich dazu mithelfen, daß das Amt als »Verdemütigung«, eben als Vergegenwärtigung des demütigen und gehorsamen Christus, wirklich eine gesellschaftliche Realität wird.

[396] A.a.O., 259.

SCHLUSS: RÜCKBLICK UND FOLGERUNGEN FÜR THEOLOGIE UND PRAXIS DES INSTITUTIONELLEN IN DER KIRCHE

Wir können in diesem Schlußabschnitt keineswegs eine Synthese der dargestellten theologischen Entwürfe oder eine eigene theologische Theorie zum Institutionsverständnis vorlegen. Auch ein ausführlicher Vergleich der drei ekklesiologischen Ansätze und ihres Institutionsbegriffs würde den Rahmen dieser Untersuchung sprengen; die wichtigsten Gemeinsamkeiten und Unterschiede dürften auch so deutlich geworden sein. Wir möchten jetzt nur noch von unserem Ausgangspunkt her einen abschließenden Blick auf diese drei Ekklesiologien werfen und dann einige Folgerungen ziehen, die uns für ein der Wirklichkeit des kirchlich Institutionellen angemessenes Verständnis und für eine mögliche Praxis notwendig erscheinen.

1. Kirchliche Institution und »konkrete Freiheit«

Wir gingen aus von einem neuzeitlichen sozialphilosophischen Ansatz, bei dem das Phänomen der Institution im umfassenderen Verstehenshorizont der Intersubjektivität zu stehen kam. Dieser Ansatz wurde vertieft durch eine Besinnung auf Hegels Begriff der »konkreten Freiheit«, der eine dialektische Vermittlung von Subjektivität und gesellschaftlicher Objektivität aussagt. Wenn man auf diesem Hintergrund die drei vorgelegten theologischen Entwürfe noch einmal zusammen überblickt, läßt sich wohl folgendes feststellen:

Bei Küng besteht die Tendenz, auf eine theologische Vermittlung zwischen der Subjektivität des einzelnen Gläubigen und der gesellschaftlich-institutionellen Objektivität der Kirche immer mehr zu verzichten. Ein eigentlich theologischer Gemeinschaftsbegriff, welcher also auch der konkreten, institutionellen Kirche eine theologische Qualität in der Vermittlung des Heilsgeschehens zuschreibt, wird in den neueren Schriften (seit »Die Kirche«) immer weniger erkennbar. Die Abwehr einer möglichen Autonomie der formalen Momente gegenüber den inhaltlich vom »ursprünglichen« Evangelium gedeckten Momenten im Kirchenverständnis führt bei Küng dazu, daß eine dialektische Vermittlung dieser beiden – für jede gesellschaftliche Wirklichkeit, also auch für die Kirche notwendigen – Momente kaum bedacht wird. Das führt zu einem gewissen Mangel an Konkretheit im Kirchenbild: Die einzelnen (von Gott berufenen und geheiligten) Gläubigen und ihre – intentional durchaus am Evangelium orientierten – Gemeinschaftsbildungen bekommen einen derartigen Vorrang vor einer Gestalt der Kirche mit rechtlich verbindlichen, formalen, sakramentalen und amtlichen Strukturen, daß uns die Gefahr einer Subjektivierung und einer möglichen Verfehlung der »konkreten Freiheit« in der Kirche nahe zu liegen scheint. Wo das Amtlich-Institutionelle (bei Hegel: das »Allgemeine«) immer mehr in den Rang einer nur »äußeren Organisation« mit bestimmten notwendigen »Hilfsfunktionen« ohne eine eigentliche theologische Begründung rückt, da bleibt auf die Dauer die gläubige Subjektivität (auch und gerade in ihren selbstgewählten Gemeinschaftsformen) nur in der »Besonderheit« ihrer »inneren Selbstbestimmung« und der »Befriedigung ihrer Bedürfnisse« (Hegel) als letzter Maßstab gesellschaftlich-kirchlichen Handelns bestehen, gleichgültig ob sie sich dann in der Geschichte oder bei der sittlichen Vernunft ihre konkreten inhaltlichen Maßstäbe ausleiht. Damit ist aber weder der Freiheit des einzelnen Gläubigen geholfen, die nicht wirklich objektiv, »konkret« werden kann, sondern bei sich selbst und ihren selbstgewählten Taten bleibt, noch einer freiheitlich-»geistlichen« Ordnung der kirchlichen Gemeinschaft, die ja ebenfalls zu ihrer Selbstverwirklichung auf die in ihr objektivierte, gestaltgewordene Freiheit des Christen angewiesen ist (was im Begriff der »dialektischen Vermittlung« von Subjekt und gesellschaftlicher Objektivität ausgesagt ist).

Bei Rahner wird demgegenüber in seinem dogmatisch-sakramentalen Ansatz die letzte »Konkretheit« des Heils als endgültiger Selbstmitteilung Gottes und seiner subjektiven Annahme als endgültig »befreiter Freiheit« gerade in der amtlich-sakramental-institutionellen Kirche und ihren entscheidenden, »unfehlbaren« Vollzügen gesehen. Ohne diese eindeutige und »unfehlbare« Objektivation des Heils in der konkreten institutionellen Kirche, und ohne die letztverbindliche Bindung des einzelnen Gläubigen an diese bestimmte Konkretheit des Heils bliebe die »inkarnatorische Struktur« der Selbstmitteilung Gottes nicht gewahrt, ja wäre die Eigenart des Neuen Bundes gegenüber allen sonstigen (vorläufigen und hinweisenden) Objektivationen des Heils aufgehoben. Zwar mangelt diesem Begriff der »Konkretheit« des Heils in der Kirche und seiner subjektiven Annahme die ausdrückliche Integration der konkreten Fülle des geschichtlich erfahrenen Heils in Jesus Christus; formal jedoch erfüllt er durchaus den Anspruch einer Vermittlung von gläubiger Subjektivität und kirchlich gesellschaftlicher Objektivität im Sinn der »konkreten Freiheit« als von Gott geschenkter und durch die Kirche vermittelter »befreiter Freiheit«.

In seinem anthropologischen Ansatz jedoch, der das Verhältnis von freiem Charisma und kirchlich-amtlicher Institution klären soll, scheint uns der Verständnishorizont von transzendentalem Freiheitssubjekt und kategorial-geschichtlicher Objektivation nicht ganz dem Phänomen angemessen zu sein. Die spezifische Qualität des gesellschaftlich Objektiven als Ort der Vermittlung des Subjekts zur »konkreten Freiheit« müßte vielmehr im Rahmen der Intersubjektivität und ihrer objektiven »Form« gedacht werden. Erst dann könnte eine Tendenz, die das Institutionelle nur in den Bereich des geschichtlichen »Materials« der subjektiven Freiheit ansiedelt und damit ihr gegenüber doch ziemlich abwertet, aufgefangen werden. Zugleich ließe sich dann wohl auch das theologische Institutionsverständnis und seine Wertschätzung mit einem anthropologischen Verständnis der »konkreten Freiheit« in der Kirche vermitteln.

Balthasar legt wohl – im Sinn unsres Ansatzes – die ausgewogenste theologische Vermittlung von gläubiger Subjektivität und kirchlich-institutioneller Objektivität vor. Der einzelne in der Kirche wird immer schon von der Zielvorstellung einer

»anima ecclesiastica« her gesehen. Das heißt: nur der gläubige Mensch, der sich – dem Hl. Geist gehorsam – in die objektive Form der konkreten Kirche »einengen« und darin zugleich »ausweiten« läßt zur universalen Liebe Christi, darf den Namen »Christ« im Vollsinn tragen. Die Heiligen in der Kirche, allen voran Maria, sind das prägende Leitbild (»Typos«) eines solchen »kirchen-förmigen« Menschen. Sie sind aber zugleich auch der »objektive«, personale »Kern« der Kirche, welche als »communio sanctorum« nichts anderes ist als die vom Hl. Geist geformte, geschichtliche Gestalt der unendlichen Liebe zwischen Vater und Sohn. An dieser geistgeformten, personalen Objektivität hat auch das Institutionelle in der Kirche grundsätzlich teil: in ihm wird die unter den Bedingungen der Sünde »entfremdete« (»formalisierte«) Kreuzesgestalt dieser Liebe kirchlich repräsentiert. Weil alles Objektiv-Amtliche in der Kirche immer schon als »kristallisierte« Gestalt dieser gekreuzigten Liebe Gottes verstanden wird, kann die Subjektivität des Menschen gerade in der Bindung ihrer Freiheit an diese Gestalt zur Freiheit der Liebe Christi befreit werden. Erst als kirchlich »konkrete Freiheit« findet die subjektive Freiheit sich selbst.

Die kirchengestaltende Kraft des Hl. Geistes in den Heiligen wird hier so stark betont, daß uns die menschlich-formende und besonders die sündig-deformierende Macht in der Kirche und ihrem institutionellen Gefüge etwas in den Hintergrund zu treten scheint. Deswegen steht auch das Recht der »kritischen Subjektivität«, die ja gerade als solche vom Hl. Geist geführt werden kann, gegenüber oft doch recht »geist-losen« Objektivationen in der Kirche nicht sehr im Blickpunkt (obwohl immer wieder auf die echte »Kontestation« der Heiligen verwiesen wird). Das Leiden des gläubigen Subjekts an der konkreten Kirche wird – jedenfalls in den meisten neueren Schriften – etwas zu unvermittelt auf die theologisch-spirituelle Ebene des Kreuzesgehorsams Jesu gehoben. Diesem Gedanken wird man grundsätzlich nicht widersprechen können; aber es stellt sich die Frage, ob dadurch die geistgewirkte, erneuernde und verändernde Kraft der kritischen Subjektivität in der Kirche heute nicht zu schnell »immunisiert« wird. Bei einer grundsätzlichen, gläubigen Bejahung der konkreten, institutionell geordneten Kirche und ihrer letztverbindlichen Autorität wird auch die kritische Subjektivität als eine legitime Form der kirchlichen »konkreten Freiheit« existieren müssen. Balthasar wird dem durchaus zustimmen; nur liegen bei ihm augenblicklich die Akzente doch stärker auf dem Gehorsam gegenüber dem Amt in der Kirche.

Überhaupt wird man sagen müssen, daß es sich hinsichtlich des Begriffs und der Wirklichkeit der »konkreten Freiheit« in der Kirche bei allen von uns vorgestellten Autoren um mehr oder weniger starke Tendenzen, Akzente, Schlagseiten nach der einen oder der anderen Seite hin handelt. Eine grundsätzliche Ablehnung jeder Vermittlung von Subjekt und gesellschaftlicher Objektivität auf »konkrete Freiheit« hin läßt sich bei keinem behaupten. Wie weit allerdings die jeweils versuchte Vermittlung beiden Seiten und damit dem ganzen Phänomen gerecht wird, ist eine andere Frage. Eine voll ausgewogene spekulative und praktische Vermittlung dürfte auch kaum möglich sein; jeder Theologe wird von seiner »Grundoption« her mehr der einen oder der anderen Seite zuneigen. Diese Einsicht darf allerdings nicht den Versuch einer möglichst stimmigen Vermittlung, die dem Phänomen der Institution gerecht werden will, verhindern oder überhaupt den Verzicht darauf insinuieren.

Zum Schluß seien noch einige Folgerungen genannt, die wir aus unserer Untersuchung im ganzen ziehen wollen, und die sowohl für eine theoretische Begründung als auch eine praktische Verwirklichung des Institutionellen in der Kirche dienlich sein können.

2. *Folgerungen*

a) Innere Differenziertheit des Institutionsbegriffs

Eine erste Folgerung betrifft die innere Differenziertheit des Institutionsbegriffs. Wir sahen, wie weit im allgemeinen der Gegenstandsbereich dieses Begriffs gefaßt wird, und welche ganz verschiedenen Eigenschaften und Funktionen der kirchlichen Institution zugeschrieben werden. Und zwar großenteils mit Recht, denn sie ist zweifellos ein sehr komplexes Phänomen. Dieser Komplexität sollte aber der theologische Sprachgebrauch auch gerecht werden, indem er die Vielfalt der Gesichtspunkte dieses Begriffs reflex mitbedenkt. Zunächst müßte deswegen die soziologische Unterscheidung zwischen Institution und Organisation bzw. Verwaltung klar bewußt bleiben. Die institutionellen Grundstrukturen der Kirche (z. B. Sakramente, Amt, Synoden, Räte, Rechte, Dogma usw.) können nicht einfach mit dem bürokratischen »Verwaltungsapparat« eines Organisationszentrums wie der römischen Kurie oder eines bischöflichen Ordinariats auf die gleiche Stufe gestellt werden. Oft wird in einer theologischen Institutionskritik besonders auf das letztere abgezielt, ohne daß der Unterschied und der Zusammenhang mit dem ersteren bedacht wird. Beides muß jedoch festgehalten werden: das primäre institutionelle Gefüge der Kirche, das sich wesentlich von seinen sekundären organisatorischen Ausformungen unterscheidet und doch notwendig auf sie angewiesen ist. Eine theologische Beurteilung kann deswegen nicht bei den sekundären Strukturen beginnen und von daher gleichsam univok auf die primären Strukturen übergehen. Ein solches Vorgehen liefe auf eine theologische Aushöhlung des gesamten institutionellen Charakters der Kirche hinaus. Aber auch der umgekehrte Weg – von den primären zu den sekundären Strukturen – kann nicht einfach »gleichsinnig« die Eigenschaften und Funktionen des einen Bereichs auf den anderen übertragen. Sonst käme es allmählich zu einer Spiritualisierung und Sakralisierung sehr banaler organisatorischer Selbstverständlichkeiten. Die theologischen Begründungen, die wir untersucht haben, beziehen sich fast ausschließlich auf die primären institutionellen Strukturen; sie gelten keineswegs univok für die sekundären, also die organisatorischen und bürokratischen Elemente der Kirche.

Allerdings können diese beiden Ebenen auch nicht voneinander getrennt werden. Der Zusammenhang dürfte durch die Mittel-Zweck-Relation gegeben sein: Das Organisations- und Verwaltungshafte in der Kirche kann sich – bei aller relativen, »sachbezogenen« Autonomie – nie zum Selbstzweck verselbständigen, sondern muß als dienendes Mittel, als konkretes Ausgestalten der grundlegenden institutionellen Wirklichkeit der Kirche fungieren und als solches auch erkennbar sein. Der mittelhafte Charakter des Institutionellen überhaupt in bezug auf die personal vollzogene Heilswirklichkeit setzt sich auf der organisatorischen Ebene fort, wobei wegen der zunehmenden notwendigen Versachlichung auch der Abstand zum eigentlichen Ziel der Kirche zwangsläufig größer wird. Z.B. kann eine funktionierende, d.h. den Menschen effektiv dienende Verwaltung ihre Maximen nicht unmittelbar und ausschließlich aus dem Evangelium beziehen. Entscheidend ist, daß dennoch dabei der Bezug auf das vom Evangelium her gesetzte Ziel der Kirche, nämlich allen Menschen die »menschenfreundliche« Liebe Gottes in Christus zu vermitteln, trotz aller fremden »Sachzwänge« eindeutig erkennbar bleibt. Von diesem Ziel her muß sich deswegen – wie das primär Institutionelle der Kirche – auch das konkrete Mittel der Organisation, des »Apparates« und der »Bürokratie« stets relativieren und kritisieren lassen. Die schwierige, theoretisch nicht zu lösende Aufgabe kirchlicher Praxis ist es, den Bezug der verschiedenen Ebenen zueinander (gnadenhaft-personales Heil – institutionell-sakramental-amtliche Heilsvermittlung – organisatorisch-konkrete Durchführung) durchsichtig zu machen, ohne sie dabei miteinander zu identifizieren oder voneinander zu trennen.

Eine andere Differenzierung des Institutionsbegriffs sollte heute ebenfalls stärker den theologischen Sprachgebrauch bestimmen: nämlich die zwischen freiheitsermöglichender und freiheitsbeschränkender Institutionalität. Wenn man schon von Institution redet, hat es keinen Sinn, diese beiden Momente jeder Institution gegeneinander auszuspielen und ausschließlich für eine Seite zu votieren. Der dem Phänomen einer »menschenwürdigen« Institution angemessene Begriff beinhaltet notwendig beide Funktionen; er ist nie ohne jede freiheitsbeschränkende (»herrschaftliche«), aber auch nie ohne freiheitsermöglichende Objektivität im Gegenüber zur Subjektivität zu denken. Die gegenseitige dialektische Vermittlung beider Momente scheint uns für Begriff und Wirklichkeit gerade der kirchlichen Institution unentbehrlich zu sein. »Dialektisch« deswegen, weil nicht einfach die private, auf sich selbst und allenfalls auf ihre persönlichen Beziehungen gerichtete subjektive Freiheit das Ziel der kirchlichen Heilsverkündigung ist, sondern doch wohl der »selbstlos« dienende Mensch, der sich von Gottes Liebe beschenken läßt, um sie im Dienst an den Menschen (in der Kirche und in der Gesellschaft) weiterzugeben. Zu solcher Selbstlosigkeit, die identisch ist mit der gnadenhaft »befreiten Freiheit«, kann und soll auch alles kirchlich Institutionelle verhelfen, und zwar gerade in seiner vorgegebenen, in gewissem Sinn unverfügbaren Objektivität. Und umgekehrt: indem die einzelnen in dieser geschenkten Freiheit sich dem kirchlich Institutionellen »gehorsam« (was durchaus Kritik und Kontestation einschließt!) eingliedern, verhelfen sie diesem immer wieder zu einer menschlich-freiheitlichen Gestalt, von der sie selbst in ihrem Freiheitsvollzug getragen werden. Wiederum ist es die schwierige Aufgabe der kirchlichen Praxis, diese gegenseitige Vermittlung wirklich erfahrbar zu leisten.

b) Legitimität des formalen Charakters des Institutionellen

Damit sind wir bereits bei einer zweiten Folgerung. Sie bezieht sich auf den »formalen«, d.h. vom aktuellen subjektiven Vollzug der einzelnen in gewissem Maße unabhängigen Charakter der Institution. Wir sind im Lauf unserer Untersuchung oft darauf eingegangen. Es scheint uns für ein theologisches Institutionsverständnis wichtig, diese Eigenart nicht zu isolieren und von dem »materialen« Element, d.h. von dem bewußtseinsmäßig voll »gedeckten« Freiheitsvollzug der einzelnen in der Kirche zu trennen. Eine Trennung muß notwendig zur Perhorreszierung solcher »geistloser« Strukturen führen. Der Zusammenhang zwischen beiden kann prinzipiell dann gewahrt werden, wenn man nicht unvermittelt Subjekt und formale Objektivität gegenüberstellt, sondern beide grundlegend in dem umfassenden Bereich der Intersubjektivität aneinander bindet. Weil die menschliche Subjektivität sich nur als Intersubjektivität (also im aktiven Bestimmen anderer und im passiven Bestimmtwerden durch andere Subjekte) vollzieht, weil ferner diese Intersubjektivität immer schon (auch in der primären Zweierbeziehung) eine die Subjekte übergreifende und übersteigende »Form« annimmt (als »Wir«, als »Einheit«, die mehr ist als die Summe der einzelnen, als formender und verpflichtender »objektiver Geist« dieser Beziehung usw.), eine Form also, die nicht einfach identisch ist mit der Summe der verschiedenen subjektiven Beziehungen, deswegen kann die formale Objektivität komplexerer gesellschaftlicher Systeme wie etwa der Institutionen für die menschliche Subjektivität nicht etwas völlig Fremdes und Entfremdendes sein.

Auch wenn natürlich bei zunehmender Komplexität das »Formale« der übergreifenden »Form« immer stärker in Erscheinung tritt, ja sogar sich von den Subjekten zu verselbständigen scheint und deswegen der Zusammenhang mit dem ursprünglichen Selbstvollzug der subjektiv-intersubjektiven Freiheit immer undeutlicher wird, so bleibt dieses Formale doch grundsätzlich auf derselben Ebene der Objektivation zwischenmenschlicher Beziehungen. Es kann somit nicht einfachhin als »freiheitsfeindlich« abgelehnt werden. Die Frage ist vielmehr, gerade was das kirchlich Institutionelle angeht, *wie* der Zusammenhang zwischen den mehr »personal« vollzogenen und erfahrenen Formen intersubjektiver Beziehungen und den mehr »institutionell« vollzogenen und erfahrenen Formen zu sehen ist. In der Theologie wird dieser Zusammenhang etwa unter den Stichworten »personale und sakramentale Frömmigkeit«, »communio sanctorum und Institution«, »Gemeinde und Kirche«, »brüderliche Kommunikationsstrukturen und gesellschaftliche Großkirche«, »Basisgemeinde und Amtskirche« usw. reflektiert.

In der kirchlichen Praxis wird diese Bindung des institutionell Formalen an das intersubjektiv Personale zunehmend durch Bildung von überschaubaren Primärgruppen innerhalb der einen Kirche verwirklicht. Kirche vollzieht sich als solche nicht mehr nur in der Universalkirche oder (nach Lumen Gentium) in der Ortskirche, sondern auch und vor allem in konkreteren, personal vollziehbaren Gemeinschaftsformen, wie etwa dem Aktionsteam (meist für bestimmte vorübergehende Engagements), dem sozialen Arbeitskreis (meist für dauernde Aufgaben), dem Gebets- und Meditationskreis, der »integrierten Gemeinde« usw. Solche sozialen Gruppierungen muß es notwendig innerhalb der institutionellen kirchlichen Strukturen geben. Denn in ihnen kann der personale Sinn des eigentlich kirchlichen Tuns, etwa der Eucharistiefeier, des gemeinschaftlichen Gebetes, der Bitte um Vergebung, des Glaubensbekenntnisses, der Verantwortung füreinander am deutlichsten vollzogen und erfahren werden. Daß solche Gemeinschaften auch wirklich »Kirche« sind und nicht etwa irgendwelche »parakirchliche« oder sektenhafte Vereinigungen, setzt voraus, daß sie inhaltlich (also in ihrem Glauben und ihrem Tun) und organisatorisch in Übereinstimmung mit dem Glauben, der Praxis und der Leitung der gesamten institutionellen Kirche stehen.

Dazu bedarf es aber wieder einer gegenseitigen Vermittlung, eines ständigen Aufeinanderzubewegens beider Dimensionen der Kirche: Wie die jeweilige Gemeinschaft nur durch ihre Übereinstimmung mit der Gesamtkirche zur Kirche wird, so verwirklicht sich auch die eine und umfassende Ekklesia (die eben weit mehr ist als eine Verwaltungseinheit) nur in bestimmten konkreten kirchlichen Gemeinschaftsformen.

c) Theologische Qualität des Institutionellen

Die dritte Folgerung bezieht sich auf die eigentlich theologische Qualität dieses objektiven und formalen Charakters des kirchlich Institutionellen. Wir sahen, daß fast übereinstimmend in den ekklesiologischen Entwürfen, die sich mit dieser Frage beschäftigen, der kirchlichen Institution die Wahrung des Gnadencharakters des christlichen Heiles zugeschrieben wird. Um die Subjektivität des Menschen von der ständigen Versuchung einer hybriden Selbstrechtfertigung zu befreien, um jede kirchliche Gemeinschaftsbildung vor dem Aberglauben einer Autonomie der Heilsvermittlung (nämlich durch den eigenen, »vollkommeneren« Vollzug der Liebe und des Glaubens) zu bewahren, bedarf die Kirche des Institutionellen, also des Amtes, der Sakramente, der Tradition, des Dogmas, des Rechtes. Darin stellt sich gesellschaftlich eindeutig, »konkret« und wirksam die objektive Vorgegebenheit des von Gott in Christus geschenkten Heiles dar. Gerade damit die Versuchung zur eigenmächtigen, subjektiven Rechtfertigung und Heilung nicht nur theoretisch und verbal entschieden zurückgewiesen wird – welcher Christ und Theologe täte dies nicht? –, sondern auch praktisch, in der gesellschaftlichen Gestalt des christlichen Lebens, ist ein Kriterium vonnöten, an dem sich mit einer gewissen Eindeutigkeit die »befreite Freiheit« des Christen von der »selbstherrlichen Freiheit« des Sünders unterscheiden läßt.

Innerhalb der katholischen Ekklesiologie wird nun weithin der Haltung des einzelnen und einzelner Gruppen gegenüber dem kirchlich Institutionellen diese Funktion der konkreten und deutlichen Unterscheidung innerhalb der kirchlichen Öffentlichkeit zugeschrieben. Selbstverständlich kann dies keineswegs als erstes und einziges Kriterium gelten; die »materiale« Übereinstimmung mit der Botschaft Christi im Glauben, im Hoffen und im Lieben bleibt das umfassende und grundlegende Merkmal dafür, daß Menschen sich von Christus (und nicht von sich selbst oder ihrer Gruppe) zur Freiheit befreien lassen. Das formale Kriterium der Übereinstimmung mit der sakramental-amtlich-rechtlich geordneten Kirche bietet dabei nur die letzte, von der inhaltlichen Treue zur apostolischen Paradosis selbst gesetzte Konkretion, die diese Treue auch in der kirchlich-gesellschaftlichen Wirklichkeit »namhaft« und damit kommunikabel machen will. Das Institutionelle soll gerade wegen seiner relativen Unabhängigkeit vom subjektiven Glaubensvollzug und wegen seiner relativen Unverfügbarkeit für die subjektive Freiheit eine gewisse Gewähr dafür bieten, daß Gottes Gnade und Wort unverkürzt *als sie selbst* zum Menschen kommen. Diese gleichsam »vertikale Identität« der Liebe Gottes mit sich selbst im menschlichen Vermittlungsgeschehen soll durch das Institutionelle dadurch gewahrt werden, daß es die »horizontale Identität« dieser in der Geschichte endgültig bleibenden Liebe mit ihrem geschichtlichen Ursprungsereignis in Jesus Christus »sichert«. Es gilt deswegen auch als vornehmliche Funktion alles kirchlich Institutionellen, die bleibende Identität des Glaubens, Hoffens und Liebens der Kirche mit ihrer vom Geist des Auferstandenen gewirkten apostolischen Gestalt zu erhalten.

Diese Identität ist selbstverständlich nicht allein und primär durch das Institutionelle gegeben; entscheidend ist sie das Werk des Hl. Geistes, der das Werk Christi durch alle Zeiten hindurch je neu und doch immer mit sich identisch anwesend sein läßt. Das Vertrauen auf diesen Hl. Geist verbindet sich aber zugleich mit einem Mißtrauen gegen die ständige Gefahr der Verwechslung des Hl. Geistes mit dem eigenen Geist des Menschen. Deswegen hat sich das Vertrauen des Christen auf die Treue Gottes in Jesus Christus vom Ursprung der Kirche an selbst eine bestimmte objektiv-gesellschaftliche Form gegeben, die es als solches schützt gegen jede Verwechslung mit dem Vertrauen auf sich selbst und seinen Geist. Diese gesellschaftliche Form muß aber, um die genannte Funktion überzeugend gegenüber der Freiheit der glaubenden Subjektivität ausführen zu können, selbst ganz und gar vom Hl. Geist der befreienden Freiheit und Liebe Gottes geprägt sein. Nur als real erfahrbares »Sakrament des Pneuma« kann die Kirche mithelfen, die Menschen vom eigenen, selbstherrlichen Geist ihrer (vermeintlichen) Freiheit zu befreien, sie zur »Freiheit der Kinder Gottes« hinzuführen. Gerade als Institution darf die Kirche deswegen nichts anderes sein als die gesellschaftlich-konkrete Gestalt dieses Dienstes an der ihr vom Geist Gottes geschenkten Freiheit. Nicht die eigenmächtige Selbstbehauptung und Stabilisierung, sondern die ständige Selbstaufgabe in die Funktionalität des reinen Zeichens für die ihr geschenkte und an die Menschen zu vermittelnde Freiheit sollte das Charakteristikum kirchlicher Institutionen sein. So allein dienen sie überzeugend der »horizontalen Identität« der Kirche mit ihrem vom Geist des Auferstandenen gewirkten Ursprung. Und gerade dieser Dienst an der Identität der Kirche in der Treue zu ihrem Ursprung im Christusereignis ist der besondere Beitrag, den das Institutionelle auf dem geschichtlichen Weg der Kirche zur vollendeten Ankunft des Reiches Gottes hin leistet.

d) Notwendigkeit einer Institutionalisierung des Gegenüber von Amt und Charisma in der Kirche

Damit kommen wir zu einer vierten und letzten Folgerung. Nach dem eben Ausgeführten könnte es scheinen, als ob das Institutionelle der Versuchung, das von Gott in Christus geschenkte Heil mit der vom Menschen selbst gewirkten Heiligung, den Hl. Geist also mit dem Geist des Menschen zu verwechseln, von sich her schon enthoben sei. Lehrt demgegenüber nicht die geschichtliche Erfahrung der Kirche, daß gerade das Institutionelle der Gefahr der stolzen Selbstbehauptung und Selbstverschließung erlegen ist? Ist nicht gerade das Institutionelle immer wieder zum Ausdruck der eigenwilligen, ja totalitären Verfügung des Menschen über den Hl. Geist und sein Wirken in der Welt geworden? Verleitet nicht gerade die stabile Konsistenz der Institution, ihre natürliche Tendenz zum Bewahren, zum Sichern des »Immerschongewesenen« nicht auch stets dazu, daß sie ihr eigenes Handeln mit dem Handeln Gottes verwechselt und schließlich identifiziert? Wenn der christliche Glaube auch darauf vertraut, daß der Geist Gottes die Kirche und in ihr das Institutionelle niemals ganz und gar aus der »Wahrheit« des hörenden, sich beschenkenlassenden Glaubens, Hoffens und Liebens herausfallen läßt, so wird er doch zugeben müssen, daß im einzelnen das Institutionelle diese Wahrheit oft nur wenig überzeugend darstellt. Der Dienst der formalen Kriterien an der inhaltlichen Übereinstimmung des Glaubens mit der apostolischen Paradosis wird in der Kirche keineswegs immer als Dienst, sondern zuweilen eher als Herrschaft erfahren. Und auch die Betonung der Unzerstörbarkeit der Kirche gerade in ihren institutionellen Vollzügen erweckt oft eher den Anschein einer endgültigen Selbstetablierung, die nichts mehr von ihrer Vorläufigkeit angesichts der eschatologischen Vollendung sichtbar werden läßt. Weil aber der Geist Gottes das Institutionelle der Kirche vor einem völligen Erliegen gegenüber all diesen Versuchungen bewahrt, weil also die bleibende Einheit von Geist und Institution wirksam verheißen ist, schafft sich dieser selbe Geist auch eine sichtbare kirchliche Form, durch die er das Institutionelle bei seiner eigentlichen Funktion hält.

Diese kirchliche Form sind die Charismen. Ihnen kommt es zu, ein wirkungsvolles Gegenüber zum Institutionellen in der Kirche zu bilden, um es stets aus jeder möglichen Abirrung zu seinem eigentlichen Dienst zurückzurufen. Ihre Aufgabe ist es, die – theoretisch immer akzeptierte – kirchliche Bindung und Verwurzelung alles Institutionellen auch praktisch – konkret zu verwirklichen. Dies ist nicht die erste und ausschließliche Funktion der Charismen; sie haben zweifellos noch andere und wichtigere Aufgaben zur »Erbauung der Gemeinde« zu leisten. Aber in all den inhaltlich verschiedenen charismatischen Diensten kommt doch stets auch der eine Grundzug zur Geltung: nämlich das Institutionelle an einer Verabsolutierung seiner selbst, die seinen »relativen« Charakter (gegenüber dem Heil Gottes und gegenüber der Kirche) verleugnen würde, zu hindern. Die ständige »Relativierung« des Institutionellen durch die Charismen gehört zur Struktur der Kirche. Gerade weil auch das Institutionelle wesentlich eine charismatische, geisterfüllte Dimension hat, kann und muß es sich jederzeit von den anderen Charismen auf diese seine eigene Wirklichkeit rückbeziehen lassen. Die Relativität der kirchlichen Institution sowohl auf das vorgegebene Heil, als auch auf die Kirche und schließlich auf die eschatologische Vollendungsgestalt dieses Heils hin, wird in der Kirche durch das Gegenüber von Institution und Charismen wirksam dargestellt. Denn durch dieses Gegenüber bewahrt der Geist Gottes auf kirchlich-sichtbare Weise das Institutionelle vor der Versuchung einer Selbstidentifizierung mit der »objektiv« vorgegebenen Gnade, der es ja in seiner »Objektivität« dienen soll. Erst wenn die Institution zu dieser Relativierung bereit ist, kann sie auch die ihr zukommende Funktion für alle Charismen erfüllen: nämlich im sakramentalen Leben der Kirche das tragende Fundament jedes charismatischen Lebens zu legen. Ohne Taufe, Eucharistie und andere Sakramente, aber auch ohne Bindung an die rechtliche, amtliche und dogmatische Gestalt der Kirche hat es keinen Sinn, von Charismen zu reden, die eben wesentlich ein kirchliches Phänomen sind. Man müßte dann eher von so etwas wie »Fremdprophetie« sprechen, deren sich der Geist Gottes durchaus auch zu jeder Zeit bedient.

Auch hier tritt wiederum deutlich die notwendige gegenseitige Vermittlung von Institution und Charisma hervor. Ohne das institutionelle Fundament als der kirchlich-sakramentalen »Möglichkeitsbedingung« läßt der Geist Gottes kein Charisma in der Kirche erstehen; aber ebensowenig läßt er auch ohne Charismen das Institutionelle seine eigentliche Funktion wahrnehmen. An der Gestalt Johannes XXIII. gewinnt diese kirchliche Dialektik eine überzeugende Konkretheit: ganz »eingefangen« in das institutionelle Gefüge der Kirche, welches ihn sogar als höchsten Repräsentanten an seine Spitze bringt, entfaltet er sein Charisma, das gerade dieses institutionelle Gefüge nachhaltig in Bewegung bringen sollte. Das kirchlich Institutionelle erfüllt seinen besonderen Dienst, nämlich die Gnade Gottes als sie selbst unverfälscht von menschlich-subjektiver Bemächtigung darzustellen, nur dann »geistgemäß«, wenn es dabei das geistgewirkte Wachwerden von kirchlichen Charismen ermöglicht und sich zugleich von diesen Charismen immer wieder aus jeder möglichen Selbstverhärtung und Selbstzwecklichkeit befreien läßt.

Diese gegenseitige Vermittlung von Institution und Charisma kann weder theoretisch auf »klare und distinkte Begriffe« gebracht noch praktisch auf eine eindeutige Weise geordnet werden. Es bleibt im Grunde dem Geist Gottes anheimgestellt, wie er dieses Verhältnis je nach geschichtlicher Notwendigkeit gestaltet. Dennoch schließt das Vertrauen auf den Geist nicht eine konkretere kirchliche Form dieses Verhältnisses aus, als sie bislang verwirklicht ist. Und zwar müßte diese stärkere Konkretisierung in die Richtung einer Institutionalisierung der Gemeinde als einem wirksamen Gegenüber zum Amt (in der umgreifenden Einheit der Kirche) gehen. Das bedeutet: Viele kirchliche Charismen können ihre »relativierende« und integrierende Funktion gegenüber dem Amt wirksamer ausüben, wenn der Raum, in dem sie entstehen und wirken, also die Gemeinde und ihre nicht-amtlichen Strukturen, stärker als bisher gerade in der kirchlichen Einheit beider Momente zugleich auch als Gegenüber zum Amt in eine rechtlich verbindliche Position gebracht wird. Eine einseitige Institutionalisierung nur des Amtes und seiner kirchlichen Funktionen läßt die Kirche »kopflastig« werden (H. Pottmeyer); sie führte in der Geschichte dazu, daß die Gemeinde der »Nichtamtlichen« allmählich doch zu einem Objekt der amtlichen, sich aus dem Raum der Gemeinde selbst immer stärker ausgliedernden »Heilsvermittlung« wurde. Zudem bleibt die kirchliche Relevanz vieler Charismen dann doch mehr oder weniger dem »Wohlwollen« des Amtes überlassen, das sich von diesen Charismen je nach Belieben korrigieren lassen kann oder nicht. Ein solches institutionalisiertes Gegenüber, wie es etwa in den Synoden und Räten bereits anfänglich verwirklicht ist, kann dem institutionellen Amt mit seinen sakramentalen, jurisdiktionellen und dogmatischen Funktionen zur eigentlich intendierten Erfüllung seiner Sendung verhelfen: nämlich das in Christus allen Menschen vor-gegebene Heil wirksam darzustellen, und zwar nicht in der Identität, sondern gerade in der Differenz von Heil und menschlich-darstellendem Zeichen. Ohne den Raum der Gemeinde als einem institutionalisierten Gegenüber zum Amt, wodurch die umgreifende Einheit beider ja nicht aufgehoben, sondern gerade verstärkt und gesellschaftlich »konkret« werden soll, bliebe die Gefahr einer identifizierenden Darstellung der »Objektivität« des Heils durch das »objektive« Amt zu groß (was die Geschichte des kirchlichen Amtes deutlich genug beweist). *Wie* dieses Gegenüber nun kirchenrechtlich konkret gestaltet werden soll, wird die theoretische und praktische Anstrengung der ganzen Kirche unserer Zeit erfordern.

LITERATURVERZEICHNIS

(Vorbemerkung: Wenn mehrere Artikel aus einem Sammelband benutzt werden, werden diese Artikel unter dem Namen des Verfassers – mit kurzem Hinweis auf das Sammelwerk – angeführt. Das Sammelwerk selbst ist außerdem unter dem Namen des ersten Herausgebers zu finden.)

Adam, K., Das Wesen des Katholizismus, Düsseldorf 1946 (11. Aufl.).

Albus, M., Die Wahrheit ist Liebe. Zur Unterscheidung des Christlichen nach H. U. v. Balthasar, Freiburg 1976.

Apel, K. O., Arnold Gehlens »Philosophie der Institutionen«, in: Phil. Rundschau 10/1962, 1–21.

Aubert, R., Die ekklesiologische Geographie im 19. Jahrhundert, in: *J. Daniélou, H. Vorgrimler*, Sentire Ecclesiam, 430–473.

Auer, J., Das »Leib-Modell« und der »Kirchenbegriff« der katholischen Kirche, in: Münchener theol. Zeitschrift 12/1961, 14–38.

Bacht, H., Die Sichtbarkeit der Kirche im kontroverstheologischen Gespräch der Gegenwart, in: *J. Ratzinger, H. Fries* (Hrsg.), Einsicht und Glaube (Festschrift G. Söhngen), Freiburg 1963 (2. Aufl.), 447–463.

–, Nomos und Pneuma, in: Stimmen der Zeit 184/1969, 98–112.

Badura, B., Ein neuer Primat der Interpretation? In: Soziale Welt 21/21 (1970/71), 321–329.

Balthasar, H. U. v., Augustinus. Das Antlitz der Kirche (Auswahl und Übertragung von H. U. v. Balthasar), Einsiedeln 1942.

–, Wahrheit I. Wahrheit der Welt, Einsiedeln 1947.

– (als Hrsg.), Die großen Ordensregeln, Einsiedeln 1948.

–, Karl Barth. Darstellung und Deutung seiner Theologie, Köln 1951.

–, Schleifung der Bastionen. Von der Kirche in dieser Zeit, Einsiedeln 1952 (2. Aufl.), (zitiert: Schleifung).

– (als Kommentator), Die deutsche Thomas-Ausgabe. Summa Theologica, Bd 23: Besondere Gnadengaben und die zwei Wege menschlichen Lebens, Heidelberg–Graz 1954.

–, Das betrachtende Gebet, Einsiedeln 1955.

–, Theologie der Geschichte. Ein Grundriß. Neue Fassung, Einsiedeln 1959 (3. Aufl.), (zitiert: Geschichte).

–, Verbum Caro. Skizzen zur Theologie I, Einsiedeln 1960, (zitiert: VC).

–, Sponsa Verbi. Skizzen zur Theologie II, Einsiedeln 1961, (zitiert: SV).

–, Herrlichkeit. Eine theologische Ästhetik. Bd I: Schau der Gestalt, Einsiedeln 1961, (zitiert: H I). BD III/1: Im Raum der Metaphysik, Einsiedeln 1965, (= H III/1). Bd III/2/1: Alter Bund, Einsiedeln 1967, (= H III/2/1). Bd III/2/2: Neuer Bund, Einsiedeln 1969, (= H III/2/2).

–, Das Ganze im Fragment. Aspekte der Geschichtstheologie, Einsiedeln 1963, (zitiert: Fragment).

–, Rechenschaft 1965, Einsiedeln 1965.

–, Glaubhaft ist nur Liebe, Einsiedeln 1966 (3. Aufl.), (zitiert: Glaubhaft).

–, Cordula oder der Ernstfall, Einsiedeln 1966 (2. Aufl.).

–, Spiritus Creator. Skizzen zur Theologie III, Einsiedeln 1967, (zitiert: SC).

–, Wer ist ein Christ? Einsiedeln 1968 (6. Aufl.), (zitiert: Christ).

–, Einfaltungen. Auf Wegen christlicher Einigung, München 1969.

–, Theologie der drei Tage, Einsiedeln 1969 (Separatdruck von »Mysterium Paschale« in: My Sal 3/2, Einsiedeln 1969, 133–326), (zitiert: Drei Tage).
–, Schwestern im Geist. Therese v. Lisieux und Elisabeth v. Dijon, Einsiedeln 1970, (zitiert: Schwestern).
– (mit *J. Ratzinger*), Zwei Plädoyers. (Warum ich noch ein Christ bin), München 1971, 9–53, (zitiert: Plädoyers).
–, In Gottes Einsatz leben, Einsiedeln 1972 (2. Aufl.), (zitiert: Einsatz).
–, Die Wahrheit ist symphonisch. Aspekte des christlichen Pluralismus, Einsiedeln 1972, (zitiert: Symphonisch).
–, Theodramatik I, Einsiedeln 1973.
–, Der antirömische Affekt. Wie läßt sich das Papsttum in der Gesamtkirche integrieren? Freiburg 1974 (Herder TB 492), (zitiert: Affekt).
–, Pneuma und Institution. Skizzen zur Theologie IV, Einsiedeln 1974, (zitiert: PI).
Barth, K., Der römische Katholizismus als Frage an die protestantische Kirche, in: Die Theologie und die Kirche. Ges. Vorträge Bd 2, München 1928, 329–363.
–, Kirchliche Dogmatik IV/2, Die Lehre von der Versöhnung, Zürich 1955.
Baum, G., Soziologie und Theologie, in: Concilium 10/1974, 12–17.
Bellarmin, R., Opera Omnia (Hrsg. J. Fèvre), Bd I, Paris 1870.
Berger, Kl., Art. »Kirche« I, in SM II, 1123–1129.
Berger, P. L., Pullberg, St., Verdinglichung und die soziologische Kritik des Bewußtseins, in: Soziale Welt 16/1965, 97–112.
Berger, P. L., Luckmann, Th., Die gesellschaftliche Konstruktion der Wirklichkeit. Eine Theorie der Wissenssoziologie, Frankfurt 1970, (zitiert: Konstruktion).
Berger, P. L., Einladung zur Soziologie, Olten–Freiburg 1969.
–, Auf den Spuren der Engel. Die moderne Gesellschaft und die Wiederentdeckung der Transzendenz, Frankfurt 1970.
Bernards, M., Zur Lehre von der Kirche als Sakrament, in: Münchener theol. Zeitschrift 20/1969, 29–54.
Biser, E., »H. U. v. Balthasar«, in: H. J. Schultz (Hrsg.), Tendenzen der Theologie im 20. Jhdt. Eine Geschichte in Porträts, Stuttgart–Olten 1966, 524–529.
Blank, J., Kirche – Gemeinde oder/und Institution? In: Diakonia 4/1973, 235–245.
Blei, K., De Onfeilbaarheid van de Kerk, Kampen 1972.
Bleistein, R., Klinger, E. (Hrsg.), Bibliographie Karl Rahner 1924–69, Freiburg 1969.
Bleistein, R. (Hrsg), Bibliographie Karl Rahner 1969–74, Freiburg 1974.
Böhler, D., Das Problem des »emanzipatorischen Interesses« und seiner gesellschaftlichen Wahrnehmung, in: Zeitschr. f. evg. Ethik 14/1970, 220–240.
Boff, L., Die Kirche als Sakrament im Horizont der Welterfahrung, Paderborn 1972.
Bohne, R., Das katholische System, Zürich 1972.
Bonhoeffer, D., Akt und Sein. Transzendentalphilosophie und Ontologie in der systematischen Theologie, Gütersloh 1931.
–, Sanctorum Communio. Eine dogmatische Untersuchung zur Soziologie der Kirche, Neuauflage München 1954.
Bouyer, L., L'Eglise de Dieu, Paris 1970.
Brockhaus, U., Charisma und Amt. Die paulinische Charismenlehre auf dem Hintergrund der frühchristlichen Gemeindefunktionen, Wuppertal 1972.
Brosse, O. de la, Théologie. Situation du prêtre et théologie des ministères. Bulletin in: RSPhTh 57/1973, 113–142.
Brox, N., Altkirchliche Formen des Anspruchs auf apostolische Kirchenverfassung, in: Kairos NF 12/1970, 113–140.
Brunner, E., Das Mißverständnis der Kirche, Stuttgart 1951.
Bultmann, R., Theologie des Neuen Testaments, Tübingen 1965 (5. Aufl.).

Bunnik, R. J., Das Amt in der Kirche. Krise und Erneuerung in theologischer Sicht, Düsseldorf 1969.

Campenhausen, H. v., Kirchliches Amt und geistliche Vollmacht in den ersten drei Jahrhunderten, Tübingen 1963 (2. Aufl.).

Congar, Y., Esquisses du Mystère de l'Eglise, Paris 1953 (2. Aufl.).

–, Jalons pour une théologie du Laicat, Paris 1953 (dt: Der Laie, Stuttgart 1957).

–, Geschichtliche Betrachtungen über Glaubensspaltung und Einheitsproblematik, in: *Roesle, M.*, *Cullmann, O.*, Begegnung der Christen, 405–429.

–, Sainte Eglise, Paris 1963 (dt: Heilige Kirche, Stuttgart 1966).

–, Die Lehre von der Kirche. Vom abendländischen Schisma bis zur Gegenwart. Handb. d. Dogmengeschichte (Hrsg. M. Schmaus, A. Grillmeier, L. Scheffczyk), Bd III, Fasz. 3d, Freiburg 1971.

–, Ministères et Communion ecclésiale, Paris 1971.

–, Erneuerung des Geistes und Reform der Institution, in: Concilium 8/1972, 171–177.

–, Théologie. Les normes de la foi et de la théologie. Bulletin in: RSPhTh 56/1972, 640–660.

–, Ecclésiologie II. Thèmes théologiques d'ecclésiologie. Bulletin in: RSPhTh 57/1973, 481–506.

–, Die Normen für die Ursprungstreue und Identität der Kirche im Verlauf ihrer Geschichte, in: Concilium 9/1973, 156–163.

–, Dogme christologique et Ecclésiologie. Vérité et limites d'un parallele. In: *A. Grillmeier*, *H. Bacht* (Hrsg.), Das Konzil von Chalkedon, Bd III, Würzburg 1973 (4. Aufl.), 239–268.

–, Après Infaillible? de H. Küng: bilans et discussions, in: RSPhTh 58/1974, 243–252.

Cordes, P. J., Sendung zum Dienst. Exegetisch-historische und systematische Studien zum Konzilsdekret »Vom Dienst und Leben der Priester«, Frankfurt 1972.

Dahm, K. W., *Luhmann, N.*, *Stoodt, D.*, Religion – System und Sozialisation, Neuwied 1972.

Dahmer, H., Besprechung zu: Berger – Luckmann, Konstruktion, in: Soziale Welt 21/22 (1970/71), 121f.

Daniélou, J., *Vorgrimler, H.* (Hrsg.), Sentire Ecclesiam (Festschrift Hugo Rahner), Freiburg 1961.

Dias, P. V., Vielfalt der Kirche in der Vielfalt der Jünger, Zeugen und Diener, Freiburg 1968.

Dieckmann, H., De Ecclesia I u. II, Freiburg 1925.

Dombois, H., Das Recht der Gnade I. Ökumenisches Kirchenrecht, Witten 1961.

–, Recht der Gnade II. Ökumenisches Kirchenrecht, Bielefeld 1974.

– (Hrsg.), Recht und Institution I, Witten 1956.

– (Hrsg.), Recht und Institution II, Stuttgart 1969.

–, Hierarchie. Grund und Grenze einer umstrittenen Struktur, Freiburg 1971.

Dreier, R., Das kirchliche Amt. Eine kirchenrechtstheoretische Studie, München 1972.

Dullaart, L., Kirche und Ekklesiologie. Die Institutionenlehre A. Gehlens als Frage an den Kirchenbegriff in der gegenwärtigen systematischen Theologie, München–Mainz 1975.

Durkheim, E., Die Regeln der soziologischen Methode (herausgegeben und eingeleitet von R. König), Neuwied–Berlin 1965 (2. Aufl.).

Eicher, P., Die anthropologische Wende. K. Rahners philosophischer Weg vom Wesen des Menschen zur personalen Existenz, Freiburg (Schweiz) 1970.

Eyt, P., Sociologies de l'institution religieuse et théologie de l'Eglise, in: Nouv. Revue théol. 95/1973, 527–538.

Faux, J. M., Un théologien: H. U. v. Balthasar, in: Nouv. Revue théol. 10/1972, 1009–1030.

–, Retour au centre. La théologie de H. U. v. Balthasar, in: Catéchistes 97/1974, 133–160.

Feckes, C., Das Mysterium der heiligen Kirche, Paderborn 1935 (2. Aufl.).
–, Die Kirche als Herrenleib, Köln 1949.
Feiner, J., Löhrer, M. (Hrsg.), Mysterium Salutis 4/1: Das Heilsgeschehen in der Gemeinde, Einsiedeln 1972.
Fischer, K. P., Der Mensch als Geheimnis. Die Anthropologie K. Rahners, Freiburg 1974.
Fitzpatrick, P. J., Infallibility – a secular Assessment, in: Irish Theol. Quart. 41/1974, 3–21.
Franz, H., Das Denken M. Heideggers und die Theologie, in: O. Pöggeler (Hrsg.), Heidegger – Perspektiven zur Deutung seines Werks, Köln 1970 (2. Aufl.), 179–216.
Franzelin, J. B., Theses de Ecclesia Christi, Rom 1907 (2. Aufl.).
Freud, S., Die Zukunft einer Illusion, in: Ges. Werke XIV, Frankfurt 1963 (3. Aufl.), 323–380.
–, Das Unbehagen in der Kultur, in: Ges. Werke XIV, Frankfurt 1963 (3. Aufl.), 419–506.
Fries, H., Kirche als Ereignis, Düsseldorf 1958.
–, Aspekte der Kirche, Stuttgart 1963.
–, Wandel des Kirchenbildes und dogmengeschichtliche Entfaltung, in: My Sal 4/1, 223–285.
Gadamer, H. G., Wahrheit und Methode, Tübingen 1972 (3. Aufl.).
Gehlen, A., Der Mensch. Seine Natur und seine Stellung in der Welt, Frankfurt–Bonn 1962 (7. Aufl.).
–, Urmensch und Spätkultur, Frankfurt–Bonn 1964 (2. Aufl.).
Geiselmann, J. R., Kirche und Frömmigkeit in den geistigen Bewegungen der ersten Hälfte des 19. Jhdts. (J. M. Sailer), in: *J. Daniélou, H. Vorgrimler*, Sentire Ecclesiam, 474–530.
–, Der Wandel des Kirchenbewußtseins und der Kirchlichkeit in der Theologie J. A. Möhlers, in: *J. Daniélou, H. Vorgrimler*, Sentire Ecclesiam, 531–675.
Gérest, C., Geistliche Bewegungen und kirchliche Institution, in: Concilium 9/1973, 619–630.
Gerken, A., Offenbarung und Transzendenzerfahrung, Düsseldorf 1969.
Geyer, H. G., Janowski, H. N., Schmidt, A., Theologie und Soziologie, Stuttgart 1970.
Giblet, J. (Hrsg.), Vom Christus zur Kirche. Charisma und Amt im Urchristentum, Freiburg 1966.
Gnilka, J., Geistliches Amt und Gemeinde nach Paulus, in: Kairos NF XI/1969, 95–104.
Greiffenhagen, M., Die Verstehensproblematik im Dialog zwischen Soziologie und Theologie, untersucht am Beispiel der Institution, in: Zeitschrift f. evang. Ethik 4/1960, 159–176.
Greinacher, N., Soziologische Aspekte des Selbstvollzugs der Kirche, in: HPTh I, 413–448.
–, Herrschaftsfreie Gemeinde, in: Concilium 7/1971, 181–190.
Greshake, G., Gnade als konkrete Freiheit. Eine Untersuchung zur Gnadenlehre des Pelagius, Mainz 1972.
Grosche, R., Pilgernde Kirche, Freiburg 1938.
Guyot, J. (Hrsg.), Das apostolische Amt, Mainz 1961.
Haarsma, F., Kasper, W., Kaufmann, F. X., Kirchliche Lehre – Skepsis der Gläubigen, Freiburg 1970.
Habermas, J., Zur Logik der Sozialwissenschaften. Sonderheft der Phil. Rundschau, Beiheft 5, Tübingen 1967.
–, Technik und Wissenschaft als »Ideologie«, Frankfurt 1968.
–, Analytische Wissenschaftstheorie und Dialektik, in: Th. W. Adorno u. a.; Der Positivismusstreit in der deutschen Soziologie, Neuwied–Berlin 1970 (2. Aufl.), 155–191.
–, Erkenntnis und Interesse, Frankfurt 1971.
– und *Luhmann, N.*, Theorie der Gesellschaft oder Sozialtechnologie, Frankfurt 1972, (zitiert: Gesellschaft).
Häring, H., Nolte, J. (Hrsg.), Diskussion um Hans Küng, Die Kirche, Freiburg 1971.

Hasenhüttl, G., Charisma – Ordnungsprinzip der Kirche, Freiburg 1969.
–, Die Charismen im Leben der Kirche, in: Der Seelsorger 39/1969, 167–174.
–, Kirche und Institution, in: Concilium 10/1974, 7–11.
–, Herrschaftsfreie Kirche, Düsseldorf 1974.
Hauriou, M., Die Theorie der Institution und zwei weitere Aufsätze von M. Hauriou (Hrsg. R. Schnur), Berlin 1965.
Hegel, G. W. F., Grundlinien der Philosophie des Rechts (Hrsg. J. Hoffmeister), Hamburg 1955 (4. Aufl. 1967).
Heidegger, M., Sein und Zeit, Tübingen 1957 (8. Aufl.).
–, Identität und Differenz, Pfullingen 1957.
–, Vom Wesen der Wahrheit, Frankfurt 1967 (5. Aufl.).
–, Was ist Metaphysik? Frankfurt 1969 (10. Aufl.).
Heijden, B. v. d., Karl Rahner – Darstellung und Kritik seiner Grundpositionen, Einsiedeln 1973.
Heinrichs, J., Sinn und Intersubjektivität, in: Theologie und Philosophie 45/1970, 161–191.
–, Der Ort der Metaphysik im System der Wissenschaften bei P. Tillich, in: Zeitschrift f. kath. Theol. 91/1970, 249–286.
–, Das ideologiekritische Gewicht der Lehre vom anonymen Christen. In: *E. Klinger* (Hrsg.), Christentum innerhalb und außerhalb der Kirche, Freiburg 1976, 42–64.
Heinz, G., Das Problem der Kirchenentstehung in der deutschen protestantischen Theologie des 20. Jahrhunderts, Mainz 1974.
Heinz, H., Der Gott des Je-mehr. Der christologische Ansatz H. U. v. Balthasars, Bern–Frankfurt 1975.
Hemmerle, Kl. u. Balthasar, H. U. v., Institution – geflohen und gesucht, in: Internationale kath. Zeitschrift »Communio« 4/1975, 127–138.
Hengstenberg, H. E., Grundlegungen zu einer Methaphysik der Gesellschaft, Nürnberg 1949.
–, Philosophische Anthropologie, Stuttgart 1960 (2. Aufl.).
Hildebrand, D. v., Methaphysik der Gemeinschaft, Augsburg 1930.
Hoffmann, J., Grâce et institution selon H. Dombois, I u. II, in: RSPhTh 52/1968, 645–676 und 53/1969, 41–69.
Holböck, F., Das Mysterium der Kirche in dogmatischer Sicht, in: *F. Holböck, Th. Sartory* (Hrsg.), Mysterium Kirche, Bd 1, Salzburg 1961, 201–346.
Hollweg, A., Theologie und Empirie, Stuttgart 1971.
Honecker, M., Kirche als Gestalt und Ereignis, München 1963.
Jonas, F., Die Institutionenlehre A. Gehlens, Tübingen 1966.
Journet, Ch., L'Eglise du Verbe incarné, Bd 1, Paris 1955 (2. Aufl.).
Jüngel, E., Rahner, K., Was ist ein Sakrament? Freiburg 1971.
Käsemann, E., Exegetische Versuche und Besinnungen I u. II, Göttingen 1960 u. 1964.
Kasper, W., Die Lehre von der Tradition in der Römischen Schule, Freiburg 1962.
–, Dogma unter dem Wort Gottes, Mainz 1965.
– und *Lehmann, K.*, Die Heilssendung der Kirche in der Gegenwart. Pastorale. Handreichung für den pastoralen Dienst, Mainz 1970.
–, Glaube und Geschichte, Mainz 1970.
–, Elemente zu einer Theologie der Gemeinde, in: *J. Möller, H. Kohlenberger* (Hrsg.), Virtus Politica (Festgabe A. Hufnagel), Stuttgart 1974, 33–50.
Kaufmann, F. X., Theologie in soziologischer Sicht, Freiburg 1973.
Kehrer, G., Religionssoziologie, Berlin 1968.
Kern, W., Art. über Hegels »Grundlinien der Philosophie des Rechts«, in: Kindlers Literatur Lexikon III, Zürich 1967, 1240–1242.
Kertelge, K., Gemeinde und Amt im Neuen Testament, München 1972.
Köhnlein, M., Was bringt das Sakrament? Disputation mit K. Rahner, Göttingen 1971.

König, R. (Hrsg.), Fischer Lexikon »Soziologie«, Frankfurt 1967.
Koster, M. D., Ekklesiologie im Werden, Paderborn 1940.
Krings, H., Art. »Freiheit«, in: *Krings, H., Baumgartner, H. M., Wild, Ch.* (Hrsg.), Handbuch philosophischer Grundbegriffe, Studienausgabe, München 1973, Bd 2, 493–510.
Küng, H., Rechtfertigung. Die Lehre K. Barths und eine katholische Besinnung, Einsiedeln 1964 (4. erw. Aufl.).
–, Konzil und Wiedervereinigung, Wien 1960.
–, Strukturen der Kirche, Quaest. disp. 17, Freiburg 1962.
–, Der Frühkatholizismus im Neuen Testament als kontroverstheologisches Problem, in: Theol. Quartalschrift 142/1962, 385–424.
–, Theologie und Kirche (Theol. Meditationen 3), Einsiedeln 1964.
–, Die charismatische Struktur der Kirche, in: Concilium 1/1965, 282–290.
–, Die Kirche, Freiburg 1967 (4. Aufl. 1973).
–, Wahrhaftigkeit, Freiburg 1968.
–, Menschwerdung Gottes. Eine Einführung in Hegels theologisches Denken als Prolegomena zu einer künftigen Christologie, Freiburg 1970.
–, Unfehlbar? Eine Anfrage, Zürich 1971 (3. Aufl.).
–, Die Kirche des Evangeliums, in: *H. Häring, J. Nolte*, Diskussion, 175–221, (zitiert: Diskussion).
–, Wozu Priester? Eine Hilfe. Zürich 1971.
–, Was in der Kirche bleiben muß (Theol. Meditationen 30), Zürich 1973.
– (Hrsg.), Fehlbar? Eine Bilanz, Zürich 1973.
– (als Mitherausgeber), Reform und Anerkennung kirchlicher Ämter. Ein Memorandum der Arbeitsgemeinschaft ökumenischer Universitätsinstitute, München–Mainz 1973, bes. 11–25: Memorandum, und 163–188: Wesen und Gestalt des kirchlichen Amtes, (zitiert: Reform).
–, Christsein, München–Zürich 1974.
Laubach, J., Über H. U. v. Balthasar, in: L. Reinisch (Hrsg.), Theologie unserer Zeit, München 1960, 179–201.
Lehmann, K., Die Kirche und die Herrschaft der Ideologien, in: HPTh II/2, 109–180.
–, Art. »Transzendenz« in: SM IV, 992–1005.
–, Das dogmatische Problem des theologischen Ansatzes zum Verständnis des Amtspriestertums, in: F. Henrich (Hrsg.), Existenzprobleme des Priesters, München 1969, 121–175.
–, »Karl Rahner«, in: H. Vorgrimler, R. v. d. Gucht (Hrsg.), Bilanz der Theologie im 20. Jhdt., Bd 4 (Bahnbrechende Theologen), Freiburg 1970, 143–181.
–, Was ist eine christliche Gemeinde? In: Internationale kath. Zeitschrift »Communio« 1/1972, 481–497.
Lenk, K. (Hrsg.), Ideologie, Neuwied 1967 (3. Aufl.).
Leuba, J. L., L'institution et l'événement, Neuchâtel 1950 (dt: Institution und Ereignis, Göttingen 1957).
Löser, W., Das Sein – ausgelegt als Liebe. In: Internationale katholische Zeitschrift »Communio« 4/1975, 410–424.
–, H. U. v. Balthasar als Interpret der Theologie der Kirchenväter, Frankfurt 1976.
Löning, K., Herrschaft Gottes und Befreiung des Menschen II., in: *W. Weber*, Macht, 47–60.
Lohfink, N., Das Alte Testament und die Krise des kirchlichen Amtes, in: Stimmen der Zeit 186/1970, 269–276.
Lotz, J. B., Ontologia, Barcelona 1963.
Lubac, H. de, Catholicisme. Les aspects sociaux du Dogme, Paris 1938, (dt: Glauben aus der Liebe. »Catholicisme«. Übertragen und eingeleitet von H. U. v. Balthasar, Einsiedeln 1970).

–, Corpus mysticum. L'Eucharistie et L'Eglise au Moyen Age, Paris 1949 (2. Aufl.), (dt: Corpus Mysticum. Eucharistie und Kirche im Mittelalter, übertragen von H. U. v. Balthasar, Einsiedeln 1969).
–, Méditation sur l'Eglise, Paris 1953 (3. Aufl.), (dt: Die Kirche. Eine Betrachtung. Übertragen und eingeleitet von H. U. v. Balthasar, Einsiedeln 1968).
–, Credo Ecclesiam, in: *J. Daniélou, H. Vorgrimler,* Sentire Ecclesiam, 13–16.
–, Un témoin du Christ dans l'Eglise: H. U. v. Balthasar, in: Civitas 20/1964/65, 587–600.
Luckmann, Th., Das Problem der Religion in der modernen Gesellschaft, Feiburg 1963.
–, Religion in der modernen Gesellschaft, in: *J. Wössner,* Religion, 3–13.
Luhmann, N., Reflexive Mechanismen, in: Soziale Welt 17/1966, 1–23.
–, Normen in soziologischer Perspektive, in: Soziale Welt 20/1969, 28–48.
–, Legitimation durch Verfahren, Neuwied–Berlin 1969.
–, Institutionalisierung – Funktion und Mechanismus im sozialen System, in: *H. Schelsky,* Theorie, 27–41.
–, Soziologische Aufklärung, Opladen 1971 (2. Aufl.).
–, Die Organisierbarkeit von Religionen und Kirchen, in: *J. Wössner,* Religion, 245–287.
–, Religion als System. Thesen. Und: Religiöse Dogmatik und gesellschaftliche Evolution. Beide in: *K.-W. Dahm* u.a., Religion, 11–13 bzw. 15–132.
–, Institutionalisierte Religion gemäß funktionaler Soziologie, in: Concilium 10/1974, 17–22.
Malinski, M., Das Leben der Kirche nach K. Rahner, Rom 1966.
Malinowski, Br., Eine wissenschaftliche Theorie der Kultur, Zürich 1949.
Malmberg, F., Ein Leib – ein Geist, Freiburg 1960.
Marsch, W. D., Gegenwart Christi in der Gesellschaft, München 1965.
–, Institution im Übergang, Göttingen 1970.
–, Das Institutionen-Gespräch in der evangelischen Kirche, in: *H. Schelsky,* Theorie, 127–139.
Matthes, J., Religion und Gesellschaft. Einführung in die Religionssoziologie I, Hamburg 1967.
–, Kirche und Gesellschaft. Einführung in die Religionssoziologie II, Hamburg 1969.
Mead, G. H., Geist, Identität und Gesellschaft, Frankfurt 1968.
Ménard, E., L'Ecclésiologie hier et aujourd' hui, Bruges–Paris 1966. (dt: Kirche gestern und morgen, Frankfurt 1968).
Mersch, E., La Théologie du Corps mystique, 2 Bde, Bruxelles–Paris 1949 (3. Aufl.).
–, Le Corps mystique du Christ, 2 Bde, Bruxelles–Paris 1951 (3. Aufl.).
Metz, J. B., Zur Theologie der Welt, Mainz–München 1968.
–, »Politische Theologie« in der Diskussion, in: *H. Peukert,* Diskussion, 267–301.
Metz, J. B., Moltmann, J., Oelmüller, W., Kirche im Prozeß der Aufklärung, München–Mainz 1970.
Metz, J. B., Rendtorff, Tr. (Hrsg.), Die Theologie in der interdisziplinären Forschung, Düsseldorf 1971.
Möhler, J. A., Die Einheit in der Kirche oder das Prinzip des Katholizismus (herausgegeben, eingeleitet u. kommentiert von J. R. Geiselmann), Köln 1956.
–, Symbolik (herausgegeben, eingeleitet u. kommentiert von J. R. Geiselmann), 2 Bde, Köln 1961.
Mörsdorf, K., Lehrbuch des Kirchenrechts Bd 1 (11. Aufl.), Paderborn 1964.
–, Zur Grundlegung des Rechtes der Kirche, in: Münchener Theologische Zeitschrift 3/1952, 329–348.
Moltmann, J., Perspektiven der Theologie, München 1968.
–, Der gekreuzigte Gott, München 1972.
–, Kirche in der Kraft des Geistes, München 1975.

Mühlen, H., Una Mystica Persona. Die Kirche als das Mysterium der heilsgeschichtlichen Identität des Hl. Geistes in Christus und den Christen, München 1968 (3. Aufl.).
–, Entsakralisierung, Paderborn 1970.
–, Gnadenlehre, in: *H. Vorgrimler, R. v. d. Gucht* (Hrsg.), Bilanz der Theologie im 20. Jhdt., Bd 3, Freiburg 1970, 148–192.
Müller, M., Existenzphilosophie im Leben der Gegenwart, Heidelberg 1964 (3. Aufl.).
–, Erfahrung und Geschichte, Freiburg–München 1971.
Nagel, E. J., Institutionelle Wandlungen in der kath. Kirche, in: Europäische Hochschulschriften, Reihe XXII (Soziologie), Bd 7, Bern–Frankfurt 1973.
Neumann, J., Synodales Prinzip, Freiburg 1973.
Nolte, J., Dogma in Geschichte, Freiburg 1971.
O'Connor, E. D., Charisme et Institution in: Nouv. Revue théol. 96/1974, 3–20.
O'Dea, Th. F., Die fünf Dilemmas der Institutionalisierung der Religion, in: *Fr. Fürstenberg* (Hrsg.), Religionssoziologie, Neuwied 1970 (2. Aufl.), 231–237.
Oeing-Hanhoff, L., Konkrete Freiheit, in: Stimmen der Zeit 187/1971, 372–390.
Onna, B. v., Stankowski, M. (Hrsg.), Kritischer Katholizismus, Frankfurt 1969.
Ott, L., Grundriß der kath. Dogmatik, Freiburg 1965 (7. Aufl.).
Pannenberg, W., Wissenschaftstheorie und Theologie, Frankfurt 1973.
Persson, P. E., Repraesentatio Christi. Der Amtsbegriff in der neueren römisch-katholischen Theologie, Göttingen 1966.
Peukert, H. (Hrsg.), Diskussion zur »Politischen Theologie«, Mainz–München 1969.
Pius XII., Mystici Corporis, in: *A. Rohrbasser* (Hrsg.), Heilslehre der Kirche. Dokumente von Pius IX. bis Pius XII., Freiburg (Schweiz) 1953, 466–526.
Pöggeler, O., Besprechung zu *J. Ritter*, Methaphysik und Politik, Frankfurt 1969, in: Hegel-Studien, Bd 7, Bonn 1972, 282–293.
Post, W., Art. »Ideologie«, in: SM II, 795–801.
Pottmeyer, H., Das Bleibende an Amt und Sendung des Presbyters, in: Lebendige Seelsorge 21/1970, 39–48.
–, Theologie der synodalen Strukturen, in: *A. Exeler* (Hrsg.), Fragen der Kirche heute, Würzburg 1971, 164–182.
Premm, M., Katholische Glaubenskunde, Bd 2, Wien 1959.
Przywara, E., Katholische Krise (In Zusammenarbeit mit dem Verf. hrsg. und mit einem Nachwort versehen von B. Gertz), Düsseldorf 1967.
Rahner, K., Geist in Welt, München 1957 (2. Aufl., Hrsg. J. B. Metz).
–, Hörer des Wortes, München 1963 (neu bearbeitet von J. B. Metz).
–, Schriften zur Theologie I–XII, Zürich 1954–1975 (zitiert: Angabe des Bandes und der Seitenzahl, z. B. IV, 325).
–, Über die Schriftinspiration, Quaest. disp. 1, Freiburg 1958.
–, Zur Theologie des Todes, Quaest. disp. 2, Freiburg 1958.
–, Das Dynamische in der Kirche, Quaest. disp. 5, Freiburg 1958 (zitiert: DiK).
–, Kirche und Sakramente, Quaest. disp. 10, Freiburg 1963 (2. Aufl.), (zitiert: KuS).
–, Vorfragen zu einem ökumenischen Amtsverzeichnis, Quaest. disp. 65, Freiburg 1974 (zitiert: Vorfragen).
–, Vom Sinn des kirchlichen Amtes, Freiburg 1966, (zitiert: Sinn).
–, Kritisches Wort, Freiburg 1970 (Herder TB 363).
–, Freiheit und Manipulation in Gesellschaft und Kirche, München 1970, (zitiert: Manipulation).
–, (als Hrsg.), Zum Problem Unfehlbarkeit. Antworten auf die Anfrage von Hans Küng, Freiburg 1971, (zitiert: Unfehlbarkeit).
–, Strukturwandel der Kirche als Aufgabe und Chance, Freiburg 1972 (Herder TB 446).
– u. *Vorgrimler, H.* (Hrsg.), Kleines theologisches Wörterbuch, Freiburg 1961 (Herder TB 108/109), (zitiert: KThW).

– u. *Vorgrimler, H.* (Hrsg.), Kleines Konzilskompendium, Freiburg 1966 (Herder TB 270–73).
–, Ekklesiologische Grundlegung, in: HPTh I, 117–148.
–, Die Sakramente als Grundfunktionen der Kirche, in: HPTh I, 323–332.
–, Die Träger des Selbstvollzugs der Kirche, in: HPTh I, 149–215.
–, Die Disziplin der Kirche. Grundsätzliches, in: HPTh I, 333–343.
–, Art. »Das Charismatische in der Kirche«, in: LThK II, 1027–1030.
–, Art. »Institutionalismus«, in: LThK V, 714f.
–, Art. »Selbstmitteilung Gottes«, in: LThK IX, 627.
–, Art. »Bußsakrament«, in: SM I, 655–679.
–, Art. »Existential«, II. Theologische Anwendung, in: SM I, 1298–1300.
–, Art. »Inkarnation«, in: SM II, 824–840.
–, Art. »Jesus Christus« II u. III, in: SM II, 920–957.
–, Art. »Kirchengliedschaft«, in: SM II, 1209–1215.
–, Art. »Kirchenverfassung« I, in: SM II, 1283–1289.
–, Art. »Kirche und Welt«, in: SM II, 1336–1357.
–, Art. »Offenbarung«, in: SM III, 832–843.
–, Art. »Selbstmitteilung Gottes«, in: SM IV, 521–526.
–, Art. »Transzendentaltheologie«, in: SM IV, 986–992.
–, »H. U. v. Balthasar«, in: Civitas 20/1964/65, 601–604.
Raiser, K., Identität und Sozialität. G. H. Meads Theorie der Interaktion und ihre Bedeutung für die theologische Anthropologie, München–Mainz 1971.
Raske, M., Schäfer, Kl., Wetzel, N. (Hrsg.), Eine freie Kirche für eine freie Welt, Düsseldorf 1969.
Ratzinger, J., Das neue Volk Gottes, Düsseldorf 1970 (2. Aufl.).
–, Art. »Kirche«, in: LThK VI, 172–183.
–, Art. »Leib Christi« II, in: LThK VI, 910ff.
–, Heil und Geschichte, in: Wort und Wahrheit 25/1970, 3–14.
–, Bemerkungen zur Frage der Charismen in der Kirche, in *G. Bornkamm, K. Rahner* (Hrsg.), Die Zeit Jesu (Festschrift H. Schlier), Freiburg 1970, 257–272.
– u. *Maier, H.*, Demokratie in der Kirche, Limburg 1970.
–, Christlicher Universalismus. Zum Aufsatzwerk H. U. v. Balthasars, in: Hochland 54/1961, 68–76.
–, Bemerkungen zur Frage der apostolischen Sukzession, in: *K. Schuh*, Amt, 37–45.
Rendtorff, Tr., Christentum außerhalb der Kirche, Hamburg 1969.
–, Zur Säkularisierungsproblematik. Über die Weiterentwicklung der Kirchensoziologie zur Religionssoziologie, in: *J. Matthes*, Religion, 208–229.
–, Was heißt »interdisziplinäre Arbeit« für die Theologie? Elemente einer Orientierung, in: *J. B. Metz, Tr. Rendtorff*, Theologie, 45–56.
–, Theorie des Christentums, Gütersloh 1972.
Riches, J. K., The Theology of H. U. v. Balthasar, in: Theology, a monthly review, Nov. 1972, 562–570 (1) und Dez. 1972, 647–655 (2).
Riesenhuber, Kl., Der anonyme Christ nach K. Rahner, in: Zeitschr. f. kath. Theol. 86/1964, 286–303.
Ritter, J., Hegel und die französische Revolution, Köln–Opladen 1957.
–, Moralität und Sittlichkeit, in: *Fr. Kaulbach, J. Ritter* (Hrsg.), Kritik und Metaphysik, Berlin 1966, 331–351.
Roberts, L., The Achievement of K. Rahner, New York 1967.
Röper, A., Die anonymen Christen, Mainz 1963.
Roesle, M., Cullmann, O. (Hrsg.), Begegnung der Christen (Festschrift O. Karrer), Stuttgart–Frankfurt 1959.
Rohrmoser, G., Emanzipation und Freiheit, München 1970.

Roloff, J., Apostolat – Verkündigung – Kirche. Ursprung, Inhalt und Funktion des kirchlichen Apostelamtes nach Paulus, Lukas und den Pastoralbriefen, Gütersloh 1965.

Roo, W. A. v., Reflections on K. Rahners »Kirche und Sakramente«, in: Gregorianum 44/1963, 465–500.

Rosenzweig, Fr., Hegel und der Staat, 2 Bde, München–Berlin 1920.

Roy, L., Ingram, F. (Hrsg), Ein Modell von Kirche? Düsseldorf 1969.

Ryffel, H., Die Institutionen: Verhängnisse oder Aufgaben? In: Soziale Welt 18/1967, 253–260.

Salaverri, J., De ecclesia Christi, in: Patres Societatis Jesu (Hrsg.), Sacrae Theologiae Summa I, Madrid 1958 (4. Aufl.).

Sauter, G., Erwartung und Erfahrung, München 1972.

–, Möglichkeiten der Theoriebildung in der Theologie, in: *J. B. Metz, Tr. Rendtorff*, Theologie, 58–64.

–, Wissenschaftstheoretische Kritik der Theologie. Die Theologie und die neuere wissenschaftstheoretische Diskussion, München 1973.

Scheffczyk, L., Das kirchliche Amt im Verständnis der kath. Theologie, in: *K. Schuh*, Amt, 17–25.

–, Das »Katholische« in der Kirchenauffassung D. Bonhoeffers, in: *H. Fleckenstein, G. Gruber, G. Schwaiger, E. Tewes* (Hrsg.), Ortskirche – Weltkirche (Festschrift Kardinal Döpfner), Würzburg 1973, 230–250.

Schelsky, H., Auf der Suche nach Wirklichkeit, Köln 1965.

– (Hrsg.), Zur Theorie der Institution, Düsseldorf 1970 (zitiert: Theorie).

–, Systemfunktionaler, anthropologischer und personfunktionaler Ansatz der Rechtssoziologie, in: *R. Lautmann, W. Maihofer, H. Schelsky* (Hrsg.), Die Funktion des Rechts in der modernen Gesellschaft. Jahrbuch für Rechtssoziologie und Rechtstheorie, Bd. 1, Bielefeld 1970, 37–89.

–, Die Arbeit tun die anderen, Opladen 1975.

Schillebeeckx, E., Christus, Sakrament der Gottbegegnung, Mainz 1960.

–, Theologie des kirchlichen Amtes, in: Diakonia 1/1970, 147–160.

Schilson, A., Kasper, W., Christologie im Präsens. Kritische Sichtung neuer Entwürfe, Freiburg 1974.

Schlette, H. R., Die Religionen als Thema der Theologie, Quaest. disp. 22, Freiburg 1963.

–, Die Ideologieproblematik und der christliche Glaube, in: Concilium 1/1965, 505–516.

–, Thesen zum christlichen Gemeindeverständnis, in: *M. Seckler, O. H. Pesch, J. Brosseder, W. Pannenberg* (Hrsg.), Begegnung (Festschrift H. Fries), Graz 1972, 361–368.

Schlier, H., Die Zeit der Kirche, Exegetische Aufsätze und Vorträge I, Freiburg 1962 (3. Aufl.).

–, Besinnung auf das Neue Testament. Exegetische Aufsätze und Vorträge II, Freiburg 1964.

–, Das Ende der Zeit, Exegetische Aufsätze und Vorträge III, Freiburg 1971.

Schlösser, F., Kirche für die Welt, Mainz 1968.

Schmaus, M., Katholische Dogmatik II/1, Die Lehre von der Kirche, München 1958 (3. Aufl.).

Schneider, R., H. U. v. Balthasar (Zum 50. Geburtstag), in: Schweizer Rundschau 55/1955, 208–211.

Schürmann, H., Die geistlichen Gnadengaben, in: *G. Baraúna*, De Ecclesia I, Freiburg–Frankfurt 1966, 494–519.

–, Die Freiheitsbotschaft des Paulus – Mitte des Evangeliums? In: Catholica 25/1971, 22–62.

–, Kirche als offenes System, in: Internationale kath. Zeitschrift »Communio« 1/1972, 306–323.

Schuh, K. (Hrsg.), Amt im Widerstreit, Berlin 1973.

Schulz, W., Philosophie in der veränderten Welt, Pfullingen 1972.
Schweizer, E., Gemeinde und Gemeindeordnung im Neuen Testament, Zürich 1962 (2. Aufl.).
Semmelroth, O., Die Kirche als »sichtbare Gestalt der unsichtbaren Gnade«, in: Scholastik 28/1953, 23–39.
–, Ich glaube an die Kirche, Düsseldorf 1959.
–, Vom Sinn der Sakramente, Frankfurt 1960.
–, Die Kirche als Ursakrament, Frankfurt 1963 (3. Aufl.).
–, Das geistliche Amt, Frankfurt 1965 (2. Aufl.).
–, Art. »Amt und Charisma«, in: SM I, 119–123.
–, Die Kirche als Sakrament des Heils, in: My Sal 4/1, 309–356.
Sieben, H. J., Zur Entwicklung der Konzilsidee I–VIII, in: Theol. und Phil. 45/1970–49/1974.
Söhngen, G., Gesetz und Evangelium, Freiburg–München 1957.
–, Grundlagen einer Rechtstheologie, München 1962.
–, Art. »Gesetz und Evangelium«, in LThK IV, 831–835.
Sohm, R., Kirchenrecht, 2 Bde, München–Leipzig 1928.
Speck, J., Karl Rahners theologische Anthropologie, München 1967.
Spiegel, Y., Kirche als bürokratische Organisation, München 1969.
Staatslexikon (hrsg. von der Görresgesellschaft), Bd. 4, Freiburg 1959 (6. Aufl.).
Stalder, R., Amour et vision, in: Civitas 20/1964/65, 605–610.
Steinmüller, W., Evangelische Rechtstheologie, Köln–Graz 1968.
Sullivan, F. A., De Ecclesia I, Rom 1965 (2. Aufl.).
Taubes, J., Das Unbehagen an den Institutionen. Zur Kritik der soziologischen Institutionenlehre, in: *H. Schelsky,* Theorie, 67–76.
Theunissen, M., Der Andere. Studien zur Sozialontologie der Gegenwart, Berlin 1965.
Thüsing, W., Dienstfunktion und Vollmacht kirchlicher Ämter nach dem Neuen Testament, in: *W. Weber,* Macht, 61–74.
Tillich, P., Das System der Wissenschaften nach Gegenständen und Methoden, in: Ges. Werke I, Stuttgart 1959 (2. Aufl.), 109–293.
Tinnefeld, W., Ekstasis der Liebe und Einfaltung des Glaubens (Diss. masch. Mainz 1975).
Troeltsch, E., Zur religiösen Lage. Religionsphilosophie und Ethik, Ges. Schriften II, Tübingen 1913.
Tromp, S., Corpus Christi quod est ecclesia, Bd 1, Rom 1937.
Ulrich, F., Homo Abyssus. Das Wagnis der Seinsfrage, Einsiedeln 1961.
–, Atheismus und Menschwerdung, Einsiedeln 1966.
Valeske, U., Votum Ecclesiae, München 1962.
Viering, F., Christus und die Kirche in röm.-kath. Sicht, Göttingen 1962.
Vögtle, A., Ekklesiologische Auftragsworte des Auferstandenen, in: Sacra Pagina II, Paris–Gembloux 1959, 280–294.
–, Jesus und die Kirche, in: *M. Roesle, O. Cullmann,* Begegnung der Christen, 54–81.
–, Der einzelne und die Gemeinschaft in der Stufenfolge der Christusoffenbarung, in: *J. Daniélou, H. Vorgrimler,* Sentire Ecclesiam, 50–91.
Vorgrimler, H., »Karl Rahner«: Leben – Denken – Werke, München 1963.
– und *R. v. d. Gucht* (Hrsg.), Bilanz der Theologie im 20. Jhdt., Bd 4 (Bahnbrechende Theologen), Freiburg 1970 (ebd.: »H. U. v. Balthasar«, 122–142).
Wackenheim, G., Ekklesiologie und Soziologie, in: Concilium 10/1974, 2–6.
Wagner, C., Funktionale Differenzierung und soziales System, in: Soziale Welt 21/22 (1970/71), 306–320.
Weber, M., Wirtschaft und Gesellschaft, Studienausgabe, Tübingen 1972 (5. revid. Aufl.).
Weber, W. (Hrsg.), Macht, Dienst, Herrschaft in Kirche und Gesellschaft, Freiburg 1974.

Weiß, J., Weltverlust und Subjektivität. Zur Kritik der Institutionenlehre A. Gehlens, Freiburg 1971.

–, Handlungslehre oder administrative Hilfswissenschaft? In: Kölner Zeitschr. f. Soziologie u. Sozialpsychologie 24/1972, 455–473.

Willems, B., Der sakramentale Kirchenbegriff, in: Freiburger Zeitschr. f. Phil. u. Theol. 5/1958, 274–296.

Willms, B., Funktion – Rolle – Institution, Düsseldorf 1971.

Wössner, J. (Hrsg.), Religion im Umbruch, Stuttgart 1972.

Zapelena, T., De Ecclesia Christi I u. II, Rom 1955 (6. Aufl.).

Zerfaß, R., Herrschaftsfreie Kommunikation – eine Forderung an die kirchl. Verkündigung? In: *W. Weber*, Macht, 81–106.

NAMENSREGISTER

Adam, K. 323
Adorno, Th. W. 37
Aeneas, 266
Albus, M. 239
Apel, K. O. 24–28
Aubert, R. 71
Augustinus, 77, 195, 251
Auer, J. 78

Bacht, H. 78, 81, 88, 90
Badura, B. 40
Balthasar, H. U. v. 21, 45, 75, 77, 84, 87, 88, 104, 115, 124, 127, 134, 135, 144, 145, 148, 149, 221, 239–311, 313
Barauna, G. 131
Barth, K. 53, 93, 134–136, 139, 140, 148, 159, 160, 284,
Bauer, C. 42
Baum, G. 53
Baumgartner, H. M. 7
Bellarmin, R. 20, 68, 71, 76, 77,
Bellebaum, A. 42
Berger, Kl. 74,
Berger, P. L. 23, 45–47, 50, 59, 110
Bergson, H. 94
Bernards, M. 82
Biser, E. 239
Blank, J. 6, 98, 112
Blei, K. 173
Bleistein, R. 173
Blondel, M. 94
Böhler, D. 40
Boff, L. 81, 84, 86, 222
Bohne, R. 6, 98, 101, 112
Bonhoeffer, D. 8–10, 94, 95, 151
Bornkamm, G. 90
Boros, L. 284
Bouyer, L. 80
Brockhaus, U. 130
Brosse, O. de la 123
Brosseder, J. 101
Brox, N. 169
Brunner, E. 92
Bultmann, R. 112
Bunnik, R. J. 325

Campenhausen, H. v. 130
Congar, Y. 71, 72, 75, 77, 78, 81–84, 86–88, 123, 124, 134, 144, 145, 169
Cordes, P. J. 82, 83
Cullmann, O. 74, 82

Dahm, K. W. 35, 59
Dahmer, H. 45
Dahrendorf, R. 44, 45
Daniélou,, J. 71, 74, 79
Dias, P. V. 325
Dieckmann, H. 68, 69, 84, 85
Dietzfelbinger, W. 134, 143
Döpfner, J. 95
Dombois, H. 78, 79, 91, 93, 103–105, 120, 167
Dreier, R. 82
Dullaart, L. 24, 56, 118, 119
Durkheim, E. 8, 42–45

Ebeling, G. 54
Eicher, P. 183, 199
Eising, H. 6
Elisabeth von Dijon 251
Escobar, P. 239
Exeler, A. 72, 83
Eyt, P. 53

Fahlbusch, F. 124
Faux, J. M. 239
Feckes, C. 79, 80, 84, 85
Feiner, J. 326
Fessio, J. 239
Fèvre, J. 68
Fichte, J. G. 7, 94
Fischer, K. P. 173, 182–184, 196

Fitzpatrick, P. J. 124
Fleckenstein, H. 95
Franz, H. 95
Franzelin, J. B. 68, 69, 71, 81, 84
Freud, S. 37–40, 107
Fries, H. 78, 101
Fürstenberg, Fr. 49

Gadamer, H.G. 58, 68, 61, 134
Gehlen, A. 22–28, 31, 40, 114, 118, 177, 262
Geiselmann, J. R. 79
Gérest, C. 326
Gerken, A. 192
Gertz, B. 330
Geyer, H. G. 56, 59
Giblet, J. 131
Gnilka, J. 131
Goffmann, E. 45
Greiffenhagen, M. 53
Greinacher, N. 6, 48
Greshake, G. 11, 115, 134, 233, 234
Grillmeier, A. 71, 81
Grosche, R. 326
Gruber, G. 95
Guardini, R. 8
Gucht, R. v. d. 173
Gundlach, G. 42
Guyot, J. 326

Haarsma, F. 55, 59, 65
Habermas, J. 19, 23, 30, 31, 33, 34, 36–41, 55, 58, 65, 100, 106, 118, 119
Häring, H. 123, 124
Hamlet, 266
Hasenhüttl, G. 6, 61–63. 88, 90, 101, 104, 105, 112, 118
Hauriou, M. 29
Hayms, R. 13
Hegel, G. W. F. 7, 11–18, 23, 24, 26, 27, 37, 45, 117, 151, 313
Heidegger, M. 95, 96
Heijden. B. v. d. 173, 174, 182, 184, 185, 189, 192, 194–197, 199, 200, 215, 221
Heinrichs, J. 7, 8, 53, 147
Heinz, G. 75
Heinz, H. 239
Hemmerle, Kl. 240
Hengstenberg, H. E. 8, 9
Herrmann, W. 56, 57
Hildebrand, D. v. 9

Hoffmann, J. 327
Hoffmeister, J. 11
Holböck, F. 84
Hollweg, A. 55
Honecker, M. 91, 92, 93, 95
Hufnagel, A. 75
Hus, J. 77

Ingram, F. 101
Janowski, H. N. 56, 57
Johannes, 291, 292, 296
Johannes XXIII. 321
Jonas, F. 23, 25–28
Journet, Ch. 72
Jüngel, E. 172, 204

Käsemann, E. 91, 103, 105, 128, 130, 134, 155, 162
Kant, I. 7, 14, 45
Kasper, W. 55, 65, 71, 75, 76, 82, 87, 88, 89, 90, 97, 102, 104, 108, 112, 114, 115, 120, 121, 126, 134, 157, 164, 166, 239
Kaufmann, F. X. 54, 55, 59, 65
Kehrer, G. 48
Kern, W. 14
Kertelge, K. 74, 102, 131
Klinger, R. 173
Kluge, A. 119
Köhnlein, M. 173, 201
König, R. 8, 23, 41, 43
Kohlenberger, H. 75
Koster, M. D. 80
Krings, H. 7, 11, 12
Küng, H. 21, 74, 75, 86, 88–90, 97, 114, 118, 123–169, 175, 213, 214, 312

Laubach, J. 239
Lautmann, R. 29
Lehmann, K. 53, 97, 106–108, 173
Lenk, K. 106, 110
Leuba, J. L. 91, 93
Link, W. 239
Löhrer, M. 326
Löning, K. 6
Löser, W. 239
Lohfink, N. 107
Lotz, J. B. 69
Lubac, H. de 77, 78, 145, 149, 239
Luckmann, Th. 23, 45, 49, 50, 110
Luhmann, N. 23, 30–37, 40, 41, 55, 58, 59, 61–63, 65, 99, 106, 118

Lukas 130
Luther, M. 162

Maier, H. 100, 114
Maihofer, W. 29
Malinski, M. 172
Malinowski, Br. 23, 29
Malmberg, F. 71, 80, 81, 85
Marcuse, H. 13
Marie Antoinette de Geuser, 251
Marsch, W. D. 18, 93
Marx, K. 19, 37, 40, 45, 107
Matthes, J. 48, 50, 55, 57
Mead, G. H. 42, 44, 45
Ménard, E. 71
Mersch, E. 80
Metz, J. B. 6, 36, 52, 54, 56, 57, 60, 61, 106, 107, 115–118, 183, 228
Möhler, J. A. 71, 79
Möller, J. 75
Mörsdorf, K. 98
Moltmann, J. 6, 18, 54, 56, 106, 115
Mühlen, H. 86, 87, 90, 91, 94, 96, 106, 183, 184, 276
Müller, M. 6–8, 12, 95

Nagel, E. J. 21, 22
Nebel, G. 267
Negt, O. 119
Neumann, J. 120
Nolte, J. 123, 124, 127

O'Connor, E. D. 88
O'Dea, Th. F. 49
Oeing-Hanhoff, L. 11
Oelmüller, W. 6, 106, 115
Onna, B. v. 101
Ott, L. 81
Overhage, P. 199

Pannenberg, W. 53, 101
Parsons, T. 42, 59
Paulus 93, 102–105, 128, 130, 131, 134, 155, 169, 195, 260, 261, 296, 298
Persson, P. E. 82, 222
Petrus 291, 292, 296
Pesch, O. H. 101
Peukert, H. 106, 116
Pius XII., 80, 330
Pleßner, H. 45
Pöggeler, O. 95
Popper, K. R. 13
Post, W. 106
Pottmeyer, H. 72, 83, 87, 114, 115, 120, 121, 122, 321
Premm, M. 81, 85
Pryzywara, E. 330
Pullberg, St. 46, 47

Rahner, H. 71
Rahner, K. 21, 53, 54, 57, 58, 75, 76, 81, 84–90, 95, 98–100, 106, 108, 109, 114–116, 118, 120, 122, 123, 134, 151, 164, 172–239, 284, 313
Raiser, K. 44
Raske, M. 101
Ratzinger, J. 74, 77–79, 86, 90, 100, 114, 162, 164, 169, 170, 192, 239, 268
Reinisch, L. 239
Rendtorff, Tr. 36, 50, 52, 54, 56, 57, 60, 65, 119
Riches, J. K. 239
Riesenhuber, Kl. 189
Riniker, H. 134
Ritter, J. 13, 17, 18
Roberts, L. 173
Röper, A. 189
Roesle, M. 74, 82
Rohrbasser, A. 80
Rohrmoser, G. 24
Roloff, J. 131
Roo, W. A. v. 172
Rosenzweig, Fr. 14, 17
Rothe, R. 50
Roy, L. 101
Ryffel, H. 24, 28

Sailer, J. M. 79
Salaverri, J. 68, 70, 71, 84
Sartory, Th. 84, 134
Sauter, G. 52, 60, 63–65
Schäfer, Kl. 101
Schatz, Kl. 78
Scheffczyk, L. 71, 87, 95, 115, 157
Schelsky, H. 23, 28–30, 33, 34, 36, 40, 41, 61–63, 99, 114, 118, 177, 228, 281
Schillebeeckx, E. 87
Schilson, A. 239
Schlette, H. R. 101, 106, 112, 189
Schlier, H. 90, 132
Schlink, E. 154, 155, 157
Schlösser, F. 332
Schmaus, M. 68, 69, 70, 71, 81, 84, 88

Schmidt, A. 56
Schneider, R. 239
Schnur, R. 29
Schopenhauer, A. 94
Schürmann, H. 89, 131
Schütz, A. 45
Schuh, K. 87, 115, 123, 157, 162
Schultz, H. J. 239
Schulz, W. 28, 41
Schwaiger, G. 95
Schweizer, E. 130
Seckler, M. 101
Semmelroth, O. 75, 82, 85, 87, 88, 90, 97, 114, 115, 151, 164
Sieben, H. J. 170
Söhngen, G. 78, 115
Sohm, R. 91, 92, 98
Sokrates, 266
Speck, J. 172
Spiegel, Y. 97
Stalder, R. 239
Stankowski, M. 101
Steinmüller, W. 93
Stoodt, D. 35, 59
Sullivan, F. A. 68–70

Taubes, J. 40
Tavard, G. H. 124, 134
Tenbruck, F. H. 45
Tewes, E. 95
Therese von Lisieux, 251
Theunissen, M. 9
Thüsing, W. 102
Tillich, P. 53
Tinnefeld, W. 239
Thomas, A. v. 251
Troeltsch, E. 48
Tromp, S. 80

Ulrich, F. 247

Valeske, U. 71, 80
Vergil, 266
Viering, F. 333
Vögtle, A. 74
Vorgrimler, H. 71, 74, 79, 87, 173, 196, 239

Wackenheim, G. 53
Wagner, C. 31
Weber, M. 43–45, 48, 49, 103, 104
Weber, W. 6, 102
Weil, E. 13
Weiß, J. 23–25, 28
Wetzel, N. 101
Widmer, B. 239
Wild, Ch. 7
Willems, B. 36, 82
Willms, B. 334
Wössner, J. 35, 49
Wolf, E. 93
Wyclif, J. 69, 77

Zapelena, T. 68, 69, 84
Zerfaß, R. 6